普通高等教育“十四五”旅游管理类专业系列教材

旅游产品策划与设计
（第3版）

赵丽丽　孙国学◎编著

中国铁道出版社有限公司
CHINA RAILWAY PUBLISHING HOUSE CO., LTD.

内容简介

为推进旅游业高质量发展，更好地满足大众旅游特色化、多层次需求，本书从旅游供给的角度围绕旅游产品问题进行阐释。创新、创意、创造是旅游产品开发永恒的主题，本书的写作通篇贯穿着创新的理念；成功的策划更是科学性、创造性、艺术性的完美结合，本书也力求达到三者的有机统一。

本书分为策划理论、产品设计两篇。在总结最新理论和实践成果基础上，通过对旅游产品策划与设计的基本范畴、原理和方法的论述，对旅游发展趋势和旅游产品体系、结构和营销等内容的分析，对旅游产品策划和设计案例的解读，帮助读者开阔视野，拓展思路，启迪创造灵感，培养创新能力。

本书视角独特，内容新颖，案例丰富，注重实用，适合作为高等院校旅游管理专业教材，也可供相关旅游从业人员阅读。

图书在版编目（CIP）数据

旅游产品策划与设计/赵丽丽，孙国学编著．—3版．—北京：中国铁道出版社有限公司，2023.8（2025.8重印）

普通高等教育“十四五”旅游管理类专业系列教材

ISBN 978-7-113-30318-1

Ⅰ.①旅…　Ⅱ.①赵…②孙…　Ⅲ.①旅游产品-市场营销学-高等学校-教材　Ⅳ.①F590.8

中国国家版本馆CIP数据核字（2023）第106767号

书　　名：旅游产品策划与设计
作　　者：赵丽丽　孙国学

策　　划：陆慧萍　　　**编辑部电话：**（010）63549508
责任编辑：陆慧萍　贾淑媛
封面设计：刘　颖
责任校对：苗　丹
责任印制：赵星辰

出版发行：中国铁道出版社有限公司（100054，北京市西城区右安门西街8号）
网　　址：https://www.tdpress.com/51eds
印　　刷：河北宝昌佳彩印刷有限公司
版　　次：2012年9月第1版　2023年8月第3版　2025年8月第4次印刷
开　　本：787 mm×1 092 mm 1/16　**印张：**23.75　**字数：**592千
书　　号：ISBN 978-7-113-30318-1
定　　价：64.00元

前言
（第3版）

旅游产品是旅游业的核心，在整个旅游经营活动中占据重要位置。经济社会的不断发展和大众化旅游时代的到来，促进了旅游业的快速发展和空前繁荣。旅游需求的个性化和多样化，对旅游产品形成了多元化的客观要求，只有不断开发和创新旅游产品，才能满足不断增长和变化的旅游需求。同时，旅游业的发展也促进了旅游供给的增加，使旅游市场竞争日益加剧。旅游目的地和旅游企业必须重视旅游产品的创新与开发，提高核心竞争力。在这样的大背景下，旅游产品策划与设计就显得越来越重要。

成功的策划是科学性、创造性、艺术性的完美结合。策划作为一门科学，有着一定的规律性，有自身的理论基础和知识体系，并在实践中得到不断的验证、丰富和发展。研究旅游产品策划与设计的目的，就是为旅游产品开发提供基本的理论依据和方法论，力求使之有章可循、有据可依。但策划是一种创造性的活动，没有完全相同的模式，策划只有满意解，没有最优解；策划欢迎创新，拒绝复制，经典的策划案例也不能照搬。策划更是一门艺术，它要求策划者以策划理论为基础，根据实际灵活地加以运用，这就需要高超的策划才能和艺术化的策划方法。正所谓山无常势，水无常形，善变者胜。因此，过多的原则、要求等条条框框又是对创造性的束缚和扼杀。

基于上述考虑，本书站在旅游发展的前沿，总结旅游产品策划与设计的最新理论和实践成果，对旅游产品策划与设计的基本范畴、基本原理、基本方法进行阐述，对旅游发展趋势和旅游产品体系结构进行分析，对旅游产品策划和设计案例进行解读，以期给读者以启发和启示，开阔视野，拓展思路，启迪创造灵感，培养创新能力，而并不能提供统一范式和标准答案。

创意、创新、创造是策划永恒的主题，本书的写作也通篇贯穿着创新的理念。

一是视角新。从实践的角度出发，针对旅游产品策划设计人才缺乏的状况，旅游管理专业开设了“旅游产品策划与设计”课程，经过几轮的实践，效果很好，对提高学生实战能力有很大帮助；从理论的角度看，虽然目前旅游策划已渐成热点，旅游策划方面的著作也不断面世，但专门从旅游产品角度进行系统研究的著作凤毛麟角。正是实践的推动和理论的空缺促使了本书的编写。

二是体例新。本书分为上、下两篇，从旅游产品分析开始，层层剥茧抽丝，逐步深化。内容设计突出理论与实践的结合,既有理论的论述,又有典型案例的分析。策划理论篇主要论述旅游产品策划的基本范畴、基本原理和基本方法,对新经济时代旅游发展趋势进行分析,对旅游产品体系、新型旅游产品、旅游产品营销进行策划。产品设计篇主要以直接面向旅游者的旅游线路产品为主线,在对观光、休闲度假、商务会展、专项旅游等旅游产品进行详细论述的基础上,从实际应用的角度设计并分析了典型的旅游线路产品。

三是方法新。基于培养创新思维和创造力的目的,本书不仅从规范研究的角度解决旅游产品策划与设计"应该是怎样"的问题,而且更多地采用实证研究的方法,通过分析"是什么"的问题,侧重于旅游产品的消费需求、运行过程、市场效果及发展趋势的研究与探讨,论述如何策划和设计符合旅游者需求并引导市场消费的旅游产品。

本书根据普通高等院校旅游管理人才培养目标编写,第1版2012年9月出版发行,2016年5月修订再版,本次改版,在基本保持原教材体系和特色的基础上,按照党的二十大报告提出的"坚持以文塑旅、以旅彰文,推进文化和旅游深度融合发展"的要求,根据近年来旅游业的发展实践和对未来旅游发展的预判,进行了部分内容的更新、充实和增减。一是根据旅游业发展变化情况,更新了各类数据、部分内容和案例;二是紧跟国内外旅游学术前沿,充实了最新理论研究成果和实践成果;三是把握当前旅游热点和旅游业未来发展趋势,删除了部分内容,并增加了旅游跨界融合和旅游新业态等方面的新内容。

在本书编著过程中,阅读、参考和引用了许多专家学者的研究成果,选用了一些旅游产品策划和设计的实际案例,许多观点也是在受到启发的基础上形成的。可以说本书是"站在巨人的肩膀上"的产物,是各位专家学者和业界人士集体智慧的结晶。由于一些资料难以找到原始出处,未能逐一注明,深表歉意。中国铁道出版社有限公司的多位编辑为本书的选题策划、编辑出版和再版做了大量的工作,许多高校同仁选用本书并沟通交流,在此一并致以衷心的感谢。

本书上篇由孙国学编著,下篇由赵丽丽编著,赵丽丽负责总纂。由于编著者的水平所限,加之基本上属于在新的领域进行摸索性实践,本书在体系结构、观点内容等方面难免存在许多不妥之处,恳请读者批评指正,使之不断完善。

编著者

2023年2月

教学建议

教学目的

“旅游产品策划与设计”是旅游管理专业的一门专业课程，具有视角独特、内容新颖和应用性强等特点。通过本课程的学习，学生可系统掌握旅游产品策划与设计的基本范畴、基本原理和基本方法，了解旅游产品策划与设计的前沿动态和新的研究成果，正确把握旅游的发展趋势和旅游热点，并通过各类典型案例的解读和分析，将策划理论与具体策划活动相结合，对学生进行旅游产品策划与设计的实际训练，培养学生的创造性思维能力和实际工作能力。

前期知识准备

旅游学、旅游经济学、旅游资源学、旅游规划学、管理学、市场营销学等课程的相关知识。

学时分布建议

教学内容	学习要点	课时安排		案例使用
		MBA	本科	
策划理论篇		18	25	
第 1 章 旅游产品概述	(1)旅游产品的含义 (2)旅游产品的构成 (3)旅游产品体系 (4)旅游产品的分类 (5)旅游产品的特征	3	4	开篇案例
第 2 章 旅游产品策划	(1)旅游产品策划概述 (2)旅游产品策划理念 (3)旅游产品定位策划 (4)旅游游玩方式策划	2	4	开篇案例 篇中案例
第 3 章 旅游产品策划的基础理论	(1)旅游产品生命周期理论 (2)旅游者行为理论 (3)旅游产品创新理论	2	4	开篇案例 篇中案例
第 4 章 旅游产品体系策划	(1)区域旅游产品策划 (2)旅游景区产品策划 (3)旅游线路产品策划	3	3	开篇案例 篇中案例

续表

教学内容	学习要点	课时安排		案例使用
		MTA	本科	
策划理论篇		18	25	
第5章 新型旅游产品策划	(1)休闲经济与休闲旅游 (2)体验经济与体验旅游 (3)影视产业与影视旅游 (4)高端旅游与深度旅游 (5)“互联网+”与智慧旅游 (6)跨界融合与旅游新业态	3	5	开篇案例 篇中案例
第6章 旅游产品营销策划	(1)营销策划概述 (2)旅游产品营销战略 (3)品牌营销策略 (4)借势营销策略 (5)网络营销策略	5	5	开篇案例 篇中案例
产品设计篇		18	29	
第7章 国内观光旅游产品	(1)国内观光旅游产品要素分析 (2)国内观光旅游产品行程设计 (3)国内旅游经典线路设计范例及分析 (4)国内出境游	4	7	开篇案例 篇中案例
第8章 出国旅游产品	(1)出国旅游市场分析 (2)出国旅游产品的设计与操作 (3)国外旅游线路设计范例及分析	5	8	开篇案例 篇中案例
第9章 休闲度假旅游产品	(1)海滨度假旅游产品 (2)山地度假旅游产品 (3)温泉度假旅游产品	3	3	开篇案例 篇中案例
第10章 商务旅游产品	(1)商务旅游产品的内涵 (2)商务旅游市场分析 (3)商务旅游产品的设计与操作 (4)会展旅游产品设计	2	3	开篇案例 篇中案例
第11章 专项旅游产品(一)	(1)生态旅游产品 (2)文化旅游产品 (3)红色旅游产品 (4)乡村旅游产品 (5)特种旅游产品	2	4	开篇案例 篇中案例
第12章 专项旅游产品(二)	(1)婚庆旅游产品 (2)老年旅游产品 (3)青少年旅游产品 (4)节事旅游产品 (5)自助旅游产品	2	4	开篇案例 篇中案例
课时总计		36	54	

目录

（第3版）

上篇　策划理论篇

上　篇

策划理论篇

第 1 章　旅游产品概述

本章提要

旅游市场竞争的实质就是争夺游客资源，产品的竞争永远是市场竞争的主要表现形式。旅游产品是旅游业的核心，在整个旅游经营活动中占据重要位置。旅游产品也是旅游体系中最为重要的概念之一，但由于从不同的学科基础、不同的研究方法及不同的研究目的出发，对于旅游产品的认识也有所不同，因此，旅游产品又是一个宽泛的概念。

本章从不同的角度对旅游产品的含义、旅游产品的构成、旅游产品体系、旅游产品的分类和旅游产品的特征进行了全面的分析和阐述。

学习目标

1. 理解旅游产品概念的不同表述。
2. 掌握旅游产品几种不同的构成因素。
3. 熟悉旅游产品体系及其分类方法。
4. 深刻理解旅游产品的特征。

框架结构

- 旅游产品概述
  - 旅游产品的含义
    - “经历和体验”说
    - “服务和实体”说
    - “综合体”说
    - “层次结构”说
  - 旅游产品的构成
    - 旅游产品的整体构成
    - 旅游产品的供给构成
    - 旅游产品的需求构成
    - 旅游产品的功能构成
  - 旅游产品体系
    - 区域旅游产品
    - 单项旅游产品
    - 旅游线路产品
  - 旅游产品的分类
    - 观光旅游产品
    - 度假旅游产品
    - 专项旅游产品
    - 生态旅游产品
    - 旅游安全产品
    - 旅游产品谱系
  - 旅游产品的特征
    - 综合性
    - 服务性
    - 文化性
    - 生产与消费的同一性
    - 不可转移性
    - 不可贮存性

开篇案例

狂野非洲:动物大迁徙

每年 5～6 月,坦桑尼亚北部原本水草丰美的塞伦盖蒂草原逐渐荒疏,食草动物为了生存,上百万头的角马、数十万只斑马和羚羊等组成声势浩大的队伍,从坦桑尼亚的塞伦盖蒂保护区向肯尼亚的马赛马拉野生动物保护区迁移,跋涉三千多千米,展开凶险而艰辛的迁徙。大迁徙在 9 月中下旬进入高潮,浩浩荡荡的动物大军长达十余千米,形成自然界的一大奇观。这就是每年都会发生在非洲大草原上的地球上最壮观的“动物大迁徙”,因其必须渡过马拉河,又被称为“死亡之渡”。沿途有狮子、猎豹和豺狗尾随,鳄鱼开始在狭窄的马拉河两畔聚集,准备分享即将到来的盛宴。每到这时,马拉河都会上演一幕幕惊心动魄的场景:狂野、惊险和悲壮的瞬间被演绎得淋漓尽致。但面积只有塞伦盖蒂草原约 1/10 的马赛马拉并不足以维持数百万外来动物的生活,到了 10 月,塞伦盖蒂草原在雨水的滋润下也开始返青,动物们再从东线南迁到塞伦盖蒂,回迁一直持续到 11 月。饥饿、干渴、体力不支、被天敌猎食……只有 30%的幸运者能回到出发地。而跟它们一起回来的,还有 40 万条旅途中“制造”出的新生命。

最佳观赏时间:每年的 7～9 月,是到东非旅行的最佳季节。

最佳观赏地点:马赛马拉的马拉河沿岸,从热气球或小型飞机向下俯瞰最为理想。

迁徙主角:①角马:约 140 万只,是最令人瞩目的主力军,所以,动物大迁徙又被称为“角马大迁徙”。非洲角马长得像牛,也称牛羚,生活在非洲的东部和南部。②斑马:迁徙数量约 20 万只,是军团的先锋。③瞪羚:约 50 万只,是军团的压阵官。

迁徙天敌:狮子、猎豹、鳄鱼、河马和豺狗。

肯尼亚 9 日顶级越野车之旅

<table>
<tr><td>行程天数</td><td>9 天</td><td>出团人数</td><td>15</td></tr>
<tr><td>住宿标准</td><td>五星级酒店　特色酒店</td><td>餐饮标准</td><td>三餐全包</td></tr>
<tr><td>适合人群</td><td colspan="3">热爱自然,喜欢刺激</td></tr>
<tr><td>所经城市</td><td colspan="3">多哈、内罗毕、纳库鲁、纳瓦沙、马赛马拉</td></tr>
<tr><td colspan="4">线路简介:本次线路的目的地肯尼亚位于神秘的非洲大陆,以辽阔的草原和珍奇的动物为最大特点,其中包括很多与自然界动植物亲密接触的部分,相信能够吸引喜欢寻找刺激、热爱生命的朋友们。非洲以它的律动和脉搏召唤着热爱它的每一个人</td></tr>
<tr><td colspan="4">线路特色:肯尼亚是非洲大陆上最特别的国度之一,这片辽阔的草原上生活着各种在别处难得一见的野生动物,是体验人与自然完美融合的绝佳去处。这条线路将带您攀登肯尼亚的赤道雪山,与火烈鸟一同欣赏浪漫落日,搭乘纳瓦沙湖游船深入东非大峡谷,最惊喜的是,可以亲临马赛马拉感受一年一度准时上演的动物大迁徙和最惊心动魄的“死亡之渡”</td></tr>
<tr><td colspan="4">详 细 行 程</td></tr>
<tr><td colspan="4">第 1 天:上海—多哈—内罗毕
出发前一天晚上办理登机手续,下午开始市区观光
早餐:飞机上。午餐:飞机上。晚餐:中式团餐(曼谷餐厅)
宿:诺福克酒店。此酒店属于费尔蒙集团旗下,常年保持 Traud+Leisure(T+L)杂志世界最佳酒店之一的称号,并且获得中东、非洲最佳酒店等多项荣誉。酒店的历史比肯尼亚建国时间还要长,素有“先有诺福克,后有肯尼亚”之说</td></tr>
<tr><td colspan="4">第 2 天:内罗毕—肯尼亚山
驱车前往世界自然遗产之地、肯尼亚境内第一高峰、赤道雪山——肯尼亚山
早/午/晚餐:酒店西式自助
宿:诺福克酒店。从酒店任何一个房间打开窗户,都可看到肯尼亚山,欣赏“赤道雪山”的奇观。酒店提供各种丰富的免费和自费活动,比如参观动物孤儿院,打一场穿越南北半球的 9 洞高尔夫,喝一杯醇厚的英式下午茶,尝试游戏迷宫,以及骑马穿越树林等。用一个下午的时间,在肯尼亚山脚下感受宁静致远的悠闲生活</td></tr>
</table>

续表

详 细 行 程
第 3 天:肯尼亚山—纳库鲁 驱车前往纳库鲁国家野生动物园。纳库鲁国家野生动物园素有“观鸟天堂”的美誉,数以万计的火烈鸟及鹈鹕、白鹭与落日红霞、湖光倒影相映成趣,是火烈鸟及其他鸟类摄影的绝佳之地。此外,纳库鲁国家公园还是观赏狮子、花豹、白犀牛、黑长尾猴、狒狒的理想场所 早/午/晚餐:酒店西式自助　　宿:纳库鲁狮子山酒店
第 4 天:纳库鲁—纳瓦沙 早上驱车前往纳瓦沙湖体验纳瓦沙湖游船。纳瓦沙湖是东非大裂谷里的一颗明珠,是裂谷地最大的淡水湖泊,也是肯尼亚最美丽的淡水湖之一,盛产鲈鱼和非洲鲫鱼。午餐后自由活动 早/午/晚餐:酒店西式自助　　宿:纳瓦沙辛巴酒店
第 5 天:纳瓦沙—马赛马拉 早餐后乘坐可开顶越野车前往马赛马拉国家野生动物保护区,追寻非洲五霸——狮子、花豹、水牛、大象和犀牛的身影,欣赏斑马、羚羊和角马等野生动物的生活百态。马赛马拉与坦桑尼亚塞伦盖蒂动物保护区相连,始建于 1961 年,面积达 1 800 km^2,是世界上最好的野生动物保护区之一,是地球上大型野生哺乳动物最集中的栖息地,是非洲野生动物观光的第一目的地。著名电视节目《动物世界》中的许多镜头都拍摄于此。保护区拥有 95 种不同的野生动物和 485 种飞禽,总数超过 300 万头,成群结队出没的狮子、猎豹、犀牛、长颈鹿、斑马、大象、非洲水牛和羚羊等野生动物比比皆是,野兽的咆哮和鸟类的鸣叫,让人直接感受大自然的神奇 早/午/晚餐:酒店西式自助 宿:姆帕塔狩猎俱乐部(套房)。该度假村是马赛马拉的两座五星级酒店之一,坐落在马赛马拉大草原边的山顶上,坐拥一望无垠的马赛马拉金色草原和蜿蜒曲折的马拉河。在房中推开窗户,即可欣赏到动物迁徙的壮观场景
第 6 天:马赛马拉 一整天乘坐越野车在马赛马拉国家野生动物保护区追踪非洲五霸的身影。马拉河是众多尼罗鳄和河马的家园,也是野生哺乳动物的生命线。每年的 7～10 月,世界最壮观的哺乳动物大迁徙在这里上演,大批的角马和斑马从坦桑尼亚的塞伦盖蒂草原北上,向着肯尼亚的马赛马拉迁移,并且需要横渡马拉河。迁移途中,上百万的角马将在马拉河与河里的非洲鳄鱼展开残酷、激烈的战斗。马拉河便是最惨烈的“死亡之渡”的上演地。推荐自费:马赛马拉热气球之旅
第 7 天:马赛马拉 乘坐越野车在马赛马拉国家野生动物保护区继续追踪非洲五霸的身影。千万角马、斑马等食草动物大量涌入马赛马拉草原,使草原上的狮子、猎豹和花豹等猛兽的捕食对象骤然增加。因此在每年的 7～10 月,在马赛马拉看到狮子、猎豹和花豹等猛兽的概率将大大增加,而且还能看到各种动物幼仔,以及猎杀场景、交配场景等
第 8 天:马赛马拉—内罗毕—多哈 搭乘内陆飞机返回内罗毕并享用午餐,还能在空中沿途俯瞰东非大裂谷。可以自由选购纪念品,肯尼亚的正宗乌木木雕和手工艺品非常有名。然后由内罗毕搭乘班机前往多哈 早餐:酒店西式自助 午餐:中式团餐(曼谷餐厅)晚餐:飞机上　　宿:飞机上

续表

详细行程
第9天:多哈—上海 搭乘卡塔尔航空商务舱返回上海,结束此次难忘的非洲之旅
费用包含: 全程往返机票(上海往返多哈商务舱机票、多哈往返内罗毕经济舱机票)、机票税和燃油附加费 全程所列酒店住宿费用。其中诺福克酒店和肯尼亚山俱乐部为豪华间,萨诺瓦马拉狩猎帐篷为豪华帐篷,其余酒店为标准间 行程内每日3餐(飞机餐及行程中特别注明需自理的除外) 行程内景点门票、四驱可开顶越野车和中文导游费用 肯尼亚旅游签证费

(资料来源:根据网络相关资源改写)

1.1 旅游产品的含义

旅游产品是旅游业一切经营活动的核心。在旅游学的研究体系中,旅游产品是最为重要的概念之一,也是旅游经济学最基本、最核心的课题。旅游产品是一个宽泛的概念,从不同的角度看有着不同的含义。由于人们从不同的学科基础、不同的研究方法和不同的研究目的出发,因而对于旅游产品概念的认识也有所不同。同时,随着研究的深入,对其认识也在不断地深化和发展。

1.1.1 “经历和体验”说

从旅游者的角度看,其强调旅游产品是一种经历和体验。旅游产品是指旅游者花费一定的时间、精力和费用所获得的经历和感受。

旅游经历是指旅游消费者自离家出发之时起到旅游结束返回家中这段时间内所从事的一切活动。旅游消费者在这段时间内所经历和接触的一切就是构成旅游产品的直接和间接因素,旅游产品即涵盖旅游者旅游活动的全部经历的各种事物与现象的总和。

吴必虎认为,旅游产品是一个复合概念,它在理论上是指旅游者出游一次所获得的整个经历。对旅游者而言,旅游产品是一次出游的完整经历,这个经历的主要构成内容并非简单的对物象和服务的消费,更是通过一系列的外在行动和内在感受而对二者形成的心理体验。旅游产品是体验、物象和服务相互渗透的结果;旅游产品的核心价值是体验;旅游者兼具旅游产品生产者的身份;旅游经营者要善于借助物象和服务给旅游者提供充足的体验空间。

1.1.2 “服务和实体”说

从旅游经营者角度看,其强调旅游产品是一种服务或服务和实体的结合。旅游产品是指旅游经营者凭借一定的旅游资源、旅游设施和其他媒体,向旅游者提供的、以满足旅游者需求的各种物质产品和劳务的总和。在这个研究角度上,旅游产品的概念存在着“服务说”和“服务与实体说”的争议。

林南枝认为，从旅游目的地的角度出发，旅游产品是指旅游经营者凭借旅游吸引物、交通和旅游设施，向旅游者提供的用以满足其旅游活动需求的全部服务。申葆嘉认为，旅游产品是旅游服务诸行业为满足旅游者旅程中生活和旅游目的需要所提供的各类服务的总称。

谢彦君认为，旅游产品是指为满足旅游者审美和愉悦的需要而在一定地域上被生产或开发出来的以供销售的物象和劳务的总和。旅游产品具有几乎可以满足旅游者旅游期间一切需要的效用和价值。

1.1.3 “综合体”说

从整体的角度看，认为旅游产品是一个综合体。旅游产品是一个整体概念，由旅游资源、旅游设施、旅游服务和旅游商品等多种要素组合而成。旅游产品为构成总体旅游经历的服务、活动与利益的综合体，包括目的、设施、可进入性、形象和价格。

王大悟认为，旅游产品是旅游经营者为了满足旅游者的物质和精神上的各种需要，向旅游市场提供的一种特殊产品。它由多种要素构成，一个完整的旅游产品应包括旅游交通、旅游住宿、餐饮供应、游览观光、娱乐项目和旅游购物六个方面的要素。黄羊山认为，旅游产品主要是用来交换的，它是旅游经营者所提供的，也是旅游者所购买的，是由一些异质成分组成的一种不可分割的整体综合物。

1.1.4 “层次结构”说

从系统的角度看，强调旅游产品的层次性和结构性。

Gunn 认为，在旅游产品的组成要素中，吸引物是最为重要的部分。Mieczkowski 认为，旅游产品由人文吸引物、旅游基础设施部分环境因子（自然吸引物）所组成，另外一些环境因素虽不被当作旅游资源来使用，但同样对目的地的性质起到重要作用。

Middleton 等认为，旅游产品实际上分为两种情况：一是综合概念，包括旅游者出门旅游至回家期间所有涉及的设施与服务所共同构成的综合体；二是指某一特定的具有商业性的物品，如吸引物、接待设施、交通和服务等。

吴必虎将旅游产品区分为广义、中义和狭义三种情况。广义的旅游产品是由景观（吸引物）、设施和服务三类要素所构成；中义的旅游产品是指景观（吸引物）和设施构成的集合体，它带有较强的物质产品特点；狭义的旅游产品是指旅游景观（吸引物），它有时可以粗略地等同于通俗意义上的旅游景区（点），以及一部分非具象的人文景观。

综合诸多观点，旅游产品的定义包括如下内容：从旅游者的角度看，旅游产品是指旅游者花费一定的时间、精力和费用所获得的经历和感受；从旅游经营者角度看，旅游产品是指旅游经营者凭借一定的旅游资源、旅游设施和其他媒体，向旅游者提供的、以满足旅游者需求的各种各样的物质产品和劳务的总和；从整体上看，旅游产品是指能满足旅游者在旅游过程中的各种欲望和需要的物质实体和非物质形式的劳务的总和。

1.2 旅游产品的构成

从不同角度分析旅游产品的构成因素，可分为整体构成、供给构成、需求构成和功能构成。

1.2.1 旅游产品的整体构成

从市场学角度引用产品整体的概念,旅游产品一般主要由核心产品、形式产品和延伸产品三部分组成,此外还包括期望产品和潜在产品两部分。

1. 核心产品

核心产品是指产品满足消费者的基本效用和核心价值,是消费者购买和消费的主体部分,它使消费者某一方面的需要通过产品的使用和消费得到一定程度的满足。核心产品是顾客需要的中心内容,是顾客购买某种产品时所追求的利益。

旅游核心产品是旅游产品最重要的特征,主要涉及旅游吸引物和旅游服务。旅游吸引物是自然界和人类社会能对旅游者产生吸引力,可以为旅游业开发利用,并可以产生社会效益、经济效益及环境效益的各种因素和事物;旅游服务是指从业人员依托旅游吸引物和旅游接待设施向游客提供的各种劳务。旅游区域内的景观和服务能给游客带来的就是喜悦惬意的内心体验,使产品直达人心,使没来过的人充满幻想,使来过的人激动不已。

2. 形式产品

形式产品是指构成产品的实体状态和劳务外观,是保证核心产品的效用和价值得以实现的载体和外在形式,是使核心需求得到满足的手段。旅游产品的形式主要与旅游产品的物质载体、形象、品牌、特色、声誉及组合方式有关。旅游产品的载体是物化形式反映出来的实体部分,如一个村寨、一个景点等;旅游产品的形象、特色、品牌和声誉是产品依托旅游资源和旅游设施反映出来的外在价值,是激发旅游动机、强化旅游消费行为的具体形式。

旅游产品是一个特殊的产品,它不同于一般意义上形式产品的概念。这个核心产品的载体主要体现在景观的设计上(如品质、外观和特征),但是这个产品的本体是固定的、运不走的,不能像普通产品那样摆上柜台货架。一般要通过塑造品牌、精心包装和大力推广来把这个商品放到市场上进行交换,从而实现这个旅游产品的价值。如在旅游景区中,形式产品主要表现为旅游景区的自然及文化特色、景区的配套设施和接待服务,以及旅游景区的知名度等。在进行体验旅游设计时,特别是在景区的造景及配套设施的建设方面,应该考虑景区自身的地脉、文脉的特点,设计出的体验旅游产品只有与景区本身拥有的自然、人文和历史资源相融合,才能够强化游客的体验。

3. 延伸产品

延伸产品又称附加产品,是指旅游者在购买和消费旅游产品时获得的全部附加服务和利益,如信息服务、团体优惠价格、分期付款、获赠礼品和售后服务等。从旅游产品供给者的角度来讲,它是在形式产品的基础上提供的附加特征,可以增进旅游产品的价值,从而促进核心需求得到更为便捷的满足。在旅游景区中,这一层次主要包含旅游景区的主题、各种信息的提供、景区的营销方式,以及门票价格和优惠等。

延伸产品的概念来源于对市场需要的深刻认识。因为购买者的目的是满足某种需要,因而他们希望得到与满足该项需要有关的一切。延伸产品是超出了物质形态商品本身的产品,不仅要让顾客满意,还要使每一位顾客在得到物质满足的同时,还能得到精神上的享受,在心理上感觉物超所值,获得意外的惊喜。产品的消费是一个连续的过程,既需要售前宣传产品,又需要售后持久、稳定地发挥效用,因此,售前、售中和售后服务是必不可少的。

随着市场竞争的激烈展开和用户要求的不断提高，延伸产品越来越成为市场竞争获胜的重要手段。

4. 期望产品和潜在产品

(1)期望产品是指消费者购买产品时通常希望和默认得到的与产品相关的一整套属性和条件，包括品牌影响力、企业文化等。例如，游客乘坐交通工具希望安全、准时，旅游途中希望减少购物占用的时间，以及希望旅途顺利、愉快等。当然，不同的人的期望是不同的。

(2)潜在产品是指包括所有附加产品在内的、可能发展成为未来最终产品的潜在状态的产品。即具有变化与改进潜质的产品部分，也就是最终可能会实现的全部附加部分和新转换部分。如通过景区设施的改变、内部管理的加强、服务水平的提高及旅游线路的调整等方式，大幅度提升旅游产品的质量，塑造新的旅游形象。潜在产品是产品整体概念中的最高层次，是企业努力寻求的满足顾客并使自己与竞争者区别开来的新方法。

旅游核心产品是顾客需要与利益的中心内容，形式产品是核心产品的物质载体和实现形式，延伸产品是核心产品的延伸和补充，期望产品和潜在产品是产品的发展和提升空间。旅游核心产品回答了产品的有用性，形式产品回答了产品的物质性，延伸产品回答了产品的附加属性，期望产品和潜在产品回答了产品的发展性。所以，旅游产品的内涵是有用性、物质性和附加属性的统一。

1.2.2　旅游产品的供给构成

从旅游产品经营者的角度看，旅游产品是由旅游吸引物、旅游设施、旅游服务、旅游购物品和旅游通达性等多种要素构成的，如图1.1所示。其中，旅游吸引物是旅游产品的核心，旅游服务是旅游产品的主体，旅游设施是旅游产品的载体。

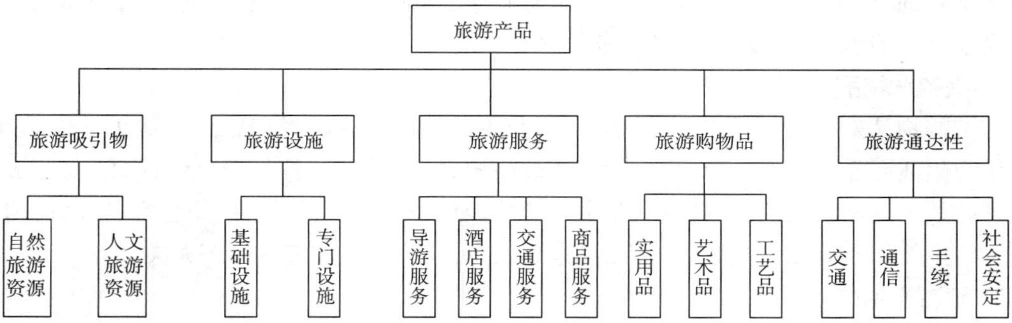

图1.1　旅游产品的供给结构

1. 旅游吸引物

旅游吸引物是旅游者选择目的地的决定因素，因而成为旅游产品的核心要素。自然界和人类社会中，凡是能吸引旅游者进行旅游活动，能给旅游业带来各种综合效益的事物都可称为旅游吸引物，按其本身的属性和组成要素可以分为自然旅游资源和人文旅游资源两大类。旅游吸引物最显著的特征是具有吸引功能，能从不同层面来激发并满足旅游者审美、休闲、娱乐、探险和考察的需要，促进旅游行为的发生。

旅游吸引物作为旅游资源开发后的产物,它不仅是一种物质实体,而且是一种映象和心理感应。旅游吸引物的多样性在相当大的程度上决定了旅游产品的特色,吸引物的多寡和吸引力的大小是一个地区能否开发成旅游热点的先决条件。

2. 旅游设施

旅游设施是实现旅游活动而必须具备的各种设施、设备和相关的物质条件,是实现旅游吸引物价值的载体要素。它虽然不是刺激旅游动机的主要因素,但也会影响旅游者的出游决定。

旅游设施是直接或间接为开展旅游活动、满足旅游者全部需要而建立的多种设施和设备的总和,一般分为专门设施和基础设施两大类。专门设施是指旅游经营者用于直接服务于旅游者的凭借物,通常包括游览设施、餐饮设施、住宿设施和娱乐设施等。基础设施是指为旅游活动有效开展而必不可少的各种公共设施,包括城镇(风景区)道路、桥梁、供电、供热、通信、给排水,以及城市街区绿化、路灯和交通工具等。

3. 旅游服务

旅游服务是旅游产品的主体要素,是实现旅游资源和旅游设施价值的关键。旅游者除在旅游过程中消耗少量的有形产品外,主要是消费旅游经营者提供的服务。旅游服务即指与旅游活动有直接关系的服务,包括住宿服务、餐饮服务、旅行代理服务,以及导游、翻译服务等。

旅游服务可分为可视旅游服务和不可视旅游服务两大类。旅游者购买的旅游产品,除了少部分的膳食和旅游纪念品外,大量的是无形的旅游服务。旅游服务包括导游服务、酒店服务、交通服务和商品服务。导游服务是指旅行社或旅游接待单位为旅游者提供的专项服务;酒店服务是指酒店向旅游者提供的住宿、饮食、通信、贸易和洽谈等综合性服务;旅游者对旅游资源评价的高低,很大程度上与交通服务有关;商品服务是指旅游者购买商品时旅游从业人员提供的信息咨询、包装和委托代办等服务。旅游服务不管内容怎样变化,服务质量的高低总的来说取决于服务的观念、态度、技巧和服务价格。

4. 旅游购物品

旅游购物品是指旅游者在异地旅游时所购买的物品。旅游者在旅途中购买的商品,除少部分作为生活必需品被消耗掉之外,大多数被旅游者带回家中,留作美好的回忆,或者帮助旅游者更好地了解旅游目的地的文化、艺术和传统,对旅游者具有实用性、纪念性、礼品性和收藏性等价值。旅游购物品种类繁多,大致可分为实用品、工艺品和艺术品三大类。

5. 旅游通达性

旅游通达性是指旅游者在旅游目的地之间来回移动的方便、快捷、通畅的程度,具体表现为进出旅游目的地的难易程度和时效标准。主要可从下述几个方面加以考查:一是顺达的交通条件;二是便捷的通信条件;三是手续的繁简程度;四是安全的社会环境。旅游目的地的通达性对旅游产品的成本、质量和吸引力等有较大的影响,因此也是旅游产品构成的重要内涵。

旅游产品的供给构成要素具有互补和互代关系。互补关系是指旅游产品功能不相同的组成成分之间相互依存、相互促进、共同发展的关系,如旅行社、酒店等。互代关系是指旅游产品中功能相同或相近的组成成分间相互替代的关系,表现为企业间的竞争性,如餐饮、住宿等。互补和互代关系在一定条件下可以相互转化。

1.2.3　旅游产品的需求构成

1. 从消费内容方面来分析

旅游产品主要是由食、住、行、游、娱、购等组成的。饮食和住宿是向旅游者提供基本生活条件的消费；交通是向旅游者提供实现旅游活动的主要手段；游览是向旅游者提供旅游活动的中心内容；娱乐是向旅游者提供一种愉悦的参与性和体验性的感受；购物是向旅游者提供辅助性消费的内容和形式。

旅游六要素是对旅游主体结构的一种表述，六要素的构成是多元素有机的组合和新质量的生成，构成的变化决定着不同旅游产品的性质和类型。在旅游产业结构中，六要素的地位和作用各不等同。其中，“游”是核心，是观光旅游的核心吸引力所在，行、食、住是实现“游”前向关联的三个要素，娱、购是“游”的后向关联的两个要素。前向关联是开展旅游活动的必要条件，否则就发生不了现代旅游的过程；而后向关联是提升旅游过程质量的充分条件，是旅游效益的关键，并在效益构成中举足轻重。“游”成为带动前向关联和后向关联诸要素协调发展的主要动力。六要素在整体结构中各司其职，其中最重要的是“行”和“游”两个要素，故称“旅游”。

旅游六要素结构上的差异决定了产品的差异。旅游产品分为观光型、度假型和专项型等类型，它们与旅游六要素内部结构中所居的主导地位相关。主导因素就是牵动旅游产品发展的内在主动力。在观光产品中，“游”是主导因素，其他五个要素是为“游”配套的；在度假产品中，“游”的主导地位没有观光产品那样突出，“娱”换位为主导因素，这里的“娱”在广义上包括休憩、休闲、游戏和健身等活动。在专项产品中，六要素中的任何一项都可能换位成主导因素，如自行车或自驾车旅游都是因为改换了“行”的手段或方式而成为主导因素；美食旅游以“食”为主导因素；修学旅游以“购知识”为主导因素；在漂流、探险旅游等产品中，“游”或“娱”都上升成以寻求刺激为目标等。

2. 从旅游者的需求程度方面分析

旅游产品包括基本的旅游产品和非基本的旅游产品。

基本的旅游产品是指旅游者在旅游活动中必须购买的、需求弹性较小的旅游产品，如住宿、餐饮、交通和游览等。非基本的旅游产品是指旅游者在旅游活动中不一定购买、需求弹性较大的旅游产品，如旅游购物、医疗保健和美容服务等。对基本和非基本的划分没有一个完全的界限，根据不同场合及人员地位的不同，非基本旅游产品可向基本旅游产品转化。如“游览”对于观光游客来说是基本的旅游产品，而对于商务旅游者来说就不是了。

1.2.4　旅游产品的功能构成

从旅游产品的功能来看，旅游产品可划分为基础层次产品、提高层次产品和发展层次产品三个内部存在递进关系的层次（见表1.1）。其中，基础层次的旅游产品是旅游业进行深度发展和开发的基础，没有基础层次的繁荣与成熟，一个地区乃至一个国家都无法形成规模旅游和特色旅游。提高层次和发展层次的旅游产品是增强旅游吸引力、促使旅游者多次来访和重复消费的保障，也最能体现出产品的质量和特色。

表 1.1 旅游产品层次及功能

层　次	特　征	项目内容	产品功能
基础层次	陈列式观览	自然与人文景观	属于最基本的旅游形式,是旅游规模与特色的基础
提高层次	表演式展示	民俗风情与购物	满足旅游者由"静"到"动"的多样化心理需求,通过旅游文化内涵的动态展示,吸引旅游者消费向纵深发展
发展层次	参与式互动	亲身体验与娱乐	满足旅游者自主择项、投身其中的个性需求,是形成旅游品牌特色与吸引旅游者持久重复消费的重要方面

1.3 旅游产品体系

旅游产品体系是指旅游产品各种表现形式的集合。旅游产品具有多层次性和综合性,现实旅游产品体系由三种不同表现形式的旅游产品组成,即区域旅游产品、单项旅游产品和旅游线路产品,如图 1.2 所示。

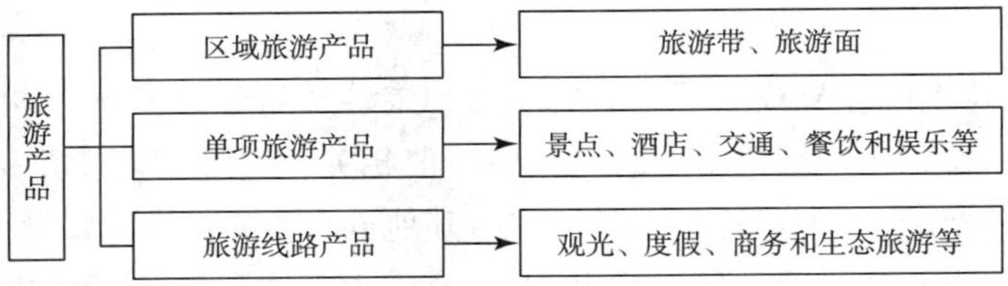

图 1.2 旅游产品体系构成图

1.3.1 区域旅游产品

区域旅游是一种作为相对独立的单位来接待旅游者,组织安排旅游活动的经营服务方式,是特定空间存在的旅游活动及经济关系的综合。

区域旅游产品是一个区域所能提供的各种形式的旅游产品的总和,包括所有单项旅游产品和线路旅游产品。这些单项产品和线路产品都存在于这个区域中,并且由某种地脉和文脉相互联系,在区域内形成一定的结构,组成有序的系统整体,体现出地区的整体形象。区域旅游产品也可以看作是多条旅游带和旅游面的集合。在某条狭长地域上集中分布的单项旅游产品和线路称为旅游带;在某个近圆形地域上集中分布的单项旅游产品和线路称为旅游面。

区域旅游产品具有突出的特色和风格,成为旅游者心目中的旅游地形象。这个整体形象的支撑点是区域里最经典的、影响力最大的景区和旅游线路。同时,区域的景区与旅游线路有一个层次结构:拳头产品是区域中少而精的景区及线路,并对形成区域旅游产品的整体形象产生关键作用;重要产品是区域中数量较多、质量较好的景区和线路;补充产品是区域中大量的一般的景区和线路,是其他类产品的有益补充。在做区域产品深度开发和结构优化的时候,应该搭建起区域产品层次,针对各层次的产品进行不同力度的开发。

1.3.2 单项旅游产品

单项旅游产品是指旅游六要素——食、住、行、游、购、娱中的单个要素形成的产品,是旅游企业借助一定的设施而向旅游者提供的项目服务，包括饭店、交通企业、餐饮企业、旅游景点、娱乐场所和旅游商店提供的产品等。如一个景点、一间客房、一次午夜供餐、一件旅游纪念品、一次特殊服务或一次民俗歌舞等。单项旅游产品种类丰富，形态多样，是组成组合旅游产品——旅游线路的“原材料”。

单项旅游产品中有两类旅游产品是研究的重心，也是旅游开发十分关注的：一是旅游景区，重点是景区的创新（引入新项目和改造旧的项目）、景区旅游路线的重新组合、景区形象宣传和景区旅游产品推广等；二是景区中的项目产品，重点是如何引入新的、符合市场需求的产品，并将现有项目升级，在项目中融入时尚的元素等。现在旅游项目的开发都在向着体验化和参与式发展，期望通过深度挖掘旅游资源的内涵来增强吸引力。

1.3.3　旅游线路产品

旅游线路产品是指旅游服务部门（主要是旅行社）以旅游吸引物为中心，将食、住、行、游、购、娱等单项服务组合在一起，并以一条旅游路线的形式表现出来，提供给旅游消费者的产品。旅游线路产品是将分散的各种单项旅游产品，如住宿、餐饮、客运交通和购物等，按照某一逻辑或者主题有机组合在一起。由于组合的多样性，形成了各种类型、各种档次、丰富多彩的旅游线路产品。旅游线路产品是一个混合体和复合产品，也可称之为组合旅游产品或行业产品。

旅游服务部门根据市场需要，结合旅游资源和接待能力，为旅游者设计出包括整个旅游过程中全部活动内容和服务的旅行游览路线。当一个人购买了旅行社设计的这种旅游线路产品后，就可以从居住地到目的地去旅游，并在往返及旅游途中的全过程中享受各种规定的服务，如交通服务、导游服务、餐饮服务和客房服务等。

总之，从形态上讲，旅游产品有点、线和面，有静和动，有实和虚，有有形和无形。从单项要素讲，形态多样，旅游者一次旅游活动又是这些不同形态的要素的组合。三者的相互关系是单项旅游产品组合成为旅游线路产品，一个区域的单项旅游产品和旅游线路产品组成该区域的区域旅游产品。

1.4　旅游产品的分类

旅游产品可以分为五种类型：观光旅游产品（自然风光、名胜古迹和城市风光等）、度假旅游产品（海滨、山地、温泉、乡村和野营等）、专项旅游产品（文化、商务、体育健身和业务等）、生态旅游产品（自然、绿色、环保、观鸟、森林、海洋和草原等）和旅游安全产品。

1.4.1　观光旅游产品

观光是旅游者依赖于优美环境和景观而进行的一种文化性美学观赏活动，如观赏异国异地的风景名胜、人文古迹、城市美景及风土人情等。观光旅游是人类萌生旅游动机的第一选择，也是开展其他旅游活动的基础，是人类旅游活动中“永远不落的太阳”。旅游者通过观光游览可达到改变常居环境、开阔眼界、增长见识、陶冶性情、鉴赏大自然造化之美、享受现代化城市生活的情趣，以及满足异地购物等多方面的需求和目的。在不少国家，“观光”（sightseeing）一词即游览或旅游的同义词，观光者（sightseer）即旅游者。

传统的观光旅游产品有自然风光类、名胜古迹类和城市风光类等。随着世界旅游市场竞争的日益激烈，各种新的观光旅游产品不断涌现，其中主要有微缩景观、主题公园、野生动物园、观光农园、乡土民俗和海洋世界等。观光旅游作为旅游的一项最基本的活动内容和旅游方式，在今后一定时期内仍将继续占据重要地位。但观光旅游产品也要进行更新换代，进一步丰富游览内容，把游览和娱乐结合起来，提高参与性和吸引力。

1.4.2 度假旅游产品

度假旅游是指出于疗养目的或为了摆脱日常工作和生活环境所造成的身心紧张，而去海滨、山区等环境优美的地方放松一段时间的旅游活动。随着现代旅游活动向多样化和参与性方向的发展，度假活动与观光、体育、健身、文化娱乐及商务贸易活动相互结合，使度假旅游从传统的静态休憩向参与性迈进。

度假旅游是现代旅游产品最重要的组成部分。度假旅游产品的开发是旅游产业结构调整、实现产品升级换代的重要步骤。同时，度假产品的开发还带动了滑雪旅游、生态旅游等专项旅游产品的兴起，形成了观光旅游、度假旅游和专项旅游产品共同发展的格局，促进了旅游业的可持续发展。

1.4.3 专项旅游产品

专项旅游是为某一专门目的而进行的旅游活动，是旅游发展到一定阶段的产物。专项旅游的发展是旅游市场不断成熟的标志。

专项旅游产品是指为满足旅游者某方面的特殊兴趣与需要，定向开发的一种专题性、特色性的旅游产品。专项旅游为了追求特殊的体验或经历，在旅游的内容和方式上与传统观光、度假旅游存在很大区别，具有目的明确、主题鲜明、个性突出、内涵丰富和产品多样等特点。

随着人们生活水平和生活品位的提高，以及旅游者审美层次的提高，现代的旅游者越来越青睐个性化、高品质、内涵独特、标新立异的旅游形式，从而促进了各类旅游形式的竞相发展，不同于大众旅游的、以某项特殊活动为主题内容的专项旅游应运而生。专项旅游是旅游内涵的延伸，是对传统常规旅游形式的一种发展和深化，因此是一种更高层次的旅游活动。随着社会经济文化水平的不断发展，人们越来越注重自身价值的实现，在未来大众旅游产品不能够满足人们各种各样的个性化需求的时候，专项旅游产品将不再只局限于特殊的群体，会有越来越多的人成为专项旅游产品的消费者。专项旅游有很大的发展空间和广阔的市场前景，并会成为未来中国旅游产品开发的发展趋势。

1.4.4 生态旅游产品

生态旅游是由国际自然保护联盟(IUCN)于1983年首次提出的，1993年国际生态旅游协会把其定义为：具有保护自然环境和维护当地人民生活双重责任的旅游活动。生态旅游一经提出，立即得到了世界范围内的响应，平均年增长率为20%，是旅游产品中增长最快的部分。生态旅游有两点取得了人们的共识：一是生态旅游首先要保护旅游资源，生态旅游是一种可持续的旅游；二是在生态旅游过程中，人的身心得以解脱，并促进生态意识的提高。生态旅游的内涵更强调的是对自然景观的保护，是可持续发展的旅游。

生态旅游具有显著的特征。首先，生态旅游的目的地是一些保护完整的自然和文化生态系统，参与者能够获得与众不同的经历，这种经历具有原始性和独特性的特点。其次，生态旅游强调旅游规模的小型化，限定在承受能力范围之内，这样既有利于游人的观光质量，又不会对旅游环境造成大的破坏。再次，生态旅游可以让旅游者亲自参与其中，在实际体验中领略生态旅游的奥秘，从而更加热爱自然，这也有利于自然与文化资源的保护。最后，生态旅游是一种负责任的旅游，这些责任包括对旅游资源的保护、对旅游的可持续发展的责任等。

1.4.5 旅游安全产品

旅游安全产品包括旅游保护用品、旅游意外保险产品、旅游防护用品等保障游客安全的工具产品。

1.4.6 旅游产品谱系

随着经济社会的不断进步，旅游需求向个性化和多样化的方向发展，催生了各类主题性和特色性的专项旅游产品不断涌现，旅游产品的类型不断增加，旅游产品家族也在不断扩大（见表1.2）。

表1.2 旅游产品谱系

产品类型	专项产品
观光型旅游产品	自然观光产品：地表类观光产品、水域类观光产品和生物类观光产品等 人文观光产品：历史遗迹产品、现代观光产品、人造景观产品和观光农业等
休闲度假型旅游产品	海滨海岛度假、温泉疗养度假、乡村旅游度假、内陆湖泊度假、城市度假、山地度假、野营度假、森林度假和高山雪原度假等
商务会展型产品	一般商务旅游、政务旅游、会议旅游、会展旅游和奖励旅游等
文化型旅游产品	一般文化旅游、遗产旅游、博物馆旅游、艺术欣赏旅游、摄影旅游、民俗旅游、怀旧旅游、祭祖旅游、文学和影视旅游和红色旅游等
生态型旅游产品	自然旅游、绿色旅游、环保旅游、观鸟旅游、森林旅游、海洋旅游、草原旅游、乡村旅游、农业旅游、自然保护区旅游和科普旅游等
康体健身型旅游产品	一般体育旅游、水上运动、滑雪、漂流、高尔夫旅游、军事旅游、温泉旅游、体育赛事旅游、医疗旅游、疗养保健旅游等
刺激型旅游产品	探险旅游、探秘旅游、沙漠旅游、海底旅游、登山旅游、火山旅游、漂流旅游、太空旅游、极限运动旅游、狩猎旅游、惊险游艺旅游等
业务型旅游产品	修学旅游、教育旅游、校园旅游、工业旅游、观光农业和农业旅游、学艺旅游和科考旅游等
享受型旅游产品	休闲娱乐旅游、豪华列车旅游、豪华游船旅游、游艇旅游和美食旅游等
主题公园旅游产品	情景模拟、游乐、观光、主题和风情体验等
节事旅游产品	文化类、体育类、商贸类、民俗类、宗教类和自然景观类等

1.5 旅游产品的特征

旅游业属于现代服务业，旅游产品是一种以服务为主的综合产品，它既不同于一般工农业生产的物质产品，也不同于一般服务行业所提供的服务性产品。旅游产品中既有有形的物质实体,也有无形的非物质服务,人们购买它不仅会得到物质上的享受,而且还会获得精神文化的满足,这就决定了旅游产品的独特性。

旅游产品的特点由于受其概念的多样性影响,目前在学术界也存在着较大的分歧。使用比较广泛的旅游产品的特点有综合性、服务性、文化性、生产与消费的同一性、不可转移性和不可贮存性。

1. 综合性

旅游产品是涉及旅游活动过程中六大要素组成的有形物质设施与无形服务的组合,是由物质产品、精神产品及旅游服务等多种成分构成的综合性产品。

综合性反映了旅游产品与一般产品的差异,是由旅游者一次旅游活动过程中需要的多样性决定的,表现在两方面:一方面,旅游产品是由多种实物产品和多项服务产品组成的混合物,涵盖旅游吸引物、交通设施、住宿设施、餐饮设施、娱乐设施及多项服务等六大要素;另一方面,旅游产品的生产牵涉许多部门和行业,既有物质资料生产部门,又有非物质资料生产部门,除直接向旅游者提供产品和服务的旅馆业、餐饮业、交通、景区和旅行社等部门外,还有间接向旅游者提供产品和服务的文化、教育、公安、卫生、科技、商业、工业和农业等部门,是各种服务要素和物质实体的组合。简而言之,综合性是指旅游产品的丰富多样性和行业涉及的众多性。由于旅游产品受到的制约因素很多,决定了旅游产品的易波动性和脆弱性。综合性要求在旅游产品的开发中要全面规划,统筹安排,注重产品的完整性和结构的合理性。

2. 服务性

旅游产品的服务性是指服务在旅游产品中占有较大的比重,旅游者比其他产品的消费者往往购买更多的服务,旅游经营者主要是通过提供各种各样的旅游服务来满足旅游者需求的,实物部分是从属和附加在旅游服务上的,故有“服务是旅游产品的灵魂”之说。旅游产品主要表现为旅游服务,只有当游客到达旅游目的地享受到旅游服务时,才能感受到旅游产品的使用价值。

旅游产品的构成虽然具有物质形态的部分,但旅游者的经历是无形的,旅游目的地或企业凭借一定的设施与条件提供的服务也是无形的,因而旅游产品的价值和使用价值也是凝结在无形的服务之中的。旅游业卖给旅游者的旅游产品不是看得见、摸得着的物质产品,而是一种非物质的东西,这种非物质的东西的实质内容是一种服务。服务性要求旅游产品的开发不仅要注重硬件,更要注重软件。

3. 文化性

旅游在本质上就是一种文化活动,文化是旅游的根和魂。旅游者以追求精神和审美享受为目的,文化的多元性所构成的文化差异性和奇特性使游客产生探求的欲望,旅游是对寻求异质文化的一种体验,旅游过程就是购买文化、消费文化和享受文化的过程;旅游业则通过文化传播的方式来满足旅游者的需求,是在生产文化、销售文化和经营文化,旅游消费活动和经营活动都具有强烈的文化性。而旅游作为当今世界最广泛、最大众的交流方式,又必然是展示文化、传播文化和推动文化的重要载体。

4. 生产与消费的同一性

一般物质产品的生产独立于产品消费之外,旅游产品和普通产品的最大区别是不存在独立的生产过程,生产的结果不是以具体的实物形式来表现的,只有与消费过程相结合,完成对消费者的服务之后,才算生产过程的最后完成。旅游产品的生产和消费常常发生在同一个时空背景条件下,密不可分,往往是一个过程的两个方面:旅游产品在生产开始的同时消费也即刻启动，消费结束时生产也不再进行。即旅游者一踏上旅程就开始了消费，同时旅游经营者也就开始了生产，当旅游者结束旅游活动后，经营者提供的各项服务也随之结束。

5. 不可转移性

旅游产品的不可转移性是指旅游产品在空间上是不可移动的，并且所有权是不可转移的。

首先，旅游产品的不可转移性主要表现在旅游服务所凭借的吸引物和旅游设施无法从旅游目的地运输到客源所在地供游客消费，且只能以旅游产品的信息传递而引起购买者的流动来实现。只有将旅游者吸引到旅游目的地，旅游产品的价值才有可能得以实现，即旅游产品的交易的最终完成必须是在产地实现的。因此，相对于实物产品来说，旅游产品是通过中间商的促销活动把游客组织到目的地来进行消费的。

同时，旅游企业在出卖旅游产品时，转让的仅仅是旅游产品在一定时间内的使用权，而不是像销售一般消费品那样同时转让所有权。旅游产品销售后不发生所有权的转移，旅游产品的资源设施以暂时的使用权为主，客人在购买这种使用权的同时，不仅不能将旅游产品带走，而且要承诺在使用期间保持旅游产品物质和非物质构成的完好无损。其中的旅游商品交换虽以所有权转移为主，但其在整个旅游产品中并不占优势。

6. 不可贮存性

与一般产品不同的是，旅游产品的效益和价值不仅固定在地点上，而且固定在时间上。旅游产品的生产表现为旅游服务的提供，由于旅游服务和旅游消费在时空上的同一性，旅游产品的生产必须以旅游者来到旅游目的地为前提，旅游者直接介入旅游产品的生产过程。当没有旅游者购买和消费时，以服务为核心的旅游产品就不会生产出来，也就不可能显示出其产品效用。因此，旅游产品不能像一般商品那样被有效地储存起来，以备将来出售。旅游者购买旅游产品后，旅游企业只能在规定的时间和地点交付有关产品的使用权。旅游产品如果没有实现对应时间上的交换价值，那么此期间为生产该种旅游产品所付出的人力、财力和物力资源就都是一种浪费。旅游产品的不可贮存性意味着旅游产品的效用不能积存，只有当旅游者购买旅游产品时，其价值才会以交换价值的方式体现出来。

本章小结

旅游产品是一个宽泛的概念。从旅游者的角度看，旅游产品是指旅游者花费一定的时间、精力和费用所获得的经历和感受。从旅游经营者角度看，旅游产品是指旅游经营者凭借一定的旅游资源、旅游设施和其他媒体，向旅游者提供的、以满足旅游者需求的各种各样的物质产品和劳务的总和。从整体上看，旅游产品是能满足旅游者在旅游过程中的各种欲望和需要的物质实体和非物质形式的劳务的总和。

从不同角度分析旅游产品的构成因素，分为整体构成、供给构成、需求构成和功能构成。从市场学角度引用产品整体的概念，旅游产品一般主要由核心产品、形式产品和延伸产品三部分组成；从供给的角度看，旅游产品是由旅游吸引物、旅游设施、旅游服务、旅游购物品和旅游通达性等多种要素所构成；从需求的角度看，旅游产品主要是由食、住、行、游、娱、购等因素组成，包括基本的旅游产品和非基本的旅游产品两部分；从旅游产品的功能看，可划分为基础型产品、提高型产品和发展型产品三个内部存在递进关系的层次。

旅游产品体系是指旅游产品各种表现形式的集合。旅游产品具有多层次性和综合性，现实的旅游产品体系由三种不同表现形式的旅游产品组成，即区域旅游产品、单项旅游产品和旅游线路产品。

传统上将旅游产品分为五种类型:观光旅游产品、度假旅游产品、专项旅游产品、旅游安全产品和生态旅游产品。但随着旅游需求向个性化和多样化的方向发展,各类主题性和特色性的专项旅游产品不断涌现,旅游产品的类型也在不断增加。

旅游产品是一种以服务为主的综合产品,具有自身的独特性。概括为综合性、服务性、文化性、生产与消费的同一性、不可转移性和不可贮存性等六大特点。

复习思考题

1. 试述旅游产品的基本含义。
2. 分析核心产品、形式产品和延伸产品的区别。
3. 分析旅游产品供给的构成因素。
4. 简述旅游需求六要素各自的地位和作用。
5. 简述旅游产品体系三个层次的相互关系。
6. 简述旅游产品的特征。

案例讨论

阅读开篇案例,分析其属于什么类型的旅游产品,其特色和核心吸引力体现在哪里。

第 2 章　旅游产品策划

本章提要

"策"是指计策、谋略，"划"是指计划、安排。策划就是策略、谋划，是指有计划地实施谋略。旅游产品策划是旅游策划的重要组成部分之一。旅游策划由相互关联的旅游地形象策划、旅游产品策划和旅游市场策划三大部分构成，其中旅游产品策划是基本性策划，没有旅游产品策划，旅游业的发展将无从谈起。

本章在明确旅游产品策划基本含义的基础上，提出了旅游产品策划的"四个"结合、"五点"法则和"四大"理念，并对旅游产品卖点策划、定位策划和游玩方式策划进行了详细的阐述。

学习目标

1. 掌握旅游产品策划的概念。
2. 理解旅游产品策划的"四个"结合和"五点"法则的含义。
3. 深刻理解旅游产品策划理念的内涵。
4. 熟悉旅游产品定位的内容。
5. 掌握旅游产品卖点策划的方法。
6. 掌握旅游产品游玩方式策划的内容和基本方法。

框架结构

- 旅游产品策划
  - 旅游产品策划概述
    - 旅游产品策划的含义
    - 旅游产品策划要坚持“四个”结合
    - 旅游产品策划的“五点”法则
    - 旅游产品的“卖点”策划
  - 旅游产品策划理念
    - 市场为导向
    - 创意为核心
    - 特色为根本
    - 文化为灵魂
  - 旅游产品定位策划
    - 主题定位
    - 市场定位
    - 功能定位
    - 目标定位
    - 发展定位
  - 旅游游玩方式策划
    - 游玩方式的含义
    - 游玩方式策划设计的原则
    - 游玩方式策划设计的程序
    - 游玩方式策划设计的内容

开篇案例

中国最美的乡村——婺源

位于江西东北的婺源县,以深厚的文化底蕴与绝美的自然风光赢得了旅游者的青睐,成为全国著名的文化与生态旅游地,“中国最美的乡村”成为婺源最响亮的品牌。2009年,江西婺源县荣获第二届喜迎世博“畅游中国·创意旅游”峰尚大典“创意旅游产品大奖”,2010年入选“2010·中国年度品牌”。

一、“中国最美的乡村”内涵要素分析

“中国最美的乡村”，凡是来过婺源的游客都对这一评价表示认同，更有不少人对婺源乡村之美给予高度赞誉，认为名副其实，恰当正确。但主题和口号必须与旅游产品的内涵和旅游线路的组合相衔接，这是婺源旅游业得以发展和升华，形成响亮品牌的核心竞争力。

对“中国最美的乡村”内涵和构成要素的剖析，将对婺源旅游业的全局发展和产品整合起到纲领性的指导作用。乡村是一片“天人合一”的美丽境地，而婺源则更是中国乡村“人杰地灵”的典型代表。“中国最美的乡村”的完整内涵应由以下八类要素构成：

1. 青山

婺源的山最大的特点就是一个“绿”字，不仅植被覆盖率高，而且层层叠叠，绿荫浓密，远远望去，就像是一蓬蓬层次丰实的花朵在绽开，美不胜收。第二个特点是整体海拔不高，但又呈现多样性，这就有利于开发多种旅游产品，适应不同客源市场和旅游需求。婺源群山以秀丽和生态见长，可以做出生态山、休闲山和会议山的特点。婺源乡村之美恰恰是乡村隐于青山，青山衬托乡村，山麓有村，村背有山，确实是一幅令人陶醉的乡村画卷。

2. 秀水

水之秀，一是清澈，二是柔和，三是有良好的生态环境做衬托。婺源之水，正好三者皆备。由于婺源没有工业污染，水质很清，十分可贵。河水皆在大地的绿丛中弯弯曲曲地穿越流淌，极富诗情画意。即便是漂流的溪水，也没有急流险滩，仍是十分舒缓。这种水的意境，可用一个“秀”字概括，这种情调正适合休闲旅游的需要。

3. 古树

长期以来良好的生态保护使婺源的山体被茂密的森林所覆盖，一片葱葱郁郁。这中间又有许多珍贵的树种和古老的树木，由于古树生长茂密，而形态又各都虬结奇特，交错生长在一起，从而构成了一幅天然妙成的图画。这些树木和树群本身就可以构成一个个独立的游览景点。

4. 古建

民居官宅是目前婺源已开发旅游产品中的重点、亮点和热点。从实际分布来看，几乎乡乡镇镇都有，特色建筑是“凝固的音乐”，也是我们祖先文明的遗址和实证。除集合型的村落外，也有单独的、有特殊价值的单栋建筑。这些建筑细腻别致，更具考古价值、艺术价值和摄影价值，这也是这些建筑成为诸多影视剧拍摄场景的原因。

5. 田园

乡村存在的基础就是田园，它是农民祖祖辈辈的耕耘之地。婺源的田园风光确实是五彩缤纷，构成了一条亮丽风景线。婺源的田园风光还随四季而变，姹紫嫣红，五光十色。正因为婺源田园风光的美，才使摄影爱好者纷至沓来，他们拍摄着中国农村最美的镜头，展示着中国农村最美的画卷。

6. 英才

名人辈出，薪火相传，这是婺源最值得骄傲的资源，也是婺源史书上最辉煌的篇章。从理学始祖朱熹、尚书余懋学到著名学者江永和汪绂、著名科学家齐彦槐、中国铁路创始人詹天佑，可谓人才辈出。“地灵”方能产生“人杰”，正是婺源这片美丽而颇具灵气的土地才会在绵绵千年的历史长河里不断孕育出一代又一代的各路英才。人，靠一方水土养育，人才的辈出正证明

了婺源——这中国最美的乡村,是一块珍贵的“风水宝地”。

7. 文脉

婺源文风昌盛,是理学之乡。孝悌忠信,在婺源深入人心,蔚然成风。婺源各姓祠堂和每家厅室处处都显示出本乡本土的文化脉络。婺源每个村落都建有祠堂,是全国立祠最多的地区。在婺源这片乡土上,经过县学、书院、义学、社学、私塾和学堂不同层次、不同形式的代代教育,勾勒出鲜明的文化光环。绵延流长的文脉正是中国最美乡村之魂。

8. 民风

婺源人守护着自己古老的乡园。历经百世的积聚,婺源的民风民俗浓郁、生动,显示了中国最美乡村的独特风姿。婺源人的起居衣食舒意而又恬淡,依恋着农耕文明的物质和精神生活,婺源恬淡的风尚又增添了雅致精巧的品味。婺源民俗又喜爱粗犷、神秘的傩舞,以及徽调、地戏、鼓吹、抬阁和灯彩等地方曲艺。每逢四时八节、婚庆嫁娶,婺源到处都是千姿百态、流光溢彩的舞动。婺源还有百工百艺百味农副特产的供给,与丰富多彩的地方艺术遥相辉映。婺源风物是中国最美乡村独具禀赋的天生丽质,婺源人淳朴热情,给人以如沐春风的美感。

以上八个要素中,前三个要素的“青山”“秀水”“古树”是“天”;后五个要素的“古建”“田园”“英才”“文脉”“民风”是“人”。这八个要素的结合才是完美的“天人合一”。

以上八要素可以进一步归纳为:中国最美的乡村——生态美·古村美·风情美。

二、旅游产品开发策略

1. 统一规划,合理布局

在总体规划布局思想的指导下,对现有景区的发展方向做出规定,为了避免重复建设,减少不必要的浪费,新项目须本着“突出重点、兼顾一般、提高质量、注重效果、立足当前、着眼长远”的原则进行实施。

2. 立足资源优势,突出差异和特色

婺源旅游资源十分丰富,但不可能也不必都开发,而应以旅游资源的差异和特色选择开发项目,确定时序。具体包括资源数量、等级差异、地段差异、开发规模差异和产品内涵差异,由异质性形成特色,由特色形成优势。根据目前态势,古村落和山岳峡谷不宜过多开发,因其同质性强,难以得到市场的认同。

3. 抓重点,出精品

政府要在现有的财力状况下,引导资金投到重点和精品旅游项目上,应集中资源,抓住重点,实施主题开发,构建竞争优势。发展的空间序列也应是由近及远,成片开发,形成规模,同时还要兼顾旅游线路的完整性和交通的便捷性。

4. 根据市场需求变化实现产品的升级换代

旅游产品结构的调整要依据市场需求的变化,分阶段逐步实施。任何一个产业都存在由低级向高级发展的过程,旅游产业也一样有这么一个过程。随着旅游观光向休闲度假的发展,婺源的旅游产品也要逐步由观光产品向休闲度假产品调整和升级。

5. 历史文化资源的深度开发

婺源现已有不少很好的旅游产品,如地方戏剧、民间艺术等,应进一步深入开发,使其更有价值和吸引力。尤其是傩戏,可以进行深度开发,使之成为一个具有浓烈中华民族文化特色的节目。要做到像丽江纳西古乐那样，成为每个来婺源的旅游者必看的节目，也要向昆曲看齐，积极申报世界口头传承与非物质遗产。

6. 乡村旅游产品开发

为了迎合城市旅游者休闲度假、放松身心的需求，婺源应利用自身美丽的田园风光、淳朴的民风及古民居等乡村旅游资源优势，着力将其进行挖掘组合，重点开辟几个具有代表性的村落，不仅使游客体验到乡村的风土气息，也可令其参与到日常农村生活中去，放松身心，享受乡村情趣。

三、旅游产品结构

以塑造“十大精品，十大亮点”作为核心产品，形成由精品和特品构成的产品结构，将“中国最美的乡村”的内涵具体化。

1. 十大精品

精品之一：伟人故里——江湾。

精品之二：生态绿洲——晓起。

精品之三：理学名村——理坑。

精品之四：小桥流水人家——李坑。

精品之五：国家森林公园——灵岩洞群景区。

精品之六：奇险绝秀——大鄣山。

精品之七：养生宝地——秀水湖。

精品之八：商埠名村——汪口。

精品之九：宋代廊桥——彩虹桥。

精品之十：梦里水乡——月亮湾。

2. 十大亮点

亮点之一：华夏鼓吹。

亮点之二：名人广场。

亮点之三：百鸟翠林。

亮点之四：养生家宴。

亮点之五：珍奇四色。

亮点之六：文公阙里。

亮点之七：丛溪漂流。

亮点之八：徽商豪宅。

亮点之九：金庸祖源。

亮点之十：鸳鸯奇观。

四、旅游产品类型与组合原则

旅游产品类型包括游览观光型、休闲度假型、参与娱乐型、人居型、会议型、主题型、生态型、夜游型和空中游型等。

旅游产品组合坚持需求组合、要素组合、区域组合、类型组合和有效组合的原则。

（资料来源：根据网络相关资源改写）

2.1 旅游产品策划概述

2.1.1 旅游产品策划的含义

旅游产品策划是旅游策划的重要组成部分之一。旅游策划由相互关联的旅游地形象策划、旅游产品策划和旅游市场策划三大部分构成。其中,旅游产品策划是基本性策划,没有旅游产品策划,旅游业发展将无从谈起。

1. 旅游策划

策划就是策略、谋划,是有计划的实施谋略。"策"是指计策、谋略,"划"是指计划、安排。策划的核心是创造性,不仅是指策划是创造性思维的结果,而且还包括形成这一结果的动态过程。

旅游策划是依托创造性思维,整合旅游资源,优化要素配置,实现旅游发展目标的创造过程。沈祖祥提出了旅游策划的"五特"概念,即是指用独特的方法,策划独特的产品,卖给独特的群体,满足他们独特的需要,最终获得独特的效益。

旅游策划的基本任务是利用系统的分析方法和手段,通过对旅游市场和各种相关要素的把握,整合各种资源,优化设计出的能解决实际问题的、具有科学的系统分析和论证的可行性方案和计划,使效益和价值达到最大化。具体是针对明确而具体的目标,策划和设计游憩方式、产品内容、主题品牌和商业模式,从而形成独特的旅游产品,或全面提升和延续老旅游产品的生命力,或建构有效的营销促销方案,并促使旅游地在近期内获得良好的社会效益和经济效益。创新性和可操作性是旅游策划的最主要特征。

2. 旅游产品策划

旅游产品策划是指根据旅游市场的需求和旅游资源优势,对旅游产品进行研制、开发和优化的过程。

旅游产品策划的内容主要包括:产品定位策划、旅游项目策划(核心吸引力)、游玩方式策划、要素功能策划、旅游线路策划、旅游活动策划、营销模式策划和盈利模式策划等。当然,对于旅游产品体系中区域旅游产品、旅游景区产品和旅游线路产品等不同形式的旅游产品,策划的内容和重点也各不相同。

3. 旅游产品策划的程序

旅游产品策划的程序主要包括以下六个步骤:

(1)旅游产品定位。旅游产品定位是旅游产品策划的核心步骤,包括主题定位、目标定位、市场定位、功能定位和发展定位等五大定位。

(2)旅游项目打造。根据旅游产品定位,创造性地策划具有核心吸引力的项目内容。

(3)游玩方式设计。围绕核心吸引力项目,展开游玩方式,形成游玩内容、游玩过程和游玩结构。

(4)旅游要素配置。围绕游玩方式,进行旅游六要素的功能配置、空间结构配置和景观配置,形成项目总体构架。

(5)营销模式策划。根据产品特点及分析,设计营销模式,确定营销战略和策略。

(6)盈利模式策划。围绕游玩方式,结合六要素,进行收入方式设计。

2.1.2 旅游产品策划要坚持“四个”结合

1. 开发模式:资源与市场相结合

要开发旅游产品,旅游资源和市场是必须考虑的两大问题。旅游资源是发展旅游的基础条件,旅游资源的品级直接影响旅游产品的档次。但资源导向也并非有什么资源就开发什么资源,而是要选择优势资源。这种优势资源不仅在于资源的绝对价值,更在于相对价值,即取决于这一资源在空间位置中与邻近区域的组合结构。同一地区或相近地区内,地位较低的风景区就会笼罩在地位较高的风景区的阴影中,难以有人光顾,更谈不上兴旺发达。因此,资源优势必须具有独特性,有鲜明的特色。除资源的自身价值外,地理位置和交通条件也十分重要,直接影响到可进入性。

旅游经济严格来讲就是需求导向型经济,现代旅游关注的是客源市场,应该坚持市场取向。离开旅游市场需求,仅按资源状况去发展旅游又必然是盲目的。发展旅游必须对客源市场的主流做出准确判断,从而实现准确定位。当然,旅游市场需求也是动态发展的,会随着整个社会经济的不断发展而发生变化,不能局限于现在有什么需求就做什么,也要通过开发促销,挖掘和促成新的旅游需求。

旅游资源与旅游市场结合是旅游产品策划的出发点。问题的关键是如何找到二者的最佳结合点,即将旅游资源按市场需求转化成为优质的旅游产品。在创新的指导原则下,针对同样的资源与市场条件,可以开发多种形态的旅游产品。需要注意的是:旅游资源再好,不一定能转化为旅游产品;旅游资源价值再大,开发为旅游产品后,不一定能得到市场的追捧;有科学研究价值的旅游资源并不一定等同于有旅游市场价值。在旅游产品策划中,要辩证地利用资源与市场条件,有针对性地利用旅游资源,拓展旅游市场,引导旅游发展。

2. 产品类型:大众与小众相结合

所谓大众旅游,是指现代旅游活动中以有组织的团体包价旅游为代表的大众型旅游模式,并且形成在广大民众中占支配地位的旅游形式。常见的大众旅游形式是跟团旅游,即旅游者在旅行社的组织和安排下,借助各类旅游企业提供产品和服务,按照规定的时间、线路和活动的内容,有计划地完成全程旅游活动。大众旅游产品是运用严格的成本控制为普通旅游消费者提供的一种常规的旅游产品,安排经济实惠、简约亲民的交通、住宿和餐饮内容,以充分地满足游客的基本出行需要。大众型旅游在一定程度上为大规模的出游造就了条件,具有价格经济、行程紧凑等特点。它是以“到此一游”为基本的服务理念定位,面向大众消费人群,基本没有客户细分、兴趣细分和需求细分,主要解决“去哪里”“何时去”等问题。这也导致了一些问题的出现,如旅游产品的单一性和格式化造成了单调和低层次,热门景点人满为患,以及环境破坏严重等。

旅游需求的个性化必然要求旅游产品的多样化,旅游市场也由大众走向分众。在这种情况下,一种与大众旅游形成鲜明对比的、满足不同兴趣群体的“小众旅游”应运而生。小众旅游是与大众旅游相对的,旅行人数明显少于大众旅游,是小范围或小圈子内的旅游。小众旅游追求的就是与别人不一样的旅行生活,它更深入、更独特,需要体验到当地的生活文化和人文精神,或者以旅游为形式来实现某种专业或个人特定的目标。旅行的重点除了去哪里之外,更重要的是和谁一起去,在行走中能够取得什么样的体验和感受。小众旅游提供的个性化产品会让人们获得另类体验,让个性在旅游中尽情挥洒。

旅游产品里既有大众的也有小众的,有利于产品的丰满。同时,任何大众化的东西,在最开始都可能是小众的,是由小众发展而来的。谁最早把握了小众,谁就可能在最后赢得大众。在国外,人们所说的小众旅游其实很大众,一家大小去露营也很常见,因为他们的经济发展和消费意识已经到了一定的阶段。

3. 思维方式:理性与感性相结合

杨振之提出的“后旅游策划”理论,强调旅游策划的感性回归,在旅游产品策划中要用非科学的方法去批判和颠覆科学的认知,促使旅游策划理性与感性的统一。在旅游产品策划过程中,二者自始至终进行正反两方面的博弈,旅游产品策划才有生命力。

人的思维可以分为感性思维和理性思维两部分。感性思维是对客观事物的直接感觉和认识的一种思维方式;理性思维是通过思考而升华的一种抽象的认知,是能够对事物或问题进行观察、比较、分析、综合、抽象与概括的一种思维,是人们把握客观事物本质和规律的能动活动。感性思维是“爱”“恨”“愉快”“悲伤”等感情部分;理性思维是“演绎”“归纳”“推理”“论证”等理性思考部分。理性思维是处理和理解事物时对事物结果的导向明确,并从中选择事物结果的思维过程;而感性思维则是认知事物中所包含和赖以支撑的事物内涵。理性是思维对结果的定义和实践,而感性则是思维对结果的解析和复制。强大的理性思维可以让人做事更加严谨缜密,但感性思维仍然十分重要。旅游产品的策划需要严密的理论体系,重证据、重推理、重逻辑,同时也需要丰富的情感认知,重感受、重直观、重印象。

旅游产品策划中的理性思维是指旅游产品策划要依据科学的研究方法和研究成果。在旅游产品策划时所进行的旅游资源调查、分析与评价,就是依据科学的方法进行的,其中需要搜集大量的统计材料。同时,要进行同类旅游资源的类比分析,没有与同类资源的价值比较,就不能确定旅游形象定位和产品特色定位。

旅游者购买的是旅游经历,旅游产品即是向旅游者提供旅游经历,旅游产品的生动性和趣味性对旅游经历十分重要。旅游者特别注意在旅游过程中的感受、印象和得到的欢乐,以及旅游所唤起的情感体验,而所获得的心理感受不需要太多的实证。在旅游产品策划中,感性思维能提供广阔的旅游体验空间,如导游词撰写和导游讲解所营造出特殊的气氛和场景,更多的是依赖于对导游对象内涵揭示的艺术加工。

4. 本质属性:科学与艺术相结合

策划是一门科学,它以策划理论和方法为指导,有一套分析问题和解决问题的科学的方法论,具有科学性。策划作为一个活动过程,存在许多共同之处,有着一定的规律性。科学的策划注重自然规律、客观数据、分析结论、程序化、规范、规则、惯例、理性体验、同一性和经验的运用,在面对同样问题的时候,有理可循,有据可依,提高了成功率和可行性。策划理论和方法也在实践中得到不断的验证、丰富和发展。但策划是一种创造性的活动,拒绝复制,欢迎创新,没有一种完全可循的模式,策划的科学性并不能为策划者提供解决一切问题的标准答案。它要求策划者以策划理论和基本方法为基础,结合实际灵活地加以运用。因此,策划又具有艺术性。

策划是一门艺术,它是指利用系统化的知识和技术,并根据实际情况激发灵感、发挥创造性的技巧和诀窍,表现为灵活高超的策划才能和艺术化的策划方法。策划的成效与策划者对策划技巧的发挥具有很大的相关性,体现了策划者设计和操作策划活动的艺术性。策划属于软科学,没有最优解,只有满意解。如何更好地策划,受天时、地利、人和的影响,更受策划者本身的价值观、风格和偏好的影响。山无常势,水无常形,善变者胜,如果仅凭停留在书本上的策划理论或背诵原理来进行策划活动,是不能保证其成功的。策划者必须在策划实践中发挥积极性、主动性和创造性，因地制宜、审时度势地将策划理论与具体策划活动相结合，才能进行有效的策划。艺术性是策划创新的灵魂，策划的艺术性主要表现为实践性。策划的艺术性注重的是灵活多变、逆向思维、创新创造、情感认知和审美感悟。艺术性是一种思维的升华，能够带来活跃与发展，如同流动的思想、气质和血液。

策划既是一门科学，又是一门艺术。科学是以逻辑思维为主要特征，注重实在、求同；而艺术是以形象思维为主要特征，注重想象、求异。科学和艺术是不能分割的，它们的关系是与智慧和情感的二元性密切关联的。策划的科学性是艺术性的前提和基础，艺术性是科学性的突破和创新，策划的科学性和艺术性是互为条件、互相转化的有机统一体。不注重策划的科学性，将使策划表现为随意性；不注重策划的艺术性，策划将会是僵硬的教条而毫无新意。只有对科学化的策划理论和方法进行艺术化的运用，才能形成有效的策划活动，进而更好地指导自己的策划实际。

2.1.3 旅游产品策划的“五点”法则

1. 挖掘资源，寻找特点

充分挖掘旅游资源的独特性。旅游策划的过程就是不断发现新资源、挖掘有价值、有特色的旅游资源的过程，使潜在旅游资源变为现实旅游资源。旅游策划的最高境界就是“柳暗花明又一村”，化腐朽为神奇。在别人认为是腐朽的东西，你却发现了独特之处。要做到有所发现，必须在了解和熟悉旅游资源的基础上，能够对旅游资源进行科学的、适当的评价，并能判断它们在同类旅游资源中的地位、特色和价值，更重要的是，要能判断以这些资源为基础开发的旅游产品对市场的吸引力。如果原有旅游产品特色已逐渐失去市场吸引力，旅游产品策划则需要对旅游资源特色进行再认识，挖掘旅游资源适应旅游市场特色的一面，寻找合理的旅游市场爆发点与释放途径。

对各类资源要素进行优化组合。在全面认识旅游资源内部构成的基础上，以旅游资源特色为中心，进行旅游资源内部结构协调与重组，延伸旅游资源特色，以恰当的方式使特色得以释放。旅游资源内部结构重组的合理与否将直接影响到旅游产品的旅游市场认可度与生命力。但旅游资源的整合应把握适度的原则，旅游产品开发是旅游资源特色在逻辑上的必然延伸，策划的旅游产品与旅游资源之间有内在的必然联系，这样的旅游产品才有生命力。

2. 把握趋势，追踪热点

旅游产品开发必须顺应时代潮流，适应旅游发展趋势，追踪市场热点。当前，旅游逐渐变成一种大众化的生活方式，成熟、理性的旅游者群体已逐步形成，呈现出旅游主体的多元化、旅游需求的多样化、旅游行为的理性化，以及旅游消费的休闲化和体验化的特征和发展趋势，由观赏性旅游变成体验式旅游，由眼睛看的旅游变成用身心体验的旅游。虽然在一段时间内观光旅游仍将占据重要地位，但个性化旅游需求推动旅游向主题化方向发展，高端旅游、深度旅游和特种旅游等小众、专项旅游方式不断出现，休闲度假旅游、文化体验旅游和特色旅游已经成为新的旅游热点。从旅游形式的变化趋势可以看出，不同层面的旅游需求同步快速发展，旅游者对旅游目的地的要求不断提高，一个趋于理性和成熟的旅游产业初步形成。旅游产品开发策划必须对这一趋势准确把握，顺应潮流，引领时尚。

3. 张扬个性，突出亮点

在旅游迎来大众化时代，旅游已融入大众生活的今天，却出现了小众化的旅游需求，个性旅游被越来越多的人所追捧。旅游市场不断扩大,但游客对产品的自主选择性也更强,常规的大众旅游线路已经无法满足多样化的旅游需求,之前属于小众市场的个性旅游,如深度游、定制游等也被越来越多的人接受并喜欢。只有产品种类多元化,所针对的目标客户群体才能更具准确性。只有通过旅游产品细分定位,针对不同的客群制定出个性产品,才能满足每一个特定群体的个性化需求。

亮点是有别于他人或高于他人的方面,是个性、特色和闪光点。要善于发现亮点、创新亮点、展现亮点,这样才能突出亮点。经过多年发展,旅游企业已经意识到拼价格只能陷入恶性循环,从而更加注重产品和质量竞争,以个性化旅游产品为亮点抢占市场,已成为主要竞争手段。一些旅行社针对有特殊偏好的旅游爱好者,开发个性化十足、有突出亮点的产品,如"世遗览胜俱乐部""自驾出国俱乐部""摄影达人之旅"和"瑜伽盛典游学之旅"等。

4. 创新概念,打造卖点

要创造市场,必要先植入观念。产品"概念"是卖点的主题,产品营销不仅是产品的竞争,更是观念的竞争,于是必须给你的产品确定一个"概念",也是一个"独特的说法"。一个好的卖点,必然能赋予产品"虚幻"的概念,这个概念即是给消费者带来的心理观念。当一个观念确信可以植入消费者心目中时,对产品的好感也会应运而生。它不仅能令消费者接受该产品,更可以巩固它在市场中的位置,延长它在市场中的寿命。

所谓卖点,无非是指别出心裁或与众不同的特色或特点。这些特色或特点,一方面是产品与生俱来的,另一方面是通过策划人的想象力和创造力"无中生有"的。卖点是消费者关注的核心,产品在营销策划过程中,应该站在消费者的角度换位思考,提炼产品卖点。产品卖点的策划将使得营销更加精彩。

5. 抓住时机,聚焦节点

时机是特定时间的特殊机会,具有时间限制性。任何社会重大事件或热点都有可能蕴藏着发展旅游的契机。抓住时机,审时度势,就能运筹于帷幄之中,决胜于千里之外。但机会是在纷纭世事之中的许多复杂因子在运行之间偶然凑成的一个有利于你的空隙,这个空隙稍纵即逝,要把握时机需要眼明手快地去"捕捉",而不能坐在那里等待或因循拖延。旅游时机的出现具有一定的随机性和偶然性,要抓住有利时机,必须未雨绸缪,提前准备;通过细心观察,捕捉细微变化,发现有价值的线索,准确预测热点趋势;更要善于利用机会,运用创造性思维方法把别人不注意或不看好的机会变成良机,策划出与众不同的产品。

在日常生活中,有一些重要时间节点可以为捕捉旅游时机提供线索。社会性节日、地方性节庆活动、社会性重大活动和公众关注的热点等,都可以成为旅游活动的重要时机。对这些节点加以特殊关注,适时策划与之密切相关的旅游活动和产品,会收到良好的效果。

2.1.4 旅游产品的"卖点"策划

1. 旅游产品卖点

产品卖点又称USP(unique selling proposition),即"独特的销售主张",就是能够吸引消费者眼球的独特利益点,也是产品营销的诉求点和独特的卖点主张。"你的产品是什么并不是最重要的,消费者认为你的产品是什么才是最为关键的"。卖点主要包含以下三个方面的含义:

(1)旅游产品应该向消费者传播一种主张、一种忠告和一种承诺,告诉消费者购买你的产品会得到什么样的利益。

(2)这种主张应该是竞争对手无法提出或未曾提出的,独具特色。

(3)这种主张应该以旅游者为核心,易于理解和传播,具有极大的吸引力。

旅游产品卖点就是为旅游消费者寻找、挖掘和创造一个到特定的旅游目的地进行消费的理由。旅游产品卖点是从产品特色中通过梳理、提炼和创造等过程而挖掘形成的,包括景观特色、文化特色、风情特色、游憩特色和生态特色等多方面。

旅游产品卖点要满足两个条件:一是每个旅游产品要有一个独特的、差异化的卖点;二是这个卖点是被大多数人接受并欢迎的。人们购买产品是为了满足需求,卖点就是人们愿意掏钱消费所获得的利益,是为利益而买单。人们不是买洗发水,而是买漂亮的头发;人们不是买汽车,而是买速度和便捷;人们不是买旅游,而是买身心快乐。因此,卖点是消费者关注的核心,产品在营销与策划过程中,针对目标消费受众进行卖点提炼和卖点传播,才具有实际的商业价值。

2. 卖点提炼

(1)从产品层面提炼核心卖点。因为产品同质化的存在,需要的是差异化的卖点,产品的独特的个性及与众不同的特色是产品的生命力。

(2)从品牌层面提炼核心卖点。品牌USP攻略的基点不是针对产品的事实,而是上升到品牌的高度,揭示一个品牌的精髓和核心价值,并通过强有力的手段来证明它的独特性。

(3)从社会观念里寻找核心卖点。观念涉及的主题可以是某种情结、人生、健康、运动、爱情、生活方式等。旅游产品卖点提炼的最终成果就是找出旅游产品的优势及优势识别特征、需求满足的优势等,如杭州宋城的"给我一天,还你千年"。

3. 卖点创意

旅游产品卖点不是从经验中得来的,更不是从简单的模仿和借鉴中得来的,它需要捕捉、发掘和提炼,更需要独创,每一个独特的卖点都是突破常规的结果。提炼和创意旅游产品卖点要从旅游的本质出发,不能凭空想象。旅游者进行旅游的目的就是为了体验不同于自己所在地的自然、人文及历史等特色,所以,挖掘旅游产品卖点的核心就是要准确判断和概括出该地旅游资源的核心价值,也就是区别于其他地方,尤其是与同类资源相比较的不同点,只有这样才能形成吸引力和影响力。常见的卖点创意模式有以下几种:

(1)卖"情感",攻心为上。让情感诉求(卖点)丝丝入扣地渗入到消费者心田,在心中慢慢培育着忠诚,比直接宣传产品功能要感人得多。

(2)卖"特色",一针见血。以特色作为销售主张,并不主要突出消费者的行为特性,也不过分强调产品的核心精神文化内涵,它直截了当,直奔主题。

(3)卖"形象",美好印象。形象化的销售主张能够加深消费者对产品的印象,并在心目中留下美好的印象。

(4)卖"品质",权威效应。如不直接宣扬产品品质本身,而让那些本身代表着品质的专家、教授、博士和学者等人士现身说法,引用权威言论,参考权威数据,借助权威品牌、权威机构认定和权威单位试用等方法来打动消费者的心。

(5)卖"服务",流行走俏。包括对产品本身的体验和生产过程的体验,推出服务承诺、服务差异化、服务品牌、个性化服务和衍生服务等。

(6)卖"概念",打造差异。"概念"是一个"独特的说法",植入消费者心目中,能给消费者带来心理观念变化,形成对产品的好感。

(7)卖"文化",以柔克刚。时尚文化的卖点更为商家所看重,时尚文化包含了明星文化、偶像文化、发烧文化、E族文化、动漫文化和沙龙文化等。

(8)卖"感觉",精神满足。以服务或者产品为载体,为消费者创造出的一种心理舒适与精神满足。

4. 卖点传播

产品卖点传播不仅是满足需求,更是引导需求。旅游产品卖点在传播过程中的表达具体体现在核心利益诉求、特色优势支撑及相关利益所得方面。卖点传播的方式有很多,既可以借助游客的口碑相传,也可以借助新闻媒体的新闻或广告传播,还可以通过文学作品、影视作品和艺术创作等形式进行传播,更可以借助多种活动的传播优势及影响效应进行推介和传播。

产品卖点的传播总是给消费者留下最深的印象。因此,找出产品的核心卖点主张对于产品传播、品牌树立和销售都具有不可估量的拉动效应。

2.2 旅游产品策划理念

旅游产品策划要树立并坚持四大理念:市场为导向、创意为核心、特色为根本、文化为灵魂。

2.2.1 市场为导向

旅游产品策划的成功与否,旅游产品是否符合旅游者的需求,最终将受到市场的检验。市场是旅游产品策划的出发点和落脚点,为游客服务是旅游产品策划的动机源。旅游产品的使用价值必须能够满足旅游者的需求,其价值才能实现,拥有广阔旅游市场的旅游产品才能具有强大的生命力和良好的经济效益。

市场学有一个经典的案例:曾经有个鞋商甲到一个岛上考察,他看到岛上的居民祖祖辈辈有赤脚的传统习俗,便失望地走了。不久,又有一个鞋商乙到了岛上,当他得知岛上居民没有穿鞋子的习惯后喜出望外,认为大有挖掘开拓的潜力。果然,经过努力,他大获成功,赚了个盆丰钵满。故事中岛上的居民就是市场。

1. 针对需求,迎合市场

旅游市场通常是指旅游需求市场或旅游客源市场,即某一特定旅游产品的经常购买者和潜在购买者。旅游市场不同于其他类型的市场,由于游客购买的是特殊的经历,许多旅游产品具有无形的特征,同时对旅游经历的感受又受游客心理因素的影响,市场特征表现得难以捉摸。

旅游市场作为旅游需求市场和旅游供给市场的总和,反映着国家之间、国家与旅游经营者之间、旅游经营者之间、旅游经营者与旅游者之间错综复杂的经济关系。旅游市场的形成和发展是这些关系协调发展的必然产物。

(1)经济发展水平。旅游市场的形成与经济的兴衰是同步的,旅游客源市场分布格局与国家经济发展水平和国民人均收入水平是相一致的,并且这种客源市场结构具有一定的稳定性。经济的发展是旅游市场形成的主要条件,凡是经济发达和经济看好的国家和地区,都是发展最好和最快的旅游市场。

(2)人文地理关系。许多地域接壤、相互毗邻的国家或者地区之间都有着不可阻隔的政治、经济、历史、文化和通婚等密切交往,形成了较大规模的、长期稳定的人员旅行往来。

(3)旅游地市场开发水平。旅游供给市场从形成到成熟,必须经过适应需求、引导需求、刺激需求和创造需求等不同层次的实践过程。许多国家在很短的时间内就在竞争激烈的世界旅游市场上成为旅游强国,靠的就是综合性的旅游开发,使自己的国家迅速形成具有竞争力的旅游市场,如新加坡、泰国和澳大利亚等。

(4)政府发挥的积极作用。政府的旅游政策也是影响旅游市场形成的一个重要因素。积极的旅游政策将鼓励旅游经营者采取各种措施满足旅游市场的需求,简化旅游者的出入境手续,促进旅游市场的发育和形成;相反,消极的旅游政策则会抑制客源的增长。同时,政府通过对旅游市场的有效宏观调控和宣传促销,维护稳定的政治环境,提高国民素质,重视旅游人才培养,推进旅游设施建设,促进科学技术成果在旅游市场建设中的运用等,直接影响旅游市场的形成和发展。随着经济的飞速发展,中国的旅游市场发展迅速,市场需求不断扩大且呈现多样化和多层次性,市场竞争呈现多角化趋势,旅游市场格局也在不断变化。

2. 创造需求,引领市场

从梦幻的好莱坞到浪漫的爱琴海,从优美的庐山恋到威武的少林寺,从乔家大院的红灯笼到歌声悠扬的刘三姐,从大长今的华服美食到影视城的台前幕后……当影视越来越近地走进人们的生活时,人们也越来越近地走进了影视中的风景。一个又一个的拍摄地成为人们探寻梦想的去处,一个又一个的旅游目的地因影视的热映而游人如织。这些旅游需求正是由影视的热播而引发的。

有需求才会有市场,这几乎是所有人的共识。但在某些特定的市场阶段,许多产品的市场需求并非是与生俱来的。坐等市场需求成熟的时候,就意味着损失巨大的利润空间,丧失了在竞争中所处的有利地位。因此,必须学会去创造市场需求,因为只有这样才可能赢得自己生存、发展和壮大的机会。

(1)挖掘潜在需求。消费行为是一个过程,它从消费者意识到某种东西的缺乏而引起的需要开始。未被意识到的需要,通常被称为潜在需要。从心理学上讲,潜在需要只为活动提供了前提条件,但并不构成活动的动力,只有依靠某些外部的诱因,才可能驱使机体产生行为活动的内部驱力。广告在消费行为的进程中,最主要的作用之一是针对有购买潜质的消费者,诉求可以满足其需求的商品信息,从而激发起其本有的沉淀在内心深处的欲望,导致购买行为的实现。对于市场来说,"发现"比"发明"更重要。发现并不是用肉眼去看,而是用有创意的思维去观察、去分析、去推理、去判断那些潜在的、不为常人所注意的新的市场和新的需求。

(2)有效引导消费。需求需要慧眼发掘,消费需要有效引导。谁能发现消费者潜在的、隐含的需要和欲望,并将其转化为明确的需求,谁就能把握市场的主动权。美国孩之宝玩具制造公司成功地将玩具"变形金刚"打入我国市场就是一个很好的证明。他们来中国进行调查时发现,我国父母视孩子为掌上明珠,舍得为其投资。"变形金刚"价格虽高,但在中国仍然会有较大市场,关键是如何让中国众多的孩子接受这种玩具。通过研究决定先制造消费,引导中国的孩子们喜欢"变形金刚"这种玩具。他们将一套变形金刚动画片无偿地赠送给上海、广州等大城市电视台播放,实际上起到了让电视台免费做产品广告的目的。当孩子们被荧屏上的"变形金刚"深深吸引时,孩之宝公司便不失时机地将玩具"变形金刚"投放市场。由于动画片神奇地引导了消费欲望,所以赢得了众多的小顾客,从而使玩具"变形金刚"以排山倒海之势横扫中国玩具市场,独占当年中国玩具市场份额的30%。

(3)实施产品创新。创新产品是创造市场需求的利器。创新产品要具有个性化,即有独特的功能,有自己的特色。创新产品又不能与现实的消费需求层次走得太远,也就是说在一定的产品创新空间中,与目标消费者靠得越近就越能够赢得利润,也就越能够提高在竞争中的市场地位。创新产品不但要走在对手的前面,超前对接消费需求,还要符合目标消费者的价值取舍,尽量从实用的原则上着手超越对手,从不过大加重顾客消费成本的角度来进行创新。

(4)创新营销模式。营销创新与产品创新同样重要,要以创新的营销方式创造需求,以示范效应带动和扩大市场需求。新产品刚投放市场不为人所认知,在这种情况下,利用相关促销活动吸引部分目标消费者参与进来进行使用示范,便是一个创造市场需求的有效办法。注意与消费知识对接,着力培育市场,进行具有针对性和震撼力的概念包装,由潜在需要唤起为意识的需要,由朦胧欲望转变为明确的购物意向,广告的诱发作用是不可低估的。

案例 2.1

沉浸式唐风市井生活街区——"长安十二时辰"

"长安十二时辰"是中国首个沉浸式唐风市井生活街区,位于陕西省西安市曲江曼蒂广场,占地三层,以总计2.4万平方米的立体商业空间为载体,打造出由"热门剧集IP+沉浸式娱乐+主题餐饮+国潮零售"组合而成的新消费综合体。项目以"唐食嗨吃、换装推本、唐风雅集、微缩长安、情景演艺、文化盛宴"六大沉浸场为核心,让市民游客能够在长安十二时辰充分享受到"一秒入唐"体验。

"长安十二时辰"街区以时间的循环变化为轴,以影视IP《长安十二时辰》为主题,将大唐盛世繁华景象和市井日常生活进行呈现,形成"十二时辰业态各异,一年四时景致不同"的独有效果,打造出了以"十二"为维度的系列亮点体验内容,如"十二处长安场景""十二条长安街巷""十二道经典菜品""十二味地道小吃""十二位唐朝人物""十二场特色演艺""十二场沉浸故事""十二个唐朝节日"等,形成了九个系列共计108个项目亮点内容,并进行多层次、多角度、多方位呈现,打造出一处淋漓尽致、多彩至极的唐朝时空。

"长安十二时辰"街区不仅涵盖唐食荟萃、百艺手作、文化宴席、沉浸演艺等多种业态,还打造集全唐空间游玩、唐风市井体验、主题沉浸互动、唐乐歌舞演艺、文化社交休闲等为一体的文旅融合新消费场景。让市民游客能够在长安十二时辰充分享受到"观一场唐风唐艺、听一段唐音唐乐、演一出唐人唐剧、品一口唐食唐味、玩一回唐俗唐趣、购一次唐物唐礼"的一秒入唐体验,真正做一回唐朝人,尽享唐风唐韵。全方位还原了唐朝文化,让大众一步走进唐朝,塑造出西安"唐潮人"的新时尚。

"长安十二时辰"以影视IP与商业IP融合、多元业态与沉浸式体验结合、复古经济植入历史文化,引领文商旅融合纵深发展,开创文化旅游全新商业模式,赋能唐文化旅游全新消费体验,打造可消费型盛唐文化主题文旅品牌。

"长安十二时辰"作为中华优秀传统文化创造性转和创新性发展的文旅融合项目,以盛唐长安的历史文脉为基石,以传统文脉传承为核心,致力于讲好唐朝故事,助力传统文化复兴,为城市更新添彩,为美好生活助力。同时,长安十二时辰也承载着丰富的人文精神和文化内涵,通过文化精耕、多方联动,以及文、商、旅的深度融合,实现传统与现代的共生,为市民游客提供可沉浸、可触摸、可体验、可消费的文旅新体验。

(资料来源:根据相关网络资料整理)

2.2.2 创意为核心

1. 创意的重要性

创意俗称“点子”或“主意”，它是科学、思维与艺术的完美结合，科学性、思维性与艺术性是创意的基本元素。简单来说，创意就是具有新颖性和创造性的想法。

旅游业是一个典型的创意产业，旅游发展需要创意思维，创意推动旅游的发展。在旅游活动日趋个性化和多样化，旅游市场竞争日益激烈的今天，由于旅游者“求新、求奇、求特、求异”的心理和注重体验参与的特点不断增强，构思和开发创意性的旅游项目和旅游产品具有十分重要的意义。在创意理念的引导之下，将智力因素和思想火花与原有的资源完美结合，通过重组和整合静态的旅游要素，并加以情景化和动态化来重新定位和推出，可以进一步增强旅游产品及服务的体验性和吸引力，以适应不断更新的市场需求，并充分彰显旅游的魅力。

创意是一种生产力，在旅游发展中发挥着至关重要的作用，是旅游策划的核心。创意是资源向产品转化的点金术，是开发旅游产品的主要途径，是开启旅游价值蓝海的钥匙，是开拓旅游新空间的利器，是带动传统旅游产业升级的法宝，是旅游业科学发展的根基。资源有限，创意无限，旅游发展的空间无限。创意制造新奇，创意能够给旅游活动注入无限的活力，从这个意义上讲，旅游创意就是旅游业的生命。总之，在这样一个强调文化与创意的时代，旅游业不能闭关自守，故步自封，应该主动迎接变化，拥抱创意，让创意的阳光照进传统旅游，让旅游园地盛开创意之花，这样旅游业才会繁荣。

创意不是创新，但创意与创新的本质是相同的，创意是初步构想，是创新的前提和源头，而创新是后续过程甚至是结果。旅游创意也不同于创意旅游，但二者之间具有密切联系，创意旅游实质上是旅游创意应用到旅游产业发展中的产物，是旅游创意产业化的重要体现。

2. 旅游创意的内涵

旅游创意就是创意元素与旅游元素相融合后产生的具有市场价值的、富有创造性的主意。即是指主要基于个人的观念、知识、经验、信息和技能，通过创造性思维产生的，以旅游产品符号价值生产、营销与消费为中心的独特意念和新颖构思。从外在形式而言，旅游创意表现为不同形态的既有元素之间的重新搭配，即异态混搭；从基本途径而言，旅游创意主要通过创造性思维生成；从内在本质而言，旅游创意则表现为创造出原来并不存在的价值，即价值创新。

旅游创意的内涵主要体现在：旅游创意的主要依托和基础是个人的观念、知识、经验、信息和技能，也与团队合作创意相关；旅游创意的思维方法和内在机制是创造性思维，与创造力密不可分；旅游创意的核心对象是旅游产品符号价值生产、营销与消费，同时也涉及与此相关的其他领域；旅游创意的表现形式是独特意念和新颖构思，有待细化为具体概念和策划方案；旅游创意具有静态和动态两种属性，可以用来描述结果或活动过程。

3. 旅游创意的特征

(1)创造性。旅游创意的创造性也称原创性、新颖性或独特性，是指旅游创意必须产生具有新颖性的构想。创意是金，贵在出新。创造性是旅游创意区别于一般旅游发展构想的根本特征，是旅游创意的灵魂和生命，也是判定旅游创意水平的首要指标。

旅游创意的生成需要借助创造性思维方法，旅游创意的本质是采取灵活多变的手段推陈出新。旅游创意有定法而无定式，具体的创意活动没有固定的、一成不变的模式。旅游创意的产生有时表现为灵机一动、豁然开朗，有时表现为反复推敲、柳暗花明，有时表现为分析研究、洞幽察微,有时表现为综合建构、把握方向。不同的人对于自己的创意体验各不相同,体现出创意方法与创意过程上存在的差异。

旅游创意具有新颖、独特和奇异性等共同特征。旅游创意虽表现各异,但总是打破思维定式,克服经验束缚,怀疑权威意见,或逆向出击,或剑走偏锋,或另辟蹊径,或出奇制胜,以其前所未有的表现形式或功能,给人以耳目一新、叹为观止的感觉。究其实质,作为不同形态既有元素的重新搭配,经由旅游创意形成的事物具有不同于原来的结构,因此具有崭新的形态或功能。

(2)内隐性。旅游创意的内隐性是指旅游创意活动的核心环节是一种表面上看不见、摸不着的内在心理活动和思维活动过程,这给创意活动蒙上了一层神秘的色彩,让人觉得创意是玄妙的。在西方哲学传统中,创意与非理性或“神秘的狂迷”系属同宗,国内也流传着创意像爱情一样不可分析等说法,这导致了创意神秘论,认为创意毫无规律可循,一般人也无从掌握其规律。内隐性给描述旅游创意过程、揭示创意规律带来了很大困难,成为旅游创意研究中的难题。

创意活动受到思维方法和心理因素影响。旅游创意是一种创造性心理活动,必须遵循心理活动的一般规律。著名心理学家罗伯特·斯滕伯格在分析“创意从何而来”时指出,创意具有智力、知识、思维风格、人格、动机和环境等六大心理资源。

(3)关联性。旅游创意是元素重组或异态混搭,其前提条件是具有较多的不同领域和不同形态的元素,这些元素之间的搭配方式决定着创意活动的结果。

旅游创意与知识、经验和信息密切相关。创意水平受旅游创意人员的知识、经验和信息的影响,但是并不是知识、经验和信息越多,产生的创意就一定越多,其中存在一个既有经验和思维定式之间的矛盾问题。总体来看,旅游创意与知识、经验和信息之间呈倒 U 形关系。

旅游创意与文化、科技和生态紧密关联。文化是旅游创意的素材,以传统文化和时尚艺术为代表的文化为旅游创意提供了取之不尽、用之不竭的原料来源;科技是旅游创意的翅膀,以网络手段和信息技术为代表的科技为旅游创意提供了异彩纷呈、日新月异的表现手段;生态是旅游创意的基底,以自然环境和社会景观为代表的生态为旅游创意提供了多种多样、变化多端的空间环境。实际上,文化、科技与生态为旅游创意活动指明了不同的方向。

旅游创意与资源和需求联系密切。旅游创意以需求为导向,以资源为依托。虽然旅游创意讲究“无中生有”,但是其中的“有”并不是凭空产生的,多与旅游地的地脉与文脉有关,是潜在旅游资源的显化和无形旅游资源的物化。而决定这一转化是否可行的首要因素就是旅游需求,它是旅游创意的指挥棒,有什么样的旅游需求,就会产生什么样的旅游创意。游客对旅游产品的意见、未满足的旅游需要和潜在的旅游需求是旅游创意的重要来源。

(4)体验性。旅游创意的符号性又称为象征性,是指经由创意生产出的旅游产品不同于惯常环境中的日常用品,它可以创造出丰富而独特的旅游体验,具有象征意义和符号价值,能够吸引游客的“眼球”。

旅游创意的生成异于日常生活的特殊体验。体验是旅游产品向游客提供的核心价值,也是游客追求的关键利益。体验需要塑造,需要设计,需要创意。通过旅游创意,策划设计人员可以更好地发现适宜的主题,提取有意义的线索,整合感官刺激,强化正面印象,去除负面印象,创造出独特、丰富而深刻的旅游体验。

旅游创意可以提供超出功能价值的象征意义。在消费社会中,符号价值超越功能价值成为旅游产品向游客提供的核心利益，集中体现在能够表现游客的个性、权力、社会地位、文化品位、艺术追求和生活情趣等方面。这些符号指向高层次的精神需求，承载着特定的意义，符号价值依赖于独具魅力的创意，只能通过创意和服务来提供。

旅游创意可以吸引游客足够的注意力。信息技术的进步促成了物质丰裕时代的“信息爆炸”，注意力成为一种稀缺的资源。注意力决定着旅游产品是否能够被感知，是旅游产品被选择和被消费的前提。必须重视创意，运用情感、文化和想象等非物质要素去争夺注意力。

(5)增值性。旅游创意可以“无中生有”，可以变废为宝，可以点石成金，可以锦上添花，可以化腐朽为神奇，可以变梦想为现实，大大推进了旅游资源价值的实现过程，提高了旅游产品的价值和旅游企业的效益。

旅游创意能够转化产品，创造差异，从而形成旅游地的独特卖点。旅游资源的潜力挖掘、特色凝练和产品转化是决定旅游地发展的关键问题。借助创意，能够发现旅游资源的新功能，找到实现旅游资源价值转化或组合为特色旅游产品的路径。

旅游创意能够促成销售，提升品牌，增加旅游地的无形资产。借助创意，旅游地能够发现旅游产品的独特卖点与潜在市场，将提供的旅游产品推向市场，赢得公众注意力并实现最终销售。同时，通过借用、攀附和再造等创意策略，旅游地也可以提高其知名度和美誉度，形成旅游品牌和无形资产，增加竞争力和生命力。

旅游创意能够整合资源，提升功能，提高旅游企业综合效益。借助创意，旅游地能够运用杠杆支点原理和价值工程原则，发挥各类旅游组织的力量与优势，实现旅游项目的多元化功能，找到提升经营与管理的效率、实现效益最大化的良方。

案例 2.2

旅游创意很重要

欧洲袖珍之国列支敦士登提出了一项惊人的“国家出租方案”，这告诉我们，做好旅游创意，比天天想着涨门票拉高收入更让人赞许。

欧洲袖珍之国列支敦士登素以小国寡民、山色秀丽著称于世。这个面积仅160 km^2的国度日前再度吸引了世人关注，原来他们提出了一项惊人的“国家出租方案”——任何人只要支付7万美元，便可租下这个国家一个晚上，但两个晚上起租。服务内容除了提供专门定制的街道标志、临时专用货币和印有个人标志的蜡烛等之外，还包括多达150人的食宿。据了解，列支敦士登的各家酒店旅舍共有500个卧室和500间卫生间，可同时接纳450～900名游客，里面设施齐全，条件舒适。

据说这个创意源自美国一位歌手的需求。据了解，该美国著名歌手曾有意租下列支敦士登摄制音乐录像带，但遭到列支敦士登的拒绝，原因是“准备工作不够充分”。事后，该国意识到秀丽山河可能会带来无穷商机，于是改变思路，决定推出这个崭新的方案。

“国家出租”——这个看起来十分荒唐的方案，让这个位于欧洲大陆内世界第六小的国家再次火爆起来。笔者以为，想要“租”这个国家的人必定大有人在，它的有限版图更使得这个“荒唐的方案”一点也不荒唐。抛开政治因素不说，这个仅有160 km^2的小国，其实仅仅相当于几座山头，小得不能再小，甚至还没有中国一些景区的面积大，将它当作一座度假酒店一样出租，又有什么不可？而又由于它本身是一个国家，与酒店又有着根本的区别，很多东西都自成一统，比酒店甚至比一些海岛更能引起人们的兴趣。这里像一个有着“角色扮演”的主题公园，但是“公园”内每个人的身份都是真的,只有你自己不是,你在充当"临时主人"的时候本质上却是一名游客。

旅游所追求的不就是这种不一样的体验吗?如果能够满足这种体验,并且是独特的体验,那么这样的旅游创意就是成功的。

(资料来源:根据相关媒体资源改写)

2.2.3 特色为根本

1. 特色是旅游产品的命脉

特色是一个事物或一种事物显著区别于其他事物的风格和形式,是由事物赖以产生和发展的特定的具体的环境因素所决定的,是其所属事物独有的。特色是旅游产品的命脉,是旅游产品生命力之所在。

(1)突出特色是由旅游的内在本质所决定的。旅游是一种追求差异的活动,求异心理是驱使人们进行旅游活动最基本的动力。旅游者之所以慷慨解囊、不辞辛劳地外出旅游,主要是为了领略异域风情,观赏异地景观,体验异乡生活,感受不同的文化,以满足其求异的心理需求。从某种意义上讲,国际旅游业就是建立在各国旅游产品差异性基础上的。旅游资源的地域特性,形成了特定地域的旅游吸引力,旅游产品的地方性越强,民族特色越浓郁,文化差异越显著,独特性和个性化越鲜明,吸引力就越大。

(2)突出特色是旅游需求多样化和个性化的客观要求。旅游地空间的相互作用表明,旅游产品的差异性形成互补性,同类旅游产品形成替代性;互补性导致游客的流动,替代性造成游客的分流或完全转移。随着旅游者需求趋向多样化和个性化,人们外出旅游将会选择更能满足自己身心需求的旅游目的地,有特色、有个性的旅游目的地将会成为不同群体的旅游者出游的首选。旅游产品策划设计要在新、奇、特上做文章,重视旅游产品的文化含量和地方风格,做到人无我有、唯我独有、别具一格,这样才会拥有旺盛的生命力。

(3)突出特色有利于增强竞争力。当前,旅游市场上的旅游产品日益丰富,市场竞争也日趋激烈,旅游者的旅行经验也在不断增加。在这种情况下,旅游者对于产品特色、主题及产品品牌的关注和选择已成为大众旅游消费的重要影响因素。一个地区的旅游业或旅游企业要形成竞争优势,就必须突出产品特色,强化产品主题,打造旅游精品。

2. 品牌是特色的形象代言

品牌是旅游产品的名片和通行证,它往往具有较高的形象认知度。特色化和品牌化发展已成为当今旅游产品开发的潮流。

消费者选择旅游服务的模式一般是先形成印象,后感知印证,这是旅游业自身特点决定的。旅游产品特性决定了它更需要通过品牌形象来向消费者传达积极的、实实在在的感受,旅游品牌正是承载旅游产品的核心价值,并使之有形化的重要途径。因此,品牌在旅游业发展中的作用举足轻重,现在旅游业已经越来越重视品牌建设,如天津是近代最早与西方文明接触的中国城市之一,每一座名人故居都承载着一段历史,都有一个人物留下故事。这些记录着中国近代历史文化的旅游资源,让天津成为游人了解近代中国的最佳选择。天津将近代历史上的"名人名居""名店名街""名寺名馆"等进行全方位的旅游包装,提出了"看秦汉到西安,看明清到北京,看近代到天津"的口号,形成了"近代中国看天津"的"近代缩影"旅游品牌。

旅游品牌的识别标志就是特色和个性,旅游品牌定位的目的就是创造特色鲜明的个性和树立独特的形象。而要使旅游产品具有特色,首先涉及旅游产品的细分定位,以满足旅游者消费多样化及消费者的个性化需求。关注市场细分进行旅游产品个性化塑造，不同形式、不同内容、不同层次的特色旅游产品不断出现，如探险旅游、美食旅游、风情旅游、高山旅游、沙漠旅游和冰雪旅游等；在形式上有豪华游、经济游、组团游和自助游等。在景区产品开发中，富有个性体验式旅游模式的是杭州“宋城”，开发者抓住了“个性、体验”这一主线，按照《清明上河图》仿建了南宋时期的古建筑，并在风景区安排了各种宋代民间的生活场景，如皇帝出巡、战争、市面叫卖声、卖艺者和抛绣球等，游客可以亲自参与到这些重现的生活场景中去，使每一个到宋城旅游的人都可以实现“给你一天，还你千年”的体验。宋城由此成为江浙地区的旅游市场“大鳄”。可见，富有个性的旅游产品往往会留住游客的脚步。旅游市场的个性化开发不仅能适应消费者的需求，而且能扩大供给，创造新的需求。

3. 突出特色，打造品牌

没有差异，就不能构成形式多样、内涵丰富、富有竞争力的旅游产品。只有强化差异、突出特色，才有利于增强旅游业和旅游企业的竞争力。

突出旅游产品的特色可以通过两个途径来实现：一是对产品实体属性实行差别化，即对旅游产品的风格、特色等方面实行差别化，以强调自己经营的旅游产品具有竞争者旅游产品所不具备的独到之处，如同样是名山，黄山奇、泰山雄、庐山秀、华山险，各领风骚，别有情趣；二是改变旅游产品的文化包装，实行产品差异化，如同样是野生动物园，有的注重观赏，有的强调学习和了解有关动物的知识，有的突出娱乐，有的强化生态意识，通过特色经营，实行产品差异化，形成各自独特的卖点。

要深入分析市场上现有同类型旅游产品的特点与特性，结合自身优势尽可能地增大与它们之间的异质程度，特别要注意在旅游产品设计中注入文化因素，丰富与提升旅游地文化内涵，突出垄断性和独有性的“卖点”。要充分考虑旅游产品的品位、质量及规模，重点开发具有影响力的拳头产品和名牌产品，打造旅游产品旗舰。要以重点产品和龙头产品为依托，策划并塑造特色鲜明、美丽诱人的旅游品牌和形象。

案例 2.3

苍天圣地阿拉善

一、金秋胡杨观赏游

胡杨，又称英雄树，常生长在沙漠中，它耐寒、耐旱、耐盐碱、抗风沙，有很强的生命力。胡杨系古地中海成分，是第三世纪残余的古老树种，在6 000多万年前就在地球上生存。胡杨林被誉为植物活化石，有“生一千年不死，死一千年不倒，倒一千年不朽”的美誉。胡杨风景被列入中国十大奇妙勾魂风景之一。额济纳旗现有天然胡杨林45万亩，是世界仅存的三大胡杨林之一，是国家自然保护区和国家森林公园。金秋时节胡杨林一片金黄，美轮美奂，是观光、摄影、度假、科考和生态旅游的天堂。

二、巴丹吉林沙漠探险游

浩瀚的巴丹吉林沙漠，是阿拉善沙漠世界地质公园核心区。阿拉善沙漠世界地质公园是全球唯一的沙漠地质公园。世界著名的巴丹吉林沙漠总面积4.7万km^2，海拔高度1 200～1 700 m，绝大部分为复合沙山。相对高度从外缘的5～20 m，向内逐渐增高到200～400 m，最高达500 m。高大沙山互不连接，峻峭陡立，巍巍壮观，堪称“沙漠珠穆朗玛峰”，以高、陡、险、峻著称于世。奇峰、鸣沙、湖泊、神泉和寺庙堪称巴丹吉林“五绝”。巴丹吉林沙漠拥有全国最大的响沙区和最密集的湖泊群,被原国家旅游局和中国科学探险协会推荐为全国17个最具代表性的探险旅游目的地之一。

三、酒泉卫星发射中心游

酒泉卫星发射中心又称东风航天城,是中国科学卫星、技术试验卫星和运载火箭的发射试验基地之一,是中国创建最早、规模最大的综合型导弹及卫星发射中心,也是中国目前唯一的一个载人航天发射场。东风航天城位于阿拉善盟额济纳旗南部150 km,是世界三大宇航中心之一。这里曾开创了我国航天史上的11个第一,特别是神舟号系列载人飞船的成功发射,不仅展示了我国的航天技术,圆了中华民族的飞天梦,也将阿拉善盟一并载入了航天史册。

四、中华奇石鉴赏游

中国秘境——阿拉善,有不少的传奇,真正最奇的是石头。近20亿年的地质沧桑巨变和风沙磨砺,造就了极富观赏价值的珍珠玛瑙、碧玉和独具“形”“色”的风砺奇石、集骨石、千层石、硅化木和水晶石等。石质坚硬、姿态怪异的戈壁奇石是中华奇石瑰宝。阿拉善奇石的最大特征就是奇:形奇、质奇、色奇、神奇。

(资料来源:内蒙古阿拉善盟旅游局,有改动)

2.2.4 文化为灵魂

1. 旅游与文化的关系

(1)文化和旅游天然共存。旅游与文化有着极为密切的关系,旅游本身就是一种文化现象,游客旅游是对寻求异质文化的一种体验,文化和旅游天然共存,相互促进,密不可分。随着人们物质生活水平的不断提高,对精神文化生活的需求日益强烈,精神文化消费的比重不断增加,而且呈现出多样性、多层次、多方面的趋势。旅游既能满足群众精神与物质的享受需求,又能满足发展需求。在旅游活动中,人们时刻都在触摸文化脉搏,感知文化神韵,汲取文化营养。

(2)文化和旅游相互促进。文化是旅游的灵魂,旅游是文化的重要载体。从一定意义上讲,没有文化的旅游就没有魅力,没有旅游的文化则缺少活力。旅游的优势在于市场,文化的优势在于内涵。从旅游的角度看,抓住文化就抓住了核心价值,丰富了旅游的文化内涵,提升了品位和档次,增加了旅游的吸引力;从文化的角度看,抓住旅游就抓住了一个巨大市场。文化与旅游两大产业联姻,相互融合,文化为旅游产业提供丰富的内涵和文化产品,旅游为文化产业发展提供载体和市场空间,实现互动双赢,共同发展。对于旅游业而言,也可以在静态的旅游景观中增加动态的元素,以旅游目的地为题材或拍摄地影视作品的制作和播映,把亿万观众变成了潜在的客源市场,形成了旅游宣传片和广告所无法比拟的宣传效应,成为推销旅游产品的“文化导游”和“软性广告”,有效地提升了旅游形象,吸引了大量游客。如《闯关东》在中国大地掀起了“闯关东·游龙江”的热潮;《我的团长我的团》更使腾冲这个偏远小县享誉国内外。

(3)文化和旅游呈现一体化发展趋势。随着经济结构的变化和旅游消费需求层次的提高,旅游业转型升级步伐加快,旅游与文化的关联度和协同性日益增强,呈现出共生共进、一体化的发展趋势。旅游品牌与文化品牌深度融合,越来越成为吸引人们旅游的重要动力;旅游消费与文化消费深度融合,越来越成为拓宽旅游市场的重要引擎;旅游创新与文化创新深度融合,越来越成为推动产业升级、提升竞争力的重要支点;旅游产业与文化产业有机融合,越来越成为提升经济效益、创造社会价值的重要源泉。近年来,全国各地从自身实际出发,大胆探索,勇于实践,涌现出了一批特色文化旅游城市和精品景区;还出现了一批以深圳华侨城、杭州宋城集团和浙江横店影视基地等为代表的知名文化旅游企业，以及一系列集旅游、文化和节庆于一体的民俗节庆活动；还出现了以《印象·刘三姐》为代表的印象系列和《宋城千古情》等一大批场面宏大、制作精美、演绎精湛、格调高雅的旅游文化演艺作品。

2. 旅游视角的“文化”解读

“文化是旅游的灵魂”已被大家所公认，但也使有些人误以为“有文化资源就可以很好地发展旅游”，以此为基础策划开发旅游项目和旅游产品，但实际结果却不尽如人意，原因在于看待“文化”的角度不同。

文化是旅游发展中的关键组成部分，在旅游发展中起着重要的作用。但由于“文化”的概念比较宽泛，不同层次的人眼中的“文化”所指各不相同，专家研究侧重的是文化的价值，即文化的内涵；而大众游客偏好的是他们能直接感知和观看的文化，即文化的表层。旅游资源的文化价值和大众旅游中的文化感知不能混为一谈，文化的研究价值不等同于旅游的吸引价值。用文化研究的视角和指导思想去开发大众旅游产品，文化与旅游貌合神离，不符合大众游客对旅游产品的需求，没有市场就不足为奇了。

社会经济的发展和后现代社会文化的影响使越来越多不同类型的游客参与到文化旅游中，其主体不仅有“文化游客”，还存在“大众文化游客”和“流行文化游客”。由于大众游客自身文化素养的局限性，他们更倾向于消费可以感知与触摸的“文化”。在文化旅游地中，大众游客关注的只是一些可直接感知的文化元素，与之相对应，他们更多地希望加强文化的展示与解说，提高文化的可感知程度，比如“恢复建筑”“提高导游解说水平”“建设陈列馆”“加大宣传力度”等，可见大众游客感知的“文化”已经偏离了文化资源中的“文化”本身。显然，但这并不表示“文化”不重要，只是对于普通大众游客而言，他们往往只能感知到文化的表层。

文化蕴含在旅游的各个方面，资源、活动、设施及服务等都是文化的载体和展示渠道，它们共同对旅游地文化资源与文化内涵进行诠释，游客通过它们来体验、感受旅游地的特色和文化，从而满足他们文化旅游的需求。从这个角度讲，全方位、高科技信息技术的解说与展示，通过各种文化载体的展示，将深层次的文化诠释为易被游客感知的文化旅游产品，让旅游地“活起来”就显得十分必要。深厚的文化底蕴是发展旅游的潜在优势，旅游产品的开发应在考虑游客不同需求的基础上重视文化表现与展示形式，加深游客对文化旅游产品的认知和体验，使潜在优势转化为现实的产品优势。

3. 旅游文化的大众化与活化

旅游者的普遍需求决定了旅游文化创意必须通俗化，因为做的是产业，不是纯艺术。问题的核心是在避免与其他旅游产品同质化的前提下，文化创意的“高立意”通过怎样的传播渠道和表现手法为大众所喜闻乐见，既宣扬了文化，又收获了效益。要以大众文化作为旅游产品开发的主基调，着力创新文化表现形式，把无形的文化形象化、高雅的文化通俗化、精英的文化大众化，让沉寂的历史活起来，使静态的景区动起来，开发具有知识性、参与性、体验性、趣味性和娱乐性的旅游产品。

开封清明上河园是以宋代著名画家张择端的《清明上河图》为蓝本建设的大型宋代民俗风情主题公园。清明上河园不仅以恢宏的气势集中再现原图风物景观，而且用巧妙的创意把历史活化，使游人进入园区，仿佛穿越时空隧道般走进了一幅活动的历史画卷，常令人有“一朝步入画卷，一日梦回千年”的时光倒流之感。开封清明上河园的成功，一定程度上就得益于它从官场到民间各种“历史”生活场面的“复活”，充溢着大众文化色彩、宋代市井生活味儿的各种妙趣横生的表演,才是“清明上河园”成功的根本原因。千年以前的市井生活被有趣味地复活在游客的周围,传说中的“包公升堂”,那惊险的飞刀、那奇特的喷火、那游戏般的“抛绣球”选婿娶亲,就发生在人们的身边,每位游客都参与其间,既是参观者又是参与者。亲身体验这一切,看得见、摸得着,一点也不枯燥,这就是趣味性、参与性和大众化的成功。

西安华清池景区推出的中国首部大型实景历史舞剧《长恨歌》在处理“高立意”与“通俗化”的关系方面进行了有益的尝试。他们把舞剧从室内转移到户外,并对其进行了创新和改造,较好地处理了“高立意”和“通俗化”的关系,使古典诗作《长恨歌》和高雅舞台艺术走进华清池,使“在天愿做比翼鸟,在地愿为连理枝”的爱情誓言有了现实载体,在迎合普通旅游者文化需求的同时,更使华清池景区的爱情文化特色更加明显。

案例 2.4

中国演出史上的“革命”:《印象·刘三姐》

刘三姐的传说是广西最具特色和有最大知名度的艺术文化资源,桂林山水是广西最具美誉度和知名度的自然景观资源,张艺谋是目前中国具有国际声望和国内票房影响的导演艺术家。这三大品牌资源被赋予创意的智慧,运用经济和契约的手段被有效地整合和凝聚,从而形成合力,产生了巨大的影响力、强大的市场效应,《印象·刘三姐》以至于被称为中国演出史上的“一场革命”。

世界上最大的山水实景剧场,中国最具魅力的导演,传唱最久远的民族山歌,史无前例的桂林漓江风情巨献。《印象·刘三姐》是一场视觉的饕餮盛宴,她是中国·漓江山水剧场之核心工程,由张艺谋出任总导演、历时5年半的时间完成的大型实景歌舞演出,它集漓江山水、广西少数民族文化及中国精英艺术家创作之大成,是全国第一部全新概念的“山水实景演出”。演出集唯一性、艺术性、震撼性、民族性和视觉性于一身,是一次演出的革命、一次视觉的革命。

《印象·刘三姐》在全球最大的山水实景剧场演出,历经5年零5个月、1 654 km^2 水域、12座著名山峰、67位中外著名艺术家参与创作、109次修改演出方案、600多名演职人员参加演出。方圆2 km的阳朔书童山段漓江水域,12座背景山峰,以及广袤无际的天穹,构成迄今为止世界上最大的山水剧场。投资建造的目前国内最大规模的环境艺术灯光工程及独特的烟雾效果工程,创造出如诗如梦的视觉效果。演出以《印象·刘三姐》为总题,大写意地将刘三姐留给人们印象中的经典山歌、民族风情和漓江渔火等元素创新组合,不着痕迹地融入于山水,还原于自然,成功地诠释了人与自然的和谐关系,创造出天人合一的境界。演出把桂林和阳朔举世闻名的两大旅游文化资源——桂林山水和刘三姐留给人们的印象进行巧妙的嫁接和有机的融合,让自然风光与人文景观交相辉映。演出立足于桂林,与桂林的音乐资源、自然风光和民俗风情完美地结合在一起,我们看演出的同时,也在看漓江人的生活。

(资料来源:根据《印象·刘三姐》相关资料改编)

2.3 旅游产品定位策划

定位是确定某一事物在一定环境中的位置。旅游产品定位就是找到在旅游市场空间上为旅游产品能赢得最具竞争优势的位置,在旅游市场上找到一个最合适的旅游产品的“点”。孙子兵法讲“善战者,胜于易胜之地”。旅游产品定位就是寻找到旅游产品在旅游市场上的“易胜”位置。具体通过对旅游产品所处旅游宏观环境、旅游市场条件、竞争对手、同类旅游产品和旅游发展趋势进行综合分析论证后，最终确定最能体现旅游特色与核心价值的旅游产品定位。

旅游产品定位是旅游产品策划的核心步骤，包括主题定位、目标定位、市场定位、功能定位和发展定位等五方面内容。

2.3.1　主题定位

旅游产品策划首先要寻找到旅游产品清晰独特、引人入胜的旅游市场发展主题，然后按照主题定位进行旅游产品整合打造。主题是一个成功的旅游产品策划的灵魂，它统率着整个项目策划的创意、构想、方案和形象等要素，像一根红线贯穿于整个项目策划之中，使策划的各个要素有机地组合成一个完整的策划作品。深入挖掘主题，树立具有鲜明特色的主题，是形成旅游吸引力的主要源泉和市场竞争的核心。主题策划是旅游开发的关键所在，任何一个旅游产品都应有其特定的、鲜明的主题，这样才会产生鲜明的市场形象，才会引起旅游者热切的关注。

旅游地形象定位实质是旅游产品定位的一种抽象表述，旅游产品定位是旅游地形象定位的文化、意念和功能的体现。旅游产品是旅游形象塑造的重要内容，旅游地的旅游形象定位必须有相应的旅游产品作为支撑，二者具有密不可分的关系。如海南的旅游产品主题定位是“椰风海韵”，云南大理的旅游产品主题为“风花雪月”。

富于表现力的主题是旅游资源与旅游需求的最佳结合点，要求形式新颖、与众不同，简洁明快、通俗易懂，富于思想性，富于艺术表现力，具有市场感召力。在主题定位过程中，主题概念的选择十分重要。所谓主题概念，是指对旅游策划活动基本理念、产品或项目独特卖点的高度提炼，它是创意展开的基点。主题概念的提炼不能随心所欲，轻率从事，更不能胡编乱造，应充分调查研究，综合考虑目标市场的心理特征和社会发展趋势，以及资源条件、比较优势、发展愿景和外部环境等因素。

2.3.2　市场定位

市场定位是现代市场营销理论中重要的竞争战略思想。旅游产品市场定位是针对潜在顾客的心理采取行动，在市场空间结构中为旅游产品找到一个恰当的位置，在潜在的消费者心中为产品确定一个独特稳定的位置。只有找准目标市场，才能找到市场运作的接口。旅游产品的市场定位策划就是按照旅游产品的主题指向，确定旅游市场细分结构，形成按照区域划分、类别划分和营销时序的旅游产品市场发展方向。

市场定位的关键是通过市场细分，将一个较大范围的旅游市场分解为若干市场细分片，再从中找出旅游产品和服务，以很好地满足市场消费者。市场细分是指营销者通过市场调研，依据消费者的需要、欲望、购买行为和购买习惯等方面的差异，把某一产品的市场整体划分为若干消费者群的市场分类过程。市场细分包括地理细分、人文细分、心理细分和行为细分四种。每一个消费者群就是一个细分市场，每一个细分市场都是由具有类似需求倾向的消费者构成的群体。所以，旅游产品市场细分本质上是对消费者的需求细分。

市场定位准确的关键，一是要聚焦，就是针对旅游市场进行诉求时，应锁定那些跟产品特性相匹配的目标市场和目标消费者，而不应贪大求全，过于扩大市场范围；二是实现差异化，就是要把旅游产品区别于市场上同类产品的某一种功能或某一种特性，加以概括、提炼和放大，并且通过沟通传达给消费者，这样才能引起市场注意，便于消费者的识别和购买。通过市场细分，将旅游市场大体分为核心市场、重点市场、本地市场、周边市场、特色市场、机会市场和境外市场等。

2.3.3 功能定位

产品功能定位是指在目标市场选择和市场定位的基础上，根据潜在的目标消费者需求的特征，结合产品的特点，对拟提供的旅游产品应具备的基本功能和辅助功能做出具体规定的过程，其目的是为市场提供适销对路、有较高性价比的旅游产品。影响产品功能定位的因素是多方面的，有企业自身因素、市场需求因素、地域市场因素和消费者因素等。在进行功能定位的过程中，要综合考虑这些因素，并且能够明确哪些因素是决定性因素。

旅游产品功能定位策划主要是围绕食、住、行、游、购、娱的旅游六要素，追踪游憩方式的变化趋向，策划构建系统的旅游产品综合功能结构。

2.3.4 目标定位

所谓旅游产品目标定位策划，就是合理地评估旅游产品独特吸引力水平，推测在旅游市场上可能获得的发展空间，合理地定出可以达到的旅游市场发展目标。要实现发展目标，需要将项目独特吸引力提升到一定程度，发展重点和关键环节。

2.3.5 发展定位

通过对旅游产品与旅游市场的分析评价，确定旅游产品发展中的轻重缓急、先后时序、结构配合和投资分配等，提出旅游产品发展的纲领与方针，并根据旅游市场发展进行包括主题、形象、方式和商业模式等不同方面的创新。旅游发展与旅游产品定位是相对应的，旅游产品定位策划是各种要素的整合过程，也是利用各种旅游资源要素进行旅游产品发展的策划过程。

2.4 旅游游玩方式策划

旅游产品策划最重要的是确定游玩方式，又称为“玩法”。创意的最大难点，也是最核心点，就是玩法。旅游产品策划的最高境界是创造全新的生活体验，形成人们向往的生活方式。有了玩法，就可以清楚地分析产品的吸引力有多大，吸引什么样的游客，满足什么样的需求。

2.4.1 游玩方式的含义

游客旅游方式有三种类型，即游赏方式、游憩方式和游玩方式。游赏方式是以观光旅游为主；游憩方式包含了休憩的含义，以休闲为核心的娱乐、康体、疗养和休息等称为休憩；游玩方式又不同于游憩方式，包含了旅游过程全部的游、玩、休憩和康疗等理念，含义更广。因此，最大的概念是游玩方式，其次是游憩方式，再次是游赏方式。

旅游的游玩方式是人们在旅游中的一种生活方式，通俗地讲，就是旅游中的“玩法”，包括出游之后所有的游乐过程。游玩方式的策划设计主要是从旅游目的地和景区开发的角度，对旅游者出游中涉及的各要素进行创意策划和设计安排，使旅游目的地的各种资源获得最佳利用，使旅游者在旅游过程中获得丰富体验和最大满足，使旅游企业获得最大收益。

旅游过程中的游玩活动包括吃、住、行、游、娱、购、体、疗、学、悟等。从游客行为活动的特征来看，观赏、娱乐、运动和疗养是最纯粹的游玩活动；修学和感悟是过程中的精神活动；运输、住宿、饮食和购物既是满足基本生理需要的基础服务，又是旅途生活中可以形成兴奋点与愉悦性的游玩内容，人们在进行这些活动时往往带有享受和休闲的性质。

要进行游玩方式策划设计，首先要按照观赏、娱乐、运动、疗养、修学和感悟等不同类别，对旅游目的地的核心产品进行策划设计，形成单独或综合交叉的旅游产品，包括景点观赏、文化品位、风情感受和游乐参与等；其次要策划设计运输、住宿、饮食和购物等基础服务，并尽力安排成具有特色、风情、文化及娱乐性的方式，使旅游的全过程都能获得一种有别于日常生活方式的全新体验；最后对全部游程进行合理化整合，形成全程结构的整体理念与效率优化。

2.4.2 游玩方式策划设计的原则

1. 人本主义原则

人本主义原则就是指把以人为本，以满足人类审美、修学、交流、康体、休憩及整个生活方式需求作为第一要义。在这样的理念下，游玩方式的策划设计就必须尊重人的本性、共性和特性，并在生理需求、心理需求和精神需求三个层面上策划设计“全程体验旅途生活”的旅途人生，使旅游作为一种生活方式，成为全程体验与游玩的过程。

旅游是生活方式的转换，游客从一出门就开始进入兴奋状态，对旅程充满期待，希望获得一种全新的感观体验和全程的独特感受。因此，在旅游过程中涉及的各个环节，包括吃、住、行、游、购、娱等都应该纳入游玩策划设计的内容中来。其中，路途中枯燥的行进如何变成充满乐趣的旅程，兴奋点的节奏与方式，景点内的观赏方式、休憩方式和游乐方式，参与目的地生活，夜间娱乐，餐饮的特色化与风情化，以及住宿的主题化与娱乐安排等，都需要尽量成为让游客获取全程体验的内容。以人文关怀策划设计旅途人生，把旅游作为全新的生活方式进行策划设计，符合游客出游寻求生活角色转换和生活方式转换的要求，形成旅途人生的全新体验与激荡。

2. 审美与独特吸引力的原则

旅游起源于审美的需求，旅游的早期产业形态也是以景观观赏为核心主题的。随着旅游业的不断发展，广大旅游者对旅游欣赏和旅游审美的要求也越来越高。旅游审美是对自然美、艺术美和社会美的综合性审美实践活动，审美性原则是游玩方式策划设计的一个重要原则，是体现策划设计修养的关键。

旅游产品必须具备足够的吸引力，才可能把游客从客源地吸引到目的地。由于我国旅游资源非常丰富，资源类同性处处存在，要仅仅依靠资源本体的观赏独特性，绝大多数景区都不可能达到足够的吸引力。因此，如何依托资源，开发具有独特吸引力的产品，就成为旅游开发成功与否的前提。游玩方式策划设计必须从已有的资源中挖掘其特色性审美要素，并予以凸显；注入与资源协调的植物景观、园林景观、建筑景观，以及其他人文景观，形成全程审美的旅途生活。游玩方式策划设计必须着眼于打造核心吸引力，并围绕核心吸引力整合资源，形成旅游产品。

3. 情境化与体验化的原则

游玩方式策划设计要把观赏对象、景观环境和文化生活环境尽量进行情境化和戏剧化处理，形成情境化的场景和戏剧化的环境，构成特殊的审美意境，制造戏剧化冲突，产生兴奋与激情效果。通过情境化策划设计，将自然与文化资源转变为人性化的观赏过程，转变为具有吸引力、可使游客兴奋的产品，让游客获得旅途人生的特殊享受。

旅游体验是旅途人生的核心，区别于日常生活的体验感悟，是游客追求的最高境界。游程中角色的体验，人与自然互动的体验，征服或融入自然的体验，回归历史的时空体验，以及异域文化的体验等，构成对游客旅途人生的全面满足。其中，趣味性是情境体验中的通俗要素，主要包括志趣、情趣、童趣、风趣和野趣等。因此，在游玩方式策划设计中，自始至终都要把握情境与体验的策划设计。

4. 旅游内容产品化的原则

游玩方式策划设计的目的是形成旅游产品。游玩方式的策划设计需要把观赏、游乐、娱乐、餐饮、住宿、休闲运动和疗养修复等过程变为可以实现的服务产品，从而实现有效的交易，达到市场消费的目的。对于游客而言，整个出游过程是一个产品；对于景区或旅游地而言，游玩过程可以由若干个独立营运的单元构成，每一个单元产品都可以形成相对独立的经营基础，而单元之间又必须相互结合，构成旅游要素的完整配置。因此，游玩方式策划设计必须把握作为服务产品的构成模式与结构。

5. 保护与开发协调的原则

在游玩方式策划设计过程中，必须协调好保护与开发的关系，包括对风景资源、生态环境、文物和游客安全等方面的保护，这样才能最终保证旅游目的地的可持续发展。保护与开发协调的原则：一是自然资源保护，不能以破坏风景资源为代价进行开发，对观赏、游乐和基础设施的位置、体量及风格等的规划，必须以保护为前提，与资源相协调；二是生态环境保护，必须达到环境保护要求，不能引起整体生态环境的不可逆转性破坏，对环境容量、污染治理和垃圾处理等，必须有到位的处理措施；三是文物保护，对所有文物资源和民俗文化性资源都应该予以保护；四是游客安全保护，在游玩方式策划设计中，必须充分考虑游客安全，包括旅途安全、游览安全、游乐安全和社会安全等。

2.4.3 游玩方式策划设计的程序

程序是游玩方式策划设计的核心结构，是对策划设计过程进行指导的关键。其中，资源条件分析是基础，市场需求分析是关键，产品情境体验策划是核心，效果测评检验是保障。这四个步骤环环相扣，相互支撑，缺一不可。

1. 旅游资源与开发条件分析

旅游资源是旅游产品开发的基础。在游玩方式的策划设计中，首先是对旅游资源进行分析评价，包括对旅游资源进行分类分级评价和开发价值评价。只有在对旅游资源做出恰当、准确的评价之后，才可能在后面的市场需求分析中找到合适的定位和支撑点，从而策划设计出与旅游资源相符合的旅游产品。对资源的挖掘，需从地脉、文脉和人脉三方面入手，进行理念的提升，与市场需求之间寻求对应。开发价值评价则需充分考虑可进入性、进入开发条件、观赏开发条件和接待开发条件等。

2. 市场需求分析

市场需求的分析主要建立在调查统计的基础之上，研究不同消费群体和需求数量。通过对项目区位的市场辐射结构的确认，对细分市场进行深度研究。游玩方式带有很明显的经济特征，在策划设计过程中需充分研究供需平衡、产品替代性、产品周期性、游玩的间歇性和产品竞争性等问题。游玩方式策划设计应以人的需要为核心，对于市场需求的分析更侧重于旅游者的出游动机及游玩心理，以达到项目实现其使用价值的目的。

3. 情境与体验策划设计

情境与体验策划设计就是在恰当的资源评价基础上，准确地定位市场后，对旅游资源及相关各要素进行富有创意的技术策划设计。要求以旅游者的体验经历为核心，使旅游者在旅游过程中产生强烈的审美体验。情境策划设计是对观赏环境、游乐环境，以及相关各个环节的游玩氛围与过程，按审美场景的诱导模式进行的策划设计。体验策划设计分为两个方面：一是直接体验策划设计，根据旅游者的直接感官来策划设计体验模型；二是功能体验策划设计，是以满足旅游者修学、感悟生命、感悟自然和追寻历史等不同的功能需求，根据旅游地资源禀赋，策划设计的情境与过程。

4. 效果测评检验

做完了前三步的工作，还要有效果测评检验阶段。无论在图纸上策划设计出多好的游玩方式，还是必须在旅游地实行效果测验，根据不断变化的旅游环境进行修正，策划设计出长期适合旅游地发展的游玩方式。

2.4.4 游玩方式策划设计的内容

1. 结构要素策划设计——吃、住、行

(1)吃：应该按照特色化、精细化和品牌化来策划设计“吃”法。首先是特色化，要挖掘具有当地特色的食品，从食的方面体现文化的吸引力；精细化，指在不违背野生动物保护法和相关法规的前提之下，尽可能多地采用更多的原料，制作出更多的食品种类；品牌化，指在要通过饮食的发展，形成品牌菜肴、品牌宴席和品牌服务。同时，要把店内就食和客人购买结合起来，使旅游饮食成为目的地发展的重要因素，也成为拉动旅游目的地经济文化全面发展的重要因素。在吃的方面，同时应该兼顾不同需要类型，既要有地方特色饮食，也要有简便式快餐，前者是主要策划设计内容，能让游客体验特色美食，后者只是解决游程中的一般性需要。

餐饮策划设计由四方面构成：餐饮环境、菜谱、服务方式和娱乐活动。餐饮类型有餐饮一条街、农家乐、户外烧烤、特色餐馆、宴会餐厅、主题餐饮等。餐饮方式有餐饮＋歌舞表演、餐饮＋康体活动、餐饮＋郊野娱乐、餐饮＋门票赠送等。

(2)住：在住宿策划设计中，要在确定的规模上形成合理的档次结构和布局体系创新，进一步挖掘住宿文化体系，提升传统的住宿功能，在一定程度上达到住娱合一，使旅游者通过住宿也能够享受到当地文化的独特韵味，使独特的住宿体系也成为旅游地的吸引物。例如，北京的四合院、湘西的吊脚楼、黔西南的石板寨、陕北的窑洞、东北的大炕和闽西的土楼等都可以策划设计成集住宿功能和文化体验为一体的旅游载体，从而让旅游者获得独特的旅游体验。

住宿形式有地方主题酒店、地方特色建筑酒店、家庭民居旅馆、户外野营、标准酒店、假日村与度假小屋等。

(3)行：从旅游交通的空间尺度大小来看，主要可以分为三大类：一是旅游客源地和旅游目的地之间的交通；二是旅游目的地与旅游景区的交通；三是旅游景区内的交通。由于旅游客源地和旅游目的地的交通体系具有非旅游的属性，难以按旅游要求进行变动，所以在旅游交通的策划设计中，主要考虑旅游目的地与旅游景区的交通，尤其是旅游景区的旅行通道。

旅游目的地至客源地的交通方式有火车、飞机、游船、汽车和自驾车等。景区内的游览交通方式有索道、骑马、电瓶车、游船、竹筏、小火车、滑竿、滑道、雪橇和观光电梯等。

2. 观赏方式策划设计——游览

游玩方式中"游"的策划设计主要有游览内容、游览线路和游览时间三方面,即看什么、怎么看和看多久的问题。游玩策划设计要让旅游者观赏尽可能优美的景点,体验尽可能广的游览方式,拥有尽可能多的观赏时间。旅游者到旅游地值得去观赏并体验的主要有两个方面:一个是旅游景区,这是需要旅游者花一定的时间、金钱和体力等其他物质条件去参与的,也是旅游者到旅游地的核心观赏区;另一个就是整个旅游地的观赏。其实,从旅游者踏上旅游目的地的那刻起,旅游者就是以一种好奇的、观赏的眼光去看待周围的一切的,而这些都会给旅游者留下一定的旅游感知。所以,在游玩方式策划设计过程中,不仅是对旅游景区的游玩策划设计,还要对旅游目的地的大环境中各种细微的元素加以策划设计。

根据游览目的和游览内容的不同,游玩方式的策划设计可分为观光类、历史文化类、商务类、度假类、康体类、教育类、生态类、探险类、节事类、养生类和主题类等,这些类型的游览资源不同,方式也不同。针对不同的经济发展水平、不同的旅游交通概况、不同的旅游景区和不同的旅游者,策划设计出相应的游览方式,从而创造出旅游者的深度体验。

3. 游乐方式策划设计——娱乐、运动、游乐、游艺和参与性活动

在游玩方式的策划设计过程中,充分挖掘当地的特色文化和奇特的游乐方式,把丰富的文化内涵寓意在新奇的娱乐方式中,让旅游者享受到独特的游乐方式。娱乐的发展首先是民族化、地方化和民俗化,旅游者到旅游地的娱乐体验,感兴趣的是具有当地民族特色的娱乐方式。其次是要考虑集中性的娱乐场所和地方民族文化节,因为通过这样组合的方式,既展示了旅游地的民族文化,又能集中地把各种传统的民间娱乐方式表达出来,让旅游者既增长了知识,又得到一次全面、深刻的游乐体验。这是游玩方式中"游乐"策划设计的至高境界。

(1)按旅游者在旅游目的地的参与程度可分为:文化娱乐(影视、音乐和戏剧)、游艺体育运动(滑雪、健身、高尔夫、游船和各种比赛)、表演型(民俗风情、历史文化表演、体育竞技和动物表演)、参观型(民俗、服饰和艺术展示)和参与型(游乐园、机械设施和互动游戏)。

(2)按旅游者的游乐活动的空间尺度可分为:文化休闲型(网吧、水吧、书吧、玩具吧、麻将厅、茶馆、陶吧、咖啡厅和工艺自助吧)、游乐刺激型(酒吧、夜总会、量贩式歌城、电子游戏厅、舞厅和激光靶场)、室内观赏型(电影厅、音乐厅、环幕电影、动感电影和水幕电影)、郊区休闲型(郊区观光、登山、采摘、垂钓、露营和野炊)和乡村度假型(住农家屋、吃农家饭、学农家活和享农家乐)。

4. 商品交易策划设计——购物

旅游商品是兼具物质和精神属性的产品,纪念性、观赏性、艺术性、趣味性、知识性和独创性是优秀旅游商品必备的要素。旅游商品的策划设计一定要注重它的文化内涵,要突出地方特色、民族特色和民间特色,要有独特的创意和精美的艺术制作,要有良好的质量。在规划策划设计上坚持高标准、高品位、高质量和多档次,根据各类旅游者的文化、心理和消费需要进行针对性的分类策划设计,旅游商品就可以取得丰厚的经济效益和良好的回报。

购物类别包括纪念品、土特产、工艺品、玩具和其他旅游纪念品。购物方式有免费赠送、主动购买,以及购物+门票购物等。地点包括旅游纪念品店、国际名品店、特色专营店、土特产店、工艺美术店、古董店、手工艺品店和旅游购物中心等。

5. 游程策划设计——要素组合

对全部游程的系统策划设计包括路线选择、交通工具、景点及滞留时间、游乐安排、娱乐安排、购物安排、住宿、夜间娱乐,以及餐饮等。

本章小结

旅游产品策划是指根据旅游市场需求和旅游资源优势,对旅游产品进行研制、开发和优化的过程。旅游产品策划的内容主要包括:产品定位策划、旅游项目策划、游玩方式策划、要素功能策划、旅游线路策划、旅游活动策划、营销模式策划和盈利模式策划等。对于旅游产品体系中不同形式的旅游产品,策划的内容和重点也各不相同。

旅游产品策划要坚持“四个”结合:资源与市场相结合的开发模式;大众与小众相结合的旅游产品;理性与感性相结合的思维方式;科学与艺术相结合的本质属性。

旅游产品策划要遵循“五点”法则:发掘资源,寻找特点;把握趋势,追踪热点;张扬个性,突出亮点;创新概念,打造卖点;抓住时机,聚焦节点。

旅游产品策划要坚持“四大”理念:市场为导向,创意为核心,特色为根本,文化为灵魂。

旅游产品定位是旅游产品策划的核心步骤。旅游产品定位就是找到在旅游市场空间上为旅游产品能赢得最具竞争优势的位置,在旅游市场上找到一个最合适的旅游产品的“点”。包括主题定位、目标定位、市场定位、功能定位和发展定位等。

旅游产品策划最重要的是确定游玩方式,又称为“玩法”。策划创意的最大难点也是最核心点,就是玩法。旅游产品策划的最高境界是创造全新的生活体验,形成人们向往的生活方式。

产品卖点即“独特的销售主张”。旅游产品卖点就是为旅游消费者寻找、挖掘和创造一个到特定的旅游目的地进行消费的理由。通过卖点提炼、卖点创意和卖点传播,形成独特的卖点,从而实现策划的目的。

复习思考题

1. 简述旅游产品策划的含义。
2. 如何理解旅游产品策划要坚持的“四个”结合?
3. 简述旅游产品策划的“五点”法则。
4. 为什么说创意是旅游产品策划的核心?
5. 如何理解文化是旅游的灵魂?
6. 为什么说“玩法”是策划创意的最大难点和核心点?
7. 结合实际,谈谈如何挖掘和提炼产品卖点。

案例讨论

1. 旅游产品策划理念在开篇案例中是如何体现的?
2. 分析开篇案例中旅游产品策划法则的具体运用。

第3章　旅游产品策划的基础理论

本章提要

旅游产品策划需要建立在相关的理论基础上，运用一定的科学方法进行指导。与旅游产品策划具有联系的理论有很多，这里主要介绍与之密切相关的几种理论，主要包括旅游产品生命周期理论、旅游者行为理论和旅游产品创新理论。

本章在对几种理论的基本内容进行详细阐述的基础上，结合实际灵活地加以运用，在科学理论的指导下开展旅游产品策划，并进行了深入的分析。

学习目标

1. 掌握几种基本理论的含义。
2. 了解旅游产品生命周期的影响因素。
3. 掌握旅游动机旅游者的分类，以及影响旅游行为的因素。
4. 熟悉旅游者的决策过程。
5. 明确旅游产品创新的意义，熟悉创新思维的内涵，掌握旅游产品的创新类型。

框架结构

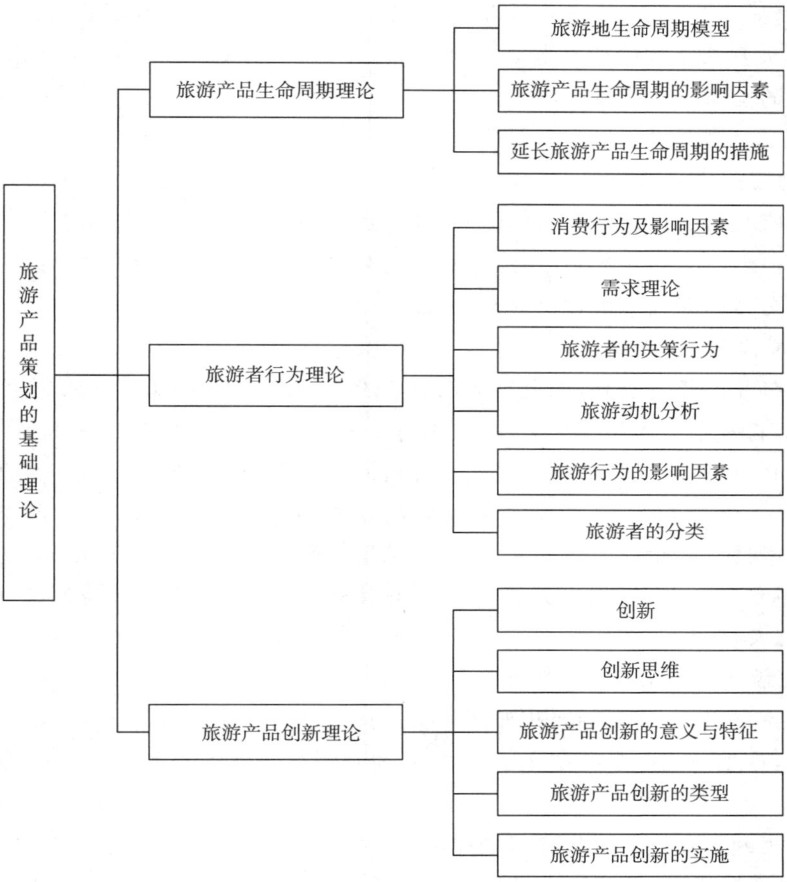

开篇案例

大堡礁——“全世界最好的工作”

在北半球一片阴沉和寒冷的时候，这里的热带岛屿阳光明媚，有一份惬意的工作正等着你。这是“全世界最好的工作”，一份招聘公告带动了一个旅游胜地的崛起，大堡礁的传奇在 2009 年被人们所知。

一、“全世界最好的工作”

澳大利亚东北部昆士兰州的东海岸，珊瑚礁相连，这就是世界七大自然奇景之一的“大堡礁”，又被称为透明清澈的海中野生王国。大堡礁由 2 900 个独立的珊瑚礁石群组成，堪称世界上最大的天然海洋公园和珊瑚水族馆。大堡礁由北到南绵延 2 000 km，星罗棋布的热带岛屿风光明媚。明朗的气候、美丽的珊瑚、原始的礁岩、纯白的沙滩、活跃的海洋生物与各种活动,吸引了众多游客前来一睹风采。

大堡礁虽然早在1981年就被列入世界自然遗产名录,但它周边的岛屿并不出名,对于打算去海岛度假的游客来说,他们首先想到的不外乎夏威夷、加勒比海、马尔代夫和爱琴海诸岛等;另一个问题是只有100万澳元的旅游产品策划预算。“全世界最好的工作”的设计师、Sapient公司澳大利亚全国管理总监迈克尔·布拉纳觉得需要一个能迅速吸引人们注意和打动消费者内心的全新策略方案。

1. 从消费者心理入手

Sapient的团队决定从消费者心理入手。他们了解到旅行者拥有一样的心理:想要一份真正的不同于原有生活的体验,不仅仅只停留在看风景的层面上,他们也想将自己融入当地的生活中,做一回当地人。“而成为一个当地居民,是体验文化的最好方式。”布拉纳强调。布拉纳团队总结出一句话的营销策略:“感受大堡礁,生活在这里。”

2. 引入“工作”这个概念

公司团队领导人员意识到,绝大多数人都要工作,而一个人的工作与他的生活是否幸福密切相关。因此,在一个美满的人生里,人们都想要一份自己热爱的工作,一份能让人乐意从床上跳起来的工作,这是现代生活中最广泛和普遍的梦想之一。当时正值金融风暴席卷全球,企业大量裁员,失业率居高不下,人心惶惶。所以,谁能够拥有一份稳定、高薪的工作,绝对是一件令人羡慕的事情。基于以上两点考虑,布拉纳团队的想法有了一次飞跃:让人们想象——生活在大堡礁,不仅仅是旅游,而且是拥有一份每小时1 400澳元超高待遇的工作,工作环境既惬意,工作内容又轻松。

3. 请你们帮我讲故事

当这些想法成熟后,布拉纳团队开始为世人讲述这样一个美丽的故事:在北半球一片阴沉和寒冷的时候,这里的热带岛屿阳光明媚,有一份惬意的工作正等着你。是的,这是“全世界最好的工作”。

这次大堡礁的推广手段看起来很简单,就是一纸招聘广告——“2009年世界上最好的工作”。招聘的流程很漫长,这是布拉纳团队特意设计的,因为这样,世界各大媒体就会有充足的时间持续报道。广告投放也非常简单,他们仅在澳大利亚旅游主要客源国,如美国、欧盟、新西兰、新加坡、马来西亚、印度、中国、日本和韩国等发放一些分类职位广告、职位列表和小型的横幅,引导人们登录网站。另外,布拉纳的团队还利用网络的交互性,如社交网站等,使活动影响力不断延伸。

2009年1月9日,澳大利亚昆士兰旅游局网站发布招聘通告,并为此专门搭建了一个名为“世上最好的工作”的招聘网站。网站提供了多个语言版本,同一时间向全世界发起这次公开招聘。受聘者将得到6个月的合同,合同期内可获取150 000澳元的薪金。此外,往返经济舱机票、住宿、在汉密尔顿岛上的交通费、合同期内的旅游保险、计算机、上网服务、具有录影功能的数码照相机,以及往来大堡礁岛屿间的交通费均全部由昆士兰旅游局提供。丰厚的待遇,诱人的福利,让人向往的工作环境,这就是昆士兰旅游局开出的条件,一个让全世界人都心动的工作。

招聘信息刚刚公布,就引起了全世界的关注,到报名截止日已有11 565名美国人、2 791名加拿大人、2 262名英国人、2 064名澳大利亚人和503名中国人报名。昆士兰旅游局为这次招聘活动耗资170万澳元，最终选定守岛人为英国公民本·索撒尔，并定于2009年7月1日正式开始工作。

二、优秀的市场推广，杰出的营销策划

独特的创意让世人惊奇，站在旅游策划这个角度看，做得实在太完美、太无可挑剔了。它让全世界重燃对大堡礁的热情，从时间上看，这种热情最少可以持续半年，因为这个备受世界关注的“护岛人”将在这里工作半年时间。

经过一年的运作，“全世界最好的工作”的受众达到30亿，几乎占了全球总人口的一半；收到来自202个国家或地区近3.5万份申请视频。全球每个国家和地区都至少有一个人发了申请；招聘网站的点击量超过800万，平均停留时间是8.25 min；搜索词条“世界上最好的工作＋岛”，可搜到4万多条新闻链接和23万多个博客页面。据国际知名公共关系公司泰勒·赫林统计，这次营销活动在全球公共关系案例历史上排名第八。

从美国有线新闻网(CNN)的报道到英国广播公司(BBC)的纪录片，再到美国《时代》杂志的文章，全球媒体报道带来的广告价值约为2.07亿澳元(约合13.8亿元人民币)。招聘活动结束的当天，昆士兰州州长安娜·布莱由衷地赞叹道：“‘全世界最好的工作’不仅是一段令人赞叹的旅程，也是史上最成功的旅游营销战略。”截至2010年3月，大堡礁带来的公关价值已达4亿澳元。

三、好的策划是什么

我们都可以看出这次大堡礁的招聘活动是一次精心策划的市场推广，宣传手法之高明不能不让人佩服。

1. 金融危机大背景下的好工作——“天上掉馅饼”抓人眼球

在金融风暴席卷全球这个人心惶惶的时刻，谁能够拥有一份稳定、高薪的工作是很惬意的事情，一份好的工作能吸引不少人的眼球。

这正是：“好的策划＝好的时机＋好的策划手段”。

2. 面对主要客源国——“看人下菜碟儿”皆大欢喜

澳大利亚的前五大客源国分别为新西兰、英国、日本、美国和中国，于是在昆士兰旅游局招聘网站“世界上最好的工作”上建立了七个版本的网站，中国的游客是近年来增长最快的，而此次护岛人将“定居”的汉密尔顿岛又是中国旅游团尚未开辟的旅游路线，中国作为重中之重的客户，自然也受到了额外的待遇，昆士兰旅游局甚至在北京进行了现场招聘。而针对第一客源的英国市场，还为大堡礁配套推出了“世上最好的蜜月目的地”“世上最好的度假目的地”等系列活动。

这正是“好的策划＝明确消费群体＋有针对性的宣传方法”。

3. 网络营销——找“正确的人”帮我们做“正确的事”

如果没有网络，这次招聘绝对不会如此疯狂。“世界上最好的工作”的所有关键环节都在网上展开，昆士兰旅游局从一开始就建立了活动网站。旅游局在全球各个办公室的员工则纷纷登录各自国家或地区的论坛和社区发帖，让消息在网友中飞速扩散。环环相扣的互联网使这次活动在第一时间风靡全球。

这正是“好的策划＝合理的宣传途径＋优秀的宣传伙伴”。

(资料来源：根据网络相关资源改写)

3.1 旅游产品生命周期理论

旅游产品经过流通渠道进入市场,经历初创阶段、发展阶段和繁荣阶段进入衰退阶段,直至退出市场,这个过程称为旅游产品的生命周期。

3.1.1 旅游地生命周期模型

1. 巴特勒的旅游地生命周期模型

旅游地生命周期理论是旅游学理论研究的一个重要突破,巴特勒的旅游地生命周期理论(RLC)是其中的典型代表。1980年,加拿大学者巴特勒借鉴了商品销售的产品生命周期理论来阐述旅游地的演进过程(将产品销售量换成了旅游者人数)。其主要观点包括:一个旅游地的发展变化过程一般要经历六个阶段:探查、起步、发展、稳固、停滞、衰落或复兴。经过复兴以后的旅游地,又重新开始前面某几个阶段的演变。巴特勒认为,一个地方的旅游发展不可能永远处于一个水平,而是随着时间变化不断演变的,还引入了一条S形曲线来表述旅游地生命周期的六个阶段,如图3.1所示。

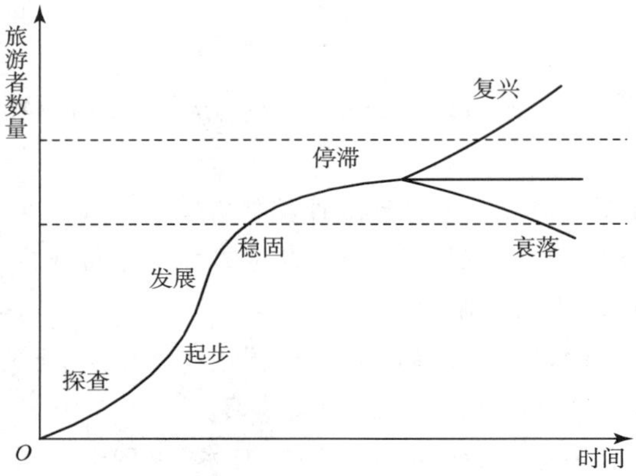

图3.1 巴特勒的旅游地生命周期模型

在巴特勒的模型中,较详细地描述了地域内旅游产品的生命周期变化,进而说明了旅游产业的发展变化引起了该旅游地域的经济、社会和环境方面的演化。所以,"旅游地生命周期"实际上是"旅游产品的生命周期",主要是旅游产品的"生命"发生了周期性变化,使该地旅游资源和资金的使用方式和方向发生了变化,才导致了旅游地的旅游业结构或发展方向出现演进过程。旅游产品生命周期现象能够反映该产品的供需关系变化,可以描述旅游产品产生、发展、饱和直至衰落的经济寿命过程。旅游地是旅游资源和旅游产品的发生地和空间依托,真正具有生命周期的应是旅游产品而不是旅游地。

旅游地生命周期理论自问世以来,受到全世界学者的广泛关注,尽管也有不少批评的声音,但接受这个理论的趋势更强,认为旅游地生命周期理论的应用分为三个主要方面:作为旅游地演进的解释模型、指导市场营销和规划,以及作为预测工具。

2. 旅游地生命周期各阶段的标志特征

旅游地生命周期模型各阶段的划分是一种理论上的定性划分,同时巴特勒还提出了针对每一阶段的具有指示作用的现象或事件(见表3.1)。

表3.1　巴特勒的旅游地生命周期各阶段的标志特征

阶　段	标志特征
探查阶段	少量的探查者；一点或几乎没有基础设施；自然或文化历史的吸引物
起步阶段	当地对旅游的投资；明显的旅游季节；对旅游地的广告，出现一定的市场区；对基础设施的公共投资
发展阶段	游客量大增，游客量超过当地居民数量；明显限定的市场，大量的投资，当地对外来投资失控；人造吸引物开始取代自然或人文的吸引物；中间层次取代探险者
稳固阶段	游客量增长率放慢；用大量广告来克服季节的影响；当地居民对旅游业产生依赖
停滞阶段	游客量达到高峰，旅游容量饱和，旅游地形象与环境脱离；旅游地过时，对重旅游的高依赖；较低的环境容量，所有权和经营权变更，向周边地区发展
衰落阶段	旅游市场出现空间和数量减少；对旅游的投资抽出；旅游设施过时或改为它用
复兴阶段	增加新的吸引物或开发新的旅游资源

3.1.2　旅游产品生命周期的影响因素

任何产品都有一个是否适应市场需求潮流的问题，人们的欣赏水平是逐步提高的，也是随着时间的变化而转移的。旅游产品是一种综合性产品，其生命周期更易受到主客观条件，以及宏观、微观等各种因素的影响而出现各种变异情况。例如，某种专项旅游产品作为时尚产品，就出现了旅游产品的“时尚周期”，生命周期可能只表现为快速成长和快速衰落两个阶段；某旅游目的地在成长阶段可能由于自然灾害或战争等一些偶然因素，没有经过成熟期就直接进入衰落阶段等。因此，旅游产品的生命周期是客观存在的，但不是固定不变的，其变化受到许多因素的影响。如果要对这些因素进行全面归纳，似乎十分困难，但从现实来看，至少有四种因素在很大程度上决定着旅游产品生命周期的演变，分别是吸引力因素(供给因素)、需求因素、效应因素和环境因素。图3.2概括了这四种因素的相互作用关系。

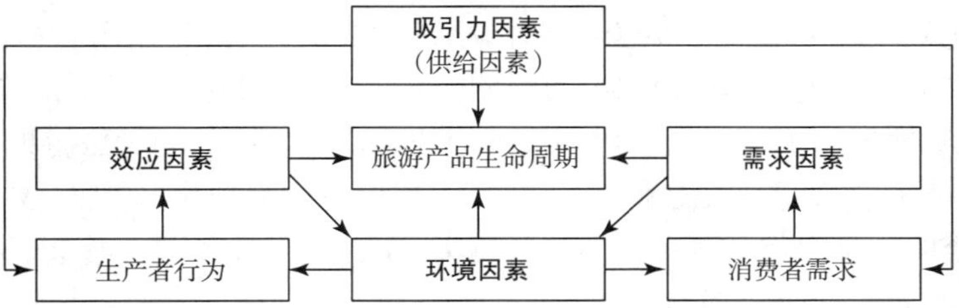

图3.2　旅游产品生命周期影响因素的相互作用关系

1. 供给因素——旅游吸引物的吸引力

旅游吸引物的吸引力是决定旅游产品生死存亡的关键因素，主要体现在旅游吸引物的两大功能上。一是旅游吸引物的吸引功能，它决定了旅游产品对旅游者的吸引力大小。一般来说，吸引力越大，其旅游产品的生命周期就越长，如中国悠久的历史和秀丽的山河对海内外游客具有很大吸引力，一些具有深厚文化底蕴的人文景观和自然景观长盛不衰。二是旅游吸引物的效益功能，它决定了当地旅游业的发展状况。旅游吸引物的社会、生态和经济效益越高，旅游业就越发达，旅游地生命周期也就越长。因此，从旅游吸引物的这个角度来看，旅游吸引物的吸引力不但严重影响着旅游产品的生命周期,而且也直接影响着旅游者的需求和旅游业的发展。从供需角度看,吸引力因素实际是供给因素,决定于旅游产品生产者和经营者。

2. 需求因素——旅游消费者的需求

需求因素作为旅游消费者或潜在消费者的行为结果,是决定旅游产品产生、发展和消亡的最重要的因素之一。尤其在开发论证阶段,需求论证是决定开发可行性的直接决定性因素。旅游消费者的需求因受到社会经济发展程度、消费者观念和需求口味的变化、人均收入的增减、新的旅游景点的出现、时尚潮流的变化,以及旅游地的环境或服务质量等因素的影响而发生着变化,从而引起客源市场的变化,进而影响着旅游产品生命周期的演变。例如,随着经济社会的发展,人们的价值观也在发展变化,越来越多的人选择旅游作为其生活中不可缺少的内容,在这种大环境下,不少旅游目的地迅速成长起来。由于环境污染和生态破坏问题日益显著,又使生态旅游成为一种备受旅游者青睐的旅游产品而得以发展。

3. 效应因素——旅游活动的影响

相对于需求因素而言,效应因素是一种继发性影响因素。效应因素对旅游产品生命周期的影响主要表现在三个方面,即由旅游活动所引发的对旅游目的地的经济、环境和社会文化效应。因为旅游产品的吸引力不仅来自产品本身的吸引力,而且在更大程度上依赖于旅游目的地的社会经济环境和自然环境,如居民的友好态度、优美的环境和安全便捷的交通等。

(1)经济效应。它对旅游目的地旅游发展的影响可以集中反映在两个方面:持续的、积极的经济效应不仅可以加速旅游地步入发展、巩固和成熟的阶段,增强旅游地维持繁荣期的能力,同时,还会促进旅游地的深度旅游开发;相反,任何消极的经济效应都将最直接地构成经营者自身的经营阻力,并引发外部社会的负面反应,而这种状况只能加速一个旅游目的地走向衰落。

(2)环境效应。旅游对环境的影响是非常广泛而深刻的。一方面旅游对环境具有较强的依赖性,环境是旅游产品的一个重要载体,而正是由于旅游者的介入,才引发了一系列环境和生态问题。二是旅游对资源的需求、废物排放、土地利用和旅游者活动等行为直接对环境造成不同形式和程度的影响。

(3)社会文化效应。一般而言,在旅游地的早期发展阶段,由于旅游者多数由一些具有冒险精神、不因循守旧的人构成,因此他们对旅游地的风俗习惯和社会规范都能积极适应,加之他们的出现给旅游地创造了又一个了解外部社会的渠道,因此,他们对旅游地生命周期的影响主要是正面的积极影响。而在旅游地发展后期,由于旅游的大众化,对地方文化的冲击就趋于激烈,对地方社会的各种习俗和规范的适应性就差,由此而引发的种种社会摩擦就可能潜在或现实地加速旅游地旅游产业的衰落。

4. 环境因素——旅游企业的经营环境

旅游企业的经营环境包括内部组织条件、外部经营环境和外部社会大环境。环境因素对旅游产品生命周期产生的直接或间接的影响,除了来自环境系统本身外,还有来自效应和需求因素的某种注入。旅游企业对外部社会大环境的积极适应能力,与外部经营环境中的协作关系的性质,以及自身在组织结构、企业文化和资源获得方面的组织情况,共同构成多元环境因子而不断渗入到旅游产品之中,成为能决定旅游产品生命周期的重要因素。其中企业实施正确经营策略和方针的能力尤为重要,在旅游业市场竞争日趋激烈的今天,改变经营观念、加大促销与宣传力度、实施正确的产品组合策略和市场细分战略,才可能保持可扩展的客源市场,才能延长旅游产品的生命周期。

3.1.3 延长旅游产品生命周期的措施

旅游产品生命周期是客观存在的，通过实施科学合理的发展战略，可以延长旅游地和旅游产品的生命周期，推迟衰落期的到来。

1. 实施可持续发展战略

1987年，世界环境与发展委员会发表了《我们共同的未来》，对可持续发展概念的界定是："可持续发展就是既满足当代人的需求，又不损害后代人满足其需求能力的发展；既要实现经济发展的目的，又要保护人类赖以生存的自然资源和环境，使子孙后代能安居乐业，永续发展。"可持续发展的理论核心是人与自然的协同进化和人与人之间关系的和谐发展，其核心一是人类需要，二是资源限制，三是公平。

旅游与可持续发展之间有一种天然的耦合关系。从代价角度来看，在同等产业发展条件下，相比其他多数行业，旅游业投入和消耗的资源较少，环境代价也小，有"无烟工厂"的美誉，因此，旅游业是天然的具有可持续发展优势的产业。从可持续发展的目的来看，旅游活动是人类物质活动和精神活动的统一，反映了人类物质文化水平的提高，旅游产业有其文化经济的特性及优势，而文化经济是最有利于可持续发展的。

旅游业本身也存在可持续发展的问题。透过现代旅游业快速发展的光环，冷静地观察其背后就不难发现：一方面，旅游促进社会经济和文化的发展；另一方面，对旅游资源的掠夺性开发、对旅游景区的粗放式管理、对旅游环境的污染和对旅游氛围的破坏比比皆是，旅游的消极影响日益显现，并迅速损害旅游业赖以存在的环境质量，威胁旅游业的可持续发展。因此，必须明确旅游业可持续发展的意义。

旅游业可持续发展，就是在满足当代旅游者和旅游地居民的各种需要的同时，保持和增进未来发展机会，其实质就是要求旅游与自然、社会、文化和人类的生存环境成为一个整体。旅游业可持续发展追求旅游开发的长期价值，以旅游开发的组合效应评价为出发点，强调旅游经济发展、自然生态及社会承受力的综合统一，使旅游经济的发展建立在长期支撑体系上。正如联合国教科文组织、环境规划署和世界旅游组织等通过的《可持续旅游发展宪章》所说："旅游是一种世界现象，也是许多国家社会经济和政治发展的重要因素，是人类最高和最深层次的愿望。……旅游业赖以发展的旅游资源是有限的，因此要求改善环境质量的呼声越来越高。"

2. 实施产品提升战略

(1)深化内涵战略。这种战略强调对原有产品的质量、功能和形态等几个方面进行改进和提升，深化产品内涵，增加产品吸引力。如夜景一般用来表现城市风光，但桂林另辟蹊径，用夜光照亮自然山水，创造出漓江夜景，形成仙境般的新景观，使20世纪90年代后连年下滑的桂林旅游走上了复苏之路；而挖掘文化内涵，集桂林山水、刘三姐的传说和金牌导演张艺谋于一身的大型山水实景演出《印象·刘三姐》的问世，更是重塑了桂林旅游的辉煌，并且引领了旅游演艺的潮流。

(2)重塑形象战略。这种战略顺应地方文脉，扬长避短，避免盲目模仿，发挥隐藏的优势，延展并突出其原有形象，推出特色旅游产品，使旅游地焕发生机。如丹霞山是我国丹霞地貌的典型代表。在20世纪80年代中后期及90年代初，由于其特色形象弱化，吸引力减小，旅游市场停滞不前，旅游地走向衰落。后来重塑丹霞山(丹霞地貌)形象，带动丹霞山走出困境。

(3)改善环境战略。这种战略着眼于旅游地的整体氛围,从核心吸引物(主导或拳头旅游产品)的外围入手,改善其生存环境,从而达到维持市场的目的。这是一种眼界高远的战略,主要应用于基础设施落后或生态环境破坏严重的旅游地。如乐山大佛,在20世纪末,旅游出现滑坡,主要原因是核心资源遭到严重自然侵蚀,影响了其吸引力和长远发展。于是便开展了修饰保护工程,收到了较好的效果。

3. 实施产品创新战略

(1)规划预防战略。这一战略是指在规划旅游地、打造每一项旅游产品时,预测其生命周期,及时地更新换代。这种战略主要用于人造景观的开发,如深圳华侨城,自1989年以来相继推出了锦绣中华、中国民俗文化村、世界之窗、"欢乐谷"一期和"欢乐谷"二期等主打产品,每隔几年都有新的产品问世,产品一步一步地由陈列观光型、表演欣赏型向主体参与体验型升级,这使得其发展长盛不衰。

(2)产品组合战略。这种战略强调以新的产品样式丰富原有的产品,配套组合,克服原产品的弱点,全面提高品位和档次。如四川碧峰峡,在1999年打造推出野生动物园,但是随着重庆、成都野生动物园的开园,竞争加剧。面对新形势,碧峰峡积极利用自身优势进行产品组合,2002年5月成功推出了中国第二个大熊猫研究基地;近年,又利用雅安"雨城"的文脉,结合"西蜀漏天"的传说,推出"女娲"文化旅游产品。

(3)事件激活战略。这种战略充分利用注意力经济的思想,制造和利用轰动的"外部事件"激活市场。如"大堡礁——全世界最好的工作"策划案,还有现在各地最为通用的方法就是举办相关的节事活动。

4. 实施市场促进战略

实施市场开拓战略,为成熟期的旅游产品寻找新的顾客,开发新的市场。实施营销组合战略,对产品、促销、流通渠道和定价这四个因素的组合加以合理的改进和重组,以刺激销售量的回升。

案例3.1

文化游憩化打造——助力敦煌旅游二次创业

敦煌旅游的二次创业面临着环境不断恶化和旅游产品需要全面升级的双重问题。建议进行游憩化模式开发,缓和敦煌旅游与环境之间的冲突,提升敦煌旅游产品的品质。

一、从敦煌文物游到敦煌"活态文化"体验的提升

目前,敦煌旅游以参观莫高窟、鸣沙山和月牙泉等名胜古迹为主,是比较典型的文物游。敦煌文化旅游产品提升的关键是将单一的文物参观转变为让游客参与和体验的产品。

1. 景区丰富"活态文化"完成莫高窟游客分流

敦煌目前开发的景区大约有30个,其中大概有2/3是文化景区,莫高窟和鸣沙山两大景区集中了一半以上的游客。敦煌的大部分景区都需要提高文化品质吸引并留住游客。将游客参观文物、导游讲解的模式转变为活态的敦煌文化演出,以及与游客的参与互动,无疑是这些景区取得胜利的法宝。

(1)传承原生态的"活态文化",让游客体验原汁原味的敦煌文化。包括在景区设置敦煌传统的文艺表演,提高景区的文化品质;请入传统技艺,丰富景区的文化内涵;定期举办热闹的传统节日,吸引游客用旅游的方式过节。

(2)在呈现原生态的敦煌文化的同时,上演大型以敦煌传统文化为体裁的歌舞剧或实景舞台剧，并辅以声、光和电等高科技手段制造特殊效果，与时俱进地创新敦煌文化。

2. 打造敦煌“活态文化”的品牌——充满传奇色彩的“敦煌古城”

敦煌的莫高窟是目前敦煌旅游的领头羊。敦煌旅游品质的提高需要开辟新的游憩体验景区——全方位打造的“敦煌古城”。

(1)以莫高窟壁画建筑艺术为建造蓝本，运用莫高窟壁画中精美的建筑形态，辅以中国古典园林造园手法，打造“敦煌古城”建筑的艺术品位。

(2)发掘历史人物的故事，并运用模拟影视剧的手法来演绎和展现敦煌传奇的历史。

(3)体验商品交换的乐趣，感悟商品交换中的文化交流。

二、由自然景区观光向生态型游憩模式的提升——敬畏自然、回归自然

1. 敬水仪式——让沙漠的命脉蒙上神圣色彩

水是绿洲的命脉，敦煌的党河是供给的主要水源。敦煌目前正在着力打造党河风情线，由政府牵头举行敬水仪式可以提升党河风情线的文化品质。

2. 大做“沙”文章——回归自然

沙漠是敦煌比较独特的资源，同时绿洲的湿地和绿色带是抵御沙漠的天然屏障，将游客从绿色和水引向黄沙，开辟新型、独特的游憩空间。

(1)运用多种方法展现惊艳的沙漠风光。可以举办沙漠风光摄影比赛、以沙漠风光为背景的独特婚礼、沙漠T台时装表演及其他活动来提高敦煌沙漠风景的文化品质。

(2)运用传统和现代结合的手法建造沙漠游憩天地，包括沙疗、沙漠探险和沙上运动等。

三、擦亮丝绸之路上的明珠——循旧又添新

(1)引入丝绸之路文化敦煌研究基地。

(2)开展深层次联合。

(3)丝路明珠新内涵——现代交通的通畅。

四、充分展现敦煌文化魅力——进行国际市场营销

1. 日本人的敦煌情结——攻坚日本市场

日本人有着特殊的敦煌情节，同时日本又是亚洲经济最发达的国家之一，是中国最大的旅游客源国之一。以弘扬敦煌文化为品牌，定期向日本举办旅游招商和推介会，提高服务质量和产品品质，让日本市场成为敦煌稳定的客源地。

2. 中国文化圈——形成东南亚市场

中国传统文化是东南亚文化的辐射中心，敦煌文化对东南亚市场具有强烈的吸引力。近年来，敦煌旅游的韩国市场发展迅速，以日本和韩国为基础，发展新加坡等市场，形成东南亚市场圈。走出敦煌国际旅游市场拓展的第一步，并适当拓展欧美市场。

(资料来源：根据网络相关资源改写)

3.2 旅游者行为理论

旅游者行为研究是旅游客源市场研究的重要内容之一。分析旅游者的行为，可以为旅游产品开发和旅游市场拓展提供科学依据。但由于旅游者行为的复杂性，依据的学科不同，研究的侧重点也不同：心理学者侧重旅游者决策行为研究，经济学者偏重旅游者购买行为和消费行为研究，地理学者则关注旅游者空间行为研究。单一性学科研究不利于对旅游者行为形成系统性认识,应该从综合的角度对旅游者行为进行系统分析。

旅游者行为是一系列“刺激—反应”的活动过程,包括旅游者动机行为、决策行为、旅行行为和体验行为四个过程。其中,旅游者动机行为和决策行为是影响因素,是旅游者行为的前提和基础,体现旅游者行为产生的内在机理;旅行行为是旅游者消费行为的实施阶段,表现为旅游者的空间移动,旅游消费是其重要内容;旅游者体验行为是旅游者行为的最后环节,又是新一轮旅游者行为产生的必要前提。

3.2.1 消费行为及影响因素

1. 消费行为

行为是指受思想支配而表现出来的外在活动。所谓消费行为,就是消费者寻找、选择、购买、使用和评价用以满足需求的商品和劳务所表现出的一切脑体活动,也称消费者行为。对消费行为的研究,主要是从市场角度考察消费者选购某种消费对象的动机及其决策过程。

消费行为包含三方面的内容:第一,消费行为可以表述为寻找、选择、购买、使用、评价商品和劳务的活动,这些活动的本身都是手段,满足消费者的需求才是它们的目的;第二,消费行为是一种复杂的过程,包括购买前、购买中和购买后的心理历程;第三,消费者扮演着不同的角色。由于消费是生产过程的最终目的,是由众多的消费者个人行为构成的,而消费者的购买又是一切市场活动的中心问题,因此消费行为问题也就成为消费经济学的理论基础和行为科学的重要研究内容。

2. 影响消费行为的因素

消费行为的核心问题是消费者的购买动机形成问题。影响人类行为的因素是多种多样的,概括起来可以分为两个方面,即外在因素和内在因素。外在因素主要是指客观存在的社会环境和自然环境的影响,内在因素主要是指人的各种心理因素和生理因素的影响,在这里主要是指各种心理因素,如人们的认识、情感、兴趣、愿望、需要、动机、理想、信念和价值观等,而对人类行为具有直接支配意义的,则是人的需要和动机。消费者的行为趋向是由决定和影响消费者的各种内在因素和外部环境共同作用的结果,因此,应对相关的所有内在因素和外部条件的作用进行系统分析。

德国心理学家勒温认为,人的行为取决于内在需要和周围环境的相互作用。当人的需要尚未得到满足时,个体就会产生一种内部力场的张力,而周围环境的外在因素则起到导火线的作用。内在因素是根本,外在因素是条件,人的行为是人的内在因素和外在环境相互作用的结果。根据这一观点,他提出了著名的行为公式:$B=f(P,E)$。公式中,B代表个体的行为,f为函数,P代表个人的需要(内在心理因素),E代表环境(外在因素的影响),即一个人的行为是其个性与其所处环境的函数。

消费者自身的欲望是驱策消费者去购买的主因,强烈的需要会成为决定某一时期的消费行为的支配力量。它既产生于消费者的内在需要,又来自外部环境的刺激。但是,某一需要还要取决于消费者个人的习惯、个性和家庭的收入总水平与财产额的高低,以及家庭规模与结构的特点等。此外,形成消费者购买的重要条件还有:消费者对某种消费对象的认识与理解,对购买该商品或劳务的经验与知识,以及通过对各种商品的比较和判断所形成的态度等。

外界环境是制约消费者行为的影响性因素,它包括社会因素和企业因素两个方面。社会因素主要有:社会交往(每个消费者都有自己的“社交圈”,他会购买与“社交圈”里的人大致相仿的消费品，如服装、住宅、耐用消费品和饮宴费等），某种社会舆论和社会运动的影响。企业因素主要有：企业产品更新换代情况和质量、性能、包装所具备的吸引力；名牌的商标给予消费者的信誉；企业的广告和推销员的"劝说"所形成的"拉力"；企业位置与服务态度；商品价格及与它相联系的服务费用的高低等。

行为学家认为，一定的"看得见的行动"来自一定的刺激，有机体的内在条件也会起到一定的作用，一般表示为"$S \to O \to R$"（S 代表一定的刺激，O 代表个人的内在因素，R 代表一定的反应）。这一模式说明，个人欲望的产生有赖于个人当时的心理状态和社会环境因素，以及个人对当时环境的认识。当一个人受到某种刺激以后，会引起反应而产生某种行为，但是在刺激和反应之间，由于受到个体许多心理因素的影响，所以同一刺激对于不同的人，可能产生不同的行为。

3.2.2 需求理论

从心理学角度看，任何生命机体的行为归根到底都是由他的需要引起的。人的需要可分为物质需要和精神需要两部分，前者表现为人们对物质对象的依赖性，后者则表现为对精神产品的依赖性。

1. 需求层次理论

行为科学的重要理论——马斯洛需求层次理论，是由美国心理学家亚伯拉罕·马斯洛于1943年在《人类激励理论》论文中提出的。该理论将需求分为生理上的需求、安全上的需求、情感和归属的需求、尊重的需求及自我实现的需求五类。另外，还有求知需求和审美需求未被列入到需求层次排列中，他认为这二者应居于尊重需求与自我实现需求之间。马斯洛认为：

（1）五种需求像阶梯一样从低到高，按层次逐级递升，但这样的次序不是完全固定的，可以变化，也有种种例外情况。

（2）需求层次理论有两个基本出发点：一是人人都有需求，某层需求获得满足后，另一层需求才出现；二是在多种需求未获满足前，首先满足迫切需求，该需求满足后，后面的需求才显示出其激励作用。

（3）一般来说，某一层次的需求相对满足了，就会向高一层次发展，追求更高一层次的需求就成为驱使行为的动力。相应的，获得基本满足的需求就不再是一股激励力量。

（4）五种需求可以分为两级，其中生理上的需求、安全上的需求和情感上的需求属于低一级的需求，这些需求通过外部条件就可以满足；而尊重的需求和自我实现的需求是高级需求，他们是通过内部因素才能满足的，而且一个人对尊重和自我实现的需求是无止境的。同一时期，一个人可能有几种需求，但每一时期总有一种需求占支配地位，对行为起决定作用。任何一种需求都不会因为更高层次需求的发展而消失，各层次的需求相互依赖和重叠，高层次的需求发展后，低层次的需求仍然存在，只是对行为影响的程度大大减小。

（5）一个国家多数人的需求层次结构是与这个国家的经济发展水平、科技发展水平、文化和人民受教育的程度直接相关的。在不发达国家，生理需求和安全需求占主导的人数比例较大，而高级需求占主导的人数比例较小；在发达国家，则刚好相反。

2. 需求的单一性和复杂性

（1）单一性需求是指人们在生活中总是寻求平衡、和谐、相同、可预见性和没有冲突，如果在正常的生活中出现了非单一性，即不平衡、不可预见等，人们就会表现出紧张和不安。人们为了减轻紧张和不安,常会采用可预见的事或物来抵消非单一性所造成的紧张和不安。

(2)复杂性需求是指人对新奇的、意外的、变化的和未知的事物的向往和追求。需求产生的实质是人们追求新奇、出乎意料、变化和不可预见性等。人的生活是极其复杂的,单纯依靠单一性需求是无法控制生活、享受生活和理解生活的。人们之所以追求复杂的东西,是因为这些东西本身能给人们带来刺激和挑战,带来满足和愉悦。人的中枢神经系统本身具有处理传入刺激的能力,但是单纯的刺激过多或过久时,这个系统就不能以最佳的状态工作,反而会导致人的许多心理功能受到损害。长期经受复杂的刺激,人就会感到焦虑、紧张,甚至产生心血管等方面的疾病;长期经受单一的刺激,又会使人产生厌倦、忧郁、偏执和幻觉等。

(3)单一性过多会使人产生厌倦,复杂性太多又会使人过分紧张甚至恐惧,理想的方式是选择两者的平衡点。因此,一个适应良好的人,在生活中应该是单一性需求和复杂性需求平衡。即一定程度的单一性需要一定程度的复杂性来平衡,一定程度的复杂性也需要一定程度的单一性来平衡。

3.2.3 旅游者的决策行为

旅游者的决策行为直接决定着旅游者出行的选择,对旅游者决策行为的影响机制的了解与认识,将对旅游地和旅游企业如何吸引旅游者有着决定性的意义。要有效地达到此目标,就必须分析旅游者的决策行为,明确旅游者如何选择旅游目的地,以及哪些因素影响着旅游者的选择过程。而旅游者行为决策过程和影响旅游者决策机制的因素是了解旅游者行为的关键。

1. 旅游者的决策行为过程

旅游决策是由复杂的心理活动过程决定的,具有一定的偶然性与突变性。旅游者决策过程可以分解为三个阶段性的心理活动过程:旅游需求的产生、旅游动机的形成和旅游决策的形成。

(1)旅游需求的产生。旅游需求是旅游者或潜在旅游者由于对旅游活动及其要素的缺乏而产生的一种好奇心理状态,是对旅游的意向和愿望。旅游消费需求产生机理的主观条件是基本需求失衡并被感知,产生了变换生活环境以调节身心节律的旅游需求;好奇心驱动了认识与探索的旅游需求。旅游者对旅游活动的决策首先取决于旅游的主观需求,主要是产生于旅游者个体的内在因素,如知觉、个性、态度和学习等。同时,旅游消费需求的产生还受到客观条件如经济因素、时间因素、社会因素和旅游对象等因素的制约。

(2)旅游动机的形成。旅游动机就是促使人们离开居住地外出旅游的内在驱动力。每个人的行为都有一定的动机,是为一定的目的或目标而进行的,而这种有目的的行为又总离不开需求的欲望,是受未满足的需求激励而产生的。需求是产生动机的内在根本原因,但只有需求并不一定能产生动机。动机的产生,一是要有需求的存在且被强化到一定程度;二是要具有满足需求的对象。动机是决定旅游者行为的一个重要因素,未满足的需求是激发旅游动机的主要来源。在内在需求的推动与外在环境的刺激下,通过各种媒介收集相关旅游地的信息,确定旅游目标,进而产生旅游动机。旅游动机的形成是整个旅游决策过程的开始,而且旅游动机的不同直接决定了旅游者的决策方向。

(3)旅游决策的形成。旅游者通过对旅游地进行分析和对比,确定自己的旅游目的地,最终形成旅游决策。旅游决策的形成首先受到旅游者自身内在需求和旅游动机所决定,其中旅游偏好是影响旅游决策的最重要的内在因素。同时,还要受到旅游地各种信息的影响,如旅游产品、旅游地形象、旅行方式及旅游环境等在旅游者进行决策过程中发挥着重要作用。旅游者决策包括的内容非常宽泛，如目的地决策、交通方式决策、住宿决策和购物决策等。在旅游者的所有决策中，有关旅游目的地的决策是最核心的决策，其他决策都是在目的地决策基础上的附加决策。

2. 影响旅游者决策的因素

旅游产品与一般产品的消费过程截然不同。一般产品是先生产再运往消费地，由消费者进行实际比较选择的；而旅游产品的生产与消费同时进行，是旅游者通过吸引力(目标效用)评价后，前往旅游地进行消费的。在旅游消费过程中，旅游者是一类非常特殊的消费群体，同一旅游地对不同旅游者的效用差别要远远大于一般商品对不同消费者的效用差别。这种对同一旅游地的不同效用评价就形成了旅游地选择偏好，这种偏好是旅游者决策行为活动的根源。

(1)旅游感知。旅游感知是旅游者将外部世界的旅游信息转换为内部思维世界的过程。人们把进行旅游决策时收集到的各种信息摄入脑海中，形成对旅游地的整体印象，这就是旅游感知，它是影响个人旅游决策行为的主要因素之一。对旅游者来说，旅游活动的时间、旅游地之间的距离、旅游交通工具和旅游目的地等都是旅游活动的重要条件。旅游者对这些条件的感知是实施去该目的地旅游的前提，会对旅游决策行为产生重要影响。一般来说，旅游感知条件不等同于旅游地实际客观条件，如某些旅游地的价值非常高，但由于“藏在深闺人不知”，没有为旅游者所感知，因而很少有人前去旅游，所以景点价值大不一定具有良好的感知环境。

客观距离与感知距离是旅游感知条件与旅游客观条件之间区别的另一个表现。客观距离以里程来衡量，而感知距离则是以克服客观距离所消耗的时间、资金和精力来衡量的。对旅游点影响较大的是感知距离而不是客观距离。例如，尽管两地间的客观距离不变，但是由于两地间实现了通航，或开通了直达列车，则其感知距离会大大减少。旅游者对旅游活动时间的感知也是影响旅游者最终决策的关键因素，国内很多学者都倾向于用“一快、二慢、三准时”来描述旅游者对时间的知觉，即旅途要快、游览过程要慢、旅游活动安排要准时。

(2)旅游者个性。在影响旅游行为的个人因素中，一个人的个性心理因素起着首要作用。不同个性心理特征的人有着不同的旅游动机，进而产生不同的旅游行为。旅游者个性一般是指旅游者个人在先天素质基础上，在特定的社会环境中，通过一定的旅游实践活动，形成和发展起来的比较稳定的关于旅游活动的综合心理特征。这一因素往往是旅游者决策行为产生的潜意识的决定力量，它主要受个体社会经济特征的影响。

美国学者普劳格提出了游客个性心理模式，研究了不同心理类型对旅游动机和旅游目的地选择的影响。这五种类型分别是自我中心型、近自我中心型、中间型、近多中心型和多中心型。

自我中心型和多中心型代表处于两端的两种对立性格。属于自我中心型的人，其特点是谨小慎微，多忧多虑，不爱冒险，最强烈的旅游动机是休息和轻松。在行为表现上喜安逸、好轻松、活动量少，喜欢熟悉的气氛和活动，理想的旅游是一切都事先安排好的，对旅游业依赖性极大，比较欣赏团体旅游的方式。属于多中心型的人，其特点是思想开朗，兴趣广泛多变。在行为表现上为喜新奇、好冒险、活动量大，不愿随大流，喜欢与不同文化背景的人相处，喜欢到那些偏僻的、不为人知的旅游地体验全新的经历。这类人虽然也需要旅游业为其提供某些基本的旅游服务，如交通、住宿等，但是更乐于有较大的自主性和灵活性。中间型属于表现不明显的混合型；近自我中心和近多中心型则分别属于两个极端类型和中间型，略倾向于各极端特点的过渡类型。普劳格同时也肯定了人在心理上存在着某种连续性，表现在行为上就是人的行为具有明显的弹性或灵活性。

调查表明，属于中间型心理类型的人占大多数，而属自我中心型和多中心型心理的人只占很小的比例，呈两头小中间大的正态分布。越是靠近多中心型者，外出旅游的可能性就越大，而且他们往往是新旅游地的选择者、发现者和开拓者，相反，其他类型则是陆续随后的跟进者，此时多中心型旅游者会转而另谋其他地方去旅游。

个性心理因素只是影响旅游行为的个人因素中的一个，此外，还有个人社会因素、个人文化因素等会影响人们旅游动机的形成。个人社会因素主要包括年龄、性别和微社会环境。个人文化因素包括个人的文化程度与修养、民族风俗等。

(3)旅游偏好。旅游偏好是指人们趋向于某一态度对象(旅游目标)的一种行为倾向。目标效用所起的作用是旅游者在个性的基础上进行的目标旅游地的初选。如果说个性形成的是旅游者的价值尺度，那么目标效用就形成了旅游者对不同旅游地的心理价格。例如，青年旅游者和中老年旅游者对于以险著称的华山和以雄著称的黄山的目标效用评价就会产生差异。需要说明的是，个体目标效用的标准并不是固定不变的，它可能受个体价值观变化的影响，但最主要还是受心理预期与实地旅游后评价的反馈和修正的影响，因为个体价值观的变化是微乎其微的。旅游者由于年龄、职业和文化程度方面的不同，会导致兴趣、能力和性格等因素构成的不同，从而导致旅游偏好的不同。人的个性随着年龄和生活经历在不断发展变化，如少年儿童好奇心强，喜欢游乐场所、动物园等；青年人求新、求知和求享受等倾向强，具有较高的冒险精神，喜欢登山、游泳和跳伞等。旅游者所从事的职业五花八门，不同的职业环境也会影响旅游者的个性形成和发展，从而产生不同的旅游兴趣。不同学历反映旅游者受教育层次的不同，同时也影响到旅游者的感知范围和感知程度。高学历的人出游目的性强，对有内涵的旅游地比较青睐；低学历的人易受大众媒介影响，喜欢娱乐和消遣性的旅游活动。

(4)决策环境。决策环境不是指客观的信息环境，不是备选旅游地信息的简单叠加，而是指在个体价值观和目标效用约束下的决策信息环境，即经过旅游者个体过滤加工后形成的决策环境。所以，旅游地一方面应该将自身的信息客观地传递给旅游者，不夸大，不美化，增加可信度；另一方面也应该重视每一个前来旅游的客人，为其提供良好的流动和体验空间，赢得良好的口碑，杜绝发生损害消费者利益等急功近利现象。

3.2.4 旅游动机分析

动机是指引起和维持个体的活动，并使活动朝向某一目标的心理过程或内部动力，是为了实现一定目的而行动的原因。动机是个体的内在过程，行为是这种内在过程的表现。引起动机的内在条件是需求，外在条件是诱因。旅游动机是指直接推动一个人进行旅游消费活动的内部动因或动力，是旅游决策的基本前提。旅游动机是导致旅游行为的直接原因，决定了旅游决策行为的方向和强弱。

旅游消费与日常其他消费不同，它主要表现为一种追求精神享受和发展需要的文化需求。日本学者田中喜一认为，旅游者的旅游动机产生于个人的兴趣，按需要和目标把旅游动机分为四类：心情的动机、身体的动机、精神的动机和经济的动机。美国学者罗伯特·麦金托什也将旅游动机分为四类：身体健康的动机、文化动机、交际动机，以及地位与声望的动机。

旅游又是一个复杂且具有高度象征性的社会行为，旅游动机具有差异性、多样性和交叉性的特点，不同旅游者的需要是不同的，有着不同的旅游动机；每个旅游者的需要都是多方面的，因此旅游动机就不可能是单一的。旅游者在一次旅游中的旅游动机也不是单一的，而是一种动机和另一种动机相互交错同时并存的，往往是以某种动机为主，兼有其他旅游动机。

旅游动机归纳起来，主要有以下六种：

1. 扩展和更新生活的旅游动机

通过旅游扩展和更新生活是最普遍的一种旅游动机。新鲜感是包括惊奇、喜悦、清新和振奋等多种成分在内的满足感。探新、求异和猎奇是人们普遍存在的心理状态，追求新鲜感是由人的本性决定的，人是不会在丰衣足食后就感到幸福和满足的，人的本性就是要不断地为自己寻找更广阔的天地，不断扩展和更新自己的生活，不断寻求变化和刺激。工业化所产生的单调的紧张生活使现代人充满了对寻求新鲜生活的渴望，旅游能满足人们追求生活新鲜感的需求，外出旅游意味着改变平常的生活方式，探索和尝试新的生活，可以接触到日常生活中接触不到的事物，做一些日常生活中没有条件做的事情，使自己得到日常生活中得不到的新鲜感的满足。

追求美是人类的天性，感受、观赏和享受美是一种高层次的文化需要。异国他乡的文化使旅游者有一种全新的感觉，大自然的奇妙让旅游者领略到无穷的乐趣。在旅行游览过程中观赏、体验和享受自然景观和历史文化景观的美，去领悟自然美、田园美、韵律美、和谐美和恬静美等不同类型、不同形态的美。人们外出旅游就是为了寻求这种不断扩展、不断更新的，能够给人惊奇、喜悦、清新、富有新鲜感的美的生活。

2. 寻找精神慰藉的旅游动机

在现代社会，由于工业化和城市化进程不断加快及激烈的市场竞争，高度紧张和快节奏的生活使现代人与先辈相比精神负担更重，用脑过度使人们的脑力和体力失去平衡。繁忙的日常事务和复杂的人际关系困扰着大都市中的人们，使人们的身心时常处于高度紧张状态，生活单调而枯燥。精神紧张是人最沉重的负担，也是人受到的最大的伤害。人们渴望暂时离开所处的工作和生活环境，到环境幽雅、空气清新、风景秀丽的地方去调整并休养身心，获得精神和情感慰藉。到森林、海滨、河流和山川中去旅游，亲眼观看大自然的美丽景色，沐浴在大自然的清新环境中，投入大自然绿色的怀抱中，正好能够满足人们的这种回归自然、回归本性的愿望。人们回到了大自然的"老家"，暂时摆脱了工作困扰和生活烦恼，找回了人与自然之间、人与人之间失去的和谐，消除了由于种种原因造成的精神紧张，恢复了脑力和体力的平衡。

深层原因是寻求广义人类之爱的补偿性满足，旅游这种日常生活之外的生活能够为人们提供这样一种环境。因为旅游者之间没有工作上的恩怨和利益上的冲突，且彼此之间的相处又是短暂的，因此大多数旅游者之间的关系是融洽的、和谐的、互助的。同时，旅游业从业人员柔性的、富有人情味的服务也使旅游者得到一种爱的满足。

旅游还是人们逃避紧张的最普遍的方式。在旅游中，人们用不着扮演他们原来的职业角色，没有非做不可的家务事。这不仅是由于角色本身的不同，而且是由于他加入了追求愉快的旅游行列而进入了一个"幻想世界"，或者说进入了一个"游戏世界"。旅游的"游戏世界"独特的行为标准明确区别于日常生活的行为标准，在这个"游戏世界"中使个人所扮演的角色有较大的伸缩性和灵活性，个性更容易充分表现出来。所以对于都市生活不堪重负的人们来说，旅游是一服治疗心灵伤痛的良药。

3. 追求健康娱乐的旅游动机

健康娱乐动机主要是为了满足休息、运动、安全、游嬉和治疗等保持健康的需要。有的旅游者从寒冷的地方到充满阳光的、温暖的地方度假旅游，是为了恢复和增进健康；有的旅游者到著名的游乐场所参加游嬉和娱乐活动，是为了暂时忘却烦恼，涤除身心的疲劳；有的旅游者到有温泉或矿泉的地方旅游，是为了防病、健身。具有健康娱乐动机的旅游者，在旅游目的地和旅游活动项目的选择上，主要侧重能调节人们身心活动节律、增进身心健康、使人全身心投入的活动，如轻松愉快的参观游览、令人开怀的文化娱乐活动、各种休养治疗活动和温泉疗养等。

4. 好奇探索的旅游动机

好奇心是人的典型心理特征，也是人们获得知识、完善自我、提高自我的重要途径。好奇心强和对学习有较强欲望的人，出生后不久就显露出这一特点。对许多人来说，好奇心的发展一直持续到成年，并不断发现新的满足方式。一方面，好奇探险动机强烈的人，出于追求奇特的心理感受和迫切认识新异事物的需要，即使旅游活动具有某种程度的冒险性，也不会成为他们旅游的障碍，甚至会让他们的这种动机更加强烈。另一方面，好奇探险动机表现为一种求知的欲望，一种追求猎奇的心理需求，名胜古迹、神话传说、奇山怪石和青山绿水等都是激发这种旅游动机的源泉。因此，好奇探险的旅游动机要求旅游目的地和旅游活动具有新异性、知识性和一定程度的探险性。人对自身及所生活的世界的探索是较高层次需要，对一些人来说，这种需要可以用登山、滑翔、跳伞、潜水、坐气球或航海来得到满足，而对大多数人来说，则是通过旅游发现新的目标、结交不同的人及了解异地文化等来实现的。

大多数健康的人都喜欢冒险。西方一些学者把探索和冒险的需要称为尤利西斯(Ulysses)因素，受尤利西斯因素驱使的人，力求满足对自身与世界的好奇心。人们的旅游行为，特别是到遥远的、艰险的地方去旅游，能够激发人的竞争本能，其意义即在于此。尤利西斯型旅游者受求知需要的驱动，但这种旅游不只是智力的，它必然包含某些体力上的活动。

5. 求知求解的旅游动机

正常人的心理都包括智力的需要，探新求异和获取新知识是一种智力需要。人的智力的需要分为两个基本层次：一是求知的需要，二是求解的需要。这两个层次的需要和生理的、心理的需要一样，受优势原则的支配。在旅游活动中，个体的需要并不完全符合马斯洛的需要层次理论，因为旅游使人摆脱日常琐事，这迫使旅游者改变了其基本的需要结构。当一个人进行旅游时，可以暂且对未实现的较低层次的需要失去迫切感。一些旅游者在旅游时，对探索未知事物的需要，同安全、社交和尊重的需要一样，变成了基本的、强烈的需要。

由于社会生产力的发展，随着人们生活水平和受教育程度的提高，以及各种信息传播的广泛和深入，人们对外部世界的了解更加全面，人们需要通过旅游消费活动到其他地方去了解新事物，观察新现象，通过对新事物、新现象的了解和学习，寻求新的发展目标及途径。旅游既可以用心理的动机来解释，也可以用智力的动机来解释。根据智力需要的层次来分析，可以看出观光者和度假者之间的明显区别。观光者在一次旅行期间要求参观不同的地方，而度假者往往参观某一特定的地方并从那里直接返回。这两类旅游者之间的区别表明，观光者的动机中是求知的智力需要层次占优势，而度假者的动机更多是来自求解的智力需要层次。

6. 寻求社交、尊重和自我实现的旅游动机

旅游活动是可以满足人们尊重和自我实现的需要的一种手段。人们希望通过旅游消费活

动来寻求发展、挑战极限，获得别人的尊重，以达到自我完善的目的，这是一种最高层次的需要。通过旅游这一象征性的社会行为，可以结交新朋友，得到团体接纳，从而满足个体的爱和归属的需要。人们生活在一定的社会关系中，就需要进行社会交往，保持与社会的经常接触。重归故里的探亲访友，侨居他乡游子的寻根问祖，以及为摆脱社交活动中的不愉快而去异地寻觅新友等就是社会交往动机的体现。个人、团体，甚至政府的访问、公事往来和文化技术交流活动，都包含社会交往动机的成分。具有社会交往动机的旅游者，要求旅游中的人际关系友好、亲切、热情并得到关心。

通过旅游活动，可以寻求从未看到过的事物，开阔眼界，更好地了解自己所生活的世界，并从中学到知识，增长认识能力和审美能力，满足审美和学习的需要，这显然是个体满足自我实现的需要。譬如通过科学考察和各种探险活动，揭示自然奥秘、宣传环境及生态保护知识，实现自身抱负，体现自身价值，满足受社会尊重的需要。一些旅游形式，如到国外某地去旅游，这种活动本身就成为个人取得成功与成就的象征，并获得独立感、优越感、自信心和舒适感，有助于满足个体尚未实现的尊重的需要。

3.2.5　旅游行为的影响因素

旅游动机就是促使人们离开居住地外出旅游的内在驱动力。需要产生动机，动机产生行为，整个过程受到行为主体的主观条件和客观条件影响。主观条件除需要外，还包括兴趣、好奇心、价值观和目标等；客观条件主要包括经济条件、时间条件和社会条件。人们的社会性需要及好奇心是产生旅游行为的内在动力，但如果不具备一定的客观条件，人们的旅游行为最终也不会发生。影响旅游行为的主、客观因素主要表现为以下几个方面：

1. 经济条件：收入水平的高低

旅游是一种消费行为，要满足这种消费就要在经济上有足够的支付能力，可任意支配的收入水平决定着一个潜在的旅游者能否实现旅游及其消费水平的高低。可任意支配的收入就是个人可支配收入扣除日常生活必需品支出和固定支出后的余额。相关研究表明，当一个家庭的收入不足以购买基本生活必需品时，该家庭很少会外出旅游。然而，一旦这个家庭的收入水平超过这一临界点，该家庭用于旅游的消费便会迅速增加且增加比例超过收入比例。也就是说，只有一个人或家庭的收入超过日常开支的临界点后，才会产生外出旅游的动机。经验数据表明，当一个国家或地区的人均 GDP 达到 800～1 000 美元时，国民将普遍产生国内旅游动机；达到 4 000～10 000 美元时，将产生国际旅游动机。收入水平的高低是旅游消费的经济基础，它不仅决定着旅游动机能否产生，同时还影响着旅游者的消费水平、消费结构及旅游消费方式。一般来说，较富有的家庭会在食、住、购、娱等方面花较多的钱，而交通费用在其全部旅游消费中所占的比例缩减；而在经济条件次之的旅游者消费构成中，交通费用所占的比例则较前者为大，其原因在于食、住、购、娱等方面节省开支比较容易，而在交通方面省钱则比较困难。

2. 时间条件：闲暇时间的多少

闲暇时间是指人们工作和生活之外，用于满足精神需要的时间，即可以自由支配的时间，包括一天工作之后的闲暇时间、周末闲暇时间和休假时间。一般而言，只有前一种闲暇时间是不足以产生旅游动机的，后两种时间，特别是休假时间是人们外出旅游的最佳时间，也是旅游动机产生的有利条件。在我国，周末和法定节假日是人人都可以依法享有的闲暇时间；五天工作制使人们的闲暇时间得到了充分的保障；长假制度和带薪假期制度使人们的闲暇时间越来越多;人的平均寿命的延长使人们的闲暇时间相对增多。这些充裕的闲暇时间为旅游提供了时间保证。虽然人们并未把所有的周末、节假日和带薪假期都用于旅游,但旅游需要一定数量相对集中的闲暇时间才能实现。因此,闲暇时间是产生旅游动机和影响旅游行为不可缺少的基本条件。

3. 社会条件:生活环境的影响

社会条件是指一个国家或地区的经济发展水平、文化因素和社会时尚等。旅游作为一种现代生活方式,不可能脱离社会条件而单独存在,人们的生活环境对旅游动机有一定影响。经济发展水平直接诱发旅游动机的产生,只有当整个国家或地区的经济相当发达时,才有足够的实力来建设旅游设施,开发旅游资源,从而提高旅游的综合吸引力,诱发人们旅游的兴趣和愿望。同时,也只有经济高度发展,物质文化生活水平比较丰富,经济支付能力增强时,人们才会产生旅游动机。社会时尚促进旅游动机的产生,为了寻求安全感和社会认同感,与社会大众保持同步,得到社会的认同,人们之间会互相模仿、从众,从而形成时尚。当旅游像其他消费品一样成为人们生活中不可缺少的内容时,它就像日常消费品一样会形成时尚。亲朋好友、邻居或同事的旅游行为和旅游经历的传播能相互感染,对旅游动机的产生起促进作用。

4. 个人条件:旅游欲望的强弱

个人的旅游欲望是旅游动机的诱发性因素,没有旅游的欲望,也不可能产生外出旅游的动机。旅游作为一种特殊的产品,具有一定的趣味性和刺激性,在人们的享受与发展需要不断增强时,它对许多人产生了吸引力,促使人们产生外出旅游的愿望。对于处在生活节奏不断加快、工作高度紧张环境中的城市人而言,逃离城市,换换环境,享受一下轻松的生活,调整疲惫的身心是他们的渴望。另外,在适当的时间走向社会、走向自然,体验一下他乡的风土人情、文化习俗、现代化的科技成果和大自然的旖旎风光,也是人们的期盼。这种逃避大都市的喧嚣,到异国他乡去探新求异的心理,对人们旅游动机的产生起着决定性的作用。但是,不同的个性心理特征使人们的兴趣、爱好及处事的态度有所不同。兴趣广泛、喜欢新异事物、乐于结交朋友的人,热衷于外出旅游;喜欢安静、稳定生活的人,乐于利用闲暇时间在家读书、看电视或做家务,而不愿意去参加在他们看来费时、费力和费钱的旅游活动。前者对旅游总是抱有强烈的愿望,而后者则需要一定的诱因,才有可能产生旅游欲望。

3.2.6 旅游者的分类

旅游者决策行为的研究必然涉及旅游者的分类。

1. 世界旅游组织(UNWTO)对国际旅行者的分类

(1)消遣型旅游者。特点是人数多、比例大、季节性强、停留时间长、对价格敏感。

(2)差旅型旅游者。特点是人数少、出行频繁、无季节性限制、消费相对较高、对价格不太敏感。

(3)家庭及个人事务型旅游者。指那些探亲访友和求学的旅游者。需求特点比较复杂,不同于前两种类型的旅游者,又兼有这二者的某些特点。

2. 基于旅游动机的旅游者分类

(1)纯观光型旅游者("透明罩"旅游者)。这些旅游者的富裕程度较低,旅游经验也比较缺乏,旅游动机主要是好奇。传统的包价旅游是此类旅游者的首选。

(2)追求理想经历的旅游者。这些旅游者追求更加冒险、更加灵活和更多自主性的旅游方式，他们倾向于文化与地域差异更为明显的度假地。

(3)开阔眼界的旅游者。这一层次的旅游者在富裕程度和旅游经验上都有较大提高。旅游者希望去尝试更大范围文化环境的体验，他们对独立和自由的渴求表现为更加以自我为导向的、范围更广的旅行。

(4)完全沉浸的旅游者。这些旅游者的动机不是感受地道的外国文化，而是创造出犹如本地人的文化经验，完全融入该国的语言、文化、传统和生活方式。

3. 基于决策行为方式角度的旅游者分类

(1)有选择性的旅游者。这类旅游者一般都计划对目的地做长期逗留的体验式旅游。他们不会参加包价旅游，而是会背上背包，按照自己的旅游线路单个或结伴出游。

(2)空想家型旅游者。这类旅游者热衷于和别人谈论旅游，但实际上，他们并没有真正的旅行过，他们臆造了一个旅游目的地体验。

(3)无计划型旅游者。这类旅游者很少花时间思考和计划去哪里旅游，他们追求灵活性的、随机的旅游目的地选择。

(4)不情愿型旅游者。此类旅游者是指由于工作和家庭需要而旅行的旅游者。

(5)家庭至上型旅游者。此类旅游者实际并没有真正参与到旅游决策中，他们每年都要去同一个地方或有租用一个有家庭氛围的住宿地的习惯。

(6)适应型旅游者。这类旅游者常常根据计划和现实可能性对决策和行为进行适应性修正，表现在根据新出现的情况和一起旅游的对象不断修正旅游决策。

(7)追求完美型旅游者。这类旅游者将预期的计划和环境与直接的旅游行为完美结合起来。

3.3　旅游产品创新理论

3.3.1　创新

创新是指人类为了满足自身需要，不断拓展对客观世界及其自身的认知与行为的过程和结果的活动。或具体来讲，创新是指人为了一定的目的，遵循事物发展的规律，对事物的整体或其中的某些部分进行变革，从而使其得以更新与发展的活动。通俗地讲，创新就是发现和创造新的东西。在西方，英语中创新(innovation)这个词起源于拉丁语，其原意有三层含义:第一是更新，就是对原有的东西进行替换;第二是创造新的东西，就是创造出原来没有的东西;第三是改变，就是对原有的东西进行发展和改造。

创新的本质是突破，即突破旧的思维定式和旧的常规戒律，是对已有惯例和模式的突破与新模式的形成。创新活动的核心是“新”，它或者是产品的结构、性能和外部特征的变革，或者是造型设计、内容的表现形式和手段的创造，或者是内容的丰富和完善。创新又是一个多元的、动态的概念，其内涵也在不断扩充和丰富，从最初的经济学角度的创新，发展到科技创新、理论创新、制度创新、教育创新和管理创新等各个方面。

创新是人类特有的认识能力和实践能力，是人类主观能动性的高级表现形式。创新在人类的文明发展史中具有十分重大的推动作用，是推动民族进步和社会发展的不竭动力。人类的进化、科技的进步、经济的繁荣、社会的发展，在一定意义上讲，都植根于创新。

3.3.2 创新思维

1. 创新思维的含义

创新过程首先起始于人的创新意识,即创新思维。创新的核心是创新思维,人们在社会实践活动中,通过对客观事物的认识,不断产生不满足感和创新的欲望,并通过创新思维活动产生有别于现状的设想,然后将设想付诸实施,从而完成创新过程。由此可以看出,创新思维是整个创新活动的关键,没有创新思维就不可能有创新想象,更不会有创新成果。因此,创新思维是人们进行创新活动所必须具备的重要心理要素,是创新活动能否成功的基础。

思维是人脑对客观事物本质属性和内在联系的概括和间接反映。以新颖独特的思维活动揭示客观事物本质及内在联系并指引人去获得对问题的新的解释,从而产生前所未有的思维成果称为创新思维,也称创造性思维。它给人带来新的具有社会意义的成果,是一个人智力水平高度发展的产物。创新思维与创造性活动有关,是多种思维活动的统一,但发散思维和灵感在其中起着重要作用。

2. 创新思维的特征

创新思维既有一般思维的特点,又有不同于一般性思维的优秀思维品质。

(1)创新思维是具有求异性和独创性的思维。创新思维是思维的高级过程,是人们在已有经验的基础上,在某些事物中寻找新关系和新答案的思维过程。它首先表现为思维的求异性和独立性,不人云亦云,不盲目信奉,不囿于现有解决问题的方法,而是在虚心吸取别人经验的基础上,独立思考,大胆想象,走前人没有走过的路。

(2)创新思维是具有广阔性和深刻性的思维。思维的广阔性表现为善于从多方面思考问题,既抓住关键问题又不忽略个别重要的细节,既看到矛盾的一般性和普遍性,又看到矛盾的特殊性和具体性。从不同的知识领域进行思考,借他山之石,攻己之玉。思维的深刻性表现为善于透过问题的现象看到本质,抓住事物的规律,预见事物的发展进程和结果。

(3)创新思维是具有灵活性和敏捷性的思维。思维的灵活性表现为思维活动依据客观情况的变化而变化,善于按照事物发展变化的具体情况而提出切合实际的解决问题的方法,不拘泥于传统习惯的束缚,克服惯性思维、定式思维的弊端和功能固着的影响。

3. 创新思维能力的培养

思维是人脑对客观事物所进行的概括和间接的反映,不是天生的、一成不变的,而是在实践中逐步形成的,可以通过有效途径来培养和提高。

(1)敏锐的观察力是创新思维的前提。观察是认识的重要阶段,一切高级的心理活动(如思维)都是在观察的基础上产生的。人们借助观察力对客观事物进行周密、系统、精确的观察,获得对研究对象的感性材料,形成表象,从而抓住问题的突破口,寻找到解决问题的方法。观察力较强的人往往能捕捉到别人尚未发现的信息,从而及时采取对策。

(2)丰富的知识和经验是创新思维的基础。知识与创新密切相关,创新是建立在既有知识成果基础上的。丰富的知识和开阔的视野是创新的基础和前提,知识越多,经验越丰富,产生创新的可能性就越大。因为思维是与问题紧密相连的,一个人的知识和经验越丰富,他的思路就越宽,思维就越灵活,判断就越准确,解决问题就会越正确。古语云:"水深则所载者重,土厚则所植者蕃"。创新知识结构应该是多元化的结构,是进行创新思维的硬件系统。

(3)科学的思维方式是创新思维的实现条件。思维方式是认识事物的方式和方法。科学的思维方式就是根据思维和存在辩证关系的原理,用科学的方法去客观地认识问题、分析问题和解决问题。要注意培养系统意识,摆脱习惯性思维的束缚,努力培养发散思维能力,建立起一种多元化的立体思维方式,从不同角度去观察和思考问题。

3.3.3　旅游产品创新的意义与特征

1. 旅游产品创新的意义

旅游产品创新是提高旅游产品竞争力的客观要求。旅游产品竞争力表现为旅游产品所具有的开拓市场、占据市场并以此获得盈利的能力。普恩的可塑性理论认为,旅游目的地要想不断提高竞争力,就必须保持可塑性,即永远的创新、不断的变化。旅游产品是可变的、可细分的、可根据市场的变化而塑造的。产品创新是市场策略的关键,旅游产品创新的实质就是吸引力的提升,即市场竞争力的提升。

旅游产品创新是实现旅游业可持续发展的基本途径。旅游市场的发展,旅游者需求的不断变化,以及旅游业竞争的加剧,对于无论是将要开发的新产品还是已经形成旅游产品,都需要研究产品的创新问题。只有创新,才能在激烈的市场竞争中立于不败之地。当前,许多传统旅游目的地的旅游产品面临的问题是产品老化,内容单一,主题重复,缺乏变化。所以,进行产品创新已是迫在眉睫的任务。

2. 旅游产品创新的特征

(1)多维性。旅游产品内涵和外延的多样性和复杂性决定了产品创新的多维性,其涉及的因素也多种多样,既可以是一种需要大量投资的物态创新,也可以是一种精神创意,而后者无疑更具意义。它不仅包括对旅游线路、旅游项目和产品结构的优化,而且包括服务质量的提高、产品种类的增加、产品品牌的提升、旅游大环境的完善和旅游形象的构建等。

(2)持续性。创新不是一次性的,而是一个过程,即持续性创新。一个旅游产品开发出来以后,别的企业会效仿,竞争会加剧;即便保持独有的垄断性,受产品的生命周期决定,也会被新的产品所淘汰。因此,创新过程应贯穿始终,即“生命不已,创新不止”。

(3)时代性。根据旅游者的消费心理,坚持以市场为导向,把握时代脉搏,紧跟时代潮流,策划设计旅游产品,刺激产品的“张力”,促进新产品趋向流行。要根据市场需求的变化不断更新和提升旅游产品的竞争力因素,从而将产品周期的有限生命转化为无限的周期循环,通过创新和竞争两股力量的交互式作用使产品在市场上永葆青春和活力。

(4)超前性。旅游需求属于精神需求,旅游产品是以时尚消费的形式出现的。旅游产品创新要注重对潜在旅游需求的激发和对市场消费潮流的引领,缔造出“市场跟着创意走”的产业发展格局,即创造需求,开发市场,带动消费,引领时尚。因此,创造新型旅游市场和培育旅游消费群体是旅游产品创新的基本导向。根据旅游产品的时尚周期,抓住旅游者消费心理,把握未来消费时尚与潮流,前瞻性地推出全新的旅游产品,以创新带动需求,引导消费,这样才能在激烈的市场竞争中先声夺人。

3.3.4　旅游产品创新的类型

旅游产品的创新是产品的创造性和竞争性开发,把潜在的东西更深层次地挖掘出来,以创新带动需求,引导消费潮流。旅游产品创新包括类型创新、功能创新、主题创新和内涵创新。

1. 类型创新

产品类型是由旅游目的地的市场和资源的双向比较因素决定的,产品类型直接决定了旅游目的地旅游业的性质和特点。产品类型的创新主要是对原有产品的改进、质量的提升和新产品的开发。随着社会的发展,旅游者的需求也在不断发展变化,呈现出多样化和个性化,其求新、求奇、求异的心理日益增强。必须密切关注市场需求变化,不断丰富旅游产品的内容,增加旅游产品的类型,才能满足不断增长和变化的旅游需求。

2. 功能创新

功能是事物或方法所发挥的有利作用和效能;产品的功能是其使用价值;旅游产品的功能是旅游产品给旅游者带来的利益。不同的旅游需求要由不同的旅游功能来满足。旅游需求的多样化需要旅游功能的不断拓展。根据功能的特点,旅游产品功能可划分为主导功能、支撑功能和辅助功能,不同的产品功能的构成也是不同的,如休闲度假产品中的主导功能是度假和休闲;支撑功能主要为康体、健身和娱乐;辅助功能为观赏和观光。因此,在旅游产品功能创新时,应当做到分层次,有重点。

3. 主题创新

市场竞争需要主题,需求差异呼唤主题。游客出游的理性化无疑对产品提出了更高的要求,只有抓住市场需求,设计出多样化、个性化、具有明确出游主题的旅游线路,才能吸引游客,并且最大程度地满足人们的个性化体验。主题创新是旅游产品成功开发的基础,对于旅游吸引力的形成和市场竞争力的培育至关重要。主题是指蕴藏于旅游产品中的核心内容,是对旅游产品及其相关因素进行组合所形成的内在的、统一的基调,它不仅与旅游产品的具体形态紧密结合在一起,而且引导着特定时期旅游消费的潮流趋势。旅游产品主题创新的形式有很多,主题线路无疑是旅游产品创新极其重要的一个方面,因为旅游线路是旅游产品的主要表现形式,能够给区域旅游发展带来巨大的社会效益和经济效益。

4. 内涵创新

目前,旅游产品同质化现象严重,替代性很强,缺乏独特的竞争力,再加上缺少根据市场需求对产品内涵的系统挖掘及不注重产品开发的创意与系列化,使得大多数旅游产品只有一次性消费价值,没有长久的竞争力。因此,对原有产品的扩容和强化是产品创新的一种必然选择。在对产品进行功能追加、重新包装、提高质量的同时,增强产品的参与性功能就显得特别重要,通过智力投入的方式对产品内涵进行扩展。另外,在主导产品的同一主题下,通过增加产品的品种,构造"产品群",并加强其系统性和系列化,把老产品的升级和新产品的开发相衔接,使二者相映生辉。

3.3.5 旅游产品创新的实施

1. 创新思想观念

观念创新是一切创新的前提,传统的观光旅游使许多人形成了思维定式,认为旅游产品就是旅游六大要素的组合,虽然也在不断推出新的旅游产品,但大多只是外在形式或名称的变化,内容并未改变。主要问题在于观念没有改变,没有跟上时代的步伐,对游客的心理需求没能正确把握。需求导向是旅游产品开发的永恒主题和不变宗旨。要突出旅游产品人性化设计,充分体现对消费者的人文关怀,提供个性化的旅游服务,实现旅游消费过程的互动化,增强旅游内容的体验性。

2. 创新开发理念

(1)产品市场细分定位。当把体验当作旅游者购买的唯一产品的时候,传统的老少皆宜的产品将不复存在。产品设计的时候首先考虑的不再是有什么产品,而是有什么样的市场。因此,首先必须进行内部和外部分析,找到自己的内部优势,再根据市场的相关性定制特定客源的专项产品。

(2)产品策划设计内容转换。传统的旅游产品是组合旅游要素,即通常所说的吃、住、行、游、购、娱等要素的综合。当把目光转向体验效果的时候,这些内容显然已经不能达到目的了,旅游产品内容将由传统的要素组合转向体验过程的设计。

(3)产品策划设计程序转换。内容决定形式,内容变了,形式也会跟着转换,因此,传统旅游产品的设计过程也必然改变。如传统旅行社产品的设计过程是:目的地选择→联系地接社→确定旅游线路和价格→销售→接待实施,很显然,这只能满足大众化的客人主动性旅游。而对于体验型旅游,西方国家的设计过程值得借鉴:客源市场调查了解消费者需求→根据市场需求确定旅游目的地→目的地调研设计行程和活动→向客源市场营销→根据客人需求定制产品→实施体验过程。这样,旅行社产品设计的重点就不再是要素的简单组合,而是一次异于日常生活的体验设计。

3. 创新开发模式

旅游产品开发模式实际上就是选择什么样的产品组织方式,即根据旅游地资源品位、经济现状和开发潜力等条件,确定今后协调和发展的产品组织体系。由于旅游资源性质、价值、区位条件、规模及区域经济发达程度、文化背景、自然环境、技术条件,以及社会制度等多方面因素的不同,旅游产品开发的广度和深度不一,其开发的模式也趋向于多样化。其中,值得提倡的是亮点开发模式和深度开发模式。亮点开发就是选择具有鲜明特色和显著优势的旅游资源进行优先开发,重点打造精品景区和特色旅游产品,努力提高旅游地的知名度和品牌效应;深度开发就是在保护良好生态环境的前提下,加大资金、科技及高素质劳动力的投入,对资源进行精细化开发,不是单纯地追求产品数量型增长,而是以丰富的旅游活动内容尽量延长游客的停留时间,提高游客的消费水平,实现产品开发内涵集约增长。

4. 创新技术手段

旅游产品的创新离不开科学技术的支撑。在科技和信息时代,增强旅游可持续发展的科技内涵,有助于实现产品开发水平质的飞跃。通过技术手段创新,会在消费理念、需求动机和出游条件等方面给旅游者带来极大改变。同时,也会对旅游企业经营和旅游产业运行产生巨大影响。例如,电子商务技术和网络开发技术在旅游领域的大量使用,使得旅游供给方式和旅游消费模式发生了明显变化;现代化的声光电技术与旅游演艺的结合,产生了极具震撼的视觉冲击力,提升了旅游演艺的档次;自动控制技术、生物工程技术、环境科学技术和工程建筑技术等也被运用于旅游目的地的建设,使得旅游景观数量日益增加,旅游环境质量不断提高。在未来旅游产品开发上,还应继续吸收计算机技术、遥感技术、数字技术、光电技术和无线通信等技术的先进成果,推出更多高品位、高质量的旅游产品。

案例 3.2

以浪漫和时尚打造都市旅游创新驱动力

一、多维视角剖析大连

从区位角度、市场角度、资源角度、文化角度、国际视野、发展成就及问题困难来看,大连旅游已经走过了以数量扩张为主的初级阶段，处于全国前列，正步入以提质增效为特征的关键转型和战略提升阶段。

二、创新创意创造亮点

1. 新发展观

在“振兴东北”的新机遇下，大连旅游要以科学发展、经营城市、“浪漫主义”和“大旅游”的理念，以“大规划”调整旅游布局，以“大产业”发挥关联带动作用，以“大配套”提升城市功能，以“大市场”强化城市辐射力，以“大产品”提高旅游吸引力。通过旅游业的发展，推动大连的经济转型，使大连在“振兴东北”中发挥龙头作用，并在未来的环渤海旅游圈中发挥重要作用。

2. 新动力观

“浪漫”特色是大连旅游发展的原动力，彰显“浪漫”是其核心所在。大连市旅游应该以“浪漫之都，时尚大连”作为整体形象定位，城市个性要突出“风情时尚、个性张扬、健康阳光、动感豪放”的特色，把大连市建设成为融东西方浪漫特色为一体的体验型国际海滨旅游名城。

3. 新资源观

规划从新资源的角度将大连的旅游资源概括为四大类：现代都市、蓝色海洋、近代人文和绿色生态。

4. 新产品观

她是一个大气磅礴的海港城市，却注册了“浪漫之都”的城市品牌，她用服装张扬个性，用足球释放激情，用槐花抒发情感，用巨轮承载雄心，她将城市化作风景，将风景变成资本——这就是浪漫之都，时尚大连。

5. 新产业观

培育“旅游地产(住在大连)、旅游商贸(购在大连)、旅游会展(会在大连)、旅游文娱(娱在大连)、旅游餐饮(食在大连)、旅游装备(大连创造)”六大旅游产业集群，实现旅游业与六大旅游产业集群的深度互动，全面促进现代服务业发展。

三、规划总体思路

1. 总体定位和发展目标

把旅游业培育成为大连国民经济的支柱产业，全面建设现代化、生态型和创新型的国际滨海旅游目的地，把大连建设成为有特色、高品位、国际化、高收益的中国最佳旅游城市，具有“和谐精致，浪漫大气”特质的东北亚滨海旅游中心城市，中国重要的门户型国际旅游目的地。

2. 主题形象：浪漫之都，时尚大连

“浪漫”与“时尚”，是大连城市的性格和意象。浪漫是大连的个性品质，是一种自信的表现，是快节奏的现代氛围中的一种灵动；时尚是大连的价值取向，是对城市精神的探索，是大连最具包容性城市文化性格的体现。

3. 旅游产品开发思路

坚持情境化、个性化和精品化、国际化原则，重点做好都市、海洋、文化、生态、节会及乡村旅游的文章，通过这六个方面调整大连旅游产品结构。旅游产品分为观光旅游、休闲度假、商务会展旅游和专项旅游四大类。

4. 主题型旅游产品包装

重点建设五大系列主题旅游产品：“浪漫之旅”、“时尚之旅”、“健康之旅”、“清凉之旅”和“文化之旅”。通过精品旅游线路的有效串联，塑造“浪漫之都，时尚大连”的旅游总体品牌。

5. 宣传口号

针对国内:浪漫之都,时尚大连(A charming and trendy city—Dalian)。

针对韩国:Dalian—a city of trend and romance in China(中国的时尚浪漫城)。

针对欧美:the most trendy and romantic coastal city in China—Dalian(中国最时尚浪漫的滨海城市)。

针对俄罗斯:A best and nearest coastal resort in China—Dalian(一个既近又好的中国滨海度假地)。

针对东南亚:the most inevitable coastal city in China—Dalian(一个浪漫的滨海康疗度假城)。

(资料来源:根据网络资料改写)

本章小结

旅游产品策划需要理论的指导,与之密切相关的主要有旅游产品生命周期理论、旅游者行为理论和旅游产品创新理论。

巴特勒提出的旅游地生命周期理论认为,一个旅游地的发展变化过程一般要经历探查、起步、发展、稳固、停滞、衰落或复兴六个阶段。旅游产品的生命周期是其变化受到许多因素的影响,从现实来看,有四种因素作用最大,即吸引力因素(供给因素)、需求因素、效应因素和环境因素。

旅游者行为研究是旅游客源市场研究的重要内容之一。旅游者行为是一系列"刺激—反应"活动的过程,包括旅游者动机行为、决策行为、旅行行为和体验行为四个过程。其中旅游者动机行为和决策行为是影响因素,是旅游者行为的前提和基础。

旅游者决策过程是由复杂的心理活动过程决定的,大致可以分解为三个阶段性心理活动过程:旅游需求的产生、旅游动机的形成和旅游决策的形成。影响旅游者决策的因素包括旅游感知、旅游者个性、旅游偏好和决策环境等。旅游者的旅游动机主要包括扩展和更新生活的旅游动机,寻找精神慰藉的旅游动机,追求健康娱乐的旅游动机,好奇探索的旅游动机,求知求解的旅游动机,以及寻求社交、尊重和自我实现的旅游动机。影响旅游行为的因素主要有经济条件、时间条件、社会条件和个人条件。

创新是指人类为了满足自身需要,不断拓展对客观世界及其自身的认知与行为的过程和结果的活动。创新思维是整个创新活动的关键,是创新活动能否成功的基础。创新思维具有不同于一般性思维的优秀思维品质,表现为求异性和独创性、广阔性和深刻性、灵活性和敏捷性。旅游产品创新是提高旅游产品竞争力的客观要求,是实现旅游业可持续发展的基本途径。旅游产品创新包括类型创新、功能创新、主题创新和内涵创新。实施旅游产品创新要创新思想观念,创新开发理念,创新开发模式,创新技术手段。

复习思考题

1. 影响旅游产品生命周期的因素有哪些?
2. 谈谈旅游者的决策过程及影响因素。

3. 旅游者的旅游动机大体分为哪几类?

4. 结合实际分析影响旅游行为的因素。

5. 分析旅游产品创新的类型。

6. 举例说明旅游产品创新的途径。

案例讨论

1. 阅读开篇案例,“全世界最好的工作”的策划体现了哪些基础理论思想?是如何实现并灵活运用的?

2. 分析敦煌旅游二次创业的核心吸引力打造是否准确。

3. 大连旅游产品创新主要体现在哪些方面?

第4章　旅游产品体系策划

本章提要

旅游产品体系由三种不同表现形式的旅游产品组成，即区域旅游产品、单项旅游产品和旅游线路产品。各种旅游产品都有自己的概念范畴，其他从事旅游服务的行业也有各自对旅游产品的认识。因此，不同层次上的旅游产品供给者和经营者都有自己相应的产品开发内容，旅游产品策划的内容和重点也不同。

本章主要针对区域旅游产品、旅游景区产品和旅游线路产品三个层次进行旅游产品分类策划。区域旅游产品主要研究影响因素、结构优化和开发设计；景区旅游产品主要研究景区项目策划和景区游览线路的设计；旅游线路产品主要研究线路的类型、线路的构成、策划原则和设计过程。

学习目标

1. 理解三个层次旅游产品的含义及相互关系。

2. 理解影响区域旅游产品策划的主客观因素，掌握全域旅游的内容，掌握区域旅游产品结构优化的内容。

3. 掌握旅游景区项目策划和游线策划的内容和方法，掌握旅游景区产品创新的内容、方法和途径。

4. 熟悉旅游线路产品的类型和构成，熟悉旅游线路产品的策划程序，掌握旅游线路产品策划的原则。

框架结构

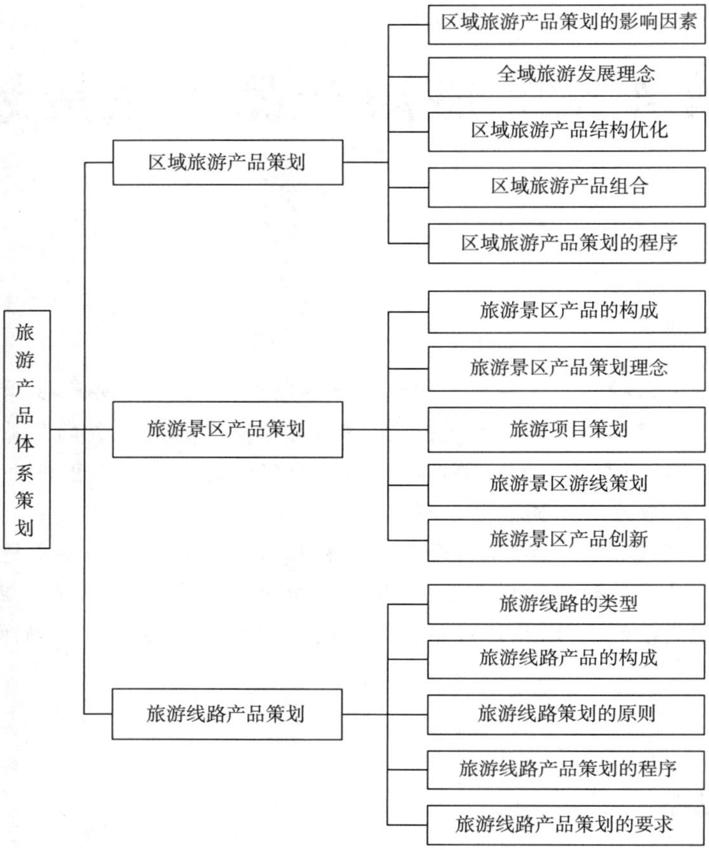

开篇案例

全域旅游发展的“渝中模式”

一、渝中区发展“全域旅游”的现实意义

重庆市渝中区全域面积 23.71 km^2，陆地面积 18.54 km^2，水域面积 5.17 km^2。

1. 空间拓展的抓手

渝中区是重庆的母城，重庆市的行政、文化、商贸和金融中心，也是重庆市唯一一个全域划入都市功能核心区的城区。由于面积狭小，迫切需要空间优化利用。全域旅游，不仅在空间上强调立体化、全景化打造，在时间上还注重全时化体验，能有效地拓展渝中区旅游发展空间。

2. 形象展示的窗口

渝中区的“1+3”城市功能定位，即“一大总体定位”，都市功能核心区；“三大特色定位”，现代服务业核心区、历史文化展示区、山水城市形象区；以及“山是一座城，城是一座山”的资源特点。发展全域旅游，不仅能提升都市功能核心区的城市功能，特别是《雅典宪章》提出的城市四大功能之一的“游憩”功能，还可以通过旅游文化、产业、城市的全面融合，全面展示作为重庆都市功能核心区的内涵与魅力。

3. 文化激活的载体

渝中区作为重庆的母城，历史文化内涵非常深厚，3 000 年江州城、800 年重庆府和重庆地标解放碑，积淀了巴渝文化、抗战文化、红岩精神等，孕育了重庆的“根”和“源”，如此深厚的文化底蕴，如何充分地展示出来？如何让游客感知与体验？全域旅游通过文化全域化渗透到旅游中，以及旅游全域化体现文化底蕴，激活沉睡的文化，传播丰厚的文化。

二、渝中区全域旅游发展的“四全”模式

全域旅游的概念在全国前几年就有提出，但尚未形成较为系统的模式以供参考。奇创旅游规划咨询机构编制的《重庆市渝中区全域旅游发展规划》，首次提出“全景、全时、全业、全民”的“四全”规划模式，不仅为渝中区全域旅游发展量身打造，对同类区域旅游发展还具有一定的借鉴推广性。

“四全”发展模式是一个有机的系统。其中，全景是吸引游客，全时是留住游客，全业是提升产业，全民是构建和谐社会。四全模式突破了传统旅游发展单一的局限性，让旅游事业与旅游产业同步可持续发展。

1. 全景

通过世界城市美化运动经验的国际视野，以及中国造园技艺的本土手法，激活渝中沉睡的文化，让渝中全域景区化。具体是通过三大主题项目包——“巴渝文化体验、山水都市休闲、抗战文化旅游”“全业态吸引力策划”“全域 5A 景区”的方式进行打造。

2. 全时

通过全天候旅游体验和全感官项目设计，变“8 小时经济”为“24 小时经济”，提升同一空间不同时间的体验性，延长游客逗留时间，拉长夜间休闲旅游的产业链，建设宜居、宜业、宜游的休闲度假旅游城市。

3. 全业

以旅游业为主导，进行产业纵向鱼骨结构式延伸和横向圈层结构式拓展，实现服务业的全业融合，提升服务业的附加值。同时增强渝中区产业发展活力，促进产业升级，使旅游业成为国民经济中的支柱产业。

4. 全民

通过“全民共建＋全民营销＋全民共享”，构建主客共享的都市旅游目的地，实现旅游惠民、旅游便民、旅游富民，建设幸福渝中。

三、“全域 5A 景区”建设的渝中模式

为了落实全域旅游规划，明确了以全域 5A 景区创建为抓手，打造世界级文化山城旅游名区，全力推动渝中区城市转型和产业升级的发展思路。在这一发展思路的指导下，创建全域 5A 旅游景区成为当务之急。从 5A 景区的内涵和游客游览的感知出发，我们提出了四大创建策略：

1. 多点捆绑

5A 级景区的申请，必须有 4A 级景区基础。通过全面盘点渝中区的现有旅游景点，筛选出10个成熟景点联合打包,其中包括7个4A级景区和3个3A级景区。这10个景区一方面能代表渝中区的核心旅游特色,另一方面已有一定的景区基础,可以迅速地让游客在体验之后感受到渝中“巴渝古都,二战名城”的全域旅游形象和文化气质。

2. 线路串联

旅游交通是串联十大景点的重要廊道。结合渝中区的独特山地地形,依托现有交通条件,规划以两条旅游主环路、N条山城步道网和三条主题游线为骨架,搭建旅游交通体系,点线串联,打通旅游界面。其中,两条旅游主环路包括整合于中国山水都市旅游资源的“蓝色巴士”环线与整合渝中抗战文化旅游资源的“红色巴士”环线;N条山城步道则主要依托已建和拟建的山城步道网络,重点串接文化资源丰富的历史街区、休闲商圈等,为游客提供漫游渝中的特色步行交通体系;三条主题游线是渝中世界抗战名城、巴渝民俗源和时尚山水都市三张名片的重要游线产品,为游客体验全景渝中提供参考。

3. 点线带面

通过景点和旅游通道的提升建设,带动周边区域的发展。重点是以景点带动休闲街区,以旅游通道带动沿线特色社区的产品开发。街区和社区是都市区的重要发展单元,沉淀了重庆母城渝中区的千年历史文化,是游客体验渝中文化的重要界面,也是当地居民休闲生活的重要空间。通过成熟景点和旅游通道带来的客流,将特色餐饮、民宿住宿、购物等业态融入其中,一方面可以有效疏导客流,形成良好旅游体验;另一方面可以推动社区参与区域发展,实现旅游富民、惠民,带动全域旅游的可持续发展。

4. 统一平台

规划建立专门的全域景区管理运营平台,实行专款、专人、专业的负责机制,统筹5A景区创建和运营工作。首先,统一景区名称,凸显“渝中半岛”的地理特征及其所带来的民俗内涵,拟命名为渝中半岛旅游区;其次,成立现代旅游业领导小组,协调推动全域5A景区的创建和日常管理;再次,建立全域智慧旅游公共服务体系,进一步完善旅游交通、旅游标识、旅游环卫、安全服务等服务设施,结合App、微信、微博等移动媒体,形成“自助、自主、自由”的零障碍休闲旅游公共服务平台。

(资料来源:上海奇创旅游规划咨询机构)

4.1 区域旅游产品策划

区域是指人类经济活动所占据的空间范围,区域按照空间范围大小有不同的层次和等级,空间是区域的本质特征。所谓区域旅游产品,就是指以一定的空间范围为旅游目的地,由旅游开发者向旅游者所提供的各种旅游产品的总称。区域旅游产品是区域旅游业发展的关键,影响着旅游业的发展水平和规模,进而影响区域社会效益、经济效益和生态效益。

4.1.1 区域旅游产品策划的影响因素

区域旅游产品开发受到主、客观两方面因素的影响,如图4.1所示。只有主观和客观两方面因素的关系协调,旅游产品开发才会取得成功,并能持续发展下去。

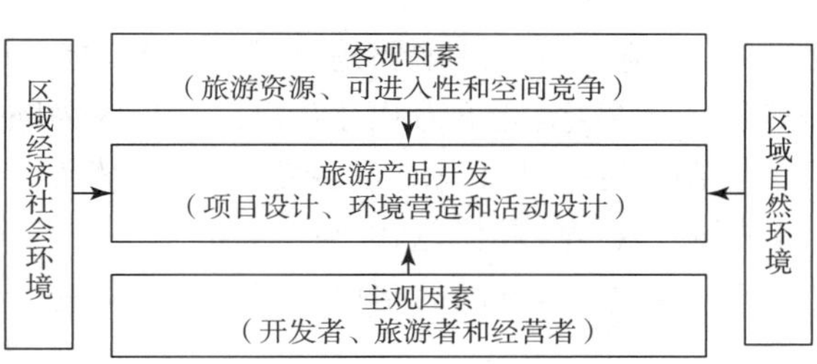

图 4.1　区域旅游产品策划的影响因素

主观因素主要是开发者、旅游者和经营者行为等。开发者行为重点指旅游产品规划设计者行为、地方政府行为、旅游开发企业行为和当地社区居民行为。旅游者行为也就是旅游消费者行为，它与旅游产品的形象和服务有着密切的联系。经营者行为则对产品的周期和产品的效益影响深远。

客观因素包括旅游资源、可进入性、空间竞争和区域环境等。其中旅游资源、可进入性和空间竞争是旅游产品开发的限制因素，直接关系到旅游产品是否具有吸引力、发展潜力和竞争力。区域环境是必要条件，区域经济环境影响旅游产品的关联带动作用、产品的门槛销售量等方面，自然和社会环境则关系到旅游产品的吸引力大小。

1. 旅游资源

旅游资源是指自然界和人类社会中能对旅游者产生吸引力，可以为发展旅游业所开发利用，并能产生社会综合效益、生态效益和经济效益的各种事物和因素。旅游产品吸引力的大小往往与旅游资源的潜在吸引力有较强的依赖关系。区域旅游资源的质量和品位制约旅游产品的质量和品位，旅游资源的价值越大，则级别越高，开发高质量旅游产品的空间也就越大；旅游资源的规模及其地域组合也影响着旅游产品的类型和空间结构；旅游资源的特色影响着旅游产品开发的方向，独特的旅游资源可以开发出区域垄断性的产品。因此，旅游资源是旅游产品开发的物质基础。

但是，旅游资源只是生产旅游产品的原材料，旅游资源优势只有转化为产品优势，才有可能转化为经济效益。旅游资源的调查和评价是旅游产品开发的前提条件，旅游产品的策划必须以旅游资源为基础，策划的旅游产品应是旅游资源特色在逻辑上的必然延伸。旅游产品策划过程就是不断发现旅游资源价值，挖掘有特色旅游资源的过程。旅游策划的最高境界就是“化腐朽为神奇”，别人认为腐朽的东西，你却发现了神奇之处，你的旅游产品策划就是神来之笔。

2. 可进入性

旅游产品是异地消费的产品，这是由旅游产品不可转移性的特点所决定的。可进入性是指旅游者进入和离开旅游地的便利性和通畅性。其中，地理位置和主要交通设施的状况极大地限制着可进入性的程度。除此之外，旅游政策环境、出入境口岸的设置等也同样影响可进入性的强弱。可进入性是旅游产品的重要构成部分，它不但影响产品的质量，而且影响产品的销售。

3. 空间竞争

旅游产品的空间竞争是由于多个旅游产品在同一地域内出现而引起的。当多个旅游产品在同一地域内出现时，它们各自的吸引力往往会出现此消彼长或同步增长的动态变化。而且同一类型产品之间是竞争,不同类型的产品主要是互补。因此,旅游产品的开发一定要避免"阴影区"效应,发挥区域联合的优势,变竞争为互补互惠。并且因为同一类旅游产品还存在可替代性和不可替代性的区别,在旅游产品开发时,就要注意对可替代性产品的开发一定要突出重点,择优开发,精心策划,打造有新意、具特色、强吸引力的拳头产品,争取占领同一客源市场内的最大份额。另外,当资源有共性时,产品的定位一定要另辟蹊径,走出空间替代发展的阴影区。

4. 旅游者

旅游产品本身具有生产与消费同步的特征,这使得它与消费者密不可分,即只有在消费者购买时,才能形成完整意义上的旅游产品。因此,旅游产品开发应充分考虑旅游者行为,这样才会有广阔的市场前景。研究消费者行为主要是从旅游者空间行为、时间行为、性别、年龄、职业和产品消费等角度进行分析。旅游者入境的空间行为有明显的区域性,大尺度空间表现为以国际游客为主,中尺度空间以国内游客为主,小尺度空间以地方性游客为主。时间行为是指旅游者的出行不仅要受自然季节变化和区域天气的影响,而且受节假日的深刻影响。旅游者的职业、受教育程度等社会特征要求旅游产品开发具有层次性。旅游者的兴趣、性格等心理特征的分析则要求旅游产品要有个性化特点,例如散客、背包及自助旅行者的增多无形中影响到旅游产品的组合性和灵活性。更有甚者,由于青少年旅游者对时尚的追求,使得旅游产品出现了奇怪的时尚周期。因此,旅游产品的开发必须注重消费者行为及消费时尚。如果没有消费者行为的差异,就不会产生形式多样、内涵丰富、富有竞争力的旅游产品体系。

5. 开发者

旅游产品的开发者是一个群体,它包括规划者、地方政府、旅游产品开发企业和当地社区居民。地方政府开发的重点是旅游产品的基础设施建设、增强可进入性等;当地居民和旅游产品开发企业提供住宿、餐饮和商品等服务及设施;而规划者主要是结合旅游资源特色和市场需求,发挥创造性思维和超前思维科学策划,并通过规划统一协调其他开发主体之间的行为关系。规划设计者行为包括产品宏观上的主题定位、类型组合、空间结构,以及微观上的项目选址、旅游设施空间布置、意境营造、活动内容设计和线路组合等,规划者在整个区域产品开发群体中居于中心组织地位。假如规划师是产品灵魂的塑造者,那么地方政府、旅游开发企业和当地居民则是产品躯体的建设者。

6. 经营者

经营者对旅游产品开发的影响体现在信息管理、营销渠道和经济效益三方面。旅游信息化包含高度发达的信息技术基础上的旅游信息的生产、流通和消费等内容,其实质是在信息技术的支撑下,管理者充分及时地利用旅游信息资源,更好地组织人力、物力和财力,优化旅游生产经营活动。它所构建出的全新的经济活动平台,可以从根本上改进传统的旅游产品的生产方式和消费方式。旅游产品的营销渠道又称为分销渠道,是旅游产品使用权转移过程中所经过的各个环节连接起来而形成的通道。旅游营销渠道的起点是旅游产品的生产者,终点是旅游消费者,中间环节包括各种代理商、批发商、零售商,以及其他中介组织和个人等。旅游产品的营销渠道多种多样,有直接、间接,以及长、短、宽、窄不同的类型。经营旅游产品的旅行社和景区,其目的就是获取最大经济利润,为了把产品销售出去,经营者在产品的开发中必然要考虑游客的利益,但其自身利润的最大化是放在第一位的,其次才会考虑到游客的利益。

7. 区域环境

区域环境包括区域经济环境、自然环境与社会环境。区域经济环境的好坏直接关系到旅游产品的销售门槛和类型。如果区域经济环境好，则区域内的出游率就高，产品的销售量也同步增长。另外，区域内自然环境与社会环境影响着旅游产品的竞争力和吸引力。因为旅游产品的吸引力不仅来自产品本身，而且在更大程度上依赖于区域内的自然环境和社会环境，如居民的友好态度，优美的环境，以及安全、卫生、便捷的交通等。

4.1.2　全域旅游发展模式

1. 全域旅游的含义

全域旅游是指在一定区域内，以旅游业为优势产业，通过对区域内经济社会资源尤其是旅游资源、相关产业、生态环境、公共服务、体制机制、政策法规、文明素质等进行全方位、系统化的优化提升，实现区域资源有机整合、产业融合发展、社会共建共享，以旅游业带动和促进经济社会协调发展的一种新的区域协调发展理念和模式。

2015 年 8 月，原国家旅游局下发了《关于开展"国家全域旅游示范区"创建工作的通知》，决定在全国范围内开展"国家全域旅游示范区"创建工作。"国家全域旅游示范区"是以地方行政区为范围，以"全域旅游"理念打造的全新的旅游目的地典范，是整合区域范围内一切可资利用的旅游吸引物资源，是一个能够全面动员资源、立足全面创新产品、可以全面满足居民生活及游客体验需求、旅游产业拉动效应明显的旅游目的地。

魏小安认为，全域旅游的含义包括"空间全域、行业全域、消费全域、时间全域、社会全域、发展全域"六个全域；内容包括"全通、全景、全文、全品、全业、全员、全新"七个方面。大地风景旅游研究院认为，要做到全域旅游必须实现"五全"，即"全域布局、全景覆盖、全局联动、全业融合、全民参与"。奇创旅游规划咨询机构则提出"全景、全时、全业、全民"的"四全"模式。

2. 全域旅游的背景因素

(1)景区泛化的"大旅游"。景区泛化的"大旅游"产生，一方面是传统景区旺季人满为患，大大降低旅游者的舒适度，于是形成了人们在旅游旺季选择不去传统景区而到城市、乡村、商业街等进行旅游休闲；另一方面，由于旅游者兴趣的多样化、时间的碎片化及交通的便捷化，人们的旅游空间更加广阔，人们的旅游活动内容更加丰富，突破了传统景区的界限。因此，空间的全景化，成为大旅游时代的一种趋势。

(2)国民休闲的"大市场"。大众休闲时代的来临，游客的旅游需求正逐渐由游览广度向体验深度转变，对旅游产品和服务的要求也越来越高，传统景区化的发展模式显然难以满足游客多元化的需求，这就需要创新旅游活动空间、旅游活动内容，进行空间全景化、体验全时化、休闲全民化的全域旅游发展，来满足休闲大市场的需求。

(3)产业升级的"大产业"。旅游业作为现代服务业的龙头产业，具有生产性服务业和生活性服务业的双重属性，在产业升级的大产业发展进程中理应发挥更大的作用。因此，以"出游型消费经济"进行全域全产业融合，发展"泛旅游产业"，能有效地提升产业附加值，促进产业升级。

(4)顶层设计的"大政策"。国家提出要把旅游业培育成"国民经济的战略性支柱产业"和"人民群众更加满意的现代服务业"，明确了"旅游产业"和"旅游事业"的双重定位。全域旅游，强调全景化体验、全时化消费、全业化融合、全民化共享,能较好地统筹旅游产业与旅游事业的协调发展。

3. 全域旅游发展理念创新

全域旅游是伴随旅游业从传统的观光旅游向休闲度假转型升级过程,从景区旅游向旅游目的地发展的要求,针对旅游发展面临的新变化、新问题、新趋势进行的系统创新,全新定位的一种新的区域旅游发展理念。

(1)体制创新。全域旅游概念中,旅游的发展不是孤军奋战,而是在融合中共同发展。通过体制机制的创新改革,理顺旅游部门与其他相关部门的关系,突破限制新时代旅游发展的障碍,推动旅游业的跨越式发展。

(2)产品创新。全域旅游产品,不单是传统旅游"走点""串线"的"点线"观光旅游模式,在此基础上要构建满足游客不去景点景区的"基营"休闲度假模式。

(3)产业创新。全域旅游中的产业不再局限在传统的"六要素"产业,强调全业的旅游化融合、旅游化升级,通过旅游发展产业化、产业发展旅游化,丰富旅游产品,壮大旅游产业规模,同时又促进相关产业链条的拉长和产业的升级增值。

(4)服务创新。全域旅游服务突破了传统旅游区和非旅游区的二元服务结构,构建全域一体化的旅游公共服务体系,以完善提升全域旅游服务氛围与服务品质,提升全域旅游地的软实力。

(5)营销创新。全域旅游营销是政府、企业、居民、游客"四位一体"的全民营销。在全民"营销"中又更加强调旅游目的地的营造,政府与企业全域化旅游产品及服务建设、居民热情好客的参与等构成了游客口碑互动宣传的基础。

4. 全域旅游的特征

现阶段推进全域旅游,应至少体现以下五个鲜明特征:

(1)在全域优化配置经济社会发展资源,充分发挥旅游带动作用。全域旅游要求不能停留在景点景区、宾馆饭店配置,而是要更加注重经济社会发展各类资源和公共服务的有效再配置,既宜居又宜游,处处是风景,处处可旅游。

(2)全域按景区标准统筹规划建设。发展全域旅游,就是要拆掉景点景区"围墙",实现景点景区内外一体化,以游客体验为中心,以提高游客满意度为目标,按照全域景区化的建设和服务标准,推进多规合一,整体优化环境、优美景观、优化旅游服务的全过程。

(3)构建全域大旅游综合协调管理体制。在旅游资源富集、旅游产业优势突出的区域,整个区域的管理体制设计都应有旅游理念,围绕适应旅游发展"两个综合"需求,即综合产业发展和综合执法需求,创新区域治理体系,提升治理能力,实现区域综合化管理。

(4)全域发挥旅游+功能,使旅游与其他相关产业深度融合、相融相盛,形成新的生产力和竞争力。充分发挥旅游业的拉动力、融合能力,及催化和集成作用,为相关产业和领域发展提供旅游平台,插上"旅游"的翅膀,形成新业态,提升其发展水平和综合价值。

(5)全民共建共享全域旅游。全域旅游形成新型的目的地,要求是一个旅游相关要素配置完备和全面满足游客体验需求的综合性旅游目的地、开放式旅游目的地。旅游质量和形象由整个社会环境构成,这就要求全域旅游必须走共建共享道路。在全域旅游模式下,整个区域的居民都是服务者,都是主人,他们由旁观者、局外人变为参与者和受益者。

4.1.3　区域旅游产品结构优化

区域旅游之间的竞争主要表现为旅游产品吸引力的竞争。旅游产品竞争力的大小决定着一个区域旅游的竞争优势和劣势。

从系统理论的角度看，旅游产品实际上是一个具有较强层次性的系统。旅游产品有自己的结构和功能，结构是功能的基础，功能是结构的体现。旅游产品结构是产品内部各个组成要素之间相互作用的秩序和能力，它总是随着旅游产品与其外部环境之间物质、能量和信息的交换而不断发生变化；产品内部结构的变化又影响着它适应外部的环境，满足旅游市场需求。旅游产品系统要在优良状态下运行，就必须根据市场竞争和需求、旅游区域经济等外部环境对系统功能与结构进行适当调控，让旅游产品系统在一定条件下实现自组织现象，形成新的稳定的有序结构和功能的提升。

区域旅游产品结构优化包括类型结构、空间结构、时间结构和要素结构四部分。

1. 类型结构优化

随着旅游的发展和产品个性化的增强，新兴旅游产品不断涌现，产品的类型也在不断增加。旅游产品类型结构优化的途径有：一要针对市场定位，深挖地域文化和民族文化内涵，大力培育旅游精品、名品等主打产品；二是发挥旅游资源优势，逐步完善度假、生态、探险和科考等多元化的旅游产品结构；三是区域旅游产品类型结构避免雷同；四是开发不同需求层次的产品系列，既要有满足高消费阶层的高质量、精加工的旅游产品，也要有适合一般大众消费需求的中低档次的旅游产品，尽可能地发挥旅游产品组合战略的优势。

2. 空间结构优化

旅游者在进行区域旅游活动时，不同个体在使用旅游地的空间行为选择上具有很大的差异性，杨新军等人总结了五种旅游行为空间模式：模式一为单一目的地旅游，即旅游者的大部分旅游活动集中在一个目的地；模式二为线形旅游，即旅游者选择使用一条线路上到达多个旅游目的地，但存在主次之分，主要选择的目的地只有一个；模式三为基营式旅游，即旅游者在访问主要目的地的同时也选择访问其他几个目的地，但往往以主要目的地作为大本营；模式四为环形旅游，即旅游者在既定的目标区域内环旅游几个目的地，相当于游览线路空间；模式五为链式旅游，即旅游者以客源地为中心进行的链式游览。

3. 时间结构优化

旅游产品的时间结构有两层含义。一是旅游产品销售的时间结构，有短期的假日结构（双休日、节假日）和长期的淡旺季结构（春、夏、秋、冬）之分。销售时间结构的优化目的是针对资源特色和市场需求来调整旅游产品的销售时间和新产品的市场推出时间，以便延长游客在区域内的停留时间，提高旅游设施的全年利用率，从而扩大区域旅游产品的销售量。二是替代旅游产品推出的时间结构，由于带动区域旅游发展的拳头产品会出现老化现象，为防止区域旅游发展受拳头产品老化的影响，就要提前培育替代产品，并及时推向市场。旅游产品的时间结构优化重点指开发拳头旅游产品梯队和适时推出，以便延缓旅游目的地的总体衰退速度。

4. 要素结构优化

旅游产品建立在行、住、食、游、购、娱六大要素基础上，因此，旅游产品的要素结构优化是旅游产品组合的各个要素之间结构比例的平衡。任何一方的比例失调，都会影响整体旅游产品的质量和效益。六大要素的优化不仅表现在支出时间上，而且表现在消费水平上，旅游产品六大要素的比例必须经过周密的市场调查和操作实践来确定。依据消费经济学理论,整体产品遵循“水桶原理”,它的总体价值取决于其最低水平要素。旅游产品要素结构的优化,重要的是做到统筹安排及各相关要素的协调发展。这就要求旅游产品的开发者和经营者根据市场需求和产品的特色从时间比例、游客的爱好及消费水平上来确定合理的要素结构,以增强旅游产品的吸引力和竞争力。

4.1.4 区域旅游产品组合

由于旅游产品的综合性特征及旅游者需求的多样性,决定了旅游产品具有组合产品的特性。不断提升区域旅游产品的组合效用,实现区域旅游产业一体化发展,是区域旅游产品开发的主要方向。

1. 区域旅游产品组合的含义

区域旅游产品组合包括区域内所有可提供给游客的产品线和产品项目。产品线由一组密切相关的能满足同类需求的产品项目构成,又称产品系列或产品类别。产品项目指在同一产品线或产品系列下的不同产品。

旅游产品组合有四大要素:广度、长度、深度和关联度。旅游产品组合的广度是指该产品组合具有的旅游产品大类,广度越大,所经营的项目就越多,如一个风景旅游区只有单一的观光旅游产品,另一个风景旅游区还有其他产品,那么后者产品组合广度就大。长度是指所有旅游产品项目的总数。深度就是指该产品组合中各个产品大类中所包含产品项目的多少,深度的增加,在一定程度上增加了旅游产品的项目,有利于满足更多的细分市场需求。关联度是指所经营的各种产品的联系程度,这种联系程度一般表现在最终用途、生产条件、销售方式或其他方面。

2. 旅游产品组合的意义

区域旅游产品组合的目的是通过产品结构和功能的复合化,最大限度地满足游客的需要,实现效应最大化。

(1)分散风险。因为市场风云变幻莫测,消费者的需求也在不断发生变化,单个旅游产品很难保证长时间在瞬息万变的市场中保持原有的吸引力,特别是对于一些旅游资源禀赋相对丰富的区域来说,更应发挥其旅游产品组合化的竞争优势,将自然与人文的资源进行创新性的组合开发,实行旅游产品组合一体化策略,相互取长补短,降低和分散经营风险。

(2)扩大市场份额。由于不同旅游者的旅游动机具有多样性,因此对旅游过程中的项目安排和喜好也不一样。通过产品组合一体化,可以扩大旅游者的选择面,提高其满意度。随着满意度的提高,相应地提升了区域旅游的重游率,吸引了更多的回头客,从而不断扩大该旅游地在国内外市场的占有率。

(3)带动单个产品的销售。当一种旅游产品的市场号召力还不足以单独立足于市场的时候,或是一种旅游产品其生命周期已经从成熟期走向衰退期,却又不值得放弃的时候,产品组合一体化就为它们提供了销售空间,可以说是一种变相地出售附带产品。而这一种变相的产品组合也类似于将产品进行“捆绑”销售,达到实现产品效益最大化的目的。

3. 区域旅游产品组合模型及其影响因素

区域旅游产品组合模型方法最初是由 Kotler 和 Fox(1985) 共同提出的,主要由三个要素组成判断矩阵,来对区域旅游产品进行评价:一是产品是否接近区域的发展目标;二是旅游产品的质量;三是市场发育能力。每一评价尺度都可分为高、中、低三级水平。

表4.1显示的是一个以水上运动和户外活动为发展目标的旅游情况。划船和自然公园最为符合发展目标，但自然公园的质量和其市场发育能力却不是很高，因此这种产品需要改善。当地的文化景点虽然与发展目标不太吻合，但它们的质量和市场潜力却较大，因此应对此加以维护并集中进行规模开发，这也是产品组合发展提高区域旅游产品吸引力的有效方式。

表4.1　区域旅游产品组合模型

质量	中心性		
	高	中	低
高	划船(MV—H) 决策：扩大规模，提高质量		文化景点(MV—H) 决策：扩大规模，提高质量
中		会议设施(MV—M) 决策：维持规模，维持质量	
低	自然公园(MV—L) 决策：压缩规模，提高质量		考古景点(MV—L) 决策：压缩规模或取消

注：MV=市场发育能力，H=高，M=中，L=低。

从区域旅游产品组合模型的分析中可知，对产品评价的三个方面将成为旅游产品组合实施过程中应考虑的重要因素。从区域旅游的发展目标出发，要求旅游产品组合需实现广度、深度与关联度的平衡；从旅游产品的质量出发，必须使得产品组合的边际利润有所增长；而从市场发育能力来看，需要考虑到各单项旅游产品的生命周期问题。

(1)广度、深度与关联度的平衡。在产品组合的规模和档次上一定要根据实际情况来进行选择。一个最佳的旅游产品组合应是旅游市场需求同当地人力、物力、财力及资源实力的高度统一，即充分考虑自身条件和能力，在自己的能力范围内，保证旅游产品质量的前提下，进行区域旅游产品组合。

(2)边际利润。边际利润是该产品销售收入与变动成本的差额。将边际利润融合到简化产品组合中，要以四个方面为依据：一是该类产品是淘汰还是保留要以边际利润为依据；二是若某一产品被淘汰后，为其他产品所带来的边际利润总体增量应大于原来的总量；三是根据边际利润优化产品结构；四是结构调整后边际利润要大于结构调整前的边际利润。

(3)产品生命周期。旅游产品组合战略也应考虑其内部各单项旅游产品的生命周期，通过对处于生命周期不同阶段的旅游产品进行不同方式的组合，可以吸引、保持和扩大旅游市场，而且还可以在很大程度上减少风险系数。

4. 区域产品组合策略

旅游产品组合策略应以适应激烈的市场竞争、满足消费者多样化的需求为出发点和落脚点。

(1)旅游产品组合扩展策略。旅游产品组合扩展策略可以通过增加旅游产品组合的广度和深度来实现。增加产品线深度有三种途径：一是产品线向上延伸，即在产品档次上有所提升，但有一定的风险，如高档市场的顾客群并不认同这一产品，而原有市场的顾客群又接受不了这一产品；二是产品线向下延伸，即在产品档次上有所下降，增加低档产品，这一途径有可能会影响之前建立的产品形象，但借高档产品的形象来开发低档旅游产品，可以有效地吸引其他顾客的注意力，扩大市场份额；三是双向延伸，即一方面增加高档旅游产品，另一方面增加低档旅游产品，虽然这样做有利于涉及更多旅游者的需求面，但所需成本很高，需要旅游地根据自己的实际情况进行取舍。

(2)旅游产品组合简化策略。当一种旅游产品组合处于饱和或竞争激烈的市场状态时，经营者就要考虑缩小产品组合广度，放弃获利少、市场反应不佳的产品系列，集中力量经营少数获利多的产品，使旅游产品专业化，从而降低成本，增加利润。旅游产品组合简化策略是以单个产品的现状分析为基础，以此来确定简化的对象，即决定淘汰或是保留何种产品。例如，当某一旅游地的观光型旅游产品已不能满足游客体验需求时，就应减少该种观光产品的供给，集中力量经营游客参与性较强的产品。

(3)旅游产品组合改进策略。资源依托型旅游产品由于受到自然资源和区位的限制，其产品具有相当的稳定性。要在原有的产品类型上，按照它们的规模进行量上的调整，如对哪些产品大力扶持、对哪些产品维持现状，以及对哪些产品缩小其生产规模等，以达到优化旅游产品组合的目的。从整个区域来看，要实现区域内或区域间旅游产品组合一体化的平稳发展，就不能随意地对其组成产品进行添加、删除或是综合，否则，这种波动会严重影响区域内或区域间独立产品参与产品组合一体化的积极态度。

(4)旅游产品组合关联策略。具体分析参与旅游产品组合的景区和景点的特点，从实力上看，规模较小的旅游景区参与关联度较大的旅游产品组合比较有利。因为一个新产品的开发，从创意到产出、从宣传到经营，都需要一定成本的投入，受人力、财力和物力的限制，该类型旅游景区很难独立打入市场。如果参与关联度较大的旅游产品组合，就能够充分利用其主题突出、形象鲜明的优势，借以进入市场。从产品功能上看，对于较为成熟的景区而言，参与关联度较低的旅游产品组合，能够取得比较好的效果。由于人们对成熟景区的形象有一个比较明确的概念，受先入为主的思想影响，对其有一个稳定的功能定位，在旅游市场需求多变的今天，这种稳定的市场定位或许就不能符合现阶段的市场需求。因此，参与关联度较低的旅游产品组合，可以排除单个经营所面对的风险。

4.1.5 区域旅游产品策划的程序

区域旅游产品策划是各种要素的整合过程，区域旅游产品的开发更多的是从宏观上把握，包括如何定位区域形象，如何统筹旅游景点的开发建设，如何优化旅游产品系统的结构，将旅游产品系统建成有市场竞争力、不断发展的、有持续盈利能力的开放系统。根据区域旅游产品的生命周期现象，旅游产品开发包括两个方面：一是对原有产品进行改造提高，目的是防止产品向衰弱期发展，使之迅速进入复兴期；二是迎合时代潮流，开发新的替代产品。根据已有的研究成果和实践，区域旅游产品策划的程序可归纳为以下几个步骤：

1. 资源分析评价

旅游产品策划的过程就是不断发现旅游资源，挖掘有价值、有特色的旅游资源的过程，使潜在旅游资源变为现实旅游资源。要求在了解和熟悉旅游资源的基础上，对旅游资源进行科学、恰当的评价，判断在同类旅游资源中的地位和特色。

2. 旅游产品定位

旅游产品定位包括旅游产品主题定位、目标定位和功能定位。在对旅游资源和旅游市场分析评价的基础上，旅游产品策划首先要寻找到旅游产品清晰独特、引人入胜的旅游产品主题，然后按照所确定的旅游产品主题定位进行旅游产品整合打造。主题定位实质上是在旅游资源特色上确定产品的开发方向；目标定位就是合理评估旅游产品独特吸引力水平，推测在旅游市场上可能获得的发展空间，合理定出可以达到的旅游市场发展目标；功能定位策划主要是围绕食、住、行、游、购、娱的旅游六要素，追踪游憩方式的变化趋向，策划构建系统的旅游产品综合功能结构。

3. 市场定位分析

所谓市场定位分析，就是按照旅游产品的主题指向，确定旅游市场细分结构，形成按照区域划分、类别划分和营销时序的旅游产品市场发展方向；合理评估旅游产品独特吸引力水平，推测在旅游市场上可能获得的发展空间，合理定出可以达到的旅游市场发展目标。

4. 确定开发时序

所谓确定开发时序，就是通过对旅游产品与旅游市场的分析评价，确定旅游产品发展中的轻重缓急、先后时序、结构配合和投资分配等，提出旅游产品发展的纲领与方针。在此基础上，划分地域旅游带，列出优先发展的旅游景区，优先发展的旅游项目，增加项目投入，加强辅助旅游基础设施建设，提高景区的可进入性。

5. 形成产品系统

在推进景点建设的基础上，整理并综合各类旅游线路产品，形成旅游产品系统，引导产品系统结构向“产品金字塔”方向发展，以支持区域的旅游形象。同时，组织辅助产品的供应、旅游节庆活动等。

6. 改造与提升

在产品推向市场后，需要根据消费者的反应和旅游发展情况，进行内涵改造与创新，内容包括主题、形象、方式和商业模式等不同方面，以适应不断变化的市场需求。

案例 4.1

汉中市全域旅游产品规划

一、宏观背景分析

(1)全国视野：新常态下的旅游发展观。

(2)陕西视野：文化生态双核驱动的丝绸之路经济带新起点。

(3)汉中视野：国家水源地的经济发展创新模式。

二、区域占位分析

汉中是一座兴衰盛败系于交通的历史文化名城。

中国地理中心之城——南北气候分界线上的中国地理版图中心。

中国汉文化奠基之城——体现汉文化兼容并包的多元文化融合汇聚地。

中国交通遗产之城——体现古代中国交通成就的遗产核心分布区。

秦巴山区枢纽之城——三省之交、两江两脉，川陕甘鄂交通咽喉之地。

三、旅游发展方向

(1)生态养生旅游。汉中有优良的生态环境质量、丰富的中草药资源、丰富的生态动植物群落资源。

(2)户外运动。汉中地处秦巴山区中部，地形条件复杂，汇集山地、丘陵、盆地、峡谷、河谷坝子、河流、湖泊等多种地形资源，提供了开展登山探险、攀岩探洞、溜索滑翔、潜水帆船、徒步穿越、露营攀岩、自行车骑游、拓展训练等多种户外运动的优良资源条件，适宜打造高品质的户外运动基地。

(3)文化旅游创新。汉中作为国家历史文化名城,其文化底蕴之深厚,遗产资源之丰富,在国内乃至国际上都是屈指可数的。秦蜀古道交通系统主要由七条线路道路构成,是古代连接关中平原与成都平原的重要历史通道,是黄河流域文明与长江流域文明交融的文化通道,沿线分布有建筑、桥梁、道路、石窟、石刻等众多文化遗产,是中国重要的文化线路之一。

(4)乡村旅游。汉中有有序起伏的农业种植大地景观、驰名全国的地标性农产品资源、初步成型的农家乐及乡村旅游示范村集群。

四、旅游形象定位

两汉三国,真美汉中。

“两汉三国”是对汉中历史文化的高度概括,形象地传达了汉中在中华历史文化形成过程中的特殊地位;作为最早的天府之国,汉中是自然生态与人和谐相处的典范,是真正的美丽宜居之地。

五、全域旅游总体空间战略

因地制宜,三分汉中,联动全域。

(1)北部秦岭山区,沟域为脉,古道为魂,构建汉中山地沟域旅游经济带。

(2)南部大巴山区,资源为核,乡镇为本,打造大巴山旅游经济组团。

(3)中部汉中盆地,文旅互动,农旅融合,打造汉江旅游经济发展带。

六、产品规划思路

(1)古道产品战略引领战略。秦巴古道是汉中最具优势的旅游资源,以古道遗产活化工程为抓手,结合国家自驾风景道、国家登山健身步道等项目建设,开发五大战略核心产品。

(2)全域开发构建支柱。汉中旅游资源丰富,生态旅游资源、人文旅游资源、乡村旅游资源各具特色,以森林公园、度假区、自然保护区、古镇古村、遗址遗迹、农业庄园等为载体,开发十二大支柱产品,构建汉中全域旅游产品体系。

(3)产业融合延伸产品。以产业融合发展为理念,以泛旅游产业为模式,拓展旅游产品类型,开发六大产业融合产品体系。

七、旅游产品体系

(1)五大战略核心产品:古道徒步、自驾穿越、生态科考、探险露营、环境教育。

(2)十二大全域支柱产品:山地度假、户外运动、文化休闲、遗产旅游、养老养生、乡村旅游、民俗旅游、宗教旅游、湖泊度假、低空旅游、古镇旅游、节庆旅游。

(3)六大产业融合产品:美食旅游、购物旅游、修学旅游、旅游地产、商务会展、工业旅游。

(4)四季旅游产品:古道汉中、自然汉中、养生汉中、乐活汉中、文化汉中、喜庆汉中。

(5)夜间旅游产品:夜景观光体验产品、夜间演艺娱乐旅游产品、夜间参与体验旅游产品。

八、游线规划

1. 区域四大游线:

(1)世界遗产黄金走廊之旅(西安—汉中—大九寨—成都—重庆)。

(2)北纬33度中国阶梯之旅(甘南—川北—汉中—鄂西北)。

(3)南北分界线大秦岭穿越之旅(西安—宝鸡—汉中—安康—商洛—渭南)。

(4)“醉”美民族风多彩文化之旅(甘南—陇南—汉中—安康)。

2. 市域五大游线:

(1)环秦巴生态文化游。

(2)秦巴古道徒步游。

(3)两汉三国文化主题游。

(4)秦巴天府自驾游。

(5)秦岭四宝探秘游。

(资料来源:根据相关媒体资源改写)

4.2　旅游景区产品策划

旅游景区,又称旅游地或旅游目的地,是旅游者实现旅游目的的活动场所,也是各种自然景观或人文景观资源的载体。旅游景区是旅游产品中的核心吸引物,是形成区域旅游产品和旅游线路产品的基本元素,是线路中“点”的概念。景区旅游产品的策划主要是研究景区旅游项目策划和景区游线设计。从供给的角度看,旅游景区产品是指景区旅游经营者凭借旅游吸引物、交通和旅游设施,向旅游者提供的用以满足其旅游活动需求的全部服务。从需求的角度看,旅游景区产品就是游客在景区获得的完整经历,旅游景区产品是三个主要因素的混合物,即景点、景区设施和可进入性。

4.2.1　旅游景区产品的构成

从产品整体概念的角度看,旅游景区产品由三部分构成——核心产品、形式产品和扩展产品,如图4.2所示。其中:核心产品是指消费者购买某种产品时所追求的核心利益,也就是顾客真正要购买的服务和利益;形式产品是指核心产品借以实现的形式,即向市场提供的实体和服务;扩展产品是形式产品的扩大部分,包括为顾客提供的附加服务与利益。

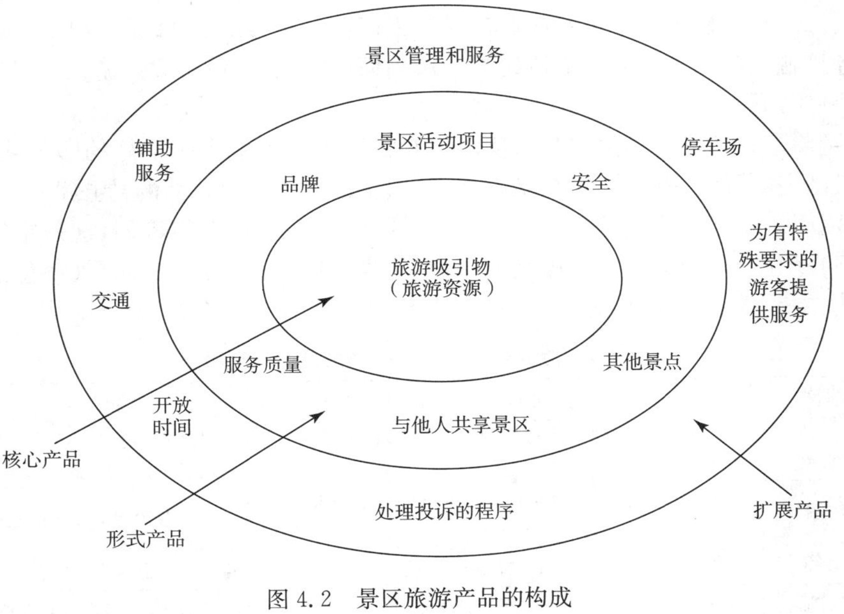

图4.2　景区旅游产品的构成

4.2.2　旅游景区产品策划理念

旅游景区产品策划首先要树立整体观念,对产品开发进行整体构思。因为游客来景区旅游追求的是一种由吃、住、行、游、购、娱等各环节所形成的综合感受,是一种对景区形象、景观、特色旅游活动、景区管理与服务,以及纪念品等的全面体验。所以,景区产品开发是对游客的全过程和各个接触点的全面策划和设计。产品策划的范围不应局限于主题形象和特色旅游项目的设计,而是对游客游览前、游览中及游览后的每一个景观或接触点进行精心策划。

1. 核心产品准确定位

核心产品是产品策划的起点和依据。产品定位是指通过识别顾客需要,开发并向顾客传播与竞争者不同的优势产品,使顾客对该产品有比竞争产品更好的认知过程,它是一个产品区分化的过程。景区有没有市场吸引力,就要看景区核心产品定位是否准确;景区市场规模有多大,就要看追求该类核心利益的游客规模有多大。策划核心产品时,要从市场需求的角度对景区资源特点、区位情况等进行科学分析,挖掘核心优势,这一核心优势就是提供给游客的核心利益。可以根据资源特点和市场需求状况把核心产品分成几个细分核心产品,以便更为准确地认识核心产品、更为全面地展现核心产品,全面地满足不同细分市场的旅游需求。核心产品策划好后,景区目标市场及市场定位也就确定好了,即景区将主要吸引什么类型的游客,是提供什么类别的核心利益的景区。

产品的开发要符合景区本身的主题氛围,包括自然地理特征、历史文化,以及景区已开发产品的特征等;挖掘景区的文化内涵,包装文化形象,塑造景区的文化特色;坚持独特性与唯一性,尽量避免重复其他景区已有的形象;开发要有可行性,避免定位与开发脱节;要能给旅游者以强烈的感知和识别形象,形成差异化的意境流;分析现有同类产品,确定新产品在市场中的定位位置;根据旅游者的需要定位产品,分析相应的定位策略可能的竞争形势,选择最佳方案。

2. 形式产品完整展示

核心产品策划后,就该考虑通过哪些形式产品来展示核心产品。形式产品的策划要做到真实、全面、深入且准确无误地展示核心产品。景区内外所设计的每一个景观、每一项活动或每一种服务接触点都是从不同方面围绕核心产品而进行的,具体可以从游览前、游览中和游览后三个环节进行开发策划。

(1)游览前形式产品策划主要是希望游客在游览景区前就有一个好的印象或感受。这里主要包括景区主题形象策划,还包括景区外交通、餐饮和住宿等方面的精心策划。

(2)游览中形式产品策划是游客正式进入景区游览后系列产品策划,这是主体,应该遵循真实展示核心产品、全面营造游客体验的原则,从景观体系、服务接触体系、特色活动项目、节庆会展活动、主题活动策划、旅游纪念品和景区环境等方面进行全面规划(见表4.2)。

表4.2 旅游景区(游览中)形式产品策划项目

形式产品项目	策划内容	策划要求
景观体系	人文/生态景观、动态/静态景观、核心/附属景观	注重景观原貌维护,适当运用新技术策划新景观,进行合理功能分区
服务接触体系	售票、门岗、导游和咨询等游客与景区工作人员服务接触	树立服务营销和全员营销意识
特色活动项目	参与性、表演性和综合性活动项目	注重文化内涵和吸引力营造
节庆会展活动	景区自办或参与的各种节庆会展活动	紧扣核心产品,强化区主题形象
主题活动策划	促销型、公关型或综合性主题活动策划	注重主题的吸引力和充分展现核心产品
旅游纪念品	景区特色纪念品和一般旅游商品	突出纪念性,便于携带
景区环境	垃圾箱、厕所、交通、凳子和文化氛围	注重细节,精雕细琢

(3)游览后形式产品策划是游客离开景区前往下一个旅游目的地或景区游览时系列产品策划，这是序曲，主要包括咨询服务和产品组合策划。游客游览完景区后，景区应为游客提供他们可能需要的各项咨询服务。产品组合策划是指要把该景区与其他景区或娱乐场所等组合起来，形成旅游线路。

3. 附加产品恰到好处

附加产品的策划是游客额外获得的一些好处或利益，是为了增加游客惊喜，增强竞争力。在策划附加产品时务必做到恰到好处，即注重两个要点：第一，注重适合性和适度性，要投顾客需要之所好。所提供的附加产品必须是游客想要的，但也要控制其成本，毕竟从本质上来看这也是由游客买单的，过于昂贵反倒会引起游客对核心产品和形式产品档次与质量的怀疑；第二，用游客所喜欢的特殊方法来策划，通过策划不同的赠送方法来给游客创造惊喜。

总之，产品整体概念的内涵和外延都是以消费者需求为标准，并以核心利益为核心层次，把其他层次看作是核心利益的表现、丰富、拓展和延伸。旅游景区运用产品整体概念策划产品体现了以创造游客体验为中心的现代旅游观念。旅游景区只有运用产品整体概念，准确认识核心利益，根据旅游者的需求变化来预测并策划出更多满足游客需求的新产品形式，才能保持旅游景区的独特吸引力，实现旅游景区的可持续发展。

4.2.3 旅游项目策划

1. 旅游项目的含义

旅游项目就是将各种旅游资源加以开发利用所形成的旅游吸引物。

苏格兰旅游委员会1991年认为，旅游项目应该是一个长久性的旅游吸引物，旅游项目的主要目的是让公众和旅游者得到消遣的机会，做他们感兴趣的事情，或者是受到一定的教育，而不应该仅仅是一个游乐场、一场歌舞剧或电影，以及一场体育竞赛等。赫伦和史蒂文斯于1990年将旅游项目描述成具有如下特征的旅游吸引物：吸引旅游者和当地居民来访，并为达到此目的而经营；为到来的顾客提供获得轻松愉快经历的机会和消遣的方式，使他们度过闲暇时间；将发展的潜力发挥到最大；按照不同项目的特点进行针对性的管理，使游客的满意度最大；按照游客的不同兴趣、爱好和需要提供相应水准的设施和服务。

从上面两个对旅游项目的表述中，我们可以发现其中有一些特点是共同的：一是旅游项目应该为旅游者提供消遣以度过闲暇时间；二是旅游项目的吸引力应该长久，并且其吸引的对象不能仅仅是旅游者，当地居民也应该是旅游项目的吸引对象；三是旅游项目需要一定的管理，并通过经营创造一定的经济效益。

尽管旅游系统中各要素都具有各自的重要作用，但唯有吸引物才构成其中的驱动力。吸引物不仅是指区域中那些能够为旅游者提供可看事物或可做活动的地方，而且为旅游者提供了为什么要出游的吸引力，而一个完整的旅游项目最能说明旅游吸引力的问题。综上所述，旅游项目是指整合一定的旅游资源形成的，具有一个主题，以旅游者和旅游地居民为吸引对象，以社会效益、经济效益和环境效益为目标的旅游吸引物。

2. 旅游项目分类

项目分类是策划创意的思维单元。旅游项目分类的任务是要罗列出旅游项目单元，正确建构分类框架，使不断变化发展的旅游形式在相对稳定的框架中不断地扩充成为可能，从而为旅游产品的策划持续地提供基础信息。根据研究目的和分类方法的不同，旅游项目有着多种分类方法,如从性质上划分,可将旅游项目分为观赏性项目、娱乐性项目、活动性项目、休闲性项目、度假性项目和探险性项目等。

而有利于学术研究与管理者认同的分类方式是按照旅游者需求的六大要素,即吃、住、行、游、购、娱来分类,分为交通类旅游项目、餐饮类项目、住宿类项目、购物类项目、观光游览类项目和娱乐类项目等。

3. 旅游项目的基本要素

(1)旅游项目要有明确的目标和主题。这是旅游项目的灵魂,项目建设和实施必须围绕目标和主题进行,而且项目的目标应该有一个具体的要求,如要建成多大的规模,建成后的功能,应该产生多大的经济效益,以及项目的服务年限有多长等。项目通常由若干相对独立的子项目或工作包组成,构成了完整的项目系统。

(2)旅游项目要有一个适用年限。环境在不断变化,旅游者需求也在不断变化,旅游项目也要不断地调整和完善,直至完成项目周期。

(3)旅游项目要落实在特定的旅游区与社区。旅游项目是一定的旅游区和社区条件下的项目,不可能有“放之四海而皆准”的旅游项目,因此,旅游项目策划应充分考虑旅游区和社区的特殊环境,即明确旅游项目依托的环境与范围。

(4)旅游项目要有具体的功能、实施内容和实现目标的途径。功能是指与主题相适应的娱乐、休闲、度假和探险等。项目要具有实现目标的必要手段。有时候项目在实施过程中会出现很多新的问题,即对达成目标的途径并不是很清楚,因此项目的实现途径应包含有创新的要求。

(5)旅游项目要有合理的人员搭配和充足的资金保障。这其中包括环境、经济、市场、旅游、地理和园林等专门人才组成的人员组合,要有明确的资金来源渠道。

(6)旅游项目要有恰当的评价标准与监控体系。旅游项目实施是一个长期的、后效的、不稳定的过程,要建立一个连续的、便于监控的经济、社会和环境目标评价系统,并根据旅游项目的特殊性,建立有效的政府或社会监控体系。

4. 旅游项目策划原则

旅游项目策划从本质上来看是一种精神成果的创造过程,即项目策划人员在充分调研的基础上,借助自身丰富的理论知识和实践经验,提出能够满足旅游者需求的项目设想。旅游项目策划具有社会性、盈利性、创造性、时效性和超前性等特征,并遵循以下一些策划原则:

(1)推陈出新的原则。景区项目策划的重点在于创新,只有不断地推出新的旅游项目才能使开发的景区旅游产品具有持久的吸引力。旅游项目的创新主要表现在两个方面,即项目形式创新和项目功能创新。项目形式创新是指将现有项目引入景区中,保持其基本功能不变,而在表面形式上实现一定的创新和改造。旅游功能创新是指重新策划一个具有创新功能的项目,或将原有项目在功能上加以拓展。

(2)因地制宜原则。旅游的本质是追求奇异、追求与自己原来的生活环境和生活习俗不同的感受和观感。因此,旅游项目必须创造出与多数旅游者不同的生活环境及生活习俗。同时,旅游景区由于地理环境、历史发展、生产基础、资源人口和民族等的构成条件不同,必然会存在显著的地区差异,即使是同一资源,在不同的旅游景区中也会呈现出不同的特征。因此,进行旅游项目策划时,离不开旅游资源条件的支持,应该充分发掘资源的独特性和差异性,在研究了解景区各种资源条件的基础上,因地制宜地策划出具有鲜明地域特色的旅游项目,实现人工美与自然美的统一。

(3)现实性原则。旅游项目策划是一项现实性较强的工作,策划出的旅游项目要具备较强的可操作性和经济上的可行性。因此,在策划旅游项目时应立足于景区开发实际,从旅游资源赋存、投资来源、科技实力水平和旅游市场需求等方面来评价和衡量所策划的旅游项目是否具有一定的现实性。

(4)一致性原则。旅游项目的策划与景区未来的发展前途十分相关,因此,在项目策划中切忌短期行为的发生,要想使景区能够实现可持续发展,必须重视景区发展远景目标和开发趋势,尽量避免策划出滞后于时代发展趋势的旅游项目,使得每一个旅游项目的策划和建设都处于景区发展的规划控制之下,与长期发展规划保持高度的一致。

5. 旅游项目策划内容

旅游项目的策划不仅是策划有形的建筑物场地,而且是为游客策划无形的旅游经历,即通过策划有形的建筑和设施,构建游客无形的旅游经历。其策划内容一般包括以下几个方面:

(1)旅游项目的名称。策划的旅游项目名称是旅游项目策划的一个重要内容。旅游项目名称是连接旅游项目与旅游者的桥梁,在对旅游项目命名时要仔细揣摩旅游者的心态,力争通过一个有创意的名称激发旅游者对于该项目的兴趣,吸引广大旅游者的眼球。

(2)旅游项目功能。旅游项目的功能策划包括三方面:一是阐述旅游项目对旅游者能起到何种功效;二是旅游项目对规划区烘托主题形象的作用或在旅游要素布局中的功能;三是旅游项目三大效益,即社会、生态和经济效益。

(3)旅游项目的风格。在景区旅游项目策划中,要将该旅游项目的特色或者风格描述出来,使其中所蕴含的民风民俗和文化氛围较易为人们所掌握,并以此来控制和限制旅游景区的发展方向。具体而言,在风格限制方面,可以规定以下内容:旅游项目中主要建筑物的规模、形状、外观、颜色和材料;旅游项目相关的旅游辅助设施和旅游服务的外观、形状和风格,如路标、垃圾箱、停车场、购物商店、洗手间,以及旅游餐馆(餐厅)所提供的服务标准和方式。

(4)旅游项目所占土地及其地理位置。旅游项目具有一定的空间特征。项目策划中要明确给出每一个项目的占地面积和建设的大致地理位置,这两个内容必须具体到实际中可以在空间进行定点的程度。具体如下:旅游项目的具体地理范围;旅游项目中建筑的整体布局,以及各个建筑物的位置和建筑物之间的距离;旅游项目中所提供的开放空间的大小和布局等。

(5)旅游项目的产品体系。旅游项目是现实化的资源,提供给旅游者以旅游产品,如一些关于民风民俗的节庆活动,参与性较强、娱乐性较强的游乐产品或者其他产品等。但是无论是哪一类的产品,都应该形成一个产品体系,提供给旅游者多种多样的产品。

6. 旅游项目策划程序

旅游项目策划是一个宏观和微观结合的过程。它必须以宏观的环境和微观的资源特色分析为基础,才能进行具体的项目构思和策划。在旅游项目策划的实践中,一般可以分为以下几个步骤:

(1)旅游景区的环境分析。旅游景区的环境分析是景区项目策划的一个首要步骤。旅游景区在策划自己的旅游项目时,要想通过创新性的开发来达到胜人一筹的目标,就必须首先了解自己的竞争对手的情况,以及影响竞争的各种内在和外部的环境因素。所谓对旅游景区的内部环境进行分析,主要是对旅游景区的自然资源、人力资源、物力资源和财力资源的分析,通过分析了解景区的人才储备状况、基础设施水平和开发的资金实力;对旅游景区的外部环境分析,则主要是分析旅游市场上的市场需求状况和旅游市场上的旅游需求趋势分析。

(2)旅游景区的资源特色分析。旅游项目的特色是由当地的旅游资源所决定的,即旅游资源的特色是旅游项目开发的基础和前提。旅游项目策划者在策划前期工作即旅游资源调查过程中,应对旅游开发地的旅游资源进行分析,并针对不同的旅游功能区提出各个旅游分区的旅游资源特色,以此作为策划该旅游功能分区的旅游项目的基调。

(3)旅游项目的初步构想。在进行旅游项目的创意策划时,首先要提出旅游项目的构思。所谓旅游项目的构思,就是人们对某一种潜在的需要和欲望用功能性的语句来加以刻画和描述。对于旅游项目策划的构思不能依赖于偶然的发现或灵感的火花,而是要在真正掌握该区域旅游资源特色的基础上,通过不断地刺激思维来得到。这些刺激可以是来自规划人员的发散性思考,也可以是来源于旅游开发中所策划的人或企业,如通过调查旅游者、旅游专家学者、旅游地的竞争对手和旅游等中间商来寻求构思的原型。

(4)旅游项目构思的评价。在经过了一番分析思考之后,策划人员已经拥有了许多基本上成形的关于旅游项目的构思,可是这些构思不一定会全部被采纳和吸收,即在确定旅游项目之前要对已有的项目构思进行甄别。由于旅游项目策划的市场导向要求,以及随着项目策划过程的发展,市场导向作用的日益加深,对于不同的项目构思要进行成本估算和营销测试,通过这种方式来对旅游项目的创意构思进行甄别,将那些成功概率较小的旅游项目构思淘汰,而保留那些成功概率较大的项目,以便保证项目的成功率。

(5)旅游项目的策划。对已有的旅游项目构思进行甄别后,最后一步就是旅游项目策划,即将旅游项目的构思落实为实实在在的旅游项目创意,并根据旅游项目创意的内容要求和有关技术规范给出具体的创意策划方案,最后通过招投标等形式吸引投资者来投资建设。这个步骤的主要工作就是将上面形成的旅游项目构思加以完善和进一步具体化,不仅要从总体上对旅游项目的创意进行不断的完善,而且对一些细节进行人性化的策划和布设,将较为抽象的旅游项目构思转变成为独具地方特色的、深受旅游者欢迎的旅游项目。

(6)旅游策划书的撰写。在一系列前期工作结束后,应着手编写项目策划书。旅游项目策划书的要求有以下几点:一是策划创意内容的可行性、科学性和陈述清晰,即项目必须是符合逻辑的、可操作且科学合理的,文字描述以明确、达意、简洁为好,切忌堆砌、冗长;二是对项目的发展建设要有一个明确的时序安排和合理的空间布局;三是对项目的投入和产出要有一个基本的预算。

4.2.4 旅游景区游线策划

景区项目策划和实施之后,对于景区旅游产品的策划来讲,重要的是如何将这些旅游项目串联起来,形成游线,即进行景区游线策划。景区游线策划是旅游景区的游览线路策划,相对于旅游线路产品策划来讲,是小尺度的线路策划。游览线路是指旅游景区内专供游人游览、观赏景物和进行其他活动而策划与组织的线路,是引导和组织游览活动的必要方式。在一个旅游景区内,仅有景点、景物等旅游项目和各种设施是不够的,还必须以一定的形式将其串联和沟通,形成一个相互联系的有机整体,使旅游项目可去可达,游人有线可循、有路可走。

1. 游览线路的类型

(1)按其线形分,可分为环状闭合型和线状放射型两种。环状闭合型呈环状,起点和终点聚合,这种游线多见于人工色彩较强的旅游景区。线状放射型是由起点开始,终点结束,并且有多个终点,这种类型游线多见于大型的自然风景区,可为游客提供多种游览线路的选择,是以丰富的旅游产品资源为基础的。

(2)按其所处位置和功能分,可分为景外游览线和景内游览线。景外游览线是景区内景点间或者旅游服务区、居住区与旅游区之间的游览和联系的道路,它能帮助游人跨越较大的空间,来往于不同的功能区之间,一般按车行、动观的方式进行策划。景内游览线是指布设在旅游景区内以观赏景物为目的的游览线,它能够给游人提供最佳的视线角度和位置,一般按步行游览方式进行策划,要求以慢游、驻足细观为依据。

2. 游览线路的功能

(1)景点和服务点之间相互联结的纽带。景点和服务点在旅游景区内的布局是分散的,旅游景区本身又有一定的地域范围,因而各点之间存在着一定的空间距离,必须以一定的方式将之联结,才能形成一个整体。

(2)游客的导向。游客一进入旅游景区,往往并不了解景物的地点及其可达性,而游览线路是显而易见的实物,而且还要多设标志和方向牌。只要循路向前,便可欣赏到美丽的景致,到达欲达之处。游览线路能够对游客起到引导和指示作用。

(3)限定游客与景物的距离。限定游客与景物间的接近程度一方面可以对景物进行保护,另一方面有助于游人的审美效果。有的景物出于保护原因,不宜接近,游览线路可将游客与景物之间的距离加以限定。另外,有的景物对其观赏效果与距离的远近有很大的关系,在美学上称"距离美",游览线路可以引导游人保持对景物欣赏的最佳距离,使游人得到最美的体验。

(4)组织游览过程。游览过程有开始、展开、高潮和结束等几个阶段,游览线路可以将这些不同的阶段进行有机组合,以景物之间不同的时间和空间距离,以道路的高低平缓,以及以服务点、休憩点不同的设施和环境等,将各个阶段展开和衔接,从而实现最佳的旅游效果。

3. 游览线路策划的原则

景区内各个景点景物都是固定的、独立存在的,各有自身的个性,只有通过游览线路,采取一些艺术手法将各部分连接起来,才能形成完整的游览系统,从而发挥整体效应。游览线路的策划应该遵循以下原则:

(1)主题突出的原则。景区中对反映主题的景物要多策划几个观景处,从不同角度重复观览,以强化游人的感受,力求景区主体鲜明,既有统一感,又有层次感和变化感。

(2)顺序和节奏安排合理的原则。游览线路组织要有序,符合人们认识事物的过程。景区游览的顺序在总体上应符合"越来越好"的趋向,避免走回头路,要使游客处处感到新鲜,游兴未尽。安排游览路线,要做到有入景、有展开、有高潮、有结尾。此外,旅游节奏的松紧和景点游览的动静应有适当的交错,根据步行的长度和攀高的高度,适时设立休息点,走走停停,灵活行止。

(3)选择最佳观赏点的原则。观赏点应有最佳位置,充分展现游览线上景点的景色风貌,本着"美则显之,丑则隐之"的原则进行策划,形成远景、近景和特写景的组合,以及观赏角度平、俯、仰的变化,提高游览质量。

(4)布局富于变化的原则。游览线路的布局要富于变化,做到有扬有抑、有旷有实、高低起伏、曲曲折折,使人目不暇接,步移景异。此外,游览线路的策划还应该注意:宜曲不宜直、宜狭不宜宽、宜粗不宜细、宜险不宜夷;欲扬先抑、欲露先藏;高低相宜、险中求夷。

4. 游览线路策划的方法

游览线路的策划是一项技术性的工作,它不仅是线路的合理勾画和延伸,还包括了沿线景点、景物的组合,以及从审美角度对最佳视角和视距的选择。概括起来,其策划方法一般有以下几种:

(1)移步换景。移步换景是组景中经常使用的手法,即将不同景物设置于游览道上,疏紧相间,错落有致,步步有景,段段不同。游览线就像一条彩线,将粒粒珍珠串联起来。

(2)曲径通幽。线路迂回曲折,或上下盘绕,或穿林越峰,或临池俯瞰,或登山远眺,或入谷探幽,充满情趣,诱人去探求。

(3)豁然开朗。欲扬先抑,欲露先藏,让游人在心里感受到一段压抑之后的豁然明亮,给人以"景越藏则境界越大""柳暗花明又一村"的感觉,达到最大的强化效果,增强感受和印象。

(4)峰回路转。围绕主题,适度展开,从不同角度欣赏主景,得到不同的感觉,加深印象。

(5)渐入佳境。特色和等级有序排开,一个比一个好,使游人兴趣递增不减,逐渐达到高潮。

上述五种游览线路策划手法可以单独使用,也可以交错相间,综合并用。游览线路将景区内的各种旅游项目串联,形成景区旅游产品。景区旅游产品再由旅游线路串联起来,成为旅游者最终消费的旅游产品。

4.2.5 旅游景区产品创新

1. 景区产品创新的原则

(1)协调性原则。景区在产品创新时,无论开发新产品,还是对现有产品质量进行改造,都必须与原有的景观协调一致,不能破坏原有景观的整体性和完整性。

(2)差异性原则。景区产品的创新要突出产品的差异性,注重"人无我有、人有我特、人特我精"的特色产品。差异有两类,一是地域距离差异,二是实质内容的差异。前者是暂时性的,后者却是永恒的。

(3)真实性原则。真实性是旅游者渴望得到的并积极追求的一种经历。随着消费意识的日益成熟,旅游者对游乐空间和情感体验对象的要求不断提高和深化,出现了追求本原性、真实性景观环境和游乐体验的倾向。景区所要做的是尽量贴近景观、文化和历史的原貌,让游客有更真实的体验和感受。

(4)体验性原则。未来旅游者在闲暇时间会更积极地寻求可提供参与和学习机会,以及有趣和有娱乐性的目的地,也即积极寻求娱乐、教育、逃避现实和审美的体验。景区产品创新应以提高产品娱乐性、教育性和审美行为导向,开发参与性和文化内涵高的产品项目,让游客在景区得到更丰富的体验。

2. 景区产品创新的内容

(1)主题创新。主题是贯穿景区产品的链条,产品的特色在于主题的特色。创新具有亲和力的逻辑关系,使景区与目标游客群体之间能互动起来;具有震撼力的游园线索,游客置身其中就能体验到特殊的感受;具有扩张力的产品链条,使景区能不断完善产品体系和提升产品功能。现代旅游行为学表明,旅游本质上是旅游者寻找与感悟文化差异的行为和过程,主题挖掘与提炼必须更加关注旅游动机本原,体现旅游行为的本质,凸显主题的文化性。坚持主题的特色选择,在产品重复现象严重的旅游市场上,只有特色才能吸引消费者。

(2)结构创新。景区产品有观光产品、度假产品和专项产品。观光产品是旅游产品的初级产品，度假产品是比观光产品高一级产品形式，专项产品是专门化、主题化和特种性的旅游产品。我国景区产品目前的结构状况是产品结构单一，难以满足旅游者多方面的需求，对旅游者缺乏足够的吸引力。产品结构创新是对现有旅游产品的补充，即选择性旅游产品的开发。对原有产品的组合状况进行整合，加强度假、商务、会议和特种旅游等多种旅游产品的开发，完善产品的结构。

(3)功能创新。景区产品按其功能可分为三个层次：基础层次——陈列式观光游览；提高层次——表演式展示；发展层次——参与式娱乐与相关活动。景区产品在三大层面上的演进，带给游客的满足和获得的游客重游率逐级上升，产品生命周期也相应延长。借鉴国内外景区的成功经验，演艺活动的开发是景区产品功能创新的主要途径。演艺作为景区的一种新兴旅游产品，其作用在于可以演绎文化，深化主题；完善产品结构，延长游客活动时间；培养景区新的经济增长点；创造新产品，延长景区生命周期；打造核心产品，提高竞争力；提升企业形象，创造企业品牌。

3. 景区产品创新的途径

(1)外延式扩张，即开发新产品。新产品开发的主要内容可以概括为产品整体性能开发、产品技术条件开发和产品市场条件开发三方面。新产品开发一是可以完善景区景观和丰富景观内涵；二是可以拓展景区容量，缓解景区承载压力，为游客提供宽松舒适的旅游环境；三是可以增强景区吸引力，为老景区注入新的活力，使游客常看常新。

(2)内涵式升华，改造老产品。对产品进行深层次开发，实现产品的高级化。实现深层次开发，重点在于变出售资源为出售产品，变被动服务为主动策划推销产品，变参观型为参与型，变大路产品为个性产品，变单一雷同为丰富有特色的内容。文化是景区产品内涵式升华的切入点，自然旅游资源应重视其自然文化导向，深掘其科学和美学内涵，以科普教育、原始风光、探险和生态考察为主题，避免过多的人为冲击，保持其自然属性的本质特色；人文旅游资源应以历史文化为导向，以民族性、艺术性、神秘性、地域性和传统性为特色，以历史古迹、文物艺术、民俗风情和文学艺术等为主题来创意策划具有文化品味和艺术氛围的旅游项目。

(3)优化产品组合。无论是横向的外延式扩张，还是纵向内涵式升华，其实质都是对产品组合进行优化。优化景区产品的组合是指对各种景区产品(如住宿、饮食、疗养、健身、娱乐、购物、游览和参观等)进行最优化的组合结构，这是景区产品创新的最终目标。要实现产品组合的优化和升级，旅游景区应建立三种机制：一是旅游产品淘汰机制，即对缺乏市场竞争力的产品实行自然淘汰；二是旅游产品升级或优化机制，即对骨干传统产品按市场需求变化加以改造，保持或提高市场占有率；三是旅游产品的创新机制，即具有市场潜力的新产品有生长发展的机会和条件。

案例 4.2

南岳衡山特色旅游产品规划

南岳衡山文化资源丰富，景观类型多样。其中火神文化、福寿文化与禅文化是衡山最为典型的三大文化类型，且至今仍然保留了众多的文化遗迹与文化传统习俗。因此，规划以资源为本位，紧密围绕这三大文化内涵进行深度挖掘与包装，塑造南岳衡山的特色旅游产品。

一、南岳火神祭祀旅游产品

以祝融火神崇拜为中心的火文化是几千年来南岳衡山的核心文化之一，在民间也具有深厚的信仰基础和价值认同,在国内众多的名山大川中,具有很强的独特性。因此,规划以祝融火神文化为核心,以南岳大庙、祝融峰为支撑,以朱陵宫等火文化相关景点为配套,打造“南岳火文化祭祀”旅游精品,并将其融入到湖南省大湘南精品旅游线路中进行重点推荐。

(1)天子山广场——欢乐之火:广场以巡游节庆活动为主,形成火文化的巡游空间,构建南岳的欢乐之火体验中心。广场作为南岳衡山节庆场所,成为衡山人气聚集之地。

(2)南岳大庙——祈福之火:规划南岳大庙为祭祀和庆典的展示空间,让游客体验南岳圣帝祭祀的文化特色活动和仪式,在祭祀仪式活动中体验南岳的火文化。

(3)南天门——希望之火:规划在南岳大庙至南天门之间形成南岳希望之火的核心体验,其中磨镜台—邺侯书院—南台寺构建南岳火文化的光明之火体验线;而忠烈祠—磨镜台构建和平之火体验线,从而形成南岳火文化的中轴线。

(4)祝融峰——光明之火:祝融峰是火文化的核心展示空间。规划将禹王城通往祝融峰顶之路打造为光明之路,形成南岳火文化祭祀旅游的核心和制高点。

二、南岳福寿养生游旅游产品

南岳为五岳中的“寿岳”,以“寿文化”为特色,福寿文化源远流长,历来为祈福、求寿之圣地。且在近年的营销宣传中,南岳的“中华寿岳”形象在国内外已经具有一定的知名度与美誉度。规划依托水帘洞景区进行福寿旅游产品的开发,面向湖南省内及珠三角、东南亚市场重点开拓养生旅游市场。

(1)水帘洞。是道教的第三洞天和第二十二福地,具有很强的道教文化观光功能。规划将此开发为南岳福寿养生文化活动的核心产品。

(2)朱陵宫。规划在现有基础上进行宗教景观的提升,形成道教园林和具有体验性的水公园,将其与水帘洞景区一同打造成南岳道教文化的旅游产品。

(3)滨湖养生社区。规划建设福寿养生酒店等,完善配套服务设施,使其具有休闲娱乐度假功能,满足老年游客和年轻人的需求,并与水帘洞结合打造旅游产品。

(4)国际静心区。位于银星水库,以养生度假居住为主,规划依托优良的自然环境,形成南岳衡山的高端养生度假居住社区。

三、南岳禅意体验游旅游产品

依托南岳衡山作为南禅发祥地,“一花五叶,天下发源”之称的优势和南岳良好的生态环境及寺庙资源,面向国内高端市场及国际市场开展南岳禅意灵修旅游产品。

(1)广济寺——生活禅。在广济寺南侧的茶谷中形成草庵、茅舍式的禅意会所和俱乐部,开发禅茶、象棋、围棋、古筝表演等休闲项目,形成南岳禅意体验的核心旅游项目。

(2)方广寺、大善寺、铁佛寺、高台寺、藏经殿——景观禅。突出南岳寺庙的创新性和文化性,形成南岳创新性的寺庙景观,打造南岳的禅意观光旅游项目。

(3)南岳古镇——时尚禅。通过南岳古镇“禅意小镇”的规划打造,形成南岳以旅游为核心的市场禅文化体验中心。通过表演、展示、体验等旅游项目将南岳古镇打造成具有南岳特色的文化旅游小镇。

(4)福严寺、南台寺、大善寺、磨镜台——历史禅。依托南岳具有较高南禅历史文化价值的寺庙,形成南岳南禅历史文化观光项目,打造南岳历史禅的悟道旅游产品。

通过此三大特色旅游产品的打造,不仅使南岳历史文化得到挖掘与演绎,同时,丰富游客的旅游体验活动。除此特色产品规划外,还可配套相关线路产品,对衡山已有旅游产品体系进行调整和优化。根据南岳的资源特色可推出文化考古旅游、南岳山水旅游、湖湘文化旅游、乡村旅游等多种专项旅游产品，丰富南岳的旅游产品类型体系。

（资料来源：根据网络相关资料改写）

4.3　旅游线路产品策划

旅游线路产品是旅游产品最常指代的一个层次的概念，它通常表示旅行社为满足旅游者在旅游过程中的需要而向旅游者提供的各种单项旅游产品的合理组合，因此通常又称旅行社产品。旅游线路产品，在时间上是从旅游者接受旅游经营者的服务开始，到圆满完成旅游活动、脱离旅游经营者的服务为止；在内容上包括在旅游活动全过程中旅游者所享用的涉及食、住、行、游、购、娱六大要素为主体的一切服务和实物，并按照预先安排好的日程和计划进行。

4.3.1　旅游线路的类型

旅游线路的类型可以从以下几个不同的角度来划分：

1. 按旅游行为的尺度分

(1)全程线路。全程线路是一种大尺度的旅游线路。其特点在于：一是跨度大，主要由航空交通加以联结；二是所选各点均为知名度高的“精华”旅游城市或风景区，符合游客出游的“最大效益原则”；三是基本不走回头路。

(2)环状线路。只有一个起点和一个终点，且起点和终点聚合的线路。

(3)节点状线路。节点状线路是一种小尺度的旅游线路。旅游者选择一个中心城市为“节点”，然后以此为中心向四周的旅游点做往返性的短途旅游(大多为一日游)。

2. 按旅游线路串联各点的内容分

(1)综合性线路。综合性线路指有综合特征的旅游线路。这种线路所串联的各点旅游资源性质各不相同，有的是自然风光，有的则是人文景观。

(2)专题性线路。专题性线路是通过串联旅游景物(或活动)有比较专一的内容或属性的各点而形成的旅游线路。全线各点的旅游景物(或活动)有比较专一的内容或相同属性，有着同一主题，因而这种旅游线路具有较强的文化性、知识性或趣味性。

3. 按旅游者行为和意愿的特性分

(1)周游性(观光)线路。选择周游性线路的游客目的在于观光，线路一般串联多个旅游目的地，游客重复利用同一线路的可能性较小。从经济角度而言，周游性线路成本较高，因此有学者认为我国旅游线路策划应“从单纯的周游性向线性多样化转移”，即尽可能开发“逗留性线路”。

(2)逗留性(度假)线路。逗留性线路的特点在于旅游目的多是度假性质的，线路中包含的旅游目的地数量相对较少，同一旅游者重复利用同一线路的可能性大。许多欧洲人往往每年夏天都到自己特别爱好的同一旅游区度假。

4. 按旅游产品包含的内容分

(1)全包价旅游线路。旅游线路包括从游客出发开始直至游客回到出发地点的整个过程。旅游者将涉及旅游行程中的一切相关服务项目费用统包起来预付给旅行社，由旅行社全面落实旅程中的一切相关服务项目。全包价旅游产品中的一切相关服务项目包括食、住、行、游、购、娱各环节,以及导游服务、办理保险与签证等。这种线路旅游的特点是旅游时间适宜,线路策划科学合理,而且线路组织一般都很成熟;缺点是机动性较小。

(2)半包价旅游线路。是指在全报价旅游的基础上扣除中、晚餐费用(即不含中、晚餐项目)的一种包价形式。半包价旅游的优点是降低了产品的直观价格,提高了产品的竞争力,也更好地满足了旅游者在用餐方面的不同要求。

(3)小包价旅游线路。也称可选择性旅游,旅游线路只涉及旅游全过程的某些部分,其余由游客个人自行安排。它由非选择部分和可选择部分构成。前者包含城市间交通(长途交通)、市内交通(短途交通)及住房(含早餐);后者包括景点项目、娱乐项目、餐饮、购物及导游服务。小包价旅游具有经济实惠、手续简便和机动灵活等特点,深受旅游者的欢迎。

(4)零包价旅游。零包价旅游是一种独特的产品形态,多见于旅游发达国家。参加这种旅游的旅游者必须随团前往和离开旅游目的地,但在旅游目的地的活动是完全自由的,形同散客。参加零包价旅游的旅游者可以获得团体机票的优惠,并可以由旅游团统一代办旅游签证。

4.3.2 旅游线路产品的构成

1. 旅游交通

旅游交通作为旅游业三大支柱之一,是构成旅游线路产品的重要因素。旅游交通可分为长途交通和短途交通,前者指城市间交通(区间交通),后者指市内接送(区内交通)。交通工具有民航客机、旅客列车、客运巴士和轮船(或游轮、游船)等。旅游线路产品对安排旅游交通方式的原则是便利、安全、快速、舒适和平价。

2. 旅游住宿

旅游住宿是涉及旅游线路产品质量的重要因素,住宿一般占旅游者旅游时间的1/3。销售旅游线路产品时,必须注明下榻饭店的名称、地点、档次,以及提供的服务项目等,一经确定,不能随便更改,更不能降低档次、改变服务项目。旅游对安排旅游住宿的原则通常是根据旅游者的消费水平来确定的,对普通旅游者而言就是卫生整洁、经济实惠、服务周到、美观舒适、位置便利。

3. 旅游餐饮

旅游餐饮是旅游线路产品中的要素之一。旅游对安排餐饮的原则是卫生、新鲜、味美、量足、价廉、营养、荤素搭配适宜。

4. 游览观光

游览观光是旅游者最主要的旅游动机,是旅游线路产品产生吸引力的根本来源,也反映了旅游目的地的品牌与形象。旅游对安排游览观光景点的原则是资源品味高、环境氛围好、游览设施齐全、可进入性好和安全保障强等。

5. 娱乐项目

娱乐项目是旅游线路产品构成的基本要素,也是现代旅游的主体。许多娱乐项目都是参与性很强的活动,能极大地促进旅游者游兴的保持与提高,加深旅游者对旅游目的地的认识。

6. 购物项目

旅游对安排购物的原则是:购物次数要适当(不能太多),购物时间要合理(不能太长);要选择服务态度好、物美价廉的购物场所,切忌选择那些服务态度差(如强迫交易)、伪劣商品充斥的购物场所。旅游线路产品中的购物项目分为定点购物和自由购物两种，前者是旅游者到指定的旅游商店购物，后者是旅游者利用自由活动时间自己选择商店购物。

7. 导游服务

旅游为旅游者提供导游服务是旅游线路产品的本质要求，大部分旅游线路产品中都含有导游服务。导游服务包括地陪、全陪、景点陪同和领队服务，主要是提供翻译、向导、讲解和相关服务。导游服务必须符合国家和行业的有关标准及有关法规，并严格按组团合同的约定提供服务。

8. 旅游保险

旅游提供旅游线路产品时，必须向保险公司投保旅行责任险，保险的赔偿范围是由于旅游的责任致使旅游者在旅游过程中发生人身和财产意外事故而引起的赔偿。

以上各种要素的有机结合构成了旅游线路产品的重要内容。旅游线路产品是一个完整、科学的组合概念，完美的旅游线路产品是通过最完美的组合而形成的。

4.3.3　旅游线路策划的原则

旅游线路策划除了遵循旅游产品开发的总原则外，还因为存在自身的特点，要遵循一些特殊的原则。

1. 以游客为中心的原则

旅游者是旅游活动的主体，旅游线路策划的关键是适应市场需求，即必须最大限度地满足旅游者的需求。旅游者对旅游线路选择的基本出发点是：时间最省，路径最短，价格最低，景点内容最丰富，最有价值。由于旅游者来自不同的国家和地区，具有不同的身份和不同的旅游目的，因而不同的游客群有不同的需求。根据旅游者的需求特点，结合不同时期的时尚和潮流，策划出适合市场需求的旅游线路产品，并能够创造性地引导游客消费。

2. 主题突出的原则

个性化旅游的需求推动旅游走向主题化和特色化，主题突出可以使得旅游线路充满魅力和生命力，而特色则依靠的是性质或形式有内在联系的旅游点串联起来的。由于人们求新求异的心理，普通功能的景区和游线难以吸引游客回头，即使是一些著名景区和游线，游客通常的观点也是“不可不来，不可再来”。因此，在产品策划上要遵循“人无我有，人有我特”的原则，尽量突出自己独有的特色，以形成鲜明的主题，使产品具有“新”和“奇”的特点，这样才能具有较大的旅游吸引力。

3. 可进入性的原则

可进入性主要指交通条件。一次完整的旅游活动，其空间移动分为三个阶段：从常住地到旅游地、在旅游地各景区旅行游览和从旅游地返回常住地。没有通达的交通，就不能保证游客空间移动的顺利进行，会出现交通环节上的压客现象，即使是徒步旅游也离不开道路。因此在策划线路时，即使具有很大潜力，但目前不具备交通要求或交通条件不佳的景点或景区也应慎重考虑。否则，因交通因素导致游客途中颠簸，游速缓慢，游览密度和深度不够，影响旅游者的兴致与心境，不能充分实现时间价值。交通的衡量标准可以概括为：进得去、散得开、出得来。同时，应尽量保证交通安排的衔接，减少旅游者的等候时间，更要有基本交通安全保障。

4. 内容丰富原则

线路策划中，旅游景点应力求各具特色，在吃、住、行、游、购、娱的编排上，尽可能地避免重复和雷同,并围绕产品主题安排丰富多彩的旅游项目,让旅游者通过各种活动,满足旅游者的求知、求新、娱乐和休闲的欲望,这样才不会让游客感到乏味和单调,达到加深旅游印象、更好地吸引旅游者的目的。旅游项目应该有机搭配,严肃项目和轻松项目结合,新奇与熟悉结合。新奇的事物令人兴奋、愉快和满足,熟悉因素增加游客安全感,既满足了游客追求新奇的要求,又会不产生孤独、陌生的感觉。同时考虑到旅游者的心理状况和体能,结合旅游景观类型组合和排序,动静结合,使旅游活动安排做到劳逸结合,有张有弛,如自然景观应与人文景观交叉,团队餐与风味餐搭配,以及白天的游览与晚上的娱乐节目相配合等。多样性的原则还包括主要活动与次要活动配合,在行程受条件限制的情况下,可以在突出某一主要活动的同时,再增加一些富有特色的次要活动,可以用自费项目的形式满足不同游客的需要。

5. 布局合理的原则

布局合理原则是指为取得较好的游览效果,在策划时既考虑到突出旅游线路的特点,又照顾到整条线路的布局。具体应该遵守以下几点:

(1)避免重复。走回头路会使游客感到乏味,减弱旅游的兴趣。旅游线路可以是线形、环形与网状等,应尽可能地不走回头路。除了专业考察和专项旅游外,尽可能将不同性质、景色相异的旅游景点安排在同一旅游线上,避免风格类似的旅游景点和旅游项目同时出现。如果旅游点与依托地有一天以上的行程,没有必要返回依托地过夜,而是就近住宿,形成环形旅游支线。相反,可以返回依托地住宿,形成放射形旅游支线。

(2)点间距适当。如果同一旅游线路上的各个游览景点间的距离较大,将迫使旅游者耗费大量的时间和金钱在旅途中,这样容易造成游客不满。因此,在策划产品时,应尽量使整个游程中旅行时间不超过全部旅程时间的1/3。

(3)时间合理。尽量缩短交通运行时间,做到正点、准时,保证游客的休息和对环境熟悉的过程。上午最好安排景物比较丰富的景区,因为人在上午的精力最为充沛,下午则“饭饱神虚”,午饭后两小时则又开始兴奋。

(4)适量择点。在既定的时间条件下,应该安排适当数量的旅游景点,避免旅游者在过多的游览景点间奔波而产生紧张和疲劳感,达不到休息和娱乐的目的,并使旅游者走马观花,无法细致地了解旅游目的地。当然,过少的旅游景点也会令旅游者产生价高质次的印象,影响他们重复购买的兴趣。

(5)排序科学。旅游线路的结构顺序与节奏不同,产生的效果也不同。一条好的旅游线路,旅游体验效果呈递进状态,好比一首成功的交响乐,有时是激昂跌宕的旋律,有时是平缓的过渡,都应当有序幕—发展—高潮—尾声。在旅游线路的策划中,应充分考虑旅游者的心理与精力,将游客的心理、兴致与景观特色分布结合起来,注意高潮景点在线路上的分布与布局。在交通合理方便的前提下,同一线路旅游点的游览顺序应由一般的旅游点逐步过渡到吸引力大的旅游点。将高质量的旅游景点放到后面,使旅游者兴奋度一层一层地上升,在核心景点达到兴奋顶点。这样可以使旅游者感到高潮迭起,游兴大增,心满意足。

(6)机动灵活。旅游线路的策划要留有余地,对有些线路上的点要策划出备用方案,以便有特殊情况时可以更改或做紧急补救措施。特别是在组织实施线路计划时要有充分的准备,制定出应对突发事件的处理措施。日程安排不宜过于紧张,应该有一定的回旋余地,执行过程中要灵活掌握。

4.3.4 旅游线路产品策划的程序

1. 市场调查分析

任何旅游产品的开发，都必须进行周密的市场分析与调研。只有对现有市场进行冷静的分析，把握市场需求，寻找市场亮点，才能找准产品开发的市场切入点，创造性地开拓市场。通过市场调查分析，确定目标市场和旅游产品的性质、类型和等级，确定线路主题。

(1)调查内容包括：发现具有鲜明特色的旅游景区，旅游者对目的地的偏好及对服务的选择，中间商的建议和所蕴藏的商机利益等；旅游外部环境，如国内外政治与法律状况、经济环境、社会环境和行业竞争状况等。

(2)调查方法包括：通过问卷调查了解游客偏好，由旅行社的各类员工提供一手资料，对旅行社以往的产品销售数据进行分析，预测未来产品的生产与销售趋势。

2. 制订产品计划

产品计划的内容包括以下几点：

(1)线路名称。根据旅游主题，确定独具特色和吸引力的线路名称。

(2)旅游景区。旅游目的地的选择，根据旅游吸引物确定旅游节点。

(3)旅游活动。参观游览、文化娱乐活动的具体位置和时间。

(4)旅游服务。确定住宿、餐饮和购物的具体位置和时间。

(5)旅游交通。以一定的交通方式把各节点合理串联在一起，组成一条旅游线路。

(6)产品价格。根据成本核算，综合考虑战略定位等因素合理定价。

(7)相关内容。行团时间、每个旅游团接待量、产品的期限和优惠条件等。

3. 制作宣传资料

宣传资料是旅游线路产品的外包装，是最为重要的营销工具。宣传资料分为宣传手册和宣传单两种，内容简繁不一。

(1)宣传手册内容通常包括目的地情况的简介、旅行的日程安排、住宿与餐饮设施状况、价格、交通工具的安排、健康要求、保险，以及旅游纠纷的仲裁等。宣传手册一般都制作精美，能充分体现旅游产品的特点，一些大的旅游经营商每年制作的宣传手册多达上万册。

(2)线路宣传单的内容包括：线路名称；主要行程项，包括日次、抵离城市、乘用交通工具(飞机、汽车或火车)、当日主要行程、用餐状况和下榻酒店；产品说明项，包括收费说明(费用的包含项与不包含项)、报名注意事项说明(主要包括报名截止日期和成团人数，要特别说明只有达到基本人数才能成团)、签证所需材料，以及对其他事项的承诺和声明(如保险承诺、对退团收取费用的说明等)；线路相关宣传资料，即旅游目的地情况简介等。

4. 信息反馈

为加强对产品质量和产品销售的监督，不断完善产品服务，旅游应该注重收集反馈意见。反馈意见一般从媒体的反应、竞争对手反应、游客意见、接待社意见、领队意见和导游建议等方面进行收集。

4.3.5 旅游线路产品策划的要求

旅游线路策划要有利于旅游者达成出行目的，有利于旅游活动的组织与管理，有利于旅游产品的优化与组合。因此旅游线路必须考虑四个基本因素：旅游景区的吸引力、旅游基础设施、旅游专项设施和旅游成本（费用、时间和距离）。其中后三项与旅游的可达性密切相关。

1. 确定游客的主流向

根据可利用的旅游资源条件和旅游市场的需求，确定游客的主要流向，并在此基础上安排各项旅游线路。

2. 确定各旅游线段的性质

旅游线路是由若干旅游线段组成的连续体，每一旅游线段所承担的功能常常有很大的差异，确定各线段的性质是旅游线路规划中的重要工作。按旅游功能和规划建设的特征的差异，各旅游线段可分为以下三类："旅线"，即以旅行为主要功能的旅游线，一般要求方便、舒适、快捷；"游线"，即以游览为主的旅游线，一般要求步行(人车分流)、驻足和提供最佳视点视域等功能；"游旅结合线"，即边旅边游，一般要求特色交通工具(如竹排、游船、马车和雪橇等)。在整条旅游线路策划中，要注意"游线"与"旅线"的比例，即要控制"游旅比"或称"行游比"。

3. 合理安排转换节点

节点是指不同性质旅游线段的连接处，它是游客旅游方式的切换点，常常也是不同游客群体的游线分叉点。对于节点位置的确定，一般要求有节点地带要有方便的交通，如停车场和交通换乘中心；在转换节点处有各级别的住宿餐饮等服务设施等。

4. 确定旅游线路的空间结构

旅游线路有多种组织形式，但主要的结构有环形、全程型和辐射型结构。实际策划工作中，应以这三种基本型为基础，按不同的地域条件组合成多种方式。

5. 合理安排时间结构

各旅游群体要求在一定的时间内完成旅游活动，而各旅游区所能吸引游客逗留的客观条件有所不同，因此旅游线路组织规划应根据具体条件，合理安排一日游、二日游及一周游等不同时间的旅游线路。

案例 4.3

丽江重点旅游线路产品策划

一、丽江旅游优势

丽江市具有的旅游资源、旅游品牌、旅游市场和旅游产业优势，奠定了丽江在中国香格里拉生态旅游区中的主导性旅游地位。

1. 旅游资源优势

旅游资源数量丰富、类型齐全、特色鲜明。丽江同时拥有"丽江古城""三江并流""东巴古籍"三个"文化""自然""记忆"世界遗产，以及泸沽湖摩梭文化、宝山石头城、纳西古乐等均为国内外知名的世界级、国家级旅游资源。旅游资源之丰富、品位之高、聚集性和垄断性举世罕见。

2. 旅游品牌优势

拥有世界文化、自然、记忆遗产三顶桂冠的丽江旅游，在国内外享有较高的知名度和美誉度。丽江市先后被评为"全球人居环境优秀城市""中国优秀旅游城市""全国文明风景旅游区"，荣获"世界上最令人向往的旅游目的地""中国最美丽的地方""欧洲人最喜爱的旅游城市"等殊荣。

3. 旅游市场优势和产业优势

丽江市形成了相对合理、比较优越的客源地域结构，旅游经济具有收入大而漏损小的特色，游客旅游消费水平较高。旅游产业不断壮大，旅游经济指标持续快速增长，旅游在全市经济发展中的地位和作用日益突出。

二、丽江精品旅游线路设计

(一)柔软的丽江时光——丽江精品七日游

1. 线路特色

原味映象线路——丽江古城、木府、束河茶马古镇、泸沽湖、万里长江第一漂,将丽江玩出深度、玩出细腻、玩出感情!景点魔方,任意组合!

2. 细腻映象

丽江古城(AAAA)—束河古城(AAAA)—玉水寨(AAAA)—玉龙雪山(AAAA)。

第一天:住丽江,游览古城四方街、木府、玉河走廊、黑龙潭、遗产公园、束河古镇。

第二天:住丽江,游览白沙古村、玉峰寺、玉水寨、东巴万神园、玉柱擎天、东巴谷。

第三天:住丽江,游览玉龙雪山、白水河、甘海子、黄山白华民俗村、文笔山。

第四天:住黎明,游览拉市海湿地公园、长江第一湾、虎跳峡、石鼓、黎明。

第五天:住丽江,游览千龟山、黎光卧佛、丽江。

第六天:住泸沽湖,丽江乘车前往泸沽湖、摩梭家访。

第七天:泸沽湖泛舟,游览里务比岛,乘车返丽江,行程结束。

(二)"到中国最美的地方转个圈"

1."小资的天堂、行者的圣境"——省内精品环线

线路一(自然风光游):丽江—泸沽湖—迪庆—丽江。

线路二(民俗文化风情游):丽江—大理—永胜—泸沽湖—丽江。

2."与神山圣水的约会"——滇川环线

线路(自然风光、民俗文化风情游):丽江—泸沽湖—稻城—乡城—迪庆—丽江。

3."聆听东巴的圣音、沉醉康巴的风情"——东巴—康巴文化环线

线路一(东巴—康巴文化游):丽江—迪庆—芒康—昌都—甘孜—理塘—稻城—泸沽湖—丽江。

线路二(东巴—康巴文化游):丽江—迪庆—芒康—巴塘—理塘—稻城—泸沽湖—丽江。

4."悠远的茶马古道"——中国茶马—西南丝绸古道环线

线路(中国茶马—西南丝绸古道游):丽江—迪庆—稻城—理塘—康定—雅安—成都—西昌—攀枝花—泸沽湖—丽江。

5."到中国最美的地方转个圈"——大香格里拉环线

线路(大香格里拉游):丽江—迪庆—芒康—左贡—八宿—鲁朗—林芝—巴松措—拉萨—当雄—那曲—巴青—丁青—昌都—德格—新都桥—丹巴—成都。

(资料来源:根据网络相关资料改写)

本章小结

区域旅游产品是指以一定的空间范围为旅游目的地,由旅游开发者向旅游者提供的各种旅游产品的总称,包括区域内的所有单项旅游产品和线路旅游产品。区域旅游产品开发受到主、客观两方面因素的影响:主观因素包括开发者、旅游者和经营者行为;客观因素包括旅游资源、可进入性、空间竞争和区域环境等。

区域旅游之间的竞争主要表现为旅游产品吸引力的竞争。提升区域性旅游产品竞争力的关键是实现区域旅游产品结构优化,包括类型结构、空间结构、时间结构和要素结构优化。

旅游景区是旅游产品中的核心吸引物,是形成区域旅游产品和旅游线路产品的基本元素。从产品整体概念的角度看,旅游景区产品由三部分构成:核心产品、形式产品和扩展产品。景区旅游产品的策划主要是研究景区旅游项目策划和景区游线设计。旅游项目就是将各种旅游资源加以开发利用所形成的旅游吸引物,旅游项目策划一般按照旅游者需求的六大要素来分类。景区游览线路是景区内专供游人游览和进行其他活动的线路,是把旅游项目串联起来的纽带,是引导和组织游览活动的必要方式。景区产品要不断创新,这样才能保持旺盛的生命力,实现可持续发展。

旅游线路产品通常表现为旅行社为满足旅游者在旅游过程中的需要而向旅游者提供的各种单项旅游产品的合理组合,因此通常又称为旅行社产品。旅游线路产品主要由旅游交通、旅游住宿、旅游餐饮、游览观光、娱乐项目、购物项目、导游服务和旅游保险等因素构成。旅游线路产品是一个完整、科学的组合概念,完美的旅游线路产品是通过最完美的组合而形成的。旅游线路策划要以游客为中心,做到主题突出,可进入性好,内容丰富,布局合理。

复习思考题

1. 影响区域旅游产品开发的因素有哪些?
2. 联系实际谈谈区域旅游产品结构优化的内容。
3. 如何处理区域旅游产品策划中资源、市场和产品的关系?
4. 旅游项目策划的重点内容是什么?
5. 景区游览线路策划的原则和方法是什么?
6. 旅游线路产品的构成要素有哪些?在不同类型的旅游产品中这些要素的作用是否一样?
7. 根据旅游线路产品计划的内容要求制作一份产品宣传单。

案例讨论

1. 结合“渝中模式”和汉中案例,分析全域旅游的内涵和特点。
2. 分析南岳衡山特色旅游产品策划的创新之处。
3. 丽江重点旅游线路产品是否体现了丽江的资源优势,是否符合市场需求?

第 5 章　新型旅游产品策划

本章提要

新型旅游产品是相对于传统的观光型旅游产品而言的。

当前，我们正处于新经济时代。新经济是基于知识经济的全球化经济，是以现代科学技术为核心，建立在知识和信息的生产、分配和使用之上的经济。在新经济时代，休闲经济、体验经济和数字经济等各种经济类型相继出现，从而催生新的旅游形式和旅游热点。

新经济既为旅游业提供了广阔的发展空间，也对旅游业提出了巨大的挑战。同时，随着社会经济的不断发展，旅游大众化时代的来临，旅游需求的个性化和多样化趋势日益显著，对旅游产品提出了多元化的客观要求。旅游产品开发必须适应形势发展的要求，应策划和设计具有鲜明特色、丰富多彩的旅游产品，以满足多样化且层次不断提高的旅游需求，实现旅游业的健康快速发展。

本章针对新经济时代的新型旅游产品进行了详细阐述，介绍了各经济形态的基本内涵，分析了休闲旅游、体验旅游、影视旅游、高端旅游、深度旅游和智慧旅游的特征，并对一些新的旅游业态进行了阐述，对未来的发展趋势进行了分析和展望，提出了相应的旅游产品开发模式和路径。

学习目标

1. 理解休闲经济、体验经济的基本概念和特征。
2. 熟悉各种旅游业态的含义和特征。
3. 把握旅游发展的未来走势。
4. 掌握各种旅游产品的核心吸引力。
5. 掌握各种热点旅游产品策划的要素、重点和路径。
6. 深刻认识数字技术在旅游发展中的作用。

框架结构

- 新型旅游产品策划
  - 休闲经济与休闲旅游
    - 休闲经济
    - 休闲旅游
    - 休闲旅游的消费特点
    - 休闲时代旅游的消费发展趋势
  - 体验经济与体验旅游
    - 体验经济
    - 体验旅游
    - 体验经济时代旅游消费的特征
    - 体验型旅游产品的开发
  - 影视产业与影视旅游
    - 影视与影视旅游
    - 影视与旅游的产业融合
    - 影视旅游策划的要素
    - 影视旅游产品开发的路径
  - 高端旅游与深度旅游
    - 高端旅游的含义
    - 高端旅游市场
    - 高端旅游群体
    - 游艇旅游
    - 深度旅游的含义及特点
    - 深度旅游产品的类型
    - 深度旅游产品策划
  - “互联网+”与智慧旅游
    - “互联网+”
    - “互联网+”旅游
    - 智慧旅游概述
    - 智慧旅游的内容
  - 跨界融合与旅游新业态
    - 旅游业的融合创新
    - 旅游度假区
    - 城市休闲旅游
    - 田园综合体
    - 沉浸式旅游
    - 元宇宙旅游
    - 旅游演艺
    - 网红旅游

开篇案例

“地中海的味道”深度策划

一、来自地中海的诱惑

某旅行社拿到了地中海塞浦路斯某旅游集团的中国代理权，为了进一步推进双方的合作进程，并争取塞浦路斯、希腊和埃及旅游局的全年广告支持，需要一整套与国际接轨的地中海产品营销策划方案和全国的年度推广计划。希腊和埃及悠久的历史和传奇让人心驰神往，塞浦路斯是维纳斯诞生的地方，产品还经过迪拜，真是横跨亚非欧的旅游精品，项目本身具有无限的诱惑力。

二、寻找产品的差异化定位

面对地中海产品，要寻找到和其他产品相比有什么差异，这是定位的关键。该旅行社接手地中海项目时，通过对产品进行反复研究，发现这其实是地中海邮轮产品，本身是欧洲人首选的休闲度假产品。作为中国的游客，很可能是与50%的英国人和20%的德国人一起游玩。

经过深度策划，该旅行社给产品的定位是“原装欧版”地中海塞岛环游产品，强调的是“原装”的概念，是原汁原味、欧洲标准的成熟邮轮产品，让中国客人零距离接触并深度体验欧洲人的生活方式。“原装欧版”的地中海产品，与市面上所有国内旅行社的地中海产品形成差异，并且上升为“定位”，告诉消费者选此产品的充分理由。

三、产品名称的神来之笔

希腊是“众神的国度”；古埃及是四大文明古国之一，充满了神秘感；塞浦路斯是维纳斯诞生的地方，是欧洲人的度假天堂，是极尽浪漫的地方。

这样一个地中海邮轮产品，究竟用什么样的产品名称更吸引人，而且又贴切到位呢？这个名称还不能俗，要有时尚的感觉，因为这是人们用于享受的产品，要高档有品位。

该旅行社想了很多，如“文明盛宴地中海”“活色生香地中海”“我在地中海等你”等，最后还是选定了“地中海的味道”(taste mediterranean sea)。选择的理由是有时尚的味道，耐人寻味，名称有很强的包容性，有更大的延展空间，更能体现深度旅游产品的体验特质，并且这六个字本身就具有销售力。

四、产品定位

这类欧洲游产品定位起点很高，品味和格调也很高，而又要尝鲜，参加这样原装进口的“地中海的味道”产品的人肯定少之又少。有经济能力去欧洲的游客人数还是不少的，但要让他们成为抢鲜体验者就要精心策划了。

该旅行社圈定针对的目标人群是年收入在20万元以上，平均每年的旅游花费在4万元以上，区域分布在上海、北京、广州和深圳等城市，职业多为私营企业主，以及银行、金融、IT、新闻和广告等机构的管理人员。他(她)们在消费决策时会偏理性，希望在消费中符合自己的角色定位，但只要能切中要害，他(她)们又会比谁都感性。

五、产品规划首先要名称响亮

深度思考，将去欧洲人的分成几类：第一类是男性(单行)，大多以公务为主或公私结合；第二类是女性(单行)，部分以公务为主，但多数还是以私行为主；第三类是男女结伴而行的，这一般是追求爱琴海浪漫的亲密男女。

所以,针对这类客人,所提供的产品也要格调高雅,前卫时尚,让消费者一眼就觉得这是专门为他(她)们设计的。

针对男性团的名称是“征服·亚历山大的遗憾——地中海GOLF商旅冲动”。

针对女性团的名称是“洗礼·维纳斯的美慕——地中海SPA心旅冲动”。

针对男女结伴团的名称是“浪漫·爱神的寂寞——地中海LOVE情旅冲动”。

三个名称,一脉相承,成为“地中海的味道”系列产品的点睛之作。针对性别来分团也是“地中海的味道”的一产品的特征。

六、在产品设计中注重有形展示和体验过程

把“地中海的味道”旅游产品打造成国际精品,所以在旅行社门店和俱乐部活动场所陈列时要尽可能地体现出高雅的审美水准,成为欧洲游产品形象展示的典范。要深度研究目标顾客日常生活工作的每一个细节,从消费者在飞机上看到的杂志广告,或在参加俱乐部活动时接触到的地中海旅游广告开始,到拨打咨询电话,参加行前说明会,参团旅行,回家后团员的互换照片分享会,跟踪服务发现其他需求……在过程中注重体验的价值和深度旅游对心灵成长的意义,强调每一个行为都要符合战略,并不断从消费者的反馈中得到完善体验细节的创意。

七、价格策略非常关键

“地中海的味道”的产品性质其实是“深度旅游”主题产品,针对特定人群,推出“原装欧版”概念,就是区别国际社自身研发的组装产品,这是进口原装的成熟邮轮产品,其身边的客人50%是英国人,20%是德国人。给人的感觉是质量好、价格高、服务周到。所以,建议走中高价位的定价策略,同时也要两条腿走路,也有中低价位(性价比最优的)品质线路供选择,但整体宣传和主推的是精心策划设计的上述主题性深度旅游产品。

八、营销渠道创新

出国游新产品一般是给各地出境游组团社来批发代理,但深度游是高起点营销运作,该旅行社的思考跳出常规,针对细分人群采用特殊渠道突破的策略,以会员制的形式和直销的方式为主导,与高档俱乐部互相渗透,以优厚的激励政策充分发挥结盟俱乐部的能动性。当然也不放弃旅行社渠道,双轨并行。注重旅游销售中人的因素,尤其要强化培训旅行社大客户销售人员,在培训方面要努力教会他们如何说服俱乐部的大客户并维护好大客户,让他们每个人都向高级管理人员的方向发展。

九、营销推广要运筹帷幄

在整个营销宣传中,推广采用了“3up”策略,首先是wake up,其次是get up,最后是warm up。一步一步唤醒和激发消费者对地中海旅游的向往,让消费者认为地中海旅游是符合他们偏好和情趣的,地中海是充满神秘和浪漫的地方。

营销工具量身定做。精心设计“Taste Me地中海的味道”专刊,封面是男士打高尔夫的画面,中间是特殊纸张做成的“刊中刊”,杂志是正反颠倒往中间阅读的,制作精美,这本读物将邮寄给不同的俱乐部成员,或放在餐饮娱乐场所。

公关活动也要别具匠心。公关活动会和会员俱乐部搞联合营销,互惠互利共同宣传,举办“什么是地中海的味道?”一句话征集活动,在广告中注明只有特定俱乐部会员才能参与,选择五星级酒店或高尔夫球会举办地中海顶极红酒品鉴会,会上将抽出一个大奖——“免费游地中海”,在会上利用各种专题、演示、问答和游戏等方法激发与会者去地中海旅游的冲动,会后还会私下与各俱乐部市场管理人员达成销售激励政策，让会员营销系统自动自发地不断输送客源。

十、新产品要建立深度营销系统

对旅行社来说最重要的是一套包括培训在内的营销系统，这一套系统涵盖了所有的宣传资料（广告封套、单张、海报、X展架、专题片、专刊和FAQ标准问答），还有酒会、演示会、行前说明会、交流分享会和大型旅交会等展示系统，以及专业的销售技巧培训。

（资料来源：本文由编者根据网络资料改写）

5.1 休闲经济与休闲旅游

5.1.1 休闲经济

1. 休闲

休闲之事古已有之。一般意义上的休闲是指两个方面：一是解除体力上的疲劳，恢复生理平衡；二是获得精神上的慰藉。休闲是完成社会必要劳动之后的时间，是人的生命状态的一种形式，是一种精神态度，并在人类社会进步的历史进程中始终扮演着重要的角色，是人类社会文明的重要组成部分。

休闲学研究专家杰弗瑞·戈比在《你生命中的休闲》一书中把休闲定义为："休闲是从文化环境和物质环境的外在压力中解脱出来的一种相对自由的生活，它使个体能够以自己所喜爱的、本能地感到有价值的方式，在内心之爱的驱动下行动并为信仰提供一个基础。"

休闲是一种生活状态，即人们在非工作时间内以各种"玩"的方式求得身心的调节与放松，达到生命保健、体能恢复、身心愉悦的目的的一种业余生活，是以"愉悦"原则为基础的，是"以欣然之态，做心爱之事"的精神体验状态。科学文明的休闲方式可以有效地促进能量的储蓄和释放，它包括对智能和体能的调节，以及对生理和心理机能的锻炼。

休闲是人类发展的基本需求，休闲既是消费行为也是生产力再提高的过程。国民休闲是指覆盖全体国民、实现全民共享的休闲活动，与经济、文化和社会发展紧密相连。目前，发达国家公民大约1/3的时间用于休闲，1/3的收入用于休闲，1/3的人员就业在休闲产业，1/3的GDP由休闲创造。我国高度重视推进国民休闲，2007年《政府工作报告》首次提出要培育休闲消费热点，《国民旅游休闲纲要（2013—2020）》已正式发布，这些都标志着国民休闲已上升到国家战略的高度，预示着我国进入休闲社会的步伐大大加快。

2. 休闲经济

休闲经济（leisure economy）是建立在休闲的大众化基础之上，由休闲消费需求和休闲产品供给构筑的经济。休闲经济是社会发展到一定阶段的产物，是建立在物质文明基础之上的经济，是人类社会发展到大众普遍拥有大量的闲暇时间和剩余财富的社会时代产生的经济现象。休闲经济一方面体现着人们在闲暇时间的休闲消费活动，另一方面也体现着休闲产业对于休闲消费品的生产活动。

（1）休闲消费。休闲消费是指在闲暇时间进行的休闲产品（物质的和精神的）消费活动。广义上的休闲消费包括四个层次：一是满足生理需要层次的消费；二是满足健康娱乐层次的消费；三是满足发展需要层次的消费；四是满足精神需要层次的消费。从休闲消费的四个层次看，第一个层次与平时消费内容是相同的，只是因为是在闲暇时间进行的消费，其消费带有休闲消费的性质。例如,在餐馆享受晚餐,超过正常的用餐时间及正常的用餐费用,就算是休闲时间的休闲消费。狭义的休闲消费主要体现在后三个层次上。

休闲消费水平与消费者的收入水平、时间分配、生活方式和消费观念等因素有关。一般来说,收入水平和闲暇时间越多,休闲消费水平也越高。而生活方式和消费观念与社会发展阶段及地区的国民意识等因素有关,伴随着社会进步、经济发展和开放程度等的变化而变化。

(2)休闲产业。休闲产业是从事休闲产品生产(服务)活动的厂商集合。它远不止是一个传统意义的产业,而是与人的休闲消费需求密切相关的产业群或产业链领域,主要包括旅游、娱乐、体育、文化、休闲教育和公益活动等,以及与此相关的产业。实际上,休闲产业最终会辐射到其他产业的各个领域。伴随着经济和社会的发展,休闲产业的比重越来越大,辐射到其他产业的力量就越来越强。休闲产业的供给状况直接影响到休闲消费的满足程度,休闲产业是国际公认的无烟工业和朝阳产业,被称为21世纪世界经济发展的最大动力。

5.1.2 休闲旅游

1. 旅游的发展阶段

迄今为止,全球旅游业发展经历了观光旅游、休闲旅游和体验旅游三个阶段。

第一个阶段是观光旅游。这是最传统的旅游方式,以游线为主体,串接景区、餐饮和住宿等,形成包价产品,最大的收入来源于门票,而且多是"一次性"消费。游客通过点线式的观光,走马观花,一个个景点连着看。

第二个阶段是休闲旅游。随着休假制度的实施,人们开始享受生活,休闲旅游应运而生。休闲旅游摆脱单纯的感官需要,开始迈向精神和心理需求的满足,休闲旅游带来的回报也大大高于单纯的观光,甚至发展成为当地的支柱型产业。有资料显示,在欧洲和北美,旅游客源输出的70%以上是度假休闲。

第三个阶段是体验旅游。如果说在观光旅游中平均每个游客逗留1～2天,人均花费300元;而休闲旅游的时间会延长到5～7天,人均花费3 000元左右;到了体验旅游阶段,游客至少会停留10天以上,人均花费5 000元以上,并且可以形成重复性消费。

根据世界休闲组织预测,一个地区人均GDP超过1 000美元,大众型观光旅游需求将急剧膨胀;人均GDP达到2 000美元,休闲需求急剧增长,形成对休闲的多样性需求和多样化的选择;人均GDP达到3 000美元,休闲消费的增长速度会快于经济的增长速度,社会便进入休闲消费的急剧扩张期,度假需求规模化产生,体验旅游开始出现。

随着中国经济的发展和城市化进程的加快,国民消费结构的不断升级,居民高品质生活要求的不断增长,传统旅游方式已经出现了革命性的变化,大众旅游方式逐渐实现由观光旅游向休闲度假旅游的转变,中国已经具备了发展旅游休闲产业的条件。2022年,我国人均GDP达到1.27万美元,真正进入了国际公认的"中等收入"发展阶段。从旅游发展规律看,我国已经处于休闲度假旅游规模化启动的重要时期。近年来,我国公民节假日出国旅游人数飙升,消费水平也在不断增长。

2. 旅游是重要的休闲方式

旅游是一项集观光、娱乐和健身于一体的愉快而美好的活动,成为现代社会人们调节身心、放松压力的重要选择。旅游讲求以欣然之心,行适然之路,娱天然之乐,这和人类千百年来追求的积极向上的休闲方式本质上是相通的。可以说,休闲虽然不仅仅包括旅游,但没有旅游的休闲是不完整的，旅游是人类休闲的重要方式。

休闲时代需要发展旅游业，这是因为休闲的本质在于提升每个人的精神世界和文化世界，是对自我价值的追求，旅游是个人缓解精神压力的有效方式，是信息化时代个人精神生活的支撑点，因此，旅游是承担这一重任的最佳选择。从消费经济学的角度看，旅游消费是休闲消费的主要活动之一；从产业经济学的角度说，旅游产业是休闲产业的一个重要组成部分。

5.1.3　休闲旅游的消费特点

1. 一地时间长

观光旅游的基本心态是到处多看，看得越多越过瘾，越觉得有所值。休闲度假者则往往在一个地方停留较长的时间。典型的是西欧和北欧的度假者，如到泰国的普吉岛，坐着飞机直接抵达，到了那儿在海滩上待一个星期，闲到无所事事的程度，这是非常典型的一种休闲方式。

2. 散客和家庭式组织方式

休闲度假在方式上主要是散客和家庭式组织方式，而不是观光旅游的团队性的组织方式。散客与家庭式的方式在中国现在已经成为一个重要的方式，也会逐步成为一个主导方式。自驾车旅游主要就是散客方式，同时也是家庭方式，环城市休闲度假带接待的游客中，家庭式旅游也占了很大的比重，尤其是在双休日期间。

3. 复游率高

复游就是我们所说的回头客。观光客人基本上是一次性的，不去第二次，但是度假客人恰好相反。度假旅游有一个特点，客人认准了一个度假地，甚至是一个度假酒店，其忠诚度会非常高。有的德国客人，一生度假可能就只到印尼的巴厘岛，一辈子去几十次，而不去其他地方。复游率高这个特点就意味着在经营方面必须下功夫，争取了一次客人，就争取了一个终生的客人；形成客人的忠诚度，就形成了一个非常稳定的客源层。

4. 组合式旅游方式

组合式旅游方式是指一次旅游具备几种旅游目的和内容，可以同时满足游客的不同需求。这是中国市场目前还处于过渡时期的一个比较独特的特点，如周末旅游基本上是“度假＋娱乐”，中假和长假旅游基本上是“度假＋观光＋娱乐”的模式。但是组合式只能是过渡性的，从长远来看基本上是比较单一的度假趋向。

5. 文化需求强烈

观光的客人成熟到一定程度会产生度假需求，度假的客人成熟到一定程度就一定会产生文化需求。他们不只是到森林度假区呼吸新鲜空气，或者去温泉度假区洗个温泉，一定要求这个度假地有文化、有主题、有比较丰富的内涵。

5.1.4　休闲时代旅游消费的发展趋势

在休闲旅游中，游客可以根据自己的体力安排活动，一边休息，一边旅游。旅游目的转变为以“休”和“趣”为主，从传统的开阔视野、增长见识转向放松身心、增添旅游情趣。正确分析休闲时代旅游的发展趋势，对于科学策划与设计旅游产品非常重要。

1. 消费大众化

伴随着经济和社会的发展，旅游活动将在大众中普及，成为国民社会生活的重要组成部分。这一时代的到来，应该归功于劳动生产率的提高、劳动时间的减少和休闲时间的增加，以及由此带来的国民收入的增加。大众化休闲度假需求为旅游提供了一个广阔的市场空间。

2. 需求个性化

到了休闲度假这个层面，消费者个性化的追求就更加突出，需要研究如何应对客人的个性化需求，提供个性化产品和个性化服务。旅游者旅游动机的多元化，对于旅游业来说既是挑战又是机会，必须根据旅游者的个性化旅游需求设计产品。

3. 产品多元化

休闲度假需求的产生本身就是市场发育到一定程度的结果，旅游的目的、旅游的形式和旅游的花费出现了多样化趋势，必然要求休闲度假产品的多元化。现在依托单一资源建度假村的模式已经很难应对市场，这就要求设施里尽可能地包含比较多的功能，从而对市场有更好的适应性。各类休闲度假产品也要在多样化的同时，更加深化内涵挖掘。

4. 过程体验化

旅游消费是一个过程，当过程结束的时候，记忆将长久保存对过程的“体验”。消费者愿意为这类体验付费，因为它美好、难得、非我莫属、不可复制、不可转让、转瞬即逝，它的每一瞬间都是一个“唯一”。旅游者参与其中，增加了一项具有吸引力的内容，暂时忘记一切，深深地投入到活动中，英语里经常用“爽”或“畅”来表达这种心境，也可以说这是一种幸福的感觉。

5. 决策理性化

伴随着旅游者旅游活动的日益增加和信息的透明化，消费者越来越成熟，跟风和炫耀式消费渐渐减少，相反，越来越趋向于理性消费。人们在旅游活动中会仔细计算并比较旅游的投入和产出。

6. 市场层次化

市场有不同的层次，包括高端、中端和低端市场。不同层次的市场需要不同层次的产品来满足，如果只追求大众化的满足，就意味着只追求低端市场。

案例 5.1

龙泽湖建设城市亲水休闲度假基地

一、背景分析

赤峰市三座店水库是国家大(Ⅱ)型水库，全部完成蓄水后将形成水面 12 km^2、库容 3 亿 m^3、平均水深 12 m、最大水深 35 m 的超大型湖区。水库优美的湖岸线，从空中俯瞰，整体呈现出一条蜿蜒的龙形形态和气势，“龙泽湖”由此得名。水库距离赤峰市区仅有 35 km，地理位置十分优越。

赤峰市作为拥有百万人口的新型城市，建设目标是“宜居、宜业、宜游”的综合性城市。而在城市周边一小时圈内，依托小城镇、旅游区、村落而发展的“环城游憩带”，是城市的重要组成部分，是新型城镇化中最有特色的部分。

充分发挥三座店水库的资源优势和地理区位优势，对接赤峰市百万人口城市居民的休闲度假需求，开发三座店水库的旅游功能，把龙泽湖建设成以亲水旅游、生态旅游为核心的大型休闲度假旅游区，使之成为赤峰市环城游憩带的核心和龙头，既是三座店水库的优势所在，更是城市发展的迫切需要。

二、指导思想

突出本项目的社会性和多功能性，从区域经济社会发展、新型城镇化建设、生态环境修复、居民幸福指数提升、文化保护传承等多重视角，审视和分析三座店水库旅游开发的重要意义，立足目前，着眼未来，实现社会效益、生态效益、经济效益的协调统一。龙泽湖休闲度假旅游区不仅具有旅游的基本功能，而且具有助力宜居赤峰、打造绿水青山、传承历史文化、带动地方发展等社会性功能。

三、功能定位

以纯净的水体资源为特色，以良好的生态环境为依托，以厚重的历史文化为底蕴，打造“亲水休闲”和“文化体验”双核引擎，集休闲娱乐、运动康体、文化探秘、生态旅游、观光游览、乡村体验于一体的综合性休闲度假旅游区。

四、文脉发掘

1. 中国水文化

水是万物之源，是一种独特的、具有较强旅游吸引力的文化，几乎成了中国哲学与美学的载体。老子曰：上善若水。孔子曰：智者乐水，仁者乐山。水是亲水旅游的核心审美元素，亲水旅游项目的开发必须要充分理解水文化。

2. 中华龙文化

龙作为中华民族的象征，已经成为不朽的民族之魂。赤峰是著名的红山文化的发祥地，最早的中华龙图腾——玉龙就出土于赤峰，是华人“崇龙尚玉”的标志物，被誉为“中华第一龙”，距今已有五千多年的历史，赤峰因此被称为“中华龙的故乡”。

3. 草原青铜文化

位于水库大坝一侧距今四千三百余年的夏家店下层文化石城遗址，是中国北方地区自有人类以来第一次以“城”的形式出现的聚落形态，是目前所见保存最好的中国北方青铜时代早期最完整聚落遗址，学者惊叹其为“东方玛雅”或“东方特洛伊”。

4. 地方民俗文化

当地文化元素也显得丰富而复杂，外迁农业人口的到来，带来了不同于传统的游牧文化的农耕文化，并逐渐形成有自己独特风格生活习俗。

五、形象定位：纯净水世界，逍遥龙泽湖

1. 纯净水世界

纯净指无污染的、单纯洁净的。龙泽湖是水的世界，水是龙泽湖旅游的核心和底色。龙泽湖旅游的资源特色体现为“四净”（纯净：洁净的湖水、清新的空气、自然的生态、绿色的食品），是人们休闲度假的好去处。

2. 逍遥龙泽湖

逍遥是道家哲学术语，指一种无拘无束的逍遥境界，包括身体的不受羁绊束缚和心灵的自由放逸。龙泽湖旅游的精髓在于“四境”（境界：自由自在、无拘无束、优游自得、悠闲快乐），这正是休闲度假所追求的理想愿景。

六、发展战略

(1)特色化发展战略——以亲水旅游为核心，满足现代人的休闲需求。

(2)多元化发展战略——打造立体多元化产品，满足多样化市场需求。

(3)创新化发展战略——开发复合型旅游产品，突破季节性局限。

(4)差异化发展战略——科学分析景区实际,准确进行市场定位。

(5)信息化发展战略——借力互联网+旅游,建设智慧景区。

七、规划设计思路

(1)创新规划理念,明确指导思想。项目设计"软硬兼施",软主硬辅。既重视旅游基础设施等硬件建设,更注重文化挖掘、产品开发、活动策划;减少旅游设施建设中固定的、不能移动的建筑物,增加可以随意移动的旅游设施的投资比重。

(2)优化要素组合,实现互补提升。旅游资源和要素优化组合,功能互补,取得1+1>2的效果。做到自然与人文渗透融合、生态与休闲一体化、青山与绿水相互映衬、环境与建筑协调和谐。

(3)突出核心资源,做足水文章。突出"水"的作用,根据水的习性、特点所打造的"水世界",通过亲水、滨水、临水、借水、入水、观水、戏水、乐水、游水、浴水、读水、听水、品水等多种方式,利用水体、进入水中、借用水景、营造水境、体现水韵,开发亲水旅游系列产品。

(4)坚持市场导向,满足多元需求。开发设计不同类型的旅游项目和旅游产品,让消费者各取所需。突出动与静、雅与俗、快与慢、平和与刺激、观光与体验、大众与小众的有机组合、相得益彰。

八、空间布局

构筑"一心一带六区"的景观格局。一心:旅游综合服务中心;一带:环湖绿道景观带;六区:亲水活动区、文化体验与大坝观光区、水上运动休闲区、挑战性游乐项目体验区、户外运动休闲区、休闲农业体验区。

九、旅游产品体系

产品体系	产品构成
休闲度假旅游产品	乐园嬉水、泳池竞技、静湖垂钓、莲池赏荷、湖面游船、冰雪世界
生态体验旅游产品	大坝观光、湿地观鸟、森林沐浴、绿色采摘、农家体验、活鱼品尝
挑战刺激旅游产品	凌空飞渡、惊险一跳、极限攀岩、碧波冲浪、野战对抗
运动健身旅游产品	绿道骑行、自驾天地、房车营地、户外运动、拓展训练
科学文化旅游产品	石城探秘、龙乡寻根、龙腾草原、地质科考
节事活动旅游产品	龙文化节、水上狂欢、欢乐冲关、垂钓比赛、冰雕游园、冬捕节、美食节、登山节、摄影节、观鸟节

(资料来源:选自《赤峰市龙泽湖休闲度假区旅游发展总体规划》)

5.2 体验经济与体验旅游

5.2.1 体验经济

1. 体验经济时代

经济学家认为,人类的经济生活,自诞生之日起,经历了四个发展阶段,体验经济已经逐渐成为继农业经济、工业经济和服务经济之后的一种主导型经济形态。未来学家托夫勒在《未来的冲击》中曾指出，经济发展经历了农业经济、工业经济和服务经济等时代后，体验经济将是最新的发展浪潮。

美国经济学家约瑟夫·派恩(B. Josehp Pinei II)和詹姆斯·吉尔摩(James H. Gilmore)，在他们1999年出版的《体验经济》中对农业经济、工业经济和服务经济到体验经济之间的演进过程进行了形象的描述：以对蔬菜的生产和消费来说，当农民种菜并自给或出售时，这种经济是农业经济；当在工厂(或蔬菜大棚中)不受季节制约生产蔬菜并出售时，这种经济是工业经济；当饭店用蔬菜向顾客提供饮食服务时，这种经济是服务经济；当顾客买菜并进行野餐，在这一过程中获取享受时，这种经济就是体验经济。

在农业经济时代，土地是最重要的资本；在工业经济时代，产品是企业获得利润的主要来源，服务会使产品卖得更好；在服务经济时代，产品是企业提供服务的平台，服务才是企业获得利润的主要来源；而体验经济则是服务经济的更高层次，是以创造个性化生活及商业体验获得利润的。

农业经济是自然经济，生产者与消费者统一，崇尚经验；工业经济是异化经济，生产者与消费者对立，崇尚理性；服务经济是过渡经济，生产者与消费者统一，崇尚和谐；体验经济是复归经济，生产者与消费者统一，崇尚自由。其中服务业与体验业，都具有生产过程与消费过程合一的特点，它们的区别在于，前者是理性导向的，后者是非理性导向的。

体验的出现使原有物品增值，成为一种新的价值源泉。例如，在蔬菜的例子中，同样的蔬菜在农业经济中只值5元，在工业经济时值10元，在服务经济中值20元。在体验经济中就可以值30元。这是因为在体验经济中，消费者对体验享受的评价最高，也愿意付出更高的价格。当"体验"已经在社会经济生活的众多领域成为"商品"，而人们也开始愿意为自己所享受的"体验"付费时，体验经济时代便到来了。

2. 体验经济的含义

所谓体验，就是指人们用一种从本质上说很个人化的方式来度过一段时间，并从中获得过程中呈现出的一系列可记忆事件。体验是"以身体之，以心验之"，它注重感觉和自身的参与，从感性的角度认识事物，是主体和客体相互融合，并且能够对个体产生特别的影响。

体验经济是通过满足人们各种体验一种全新的经济形态。约瑟夫·派恩和詹姆斯·吉尔摩将体验经济定义为："企业以服务为舞台，以商品为道具，以消费者为中心，创造能够使消费者参与，值得消费者回忆的活动。"并且说："通常企业只有三种经济提供物——产品、商品或服务，体验是新经济时代的企业应该拥有的第四种提供物。产品是从自然界开发出来可以交换的材料；商品是公司标准化生产销售的有形产品；服务是为特定顾客所演示的无形活动；体验是使个人以个性化的方式参与其中的事件。"

体验经济理论将体验看作是一种经济提供物，可以买卖。从这个角度上说，在体验经济时代，顾客每一次购买的产品或服务在本质上不再仅仅是实实在在的商品或服务，而是一种感觉，一种情绪上、体力上、智力上甚至精神上的体验。

3. 体验经济的特征

体验经济作为一种新的经济形式，不仅具备其他经济形态的基本特点，还具有自己的特征，分别如下：

(1)非物质性。体验是一个人达到情绪、体力和精神的某一特定水平时，其意识中产生的一种美好感觉。它本身不是一种经济产出，不能完全以清点的方式来量化，因而也不能像其他工作那样创造出可以触摸的物品。体验无论是作为一种产品，还是服务或经济提供物，数字化、信息化、服务化、体验化的非物质特征是其重要属性。

(2)精神性。社会已进入文化和精神的消费时代，消费者是根据感性和意向来选择商品的，一方面是人对产品的关爱情境，另一方面是产品对人、社会及自然的关爱情境。物品具有自身的灵魂，它的价值符号是拥有者身份、地位及权力的象征。

(3)差异性。工业经济和商品经济追求的是标准化，这不仅要求有形产品的同质性，也要求制造过程的无差异性。在服务经济中则已经表现出相反的倾向，因为最终消费者的情况千差万别，要满足不同顾客的需求，就必须提供差别化的服务。在体验经济条件下，首先要考虑的是消费者的个性要求，并竭尽全力保证消费者需求个性的全面满足。

(4)互动参与性。体验经济本身是一种开放式、互动性的经济，体验设计的终极目标之一便是人的自主性。在体验经济时代下，任何一种体验都是某个人身心体智状态与那些筹划事件之间的互动作用的结果，顾客全程参与其中。产品作为道具，应该给予消费者更互动、更独特的体验，以获取充分的人性化的体验价值。

(5)不可替代性。体验的需求要素是突出感受，这种感受是个性化的，在人与人之间、体验与体验之间有着本质的区别，因为没有两个人能够得到完全相同的体验经历。

(6)高增值性。在消费者看来，个性化体验比简单的商业交易拥有更高的价值，他们愿意为此付出额外的金钱。这就是体验经济，一种低投入、高产出的新型经济。

约瑟夫·派恩和詹姆斯·吉尔摩还归纳了各种经济类型的特点与区别(见表5.1)。

表5.1 各种经济类型的特点与区别

经济类型	产品经济	商品经济	服务经济	体验经济
经济形态	农业	工业	服务	体验
经济功能	采摘	制造	传递	舞台展示
提供物性质	可替换的	有形的	无形的	难忘的
关键属性	自然的	标准化的	定制的	个性化的
供给方法	大批储存	生产后库存	按需求传递	事后披露
卖方	贸易商	制造商	提供者	展示者
买方	市场	用户	客户	客人
需求要素	特点	特色	利益	感受

5.2.2 体验旅游

1. 体验旅游的含义

在体验经济时代，随着旅游者旅游经历的日益丰富，旅游消费观念的日益成熟，旅游者对体验的需求也日益高涨，他们已不再满足于大众化的旅游产品，更渴望追求个性化、体验化、情感化、休闲化及美化的旅游经历。所谓体验旅游，是指为游客提供参与性和亲历性活动，使游客从中感悟到快乐。

旅游是一种天然的体验活动，它作为人们求新、求异、求奇、求美、求知的一种重要途径，本身就是一种体验经济。在旅游活动中，游客需要的不是物质结果，而是一种不同寻常的经历或感受。旅游体验是社会经济高度发达的产物，代表着人类社会迄今为止最高的旅游形态。旅游表面上是人们离开平常生活的世界，到旅游的世界中寻求愉悦和审美的活动，其本质是到旅游的世界中体验不同于自己所习惯的文化和环境。游客投入时间和费用参与旅游活动是为了“换取一次旅游经历”，因此，获取旅游体验是游客的根本追求。只有游客获得了难忘的经历，旅游产品和服务才能实现其价值。

体验经济时代的体验对旅游提出了新要求，即旅游应突破原始的、表面层次的、被动式的体验，达到一种被动式的经历与主动感悟相结合的真正意义上的体验，这就需要诱导人们进入体验的过程，以使人们在这个体验的过程中有所感悟和收获。在体验旅游中，旅游者既是消费者又是生产者，具有双重身份，即体验型产品需要旅游者充分参与其中，缺少了旅游者参与的旅游产品不能被称为体验型产品。消费和生产共同追求“个性化”，游客需求的个性化，要求旅游产品开发必须具有鲜明的个性，以满足游客的不同需求。

例如，1997年的影片《甲方乙方》，是一部在现实和虚构之间自由切换的电影。这部“大荒诞、小真实”的喜剧，用诙谐幽默的语言，通过一连串的误会、笑话和引人入胜的情节，在轻松愉快的气氛中讲述了一个个令人捧腹和温暖感人的故事。四个善良、智慧又善解人意的自由职业者，开办了一项“好梦一日游”的业务，工作重点是帮助消费者过一天好梦成真的瘾。这个在二十几年前看起来荒诞不经的喜剧，其中的故事实际上就是“体验旅游”。

2. 旅游体验的分类

约瑟夫·派恩与詹姆斯·吉尔摩从消费者参与的主动性及其融入程度两个角度，将体验分为四类：娱乐、教育、审美和逃避现实。游客在消费体验型旅游产品时，会带来娱乐、教育、遁世和美学四种不同的感受，即四类体验的“甜蜜地带”，而最丰富的体验感受就是四种体验的交叉融合。

(1)娱乐体验。消费者参与娱乐体验只是单纯地想感受，即被动地借助于外力吸收了解某种体验，如看戏剧、听音乐等，这些活动没有任何复杂的目的，只是通过体验感受一种文化。这种娱乐体验最简单，虽然游客不会主动参与到活动中去，但视觉和听觉冲击力较强的娱乐项目能为其留下深刻的印象。如“印象·刘三姐”等演艺活动为游客带来的就是一种典型的娱乐体验，游客可以通过这些娱乐节目感受当地的民俗文化。

(2)教育体验。与娱乐体验不同，教育体验包含了游客更多的积极参与，通过这种主动参与，游客能够开拓视野，获得更多的知识，或者获得精神意志方面的成长。为了满足游客的这种目标，旅游地推出的参与型活动项目要具有丰富的知识性或探索性。而有些旅游项目，如探险旅游项目的推出则是为了使游客获得精神意志方面的成长。

(3)逃避现实的体验。逃避现实的体验者会积极参与某种体验，并沉溺于其中，其目的就是想摆脱现实生活为自己带来的压力，或体会一种在现实生活中无法获得的感觉。为实现这一需求，旅游地应注意从各方面加强突出自己的独特性，令游客产生流连忘返甚至认为自己就是当地居民的感觉。这种独特性可以来自自然界的独特风景，也可以来自某处独特的民俗，或者借助于一些高科技的设施设备人为制造的刺激活动。

(4)审美体验。在审美的体验中，游客只是沉浸于某一环境之中，不会对环境产生任何影响，参与审美体验的人就是想到达现场，体会现场为自己带来的深刻感受，如站在泰山之巅欣赏日出、参观艺术画廊等。在某一瞬间，审美的体验是非常令人感动的，体验者感觉到了人物合一的境界。体验的审美愉悦可以是完全自然的，也可以主要依靠人工来营造。旅游地要想增强旅游者的审美体验,首先要依照自身条件营造出一个美轮美奂的景观,并借助各种现代科技手段,凸显这一景观或旅游资源的独特性,并使用图片及视听媒介宣传旅游产品,使游客对该处产生一种憧憬向往的感觉,为旅游活动打下坚实的审美体验基础。

为了丰富游客的体验感受,可以综合或交叉运用上述四种体验类型,进行体验型旅游产品的开发。如迪士尼乐园就提供了最丰富的体验:旅游者离开日常居住地前往迪士尼乐园,投入一种疯狂刺激的游乐世界中(逃避现实体验),意欲领略一种异域的文化与风情或享受童话世界为自己带来的梦幻般的感受(审美体验),欣赏乐园中如米老鼠、唐老鸭和白雪公主等著名动画人物的游园表演(娱乐体验),并通过一些参与性的活动获取知识或是实现精神的成长(教育体验)。

3. 旅游体验的层次

高参与性是旅游体验的核心,旅游的经历就是旅游者参与旅游活动的结果,参与互动程度与体验效果直接相关,参与互动程度越高,体验效果越好,反之则越差。根据我国旅游体验的现状与参与互动程度的差异,将目前的旅游体验分为表层体验、中度体验和深度体验三种:

(1)表层体验。表层体验指以传统观光旅游产品为主的体验旅游,尤其是包价旅游。旅游者只是走马观花地参观景观,很少接触目的地居民和地方民俗文化,只能被动地接受旅游体验对象,基本不能对其产生影响,属于表层体验。旅游者体验效果更多地依赖旅游资源禀赋的高低,在资源品质不高的情况下,旅游者难以获得独特、难忘的体验效果。

(2)中度体验。中度体验指观光浏览旅游产品中部分包含参与性项目的体验旅游。随着旅游者消费心理的成熟,他们已不满足于急行军式的观光体验,期望近距离、多方式的与旅游吸引物接触,如参加滑沙、滑草项目,品尝地方美食等,通过直接参与特色活动,并从视觉、触觉和味觉等多方面来体验景区特色、目的地居民的生活方式和放松心情。

(3)深度体验。深度体验指旅游者完全融入旅游产品中,与旅游景区和当地居民进行零距离的接触,深刻体验景区的特色和文化,像目的地居民一样生活,通过完全融入吸引物和当地居民中来体验当地的文化。深度体验就是尝试另一种生活方式,在超越自己和实现自我价值中获得成就感和快乐感。如开发新产品时征求旅游者意见,或让旅游者自己设计出行的旅游线路。参与互动程度高,旅游者从中获得的体验也深,旅游产品开发的重点也应转向中度和深度体验产品。

5.2.3 体验经济时代旅游消费的特征

体验经济时代的旅游者的消费习惯和生活方式表现为享受和自我发展型,追求时尚与形象,展现个性与发展自我,逐渐成为新一代消费者的愿望与需求。他们崇尚“我喜欢的就是最好的”的个性化消费观。在体验经济时代旅游者的消费行为特征主要表现在以下几个方面:

1. 旅游产品需求多样化,个性化特征明显

随着旅游者的消费经验日益丰富,旅游消费观念的日趋成熟,使旅游者对旅游产品更加挑剔,对个性化产品和服务的需求越来越高,更多的游客越来越追求那些能够促成自己个性化形象形成、彰显自己独特魅力的产品或服务,开始选择个性化定制的旅游产品而非标准化产品。消费者在接受产品或服务时的“非从众”心理日益增强,旅游者更加相信自己的判断,相信自己的感觉。人们要买的已不只是商品本身,而是附加在商品标签上的象征意义,旅游产品成为消

费者用来诉说自己的“语言”。传统的“走马观花式”旅游已经难以适应人们追求个性和自我的需求,参与性与互动性强的特色旅游作为最受旅游者喜爱的旅游产品形式,如野外生存训练、挑战极限等项目吸引了越来越多的游客。国家旅游部门近年来的调查也表明,国外旅游者对中国民族风情的兴趣高于自然风光和名胜古迹,这充分说明了世界旅游活动的倾向是在对异族风情的体验和感受上。目前,中国游客也已经由单一的组团观光旅游向形式多样的度假旅游和特色旅游项目扩展,这些项目多具有个性化、体验性强的特点。

2. 旅游需求结构发生改变,情感需求的比重增加

随着社会的进步和经济的发展,消费者的消费模式也在不断地发生变化。在理性消费阶段,消费者看重的是产品的质量和价格,当人们将购买产品的重点转向那些能够满足自己情绪层次和社会需要层次的商品群时,感性消费阶段就到来了。在感性消费阶段,消费观念是对商品的标记价值的需求居于主导地位,并开始考虑到环境和社会的需要,体现了追求自我的个性化取向与关注社会及自然环境社会化双重主题。

旅游消费是人们在满足了基本物质生活需要的基础上而产生的较高层次的需要。情感体验是旅游体验的重要内容。旅游消费者在注重产品质量的同时,更加注重情感的需求,旅游消费者更关注旅游产品与自己关系的密切程度,偏好那些能与自我心理需求引起共鸣或者能实现自我价值的感性旅游产品。人们旅行的目的是出于满足一种情感上的渴求,或者是追求某种特定经历与理想的自我概念的吻合。

3. 旅游过程融入更多参与意识,旅游者的主动性增强

在旅游产品与消费过程中,旅游者希望能充分发挥想象空间,通过参与旅游产品的设计和制造加工,使自我价值得以实现。从接受产品的方式看,旅游者对整体产品的需求日益下降,取而代之的是自己组装或去发现旅游胜地。他们已经不再满足于被动地接受旅行社的诱导和操纵,而是充分发挥自己的想象力和创造力,主动参与旅游产品的设计与制造,来体现他们独特的个性与自身价值,获得更大的成就感和满足感。旅游业的发展也表明,近年来随着人们旅游观念的不断提升,越来越多的人认为现代旅游不完全在于走到哪里,更多的是一种生活方式的体验,一种旅游心情的分享。体验旅游已经成为现代旅游最具开发潜力的部分。“到农民家里体验田园生活”“像职业探险家一样穿越西部无人区”“去国外住当地人家”……这些已经成为许多旅游者共同的心声。旅游者参与互动的旅游项目日益受到欢迎,如生存训练、挑战极限、蹦极、潜水、漂流和冲浪等旅游项目深受旅游者青睐。

4. 旅游消费者需求层次向高端转移,旅游消费呈现文化性趋势

人们在满足了基本需求之后,就会产生更高层次的需求。旅游消费者需求从“走马观花式”发展到“下马赏花式”,人们关注的不仅仅是去过哪些地方,而是有过如何新奇的经历,如何得到这一段难忘的回忆。或者说,现代人不再重视结果,而是重视过程。不仅需要享受旅游产品或服务本身带来的种种满足感,还需要体验参与的成就感,使得人的尊重需要与自我实现需要的满足获得更大程度的可能性。

旅游消费者对文化体验旅游产品需求迅速增加。文化及所塑造的氛围其实是一种品位和格调,由于旅游消费者文化修养的升级,影响消费者旅游消费观念的变化,导致他们自觉接近与文化相关的旅游产品和服务。文化旅游动机不断强化的标志反映在两个方面:一是希望学习和探索异域及异质文化的旅游者日益增多;二是文化旅游已成为新兴的旅游方式。旅游消费者自身的文化修养、审美观念及传统文化认同等都会体现在旅游产品的文化消费上。例如,

西湖景区的茶文化和星巴克的咖啡文化，创造了两种截然不同的消费文化和消费氛围。星巴克追求高雅的品位，舒适优雅的消费环境让顾客体验到不同的人文异国风情和流行时尚；而中国茶文化体现传统的修身养性之道，让消费者在饮茶过程中学到更多的传统知识，提升了自身品位。

5. 公益环保意识增强，绿色旅游需求的呼声越来越高

旅游者的健康和环保意识不断增强，希望自己在旅行过程中回归自然，体现自己的环保意识，进行"生态旅游"，消费"绿色产品"。随着人们物质生活的满足，消费者对生存环境和生活质量越来越关心，人们比以往任何时候都珍惜自己的生存环境，反对资源的掠夺式开发和使用，许多旅游消费者希望通过自己消费绿色旅游产品来体现自己的生态环保意识，成为绿色低碳旅游消费者。

5.2.4 体验型旅游产品的开发

旅游体验是游客对旅游产品的认知反应，旅游活动就是游客对旅游产品在心理和情感上的体验。对同一个旅游产品，不同的游客会产生不同的情感体验。体验旅游产品开发的实质是围绕游客的体验需求，策划和设计相应的旅游产品，让游客留恋并引导他们追逐这种体验的再现。

1. 突出旅游产品内容的个性化

在体验经济时代，伴随着人的主体性回归和个性化时代的到来，张扬个性，体现自我，在消费过程中得到最大限度的满足，已经成为旅游消费的一种时尚。从心理学角度讲，旅游体验是个人的，是个人达到情绪、体力、智力，甚至是精神的某一特定水平时，其意识中产生的美好感觉，旅游体验的结果是旅游者得到了一种对自己富有意义、综合性的内心感受。这种内心感受或多或少带有某种程度上的主观性，没有两个人的体验是完全一样的。加之旅游是人们"离开通常环境"的活动，旅游已使人们的社会人角色转变为自然人角色，追求个性的张扬和兴趣爱好的满足。

体验旅游产品的开发要满足消费者欲望，增加顾客体验，更加注重产品的个性化设计，根据旅游者的不同需求提供不同的旅游产品，即实行旅游产品市场的高度细分化和产品类型的高度差异性。要求以消费者的心理特征、消费方式、生活态度和行为模式为基础，旅游体验内容和方式力求独特，时刻保持体验物与众不同的个性，不断为游客带来新鲜的旅游感受，满足其个性化的需求。

旅游体验实际上是一种综合感受，游客在游、购、娱、吃、住、行等各方面所接受到的服务，都会提供最令人难忘的体验。旅游企业可以通过一些个性化、细微化、人本化和延伸化的服务变化，让旅游者产生欢喜、快乐、激动和感叹等情感方面的体验，引发游客的情感共鸣。

2. 突出旅游产品内涵的情感化

体验是旅游主体与客体角色互动的产物，旅游活动就是旅游者对旅游产品在心理和情感上的体验。旅游者的教育背景、个性和兴趣爱好等影响着情感反应的强烈程度，当旅游产品与旅游者的兴趣或心境相符合时，就会产生一种积极肯定的情感，表现为愉悦、难忘的一次经历。而只有那些伴随美好情感的经历才能成为旅游者记忆中的瑰宝，让旅游者留恋，达到精神和心理的满足。情感体验是旅游体验的重要内容，是纯精神性的体验活动。

体验旅游产品设计应注重游客追求快乐体验的旅游目标，体会游客的要求与感受，从原来

只重视走马观花式的旅游开发模式中摆脱出来，根据游客更加注重情感愉悦和满足，渴望自由、温暖和舒适的愿望，增加旅游产品中情感要素的比重，拓展产品体验的领域和类型，主要包括娱乐、教育、逃避和审美等，希望旅游者在自然或人工营造的体验中得到真实的审美刺激，进而融于其中，获得心理愉悦，从而消除疲劳，留下难忘的、美好的回忆。

3. 突出游客的参与性和互动性

在体验旅游中，游客的角色发生了巨大的变化，从“被组织”“被安排”转变为“自己组织”“自己安排”，从结果消费转向过程消费。人们已经不再满足于被动地接受企业的诱导和操纵，而是主动地参与旅游产品的设计与制造。旅游产品开发应该以满足游客体验为目标，要强调旅游企业与游客之间的互动。互动式旅游产品不仅可以建立企业与消费者之间的稳定关系，而且使消费者的“体验”意识得以增强，去“体验”企业真实的一面，培养顾客的忠诚度。旅游企业可通过观察学习法、产品制定法和在线反馈法让旅游者成为产品的协同设计者。现在已有一些旅游企业借助三维全景虚拟技术，把景区的真实场景数字化，全方位搬到网络上。观众只需轻松点击鼠标，可以上下左右、走近、退远地观看景区风光，再结合景区导航地图和导游解说，让观众实现边走边看，虚拟旅游。更重要的是，潜在旅游者通过与旅游产品的初步接触，可以发现旅游产品设计和开发方面的不足，也可以依据自己的喜好给予改进意见。

旅游产品设计应该尽可能地为游客设计和提供参与性强、兴奋感强的旅游活动和项目，让游客在游览过程中能够与接待方产生互动，从难忘的经历中获得愉悦的体验，留下美好的回忆。例如，对都市居民而言，体验式的旅游意味着离开都市的喧嚣和现代生活的压力，返璞归真，享受“采菊东篱下，悠然见南山”闲适的“农家乐”生活。

4. 突出旅游产品的文化性和审美性

文化是人类文明的积淀，是体验旅游的突出特征。从文化角度看，体验旅游是旅游者追求自我完善、体现自身价值的重要表现。体验旅游活动更强调人们在旅游过程中精神文化深层次的享受，强调人们文化品位的提升，以及人们在文化创造、文化欣赏和文化交流过程中精神生活的满足。在开发旅游产品过程中，要尽量突出旅游产品的文化内涵，避免商业化、庸俗化和低品位现象。在开发过程中要创造文化，为产品赋予新的特色，不断创新。

所谓审美的需求，即感受、观赏和享受美的一种文化需要。人们企盼通过旅游消费活动，在旅行游览过程中观赏、体验和享受存在于各地的自然景观和历史文化景观的美，去领悟自然美、田园美、韵律美、和谐美和恬静美等不同类型、不同形态的美。

5. 突出旅游产品的主题性和品牌化

体验主题化是指为旅游者制作的“体验物”或“体验”系列以一条明确的主线串起来，并与旅游业的品牌定位融为一体，以带给消费者整体感和统一性，产生感应与联想效应，提高旅游产品的活动品位和体验价值。主题是旅游体验的基础和灵魂，鲜明的主题能营造良好的环境，烘托气氛和情调，吸引旅游者的注意力，充分调动旅游者的感官，是旅游者获得真实的体验环境，触动旅游者的心灵，并给旅游者以强烈印象和深刻感受的有效手段。旅游体验主题的确定和提炼，关键是要抓住目标客源所追求的体验价值。具体而言，是指必须在充分了解不同旅游者的旅游消费心理和旅游需求类型的基础上，对广大消费者的心理需求和欲望进行准确把握，并根植于旅游地或旅游景区的地脉和文脉，从而开发出富有地方特色的旅游产品。如杭州的宋城再现了一千多年以前两宋时期的社会文化景象，使旅游者仿佛“穿越”时空，体验着当年宋朝人民的生活。

在品牌统治的世界，品牌不再仅仅表示有功能特性的产品，而且还为顾客提供并改善体验旅游的感觉，品牌是体验提供者的名称、标志、口号、活动，以及其与游客的联络接触点，所表达的是游客的感官、感情、生活方式，以及与游客之间的创造性关系。良好的品牌能够和游客进行很好的沟通，使游客了解、感受和认同品牌，创造出良好的品牌体验。

6. 突出旅游产品的挑战性和刺激性

旅游体验是区分生活世界和旅游世界的因素之一，适度的挑战性活动才能使旅游者真正忘却自我，以最大限度地发挥自己的潜能，追求超越心理障碍时的成就感和舒畅感，以至充分体味到一种克服种种困难后体验征服的愉悦。任何一次旅游体验都会给体验者打上深刻的烙印，都会让体验者对体验的回忆超越体验本身，使旅游者最终得到的是一种值得回忆的满足感。例如，刺激旅游是新兴的旅游产品，对于追求新奇的青年游客具有较大的吸引力。南非奥茨胡恩的一个野生动物园是世界上首个游客可以和鳄鱼共泳的地方，游客被装进一种特制的防鳄笼放入水中，实现与鳄鱼的亲密接触。当然防鳄笼完全透明且非常安全的，游客可以在里面和巨大的鳄鱼面对面而不会有生命危险。刺激性旅游产品可以开发徒步旅行、探险露营、峡谷漂流、岩洞探险、森林探险、海岛和海底旅游、沙漠旅游及空中冲浪等。

案例 5.2

只有河南·戏剧幻城

"只有河南·戏剧幻城"位于河南省郑州市中牟县平安大道与广信街交叉口西北角。项目总占地 622 亩(1 亩为 666.67 m^2)，项目核心区是一座单边长 328 m、高 15 m 的幻城。景区总投资近 60 亿元，是中国规模最大、演出时长最长的戏剧聚落群之一。

"只有河南·戏剧幻城"是继王潮歌"印象""又见"系列作品后，其第三代"只有"系列。其从郑州发端，2016 年 11 月 20 日，项目签约；2018 年 3 月 16 日，项目正式开工奠基；2021 年 6 月 6 日，"只有河南·戏剧幻城"正式开城纳客。

"只有河南·戏剧幻城"内拥有 21 个大小不一的剧场、近千名演员，分为三大主剧和 18 个小剧，剧目总时长近 700 min。景区项目以黄河文明为创作根基，以沉浸式戏剧艺术为手法，以独特的戏剧"幻城"为载体：56 个空间，每一个空间 4 道门，每一个空间里面又有不同的场景，21 个大大小小的剧场，就埋伏在这 56 个空间里。用棋盘式的格局，把 622 亩地方格化，同时也戏剧化。

在这 21 个剧目中，时间跨度是从夏商开始，既有河南唐宋时的繁荣，也有战争时期的苦难，还有河南精神的传承；其广度从绘画、音乐、服装、诗词歌赋到农业文明。一方水土养育一方人，"只有河南·戏剧幻城"打破了历史的空间维度，以人物群像的方式展现了中原文化的广博与兼容并包，让受众更为客观地认识河南。

"只有河南·戏剧幻城"项目将文化与科技深度融合，经过大量的创新实验寻求最佳的视觉表达。其中"声""光""电""画"等高度集成化与智能数字系统发挥了巨大作用。以八个升降台、五个旋转升降台为主要载体的遗址剧场，勾勒出"幻城"独特的建筑形态；以车站剧场智能翻板配合 56 道机械麦穗吊杆，通过智能控制呈现波澜壮阔的滚滚麦浪。

2021 年 12 月，在由中国旅游研究院和中国旅游协会等联合主办的"2021 中国旅游集团化发展论坛"上，"只有河南·戏剧幻城"入选"2021 文旅融合创新项目"。

评论认为，"只有河南·戏剧幻城"是国内第一次将高雅、严肃的戏剧艺术形式作为"被消费主体”，而不是景区配套的文化旅游“目的地作品”。它将具有超前的、引领式的艺术价值和社会价值。它不仅关注外在演出效果，更直抵中原文化、黄河文明的内核。戏剧围绕“黄河、土地、粮食、传承”的主线，面对黄河流域生态保护和高质量发展上升为国家战略的重大历史机遇，以讲述黄河故事、传承黄河文化为基调，打造具有世界影响力的文化精品。

（资料来源：根据相关网络资源改写）

5.3　影视产业与影视旅游

5.3.1　影视与影视旅游

1. 影视产业

影视产业是指围绕影视作品所进行的生产、营销、发行和后产品开发等一系列产业链环节及相关服务所构成的产业体系。影视产业是文化创意产业的重要组成部分，产业链发展是影视产业的突出特点。一部电影所能够带来的利润总和，分别产生于整个电影产业链条上的每个节点，往往电影衍生产品的收益要高于电影票房本身。在影视产业中，明星制、专业化、后产品营销、跨行业渗透和全球化是五个最重要的关键词。我国把发展文化产业提升到国家战略的高度，使影视产业进入了快速发展期，出现了高增长势头，平均每年增速在 20%以上，超过了国民经济的平均增长速度。

2. 影视旅游及其类型

影视旅游是旅游与影视产业相结合的产物。影视旅游最早产生于 20 世纪二三十年代的美国，随后发展到世界各地。对影视旅游的理解存在广义和狭义之分，从广义上说，只要与影视活动相关的任何活动均可以称为影视旅游；而狭义的影视旅游主要指在影视主题公园（影视基地或影视城）内的一些活动而引发的旅游现象。

在西方，影视旅游称为“电影引致旅游”（movie induced tourism ），认为它是由于旅游目的地出现在荧屏、影带或银幕上而促使旅游者造访这些旅游地和吸引物的旅游活动。国内的刘滨谊等认为，影视旅游是以影视拍摄、制作的全过程及与影视相关的事物为吸引物的旅游活动；舒伯阳等认为，影视旅游是指把影视文化与旅游活动结合起来，以与影视拍摄、制作和宣传等有关的一切事物为客体，融观赏性、知识性和参与性为一体的专项旅游活动。

吴金梅、宋子千从影视和旅游产业融合发展的角度，认为影视旅游是指主要因为影视制作、播映及相关事物而形成的旅游活动。具体可分为以下六种类型：

（1）影视外景地旅游。影视的拍摄往往涉及大量外景地，这些外景地借助于影视传播，特别是在影视作品中唯美、精致的亮相，很可能从“识者寥寥”的地方“摇身一变”成为热门的旅游目的地。一部经典电影《罗马假日》，使罗马的旅游热持续多年；每十个到新西兰的外国游客中，就有一人声称是被《指环王》中的纯净风光吸引而来；《乔家大院》让到山西的人都想去看看那幽怨的红灯笼；《非诚勿扰》里的一句“西溪且留下”，让这片西湖边上的湿地从此广为人知。

（2）影视故事发生地旅游。影视不仅传播拍摄地的景观，也在传播故事，因而这些故事的发生地也可能成为旅游热点，即使这些故事发生地并不是影片的拍摄地。很多实例证明，旅游者更愿意到影片故事的发生地去旅游，比如《勇敢的心》中对华莱士（Wallace）和苏格兰人独立战争的刻画给苏格兰带来了旅游热潮，虽然影片较多地取景于爱尔兰。

(3)影视文化旅游。影视传播的内容不仅是景观和故事,从更深层次上说,是一种文化的传播。因而,影视传播引发的旅游活动并不局限于到外景地或故事发生地旅游,而且包括体验影视传播的文化。如《少林寺》及有关影视极大地传播了中国武术文化,吸引了无数中外游客前来学习中国功夫。

(4)影视拍摄制作基地旅游。观看影视已经构成人们日常生活的一个组成部分,但是影视的拍摄制作对于人们来说还是比较陌生的。一些拍摄制作的设施设备和拍摄过程对人们具有一定吸引力,如看演员特别是明星如何表演,导演如何指挥等。影视拍摄制作还会留下一些场景,这些场景在影片中出现过,能够唤起游客的记忆或关注。上述这些内容使得参观影片拍摄制作基地可以构成旅游体验的重要内容。进而还可以利用影视拍摄基地的场景、设施等为游客提供更具体验性的旅游项目,如自主表演、自主拍摄等。

(5)影视主题公园旅游。影视主题公园是在影视拍摄制作基地基础上发展形成的一种集影视拍摄制作与旅游娱乐为一体的场所,如通常的影视城。影视主题公园具有影视拍摄制作基地的几乎所有功能,同时大大丰富了旅游休闲功能。一个典型的实例就是环球影城,在影城中:可以参观电影的制作,解开特技镜头之谜;可以回顾经典影片中的精彩片段;可以观看娱乐动物明星表演;可以体验《侏罗纪公园》《未来水世界》《终结者》等电影中的场景。

(6)影视节庆旅游。影视节庆是影视行业的盛会,电影节的开幕、新片的展映和国际巨星的到场等,会吸引成千上万的游客到举办地观光游览,大大促进举办地旅游业的迅速提升和发展。

3. 影视旅游的双重效应

(1)影视传播旅游。影视外景地旅游、影视故事原生地旅游和影视文化旅游实际上都是影视对旅游吸引物的传播。影视之所以能够宣传推广旅游目的地,最根本的当然是由于影视所固有的传播功能。而且与专门的广告相比,影视传播旅游还具有以下优势:一是嵌入其中、和影视剧情融为一体的宣传可以避免人们对生硬广告的反感;二是影视剧集画面、音乐和故事情节等为一体,在宣传旅游目的地方面的表现力更强;三是影视在传递目的地信息的同时还附加了影视自身的内涵,从而增强了目的地对旅游者的吸引力。国内外的众多研究表明,印证和寻梦是游历外景地最重要的动机之一,这意味着影视不只是提供信息来源,而且能够直接影响旅游动机和决策。

(2)影视提供旅游内容。影视拍摄制作基地、影视主题公园和影视节庆本身就构成旅游吸引物,即能为旅游者提供多方面的体验内容。由于旅游吸引物的无边界性质,不管是影视拍摄还是影视文化或影视节庆,都能够对旅游者具有一定吸引力,这是影视提供旅游内容的基础。同时,由于影视和旅游共同的文化产业本质,使得影视提供旅游吸引物成为一种常态,并催生了影视城等新生业态,其融合发展的深度和广度是一般生产所无法比拟的。

《庐山恋》与庐山——电影本身成了景区的一部分。电影《庐山恋》中以“女追男”为题材的爱情故事,在当时本来就十分超前,再加上片子中的俊男美女、浓烈的色彩和唯美的自然风光,影片一公映就吸引了许多人到庐山旅游,庐山也成了浪漫爱情的代名词。庐山电影院1980年开始放映《庐山恋》,一放就持续了30多年,而且就只放《庐山恋》一部影片,由此创造了吉尼斯世界纪录。“不看《庐山恋》,枉来庐山游一遍”。在历史悠久的电影院里观看一部中国式爱情的老胶片电影,成为一种难得的旅游体验。2010年,电影《庐山恋2010》再续前缘,与吉尼斯世界纪录一起,继续延续当年《庐山恋》引发的庐山旅游热潮。

4. 影视旅游的特征

影视旅游作为一种新兴的旅游形式，影视与旅游结合更是一种时尚。

(1)受众范围广。当代社会已进入信息化时代，人们越来越依赖传播信息的各种媒体。影视作为当代的一种重要媒体，具有其他媒体所无法比拟的优势，如声像并茂、频繁密集、情景结合。影视成为人们生活中不可或缺的一部分，相对于其他媒体，拥有最广泛的受众。依托电视剧和电影进行旅游景观的宣传，当然也就可以凭借影视媒体无与伦比的大众性，使旅游景观的信息辐射、覆盖到全社会。

(2)旅游宣传的间接性。就影视作品来说，其主要目的和主导功能并不在于宣传旅游业，但是由于它们鲜明突出地表现了历史文化、民族风俗、地域特色和自然风光，再加上曲折、美丽、动人的故事情节来吸引观众的视线，因而在客观上便有了宣传旅游景观的一面。所以，这种宣传的产生是附带的产物，运作形式是间接进行的。

(3)让非现实的世界在现实中展现。影视作品借助演员、人文、自然景观和感人的情节等使游客如同亲历其间。与广告相比，影视对旅游地有更长时间的展现，故事情节使人有身临其境的感觉，从而刺激了旅游者的欲望，特技效果的应用、明星效应和最佳的拍摄角度使当地的形象得到了强化，因而产生了寻找剧中烂漫、奇特、壮观场景的主观愿望。影视旅游中游客通过情感的移入和对影视作品的体验，得以实现与影视作品所描绘的理想世界的最大程度的结合。影视表象的限制在于其所表现的是虚构的非现实世界，而以影视作品为主题的旅游所发挥的最大功效是非现实世界的实在化。

(4)活动内容的浓缩化。影视主题公园将古今中外、上下几千年的文化以实物和活动场景的形式浓缩于有限的空间中，带给旅游者的是强烈的视觉冲击力和情感震撼力的游览环境。旅游者在影视主题公园内的活动内容是高密度的、浓缩化的。如横店影视城内有十几个拍摄基地，远到秦汉唐宋，近至明清民国；上到皇宫官府，下至民居街肆。旅游者一天之内可以从秦王宫走向明清宫，从江南水乡到广州街，获得不同时空范围的体验。

(5)吸引力的时间性。影视作品具有一定的流行期，与影视密切相关的影视旅游产品必须紧随其后，时时更新，变动发展。1997 年，电影《第三类接触》获得成功，俄亥俄州的魔鬼谷在 20 世纪 70 年代的美国家喻户晓，吸引了大量的游客，在电影放映后的一年中，游客人数上升 75%。但到了今天，这里已不再是旅游点了。

5.3.2 影视与旅游的产业融合

影视旅游在近年来得到了迅速的发展，产业融合化趋势越来越明显。

1. 从被动走向主动

几乎从一诞生开始，影视就具有传播旅游吸引物的功能。但是在早期这种传播几乎是无意识的。今天，很多旅游目的地是主动地借助于影视进行传播，如英国旅游局每年都会定期推出一张“英国电影地图”，详细介绍 67 部经典影视作品中的 110 个旅游胜地，旅游者可沿着这些路线，游览影视剧作中主人公旅程的沿途风景，身处此境，重温影视剧作中演绎的情调。国内的张家界，也借《阿凡达》热播之际，将“乾坤柱”改名为“阿凡达哈利路亚山”，引起了广泛的关注。

2. 从后期走向前期

在早期，旅游目的地往往是借已经播映的影视进行宣传，这时影视拍摄已经完成，进入后期播映阶段。例如,虽然现在观看《庐山恋》已经成为游庐山的重要内容,但是当初《庐山恋》的拍摄并不是为了宣传庐山。

然而发展到今天,很多旅游目的地事前就做好了利用影视进行宣传营销的计划,介入了影视产业早期的拍摄选址乃至剧本写作阶段。比如 2010 年在《非诚勿扰Ⅱ》拍摄之前,北京市旅游局就和制作方公司签订战略合作协议,除了在影片中植入慕田峪长城等重点景区,在片中人物职业、性格及对白等突出京味文化以外,通过投放北京旅游电影贴片广告、冠名电影全球首映礼、推介北京旅游产品、开展“北京旅游非线路”网络互动评选活动等系列营销手段,宣传独特京味文化,打造热点旅游景区,推广特色旅游产品。借助《非诚勿扰Ⅱ》推出了“非常北京、非常旅游”的事件营销主题和“北京旅游非线路”系列旅游产品。

北京市经过对国内外成功的旅游影视营销案例进行深入研究和分析,结合北京的实际情况,决定采用与国内强势影视公司合作,利用其优质的影视资源,通过各种营销手段进行事件营销来推广北京旅游。在影视作品或活动中,北京市旅游局都将以首席合作伙伴的身份出现,双方合作的内容也不仅仅局限在拍摄地点的选择上,而是充分发挥各自的优势资源,以事件营销为载体,通过广告、媒体和公关等系统的手段推广北京旅游。

3. 从片面走向全面

随着影视旅游的发展从被动走向主动,从后期走向前期,影视和旅游两个产业的融合也从个别环节向全面融合发展,典型事物就是影视基地的诞生。在影视拍摄基地,游客可以看到剧组拍摄的现场或遗留下来的场景和设施;可以亲自体验影视作品中的食品、道具、服装及饰物,过把演戏瘾;还可以体验飞檐走壁,探寻特技效果制作的奥秘。影视基地一方面可以用于影视拍摄制作,另一方面则是旅游活动的重要场所,真正体现了影视产业和旅游产业从产品、市场到企业、产业的融合。

5.3.3 影视旅游策划的要素

1. 提供鲜明的主题

与其他旅游资源相比,影视旅游资源具有鲜明的主题化特色。因为影视旅游的特点之一是以故事为主题,影视旅游资源的主题性来源于影视作品的故事性。因此,对广大消费者的心理需求和欲望进行准确分析、提炼影视主题、进行旅游资源总体形象定位,是旅游资源开发的灵魂。电影《五朵金花》和《阿诗玛》热播后,云南大理就以“金花”为主题形象宣传苍山洱海、三月街和蝴蝶泉等奇山丽水和民族风情,“金花”这一主题为云南省的旅游、商业和外贸等行业创造了巨大的财富;而阿诗玛则当仁不让地成为云南石林风景区的主题形象。由此可见,鲜明的影视形象感召力之强大。

2. 提供异化的时空

影视是一门时空艺术,因此影视旅游也具有时空性。它将时间、空间切割成零碎片段,并经重组制造出现实以外的虚幻时空,把两个截然相异的时空拼合在一起,模糊了古代、现代及未来时空之间的界限。例如,迪士尼乐园往往在繁华喧嚣的大都会中生生隔离出一片童话天堂和未来世界,这种经过高度浓缩或异化的游览环境,能带给旅游者强烈的情感震撼,在暂时错位的时空观中模糊现实与影视虚构的界限,使他们产生置身影视作品中的感觉,将时空艺术发挥到最大化。

3. 提供暗示性线索

除了鲜明的时空存在感外，贯穿影视旅游始终的细节性线索也是不可忽视的因素。影视旅游具有“以故事为主题”的特点，完整的故事情节必然是由许多细节共同营造的，如服务人员的服装、服饰和风度，服务设施的照明、温度和色调，以及服务场景的空间布局、美学展示等。鉴于此，若能设法使细节富于暗示性，成为与特定的影视作品甚至某影视作品中的特定场景产生隐约联系的线索，也可降低游客进入角色的门槛，缩短其与影视作品的距离，从而在相同的旅游过程中获得更大的快感。

4. 提供游客参与的平台

强调参与性是影视旅游开发应该特别注重的原则。在具体开发时，则应该在贴合影视作品和结合实际情况的前提下，设计和提供一些具有广泛参与性并能够给游客留下一定的思考空间的活动项目。影视资源开发的参与性开发可以以“剧情”为参与内容，从故事情节的角度认识旅游产品，设计出充满人性化和情感性的体验产品。让游客由被动体验转为主动体验，使其旅游感受更有趣味性，从而更能加深游客对影视旅游主题的理解与记忆。

5. 提供丰富的衍生产品

影视旅游开发不仅包括主题公园和影视拍摄基地的开发，同时也应该结合旅游的吃、住、行、游、购、娱六要素，开发出丰富的影视衍生产品。在影视产业发达的美国，一部成功的影视剧可以开发出不同的衍生品，从影视剧音乐、形象、商标、服装、玩具甚至影视海报，都为制片商创造出十分可观的社会效益和经济效益。例如，《侏罗纪公园》在全球市场的票房收入是8亿美元，而通过影片形象开发出的玩具、服装等后产品获得了近50亿美元的收入。在环球影城，相关建筑和设施都成了“摇钱树”，每天游人摩肩接踵，络绎不绝。

5.3.4 影视旅游产品开发的路径

影视引致旅游、影视促进旅游的潜能是巨大的，对于经营者而言，关键是如何将影视资源转化为适销的旅游产品。

1. 依附影视内容，深挖旅游题材

影视旅游是一种后影视产品，是影视的后续成果。旅游经营者必须保持敏锐的行业意识，既要依附影视剧内容，又要依附影视的文化导向和传播效应来挖掘旅游题材，充分利用这一发展旅游的便利捷径。

2. 多元带动，开发旅游产品

影视旅游本来就是“影视带动的旅游”，经营者要充分挖掘影视对旅游主体及旅游客体的带动性。对旅游主体而言，由于影视的覆盖人群广、影响力强，更能激发人们的旅游动机。对旅游客体而言，由于影视可以在无限的时空向度取材，故而所涉及的内容包罗万象、无所不能，这样可以从不同侧面挖掘相关旅游产品。电视剧《都挺好》的热播，再次让“苏州”这座城市火了。《都挺好》从全新的角度来看苏州，这里有2 500多年的历史，有为数众多的园林，有苏家大院、小街巷、老胡同……在展现苏州的悠久历史与现代风光时，还穿插了苏州文化的代表与符号——评弹。许多游客设计苏州旅游线路时会选择去苏家大院走走，去食荤者吃顿饭，然后再去老街听评弹。

3. 适时而动，推出旅游产品

影视旅游对影视的依赖性，也注定了其产品的推出必须适时而动。因为一部影视剧对观众所产生的影响不是永久的,而通常是逐渐呈先上升后下降的抛物线趋势,必须把握适当时机宣传促销,才能达到最佳的投入产出效果。通常,影视旅游的最佳推广期应在紧随该影视剧播放之后的文化流行期之内。如《乔家大院》热播后,当地及时推出“大院游”,平时“人去院空”的古院落立刻又热了起来,来此的游客突破了1 000万人次。

4. 针对性宣传,促销旅游产品

影视旅游产品的宣传对象要有针对性。因为不同人群、民族的文化认同感不同,如果找准了影视作品中所体现观念的代表性人群,有针对性地进行宣传,往往会收到事半功倍的效果。如电视剧《闯关东》的取景地之一是山东省淄博市周村,随着电视剧的热播,周村在保持着古朴的明清原貌和历史本色的同时,打造了以国家级历史文化古街、鲁商文化发源地、影视拍摄基地为主的三大品牌,成为山东省“文化历史与民俗”旅游区的开发重点。

5. 积极主动,寻求影视合作

影视给旅游带来的成功常常是经济、快捷、便利的,因此旅游经营者不仅要充分挖掘已有的影视旅游资源,同时还要积极主动地寻求影视合作机会,以创造更多的影视旅游产品,同时也给当地旅游的长期发展奠定基础。例如,在柏林电影节上受到国外观众一致好评的《婼玛的十七岁》这部影片,不仅向世人展示了当地美妙绝伦的旅游资源,同时还担当了红河州申报哈尼梯田为世界自然遗产的使命,重大的自然与社会意义都通过这部作品体现出来。

案例5.3

横店影视产业实验区:打造全球最大“梦工厂”

一、中国的好莱坞——横店

横店影视城位于中国东阳市横店境内,是集影视旅游、度假、休闲、观光为一体的大型综合性旅游区,被评为国家5A级景区。是全球规模最大的影视拍摄基地,也是中国唯一的“国家级影视产业实验区”,2005年被美国《好莱坞报道》杂志称为“中国好莱坞”。

横店是一个农民代表带领一群农民创造的奇迹。1996年,这个名不见经传的浙中小镇为著名导演谢晋拍摄的电影《鸦片战争》搭建起了拍摄场景,修建了第一座影视基地——广州街。自此,这个“横空出世,店乃一镇”的“江南第一镇”,迈出了它成长为中国影视基地的第一步。此后,在基地化、专业化、产业化、社会化的进程中,以惊人的速度飞速发展,产业链不断延伸拓展。

自1996年以来,横店集团累计投入30亿元资金兴建横店影视城,现已建成广州街、香港街、明清宫苑、秦王宫、清明上河图、梦幻谷、屏岩洞府、大智禅寺、明清民居博览城等13个跨越几千年历史时空,汇聚南北地域特色的影视拍摄基地和两座超大型的现代化摄影棚。秦王宫、清明上河图、明清宫苑影视旅游基地气势宏伟,此三个基地的建设规模均居全国同类拍摄基地第一。

时至今日,横店影视城已成为国内拍摄场景最多,配套设施最全,历史跨度最长,全球规模最大的影视拍摄基地。宏大的基地规模,丰富的拍摄场景,吸引了众多海内外影视导演率剧组前来取景拍摄,国内外超过5 000部作品在此拍摄,《英雄》《无极》《满城尽带黄金甲》《步步惊心》等热门电影电视剧均产自横店。仅2011年,横店影视基地的影视剧作品产量就达到了4 000集以上,占到全国影视剧产量的1/4。2014年共接待影视剧组178个,接待中外游客1 375万人次。

二、影视文化与旅游深度融合

随着影视与旅游文化资源的不断整合、旅游产品的不断升级和创新，横店影视城已成为全国最大的影视旅游主题公园和新兴的旅游目的地，形成了影视和旅游两个轮子快速转动的特色经营业态。他们创造的影视与旅游交融互动的经营模式，已成为全国旅游发展的样本。

横店发展影视旅游具有影视资源丰富的后发优势，根据剧组需要建起的代表自秦汉至民国不同历史时期的历史人文景观，纷至沓来的剧组和明星名导不仅是吸引游客眼球的两大亮点，也为横店人开发特色旅游产品提供了无限可能。

充分利用影视大片拍摄时留下的场景、道具，通过艺术处理后，改变成景区新景观。如根据《聊斋》进行模拟推出的"聊斋惊悚"场景和现场演示，让游客体验有些恐怖怪异的鬼故事。引入时尚、动漫、搞笑等元素，以影视剧中的经典情节为蓝本，根据游客需要进行改造，推出了一系列寓教于乐、寓乐于游、富含中国文化元素的表演节目。如根据《杨门女将》《大宋提刑官》《聊斋》，在清明上河图景区推出通俗版和诙谐版《杨门女将》《我来当"宋慈"》等互动节目。

全部或部分借助于多媒体、影视特技、舞台机械、舞蹈、杂技、魔术、特效、灯光、音响等多种中西方现代表演手段，演绎推出表演节目。2004年，首创推出了国内首家震撼体验性灾难表演节目《暴雨山洪》，再现自然灾害场面，给人以强烈的震撼，获得了惊人的成功，连续五年来长演不衰。夜游景区梦幻谷最具中国文化神韵。景区中的全球最大火山实景演出《梦幻太极》演绎和展示了火山爆发等各种自然现象，经过不断升级改版，现已是第六版。

利用影视元素和大片诞生的影响力，相继开发推出了一些经典演艺节目，如融入海盗文化的大型水上实战演出《怒海争风》，多媒体梦幻情景剧《梦回秦汉》，融入魔术、杂技文化的大型古彩戏法情景剧《汴梁一梦》，震魂摄魄的大型广场马战《八旗马战》等。还有诸如《秦王迎宾》《游龙戏凤》《宋提刑乱点鸳鸯谱》等加入中国古代宫廷文化和民俗文化元素的多种表演节目。自2002年开始，先后推出各类壮观、奇特、惊险、有趣的演艺节目一百多个。

2012年6月底，投资3 500多万元的大型全息多媒体真人秀节目《游龙戏凤》，在横店清明上河图景区亮相。2013年4月投资1个亿多元，秦王宫景区4D乘骑体验项目《龙帝惊临》和明清宫苑景区大型歌舞秀《紫禁大典》演出正式推出；同月，梦幻谷景区新的游乐设施——摩天轮等震撼亮相。

上述这些节目丰富和充实了各景区的文化内涵，向游客传递了影视文化信息，也传递了快乐理念，吸引了越来越多的游客来到横店，体验中华民族文化的无穷魅力，收到了"你来了，所以你快乐"的旅游效果。

三、深度体验的游玩项目让游客乐不知返

利用横店各景区拍戏的剧组多、演艺明星多的有利条件，从2004年起包装推出了特种旅游项目《明星见面会》，通过主持人与明星们对话，让明星表演才艺、介绍在横店拍戏的情况等，游客可以了解到明星的兴趣爱好和日常生活的方方面面，还可以与明星互动，甚至零距离接触，请明星签名、合影等。配备了有专业水平的导演和摄像师服务，游客可以自选剧本和角色，当一次演员，圆一回明星梦。游客还可以来个"探班游"，在各个景区有机会看到剧组拍摄现场，可以与影视剧中的人物互动，展示神秘的影视拍摄过程。

在原有江南水乡和横店老街的基础上，建起了如体验原始森林的榕树林、感受西域风情的雅丹地貌、震撼体验旅游的"火山爆发"、参与性的博彩纵横游乐区、海盗藏宝的幽灵屋"藏金秘窟"、水丰草茂的沼泽地、沧桑感十足的玛雅文明遗址"风尘雅丹"，并增设了多种游乐设施。

2009年又修建了西藏高原民族风情浓郁的香格里拉秘境等风格各异的新景观,新增加了"雪域飞鹰""吉祥转马"两项游乐设施。

四、节庆活动带动横店特色旅游

以中国味道的节庆活动为载体,融入民俗文化和西方风情,增加浪漫、时尚色彩,拉动横店影视旅游。可以说,横店影视城一年到头活动不断,精彩纷呈。经过媒体的大力宣传和旅游营销公司各市场的包装、推广,吸引了越来越多的游客来到横店影视城实现体验游、休闲游、购物游、美食游、探班游,横店的经历令他们终生难忘。

横店影视城立足于中国本土,以中国传统历史文化为核心,让中外游客体验到原汁原味的中国影视旅游文化。

(资料来源:根据相关网络资料改写)

5.4 高端旅游与深度旅游

5.4.1 高端旅游的含义

随着我国旅游业的不断发展,旅游市场的不断走向成熟,以及游客消费不断走向理性,一种以特定人群及特定旅游方式为代表的旅游形式正在兴起,这就是业界普遍关注且极力推动的高端旅游。

高端旅游是指具有一定素养的旅游个体或群体在旅游消费水平、消费层次和消费方式等方面明显不同于大众旅游的一种旅游形式。高端旅游是旅游发展到一定阶段的必然产物,往往是相对于传统的大众旅游而言的。这里包含了三个基本要素:旅游活动主体是有一定社会地位、文化层次及经济实力的个体或群体;旅游活动客体是有一定档次和级别的配套体系,旅游硬件设施和旅游服务管理软件体系都具有较高水准;旅游的实施过程是包括外出观光、休闲娱乐、生活享受与心理体验的高品质旅游实践。

高端旅游产品本身缺乏可参照性,而日益增多的旅游者又提出很多个性化要求,他们甚至要参与整个旅游产品的设计,高端旅游产品竞争的焦点正是"个性"与"特色",达到"高端产品、高端经营、高端市场、高端效益",这也正是高端旅游的真正含义。

(1)产品高端化。高端旅游对产品品质要求较高,特别是对设施设备、服务质量、时间和娱乐等方面的要求。产品高端化并非仅仅是高价、奢侈旅游产品,而是特色鲜明的产品。如徒步探奇寻幽之旅、背包探秘之旅等,尽管价位不高,但由于产品的特色、品味等都独具一格,也属于"高端旅游"。特色和个性是高端旅游的标志,货真价实是本质。

(2)消费理性化。消费的理性化是指游客为"高端消费者",但不等同于"高档消费者",而是理性的、有品位消费者。客人要根据自己的财力、爱好、需求和承受力,有针对性地选择旅游产品。参与其中的游客更注重旅游过程的新鲜感、体验性和高品质。

(3)形式多样化。高端旅游产品呈现出多元化和细分化发展趋势,目前备受关注的高端旅游产品包括文化、艺术、商务、体育、休闲和度假等品种。国外高端旅游产品开发的时间较早,目前向专题化发展的趋势日益明显,出现了多种专项高端旅游类型,如葡萄酒旅游、高尔夫旅游等。

(4)生产专业化。生产的专业化是指旅游产品要由对旅游市场需求、旅游产品特色有较高把握力的专业化技术人才来设计。尤其是一些高端的专项旅游产品，设计人员还要精通专项活动的相关专业知识。

(5)产品品牌化。是指旅游目的地和旅游销售商不仅要打造出高端旅游产品，还要树立“高端旅游”服务的形象，创造“高端旅游品牌”。

5.4.2 高端旅游市场

高端旅游市场指具有获得高品质、高品格和个性化旅游产品意愿的经常和潜在的购买者，这些购买者通常具有较高的收入，显示出较高的旅游消费水平。但是高收入和高消费仅是构成高端旅游的必要条件，而非充要条件。旅游的购买动机的异质性，使高端旅游市场可以细分为不同的旅游子市场。

(1)以观光为主的高端旅游市场。以观光为主的高端旅游市场针对享受独特经历和丰富体验旅游产品的旅游者，它是放松心情与开阔视野的统一。

(2)以商务旅游为主的市场。商务旅游必须能够提供高效舒适的服务供应链，即高效、舒适、完整、配套。据资料显示，全世界商务及贸易成交量的 20% 是在高尔夫球场达成协议，尤其高端的贸易投资洽谈会，安排“以球会友”“以球促商”等。

(3)以休闲度假为主的市场。休闲度假是个性需求与一流环境的完美组合，这才可以被称之为高端休闲度假旅游。

(4)特种旅游市场。特种旅游市场针对以体验登山、探险和狩猎等高端特种旅游产品为目标的高端旅游者，是寻求生活刺激、感受惊险体验与充实人生经历、激活人生斗志的统一。

(5)属于 VALS(价值观和生活方式)细分市场。价值观是人们对于是非、善恶、好坏的评价标准，是个人对于各种社会实践进行评价时所持的观点。

从高端旅游市场的类型上不难发现，这种旅游形式具有较深刻的内涵和特殊的表现形态，从一定意义上说，它已超越了通常所说旅游概念，是高端消费人士调节生活节奏、改变生活环境、减缓生活压力、充实生活内容，以利迎接工作挑战的一种调剂手段。

5.4.3 高端旅游群体

高端旅游的消费者大多具备较好的个人修养，有比较高的文化品味，有较高的精神追求、生活情趣及优越的社会地位，以及可观的经济收入、有深度的体验需求，进而形成其特有的文化特质。目前，我国高端旅游消费群体主要由五大人群构成：一是社会名流；二是白领中的 SOHO 群体；三是商务族中的富裕群体；四是工薪族中的知识群体；五是银发族中的高收入空巢家庭。

从旅游需求和旅游方式上看，高端旅游者是从大众旅游群体中分化出来的，与大众游客有着显著不同，他们往往会定期度假、不参团不跟团、回避“黄金周”，选择适合自己的旅游目的地和出行方式。

从消费水平上看，高端旅游的消费水平要明显高于旅游市场中的平均水平，旅游费用是普通旅游者的数倍甚至数十倍，其中娱乐、住宿和餐饮等花费所占比例较大。正因为消费水平高，高端旅游的消费者在景点选择、出行交通、居住饭店、餐饮标准、配套设施及服务层次等各环节，都有较高的定位与要求。

从消费特征来看，高端旅游者具有重访率高、对设施要求高和停留时间较长等特征。

5.4.4 游艇旅游

游艇旅游是一项集运动、航海、娱乐、休闲、社交于一体的新型旅游形式。游艇旅游主要在于享受快感、高速运动、环球旅游(帆船)、驶帆、赛艇、滑水、休闲活动。最常见的游艇休闲娱乐活动主要表现在潜水、冲浪、垂钓、游泳、巡航游弋、海岛探险、观光赏景、聚餐烤肉、公关联谊、社交商务、旅游探亲、家庭聚会、海上居住等。

1. 全球游艇旅游概况

游艇一直被定义为奢侈、尊贵、豪华的代表,目前,全球游艇消费市场呈现多元化、大众化、高收益特征,面对不同的消费群体,游艇的供给呈现多元化。游艇的价格从一二十万元到几千万元、几亿元、几十亿元不等,既有满足贵族和富豪的超级游艇,也有中产阶层买得起的钓鱼艇、快艇、休闲艇等。

游艇产业被称为"漂浮在黄金水道上的巨大商机"。研究表明:游艇产业每投入1美元可带来6.5～10美元的回报效益。目前世界游艇年消费额高达400亿美元,加上相关的维修、管理、娱乐等费用,全球每年的游艇产业收入超过500亿美元。2021年游艇行业数据显示,发达国家每171人就拥有一艘游艇,挪威、新西兰等地游艇的人均拥有比例为1/8。

美国现有游艇数量超过1 700多万艘,游艇码头约4 000个,参与游艇娱乐活动的人数高达7 800万,占全美人口的近1/3,与游艇娱乐行业相关的就业人数业已达50万左右。意大利为位居美国之后的第二大娱乐艇制造国,拥有84万艘游艇,游艇泊位大约有84万。目前,法国的游艇爱好者达900万人,其中400万人长期参加一项或几项水上运动。

亚洲地区游艇旅游发展潜力巨大,兴起于20世纪70年代后期。日本被称为"造船王国",目前拥有游艇28万艘,其中包括1.3万艘游乐帆艇。

2. 我国游艇旅游概况

我国拥有绵长的海岸线,东南沿海岛屿众多,江湖密布,很多城市也拥有运河,有着发展游艇旅游的天然条件,但由于地区经济发展水平、消费结构等因素的影响,游艇旅游这种在发达国家较为普及的休闲旅游方式,在我国内地刚刚起步。

未来游艇旅游的主流消费者是中产阶层。据不完全统计,中国目前中产阶层人数约为1.09亿人,美国中产阶层人数约为9 200万人,两个大国在中产阶层数量上可谓旗鼓相当。但码头数与游艇数量则有着巨大的差距。美国目前拥有游艇码头约4 000个,游艇数量超过1 700万艘,而中国仅有80个码头,2 000艘游艇,每130万人才拥有一艘游艇,与美国的百人游艇保有量5%相比少之又少,而这正是未来游艇业发展的好机会。

我国香港特别行政区游艇旅游相对成熟,现有黄金海岸游艇俱乐部、深湾游艇俱乐部、香港皇家游艇俱乐部等10家俱乐部(或游艇会),已有注册游艇、帆船近2万艘。

3. 我国游艇旅游发展趋势

我国游艇产业蕴含着巨大的发展潜力,呈现快速发展趋势。根据世界游艇行业的发展规律,当人均GDP超过5 000美元时,游艇产业就进入了快速发展阶段。根据观研报告网发布的《中国游艇行业现状深度分析与投资前景预测报告(2022—2029年)》显示,近年来随着国民生活水平不断提高以及生活品位不断攀升,国民开始追求更高质量生活方式,游艇俱乐部成为满足国民游艇需求的主要方式。目前,我国游艇行业正处在快速增长阶段。数据显示,2020

年我国各类游艇总数从 2012 年的 0.3 万艘增长至 2.5 万艘，CAGR（compound annual growth rate，复合年均增长率）为 30%。

我国游艇业聚集的地方主要为海南、广东、福建、青岛、厦门等沿海地区。其中，海南省是国内游艇行业起步时间较早地区，同时作为我国地处热带及四面环海的省份，是国家重要旅游城市，其凭借着独特地理位置优势以及庞大市场需求优势成为国内游艇行业发展较快地区之一。目前，海南游艇产业已形成产业规模和相对完整的游艇产业链。数据显示，截至 2022 年 2 月底，海南省已建成运营 13 个游艇码头，2 289 个泊位。其中大部分属于私人码头，由游艇会建立，并采用会员制模式经营，且大多数游艇会是地产公司的附属机构，为地产的配套项目，主要面对高端客户。

2021 年底，海南省游艇市场规模达 43 亿元，同比增长 43.33%；全省游艇登记注册量为 1 709艘，同比增长 33.72%；全省游艇出海累计达 16.9 万艘次，接待出海游客达 113 万人次。截至 2022 年 2 月，海南省登记游艇有效保有量 1 180 艘，同比增长 64.8%，约占全国的 18%；持有游艇驾驶证的操作人员 5 521 人，新增量同比增长 46.86%。

作为旅游新业态，游艇旅游将成为带动旅游业转型升级、扩大旅游投资、刺激旅游消费的重要引擎。未来，我国游艇市场将呈现“去贵族化、去富豪化”趋势。从消费市场看，随着国民收入水平的不断提高和消费结构的不断升级，以及近年来游艇文化的持续培养和普及，游艇消费市场将发生结构性变化。游艇不再是供富豪们专属的奢侈品，中产阶层将成为带动游艇消费的主体力量。中国消费者购买游艇的主要目的正由原本的商务接待逐渐转变为家庭、朋友聚会。豪华游艇市场的比重将逐步缩小，自用小游艇的需求将不断扩大。正是这样的变化，让游艇旅游从“高大上”到“接地气”，让中产阶级和大众能享受到游艇生活。

案例 5.4

“非洲之傲”豪华列车南非之旅

一、“非洲之傲”

在非洲，有这样一列豪华列车，豪华得令人难以想象，它就是“非洲之傲”。“非洲之傲”已经是公认的品质和服务都优于著名的蓝色列车的豪华列车，行程最远从好望角、开普敦，经津巴布韦……跨越半个非洲，沿途让游客饱览多元的非洲风情。每辆“非洲之傲”都用实木板材还原了华丽的复古气质，在其中享受从两天到两周不等的旅程，欣赏着沿途目不暇接的美景，不能不说是一种帝王级的享受。

“非洲之傲”列车是世界七大顶级豪华火车之一，成立于 1986 年，拥有私家火车站，为每一个乘客提供方便、快捷而又周到的服务。“非洲之傲”共有三列，列车包厢内房间的宽敞程度无人能比，全长为 22 m 的每节车厢最多只安排三个 Deluxe 豪华套房或两个 Royal 皇室套房。每一节车厢都是 Vos 先生从世界各地收集来的古董，车厢为全木结构，地板加热，独立空调系统，整辆列车共有 36 个套房，最多容纳 72 名乘客。专门的观光车厢提供了绝对独一无二的观景角度，能够穿过郁郁葱葱的树林看到更远的景色。列车配备两节餐车、两个休闲室和位于尾部的观景车厢。具有贵族血统的“非洲之傲”及其古董级车厢都有一百年以上的历史，包厢内部雍容华贵的装饰和装潢，带有浓郁的维多利亚复古情调。在平均时速只有 70 km 的“非洲之傲”列车上，沿途非洲原野的绮丽风光尽收眼底。在沿途停靠的车站，还可以重温昔日非洲开发者和探险家的传奇经历。

二、游历一国等于环游世界

素有"彩虹之国"美誉的南非,自然风光绮丽,动植物种类繁多,这个与曼德拉、好望角、黄金和钻石联系在一起的国家,充满了神秘。"游历一国,等于环游世界",这是对南非的最佳写照。

南非是世界上最大的观光胜地之一,自然美景令人流连忘返,种类繁多的野生动植物让人惊叹,而其自然世界遗产更是堪称生物史上的奇迹。南非是一个多民族、多种族的国家,居民分为非洲黑人、白人、有色人和亚裔四大种族群体,有上百个民族。

南非著名景点有:一个穷人一跤摔出的"黄金城"——约翰内斯堡;与美国拉斯维加斯齐名——太阳城;钻石之乡——南非钻矿;南非立法首都——开普敦;印度洋和大西洋的交汇处——好望角;野生动物王国——克鲁格国家公园。

(资料来源:根据网络资料改写)

5.4.5 深度旅游的含义及特点

何谓"深度旅游",目前国内外学术界并没有一个明确、统一的界定。冯骥才认为,所谓"深度旅游"是在文化层面上的旅游,它依靠文化,反过来对文化又是一种开掘、展示和弘扬。吴颖和邓祝仁认为,深度旅游就是后现代旅游者为了获得身心舒畅愉悦,实现自我放松、自我完善的旅游行为方式。

深度旅游产品的产生源于对大众旅游理念及其产品的反思,体验经济时代的到来催生了深度旅游产品。大众旅游产品重在满足现代人开拓视野、追求新异、增长见识的旅游动机,是一种观赏性、片断式、浅层次的观光型旅游消费品。标准化的旅游产品缺少游客与旅游地的互动,让人感到乏味和疲惫。因此,旅游市场需要能够满足游客的个性化需求及体验经历的旅游产品,能够符合后现代旅游者的旅游价值观,满足"物我统一"的深层次旅游目的,于是"深度旅游"应运而生。

深度旅游产品是后现代人寻求轻松感、舒心感与渴望自我完善的体验型消费品,是后大众旅游产品。随着人们消费心理的日益成熟和旅游经验的不断丰富,人们的出游理念正在逐步改变,越来越多的人希望放慢旅游的速度,在某个地方停留多日,从容地欣赏风景,细细品味旅游地的历史文化,有更多的时间和机会涉猎当地的风土人情与日常生活,体验当地的人文和生活习俗。旅游产业被称为朝阳产业,深度旅游则是朝阳中的朝阳,深度旅游是当今世界旅游的发展趋势。

在大众旅游或传统旅游中,旅游活动以六要素中的"游"为主贯穿始终,注重旅游景点的数量及其吸引力,不在意获得轻松舒畅的旅游体验过程。深度旅游是旅游者以充足的时间深刻体验旅游目的地文化和特色的旅游行为方式。深度旅游摒弃走马观花,"游"不再居于旅游活动的中心地位,而是重点享受另外的某种要素,或者说以其中的某一要素为主要目标。与传统观光型旅游相比,深度旅游具有以下几个特点:

1. 深度旅游的核心在于深层体验

观光型旅游只能获得对旅游地的表面的、浅层的认识,这种旅游体验属于表层体验,游客难以获得难忘的体验效果。而深度旅游留给游客更多的时间和机会,通过视觉、触觉和味觉等多方面去体验当地的历史文化和民俗风情,有机会与当地人零距离接触并产生互动。游客在深度旅游中能够获得的不仅仅是旅游经历,更是一种对旅游目的地特色与文化的深层体验,是感受、发现和学习的过程。深度旅游之所以能够达到一定的"深度",在于它强调旅游活动本身的内容，以及旅游者本人心灵的自在体验，具有强参与性特征。因此，深度旅游可以说是一种典型的体验旅游。

2. 深度旅游具有较强的文化性

所谓的"深度"，除了指体验的深度以外，还指文化的"深度"。深度旅游是旅游者在做了大量的调查之后，通过在当地的游览，进行文化的触碰和历史的感悟，探寻神秘的世界，自觉自愿地与当地社会和居民进行接触和交流，以达到增长阅历、调养性情、提升境界的目的。目前，市场中看重并选择"深度旅游"的主要是一些高层次的旅游者，从其隐含的价值取向来看，这些旅游者其实选择的是文化。反过来说，正是因为对文化的更多期待，才让游客选择了深度旅游。

3. 深度旅游是一种最休闲放松的旅游方式

研究表明，精神放松在人们所有的旅游动机中居首。游客希望通过旅行缓解繁重的工作压力，摆脱纷繁复杂的生活环境。观光型旅游产品那种赶集式的行程安排让游客喘不过气来，而深度旅游一般一次外出只选择一个地方或一个区域，在某种程度上是一种慢游的状态，旅游者可以很从容地欣赏眼前的风景，以充足的时间体验旅游的乐趣。

5.4.6 深度旅游产品的类型

1. 深度旅游产品的分类

(1)按"旅行方式"划分，包括自驾游、徒步旅行、航海旅行、自行车游和背包旅游等。这些活动的共性是旅游者通过特定的行为方式，深刻体验旅游中获得身心轻松自由、舒畅愉悦的过程，旅游目的地仅是一个锦上添花的目标。

(2) 按"旅游主题"划分，则呈现多样化的旅游主题，如运动旅游、生态旅游、文化旅游和游学旅游等。这些主题突出某几种旅游要素，而且透露出旅游者与旅游地的动态关系。

(3)按"消费风格"划分，主要分为吃苦型、基本型、舒适型和家庭型等。

2. 深度旅游产品的模型

根据深度旅游产品的内涵与外延，参考科特勒产品构成层次的观点，深度旅游产品模型可划分出以下三个层次：

(1)双元核心层。深度旅游产品的核心层内容包含"畅"体验和"后大众旅游理念"。最佳的旅游体验是"畅"，是忘我的心理状态，是一种精神愉悦。"畅"体验需要供求双方互动，营造一个令人身心舒畅的旅游境界。旅游者获得难忘的、身心舒畅的游历体验，供应者也获得物质利益之外的精神愉悦。深度旅游产品通常涉及的关键词有身心舒畅、放松、轻松、愉悦、满足、快乐、恢复、发展和提高等，而远离不安、失落、沮丧、惊吓、恐怖、危险和违法等。

(2)利益元素层。这一层包含所有满足旅游消费者实际需要的产品元素，涉及行、食、住、游、购、娱、人七方面，是深度旅游产品的支撑骨架。所有元素首先要围绕核心层的价值观进行组合，确保旅游者感受和参与到旅游地的社会文化中。"人"的要素引入传统的旅游六要素组合，使深度旅游产品与大众旅游产品区别开来。

(3)形象元素层。形象元素层是深度旅游产品的外在形式，包含了产品形象、风格类型、主题口号和包装设计等，这些元素实质是产品内在价值的表现符号。通过这些符号，可以突出深度旅游产品的特点，塑造产品品牌形象，吸引适合的潜在旅游者，更重要的是透露出核心层的价值观。

5.4.7 深度旅游产品策划

1. 满足旅游时间与旅游内容两大条件

深度旅游的形成与发展有赖于两个条件和要求:旅游时间要充裕,旅游内容须丰富,二者互为需要,相互依存。游客旅游时间充裕,则要求有更多项目和活动丰富旅游行程;旅游地项目内容丰富多样,则需要游客有更多时间和精力来体验和品味。

(1)旅游时间充裕需要供求双方同心协力。供方应针对深度旅游的特点安排行程,不能让游客“行色匆匆”“疲于奔波”;游客旅游观念需要引导,逐步转变浅尝辄止的大众化旅游方式。

(2)旅游内容丰富有待于硬件和软件的提升。硬件主要体现在旅游景点的精心设计和建造,体现在旅游活动设施的完善和创新利用;软件体现在服务质量的规范管理和服务现场的互动交流。

2. 运用强势手段激活游客的感官体验

深度旅游追求体验感,人类通过器官多方感受旅游的瞬间。打造深度旅游的核心是抓住和激活游客的感官,项目和活动需作用于游客的眼、耳、鼻、口、手、脚、心,增进游客的视觉、听觉、味觉、嗅觉、触觉和心理感觉等。具体方式有以下几种:

(1)感官体验避开单刀直入,转而曲径通幽。物以稀为贵,景以遮为奇,不经修饰和设计的景观与项目,让游客一览无遗,缺少神秘感和趣味性,难以对游客的感官有深刻冲击,不会激起游客的体验和参与兴趣,或者游客在体验过后,只会得出“不过如此”的评价,正可谓“不游遗憾,游了更遗憾”。例如,闲暇时间都市居民多热衷于到郊区农村体验一下农家乐,亲自到田地、果园去采摘,边摘边吃,边摘边娱乐,边摘边采购。这种“亲力亲为”才能获得果实的过程正是游客乐于参与和体验的趣味过程。

(2)感官体验提倡多种交融,不宜形式单一。活动和项目越能调动游客的多种感官,其活动程序越复杂,体验内容越丰富,参与面越广泛,对游客就越有诱惑力。例如游客在一地旅游,多喜欢去当地的步行街观赏和购物,而“前店后场”式的步行街尤具魅力,因为游客不但可以欣赏和购买琳琅满目的商品,还可以观看制作过程或亲自动手制作。整个制作过程是综合调动游客动眼观察、动脑钻研、动耳聆听和动手制作多种感官体验的活动。

(3)感官体验既要催化体力,更要活化脑力。人类是智慧型动物,动脑思考是人类的专长。打造深度体验旅游,不但要着眼于调动游客动眼、动耳、动手和动脚的体力刺激,如运动赛事活动,更要强化和融入对游客知识、经验、智慧和素质的脑力考验,如文化民俗活动。例如,浮梁古城旅游景区为了活化景区和增强游客的体验,利用景区内的县衙,推出了游客现场断案和审案活动项目,颇受游客的喜爱。这类活动不单纯是娱乐活动,更是游客开动大脑、运用智慧的集中表现。

(4)感官体验困难设置得越高,越具有挑战性。竞争与挑战将激起游客更浓厚的参与兴趣,因而,在安全限度内,增加感官体验的难度,会让游客获得更深刻的印象和更显著的成就感。例如,沙漠充满神奇和神秘,吸引着无数的游客纷纷前往,然而,短暂停留的观光和参与并不能让游客对沙漠有深刻的感受和认识,沙漠探险受到越来越多中青年人的热爱。因为这是对参与者体力、意志、脑力和协作等要素的综合考验和极限挑战,极具难度,却魅力无穷。

5.5 “互联网+”与智慧旅游

5.5.1 “互联网+”

1. “互联网+”的含义

“互联网+”代表一种新的经济形态，即充分发挥互联网在生产要素配置中的优化和集成作用，将互联网的创新成果深度融合于经济社会各领域之中，提升实体经济的创新力和生产力，形成更广泛的以互联网为基础设施和实现工具的经济发展新形态。

通俗来说，“互联网+”就是“互联网+各个传统行业”，但这并不是简单的两者相加，而是利用信息通信技术以及互联网平台，让互联网与传统行业进行深度融合，创造新的发展生态。这相当于给传统行业加一双“互联网”的翅膀，助飞传统行业。

2015年3月5日的十二届全国人大三次会议上首次提出“互联网+”行动计划，推动移动互联网、云计算、大数据、物联网等与现代制造业结合，促进电子商务、工业互联网和互联网金融健康发展，引导互联网企业拓展国际市场。“互联网+”行动计划将重点促进以云计算、物联网、大数据为代表的新一代信息技术与现代制造业、生产性服务业等的融合创新，发展壮大新兴业态，打造新的产业增长点，为大众创业、万众创新提供环境，为产业智能化提供支撑，增强新的经济发展动力，促进国民经济提质增效升级。

2. “互联网+”的主要特征

(1)跨界融合。“+”就是跨界，就是变革，就是开放，就是重塑融合。敢于跨界了，创新的基础就更坚实；融合协同了，群体智能才会实现，从研发到产业化的路径才会更垂直。

(2)创新驱动。粗放的资源驱动型增长方式难以为继，必须转变到创新驱动发展这条正确的道路上来。这正是互联网的特质，用互联网思维来求变、自我革命，也更能发挥创新的力量。

(3)重塑结构。信息革命、全球化和互联网，已打破了原有的社会结构、经济结构、地缘结构、文化结构。

(4)尊重人性。人性的光辉是推动科技进步、经济增长、社会进步、文化繁荣最根本的力量，互联网的力量之强大，最根本的来源是对人性的最大限度的尊重、对人的体验的敬畏、对人的创造性发挥的重视。

(5)开放生态。推进“互联网+”，其中一个重要的方向就是要把过去制约创新的环节化解掉，把孤岛式创新连接起来，让研发由人性决定的市场驱动，让创业并努力者有机会实现价值。

(6)连接一切。连接是有层次的，可连接性是有差异的，连接的价值是相差很大的，但是连接一切是“互联网+”的目标。

5.5.2 “互联网+旅游”

1. 积极发展“互联网+旅游”

2015年8月4日，国务院办公厅印发《关于进一步促进旅游投资和消费的若干意见》，该意见首次系统提出积极推动“互联网+旅游”。2020年11月30日，文旅部、国家发改委等十部门联合印发的《关于深化“互联网+旅游”推动旅游业高质量发展的意见》，提出优化“互联网+旅游”营商环境，以数字赋能推进旅游业高质量发展。

丰富服务模式，拓宽发展空间。以“互联网＋旅游”为代表的旅游新业态快速发展，进一步推动了生产方式、服务方式、管理模式的创新，也丰富了产品业态，进一步拓展了旅游消费空间。大数据、云计算、移动通信和智能终端在旅游业的加速应用，既带来消费方式的变化，也改变了旅游服务的供给方式。

“互联网＋旅游”在提升游客体验方面的作用比较明显。景区通过数字化改造，完善分时段预约游览、流量监测监控、智能停车场等服务，让景区参观更有秩序，改善了游览体验；引入新科技丰富游览体验，运用智慧化管理提升景区服务，云旅游、云演艺、云娱乐、云展览等新业态蓬勃发展……当前，以互联网为代表的现代信息技术正带来旅游业的“蝶变”。

随着消费升级，人们外出旅游会更加注重文化、创意和科技的应用。在5G、大数据、云计算、人工智能、虚拟现实等新技术的带动下，旅游领域数字化、网络化、智能化将进一步深入推进，培育发展出更多新业态、新模式。

2. “互联网＋旅游”改写传统旅游格局

“互联网＋旅游”，不是简单的“＋互联网”，而是二者的融合。通过旅游“O2O”模式将线下的商务机会与互联网结合，让互联网成为线下交易的平台，线上服务与线下服务的融合，发挥互联网在游前、游中、游后优势，同时通过线上的信息展示、营销、互动、决策、预订、支付等反作用于线下旅游体验服务的加强，形成线上线下服务体验的闭环过程。信息化时代旅游业态无论在速度、广度和深度上都在蜕变中。

“手机在手，说走就走”，传统服务与现代科技有机对接，智能化与人工化合而为一，将开创“互联网＋旅游”的新境界、新天地。

- 旅游消费：从信息搜索、产品订购到网上支付，从旅途导航、导游、导玩、导吃到导购，从反馈、评论、投诉到旅友交流等，都可以通过一部手机搞定，实现旅游生活智能化。
- 旅游经营：从市场调研、设计产品到市场营销，从接待服务、行程调控到安全监控，从客户管理、财物管理、人力管理到绩效管理，实现旅游商务经营数字化。
- 旅游管理：从政务发布、行业管理到市场监管，从宣传推广、调查统计到客流监测，都可以通过网络完成，实现政务治理信息化。

但也要看到，“互联网＋旅游”会改变旅游的服务、经营和管理的方式与形态，但旅游的本质不会变——人在异地的流动体验，而体验的核心是文化；“互联网＋旅游”不会改变旅游的核心环节：通过旅途中人与人、面对面的服务与交流，进而实现文化的体验、沟通与交流。信息技术使人便捷，但不会给人以智慧，智慧要靠人在旅途中的心游、神游。

5.5.3 智慧旅游概述

1. 智慧旅游的含义

自从IBM提出智慧地球的概念，“智慧”二字就被赋予了时代的新意。以数字为基础和媒介的海量信息被视为“智慧”并应用到各个领域。

智慧旅游，也被称为智能旅游，就是利用云计算、物联网、大数据等新技术，通过互联网/移动互联网，借助便携的终端上网设备，主动感知旅游资源、旅游经济、旅游活动、旅游者等方面的信息，及时发布并让人们能够及时了解这些信息，及时安排和调整工作与旅游计划，从而达到对各类旅游信息的智能感知、方便利用的效果。简单地说，就是游客与网络实时互动，让游程安排进入“触摸时代”。

智慧旅游强调以旅游和信息技术的融合为基础，通过建立智慧旅游平台，借助“互联网+”切入传统旅游产业，打造数据生态，并服务于旅游各参与方。智慧旅游在更大的格局下，利用物联网、云计算、大数据等最新技术，全面提升感知和利用信息的能力，及时传递、整合、交流、使用旅游目的地的各类信息，提高物与物、物与人、人与人的互联互通，从而能够极大提高政府旅游管理水平，提高商家的服务能力和运营效率，为群众和游客提供极大的便利，提升旅游体验，成为下一波“互联网+旅游”的热点。

2. 智慧旅游的发展背景

智慧旅游的快速发展，有两大前提背景：一是旅游发展背景，旅游大众化、多样化、散客化的需求，自助游、自驾游等自由行旅游方式需要提供方便化的旅游服务；二是技术发展背景，新一代信息通信技术和人工智能的发展及普遍运用，为智慧旅游提供了强有力的技术支撑。

智慧旅游的核心是解决行业各参与方的市场需求，智慧旅游业务成功的关键在于对市场需求的准确把握。针对游客、旅游企业、政府部门的多种不同需求，智慧旅游形成了游客服务（线上+线下）、企业营销和政府管理三大体系。智慧旅游从用户旅游前的资讯、旅游中的服务、旅游后的分享全过程的体验提升的角度，以互联网和信息化技术，将吃、住、行、游、购、娱、甚至更全面的信息，以及线上线下的服务和商家整合在大数据云平台上，真正实现“一点接触、全面服务”。所以说，智慧旅游将从本质上重构旅游产业链。

文旅部、国家发改委等十部门印发的《关于深化“互联网+旅游”推动旅游业高质量发展的意见》，提出，到2025年，国家4A级及以上旅游景区、省级及以上旅游度假区基本实现智慧化转型升级。

3. 智慧旅游未来发展趋势

“十四五”时期，将分三方面加快推进智慧旅游建设：一是推进智慧旅游景区建设，推动实现国有旅游景区全部提供在线预约预订服务；二是规范引导智慧旅游公共服务平台建设发展，在为老年人等特殊群体保留线下服务的基础上，开发专门的应用程序和界面，优化使用体验；三是培育新业态新模式，通过推动景区、博物馆等发展线上数字化体验产品，让文化和旅游资源借助数字技术“活起来”，培育云旅游、云演艺、云娱乐、云直播、云展览等新业态，打造沉浸式旅游体验新场景。

2023年4月11日，工业和信息化部、文化和旅游部共同印发了《关于加强5G+智慧旅游协同创新发展的通知》，协力推进5G在智慧旅游领域的创新应用。提出到2025年，我国旅游场所5G网络建设基本完善，5G融合应用发展水平显著提升，产业创新能力不断增强，5G+智慧旅游繁荣、规模发展。

5.5.4 智慧旅游的内容

智慧旅游的“智慧”，体现智慧服务、智慧管理、智慧营销三个方面。

1. 智慧服务

智慧旅游从游客出发，通过信息技术提升旅游体验和旅游品质。游客在旅游信息获取、旅游计划决策、旅游产品预订支付、享受旅游和回顾评价旅游的整个过程中都能感受到智慧旅游带来的全新服务体验。智慧旅游通过基于物联网、无线技术、定位和监控技术，实现信息的传递和实时交换，让游客的旅游过程更顺畅，提升旅游的舒适度和满意度，为游客带来更好的旅游安全保障和旅游品质保障。

从旅游者的角度出发,智慧服务主要包括导航、导游、导览和导购四个基本功能。

(1)导航。将位置服务(LBS)加入旅游信息中,让旅游者随时知道自己的位置。智慧旅游将导航和互联网整合在一个界面上,地图来源于互联网,而不是存储在终端上,无须经常对地图进行更新。当GPS确定位置后,最新信息将通过互联网自动弹出,如交通拥堵状况、交通管制、交通事故、限行、停车场及车位状况等,并可查找其他相关信息。

(2)导游。在确定了位置的同时,在网页上和地图上会主动显示周边的旅游信息,包括景点、酒店、餐馆、娱乐、车站、活动、朋友/旅游团友等的位置和大概信息,如景点的级别、主要描述等,酒店的星级、价格范围、剩余房间数等,各项活动的地点、时间、价格范围等,餐馆的口味、人均消费水平、优惠……

(3)导览。智慧旅游则像是一个自助导游员,有比导游员更多的信息来源,如文字、图片、视频和3D虚拟现实,戴上耳机就能让手机/平板电脑替代数字导览设备。点击感兴趣的对象(景点、酒店、餐馆、娱乐、车站、活动等),可以获得关于兴趣点的位置、文字、图片、视频、使用者的评价等信息,深入了解兴趣点的详细情况,供旅游者决定是否需要它。

(4)导购。经过全面而深入的在线了解和分析,已经知道自己需要什么了,那么可以直接在线预订(客房/票务)。只需在网页上自己感兴趣的对象旁单击"预订"按钮,即可进入预订模块,预订不同档次和数量的该对象。由于是利用移动互联网,游客可以随时随地进行预订。

2. 智慧管理

智慧旅游将实现传统旅游管理方式向现代管理方式转变。通过信息技术,可以及时准确地掌握游客的旅游活动信息和旅游企业的经营信息,实现旅游行业监管从传统的被动处理、事后管理向过程管理和实时管理转变。

智慧旅游将通过与公安、交通、工商、卫生、质检等部门形成信息共享和协作联动,结合旅游信息数据形成旅游预测预警机制,提高应急管理能力,保障旅游安全。实现对旅游投诉以及旅游质量问题的有效处理,维护旅游市场秩序。

智慧旅游依托信息技术,主动获取游客信息,形成游客数据积累和分析体系,全面了解游客的需求变化、意见建议以及旅游企业的相关信息,实现科学决策和科学管理。

智慧旅游还鼓励和支持旅游企业广泛运用信息技术,改善经营流程,提高管理水平,提升产品和服务竞争力,增强游客、旅游资源、旅游企业和旅游主管部门之间的互动,高效整合旅游资源,推动旅游产业整体发展。

3. 智慧营销

智慧旅游通过旅游舆情监控和数据分析,挖掘旅游热点和游客兴趣点,引导旅游企业策划对应的旅游产品,制定对应的营销主题,从而推动旅游行业的产品创新和营销创新。

智慧旅游通过量化分析和判断营销渠道,筛选效果明显、可以长期合作的营销渠道。

智慧旅游还充分利用新媒体传播特性,吸引游客主动参与旅游的传播和营销,并通过积累游客数据和旅游产品消费数据,逐步形成自媒体营销平台。

案例 5.5

"互联网+龙门"的世界很精彩

2015年7月15日,"互联网+龙门"智慧景区上线运营开启仪式在龙门石窟大石门广场举行。腾讯网、腾讯新闻客户端向全球直播仪式进程,世界各地的9亿QQ用户会共同见证了这一历史时刻。

按照腾讯与龙门石窟的合作思路，双方将依托腾讯丰富的用户资源、成熟的云计算能力和微信、QQ等社交平台产品，充分整合双方的优势资源，把腾讯的互联网技术及资源与龙门石窟产业有机连接起来，以“互联网＋”解决方案为具体结合点，让“互联网＋”成为保护传承历史文化的新动力。

“互联网＋龙门”智慧景区首期项目，以龙门石窟官方微信服务号为主要依托，实现了四个板块、十项产品的上线启动。具备互联网＋购票、互联网＋游园、互联网＋管理、互联网＋宣传四大功能板块，借助互联网手段，实现微信购票、微信入园、语音导游、在线客服等功能，通过便捷性、趣味性、互动性的改变，为游客带来从入园前到出园后的全流程智慧体验。

一、互联网＋购票

游客可以通过手机实现自主购买电子票，方式包括在龙门石窟官方微信服务号内购票、景区入口购票墙扫码购票、在各类宣传广告等媒介上扫码购票等。这样，可以避免游客在高峰期排队购票之苦，快捷、方便，同时减轻了景区的售票压力，可以一举两得。

二、互联网＋游园

游客可以体验三大类十项产品。具体包括：

(1)通过扫码方式通过闸机，实现3秒自助快速入园，减少排队等候时间。

(2)通过向龙门石窟官方微信服务号回复景点数字编码，即可体验对应的景区内64个景点的语音讲解、文字及图片说明。

(3)通过微信摇一摇功能，游客可以体验首期八项互动体验项目，增加在游览过程中的乐趣：

一是在大石门南侧的绿化景观内，摇出带有趣味性的松林拼图小游戏。

二是在龙门桥下，摇出互动游戏“测一测与哪尊佛像最有缘”。

三是在宾阳北洞，摇出互动游戏“与剪刀手大佛”合影。

四是在万佛洞，摇出体验“360°全景洞窟”。

五是在奉先寺，摇出互动游戏“拜卢舍那、上心香”。

六是在古阳洞，摇出互动体验“龙门送您祈福魏碑”。

七是在古阳洞南至漫水桥间，摇出互动游戏“龙门石窟百科知识竞赛”。

八是在礼佛台，摇出互动体验“心语心愿：卢舍那下许心愿”。

三、互联网＋管理

可以实现两大功能：一是设立微信在线客服，实时可以与游客保持互动沟通，快速高效地解决游客咨询、诉求、求助等方面的事宜，不让一位游客在龙门受到委屈；二是统一管理智慧龙门平台，通过不断积累游客的大数据，利用后台数据分析，根据游客的来源、消费习惯、性别、年龄等有效信息，开展有针对性的旅游推介、旅游服务等，并逐步探索“龙门石窟＋”的新服务模式。

四、互联网＋宣传

腾讯方面表示，将充分发挥自身互联网强势宣传渠道和影响力的优势，借助腾讯网、微信、微博、客户端等手段，对8亿QQ用户、6亿微信用户开展高密度的立体宣传，塑造龙门石窟良好的品牌新形象。

（资料来源：根据相关网络资料整理）

5.6 跨界融合与旅游新业态

5.6.1 旅游业的融合创新

1. 融合创新是大势所趋

全球性的疫情对敏感性极强的旅游业的影响是巨大的。融合创新是产业高质量发展的关键,新思维带来新变革,新变革产生新业态,新业态带来新机遇。旅游行业在发展瓶颈中要主动寻找突破,借助科技的力量,通过与相关产业的深度融合,不断拓宽产业边界,开辟新的发展空间,捕捉消费主力的偏好,弥补传统旅游业的短板,形成新的旅游业态,打造符合市场需求的高质量旅游产品。

随着消费升级和新一代消费主力的崛起,人们对文旅产品的需求不再满足于观赏性,而是求新、求异、求趣、求回味。旅游业的数字化以及生活化转变,在满足了消费者新需求的同时,也提供了行业发展的驱动力。

文旅行业的灵活性让业态的融合更高效、更切合实际。“文旅+研学”“文旅+游戏”“文旅+文创”“文旅+教育”“文旅+体育”“文旅+农业”等新型业态布局的加快,科技、时尚、文化、生态……当这些元素与旅游发生碰撞,创造了新型旅游场景和业态。它们不仅成为景区的“流量新密码”,而且正成为一种新方式,引领旅游业转型变革、突破创新。

2. 旅游业发展新趋势

(1)休闲度假成为消费热点。《2021年中国休闲度假产业发展趋势报告》指出,在国际旅游停摆的背景下,国内休闲度假产业成为承接境外旅游消费回流的“主力军”;在中短途旅游支撑旅游业复苏的情况下,城市休闲和乡村度假成为满足城乡居民基本旅游需求的“压舱石”。休闲度假选择的多样化促进了休闲度假供给的多元化,在休闲度假目的地的选择上,一些新兴的目的地正在脱颖而出。国人对休闲的重视程度越来越高,休闲已成为日常生活不可或缺的部分。旅游微度假迎来发展新机遇,呈现出“近距离、短时长、高频次”的新特征,城市微度假跟城市近郊游相比,距离更短,出行更环保,消费频次也更高。

(2)旅游业边界在不断扩展。旅游业属跨界、跨区域融合属性较强的行业,这几年行业边界越来越模糊,外延在不断扩展。例如,旅游与商业融合正成为时代发展趋势。一方面,为了应对日益激烈的线上竞争,线下商业纷纷进行场景体验升级,有了更多沉浸式、大型的娱乐项目;另一方面,旅游景区为了提升自身效益与游客黏性,也在丰富自身的商业业态。文旅商综合体是以文化、旅游、商业为核心吸引要素的大中型都市微旅游目的地,是目前对消费者而言造访频次最高,市场价值最大的一类商业形态。

(3)科技赋能旅游产业。“十四五”期间,数字文化、互联网+旅游、线上线下融合等成为政府推动旅游科技化的重点领域。5G、大数据、人工智能、区块链等技术在丰富旅游休闲体验、增加旅游休闲消费、提高旅游服务效率等方面发挥更大的作用。科技进步也创造出更为丰富的旅游休闲消费场景,提升旅游休闲消费的便利度。

(4)发展方式发生转变。未来旅游发展的走势是“三高三化”,即高消费、高质量、高科技,融合化、跨界化、平台化。微旅游、慢休闲、深度假成为未来非常具有发展前景的旅游产品;旅游世界和日常生活两者之间的界限变得越来越模糊,更多强调“+旅游”,让各个行业都在“+

旅游”过程当中，拓宽产业领域和提高产品附加值；数字化、智能化的旅游业的推动作用更为显著。

5.6.2　旅游度假区

1.旅游度假区的定义

2019年12月，文化和旅游部《国家级旅游度假区管理办法》中对旅游度假区做了新的界定，即“旅游度假区，是指为旅游者提供度假休闲服务、有明确的空间边界和独立管理机构的区域”。随着游客对深度体验需求的提高，休闲度假成为旅游业发展的重大方向。国家级旅游度假区的建设，对于促进旅游业由单一观光型向观光和度假休闲并重的复合型转变，完善我国的旅游产业体系、优化旅游产品结构、促进旅游产业升级转型具有重大的意义。

国家级旅游度假区和国家5A级旅游景区，已成为中国旅游高品质发展的双引擎之一。国家级旅游度假区属于国家级开发区，从规模、区域范围、影响度等方面，超过5A级旅游景区。综合来说，它们之间不同主要有以下四方面：

一是项目建设体系不同，5A级景区侧重景区整体服务水平，国家级旅游度假区侧重于度假产品建设。

二是5A级景区标准只涉及游客数量，国家级旅游度假区更关注游客过夜率。

三是5A级景区多是资源依托型景区，盈利来源依靠门票收入，而国家旅游度假区一般不设门票，主要盈利来源为度假体验。

四是投资规模不同，国家级旅游度假区投资规模要远远高于5A景区建设，因而国家级旅游度假区的数量远远少于5A景区。

2.旅游度假区等级划分

《旅游度假区等级划分》国家标准于2010年颁布，2011年正式实施，在推动各地度假业态发展，促进旅游业转型升级方面发挥了重要作用。“十四五”时期，我国全面进入大众旅游时代，人民群众休闲度假旅游需求不断增加，对品质的要求日益提高。为进一步突出度假特色，打造人民群众更加满意的旅游度假产品，需要从标准上对度假产品提质升级提出系统化要求，2022年《旅游度假区等级划分》(GB/T 26358—2022)修订颁布。

3.国家级旅游度假区评定

截至2023年5月，国家级旅游度假区共开展六次评定工作，有63家国家级旅游度假区榜上有名。

地域分布：63家国家级旅游度假区分布于23个省直辖市，约占全国行政区划的三分之二。

数量分析：浙江以8家入选，暂居榜首；江苏有7家入选，暂居第二；山东6家，暂居第三；其次是云南、四川、江西，分别为4家；广东、广西、河南、湖北、重庆、贵州、河北、上海、陕西、海南各有2家。

类型构成：河湖型有16家、山地型12家，海滨型有10家，温泉型有7家，综合型有6家，冰雪、森林、古城小镇型各2家，庄园型1家。

规划面积：差异较大，从8平方千米到数百平方千米不等。

核心资源：大多以休闲娱乐为主体，覆盖海滨、草原、温泉、康体运动、医疗保健等类型，尤其以自然生态环境如山地、湖泊、森林类为主。

5.6.3 城市休闲旅游

1. 城市休闲旅游成为新热点

近年来,随着双循环战略的实施以及后疫情时代的来临,居民生活休闲化、休闲消费本地化、游憩环境舒适化特征日趋显著。

国务院发布的《"十四五"旅游业发展规划》明确提出,要充分考虑游客和当地居民的旅游休闲需要,为群众提供旅游休闲新空间,培育文化特色鲜明、旅游休闲消费旺盛、生态环境优美的国家级旅游休闲城市,建设国家级旅游休闲街区,为城乡居民"微度假""微旅游"创造条件。

长期以来,我国旅游产业发展对"门票经济"的依赖特别明显,旅游产品建设、基础设施和服务设施的布局主要围绕重点景区布局,其综合功能不足、产品载体单一、消费弹性不够。进入大众旅游和城市休闲旅游时代后,在稳固传统优势景区地位的基础上,加快建设景城一体、主客共享、适居宜游、消费多元的新型旅游城市,正在成为各地提升城市竞争力和旅游产业高质量发展新的增长点。

2. 夜间文化和旅游消费集聚区

商务部《城市居民消费习惯调查报告》显示,我国60%的消费发生在夜间。中国旅游研究院调查显示,目前全国已经有200多个城市推出了夜游线路、夜间演艺、夜间展演等夜间文旅振兴计划。在夜间文旅消费需求的带动下,夜经济发展应该尽量和当地民情风俗充分结合,深入挖掘文化特色,整合非遗、餐饮、休闲文娱等全方位配套资源,打造沉浸式、交互式、可持续的夜经济品牌。

为贯彻落实《国务院办公厅关于进一步激发文化和旅游消费潜力的意见》(国办发〔2019〕41号),大力发展夜间文化和旅游经济,更好地满足人民日益增长的美好生活需要,2021年7月5日,《文化和旅游部办公厅关于开展第一批国家级夜间文化和旅游消费集聚区建设工作的通知》发布,对国家级夜间文化和旅游消费集聚区建设提出了具体要求:

(1)四至范围明确。有明确四至范围,街区、旅游景区、省级及以上文化产业示范园区商业区域的占地面积应不超过三平方千米,文体商旅综合体商业面积应不低于一万平方米。

(2)业态集聚度高。文化和旅游业态集聚,产品和服务供给丰富,夜间文化和旅游消费人次及消费规模较大。街区、文体商旅综合体、省级及以上文化产业示范园区商业区域内夜间营业商户中的文化类商户数量或营业面积应占比不低于40%;旅游景区提供夜间游览服务的天数较多,夜间营业的文化娱乐设施项目数量或游览面积应占比不低于40%。

(3)公共服务完善。夜间社会治安、照明、卫生、交通、移动通信情况良好;夜间出行便利度较高,有基本满足消费者夜间出行需求的公共交通服务;区域范围内及周边区域合理设立基本满足消费者夜间停车需求的停车位。

(4)品牌知名度较高。区域内夜间文化和旅游消费活动形式多样、内容丰富,形成集聚效应、品牌效应,在本地居民及外地游客中具有较高的知名度和较强的吸引力。街区、文体商旅综合体、省级及以上文化产业示范园区商业区域内文化类商户营业收入较高;旅游景区经营状况较好,年旅游人次、年营业收入及盈利水平较高。

(5)市场秩序规范良好。文化和旅游市场秩序良好,消费环境诚信守法、文明有序、健康绿色,消费者夜间消费维权便利。近三年(营业不足三年的自营业之日起)区域范围内文化和旅游企业、项目和设施在内容安全、生产安全、食品安全、生态环境等方面没有出现较大违法违规问题。

(6)政策环境良好。所在地级市、副省级市或直辖市市辖区(县)重视发展夜间文化和旅游经济,合理规划文化和旅游消费场所设施空间布局,推进包容审慎监管,营造良好营商环境,引导市场主体创新夜间文化和旅游消费业态;对申报对象予以重点扶持,制定实施资金奖补等优惠政策。

3. 旅游休闲街区

根据 2021 年文化和旅游部颁布的《旅游休闲街区等级划分》,旅游休闲街区是指"具有鲜明的文化主题和地域特色,具备旅游休闲、文化体验和公共服务等功能,融合观光、餐饮、娱乐、购物、住宿、休闲等业态,能够满足游客和本地居民游览、休闲等需求的城镇内街区"。旅游休闲街区可分为特色商业街区、娱乐休闲街区、历史文化街区。旅游休闲街区基本特征是:

(1)兼顾主客需求。旅游休闲街区建设将极大丰富旅游公共文化设施,而旅游休闲面对的市场一般是本城区、短距离、小半径的,因而休闲街区建设首先满足了本地居民的休闲需求。同时休闲街区建设强调"主客共享",各地休闲街区开展的各种线上线下文化体验活动,游客和市民都能参与其中,同时满足了外地游客交际会友的需求,当地市民游玩增添当地气息的同时,也成为游客游玩过程中一道亮丽的景观,因而旅游休闲街区的建设满足了当地居民和游客的游览、休闲需求。

(2)文化特色鲜明。《旅游休闲街区等级划分》提出了不少具体要求,如具有地方文化或创意文化的业态比例不应少于 40%;街区内应有展示城市与街区历史文化风貌的文化符号;应有本地特色的节事活动;要梳理文化资源、挖掘文化特色,并融入休闲体验的各个环节;应有地方餐饮文化展示体验。注重特色、强调特色对应的休闲度假旅游市场的个性化、品质化、层次化要求,旅游休闲街区作为一个地方文化展示的窗口,必须要具备鲜明的文化主题和突出的地域特色。

(3)多元业态融合。《旅游休闲街区等级划分》指出旅游休闲街区必须融合包括"旅游六要素"在内的多元业态。随着社会的发展及人们生活水平的提高,游客的消费需求也日趋多元化,并逐渐向深度体验游发展,旅游业态越丰富的地方游客的停留时间越长。因此在旅游休闲街区的建设过程中可通过现代化、多元化、个性化的产品供给,针对顾客需求配置产品业态,促进居民消费意愿提升,同时拉动夜间旅游的发展。

(4) 时空开放共享。旅游休闲街区由街道、广场、公园等建筑设施构成,是具有开放性的空间形态,一般具有良好的可进入性,非常方便游客出入游玩。旅游休闲街区的开放性是各地游客到来并游玩消费的重要前提和基本条件,有利于增加游客的流通量,有助于提高休闲街区知名度和创造更多经济效益。

案例 5.6

"不倒翁小姐姐"晃动出了大唐不夜城的璀璨辉煌

西安是唐朝的首都,同样也是六朝古都,是国内知名的文化旅游目的地。大唐不夜城位于西安大雁塔脚下,借助西安本身拥有大量游客量的优势,大唐不夜城定位于夜游项目,以金碧辉煌的灯饰包装打造不夜城。

但在 2019 年,西安走红不是靠兵马俑与古城墙,而是靠大唐不夜城的不倒翁小姐姐冯佳晨。大唐不夜城巧妙地培育出"不倒翁小姐姐"等行为艺术表演,再依托网络平台实现裂变传播,形成了全新的IP。打造了顶级的体验式旅游体验。“不倒翁小姐姐”走红后,日均人流量增加了十多万。

一、寻找差异,成功引流

大唐不夜城定位是夜游经济,不夜城通过现代的灯光科技与艺术,再现大唐盛景,完全不同于古色古香、以餐饮为主的回民街。借西安的客流量,将白天的客流引到不夜城,取得了新的发展空间。

二、改变传统业态,注入新元素

传统的商业步行街以餐饮、住宿、商店为主要业态。旅游2.0时代,传统的逛景点买东西、吃喝住宿的旅游项目已无法满足游客尤其是年轻游客的需求。大唐不夜城将创意表演、歌手和网红项目引到不夜城,深受年轻游客喜爱。

三、力聚一点,全面爆破

大唐不夜城有很多表演项目,但人们熟悉并记住的就是不倒翁小姐姐冯佳晨。管理方将所有的焦点都放在冯佳晨身上,通过将一个人包装成网红引流,带动整个项目的客流量。

四、成功引客,流量叠加

抖音算法的机制就是越多人在这个地方拍摄视频,这个地方视频数量越多,质量越高,那么流量分配就越多。冯佳晨在第一波流量形成后,游客慕名而来,不断地拍摄视频放上平台,引发了流量叠加。拍个“不倒翁小姐姐”的视频就可以获赞十几万,这对喜爱社交媒体的年轻人来讲几乎是致命的吸引力。所以,许多网红争相自发来拍摄。大唐不夜城的表演不是传统的歌舞,它们更年轻、更具传播性,这些表演正是网络喜欢的,抖音等自媒体平台是它们传播的最佳载体。

(资料来源:根据相关媒体资料改编)

5.6.4 田园综合体

1. 田园综合体是乡村旅游的升级版

田园综合体是集现代农业、休闲旅游、田园社区为一体的乡村综合发展模式,目的是通过旅游助力农业发展、促进三产融合的一种可持续性模式。

我国乡村旅游发展经历过乡村观光(看)、乡村休闲(玩)、乡村度假(住)几个阶段后又出现了乡村旅游+(复合型)的新模式,即以田园综合体、特色小镇、特色民宿为综合体系的乡村旅游开发,形成了乡村观光、休闲、度假的复合性功能结构,产业边界逐渐模糊。

2017年2月5日,“田园综合体”作为乡村新型产业发展的亮点措施被写进中央一号文件,“支持有条件的乡村建设以农民合作社为主要载体、让农民充分参与和受益,集循环农业、创意农业、农事体验于一体的田园综合体,通过农业综合开发、农村综合改革、转移支付等渠道开展试点示范。”

2. 田园综合体的特征

(1)以产业为基础。田园综合体以农业为基础性产业,企业承接农业,以农业产业园区发展的方法提升农业产业。

(2)以文化为灵魂。田园综合体要把当地世代形成的风土民情、乡规民约、民俗演艺等发掘出来,让人们可以体验农耕活动和乡村生活,还原村子原貌。

(3)以体验为活力。将农业生产、农耕文化和农家生活变成商品出售,让城市居民身临其境体验农业、农事，满足愉悦身心的需求，形成新业态。

(4)创新乡村消费。旅游业作为驱动性的产业选择，带动乡村社会经济的发展，一定程度地弥合城乡之间的差距。

(5)实现城乡互动。田园综合体正是一种实现城市与乡村互动的商业模式。关于城乡互动，最直接的方法就是在空间上把城市人和乡村人“搅合”在一起，在行为上让他们互相交织。文化得以弥合，才是人的乡村化。

3. 田园综合体空间布局

(1)农业产业区。生产性主要功能部分，为综合体发展和运行提供产业支撑和发展动力的核心区。

(2)生活居住区。城镇化主要功能部分，农民、工人、旅行者等人口相对集中的居住生活区域。

(3)文化景观区。吸引人流、提升土地价值的关键，以田园景观、农业生产和优质农产品为基本主题。

(4)休闲聚集区。满足客源各种需求的综合产品体系，使城乡居民能够享受休闲体验乐趣。

(5)综合服务区。城镇化支撑功能，为综合体各项功能和组织运行提供服务保障的功能区域。

5.6.5 沉浸式旅游

1. 沉浸式体验

放眼国内，“沉浸式体验”几乎覆盖文旅新兴消费的所用领域，已经成为人们对旅游消费的新需求，正成为文旅产业的下一个“风口”。根据《2020中国沉浸产业发展白皮书》显示，沉浸业态已经从2018年的21种增长为35种，包括：沉浸式密室逃脱、沉浸式新媒体艺术展、沉浸式自习室、沉浸式剧场、沉浸式真人游戏、沉浸式演艺、虚拟现实乐园、沉浸式亲子剧、沉浸式感官体验、沉浸式营销、沉浸式戏曲、沉浸式餐厅、沉浸式主题环境、沉浸式魔术、沉浸式综合体、沉浸式教育、沉浸式音乐、沉浸式博物馆、沉浸式节庆活动、沉浸式派对、沉浸式景区、沉浸式亲子乐园、沉浸式照相馆、沉浸式室内乐园、沉浸式婚礼、沉浸式健身、沉浸式夜游、沉浸式集市、沉浸式酒吧、沉浸式心理疗愈、角色扮演游戏。

沉浸式旅游项目，通过VR场景等应用，再加上虚实结合的空间营造，共同打造出沉浸式的叙事环境，让人体验到感官的震撼、情感的共鸣、思维的认同。比如常见的沉浸式剧本杀、剧情体验主题娱乐场馆和VR实景游戏，都是近几年比较火的沉浸式体验。

2. 沉浸式旅游的表达方式

总结目前的沉浸式旅游，主要有场景故事沉浸、技术互动沉浸、心灵感受沉浸、教育体验沉浸四种方式。

(1)场景故事沉浸。沉浸不仅仅是科技沉浸，更重要的是场景革命。通过场景的营造塑造沉浸感至关重要。面对80后、90后这样的个性化市场，旅游开发需要有革命性的开发思路和突破式的开发路径。旅游场景应该更具沉浸感，围绕文旅故事主题，实现场景的营造，使旅游者有身临其境的感觉。

(2)技术互动沉浸。近些年，元宇宙、VR和AR等技术深入文旅项目中，不再仅仅是空洞的概念，而是实实在在的多感官奇妙体验，无论是爬上珠峰，潜入深海，去外太空来场星球大战，只要戴上VR眼镜即可一秒置身于电影中的虚拟场景，随意切换成任何角色，穿梭过去与未来。文旅项目也开始聚焦年轻家庭和活力青年，引入各种新科技，VR体验馆、全景展示等，把旅游目的地打造成为以科技创新、潮玩体验、活力社交、亲子共创的新潮体验和数字化社交生活空间。

(3)心灵感受沉浸。在城市工作、生活的快节奏和强压下，催生出了巨大的减压市场，花钱买快乐、买放松成为城市新生代年轻人消费的热点，强调心灵感受的沉浸业态层出不穷，文旅项目也频频聚焦减压和治愈业态，宣泄情绪、治愈心情等业态出现细分趋势，如萌宠治愈、国潮服饰体验馆和摄影馆、音乐治愈、运动治愈等。毫无疑问，体验类场馆能够凭借其新奇玩法迅速吸引喜欢尝鲜的年轻消费群体。

(4)教育体验沉浸。随着85后、90后新生代家长成为亲子消费主力军，对形式新颖的亲子体验具有较强的付费意愿，场景体验、情感体验位居潮头，儿童亲子业态整体呈现纵深化、细分化、品质化、复合化发展趋势。生活在城市的亲子家庭，每周都要考虑带孩子去哪里玩的问题。“家长陪同经济”下，城市中也陆续出现“亲子＋”服务潮业态、儿童场景式体验消费、亲子文旅综合体等。

3. 沉浸式旅游的应用场景

目前，沉浸式文旅项目种类繁多。比如，沉浸式博物馆、沉浸式演艺、沉浸式展览、沉浸式农业园区和景区，充分体现了文化＋科技的魅力；沉浸式主题公园、沉浸式体验馆/密室、沉浸式灯光秀等，完美放大了旅游＋科技的娱乐效果；沉浸式夜游产品，因其强烈的画面感和代入感，极具“身临其境”般互动和娱乐体验。

随着新技术在文旅领域的应用，以历史文化、古迹资源为依托的“文旅1.0”，迅速向以科技为驱动的“文旅2.0”转型，沉浸式博物馆应运而生。越来越多的博物馆通过新技术展示历史文化，如全息投影、互动投影、虚拟现实、三维立体等，给参观者营造一种视听觉上的全新体验。

以中国大运河博物馆为案例，通过重塑大型沉浸式古代场景，让观众回溯千年的历史；设计“知识展示＋密室逃脱”的互动体验，让观众在游戏的乐趣中获得个性化的文化教育体验；打造360°多媒体循环剧场，让观众在多维的空间中全面感知文化生命力，使博物馆的文化教育和娱乐体验达到最佳融合。

在沉浸式古代场景复原方面，在“运河上的舟楫”展厅中，创造两种截然不同的体验空间。舟楫模型展览展示空间，通过互动屏、AR增强现实等多媒体交互技术展现古代舟楫的卓越风姿，打造“活起来”的展示空间。沙飞船多媒体体验空间，重塑大型古代舟楫，还原古代城市特色场景，打造虚实结合的古代大型沉浸式体验剧场。独创“三维版画”数字媒体语言，通过多视角的递进体验，营造“人在画中游”的沉浸式体验。在360°多媒体循环剧场上，以“循环时空”作为设计理念，创造移步换景的流动参观体验。以一艘船作为环幕媒体的视觉焦点，连接历史时间与展厅空间，通过循环环幕、循环造景、循环故事的方式串联起“水、运、诗、画”四个文化主题。

案例 5.7

古风全景沉浸式剧本杀

- 北京首家大型沉浸式实景剧本杀。
- 换上一套衣服，拿到一个剧本，烧脑探案，体验另一场人生故事。
- 实景客栈，实景推理，机械解谜，换装随手拍大片。

续表

剧本	雅筑·十二时辰 (1)2天1晚 (2)大型剧场 (3)实景推理 (4)机械解谜 (5)仙侠古风 (6)专业npc(非玩家角色)带你在线飙戏
故事背景	大宋年间,朝廷动荡不堪,外有强国虎视眈眈,内有奸臣执掌大权,九大门派受邀相聚北京怀柔雅筑,是一次群雄争锋的盛会,还是一场蓄谋已久的阴谋?逆天法宝重现江湖,又能否再次掀起一回血雨腥风?是做横刀立马的英雄,还是看破红尘的侠客,命运将有你来决定…… 各大门派齐聚,争夺武林盟主之位 谁能独领风骚,称霸武林
过关斩将	1. 机械解谜:一共三条支线,通过解密完成主线任务,获得武力值,武力数值在第二天的拍卖环节会非常有用。 2. 推凶还原:环环相扣的故事环节,耐人寻味的推理,带入感满分,能不能保护自己并完成任务,就全靠你的"演技"了。
剧本杀游玩攻略	(2天1晚) Step1:预约——选取角色 Step2:到店——办理入住——发剧本——换装——妆发 Step3:剧本体验(1 000平方米实景宋朝沉浸式剧本杀+精品住宿+精美三餐) Step4:体验结束,合影留念
接待标准及价格说明略	

(资料来源:根据相关媒体资料改编)

5.6.6 元宇宙旅游

1. 元宇宙与沉浸式旅游

元宇宙(Metaverse),是人类运用数字技术构建的,由现实世界映射或超越现实世界,可与现实世界交互的虚拟世界,具备新型社会体系的数字生活空间。随着元宇宙概念的大火,近年来各行各业都刮起了一股元宇宙风。

随着人们追求高度沉浸式体验的不断升级,对生活娱乐体验、旅游体验、工作体验等相关体验产品的需求越来越高,普通的浅层次的体验产品已经无法满足体验消费需求。"沉浸感"作为元宇宙的主要"卖点"之一,也正是沉浸式旅游的核心内容。

元宇宙概念实质是沉浸式体验的一种形式,它与沉浸式体验彼此融合、相互促进。元宇宙的兴起为沉浸式旅游指明了发展方向,对沉浸式旅游的带动更是明显而直接的。元宇宙所形成的具有高度沉浸感的科技手段和营造手法,通过实景再现的方式,构建写实性故事情景的游览观赏、体验娱乐场景,营造具有真实感的物理空间,给游客创造一个超脱于常态生活的沉浸式休闲度假空间,提供的是实景化的真实世界沉浸式体验,并利用真实的演职人员和旅游演艺产品,让游客完成角色扮演、身份转变、情绪交流、文化探索、情景消费等真实且具有温度的体验。

2. 元宇宙赋能文旅产业

元宇宙是科技发展的结果,科学技术的进步是推动元宇宙概念的基础支撑。数字化时代的到来,使元宇宙成为沉浸式体验的新亮点和趋势,为文旅行业开辟了新的发展空间。

(1)沉浸体验化。在元宇宙中,人们对空间的感知建立在 VR、AR、MR 等技术所生成的实时动态三维图像之上,立体逼真的画面和全景自由的视域范围会带来高度的沉浸感,让人产生身临其境的数字化空间感知。通过 AR、XR、VR 等设备,游客可以全方位沉浸式地游览景点、欣赏文物,多角度挖掘文旅产业的价值。比如各地博物馆通过 AR 应用改变了展览的形式,借助应用程序让历史文物"原地复活",让游客充分感受到它们的魅力。

(2)边界延伸化。元宇宙将扩展旅游目的地的边界,将游客带向更大的虚拟世界。原本只能依靠文学、影视或游戏描述的场景、人物和情节,在元宇宙中具备了接近真实感体验的全新接触方式。如果说,传统的文旅项目只是让游客看到了一个建筑的外观,那么元宇宙则是让游客真正走进这座建筑,去参观它的布局陈设、木料材质,感受它的文化底蕴,甚至能探访它的历史,重现曾经生活在这里的人的生活场景。

(3)数字资产化。文化和旅游资产可以通过元宇宙,使景区空间场景虚拟重构、文创数字重构等成为可能,一方面既解决了某些旅游吸引物不可再生的问题,另一方面又通过重构使其具有数字资产的价值。现有的数字藏品就是资产化的形式之一。

(4)交互高效化。元宇宙不再是单一维度的数字人际网络和个人独享的虚拟场景,元宇宙的虚拟环境更多注重网络化的高度连接和可感知的视觉数字化身,凭借连续不间断的用户社交关联属性构建出一种沉浸式网络。在 AR、VR 等多个高新技术的加持下,旅游不再单一,消费者可以在体验的过程中带入自己,沉浸式无延迟的社交是元宇宙社交的优势,让交互更加真实、更加"身临其境"、更加高效。

(5)分身虚拟化。元宇宙"通过身份映射实现身份异构化"的理念,与当下旅游业发展中的一些现象相契合。旅游者通过在虚拟世界身份的异构化获得全新的体验,在此基础上叠加社交属性,进而实现基于身份的映射的互动。这个身份凭证界定不会依赖于现实真实身份,亦不会以虚拟的社会关系取代现实社会关系,元宇宙时代会带来一种线上与线下融合的新型社会关系。

案例 5.8

上海迪士尼"西游元宇宙超体空间 SoReal VR"

2022 年 9 月 10 日,全球首座在迪士尼度假区内运营的大型 XR 项目——"超体空间 SoReal VR"在迪士尼小镇盛大开幕,该项目是以西游为 IP 打造的全沉浸式 XR 体验项目。

"超体空间 SoReal VR"坐落在迪士尼小镇,以西游"齐天大圣"为 IP 贯穿体验全程,共分上下两层。一层包含西游降魔——起源之战、天宫竞技场——量子冲突、齐天幻境、奇境历险记、疾速空间等大空间行走多人沉浸式 VR 互动体验及六大 XR 创新载具体验。

为了给玩家提供画面更逼真、操作更流畅、行动更敏捷,以及场地更不受限制的电竞游戏新体验,在超体空间 SoReal VR 布局全新的 5G 边缘计算解决方案。玩家不再需要背负沉重的电脑背包,只需戴上轻便的 VR 头显就可以轻松探索无界虚拟世界。5G 技术带来的超高速、低时延的网络连接能力,将延迟降低至毫秒级,让眩晕感趋近于零,给玩家带来身临其境的逼真视效。移动滑块、水雾系统、震动平台、热源风机等设备的组合运用,让玩家在游戏过程中真实感受到山风、火源、瀑布等自然环境带来的体感效果，获得的不仅是视觉上的冲击，而是全感官的沉浸式体验。此外，"鱼贯式"技术的突破，可以实现多组玩家同时在线，避免其他游客等待的时间过长，体验感大大提升。

"超体空间 SoReal VR"二层为以"齐天大圣诞生，纵览世间百态，顿悟成佛"为主线的沉浸式艺术空间光影秀。这场全国独一无二的光影秀通过绚丽、自由的视听表现与实时互动，创造出四种空间状态的转化，以别具一格的艺术表达形式呈现齐天大圣由诞生到顿悟的过程。3D扫描、三维全息影像、雷达互动等前沿技术的运用，带给观众视觉盛宴的同时，也让大家体验到科技带来的诸多妙趣，为观众呈现出无与伦比的璀璨光影。

此外，"超体空间 SoReal VR"还集合了新型社交餐饮、潮流艺术购物等空间，满足到访游客多种"新鲜"需求，给游客们制造诸多惊喜。

（资料来源：根据相关媒体资料改编）

5.6.7 旅游演艺

1. 旅游演艺拥抱"诗"和"远方"

旅游演艺是文旅融合的重要抓手。经历30多年的发展特别是近十余年的快速发展，旅游演艺已成为全国各大景区的"标配"。2019年，文化和旅游部印发《关于促进旅游演艺发展的指导意见》，将推进旅游演艺的转型升级作为首要任务。

业界一般把中国旅游演艺发展分为以下几个阶段：首先是城市剧场的驻场表演，最早可以追溯到20世纪80年代在西安问世的《仿唐乐舞》；然后是主题公园演出，以20世纪90年代深圳华侨城的《龙凤舞中华》等为代表；2004年第一部山水实景演出《印象·刘三姐》的诞生，真正掀起全国旅游演艺发展高潮，旅游演艺进入第三阶段，《印象系列》《千古情系列》等旅游演艺百花齐放。目前，"沉浸式演出"又成为旅游演艺的新主流，《又见平遥》《只有河南·戏剧幻城》等演艺方式不断出新。

2. 沉浸式旅游演艺

随着人们对旅游体验中互动性和参与性要求的不断提高，沉浸式旅游演艺以其特有的互动体验、专属情境、艺术情调，日益受到游客的喜爱，成为旅游目的地引客的新方式。2020年，《文化和旅游部 关于推动数字文化产业高质量发展的意见》中明确指出："开发沉浸式旅游演艺、沉浸式娱乐体验产品，提升旅游演艺、线下娱乐的数字化水平。"

调查表明，绝大部分年轻受访者都表示喜欢有参与性、互动性的演出方式。沉浸式演出的吸引力还在于身临其境的真实感，这也是科技发展给观众带来的新体验。

3. 沉浸式演艺的优化升级

目前，沉浸式旅游演艺项目从形式到内容不断优化、推陈出新，未来虚拟现实和增强现实技术的发展，还将进一步推动沉浸式演艺产品的升级。在促进文旅消费、壮大文旅市场规模的同时，一定程度上也提升了城市的影响力。

如何将沉浸式旅游演艺与地方文化、商业业态结合是创作者首先要面对的问题。要深入调查目标游客群体的特征，分析研究地方民俗、饮食等特色文化，整合景区核心价值元素，从而有针对性地打造满足消费需求的旅游演艺作品。

串联旅游经营业态 让沉浸体验无处不在。沉浸式旅游演艺为传统景区进行模式创新、实现可持续发展注入了活力。未来的景区一定是个大舞台，无论游客、观众，还是演员、工作人员,你中有我,我中有你,将“行进式游”和“沉浸式演”融为一体,每个人都是故事里的主角,都可以参与体验互动,实现角色转换,共同营造出一种沉浸体验。

5.6.8 网红旅游

1. 网红经济

“网红”即网络红人,是指在现实或者网络生活中因为某个事件或者某个行为而被网民关注从而走红的人或长期持续输出专业知识而走红的人。他们的走红皆因为自身的某种特质在网络作用下被放大,与网民的审美、娱乐、刺激等心理相契合,有意或无意间受到网络世界的追捧,成为“网络红人”。因此,“网络红人”的产生不是自发的,而是网络媒介环境下,网络红人、网络推手、传统媒体以及受众心理需求等利益共同体综合作用下的结果。广义的“网红”是指现实或网络中因为某个事件或某些行为被网民关注而走红的人、事、现象。

网红经济是网络红人为主导,进行选款和视觉推广,在社交媒体上聚集人气,依托庞大的粉丝群体进行定向营销,从而将粉丝转化为购买力的一个过程。

2. 网红旅游的发展

网红旅游是指在一定时间内,某地依托其独特的自然或人文客体为旅游资源,通过互联网新媒体大众传播或名人推介等方式,以满足游客的猎奇心理,吸引游客竞相前往该区域“打卡”的旅游形式。

以丽江古城为代表的“第一代网红景区”,是在有策略、有计划、有路径的情况下,精心筹备的产物。丽江以一种有美景、有人文、有浓郁地方特色、逃离都市的生活方式出现在大众视野里,丽江成了一种生活方式和小资圣地,贩卖都市里没有的慢节奏,咖啡、小院、音乐和大把阳光的悠闲生活,“今天你丽江了吗”一度成为年度热词。

2013年《爸爸去哪儿》首播,几乎是一夜之间,在全国掀起了“第二代网红景区”的批量生产热潮,从中卫到雪乡,从普者黑到鸡鸣岛,众多默默无闻的景区成为当年的热门旅游景点。随后的《极限挑战》《奔跑吧兄弟》《花样姐姐》《跟着贝尔去冒险》《向往的生活》等一大批热门户外真人秀综艺节目,让国内众多旅游景区着实享受了一把属于互联网时代的“流量红利”。

2018年左右,当以抖音、小红书为代表的短视频社交平台和生活方式类平台崛起后,“第三代网红景区”应运而生,从永兴坊摔碗酒到茶卡盐湖,从洪崖洞到长空栈道,一系列或猎奇、或唯美、或惊险、或刺激的景点和旅游项目在抖音上爆红。

在市场的热捧下,网红旅游也受到追捧。对景区而言,成为“网红景区”意味着资本市场的认同、超高的人气和更强的发展动力。但是另一方面,一个个翻车的“网红景区”也让人们不禁担忧,“网红景区”到底是一阵风,还是未来旅游的常规形态,值得认真思考和研究。

3. 网红旅游的打造

回顾那些被抖音、小红书捧红的网红景区、景点,盘点所共同拥有的“网红”元素,抓住了市场的哪些痛点,才能让它们得以脱颖而出。

(1)高颜值。“高颜值”可以说是网红景区第一基本要素,更准确地说,能够拍出“高颜值”的照片是第一基本要素,它迅速抓住用户的眼球,即时发布在朋友圈,也容易获得无数好评。

(2)概念性。所有的网红景点都擅于包装提出一些“概念性”的口号、名称或定位。如“天空之镜”的茶卡盐湖、“千与千寻”的洪崖洞、“8D魔幻城市”的重庆、“现实版中国山水画.jpg”的黄山、“全世界最像月球表面的地方”的土耳其卡帕多奇亚，等等，每一个“网红景点”的后面都应该有一句利于传播的口号，甚至这句口号的意义大过景点本身。

(3)独一性。从网红秋千到网红玻璃廊桥，从网红滑道到网红摇摆桥，面对全国开花、批量复制的“网红景点”，稀缺性和独一性也成为“网红景点”能否常青的重要因素。作为一种“传播现象”，一款网红旅游产品、一个网红旅游景点也需要做到话题的独一性和原创性。

(4)话题性。“网红景区”不是一个“产品”，而是一种“传播现象”，传播性和话题性便摆在了非常重要的位置。在一个景区或旅游项目获得关注、形成声量之前，是不能被称为“网红景点”的，只是具备了“网红元素”而已。

因此，打造网红旅游，首先要擅长挖掘产品的“网红属性”，做好产品打造和包装，尤其是需要拍出能够抓眼球的传播素材(照片或短视频)；第二需要包装好概念，一个具有传播性的定位口号，对“网红景点”的营造具有非常重要的意义；最后需要带有品牌传播思维，了解当前的网络文化和热门话题焦点，充分利用意见领袖和达人对产品进行发声和“造梗”。

案例5.9

丁真：一个朴实的笑容让理塘从此天下知

理塘县隶属四川省西部甘孜藏族自治州，距离州府康定285 km，距省会成都654 km，绝对是一个偏远的地方。人们可能知道康定，但可能不知道理塘。

但理塘突然爆红网络，是因为一个叫丁真的小伙子。这个小伙子文化水平不高，在成名之前，也没有走出过大山，顶多就是一个理塘牧羊人。但是，在2020年11月，因为抖音，因为一个摄影师，因为偶遇，因为那一脸朴实纯真的笑容，因为两颗小虎牙，因为那短短的几秒钟，丁真以火箭的速度迅速在网上走红。丁真同时带火了理塘，让理塘从此天下知。

理塘的成功之处，有许多地方值得借鉴。

一、放弃明星，打造平民代言人

在过去的品牌打造中，动辄就请一线明星、国际巨星，花了巨资往往得不到应有的品牌效益。移动互联网、社交媒体的普及，让人人都有机会成为网红。看多了烟酒脂粉气、奶油小生气、美颜亮妆气的网友们，一看到丁真“毕露”的原形，自然纯真朴实，清澈的眼神，当然会感觉一新，点赞加持。走红后的丁真已成为理塘县的旅游大使、四川文化旅游宣传推广大使，被评选为2021年度微博最具文化传播力红人、微博新锐红人、最具人气颜值红人，获得“2020中国文旅年度新锐影响力人物”奖。

二、反应迅速，流量加持

丁真走红后，当地政府与旅游部门反应迅速，借势为流量加持，组织人员拍摄了包括丁真的生活、丁真的世界等系列；当地旅游部门也迅速与丁真签约，不断制造新的爆点与亮点，为流量池注入流量，保持热度与热搜；而且与当地扶贫工作、各族人民的幸福生活联系在一起做传播，成功登陆央视。

三、十年磨剑，一朝亮剑

丁真的走红并非偶然，背后隐藏着十年磨一剑的功夫。拍摄丁真的摄影师一直在拍摄当地人民自然纯真的笑容，从来不用美颜。丁真是他拍摄的众多笑容中的其中一个，走红是迟早的事情。

四、旅游传播注重物，更要注重人

在旅游传播中，我们除了注重景观外，更要注重人设，包装主角，用人设与镜头带着大家去欣赏美景。

（资料来源：根据相关媒体资料改编）

本章小结

休闲经济、体验经济和数字经济等新经济形式的出现，也催生与之相适应的休闲旅游、体验旅游、影视旅游和智慧旅游等新的旅游形式和旅游热点。

休闲经济是建立在休闲大众化基础之上，是由休闲消费需求和休闲产品供给构筑的经济。旅游是重要的休闲方式，休闲时代，旅游的目的转变为以“休”和“趣”为主，从传统的开阔视野、增长见识转向放松身心、增添旅游情趣。休闲旅游消费的发展趋势表现为消费大众化、需求个性化、产品多元化、过程体验化、决策理性化和市场层次化。休闲旅游产品开发必须符合发展趋势，体现这些特点和要求。

体验经济时代对旅游提出了新要求，即旅游应突破原始的表面层次的被动式体验，为游客提供参与性和亲历性活动，使游客达到一种被动式的经历与主动感悟相结合的真正意义上的体验。在体验旅游中，旅游者具有消费者和生产者的双重身份。根据体验经济时代旅游者的消费行为特征，开发的体验型旅游产品要突出旅游产品内容的个性化、内涵的情感化和游客的参与互动性，突出产品的文化性、主题性、挑战性和刺激性。

影视旅游是旅游与影视产业相结合的产物。影视不但能够提供旅游内容，而且还具有传播旅游的巨大功能。因此，影视与旅游的融合化趋势越来越明显，呈现从被动走向主动、从后期走向前期、从片面走向全面的发展趋势。影视旅游产品策划要提供鲜明的主题、异化的时空、暗示性线索、游客参与的平台和丰富的衍生产品。

高端旅游是指旅游者在旅游消费水平、消费层次和消费方式等方面明显不同于大众旅游的一种旅游形式。表现为产品高端化、消费理性化、形式多样化、生产专业化和产品品牌化等特征。高端旅游属于小众旅游范畴，高端旅游的消费者是特殊的群体。高端旅游产品策划要突出“个性”与“特色”，这样才能达到“高端产品、高端经营、高端市场、高端效益”的目的。

深度旅游是旅游者以充足的时间深刻体验旅游目的地文化和特色的旅游行为方式。深度旅游具有强参与性的特征，强调旅游活动本身的内容，以及旅游者本人心灵的自在体验，追求的是体验感。深度旅游产品策划要满足两个要求：旅游时间要充裕，旅游内容须丰富。打造深度旅游产品核心是运用强势手段抓住和激活游客的感官体验。

智慧旅游是利用云计算、物联网、大数据等新技术，通过互联网/移动互联网，主动感知旅游资源、旅游经济、旅游活动、旅游者等方面的信息，及时发布并让人们能够及时了解这些信息，及时安排和调整工作与旅游计划，从而达到对各类旅游信息的智能感知、方便利用的效果。智慧旅游的“智慧”，体现在智慧服务、智慧管理、智慧营销三个方面。

融合创新是产业高质量发展的关键，新思维带来新变革，新变革产生新业态，新业态带来新机遇。旅游与相关产业的深度融合，借助科技的力量，不断拓宽产业边界，开辟新的发展空间，形成新的旅游业态，打造符合市场需求的高质量旅游产品。

复习思考题

1. 为什么说休闲经济、体验经济的出现，既为旅游业提供了广阔的发展空间，同时也对旅游业提出了巨大的挑战？

2. 结合休闲旅游的特点和发展趋势，谈谈休闲旅游产品策划的注意事项。

3. 体验旅游策划应突出哪些重点？

4. 结合实际谈谈如何把观光旅游、休闲旅游和体验旅游结合起来。

5. 影视旅游有哪些类型？呈现怎样的发展趋势？

6. 结合实际阐述影视旅游产品策划的核心要素和路径。

7. 你认为高端旅游产品开发和策划的重点在哪里？

8. 新的旅游业态未来有哪些走势？

案例讨论

1. 阅读开篇案例，谈谈“地中海的味道”策划的新颖之处在哪里。

2. 横店影视城为什么能够在众多的影视城中脱颖而出？

3. “不倒翁小姐姐”走红的深层次原因是什么？

4. 从网红“丁真”看如何打造网红旅游。

第 6 章　旅游产品营销策划

本章提要

在以顾客利益为中心的市场经济时代，谁拥有了顾客，谁取得了顾客的信任，谁就拥有了市场。营销贯穿于企业生产经营全过程的理念，是现代营销的核心所在。营销策划是产品策划的重要环节，每一个成功的产品和知名品牌背后，都有着一系列精心的营销策划。

旅游产品营销在《旅游市场营销学》中有比较全面详细的阐述。本章则主要从营销理念、营销思想和营销实效的角度出发，探讨旅游产品营销战略和策略问题，以期为旅游产品营销策划提供另外一种思路和思维方法。营销战略主要包括旅游目的地整体营销战略、整合营销战略和分众营销战略；营销策略主要包括品牌营销、借势营销和网络营销。

学习目标

1. 掌握营销策划的流程和营销策划书的写作要点。
2. 理解营销战略和策略的区别与联系，掌握几种旅游产品营销战略的含义和核心内容。
3. 理解品牌策划的原则，掌握品牌营销策划的程序及内容。
4. 理解借势营销的原则和要求，熟悉借势营销各种方式，掌握借势营销的策划方法。
5. 了解网络营销的优势特征，熟悉主要网络营销工具和网络营销方法。

框架结构

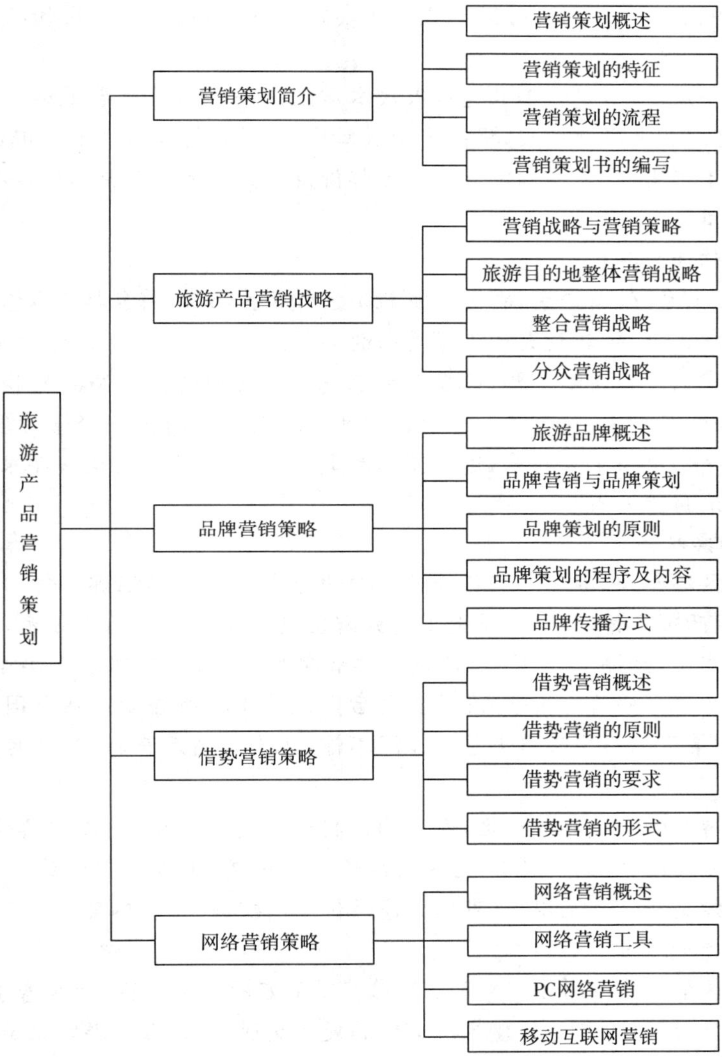

开篇案例

丽江玉龙雪山景区营销成功案例分析

玉龙雪山是丽江旅游的核心品牌。根据丽江打造世界级精品旅游胜地的发展目标，玉龙雪山旅游开发区先后投资10亿元，在50 km^2 范围内，开发了甘海子、冰川公园、蓝月谷、云杉坪和牦牛坪等景点，以及雪山高尔夫球场和《印象·丽江》大型实景演出。10年间，丽江玉龙雪山景区客流量，年均增长率超过25%。

一、做大品牌：整合产品集群发展

玉龙雪山景区在2007年成为全国首批66家5A级景区之一，升级后整合周边七个景区的经营权，做大丽江旅游核心品牌景区，从单一景区扩展为旅游产品集群。游客只需手持一票，就可在两天内游览大玉龙旅游区。从市场实践来看，玉龙雪山景区的品牌扩展策略是成功的。

从景区营销角度看，玉龙雪山的这种做法本质上是一种品牌扩展策略。品牌扩展策略有利有弊，好处是可以放大品牌效应，提高市场认知度，降低市场导入成本。但也存在市场风险，如果这种策略运用不当，有可能损害景区的品牌价值形象。为了避免出现这种情况，玉龙雪山景区采取了三项措施：

1.“大玉龙”作为主品牌

策划设计“大玉龙”的新概念，将大玉龙旅游区作为主品牌，将包括玉龙雪山景区在内的八个景区作为子品牌。这样，既放大了玉龙雪山的品牌效应，使人产生良好的品牌联想，又使八个景区所形成的产品序列清晰可辨，凸显了大玉龙旅游区内的景区高品质和产品多样性。同时，在经营权整合的基础上，对大玉龙旅游区内的所有景区实行统一经营管理，有利于提升景区品质和服务水平。更为重要的是，这种互利共赢的方式，将景区之间多年来为了争夺客源而展开的激烈竞争消弭于无形。

2. 联票和单票双轨制

对于八大景区的整合，游客和旅行社最担心的是变相涨价和捆绑销售。为了消除市场疑虑，管理层采取了两项具体措施：一是大玉龙旅游区的联票价格定为190元，跟八个景区单独购票共计285元相比，大幅下降33%；二是联票和单票双轨制，游客想去单个景点，仍可以单独购票。这种灵活机动的价格策略，在推出之后很快被市场所接受。在全国景区涨声一片的情况下，玉龙雪山景区的门票价格调整却波澜不惊，几乎是悄无声息，足见其市场运作的沉稳老练。

作为国内旅游业的一线品牌景区，九寨沟门票价格为220元，黄山门票价格为202元，可谓是中国景区行业的两个标杆。200元的门票价格是一道“大众心理红线”，大玉龙旅游区将八个景区的联票控制在200元以内，可以提高性价比，钝化价格敏感度。

3. 构建景区绿色交通

大玉龙旅游区范围达50 km^2，为了让游客获得更好的旅游体验，景区着手解决三个问题：一是旅游线路的合理设计，二是构建生态环保的便捷交通，三是做好游客旅游的安全保护。

二、细分市场：精耕细作渠道创新

丽江市和玉龙雪山景区的游客来源主要有如下特征：一是客源结构以国内为主，国际为辅；二是高端市场显现，客源结构多样化；三是新兴市场和境外市场快速增长。

针对丽江市的客流结构及其变化趋势，玉龙雪山景区的营销策略创新主要体现在三个方面，其中重点加强了对境外市场的宣传促销力度。

1. 分众传播

在市场细分的基础上，针对国内市场、欧美市场、日本市场和东南亚市场等每个具体市场的特性，选择最适合的媒体，采用该市场的潜在消费群体容易接受的方式，开展促销宣传活动。

2. 特色活动

与有实力的策划公司建立长期合作关系，保证新的活动创意层出不穷。综观玉龙雪山景区活动策划的特点，主要体现为“三个结合”：一是与民族文化相结合；二是与体育赛事相结合；三是与影视作品相结合。

3. 渠道拓展

在本地市场，主动联合相关机构，共建全市共生式旅游营销联合体；在省内市场，与其他景区建立契约式联合营销体系；在外地市场，建立完善的旅游分销体系；在周边市场，加强与大香格里拉旅游区内的热点景区的联谊与合作。

三、《印象·丽江》：实景演出成功探秘

《印象·丽江》自 2006 年 7 月 23 日公演以来，接待观众人数逐年增长，2009 年接待观众 140 万人，全年演出 927 场，门票收入超过 1.5 亿元，净利润 7 300 万元。

《印象·丽江》之所以能取得这样优异的市场业绩，就节目本身而言，主要是丽江品牌与张艺谋品牌的结合、民间生活元素与实景演出艺术的结合，以及少数民族文化与雪山特殊环境的结合三个因素。然而，《印象·丽江》在推向市场之初，人气最惨淡的时候，500 名演员的大型实景演出，现场只有 8 名观众。《印象·丽江》面临三重压力：一是《印象·刘三姐》取得巨大成功之后，随后推出的印象系列已很难再现轰动效应；二是《印象·丽江》与丽江的另一台经典演出《丽水金沙》存在客源竞争关系；三是云南旅行社行业低价竞争严重，景区在渠道方面没有市场话语权。后来，景区决定直接经营，对运营流程、市场策略和演员管理进行了一系列改革，逐步走上了良性发展轨道。

1. 价格策略

作为一台新推出的大型实景演出，《印象·丽江》票价高达 190 元，又尚未形成口碑效应，其营销难度可想而知。景区制定门票价格政策的两难选择是：如果不给旅行社大幅让利，团队市场很难在短期内有较大起色；如果给旅行社让利太多，又会造成净利润流失，甚至出现“赔钱赚吆喝”。更大的市场风险还在于，一开始门票优惠幅度过大，以后很难再改变。等到市场起来之后再提高团队票价，势必影响景区商业信誉，不利于与旅行社的长期合作。

《印象·丽江》独辟蹊径，采取了一种超强势的，也是非均衡的门票价格政策。其基本思路是“抓大放小”，门票优惠政策和销售奖励措施向战略合作旅行社大幅度倾斜。例如，大型地接社全年团队人数超过 5 万人，就能享受逐级累进的门票优惠和销售奖励；中小旅行社全年团队人数低于 5 万人，就很少或不能享受门票优惠。这种把鸡蛋放在少数几个篮子里的做法，看似具有很大的市场风险，但却成就了《印象·丽江》的市场成功。2009 年，大型地接社全年团队人数最多的已超过 20 万人，景区跟旅行社之间的关系实际上已上升为战略伙伴关系。

2. 渠道控制

《印象·丽江》在市场营销过程中，渠道模式是“有选择的分销”。所谓“有选择的”，是指景区并不针对所有旅行社实行分销，而是抓住旅游分销链上的某些关键环节，与少数旅游代理商合作，逐步建立多层次的分销渠道。景区之所以这样做，是为了改变旅游市场的游戏规则，加强对客源市场的营销控制力。

为迅速打开市场，景区管理层决定采取以下三个营销步骤：

其一，瞄准高端客源，树立《印象·丽江》大型实景演出的高端品牌形象，吸引其他旅行社跟进。

其二，深入客源地市场，针对大型组团社直接促销。

其三，销售平台前移至昆明，以授予代理权的方式与大型地接社建立战略合作关系。

（资料来源：根据相关媒体资料整理）

6.1 营销策划概述

6.1.1 营销策划的基本内涵

1. 营销策划的含义

所谓营销策划(marketing plan),是指市场营销策划活动的主体,根据企业的整体战略,在对企业内部环境予以准确分析并有效运用经营资源的基础上,对一定时间内的企业营销活动的行为方针、目标、战略,以及实施方案与具体措施进行设计和计划。

从表现形式看,营销策划是根据企业的营销目标,以满足消费者需求和欲望为核心,设计和规划企业产品、服务、创意、价格、渠道和促销,从而实现个人和组织的交换过程;从内在属性分析,营销策划是一种运用智慧与策略的营销活动与理性行为,是为了达到理想目标,借助科学方法进行创新设计并制订营销方案的理性思维活动。营销策划的内容包含市场细分、产品创新、营销战略设计和营销组合"4P"战术四方面的内容。

2. 营销策划四要素

(1)市场环境分析。进行市场环境分析的主要目的是了解产品的潜在市场和销售量,以及竞争对手的产品信息。只有掌握了市场需求,才能做到有的放矢,减少失误,从而将风险降到最低。如果定位错误,无论投入多大的人力财力,都不会取得好的营销效果。

(2)消费心理分析。只有掌握了消费者会因为什么原因、什么目的去购买产品,才能制定出针对性的营销创意。目前的营销大多是以消费者为导向的,根据消费者的需求来制定产品,但仅仅如此是不够的,只有对消费能力和消费环境的综合分析才能使整个营销活动获得成功。

(3)产品优势分析。产品优势分析包括本产品分析和竞争产品分析,知己知彼,才能战无不胜。在营销活动中,本产品难免会被拿来与其他产品进行对比,如果无法了解本产品和竞争产品各自的优势和劣势,就无法打动消费者。营销的目的是通过营销手段,让消费者了解到该品的优势,进而产生购买欲望,是营销活动中重要的环节。

(4)营销方式和平台的选择。营销方式和平台的选择既要符合企业自身情况,即与企业的产品定位和市场战略相符合,同时还要兼顾目标群体的喜好。投入和产出比是营销方式选择的重要评价标准之一。

3. 营销策划过程

被誉为"现代营销学之父"的菲利普·科特勒在《营销管理》一书中指出:营销开始于业务计划过程之前。与制造和销售观点不同,该业务过程由价值创造和随后的传递组成,这个过程包括三个阶段:

第一阶段是选择价值。在任何产品产生以前,必须先做营销"作业"。营销工作过程是细分市场、目标和定位,即STP,它是战略营销的精粹。一旦业务单位选择好了将提供给目标市场的价值,即准备提供价值工作。

第二个阶段是开发特定产品的性能、价格和分销,这是战术营销的内容,后来又发展为"4P"理论,即产品、价格、渠道和促销。

第三个阶段的任务是传播价值。战术营销在延伸:组织销售力量、促销、广告和其他推广工作,以使该供应品为市场所知。

因此，营销过程始于产品以前，继续于产品开发之中，在产品销售之后还应延续。

6.1.2　营销策划的特征

营销活动贯穿于企业生产经营全过程的理念，是现代营销的核心所在，是营销策划的出发点。基于这一点，营销策划具有如下特征：

1. 目的性

营销策划是直接为企业营销活动服务的，具有明显的目的性，要求围绕某一特定的营销活动目标开展策划，提高营销策划的针对性，减少策划中的无序性和不确定性。在营销策划过程中，如果偏离了既定的策划目标，所得出的策划方案和措施就有可能解决不了实质问题，而只会流于形式。如有的企业在营销策划中，过分追求营销形式的热闹和规模的特定要求，偏离了营销策划的目标，结果投入大、成本高，但收效甚微，这样的策划注定要失败。

2. 前瞻性

前瞻性就是预见能力，对未来的形势和走势能够准确判断。营销策划是针对未来一定时期内营销活动进行的一种事先谋划的活动，要求立足现实，面向未来，有一定时间的提前量。营销策划的前瞻性是在把握事物的发展趋势基础之上的，体现了策划者对未来一定时期营销发展态势的科学预见，因而能有效地指导未来经营活动的开展。要求在从事营销策划时，要在掌握大量实际材料的基础上，善于透过现象看到本质，真正认识事物的发展规律，准确把握与策划目标有关的营销活动的发展趋势，进行周密的预测和谋划。也就是说策划人要有“眼光”，要看得远，要看到他人没有看到的，这样才能抢占先机，出奇制胜。

3. 全面性

全面性表现为时间和空间两个方面。从时间角度看，营销要先于产品研发，先于产品生产。任何产品的生产都是根据消费者需求来进行的，这就要求在生产产品之前要对该产品投放的市场环境做详细的调查，了解当前此类产品市场上市场供求和竞争状况。先研发产品，再去了解市场和消费者，这样生产的产品必然带有先天的缺陷。先营销后研发，先了解消费者想要什么，先了解市场上有什么，先了解消费者的心理，这样生产的产品才有市场基础。从空间角度看，营销具有全员性。全体员工以市场和营销部门为核心，各部门统一以市场为中心，以顾客为导向开展工作，实现营销主体的整合性。尽量为顾客创造最大的价值，使顾客的满意度最大化，从而使企业获得强大的市场竞争能力。

4. 创新性

营销策划是一种高智力密集型活动，也是一种创造性思维活动。创造性是营销策划的魅力，也是营销策划的显著特色。营销策划体现了策划者的创造性思维，这种创造性思维是策划生命力的源泉，具有不同于其他思维的特征。主要表现在：积极的求异性，不从众、轻言或盲从；思维的逆向性，善于从不同的角度和方向思考；创造性的想象力，敏锐的洞察力；独特的灵感，能突破某些关键，产生特殊效果。

5. 系统性

系统论认为，整体的合力大于各个部分的简单相加。进行营销策划必须遵循整体性和系统性原则。在营销组合策划中，要寻求最优的“4P”组合，特别要注意各个营销策略的相互协调与同步配套，如果某一个环节或某一个局部不协调，就有可能使整个策划方案失败。在现代市场营销活动中，营销策划的系统性越来越明显，也越来越重要。由于现代生产力高水平的发展，科学技术日新月异，生产和消费的多变性增强，影响市场营销的各种因素不断增加，企业营销活动更趋复杂，更要求营销策划者具有整体性观念，处理好局部与整体、眼前与长远之间的关系，注意优化总体营销策划方案。

6. 动态性

营销策划的动态性是指营销策划的指导思想、营销策划的方式和营销策划的方法应随着外部环境和市场竞争的变化而不断调整，使营销策划具有灵活性、应变性和调适性。在复杂多变的市场环境下，营销策划如果僵硬、机械，就没有活力，也必会出现失误。因此，营销策划必须随机应变，即根据市场的变化和市场机会的出现，对策划方案进行必要的调整、充实，使变动中的营销策划方案与变化着的情况相适应，这样的营销策划方案就更具有可行性。同时，随着市场的变化，以及影响市场的各种客观条件及因素的变化，市场营销策划的程序、方法和手段也应因地制宜、因时制宜、因物制宜而有所变化，切不可拘泥于陈旧、不变的模式中。

6.1.3 营销策划的流程

营销策划的流程由环境分析、营销目标设定、营销战略策划、营销战术策划、形成营销策划书、营销策划实施，以及评估与修正七个环节组成，并形成一个闭合的通路。

1. 环境分析

环境分析的内容包括企业外部环境和内部环境两部分。外部环境是指宏观环境、行业环境和经营环境；内部环境是指企业内部所有对营销活动产生直接和间接影响的因素。

2. 营销目标设定

营销目标就是营销策划要实现的期望值，通常只与产品和市场有关，分为市场目标和财务目标。营销目标的设定应遵循具体化、可衡量、可操作、现实性和时限性的原则。营销策划目标要尽量量化，以便于测量；营销目标不要设定得太高，也不要设定得太低；多个营销目标应相互协调一致。

3. 营销战略策划

营销战略策划主要包括市场细分、选择目标市场和目标市场定位等，也就是营销中常提到的 STP 活动。

4. 营销战术策划

营销战术策划是指企业根据营销战略策划而制定的一系列更为具体的营销手段，具体内容包括产品策划、价格策划、分销策划和促销策划等。

5. 形成营销策划书

营销策划书是整个营销策划内容的书面载体，它一方面是营销策划活动的主要成果，另一方面也是企业进行营销活动的书面行动计划。

6. 营销策划实施

营销策划实施是指营销策划方案实施过程中的组织、指挥、控制和协调活动，是把营销策划方案转化为具体行动的过程。

7. 评估与修正

评估是将营销策划方案的预期目标与现实中得到的实际目标加以比较，通过比较对营销策划实施的效果进行评价。修正是当发现营销策划的实际实施效果不理想时，对造成不利影响的因素加以修正，以便营销策划能够达到策划者所希望获得的目标。

6.1.4 营销策划书的撰写

营销策划书又称营销策划文案，是将营销策划创意思想和创新概念转化成一种具体的、有形的、图文并茂的载体，是营销策划工作的进一步深化、升华和文字化，是营销策划人为实现企业营销策划目标的行动方案和指南。

1. 营销策划书的基本要素

(1)5W：

- what(什么)：策划的目标和内容。
- who(谁)：策划的人员。
- where(何处)：策划的场所与地点。
- when(何时)：策划的时间和日程安排。
- why(为什么)：策划的理由和原因。

(2)3H：

- how(如何)：策划是如何运行的。
- how much(多少)：策划的总体预算。
- how feel(感受怎么样)：策划的结果和效益。

2. 营销策划书的基本结构及内容

(1)封面：包括标题、委托方、策划人、日期、时间段、保密级别及编号。

(2)目录。

(3)摘要：是对策划书内容的高度概括，要突出重点、简明扼要。

(4)营销目标：是营销策划要实现的期望值，分为市场目标和财务目标。

(5)SWOT 分析：包括机会/威胁分析、优势/劣势分析和综合分析。

(6)营销战略：包括市场细分、市场定位和目标市场战略。

(7)营销策略：对产品、价格、渠道和促销等营销因素进行优化组合和合理运用。

(8)行动方案：包括任务、时间、地点、方式、机构、条件和激励等。

(9)营销预算。

(10)营销控制及应变措施。

(11)附录：包括市场调查报告、旁证材料、佐证材料和参考文献等。

6.2 旅游产品营销战略

6.2.1 营销战略与营销策略

战略与策略是既相互区别又相互联系的两个概念。战略(strategy)一词最早是军事方面的概念，是指导战争全局的计划和策略。战略一词被引申至政治、经济等领域，其含义演变为泛指统领性的、全局性的谋略、方案和对策。策略是实现和实施战略的各种具体手段与方法，是战略的细分与措施。战略应该是方向性的把握，而策略则是具体的动作。策略是从属于战略的，没有战略指导的策略不会有太大的价值；而战略也是需要各种策略支持的，否则战略只是空想。

营销战略是指在现代市场营销观念下,为实现其经营目标,对一定时期内市场营销发展的总体设想和规划。营销战略是总计划、总目标,是一种思想,是一种企业营销的长期性、全局性和方向性的动态发展规划。营销策略是保证营销战略指导思想贯彻,实现营销战略目标的具体措施、手段和方法。简单的理解就是营销战略和策略解决不同层面的问题:战略解决的问题是“市场上需要什么,我们需要往哪个方向看?”策略解决的问题是“如何满足这些需求,这些想法如何落地?”。

根据菲利普·科特勒的营销战略(STP)理论,从营销内容的角度,即从市场细分、选择目标市场和目标市场定位方面对旅游营销战略的研究成果较多,也比较成熟。这里主要从营销理念和营销思想的角度探讨旅游产品营销战略问题,以期为旅游产品营销策划提供另外一种思路和思维方法,主要包括旅游目的地整体营销战略、整合营销战略和分众营销战略。

6.2.2 旅游目的地整体营销战略

在旅游产业中,旅游目的地是旅游活动中最重要和最有生命力的部分。所谓旅游目的地,是吸引旅游者参观游览的地方,是旅游接待的载体,是建立旅游者所需要的旅游吸引物和服务设施的所在地。虽然旅游目的地并非游客真正的旅游消费指向物,但又与游客真正消费的旅游产品密切相关。人们在旅游消费决策时,在对旅游产品的选择过程中,首先是通过对旅游目的地的整体旅游形象来感知的,然后再做出具体的决定。旅游业的竞争,归根结底是旅游目的地之间的竞争。

1. 旅游目的地整体营销的特征

一个成功的旅游目的地,离不开成功的营销。从旅游产业的特征分析,旅游业是综合性强、关联度高的综合性产业,包括行、游、住、食、购、娱六个要素,与其他产业有着紧密的联系。旅游目的地营销如果沿用以企业营销为主的一般营销模式是难以取得良好效果的,因为单个旅游企业都只能代表个体提供的旅游产品和服务,而不能代表整个区域的旅游产业。同时,由于企业自身利益的驱动,还会引发不正当竞争,从而对整个地区旅游形象构成不良影响,削弱区域的整体竞争力。因此,旅游目的地营销必须走区域性整体营销之路。

旅游目的地整体营销是一种在地区层次上进行的旅游营销方式,是将本地区作为旅游目的地而进行的营销活动。地区政府或旅游组织作为营销主体代表区域内所有的旅游企业,以旅游目的地的整体形象加入旅游市场的竞争中,具有公共性、综合性和长久性的特点。

(1)营销目的的公共性。旅游目的地的旅游产品具有非竞争性和非排他性的特征,属于比较典型的公共产品。区域性整体营销是以旅游目的地整体形象的建立为出发点的,而良好的旅游目的地形象一旦被树立,对提升地区整体形象具有重要作用,则产生一种共享利益,受益者是旅游目的地整个地区。

(2)营销内容的综合性。旅游业综合性强和关联度高的特征决定旅游目的地整体营销也具有综合性的特点。作为发生在区域层面的营销活动,在内容上主要从宏观层面和综合性角度宣传旅游目的地。涉及区域内的旅游企业、相关的行业和部门,以及当地居民等,各自的目的又有所不同,如政府希望发展当地经济,实现精神文明和物质文明的同步发展;企业希望获得经济利益;当地居民希望提高生活水平改善生活环境;相关部门则从各自的角度要求充分考虑到环境、社会和文化的承载力,实现地区可持续发展。

(3)营销目标的长久性。单个企业的营销活动虽然客观上有利于提高目的地的知名度,但主要关注的是本企业的短期利益，很少考虑或顾及地区的长远发展。与企业营销相比，旅游目的地整体营销目标则具有长久性。同时，良好形象的确立并非是一朝一夕的事，它要经历一个持续努力的过程，不可能起到立竿见影的效果。它是一个利益点不断积累的过程，经过旅游者的体验感受和信息传播将其不断扩大化的过程。

2. 旅游目的地整体营销模式

旅游目的地的特性和旅游业的特点决定了它的营销更注重区域的整体利益，注重利益相关者的参与。它以政府或旅游组织为核心，整合相关机构、行业组织及企业等各方面力量共同参与，营销的目的是提升旅游目的地的旅游形象，宣传旅游产品和服务，受益者是整个旅游地区，是以政府为营销主体、旅游形象为营销核心、旅游产品为营销内容、整合营销为传播手段的营销模式。

(1)以政府为旅游营销主体。由于旅游活动大多是跨地域进行的，它不仅要求一体化的市场与充分的发展空间，而且也无形中要求政府部门进行有效的协调。政府是公共利益的代表，政府的角色决定了它能代表整个地区的旅游产业，能够在较高的层面上把握区域旅游营销的重点，重视区域旅游形象的树立，并能在各种活动中代表地区形象。同时，政府手中掌握的公共资源使其有能力组织区域内旅游及相关产业的各方面力量，协调各方面利益关系，整合各方面资源，集中力量开展区域性旅游整体营销。因此，政府应该是旅游营销的主体，在营销活动中起主导作用。

但这并不代表政府可以包揽一切，也不否认市场的力量及市场调节的作用。政府的主要职能是组织、协调和统筹规划，搭建营销平台，还需要旅游企业及相关机构分别扮演不同的角色“登台唱戏”。同时，由于营销内容的综合性和复杂性，当地社会各界、旅游企业及其从业人员，以及当地居民对营销也有着重要意义。旅游目的地的口碑好坏对旅游发展十分重要，口碑的形成既来自目的地内的居民，也来自现实旅游者对某地旅游体验的满意度，包括与当地居民的接触。因此，广泛吸收当地利益相关者参与营销活动，实施不同层面的“整合营销”，对提高旅游营销效果具有积极意义。

(2)以旅游形象为营销核心。在当今激烈的旅游市场竞争中，形象塑造已成为占领市场制高点的关键。旅游产品的不可移动性决定了旅游产品要靠形象的传播，使其为潜在旅游者所认知，从而产生旅游动机，并最终实现出游计划。研究表明，形象是吸引旅游者最关键的因素之一，形象使旅游者产生一种追求感，进而驱动旅游者前往。因此，旅游购买过程中旅游产品的形象和品牌对消费者购买决策的影响显得尤为重要，如何塑造旅游形象并向消费者充分有效地传播成为关键问题之一。

旅游目的地形象是一个由多重因素构成的综合体，包含物质和精神两个层面，具体包括旅游产品形象、服务形象、地区实力形象、信誉形象、居民素质形象和历史文化形象等。旅游目的地形象营销就是通过塑造良好的形象，赢得公众特别是旅游者或潜在旅游者的青睐和信任，使其到该目的地进行旅游活动，并通过体验经历形成满意感受并做出良好评价，从而使旅游目的地进入良性循环。旅游目的地形象营销系统包括旅游目的地旅游形象定位、形象标识设计、产品和服务质量提升、人文环境的营造、配套系统建设，以及宣传展示活动等。塑造区域旅游形象，就是要把现有的资源特色经过提炼升华，塑造成特色鲜明的形象传播出去，从而提高知名度和美誉度，有效地拓展旅游市场。形象定位一定要围绕核心吸引力进行，凸显区域精华，体现资源特色，包含文化底蕴，富有鲜明个性，更要从旅游者角度去审视目的地旅游形象。

城市形象与旅游形象具有极为密切的关联性,城市品牌就是旅游品牌,城市营销是旅游目的地营销的最佳切入点。从品牌建设入手,深度挖掘城市文化内涵,全面整合旅游资源,加强城市品牌形象的塑造和宣传。在旅游品牌形象的基础上,延伸旅游产品品牌,打造旅游精品,从而形成旅游形象和产品相辅相成的旅游品牌发展战略,以满足不同细分市场的消费需求。

(3)以旅游产品为营销内容。旅游形象宣传可以引起游客的旅游冲动和欲望,但抽象的旅游形象定位只是概念性的表述,不能进行实际旅游操作,只有物化为具体的旅游产品,成为旅游者的消费对象,满足旅游者的旅游消费需求,才能体现形象的价值。因为旅游者花费一定的时间、金钱和精力去旅游的最终目的是消费旅游产品,而不是感受形象。旅游形象吸引旅游者前来旅游,来到旅游地以后,直接消费的对象是旅游产品。

旅游产品是旅游形象塑造的重要内容,旅游地的旅游形象定位必须有相应的旅游产品作为支撑,旅游产品是旅游地形象定位的文化、意念和功能的体现。形象营销的同时必须附之以产品营销,形象先行,产品跟进,才能收到良好的效果。在形象营销的基础上,只有推出特色鲜明的旅游产品和旅游线路,才能真正激发旅游者的旅游欲望,形成动机,产生旅游购买行为。同时,在旅游的过程中,旅游者会密切关注旅游产品是否体现了旅游地的形象定位,如果旅游产品体现了旅游地形象定位,与旅游者心目中的旅游地形象相符合,旅游者对旅游地则感到满意;否则旅游者就会感到失望,甚至产生反感。

(4)以整合营销为传播手段。整合营销传播的核心思想是把企业一切营销和传播活动整合重组,让受众从不同的信息渠道获得品牌的一致信息,以增强品牌诉求的一致性和完整性。旅游形象确定以后,就要将以前分散化的各种营销活动进行有机的整合,实现由于整合而产生的最大的协同效应。围绕旅游营销传播战略目标,根据资源、经济等各要素条件,采取不同传播策略组合的方式,统一组织广告宣传、公关、销售促进和节事等传播活动进行营销传播,传递统一的旅游形象信息,产生传播的合力,最终形成对旅游品牌和形象一致性的诉求。

案例 6.1

无线时代旅游目的地营销的本质就是链接+体验+口碑

"互联网+"时代背景下,如何推进旅游目的地营销?如何让旅游目的地更加个性化?如何更好地推进智慧旅游等均为当前的热点议题。"旅游目的地新媒体营销天津论坛"上,同程旅游创始人、联席总裁吴剑女士从旅游目的地营销、旅游智慧化平台建设、移动互联网对目的地营销的影响以及旅游 O2O 企业的服务与口碑等四个方面分享了同程旅游在目的地创新营销及移动互联网营销方面的案例。

一、共性与个性构成了智慧目的地

"互联网+"时代目的地旅游产品该如何设计?旅游企业推出的各种线路是否就是游客想要的?大数据研究显示,旅游企业针对某个目的地设计的旅游线路未必就是游客想要的,同一个目的地在不同的游客心目中会有着完全不同的印象,他们各自偏好的玩法也会非常不同,"100 个人心目中会有 100 个天津"。大数据可以帮助发现共性的需求,而智慧化则帮助挖掘个性,目的地营销需要共性与个性的结合。

二、互联网是 O2O 的优化和链接

互联网是 O2O 的优化和链接,互联网企业仅仅是提供了链接和服务的创新。目前,互联网的角色在国内已经从工具、渠道和基础设施发展到了互联网经济体阶段,旅游目的地营销也正在进入互联网经济体的阶段。因此,在新的历史条件下,旅游目的地、旅游企业和地方政府应建立或加入开放的智慧旅游平台,通过开放和跨界合作提升资源整合能力。旅游目的地的精细化营销必须要有系统和信息化平台的支撑,如客户身份识别系统、客户营销系统以及客户消费记录系统等。

基于上述观点,同程旅游一直在不遗余力地与各地政府和多个领域的企业共同搭建开放的智慧旅游和目的地营销平台。

三、移动互联网到底改变了什么

我们已经进入移动互联网时代,人们对手机等移动终端产生了高度依赖,移动互联网改变的不仅仅是我们的信息获取方式,还有思维方式。移动互联网时代的目的地营销需要更加好玩儿、有趣、简单,产品要有爆点,读懂用户,要能够让用户尖叫,并与用户产生互动,也即"用户思维、产品思维和市场思维"。

四、无论是线上旅行社还是线下旅行社,没有好口碑就没有一切

无论是"娱乐+"还是"产品+",最终都要回归到服务和旅游的本质,那就是服务和口碑,这是企业的核心竞争力。线上旅行社和线下旅行社并没有本质区别,如果没有好的口碑就没有一切。线上旅行社和线下旅行社产出的都是为游客制造快乐旅程的服务,好服务和好口碑需要旅游业界共同来创造。

(资料来源:根据相关媒体资料改写)

6.2.3 整合营销战略

1. 整合营销的概念

整合营销是一种对各种营销工具和手段的系统化结合,根据环境进行即时性的动态修正,以使交换双方在交互中实现价值增值的营销理念与方法。整合就是把各个独立的营销综合成一个整体,以产生协同效应。这些独立的营销工作包括广告、直接营销、销售促进、人员推销、包装、事件、赞助和客户服务等。

在整合营销基础上形成的整合营销传播理论(IMC),是随着营销实践的发展而产生的一种概念,其内涵也在不断地丰富和完善。整合营销传播是一种强调整合所带来的附加价值的营销传播理念,这种理念强调通过评价广告、直接营销、销售促进和公共关系等传播方式的战略运用,并将不同的信息进行完美的整合,从而最终提供明确的、一致的、最有效的传播影响力。

2. 整合营销的内涵

从整合营销概念的演变过程可以看出,其创始者已经赋予了整合营销以新的内涵,包括以下几个层面:

(1)整合营销是一种新的营销理念和营销模式。整合营销是在产品同质化和市场营销手段相互模仿、市场趋于饱和、消费者难以分辨优劣的背景下,企业实现差异化和赢得更多顾客的营销理念和营销模式。其中心思想就是企业通过与消费者进行有效的沟通,以满足消费者需要的价值为取向,确定企业统一的促销策略,同时协调使用不同的传播手段,发挥不同传播工具的优势,以较低的成本形成强大的宣传攻势和促销高潮。

(2)整合营销是一种管理思想和管理理念。整合营销是企业发展战略和经营战略的重要部分。通过整合企业内外部的各种资源和要素,使企业真正实现从生产为核心向以营销为核心的方向转变。

(3)整合营销是一种管理体制和管理手段。作为一种管理体制,就是将整合从市场营销部门的行为提高到整个公司的行为,使其成为企业经营战略的基础。确定企业经营战略的核心就是通过合理有效的机制,统摄企业的内外部资源,使企业对内、对外的沟通与传播机制完全建立在整合营销的思想之上,实现企业内部管理信息的整合和企业对外传播信息渠道的整合。作为一种管理手段,就是要通过建立相应的组织机构和管理渠道,从而使企业与所有利害关系者都能够进行有效沟通,进行有机的传播活动,了解他们的需求,并通过合理的渠道和恰当的方式,将之快速反映到企业的经营战略中。

3. 整合营销的实施

(1)以消费者为中心进行整合。对企业的内部资源进行整合,从以企业运作为导向转向以消费者和终端用户为导向,实现企业的高度一体化营销。整合既包括企业营销过程、营销方式及营销管理等方面的整合,也包括对企业内外的商流、物流及信息流的整合,实现三流的一体化。营销并非是一个部门的工作,而是整个公司的导向问题,必须使公司其他部门接受以消费者为中心的观念。

(2)实施系统化管理。整体配置企业所有资源,企业中各层次、各部门和各岗位与经销商及相关合作伙伴协调行动,形成竞争优势。对企业内外部实行一体化的系统整合,整合企业的营销管理、营销过程、营销方式及营销行为。

(3)强调协调与统一。对所有产品及所有市场的对外传播的各种手段和渠道的整合是整合营销的核心。协调各种营销职能,如广告、公共关系、人员直销和销售促进等,将之调整为一个连贯的、统一的整体。重点是放在提高及加强运作效力和外向型传播的传送上。企业营销活动的协调性,既包括内部的协调,也强调企业与外部环境的协调。

(4)建立信息系统。建立合理的内部信息传递通道和客户信息管理系统主要包括两种形式:第一种形式是企业内部信息以最优方式传递给客户、潜在客户和其他目标人群;第二种形式是通过数据库的使用,将有关的客户和潜在客户信息通过数据库实现有效管理。

(5)注重规模化与现代化。规模化不仅能使企业获得规模经济效益,为企业有效地实施整合营销提供了客观基础。整合营销同样也依赖于现代科学技术和现代化的管理手段,现代化可为企业实施整合营销提供效益保障。

6.2.4 分众营销战略

分众营销就是通过周密的市场调研后,锁定一个特定的目标消费群,然后推出这一特定群体最需要的细分产品,以适应这一特定群体的特定价格,通过特定的渠道,并用特定的传播和促销方式进行产品营销的精确营销手段。分众营销的做法就是通过分众化的“精确制导”,在最恰当的地点,用最精确、最经济的方式把产品卖给最需要的目标消费者,最大限度地降低成本并杜绝费用的浪费,将营销的效力发挥到极致。营销的本质就是找到合适的人,用合适的方法,讲合适的话。

传统的大众化营销模式针对的是广泛的消费者,不但不能有效区分真正的目标消费者,而且更不能区分细分后的目标消费者。而分众营销则不同,它的优势在于其强调的是“分”,强调将广义的目标消费群体进行细分,找到真正属于自己的目标消费者。由于针对性较强,使产品的营销向心力更集中,作用更猛烈。分众营销的精髓就是精确、细分、实效。分众营销不试图占领所有的目标消费群体,不试图生产目标消费者需要的所有产品,不试图进入所有广义的产品渠道,不试图制定细分目标消费者所不能承受的价格，不试图进行广种薄收式的传播和促销方式。

1. 分众营销产生的背景

(1)市场竞争加剧的结果。由于市场产品竞争的加剧，消费者可以接触到的同质化的产品越来越多。激烈的竞争导致企业如果继续采用过去的大众化营销模式，将使企业进入广告战、价格战和终端战的恶性循环，最终使企业的利润水平随着竞争的升级而不断下降。成本的增加和资源的浪费成为企业最大的包袱和企业盈利的最大障碍，采用针对性更强、效率更高的营销手段就成为企业的当务之急，而应运而生的分众营销则恰恰满足了企业的这一需求。

(2)消费者对差异化产品需求剧增。随着人们收入的提高和物质生活水平的改善，不但消费需求总量与日俱增，需求的构成也在发生变化，消费者需要的不再是万金油式的产品，而是能适合自己需求的个性化产品。推出分众化产品，进行分众营销，无疑就是企业的最好选择。

(3)大众化传播方式效率下降。大众媒体的不断增加及竞争的加剧，使如今消费者的注意力已经大大地被分散，原有的强化式、灌输式、被动式的信息消费模式不再是现代消费者的习惯，现在的消费者会更为主动地寻求信息。同时，他们更有主见，消费需求更加多元化，而市场也给他们提供了更多的选择。

从国际营销发展的趋势来看，大众化的营销模式已经逐渐成为明日黄花，一些深度化营销模式正逐步崛起，成为营销领域的新秀。因此，作为深度化营销模式的其中一个手段，分众营销将在今后一段时间内逐渐成为市场营销领域的主流。

2. 分众营销的实施步骤

(1)锁定分众目标消费群体。进行分众营销，首先必须明白谁是产品的目标消费者，谁来为我们的产品买单。传统的营销观念认为，品牌的目标消费群体越大，产品的销售面就会越广，销售量就会越大。然而，随着同质化产品的增多，品牌与品牌之间目标消费群体的重叠现象也越来越严重，同一功效阵营的产品品牌，它们很难区分自己的目标消费群体与竞争对手的目标消费群体有什么本质上的区别。无数的事实说明，随着竞争的加剧，不是目标消费群体越大，产品的销售面就会越广，销售量就会越大；相反，只有不断细分，品牌才有出路，才能在白热化的竞争中胜出。

进行分众营销，要将大类的、广义的目标消费群体根据年龄、性别、收入和职业等类别进行细分，然后将细分后的消费群体类别与市场上最吻合的产品对号入座。通过调研和分析找到一个其他产品相对较弱的目标消费群体类别，把自己的产品锁定在这一分众目标消费群体。然后进一步具体了解分众目标消费群体的消费习惯、消费行为、消费心理和消费喜好等，为下一步分众营销的正式执行做好充分准备。

(2)制造分众化的产品。由于质量不再成为众多产品相互之间进行区分的手段，所以同质化成为市场竞争必须面对的新问题。于是生产差异化、个性化的产品，形成企业自己新的竞争屏障，已成为新兴企业的必由之路。一个好的分众化的产品，要能够迎合分众目标消费群体的消费需求和喜好，达到他们内心的期望。

(3)制定分众化的价格。购买力是决定一个消费群体消费水平的一个重要指标。由于消费群体不同，其购买力也会不同，因此，不同的消费群体对价格的敏感程度也不相同。所以，进行分众营销时，在锁定分众目标消费群体之后，为分众化的产品制定价格时，一定要考虑分众目标消费群体对价格的敏感程度，然后才能针对这一群体制定特殊的分众化的价格。一个产品无论质量怎么好，效果怎么显著，要想有一个好的市场销售前景，首要条件必须是这一产品的目标消费群体要买得起才行。所以进行分众营销，就必须针对分众目标消费群体的实际购买力制定分众化的价格，让每一个分众目标消费者都能买得起、用得起，绝不能脱离实际。

(4)进入分众化的终端。不同的产品有不同的终端。通常人们认为终端渠道越宽，产品就能卖得越好，东边不亮西边亮。实际上，清点一下各种终端对产品销售的贡献，往往会发现真正能发挥作用的是那占20%的、最能接触到目标消费者的终端，而这20%的终端往往占据了产品80%的销售额，这就是“20/80法则”。所以，进行分众营销时，必须要让分众化的产品进入分众化的终端。经过细分后的目标消费群，群体特征更明显，消费倾向更接近，能接触到他们的终端会变得更突出。

3. 旅游产品分众营销模式

分众营销首先要求对旅游产品进行细分，然后以差异化的产品对应细分的市场需求，通过分众的渠道，选择分众媒介，进行分众传播，最后实现细分市场的有效营销。我们可以把旅游整合营销传播看作人体的主动脉，而分众营销则是次脉，乃至毛细血管，是有效地将品牌结合产品传播到细分市场的关键。

旅游产品销售实际上是游客对旅游目的地吸引力的响应结果，是对出游过程消费体验的预买。因此，游客对旅游目的地吸引力响应的程度，决定了旅游产品销售的好坏。打造并包装旅游产品，形成巨大的出游吸引力，是旅游营销最核心的基础。而对应于游客细分的需求，旅游产品应该有不同的吸引力类型和吸引模式。

(1)旅游市场的细分化。旅游市场细分的变量和坐标非常多，从而将市场分成很多具有需求差异的板块。如以年龄、性别、受教育水平、就业状况、收入和职业等为变量进行细分，以旅游的季节、时间、距离、目的和方式为变量划分等。以休闲旅游为例，可将其主力市场分为五大类:家庭朋友休闲、老年组织休闲、商务接待休闲、会议培训休闲和山野运动休闲。当然，需求的差异不仅仅取决于这些可以识别的变量，还依赖于心理等主观因素。

(2)吸引力打造的分众化。依据市场多样化发展的趋势，实施产品分众化打造和现有产品的分众化提升改造。针对细分市场，应该打造不同的吸引结构与吸引模式，进行细分的包装。同样一个森林氧吧项目，对老年人，打造疗养概念；对中年人，打造修复概念；对女性，打造美容概念；对儿童，打造森林游乐概念。在产品多样化的同时，包装出不同的吸引力光环，达到最佳的细分市场营销及组合营销效果。

(3)吸引力传播的分众化。针对分众目标消费群体的特征，进行分众化的广告和促销。通过针对性更强的传播方式和方法的运用，使广告和促销的效果最大化，最终实现投入与产出效益的最优化。吸引力传播的方式不应该仅仅走大众媒体的大众传播途径，而应该结合分众媒体化趋势和新型媒体发展，走分众化、互动式的路子。消费心理学研究表明，不同年龄、性别、教育程度的消费者，对广告、促销的方式与内容的喜好呈现出一定的差异性。例如，针对25～30岁受过良好教育的女性的促销主题，最好和“年轻”“美丽”这些词联系在一起；而针对30～40岁受过良好教育的女性的促销主题，最好和“时尚”“魅力”这些词联系在一起；但对于55岁以上受过的女性，则最好和“健康”“长寿”这些词联系在一起。

(4)销售渠道的分众化。相对于大面积撒网、四处铺货的传统营销渠道体系，对销售渠道进行精确细分，仔细研究产品及各类销售渠道模式的特点，更容易找到最符合目标消费者的渠道，逐步形成渠道差异化的优势，从而在产品同质化的重围中成功进行突围。

6.3　品牌营销策略

6.3.1　旅游品牌概述

1. 旅游品牌的含义

品牌是消费者对产品整体认识的总和。从消费者角度看，品牌可分为两个层面：一是品牌的实体层面，如质量、功能、价格与外观等；二是品牌的精神层面，包含价值、个性、信誉、形象与时尚等。世界营销大师菲利普·科特勒认为品牌的精神层面更为重要，“一个品牌最持久的含义应是它的价值、文化、个性”。因此只有“形神兼备”的品牌才能成为强势品牌，才会具有长久的生命力。

在市场竞争异常激烈的今天，品牌已成为营销最有力、最持久、效益最高、成本最低的利器，已经成为企业综合实力的象征。在现代营销理念当中，品牌作为吸引消费者购买的重要因素之一，是营销的核心和灵魂。

旅游品牌是指旅游经营者凭借其产品及服务确立的代表其产品及服务形象的名称、标记或符号，或它们的相互组合，是企业品牌和产品品牌的统一体，它体现着旅游产品的个性及消费者对此的高度认同。

2. 旅游品牌的内涵

旅游品牌应该建立在旅游资源或旅游地域的独特性之上，同某个具体旅游产品或旅游产品群相关联，能给旅游者带来独特精神享受的一种利益承诺，并且表明了此项承诺的来源与标准。完整的旅游品牌应该全面简洁地向消费者传递本身所代表的独特形象和旅游产品吸引力，包含以下六层含义：

(1)属性。它包括优美的自然景观、深厚的文化底蕴、优质的服务、持续可靠的承诺、良好的信誉、对旅游者身心的关怀，以及欢乐与享受、独一无二的体验和对环保的关注等。旅游品牌应给予旅游者某种特定属性。

(2)利益。旅游者购买旅游产品是追求某种或某些利益。

(3)价值观。旅游品牌应体现旅游企业的某些价值观，包括提供高水平的服务、可靠的承诺和人性的关怀等。

(4)文化。由于旅游本身就是一种文化现象，所以旅游品牌应突出文化内涵，体现文化特色。

(5)个性。通过品牌定位，突出并宣传旅游地的地域、历史和文化个性。

(6)旅游者。宣传旅游品牌的目的就是吸引旅游者，拓展客源市场。

3. 旅游品牌要素

品牌要素是指构成品牌内涵的重要因素。对旅游品牌形态的研究，一般将其分为旅游公共品牌(旅游地品牌)、旅游企业品牌和旅游产品品牌三种表现形式。无论哪种形式，品牌要素的构成主要包括以下三个方面：

(1)品牌名称。好的品牌名称有助于市场的建立，迎合目标对象所处的特定文化背景和心理需求。好的品牌名称还有助于产品定位营销，能帮助旅游者从复杂的旅游市场挑选出自己所需要的旅游产品。品牌名称具有识别性，受国家商标法的保护，旅游目的地可以把品牌名称作为注册商标。

旅游品牌名称必须以核心产品为依托，也即指产品中能够向旅游者提供最基本效用和利益，实现其购买愿望的那部分因素。因此，核心产品也就是最有品牌使用价值的载体，并使旅游者提到品牌名称就会唤起情感的认知和建立相关联想。例如“香格里拉”一词是1933年美国小说家詹姆斯·希尔顿在小说《失去的地平线》中所描绘的一块永恒和宁静的土地，充满神秘色彩的世外桃源；在藏语中意为“心中的日月”，它是人们心目中的理想生活和至高无上的境界。云南中甸县改名为“香格里拉”，即考虑了这种品牌形象要素，有力地提升了滇西北旅游目的地的品牌形象。

对品牌名称的考量，可以从以下几个方面进行：一是品牌名称要直观易记，具有识别力；二是与众不同，具有独创性；三是联想丰富，具有营销价值；四是对产品功能、特征和优点的描述贴切，具有创造力；五是能适合目标市场及未来发展潜力，具有品牌延伸力。这也是评价品牌名称的基本准则。

(2)品牌标志。品牌标志是构成品牌识别系统的重要组成部分，是旅游品牌中通过符号、图案和颜色的设计组合，用视觉方式来表达信息传递的载体。品牌标志必须体现旅游产品自身的特征，能向旅游者传递一定的市场信息，使旅游者分辨出各种不同的旅游产品。品牌标志担负着市场推广、品牌构造、利益承诺、联动促销和商品开发的重要任务，它的设计应具有亲和力、传播力和影响力，用一种视觉语言对外说话，传播旅游目的地独特的经营理念和文化特质，是提高旅游目的地及旅游产品知名度和形象推广的重要途径。

(3)品牌标识语。品牌标识语的使命是沟通性，可以为品牌提供更多的市场传播信息，以利于品牌的营销。只要有独特的创意，不仅可以强化品牌名称的识别性，而且可以提供比品牌名称更多的联想，又少了法律方面的限制。这就要求规划者必须挖掘出旅游地资源的灵魂，通过一句精练的文字或是千古传颂的古诗等来体现。这句话要有画龙点睛的作用，能把资源优势形象化地表现出来，同时具备广告效应，并易于传播和记忆，从而刻画出一个生动且富有魅力的旅游地形象。

品牌标识语要抓住产品的典型特征，起到传递信息的作用，并成为促销的手段。许多旅游目的地把它放进广告，作为广告中的主打广告词。品牌标识语的用语一般具有导向性，并具有成为大众流行语的潜质。“昆明永远是春天”这一标识语仿佛一幅明丽的“春城无处不飞花”的图景，抓住了昆明最本质的特征，进而抓住了广大旅游者向往自然、向往清新美丽而温暖休闲的心理。品牌的标识语可以和其他要素组合，相得益彰，进一步强化品牌形象。去过丽江旅游的人都会被古城悠闲神秘的纳西文化和那数条清澈明丽的河水而倾倒，丽江优美的自然风光及浓郁的民族风情，最终被提炼成“丽江柔软的时光”和“丽江一米阳光”等品牌标识语，在旅游者心中留下难以磨灭的烙印。

4. 旅游品牌的作用

旅游是一种异地消费活动，其产品具有无形性、不可转移性等特征，消费者不能像其他消费活动一样可以直观地挑选商品并在付款后形成快速消费。这决定了它更需要通过品牌形象的传播来向消费者传达积极的、实实在在的感受，使其为潜在旅游者所认知，从而产生旅游动机，并最终实现出游计划。作为吸引消费者购买的重要因素之一，旅游品牌既是某种标志和符号，又是消费者消费某种旅游产品的体验和感受，它对消费者购买决策的影响显得尤为重要。在旅游市场需求日趋个性化和多样化的背景下，旅游营销进入了品牌竞争时代，如何塑造旅游品牌和形象并向消费者充分有效地传播是旅游企业提升市场竞争力的重心。

(1)吸引旅游者。出于对旅游高水平身心享受的追求和对旅游产品增值消费的期望,旅游者对旅游品牌要求和呼声越来越高。旅游品牌能唤起旅游者对旅游品牌的忠诚,可以维持和增加旅游者购买品牌产品的人数,进而拥有潜在的客源,从而延长该旅游产品的生命周期,保持旅游产品的市场份额。

(2)增强市场竞争力。品牌是旅游产品或旅游核心价值观的体现,是识别产品的分辨器,是质量和信誉的保证。旅游品牌可以提高知名度和美誉度,吸引游客,从而增强竞争力。

(3)提高产品附加值。当某一旅游产品成为名牌,能够维护旅游者利益时,旅游者就不会在购买价格上过分在意,甚至在价格稍高于他种旅游产品的情况下,旅游者也可以接受,这就是"口碑效应"给旅游产品所带来的价值增值。

(4)实现经营模式转换。集团化经营是当今国际上大多数企业的发展模式。品牌化经营可以造就一种连锁经营模式,只要有一个相对有名的旅游品牌,不论是依托旅游地生存的旅行社,还是旅游品牌的横向发展,都会在地域上拓展、领域内拓宽,实现集团化的经营模式。

6.3.2 品牌营销与品牌策划

1. 品牌营销

品牌营销(brand marketing)是指通过利用消费者的品牌需求,创造品牌价值,最终形成品牌效益的营销策略和过程。也是通过市场营销使目标客户形成对企业品牌和产品、服务的认知过程。企业通过一系列的营销活动,将品牌的实体层面与精神层面联系起来,培养和塑造品牌,并获得消费者的认知和青睐,提高品牌的知名度与美誉度,从而在消费者的心目中形成对企业产品或者服务的良好品牌形象。最高级的营销不是建立庞大的营销网络,而是把品牌符号深刻地映入消费者的心中,把无形的营销网络铺建到社会公众心里,把产品输送到消费者心里,使消费者选择消费时认这个产品。

旅游品牌营销作为旅游营销的主导形式,主要以旅游形象的整合为核心进行形象传播,以旅游吸引力的驱动结果,实现旅游产品的购买,达到旅游销售的目标。品牌营销过程就是以品牌为载体,对大量的旅游信息进行压缩和凝聚,并以品牌整合所有的产品,形成统一形象的过程。

2. 品牌策划

品牌策划是通过品牌上对竞争对手的差异和距离来引导目标群体的选择,是在与外部市场对应的内部市场(心理市场)上的竞争。品牌策划更注重的是心理描述,即对消费者的心理市场进行规划、引导和激发。品牌策划不是一个无中生有的过程,而是把人们对品牌的模糊认识清晰化的过程。从更深层次来看,品牌策划就是使企业或产品品牌在消费者脑海中形成一种个性化的认识,并使消费者与企业或产品品牌之间形成统一的价值观,从而建立起自己的品牌声浪。

旅游品牌策划就是对旅游品牌的定位、塑造、维护、实施追踪及反馈调节等环节所做的预先构想或决策。旅游品牌的策划过程是从旅游品牌的设计、品牌的定位、品牌的识别、品牌的传播到品牌的延伸的一个有次序、有结构层次的整合过程。

3. 品牌策划的五大法则

(1)品牌和产品类别结合。当我们向消费者提到一个品牌时,他们首先会联想到是什么样的产品。

(2)品牌和产品属性结合。一个品牌的产品属性,往往是激发消费者购买和使用意愿的一个重要条件,而这些产品属性通常也能为消费者带来实质性的帮助,同时让消费者对这一产品产生感情,要让消费者觉得买的不只是产品,而是产品的独特利益点。

(3)品牌和产品价值结合。当某一产品的某一项属性显得特别突出时,这项属性也就是形成品质的基本因素。

(4)品牌和产品用途结合。消费者在需要某类产品的时候,会直接联想到心目中熟悉的品牌。

(5)品牌和产品使用者结合。建立强势品牌认同的另一个途径是将品牌和产品使用者结合。

6.3.3 品牌策划的原则

1. 差异化原则

品牌差异化是指企业对自身产品在特殊功能、文化取向及个性差异上的商业性决策,它是建立一个与众不同的品牌形象的过程和结果。换而言之,即指为某个特定品牌确定一个区别于竞争品牌的卖点和市场位置,使品牌在消费者的心中占领一个特殊的位置。品牌差异化主要包括产品差异化、服务差异化和品牌形象差异化等。品牌差异化定位的目的就是将产品的核心优势或个性差异转化为品牌,以满足目标消费者的个性需求。成功的品牌都有一个有别于竞争对手的差异化特征,然后以一种始终如一的形式将品牌的差异与消费者的心理需要连接起来,通过这种方式将品牌定位信息准确传达给消费者,在潜在消费者心中占领一个有利的位置。

差异化是提炼旅游品牌核心价值的关键所在。没有差异性就意味着没有独特的销售主张,游客就不可能记住。要实现品牌差异化,要明确品牌定位,提炼差异化的核心价值,打造出品牌的灵魂;运用差异性的品牌传播与沟通方法,建立独特性的品牌视觉形象;创造差异化的品牌服务内容,增加品牌内在含金量。

2. 个性化原则

旅游品牌首先要具备鲜明独特的品牌个性,具有其他旅游产品所没有或者远远不能与之相媲美的特征,才能对游客产生感召力和吸引力。品牌个性的价值不仅表现在建立与消费者的认同上,而且它本身也能够为品牌产品增加价值。大量的市场分析和消费者研究显示,消费者的消费不只是满足基本的生活需要,越来越多的消费是为了满足社会性和展示性的需要。

心理学上有一个概念,称为自我,有理想自我和真实自我之分。当消费者想要表达真实自我而又不能直接说出口时,他可以通过自己的消费行为来表达其个性,如他的穿着、饮食和交通工具等。这就是品牌的个性给消费者带来的额外价值,消费者愿意为此支付额外的费用,这对企业来说就是利润。因此,品牌的个性不仅能够与消费者进行沟通,产生共鸣,而且能够为消费者创造消费价值。旅游产品的竞争力在于独具特色的个性,在于可持续的产品力量的传播,在于高度的消费者认同,没有个性的品牌往往是短寿的。强势品牌之所以具有较高价值,是因为它不仅有较高的知名度,更重要的是与消费者建立了深度的关系,即能让消费者体验到它所代表的利益。

3. 人格化原则

品牌的人格化理论指出，品牌即人。人有人格，品牌有品格；人有性格，品牌有个性。品牌就像人一样，你赋予它性格、情感和意念，塑造一些真挚动人的故事后，它就不再是冷冰冰的产品，就能像风情万种、活生生的人那样来打动你。没有人格化、没有稳定的内在特性和行为特征，就无法与消费者建立感情，形成偏好。消费者无法熟悉和认定品牌的个性，自然也无法与消费者自己的个性进行比较并确认是否一致。

广告大师威廉·伯恩巴克认为，每种成熟产品都会产生一种与人们的心理有着微妙联系的东西，即"发现与生俱来的戏剧性"。用市场营销的理论来解释是：产品和品牌都相当于一个"演员"，市场就是一个"舞台"，假如产品或品牌在市场这个"大舞台"上把戏剧演得出神入化，就会被观众追捧，成为人尽皆知的"魅力明星"。这种方法就被称为"品牌人格化"。调查表明，从某种程度上说，品牌人格化水平是品牌成熟的重要标志，它表示品牌建设者已经能从单纯的产品生产与对外传播发展到积极塑造吻合消费者内在需求的有形产品和无形价值。品牌人格化塑造可以从品牌故事神奇化、品牌吉祥物人物化和品牌形象性格化三方面入手。

4. 内涵化原则

品牌的竞争就是品牌文化的竞争，品牌的文化内涵是提升品牌附加值和产品竞争力的源动力。品牌文化代表着一种价值观、一种品位、一种格调、一种时尚和一种生活方式，品牌文化的独特魅力就在于它不仅仅提供给消费者某种产品的使用价值，而且帮助消费者去寻找心灵的认同、心理的共鸣和人生价值的追求，拥有品牌文化才能让消费者永远爱你。品牌的号召力在于文化内涵的凝聚力，创建品牌就是一个将文化精致化而充分的展示过程。文化在品牌的塑造过程中起着凝聚和催化的作用，使品牌更富有内涵。纵观那些国际品牌，它们在出售产品的同时，也在用文化征服人心。

文化是旅游品牌之魂，旅游品牌离不开文化。旅游文化是旅游产品、品牌和游客互动的产物，文化的渗透、积累和传播是旅游品牌营销的关键环节，只有文化才能成就"独具特色"的旅游品牌。旅游品牌的文化内涵主要包括：一是品牌的价值系统，它由一系列的理念所组成，包括品牌拥有者和运营者所追求的品质理念、经营理念、服务理念和社会理念等；二是品牌的行为模式，包括品牌运营者所采用的管理方法、营销策略、市场拓展手段、传播渠道、服务机制与态度等；三是品牌的视觉形象，主要包括品牌的名称、品牌的诉求、品牌的标识和品牌产品的外在形象等；四是品牌的消费文化，包括消费体验过程中消费者赋予它的各种情感、体验及消费体验的再创造，这些将直接影响到品牌的传承、传播，乃至于品牌形象的塑造。

6.3.4 品牌策划的程序及内容

品牌策划过程包括品牌塑造、品牌包装和品牌传播三方面内容。

1. 品牌塑造

品牌塑造(brand building)是指给品牌以某种定位，并为此付诸行动的过程或活动。品牌塑造是一项系统工程，包括市场分析、品牌定位和产品提升。品牌知名度、美誉度和忠诚度是品牌塑造的核心内容。

(1)市场分析。市场分析是塑造一个旅游品牌的第一步，通过对客源地市场状况、当地的历史文化、民俗和资源状况等进行深入的研究，并对分析结果进行总结提炼，为品牌定位做准备。

(2)品牌定位。品牌定位是在市场分析的基础上使用各种定位方法提炼出特定的旅游品牌主题,是塑造品牌过程的关键步骤和难点所在。主要的定位方法有:

• 比附定位法,也被称为“借光”定位法,借用著名景区的市场影响来突出和抬高自己,如把小浪底水库誉为“北方的千岛湖”。

• 心理逆向定位法。这是打破了消费者的一般思维模式,以相反的内容和形式标新立异地塑造市场形象,如河南林州市林虑山风景区就以“暑天山上看冰锥,冬天峡谷观桃花”的奇特景观征服了市场。

• 差异共生定位法。利用自己独特的资源优势、产品优势和服务优势与竞争对手区别开来,如桂林和柳州区位紧邻,同属于桂北旅游经济区,桂林旅游以山水甲天下而闻名,柳州旅游则以风情而卓越。

(3)产品提升。完成品牌定位后,对产品进行提升和打造同样是品牌塑造过程中的重要环节。例如西安大唐芙蓉园,在确定了“盛唐主题天下第一园”的主题后,特邀了多位专家对大唐芙蓉园的历史文化内容进行重新挖掘和整理,对全园景观进行了重新规划和定位,划分出了12个景观文化表现区域,并以此形成了以大雁塔为中心,包括大雁塔南北广场、大唐不夜城和唐城墙遗址公园在内的盛唐文化区,强有力地支撑了西安旅游业的发展。

2. 品牌包装

品牌包装(Brand Packaging)是指针对品牌概念所做的整体商业文化的包装,包括品牌视觉形象系统建立、品牌文化传播和商业环境设计等系列行为,从而构成一个完整品牌的塑造体系。品牌包装不仅指的是为产品披上一件外衣,而是指在与消费者接触的各类场合,把产品的个性特征以各种载体形式进行塑造和推广的行为。品牌之所以要进行包装,是因为产品需要让自身的优势尽可能多地传播给消费者,并且要超越自身价值之上,形成高附加值。产品只有具备了视觉美感和文化品位,才能与消费者产生深层沟通,才能打动消费者的心灵。

品牌包装的内容包括企业形象识别系统设计、宣传口号设计、听觉、视觉、意觉和味觉包装等。

(1)企业形象识别系统(CIS)。CI形象已不仅是单个的企业或景区形象,而演化为整合的区域形象,如成都的“休闲之都”、大连的“浪漫之都”和杭州的“爱情之都”等已经深入人心。企业形象识别系统又包括视觉识别系统、理念识别系统和行为识别系统三个组成部分。

①视觉识别系统(VI)。是从视觉的角度对品牌进行包装,具体由代表品牌形象的LOGO、宣传海报、展板、宣传片和宣传册等组成。VI设计应围绕品牌的主题定位进行,将品牌内涵的视觉化形象以造型、颜色和字体变形等手法表现出来。

②理念识别系统(MI)。侧重在品牌传播过程中企业精神和理念的传播,旅游目的地也同样需要有自己的品牌理念。

③行为识别系统(BI)。主要是旅游从业人员的接待行为标准化和市民为实现品牌内涵的行为自觉化,以此来诠释品牌的人文内涵。

(2)宣传口号设计。在品牌的传播过程中,好的宣传口号对旅游品牌的传播具有非常重要的意义。一句“乐山,乐水,乐逍遥”把四川乐山市的旅游形象宣传得淋漓尽致。宣传口号的提炼通常是围绕品牌主题进行的,同时宣传口号的押韵和上口与否也相当重要。

(3)听觉包装。常用手法就是“让旅游插上歌声的翅膀”。旅游歌曲必须情景交融,把一定的思想、情绪、理想和追求融合在景观之中,这才是最能感动人的地方。

(4)味觉包装。主要是对旅游六要素中的"食"加以品牌化的包装,使之具有旅游目的地的独有特点。比如"没吃羊肉泡馍就不算来过西安",就突出了其独有的饮食特点。

(5)意觉包装。是指对品牌和产品进行情境化和体验式的包装。意觉包装通过营造一种环境、设计一种场景和完成一个过程等来实现,强调互动参与性与融入性,为旅游者建立一种个性化、值得记忆的联系,使旅游产品与旅游者之间建立起更加亲密的关系,并充分互动活化起来,实现一种精神层面的感情诉求和亲和。

3. 品牌传播

品牌传播(brand communication)就是以品牌的核心价值为原则,在品牌识别的整体框架下,选择广告、公关、销售和人际等传播方式,将特定品牌推广出去,以建立品牌形象,促进市场销售。品牌传播是满足消费者需要、培养消费者忠诚度的有效手段。传播是品牌力塑造的主要途径,品牌传播的最终目的就是要发挥创意的力量,利用各种有效发声点在市场上形成品牌声浪,有声浪就有话语权。品牌传播的四大要素如下:

(1)传播主体——我是谁:对自己能够正确评价,准确定位。

(2)传播对象——对谁说:对什么人要说什么话,切勿对牛弹琴。

(3)传播渠道——怎么说:选择什么体裁说,选择什么时机说,选择什么理由说,选择什么方式说。

(4)传播内容——说什么:满足愿景,凸显个性,符合时尚,恰到好处。

有人曾做过这样一个形象的比喻:品牌的"品"字是三个口,三个"口"恰好代表了品牌传播的要义。第一个口:我们自己怎么说,旅游地、旅游企业和旅游品牌自己说什么很重要,如果连自己都说不清,怎么可能产生你的品牌;第二个口:消费者怎么说,消费者在这儿旅游的时候大脑中留下了什么,口头传播什么;第三个口:竞争对手怎么说,怎样评价我们的品牌。营销的本质就是找到合适的人,用合适的方法讲合适的话。

6.3.5 品牌传播方式

品牌传播的效果与传播方式的选择及设计密切相关,如果传播方式选择不当,设计不合理,就不可能收到好的传播效果。

1. 广告传播

广告作为一种主要的品牌传播手段,是指品牌所有者以付费的方式,通过传播媒介,以策划为主体,创意为中心,对目标受众所进行的以品牌名称、品牌标志、品牌定位和品牌个性等为主要内容的宣传活动。广告是品牌最重要的传播方式,人们了解一个品牌,绝大多数信息是通过广告获得的,有人甚至认为:品牌=产品+广告,由此可见广告对于品牌传播的重要性。根据资料显示,在美国排名前20位的品牌,每个品牌平均每年广告费用为3亿美元。广告也是提高品牌知名度、信任度、忠诚度,塑造品牌形象和个性的强有力的工具,广告可以说是品牌传播的重心所在。

产品"概念"是广告活动的主题,市场营销不仅是产品的竞争,更是观念的竞争,于是必须给你的产品确定一个"概念",也是一个"独特的说法"。正如广告界的一句名言:一个好的广告,必然能赋予产品一个本身并不存在的概念。这个"虚幻"的概念即是广告给消费者带来的心理观念。当一个观念确信可以植入消费者心目中时,对产品的好感也会应运而生,它不仅能使消费者接受该产品,更可以巩固它在市场中的位置,促长它在市场中的寿命。所以说,要创造市场,必要先植入观念。广告表现出产品的这样一种功能:它是消费者的好朋友,它总能让购买它的消费者感到高兴和愉快。销售产品最终塑造的是一种心意,产品的使用价值只是顾客需求的最基本部分,而顾客的心理价值才是最应该看重并千方百计满足的。于是就要给产品创造一种概念、一种见解和一种文化,让这种文化提升消费者,拉近企业与顾客之间的距离,使顾客心里暖洋洋的,最终对产品形成很高的忠诚度,从而创造市场。

2. 软文传播

所谓"软文",就是指通过特定的概念诉求,以摆事实讲道理的方式使消费者走进企业设定的"思维圈",以强有力的针对性心理攻击迅速实现产品销售的文字模式和口头传播。如新闻、第三方评论、访谈、采访和口碑等。从本质上来说,它是企业软性渗透的商业策略在广告形式上的实现,通常借助文字表达和舆论传播使消费者认同某种概念、观点和分析思路,从而达到企业品牌宣传、产品销售的目的。

软文是生命力最强的一种广告形式,也是很有技巧性的广告形式。与硬广告相比,软文的精妙之处就在于一个"软"字,好似绵里藏针,收而不露,克敌于无形。它追求的是一种春风化雨、润物无声的传播效果,等到你发现这是一篇软文的时候,你已经在不知不觉中掉入了被精心设计过的"软文广告"陷阱。软硬兼施、内外兼修,才是最有力的营销手段。

3. 公关传播

公关是公共关系的简称,是企业形象、品牌、文化和技术等传播的一种有效解决方案,包含投资者关系、员工传播、事件管理,以及其他非付费传播等内容。作为品牌传播的一种手段,公关能利用第三方的认证,为品牌提供有利信息,从而教育和引导消费者。

公共关系可为企业解决以下问题:一是巧妙地运用新闻点塑造组织的形象和品牌知名度;二是树立美誉度和信任感,帮助企业在公众心目中取得心理上的认同,这是其他传播方式无法做到的;三是通过体验营销的方式,让难以衡量的公关效果具体化,普及一种消费文化或推行一种购买思想哲学;四是提升品牌的"赢"销力,促进品牌资产与社会责任增值;五是通过危机公关或标准营销,化解组织和营销压力。

4. 销售促进传播

销售促进传播是指通过鼓励对产品和服务进行尝试或促进销售等活动而进行品牌传播的一种方式,其主要工具有赠券、赠品和抽奖等。销售促进传播主要用来吸引品牌转换者,它在短期内能产生较好的销售反应,但很少有长久的效益和好处,尤其对品牌形象而言,大量使用销售促进会降低品牌忠诚度,增加顾客对价格的敏感,淡化品牌的质量概念,促使企业偏重短期行为和效益。不过对于小品牌来说,销售促进传播会带来很大好处,因为它负担不起与市场领导者相匹配的大笔广告费,通过销售方面的刺激,可以吸引消费者购买该品牌。

5. 人际传播

人际传播是人与人之间的直接沟通,主要是通过企业人员的讲解咨询、示范操作和服务等,使公众了解和认识企业,并形成对企业的印象和评价,这种评价将直接影响企业形象。人际传播是形成品牌美誉度的重要途径,在品牌传播的方式中,人际传播最易为消费者接受。

口碑传播是一种非正式的人际传播。研究表明,口碑传播是市场中最强大的控制力之一。心理学家指出,家庭与朋友的影响、消费者直接的使用经验、大众媒介和企业的市场营销活动共同构成了影响消费者态度的四大因素。由于在影响消费者态度和行为中所起的重要作用,口碑被誉为"零号媒介",被现代营销人士视为当今世界最廉价的信息传播工具和高可信度的宣传媒介。

由于存在产品信息的不对称，尤其是无形服务所带来的决策风险，消费者在购买产品或服务时倾向于接受口碑信息，甚至主动搜寻口碑传播。口碑传播的结果主要体现在购前和购后两个阶段。处于购前决策阶段的消费者会受口碑信息的影响，从而产生一定的购买行为；同样，处于购后评价阶段的消费者也会受口碑信息的影响，并做出正面或负面的评价。当口碑传播信息与口碑接收者自身感知的产品或服务质量基本吻合时，口碑信息易影响口碑接收者的购买决策，最终促使其产生与口碑信息相一致的购买行为，即在口碑传播褒扬效应的作用下，消费者会接受传播者推荐的产品或服务；而在口碑传播负面效应的作用下，消费者会放弃对传播者所抱怨产品或服务的选择。

案例 6.2

经久不衰的大理“风花雪月”

二十世纪初，云南旅游发生了一次悄无声息却影响巨大的深刻转型，熊大寻旅游策划公司提出了云南旅游发展战略：卖民族风情只能让人观光旅游、走马观花，只有转型为卖小资情调和诗意栖居，才能承接中国进入中产阶级为代表的橄榄型社会的形势，实现转型升级，吸引小资白领和中产到大理、丽江和香格里拉为代表的旅游城市度假休闲和定居，才能真正开创从观光旅游进入休闲度假深度旅游的时代。由此开始，迪庆不卖藏族风情卖“香格里拉”，大理不卖白族风情卖“风花雪月”，丽江不卖纳西族风情卖“小资天堂”。

一、从《五朵金花》到“风花雪月”

大理山川秀丽、气候宜人、文化厚重，旅游资源十分丰富。有诗情画意的“风花雪月”，有浪漫风的《五朵金花》，有武侠传奇的《天龙八部》，有著名的南诏国、大理国、大理三塔，有白族风情的三道茶、三月街，有“亚洲文化的十字路口”之称的茶马古道、南方丝绸之路，有开放、包容的“妙香国”。如何从丰富多彩的旅游资源中，提炼定位旅游形象，是一个艰难的选择。

20世纪60年代《五朵金花》的播映把大理推向了世界，“五朵金花的故乡”也成为大理最响亮的旅游形象口号。进入21世纪，旅游市场发生了巨变，已经用了几十年的旅游品牌严重老化，定位也欠准确，过于乡土了。2002年，“天龙八部影视城”在大理破土动工，《天龙八部》60%以上的镜头将在大理拍摄。借张纪中拍摄《天龙八部》的机会，开始重新定位策划大理旅游，不再卖“五朵金花的故乡”，而是推出“风花雪月，自在大理”这一浪漫、小资、拥有无穷想象空间的定位，让大理特色从此等于“风花雪月”，让大理从白族风情转型到了浪漫之都。“下关风，上关花，下关风吹上关花；苍山雪，洱海月，洱海月照苍山雪。”这一特色概念一经推出，2003年大理游客就从过去持续了二十多年的每年300万游客一下变成每年600万游客，实现了翻番。“风花雪月，自在大理”，将大理的自然风光、人文风情和超凡脱俗的逍遥气质表现得淋漓尽致，被媒体评价为中国最美的旅游形象口号。

二、“风花雪月”被赋予新的时代内涵

二十年过去了，许多地区旅游形象口号不知更新了多少次，但大理的“风花雪月，自在大理”口号一直没有变，变的只是内涵。

过去，大理贩卖的是山水，是颜值；现在，大理贩卖的是气质，是生活方式。大理旅游将从山水到生活方式的转变，慢生活式的旅游业态，让越来越多的人留下来，成为“新大理人”，慢慢品味生活。在大理，静静地看海、看云都是一种享受。

现在,大理充分挖掘文旅、资源优势,以“风花雪月,自在大理”为主IP,全面打造以“风”“花”“雪”“月”为重点的四个子IP,赋予了大理文旅新内涵、新内容、新业态。

其中,“风”为主题的“有一种生活叫大理”新IP,已成为越来越多人的向往,大理也因此实现了从颜值到气质的旅游形象转变。

以“花”为主题的“中国最佳爱情表白地”新IP,通过量身打造、宣传营销、行业推动,形成了一个新的文旅产业,推动了文旅新业态的发展。“苍山为盟·洱海为誓”的最佳爱情表白地地图,将大理范围内包含苍山、洱海、剑川石宝山等29个“爱情表白打卡点”,以及望夫云、白洁夫人、《五朵金花》、《小河淌水》等历史爱情故事有机串联,正逐步成为旅游新路线,已实现了800多万的文旅产业链价值。2021年,大理共承办目的地婚礼1 210场,婚庆收入超4 100万元。

天龙八部影视城的古装集市、沉浸式城市剧本杀《珍珑迷局》、星空帐篷营地、派对式戏剧《幻境2099》、《英雄联盟》校园电竞文创村……“雪”代表中国潮玩新标地,大理的旅游新业态,正走向高端品质定制旅游,又快人一步。

以洱海的形状,大理古城大门为元素的门头设计,旅交会现场在各种大理特色的展品中,宣传大理特色文旅产品、旅游精品线路等,从“吃、住、行、游、购、娱”等方面向大家推介大理旅游的新产品、新业态、新线路。

(资料来源:根据相关媒体资料改编)

6.4 借势营销策略

有一则关于两只苍蝇的古希腊寓言:一只坐在战车上自豪地说:“瞧,我跑得多快呀!”另一只苍蝇趴在车轮上骄傲地说:“看,我扬起了漫天尘土!”——这是两只善于借势的苍蝇。无论是“站在巨人的肩膀上”,还是“假于外物”,借势营销作为一种行之有效的营销利器,为越来越多的企业所倚重。

6.4.1 借势营销概述

1. 借势营销的含义

借势营销是将销售的目的隐藏于营销活动之中,将产品的推广融入一个消费者喜闻乐见的环境里,使消费者在这个环境中了解产品并接受产品的营销手段。具体表现为通过媒体争夺消费者眼球,借助消费者自身的传播力,以及依靠轻松娱乐的方式等潜移默化地引导市场消费。换而言之,便是通过顺势、借势和造势等方式,以求提高企业或产品的知名度及美誉度,树立良好的品牌形象,并最终促成产品销售的营销策略。

这里所说的“借势”,就是借助具有相当影响力的事件、人物、产品、故事、传说、影视作品和社会潮流等,策划出对自己有利的新闻事件,将自己带入话题中心,由此引起媒体和大众的关注,让更多的人认识并关注自己,提高知名度。借他人之“势”为己所用,这样就可以达到四两拨千斤、事半功倍的神奇效果。《红楼梦》中薛宝钗有这样一句词,“好风凭借力,送我上青云”,其大意是借助其他方面的力量,就能一下子达成自己的目标。诸葛亮借东风,实施“草船借箭”,可谓乘长风而破万里浪,也将“借”的境界演绎得淋漓尽致。

2. 借势营销的意义

作为一种新型营销手段,借势营销集新闻效应、广告效应、公共关系、形象传播和客户关系于一体，已经当之无愧地成为企业新产品推介、品牌展示、建立品牌识别和品牌定位等营销活动的首选策略。据相关报道，美国企业在借势营销上的总花费年增长率高过15%。企业CEO、CFO等高层管理人员也越来越重视借势营销，其中，在被调查的高层决策人员中，39%的人很认同借势营销这种手段。

借势营销的优势在于以下几点。一是受众者的信息接收程度较高。借势营销避开了媒体多元化而形成的信息干扰，受众对于其内容的信任程度和传播广度远远高于广告。据调查，一个读者对新闻的信任程度是接受一则广告的六倍。二是传播深度和层次高。一个事件如果成了热点，会成为人们津津乐道、互相沟通的话题，事件被反复使用和传播，还可以形成二次传播，引发“蝴蝶效应”。三是宣传成本低，投资回报率高。新闻事件具有传播面广、速度快和影响力大等特点，能有效节约企业建立品牌的成本。据统计分析，企业运用有创意的事件营销手段取得的投资回报率，约为一般传统广告的三倍。

6.4.2 借势营销的原则

1. 关联度

在进行借势营销时，要求与所借之势具有一定的关联度。关联度越高，说明借势的理由越充分，而借势的理由越充分，则成功率越高。借势营销必须围绕一定的主题进行，关联度是进行借势营销活动成功的关键要素。当然，这种关联度有时是直观的、直接的关系，有时则是抽象的、间接的关系。

借势营销能不能做好，跟对“势”的准确判断有直接关系。一个事件摆在眼前，首先应该慎重判断到底能不能借，其根本是要看该事件对推广目标有无帮助，事件与产品是否有关联性，两者的内涵能否契合。借势营销中存在不少盲目跟风的现象，仅凭事件的高关注度就积极地投身其中，不管产品与“势”能否搭上关系，就生搬硬套地将二者硬拉到一起，最终反而会受到大家的质疑，落个“画虎不成反类犬”的结局。

2. 关注度

借势营销主要是借助事件影响力进行营销，影响力的大小取决于人们对事件的关注度。很多企业进行借势营销，投入了不少资金，却连个响声都听不见，根本没有什么效果，原因是关注度不够。不为公众所关注，就不能吸引人们的眼球，就形成不了“势”。

关注度主要是通过媒体报道提升的，与以下几方面有密切联系。一是重要性。指事件内容的重要程度。判断内容重要与否的标准主要看其对社会产生影响的程度，一般来说，对越多的人产生的影响越大，新闻价值就越大。二是接近性。越是心理上、利益上和地理上与受众接近和相关的事实，新闻价值就越大。通常来说，事件关联的点越集中，就越能引起人们的注意。三是显著性。新闻中的人物、地点和事件越是著名，新闻价值就越大。国家元首、政府要人、知名人士、历史名城和古迹胜地往往都是出新闻的地方。四是趣味性。人类本身就有天生的好奇心，大多数受众对新颖、奇特、反常或有人情味的东西比较感兴趣。

3. 传播度

借势营销对事件的曝光程度有很大的依赖。在大众传播时代，事件曝光程度取决于媒体的参与程度。事件营销要达到预期效果，需要媒体尤其是主流强势媒体的介入和参与，这是吸引公众关注的前提。大量事实表明，旅游目的地形象的传播、推广和营销正是依靠大众传媒来实现的，通过吸引公众的注意力从而产生“眼球经济”效应。媒体参与的形式有两种：一种是主动介入,媒体如果认为此事件有亮点、有卖点、有新闻价值,就会主动介入,甚至持续跟踪报道;另一种是邀请媒体参与,最好在事件营销的策划阶段就邀请媒体合作,共同参与策划,以求取得最佳效果。旅游目的地在利用突发事件进行营销宣传时,要注意与媒体加强沟通,引导媒体有意识地进行旅游形象宣传。

借势营销的成功与否,引爆点是至关重要的。引爆点就是借势营销过程中能引起公众和媒体关注的事物。一般来说,突发事件易引起媒体主动介入。相对于广播电视、报纸杂志等传统媒体的单向传播特性来说,互联网因其互动特性,成为当今与社会公众关系最为密切的传播媒体。"世界上最好的工作"事件就充分利用了互联网的传播特性,通过互联网吸引了全球网民的关注与参与,是该事件营销取得成功的重要因素。

6.4.3 借势营销的要求

1. 借势营销中的合作双赢

传统的营销理念过于强调竞争,企业和相关企业之间只是交易和竞争的关系。全球一体化使得竞争格局发生了根本变化,企业越来越需要为竞争而合作,靠合作来竞争。合作竞争营销的理念使拥有不同优势的企业在竞争的同时也注重彼此之间的合作,通过优势互补,共同创造一块更大的"蛋糕",来实现"双赢"或"多赢"。而在事件营销中进行不同行业和领域企业间的合作则能扩大事件的影响,提高企业的知名度,扩大合作双方彼此的影响力,达到"双赢"或"多赢"的效果。

2. 借势营销中的双向互动

互动营销强调企业和消费者间交互式交流的双向推动,改变了传统营销中企业对消费者的单向推动。传统的媒体广告、产品目录等只是企业单向地把产品信息输送给消费者,消费者完全被动地接收商品信息,而企业也不能及时获得消费者的反馈信息,使得距离成为企业与消费者之间交流的障碍,企业难以及时、准确地了解顾客个性化的需求。随着居民收入的提高、消费意识的成熟及消费理念的转化,差异消费和个性消费成为时尚。在事件营销中注重与顾客互动的沟通与交流,随时改进营销传播策略,将成为事件营销管理的关键。让消费者参与到产品制作与消费的过程中去,使得消费者获得比直接消费产品更大的满足感与更为强烈的购买热情。

3. 借势营销中的创意创新

借势营销注重科学性,更强调艺术性,效仿和跟风所取得的效应远不如原创的好。一般情况下,当人们遇到从来没有遇到过的新鲜事物时,会产生很大的注意力,而且更容易产生好感,加深记忆。但人们再次看到类似事物的时候却从潜意识里有种忽略和排斥感,不会去关注和追捧。所以借势营销要把握"创意创新"的原则,讲求创意的独特性和新颖性,创造性地加以借势。

6.4.4 借势营销的形式

1. 借文化之势

文化是特定人群普遍自觉的观念和方式。比如在我国春节来临前,大家都在不约而同地用不同方式做着同一件事情,朝着一个目标前进——回家。在中国人的概念中,春节就要全家团圆,这种对春节普遍认同的观念和方式就是文化。这样一种统一的行动,不用号召,不用法律规定,为什么可以成为一种自觉?这背后是中国几千年的传统文化使然。所以说,文化是一种看不见的力量,是一只看不见的巨手;文化决定着人们的价值观,左右着人们的行动。文化的力量是思想的力量，是精神的力量，是经典的力量，是一个民族的重量，一个国家的分量，一个社会的体温。

文化的力量同时也体现在旅游产品营销中。“上有天堂，下有苏杭”，这句绝佳的广告词可谓是神来之笔，不但使苏州和杭州这两个“人间天堂”蜚声海内外，还使两地的旅游业大受其益。一首歌唱响无锡，一幅画火了周庄，一首诗成就了寒山寺，一部电影捧红了西溪湿地……这些旅游景区的功成名就显示了文化的力量。

2. 借影视之势

影视也是一种文化，更是一种特殊的文化形式。影视之所以能够宣传推广旅游目的地，最根本的当然是由于影视所固有的传播功能。电视、电影等属于大众传媒，影视文化会吸引公众注意力，增强公众对旅游目的地的好感度和美誉度，使旅游者选择这些地方游览并消费。影视作为一种新型的旅游营销方式，已经成为旅游营销和改善目的地形象的重要手段和媒介平台。

随着影视剧的播出，可以使旅游目的地成为旅游热点。对很多人来说，影视除了提供物质和精神享受外，还能吸引他们到拍摄场地去旅游。调查显示，超过20%的人表示，因为自己喜欢的影视剧在当地拍摄，会产生很强烈的旅行意愿，另外，还有23%左右的旅游爱好者也表示会有“一定的冲动”。

优秀的影视作品在客观上加强了外景地的吸引力，是卓有成效的宣传工具，从而具有较高的旅游价值。影视作品对旅游的促进作用主要表现在以下几个方面：

(1)对拍摄地的旅游宣传。一是形象塑造。依赖于影视作品的音乐画面、故事情节和主角情感等因素，旅游目的地刻上了与之密切相关的符号烙印，并迅速为受众所识。如电影《五朵金花》展现的云南大理蝴蝶泉风光和少数民族风情一直是大理的旅游标志。二是市场培育。影视作品的热播往往给人以视觉与心灵上的双重冲击，极易引起受众的共鸣，在培育大量影迷的同时，也培育了大批潜在的旅游者。他们渴望寻访剧中踪迹，还原剧情，真实感悟并寄托个人情感。当然，明星粉丝团的作用也不可忽略。三是新产品开发。旅游企业可借影视剧热播之机来吸引游客眼球，推出全新的影视主题旅游线路或对传统旅游产品进行相关包装，进行差异化竞争。

(2)带旺拍摄地的旅游人气。由于影视作品的热播，吸引了更多的观众到影片拍摄地观光游览。乔家大院成为旅游热点，并不是因为主人当年的经营有方，而是因为张艺谋的青睐，在此拍摄了电影《大红灯笼高高挂》，从此名扬天下。随着电视剧《乔家大院》的热播，乔家大院更是因此迎来了历史上的旅游高峰，原本是旅游淡季变成了旺季，游客人数和门票价格都翻了一倍。

(3)引导当地的旅游开发。由于拍摄影视作品对拍摄地的要求不同于旅游的要求，在影视作品中往往会出现极具开发潜力的优美风景，这可以起到引导开发的作用。浙江的横店在当年没几个人知道，而如今却成了家喻户晓的“中国好莱坞”。

(4)弘扬当地的历史文化。当年，电影《少林寺》使这个武林圣地名满天下，中外游客接踵而至，长久不衰，弘扬了传统的佛教文化和博大精深的中国武术，可以说是影视文化成功带动旅游业的最早典范。

(5)带来了综合效益。影视旅游可以获得多方面的效益，包括直接效益和联动效益。直接效益是影视旅游本身产生的效益，联动效益是影视旅游带动其他产业而获得的效益。

正是看到了影视在旅游宣传中的巨大作用，以前“无心插柳”的意外效应，逐渐变成了“有心栽花”的旅游营销方式。一些旅游目的地和旅游景区已不再满足于坐等影视剧组的垂青,主动选择与影视剧组合作。

案例 6.3

旅游借文化之势经典案例“四个一”

一、一首《无锡旅情》唱响一座城市

一曲《无锡旅情》,将太湖之滨的美丽传遍东瀛,成为开启无锡人民与日本人民心灵交流的钥匙,成为无锡对外交流的品牌。一首歌,唱响一座城市;一首歌,加深两地互动。1986 年,由日本友人中山大三郎创作的歌曲《无锡旅情》,在日本著名歌手尾形大作的深情演绎之下风靡日本,广为传唱。自此,无锡在日本人心目中烙下了深深的印记。无数日本人因《无锡旅情》而相识无锡、了解无锡、走进无锡、喜爱无锡。

“在那陌生的异国他乡,想起了你啊忍不住流泪……我已迈上了中国的旅程,从上海过苏州,坐上火车,驶向太湖畔,水乡无锡。”《无锡旅情》是无锡旅游的成功策划,很多人是唱着这歌来追寻歌中的“无锡”。据统计,自 1986 年以来,共有约二百多万日本人来无锡旅游,无锡接待的日本游客数量遥遥领先于同类旅游城市。

《无锡旅情》的影响力早已超越了旅游领域,所引发的效应远远超出了“唱响一座城市”,扎根于无锡与日本交流的方方面面。“《无锡旅情》25 周年——东京之夜”中日经贸文化交流大会在日本盛大举行,踏着时代的节拍,《无锡旅情》将唱出更美的旋律。开启无锡和日本在更高平台、更深领域、更广范围务实合作的新篇章。

二、一幅《故乡的回忆》将周庄推向世界

提起周庄,不能不提到两个人:邓小平和陈逸飞。周庄古镇始建于 1086 年,位于苏州昆山市内。1985 年以前,周庄一直默默无闻,是著名导演、画家陈逸飞的一幅画让这个千年古镇名扬天下。1984 年夏天,在美国纽约留学的陈逸飞到周庄写生,后以镇上的“双桥”为题材,创作了油画《故乡的回忆》。1985 年,《故乡的回忆》经陈逸飞再次加工后,被美国西方石油公司董事长阿曼德·哈默高价收购,哈默又将这幅油画赠送给了邓小平。1986 年,这幅油画被选为联合国首日封邮票图案。虽然后来有人指出首日封上画的并不是周庄“双桥”,而是古镇锦溪的一座石拱桥,但陈逸飞对此未置可否。不管怎么说,一幅《故乡的回忆》让默默无闻的周庄双桥走向了世界,每年有上千万的游人来到周庄,走过“双桥”,体味梦里水乡的古风神韵。虽然周庄周围还有更多更美的水乡古镇,但仍挡不住人们圆梦的脚步,大家都想去周庄看看陈逸飞画中的“双桥”到底是什么样。

三、一首《枫桥夜泊》让寒山寺的钟声传遍天下

“月落乌啼霜满天,江枫渔火对愁眠。姑苏城外寒山寺,夜半钟声到客船。”当年,唐代诗人张继进京赶考,不想名落孙山,夜宿枫桥下,触景生情,写下了这首千古绝唱——《枫桥夜泊》。张继在无意间为寒山寺做了一个令人拍案叫绝的广告。正是张继的一首诗,让寒山寺名扬天下。苏州人没有忘记张继,如今,枫桥边立着一尊张继的塑像。寒山寺与其他的名刹古寺并没有太大的差别,是张继的这首诗成就了它的鼎盛与辉煌,不禁让人感叹文化的力量,可以穿越时空,远播声名。

四、一部《非诚勿扰》使西溪湿地名声大噪

拍摄《非诚勿扰》时在西溪湿地选择了三处外景地:一处是秋雪庵附近的芦苇荡,一处是深潭口，还有一处是西溪创意产业园的别墅。《非诚勿扰》上映后，养在深闺人未识的西溪湿地一时名声大噪。一句电影台词“西溪，且留下”，为杭州西溪湿地做了最响亮的广告。这个原本就很浪漫的地方，由于电影的加持，让更多的有情人蜂拥前往。此后，西溪湿地借力使力，全方位地打造《非诚勿扰》旅游品牌，通过各种方式进行宣传。据保守估计，《非诚勿扰》至少已经给西溪湿地带来了近亿元的营业收入。

（资料来源：根据相关媒体资料改写）

3. 借体育之势

体育赛事是品牌最好的广告载体，具有沟通对象数量大、传播面广和针对性强等特点。人们对体育的热爱往往是不计路途远近，不惜花钱的。借助体育赛事，冠名和赞助广受人们关注的重大体育活动和体育比赛来推广自己的品牌，以吸引消费者和媒体的眼球，达到传播品牌的目的，体育正在成为旅游策划的重要关注点。华东五市是传统精品旅游线路，但近年来遇冷，2010年世博会在上海举办，华东五市旅游借助世博会契机再度火爆，再创辉煌。

4. 借新闻之势

企业利用社会上有价值、影响面广的新闻，或者与相关媒体合作，不失时机地把自己的产品和新闻事件或消费者身边的热点问题联系在一起，发表大量介绍和宣传企业产品或服务的软性文章，以理性的手段传播自己，从而吸引公众的视线，来达到借力发力的传播效果。2009年12月27日，随着曹操高陵的发掘，人们的视野聚焦到了安阳西高穴村这个号称“旅游价值不在秦始皇陵之下”的曹操墓。河南安阳利用“曹操墓”大做文章，把曹操高陵建成三国文化考古、文物保护基地和旅游景区，并以此开展了一系列相关活动。

5. 借明星之势

有人说，现在是一个偶像的时代，很多人有强烈的偶像崇拜心理。尤其是青少年，他们不但喜欢明星偶像的一言一行、一举一动、穿着打扮，而且很多时候偶像还能成为他们消费的意见领袖。于是，明星们纷纷登上了广告的舞台，向其“粉丝”推荐某个品牌或服务，将“粉丝”对其的喜爱转化为购买力和消费行为。

现代营销理论认为，让消费者在众多相似的同类产品中记忆其中一个产品是比较困难的，但如果通过一个有特点的公众人物来引导消费者记忆，往往会收到良好的效果。明星一向因为高知名度和高曝光率被看作是商品通向消费者的最好介质。所以，利用明星来宣传企业产品，借此提高产品知名度，从而扩大产品的市场份额，已被许多企业看作是销售促进的宝典。利用消费者爱屋及乌的心理，借助明星的知名度来加速品牌传播，加大产品的附加值，借此培养消费者对该产品的感情和联想，来赢得品牌忠诚度。

案例 6.4

张家界借势“阿凡达”成功进行营销

一、巧借“阿凡达”张家界景区营销成媒体焦点

2009年底，电影《阿凡达》的上映除了引起全球影迷的叫好外，也引发了一场对“哈利路亚山”原型的争夺。张家界和黄山两个国内知名旅游胜地展开了一场的拼抢，谁能成功借到《阿凡达》的“势”，谁就会在短期内迅速吸引国人的眼球！

张家界胜利了！通过将富有中国味的“乾坤柱”改名为带有西方宗教色彩的“哈利路亚山”，这一举动迅速招来了媒体和公众的广泛讨论。国内各大主流媒体关于更名事件的报道层出不穷。

2010年1月19日,随着江苏省《金陵晚报》周末版推出题为《乘着阿凡达号直奔张家界》的整版报道,张家界市各大旅行社面向国内外游客推出了包括"阿凡达——潘朵拉神奇之旅""阿凡达——哈利路亚山玄幻之旅""阿凡达——悬浮山神秘之旅"在内的等多条"张家界阿凡达之旅"精品旅游线路,带领游客亲临美国科幻大片《阿凡达》的神奇壮观世界。

二、借势传播景区优势转移公众注意力

只有将张家界借势营销赚取的关注度转化为景区游客数量的增加,才能称得上是成功的营销,否则就只会流于"炒作"的行列,难以成为经典。营销最终必须落到一个点上,那就是产品和服务本身内在的品质,吸引游客前往的不仅仅是炒作,更要有产品和服务的魅力,这个声音更需要放大传播。因此,针对"哈利路亚山"所在的袁家界景区,展开了袁家界景区的传播工作。"张家界的美名,袁家界的美景",几乎每个到张家界旅游的人都会如此赞叹。找到了"袁家界,张家界的核心"的产品特色,结合"阿凡达"带来的关注和争议,迅速进行了大量袁家界景区优势的推广,将"袁家界"和"阿凡达"捆绑起来,建立起公众看"阿凡达哈利路亚山"就去"袁家界"景区的认知。

三、基于认知度的口碑营销提高游客美誉度

旅游是消费者体验感很强烈的一种产品,游客口碑就显得非常重要。将"哈利路亚山"所在的袁家界景区的特色和服务通过游客口碑传播出去,树立景区的美誉度,给游客提供更多丰富的可借鉴的游玩攻略,无疑会吸引更多游客前往。对此,袁家界的游记攻略、游记等口碑传播工作开始大量展开。门户、行业、地方等网站的旅游频道和社区里都能看到关于"哈利路亚山"和"袁家界"的游玩攻略,如何省钱省力玩转"哈利路亚山"等好玩的旅游攻略也得到了大量网友的关注。

四、做好旅游线上渠道,合力推广"阿凡达之旅"

通过一系列对袁家界景区美景的推广,以及大量游客攻略和口碑的传播,"阿凡达之旅"开始成为很多游客心中的向往。将"噱头"转化为产品,从传播到销售,智美新媒紧急展开了和媒体以及旅行社的线路合作推广。"阿凡达之旅""阿凡达——悬浮山神秘之旅"开始出现在各大旅游网站和旅行社的主推线路中。为了创造更好的游客体验感,景区制定"纳美人"服装,在"哈利路亚山"和游客进行合影留言,为游客口碑奠定基础。直到现在,"纳美人"依然活跃在"哈利路亚山"上,给游客留下深刻印象。

五、淡季反超破纪录,阿凡达营销取得成效

阿凡达借势营销提高了袁家界景区的知名度,更为袁家界带来了大量游客。距离阿凡达借势营销开展后仅两周的时间,袁家界景区的游客接待数量就实现了淡季反超的奇迹。数据显示,2010年春节黄金周,旅游人数同比往年增长25.87%,旅游门票收入1 173.7万元,同比增长50.88%,实现了新年旅游的"开门红"。

而更有价值的是,袁家界借势营销所产生的效应并没有随着《阿凡达》电影的落幕走向衰弱。2010年上半年,阿凡达借势营销带来的效应还在持续拉动着中外游客前来,往来游客和导游津津乐道谈得最多的是《阿凡达》悬浮山原型取景地,拍得最多的是巍然屹立的乾坤柱和身边的"纳美人"。利用假期到张家界实地目睹"悬浮山"原型,体验"阿凡达之旅"的游人占近17%。

(资料来源:根据相关媒体资料整理)

6.5　网络营销策略

6.5.1　网络营销概述

1. 网络营销的含义

网络营销(on-line marketing 或 e-marketing)就是以国际互联网为基础,利用数字化的信息和网络媒体的交互性来辅助营销目标实现的一种新型的市场营销方式。简单来说,网络营销就是以互联网为主要手段开展的营销活动。

网络营销基于互联网、移动互联网平台,利用信息技术与软件工程,满足商家与客户之间交换概念、交易产品、提供服务,并通过在线活动创造、宣传和传递客户价值,对客户关系进行管理,以达到一定的营销目的。网络媒介具有传播范围广、速度快、无时间地域限制、无版面约束、内容详尽、多媒体传送、形象生动、双向交流、反馈迅速等特点,有利于提高企业营销信息传播的效率,提升效果,降低成本。

网络营销产生于20世纪90年代,随着信息通信技术的迅猛发展和互联网影响的不断扩大,网络营销在市场营销中的地位越来越重要,可以说世界现在已进入网络营销时代。网络营销不单单是一种营销手段,更是一种文化,是信息化社会的新文化。

2. 网络营销的特征

与传统营销形式相比,旅游网络营销有许多更具竞争优势的特点。

(1)跨越时空。网络渠道跨越了时空限制,可以实现每天24小时、全年365天,全天候覆盖全球市场,不受地域、国别和时间等的影响。不论旅游者身在何处,只要能上网,旅游营销者就能与之沟通,旅游者可以利用互联网随时随地购买旅游产品。

(2)高效快捷。互联网使经济活动产生了快速运行的特征,可以迅速搜索到所需要的任何信息,对市场做出即时反应。计算机可储存大量的信息,可传送的信息数量与精确度远超过其他媒体,能及时有效地了解并满足顾客的需求。网络渠道为旅游企业提供了更大范围的市场,并能响应市场需求,及时更新产品或调整价格。由于流通环节较少,能直接向旅游者销售产品,吸引旅游者迅速购买,缩短了销售周期。

(3)内容丰富。互联网被设计成可以传输多种媒体的信息,如文字、声音和图像等信息,使得为达成交易进行的信息交换能以多种形式存在和交换,可以充分发挥营销人员的创造性和能动性。

(4)费用低廉。以网络为渠道开展营销,通过互联网进行信息交换,可以减少传统营销中的店面、场地和人员费用,且在线模式增加了销售时间,可以为旅游企业带来更多的市场机会。不论是直接渠道还是间接渠道,网络渠道都相对简单,流通环节大大减少,降低了交易费用和销售成本,提高了营销活动的效率。

(5)双向交互。传统营销渠道都是单向的,营销者无法将旅游者需求很好地整合到营销策略中,以致不能准确及时地满足旅游需求。互联网通过展示产品形象、提供信息资料和有关查询,来实现供需互动与双向沟通。网络既是旅游企业发布信息的渠道,又是旅游企业与旅游者交互的渠道。通过这个渠道,企业可以了解更多的旅游者个性化需求信息,旅游者也可以获得帮助其进行旅游决策的大量信息,还可以进行产品测试、消费者满意度调查等活动。

(6)个性服务。互联网上的促销是一对一的、理性的、消费者主导的、非强迫性的、循序渐进式的,而且是一种低成本与人性化的促销,避免推销员强势推销的干扰,并通过信息提供与交互式交谈,与消费者建立长期良好的关系。旅游企业利用双向沟通还能及时统计各类信息,在短时间内为旅游者提供个性化的旅游产品。

(7)系统整合。互联网是一种功能强大的营销工具,它同时兼具渠道、促销、电子交易、互动顾客服务及市场信息分析等多种功能。网络营销可由商品信息至收款、售后服务一气呵成,因此也是一种全程的营销渠道。企业可以借助互联网将不同的传播营销活动进行统一设计规划和协调实施,以统一的传播咨讯向消费者传达信息,避免不同传播中的不一致性产生的消极影响。

(8)公平竞争。网络营销渠道可以为中小型旅游企业提供与大企业竞争的平台。网上的虚拟店面没有规模的控制,使各类企业公平竞争。

6.5.2 网络营销工具

在现阶段的网络营销活动中,常用的网络营销工具主要包括企业网站、搜索引擎、电子邮件、网络实名/通用网址、即时信息和浏览器工具条等客户端专用软件、电子书、微博及RSS等。借助于这些手段,可以实现营销信息的发布、传递,以及与用户之间的交互。

在所有的网络营销工具中,企业网站是最基本、最重要的一个,是开展网络营销的综合性工具。没有企业网站,许多网络营销方法将无用武之地。从企业开展网络营销的一般程序来看,网站建设为网络营销各种职能的实现打下基础,网络营销首先应从企业网站的策划和建设开始;从企业网站在网络营销中所处的地位来看,网站建设是网络营销策略的重要组成部分;从网络营销信息来源和传递渠道来看,企业网站内容是网络营销信息源的基础;从企业网站与其他网络营销方法的关系来看,网站的功能决定了网络营销方法的选择。

企业网站具有自主性、主动性、灵活性和稳定性等特点,其功能有品牌形象传播、产品服务展示、信息发布、顾客服务、顾客关系、网上调查、资源合作和网上销售等。

6.5.3 PC网络营销

网络营销职能需要通过网络营销手段来实现。下面简要介绍一些PC时代常用的网络营销方法。

1. 搜索引擎注册与排名

搜索引擎注册与排名是最经典、也是最常用的网络营销方法之一,现在,虽然搜索引擎的效果已经不像几年前那样有效,但调查表明,搜索引擎仍然是人们发现新网站的基本方法。因此,在主要的搜索引擎上注册并获得最理想的排名,是网站设计过程中就要考虑的问题之一。网站正式发布后尽快提交到主要的搜索引擎,是网络营销的基本任务。

2. 交换链接

交换链接或称互惠链接,是具有一定互补优势的网站之间的简单合作形式,即分别在自己的网站上放置对方网站的LOGO或网站名称,并设置对方网站的超链接,使用户可以从合作网站中发现自己的网站,达到互相推广的目的。交换链接的作用主要表现在几个方面:获得访问量、增加用户浏览时的印象、在搜索引擎排名中增加优势,以及通过合作网站的推荐增加访问者的可信度等。交换链接的意义已经超出了是否可以增加访问量,比直接效果更重要的在于业内的认知和认可。

3. 病毒性营销

病毒性营销是通过用户的口碑宣传网络，使信息像病毒一样传播和扩散，利用快速复制的方式传向数以千计、数以百万计的受众。病毒性营销的经典范例是 Hotmail. com，现在几乎所有的免费电子邮件提供商都采取类似的推广方法。

4. 网络广告

在所有与品牌推广有关的网络营销手段中，网络广告的作用最为直接。随着新的广告网络形式不断出现，由于克服了标准条幅广告条承载信息量有限、交互性差等弱点，因此获得了相对比较高的点击率。研究表明，网络广告的点击率并不能完全代表其效果，网络广告对那些浏览而没有点击广告的、占浏览者总数 99%以上的访问者同样产生作用。

5. 信息发布

信息发布既是网络营销的基本职能，又是一种实用的操作手段。通过互联网，不仅可以浏览到大量商业信息，同时还可以自己发布信息。最重要的是将有价值的信息及时发布在自己的网站上，以充分发挥网站的功能，如新产品信息、优惠促销信息等。

6. 许可 E-mail 营销

基于用户许可的 E-mail 营销比传统的推广方式或未经许可的 E-mail 营销具有明显的优势，如可以减少广告对用户的滋扰、增加潜在客户定位的准确度、增强与客户的关系，以及提高品牌忠诚度等。开展 E-mail 营销的前提是拥有潜在用户的 E-mail 地址，这些地址可以是从用户和潜在用户资料中自行收集整理，也可以利用第三方的潜在用户资源。

7. 邮件列表

邮件列表实际上也是一种 E-mail 营销形式，邮件列表也是基于用户许可的原则，用户自愿加入，自由退出。稍微不同的是，E-mail 营销直接向用户发送促销信息，而邮件列表是通过为用户提供有价值的信息，在邮件内容中加入适量促销信息，从而实现营销的目的。邮件列表的主要价值表现在四个方面：作为公司产品或服务的促销工具、方便和用户交流、获得赞助或者出售广告空间，以及收费信息服务。邮件列表的表现形式很多，常见的有新闻邮件、各种电子刊物、新产品通知、优惠促销信息和重要事件提醒服务等。

8. 个性化营销

个性化营销的主要内容包括：用户定制自己感兴趣的信息内容、选择自己喜欢的网页设计形式，以及根据自己的需要设置信息的接收方式和接收时间等。个性化服务在改善顾客关系、培养顾客忠诚，以及增加网上销售等方面具有明显的效果。为了获得某些个性化服务，在个人信息可以得到保护的情况下，用户才愿意提供有限的个人信息，这正是开展个性化营销的前提保证。

9. 网络会员制营销

把传统渠道中的会员制营销理论移植到网络渠道从而产生了网络会员制营销，现已成为电子商务网站推广的主要手段。会员制营销模式是指采用系统的管理和长远的渠道规划，利用企业的产品、品牌、视觉标识、管理模式及利益机制来维系分销渠道，并组建相对固定的会员组织，实现利益共享、模式共享、信息沟通和经验交流的作用，它是深层的关系营销。

10. 网上商店

建立在第三方提供的电子商务平台上，由商家自行经营网上商店，如同在大型商场中租用场地开设商家的专卖店一样,是一种比较简单的电子商务形式。网上商店除了通过网络直接销售产品这一基本功能之外,还是一种有效的网络营销手段。从企业整体营销策略和顾客的角度考虑,网上商店为企业扩展网上销售渠道提供了便利的条件,并且建立在知名电子商务平台上的网上商店增加了顾客的信任度。从功能上来说,对不具备电子商务功能的企业网站也是一种有效的补充,对提升企业形象并直接增加销售具有良好效果,尤其是将企业网站与网上商店相结合,效果更为明显。

11. 微博营销

微博是一种通过关注机制分享简短信息的广播式的社交网络平台。随着微博的火热,催生了有关的营销方式,即微博营销。微博营销就是借助微博这一平台进行的包括品牌推广、活动策划、个人形象包装及产品宣传等一系列的营销活动。通过微博利用每天更新的内容跟大家交流,或者有大家所感兴趣的话题,这样就可以达到营销的目的。目前,国内的一些旅行社都纷纷上线微博,借助这种投入极低、但时效性极强的新方式来宣传自己的旅游产品。在微博上发布的信息内容更为"人性化",除了及时更新自己的旅游线路产品外,还与游客交流思想、"嘘寒问暖",和游客之间建立的是一种朋友关系。

12. 网络视频营销

网络视频营销将电视广告与互联网营销两者"宠爱"集于一身,既具有电视短片的特征,如感染力强、形式内容多样等;又具有互联网营销的优势,如互动性、主动传播性、传播速度快和成本低廉等。将"有趣、有用、有效"的原则与"快者为王"结合在一起,这正是越来越多的企业选择网络视频作为自己营销手段的原因。

13. IM工具营销

IM工具营销一般是指通过微信、QQ、等即时通信软件来实现营销的目的,常用的方法一般为群发消息,利用弹出窗口弹出信息,或者采用工具皮肤内嵌广告的形式。

6.5.4 移动互联网营销

移动互联网营销,简称为移动营销(mobile marketing),是指使用手机或平板电脑等移动通信设备与无线上网技术结合所构成的一个互联网营销体系。移动互联网营销在PC网络营销的基础上,融合了"数据库营销"理论,在强大的云端服务支持下,利用移动终端获取云端营销内容,实现把个性化即时信息精确有效地传递给消费者个人,达到"一对一"的互动营销目的。

在移动互联网环境下,移动终端覆盖面越来越广,人们的上网习惯、消费习惯等生活方式都发生巨大的变化,移动互联网营销逐渐成营销的一种主流形式,可以说我们迎来了移动营销时代。

1. 移动互联网营销的特点

(1)高度的便携性和黏性。移动终端具有先天的随身性,实用有趣的手机应用服务让人们大量碎片化时间得以有效利用,吸引越来越多手机用户参与其中,平台的开放也给手机用户更多个性化选择,基于信任的推荐将帮助企业打造出主动传播的天然SNS,快速形成品牌黏度。

(2)分众的高度精准性。在浩瀚人海中如何锁定与自己项目相匹配的目标人群并把新信息有效传播,通过精准匹配将信息实现四维定向(时空定向、终端定向、行为定向、属性定向),

传递给与之相匹配的目标群体。手机用户实名登记制度使手机号码对应特定的手机用户，企业通过收集目标用户信息可以有效地实施精准营销。

(3)成本的相对低廉性。由于具有移动终端用户规模大，不受地域、时间限制，移动营销以其快捷、低成本、高覆盖面的特点与优势迎合了时代潮流和用户需求，成为新财富时代的一个重大机遇和挑战。

2. PC 网络营销 VS 移动互联网营销

PC 网络营销与移动互联网营销，都是利用互联网工具进行营销，移动营销既是对传统的 PC 网络营销，又是对 PC 网络营销的提升甚至重构。

1)营销形式:单屏操作 VS 多屏交互

在传统 PC 时代，虚拟、互联、开放的互联网为营销提供了数字化、网络化发展的机遇。PC 是固定于桌面的数字终端，基于 PC 的营销活动也必然被固锁在设备附近，这种近似静态的单屏交互方式，使得营销人员的操作和营销对象的扩展，极大地受到了使用时间、地理位置、界面形式和使用方式的限制。

到了移动时代，即时、定向、可感的移动互联网，为营销提供了无时不在、随处可入的跃迁契机。由于移动设备的便携性，用户的移动终端出现多机共存的局面，手机、平板电脑、可穿戴设备等，都成为营销可以进入的领域。多设备互动成为用户行为的常态，移动营销的优势由此衍生。

2)数据分析:统计分析 VS 大数据

以往 PC 端的网络营销数据，一般都是进行汇总之后，进行相应的统计分析，这种分析由于 PC 设备的属性，能够获取精确到 IP 位置、设备属性、内容来源等数据元素。

在移动时代，无法通过传统技术方式获知统计数据，以大数据为基础的流式分析则成为必须。大数据挖掘技术，帮助广告主了解每个用户的每个行为;非结构化的数据资源，为营销创新开拓出通路。大数据，不仅推动营销进一步抓住一个个关键时刻，而且将适时融合、基于个体的营销变为现实。

3)营销策略:水平盲目 VS 立体真实

PC 时代，网络营销的竞争一般只体现在浏览器或 PC 界面上，水平撒网式的营销路径成为常态。到了移动互联网时代，市场情况出现分化，多元化的趋势导致整合式立体营销的出现。

移动互联网生态系统比 PC 互联网丰富，原先在 PC 端难以实现的本地化 O2O 业务，在移动时代成了数字营销的标配。同时，基于 LBS(基于位置的服务)的定位优势，移动端打破了 PC 互联网在地域上的限制，线上线下同步的立体场景营销成为现实。

4)平台价值:有限普及 VS 全面覆盖

经过数十年的发展，PC 互联网的普及已经达到瓶颈，而移动终端的出现，刺激了网络渗透的步伐。受限于有限的用户群体，PC 互联网在三四线城市尤其是广大农村地区，并非人人熟知。

移动终端则以其便捷性广泛分布，目前全国手机用户已超过 10 亿，超过了包括 PC 互联网在内的其他任何一种媒体，并且依然呈现出高速增长的态势。随着 5G 的普及，移动互联网的平台价值将进一步凸显。5G 必将带来的更好的消费体验，更加有效地激发用户需求，并改变用户的行为习惯。依托 5G 高速网络，高耗流行为的门槛将不断降低，一些创新的展现广告形式和技术方式,将形成互联网营销新的生长点。

5)营销效果:品牌展示 VS 即时变现

PC 时代所能实现的营销效果,大部分以品牌展示为主,辅之以促销宣传、活动扩散等形式。

在移动时代,这种方式渐渐被边缘化,而是否能够促成用户即时下单,则成为营销效果的试金石。由于用户对移动终端的接触频率比 PC 互联网高,广告主可以掌握用户大量行为数据,并针对这些数据进行消费取向的分析,发布有效推广信息,有利于开展精准的营销活动。同时,由于移动营销信息能够直达用户手心,即时反馈成为可能。这不仅有利于企业实时对广告传播效果进行分析,而且能够有效地黏住多个层面的用户,满足分众群体在不同使用场景中的定制化需求。

3. 移动互联网营销平台

1)移动 O2O

随着 5G 网络发展、LBS(基于位置的服务)的应用和移动支付的普及,O2O 正在不断改变消费者习惯。O2O 即 online to offline(在线离线/线上到线下),是指将线下的商务机会与互联网结合,让互联网成为线下交易的平台。

O2O 最重要的一个作用是使商家和用户建立"点对点"的关系,移动设备(特别是手机)的随时、随地、随意的"三随"属性才能使"点对点"成为可能。在 PC 时代的 O2O,线上和线下是有联系、有连接的;但只有到了移动互联网时代,线上和线下才能真正实现无缝对接,O2O 的价值才能被真正挖掘出来。这种融合会随着 5G 网络的普及而更加明显。

2)移动社交网络

移动社交是指用户以手机、平板电脑等移动终端为载体,以在线识别用户及交换信息技术为基础,按照流量计费,通过移动网络来实现的社交应用功能,移动社交不包括打电话、发短信等通信业务。与传统的 PC 端社交相比,移动社交具有人机交互、实时场景等特点,能够让用户随时随地地创造并分享内容,让网络最大程度地服务于个人的现实生活。移动社交综合了移动网络、手机终端和社交网络服务的优势和特点,并互为有益的补充,可谓相得益彰。

移动社交营销就是将移动终端用户与互联网社交圈结合在一起的新型营销模式,即通过互联网,借助微博、微信、二维码、App、手机客户端等手机移动应用和社交网络进行营销,在移动终端上直接向分众目标受众定向和精确地传递个性化即时信息,通过与消费者的信息互动达到市场营销目标的行为。移动社交平台主要包括微信、微博、QQ 等。

随着移动互联网流量的快速提升以及移动营销方式的不断优化和效率的不断提升,移动社交广告将逐渐成为不可忽视的营销方式之一。

3)移动电子商务

移动电子商务就是利用手机等手持移动终端进行的 B2B、B2C、C2C 或 O2O 的电子商务,以前这些业务一贯是在有线的 Web 系统上进行的。它将互联网、移动通信技术、短距离通信技术及其他信息处理技术完美结合,使人们可以在任何时间、任何地点进行各种商贸活动,实现随时随地、线上线下的购物与交易、在线电子支付以及各种交易活动、商务活动、金融活动和相关的综合服务活动等。

移动电子商务(m-commerce)它由电子商务(e-commerce)的概念衍生出来,电子商务以 PC 为主要界面,是"有线的电子商务";而移动电子商务,则是通过手机等可以装在口袋里的终端进行商务活动。有人预言，移动商务将决定21世纪新企业的风貌，也将改变生活与旧商业的地形地貌。

大屏智能机、手机上网的普及以及移动支付方式的落地，使得移动电子商务逐渐成为用户购物最常选择的方式之一。

4. 旅游App

App是英文application(应用)的简称，由于智能手机的流行，现在的App多指移动设备(包括平板电脑、手机和其他移动设备)上的第三方应用程序。随着智能终端、移动网络的高度发展，旅游行业与移动互联网产业的融合速度加快，用户只需动动手指，就可以随时把握最新的旅游资讯、旅游攻略、景点，实时查机票、酒店、订门票等服务。旅游App已经将旅行和旅行中所需要准备的麻烦手续的现实转化为一种综合用户习惯和独特的产品优势。移动旅游的兴起大大提升了出行体验度。

旅游App的市场是非常明显的，他们可以联系整合多方资源，对于线上模式的操作和管理有宏观性的管理模式，广泛的用户群可以为其带来与实际服务商之间更多的议价空间和潜在的盈利空间，不受地域和人口的局限也就意味着广泛、的充满潜力的用户市场，而互联网效应则带来了更多的品牌口碑。

旅游App各有侧重：有些是平台类的，即通过一个App聚集了多个App产品；有些是特定功能类的，如查询信息、办理票务、旅游攻略等。但不管侧重如何，旅游出行类App已经成为用户装机的必备应用。旅游App拼的不是谁的更快、更全面，谁的技术更领先，旅游的核心是服务和体验，就算你的功能再强没有体验，也终将被淘汰。

携程、去哪儿、同程、艺龙、途牛这几家国内在线旅游的老牌公司，在移动互联网爆发之际相继向移动客户端发力，是目前较为有影响力的旅游App客户端。其中携程核心业务是机票、酒店、度假三大产品，强项在商旅市场；去哪儿则是在线旅游产品的搜索、比价服务，现今已经开始开拓酒店资源；途牛则是跟团游市场的领先者，出境游占据绝对优势；艺龙的酒店服务是最大优势；全国连锁式的休闲旅游服务则是同程的最大优势。

5. 手机微信

微信营销是伴随着微信的火热而兴起的一种网络营销方式。微信不存在距离的限制，用户注册微信后，可与周围同样注册的“朋友”形成一种联系，订阅自己所需的信息，商家通过提供用户需要的信息，推广自己的产品，从而实现点对点的营销。

微信营销主要体现在以安卓系统、苹果系统的手机或者平板电脑中的移动客户端进行的区域定位营销，商家通过微信公众平台，展示商家微官网、微会员、微推送、微支付、微活动，已经形成了一种主流的线上线下微信互动营销方式。

移动互联网时代，坐拥12亿用户的微信给创业者们带来更多想象，尤其是微信公众平台的高速增长和基于微信便捷性带来的O2O商机。

1)微信营销的特点

(1)形式灵活多样：有漂流瓶、位置签名、二维码、开放平台、公众平台等多种形式。

(2)点对点精准营销：微信拥有庞大的用户群，借助移动终端、天然的社交和位置定位等优势，每个信息都是可以推送的，能够让每个个体都有机会接收到这个信息，继而帮助商家实现点对点精准化营销。

(3)强关系的机遇：微信的点对点产品形态注定了其能够通过互动的形式将普通关系发展

成强关系,从而产生更大的价值。通过互动的形式与用户建立联系,互动就是聊天,可以解答疑惑,用一切形式让企业与消费者形成朋友的关系,你不会相信陌生人,但是会信任你的“朋友”。

2)微信营销的运行模式

(1)草根广告式——查看附近的人。微信中基于LBS的功能插件“查看附近的人”便可以使更多陌生人看到这种强制性广告。

(2)品牌活动式——漂流瓶。用户可以发布语音或者文字然后投入大海中,如果有其他用户“捞”到则可以展开对话。“漂流瓶”模式本身可以发送不同的文字内容甚至语音小游戏等。

(3)O2O折扣式——扫一扫。用户可以通过扫描识别二维码身份来添加朋友、关注企业账号;企业则可以设定自己品牌的二维码,用折扣和优惠来吸引用户关注,开拓O2O的营销模式。

(4)互动营销式——微信公众平台。在微信公众平台上,每个人都可以用一个QQ号码打造自己的微信公众账号,并在微信平台上实现和特定群体的文字、图片、语音的全方位沟通和互动,使这种营销渠道更加细化和直接。

(5)微信开店——这里的微信开店(微信商城)是由商户申请获得微信支付权限并开设微信店铺的平台。

案例6.5

智慧旅游营销体系——大连圣亚海洋世界创意整合解决方案

大连圣亚海洋世界是大连圣亚旅游控股股份有限公司在大连建设并运营的景区,包括圣亚海洋世界、圣亚极地世界、圣亚深海传奇、圣亚珊瑚世界以及圣亚恐龙传奇五个场馆。针对大连圣亚海洋世界景区遇到的问题,结合当时的情况以及未来的智慧旅游发展方向,唐宋中国提出了一系列可行的解决方案。

一、解决方案

第一阶段,完成整体智慧旅游营销体系之数字官网创意部分工作。整体数字品牌围绕景区定位“不一样的海洋世界”进行整体重新包装,结合景区的景点特点,合理地将活动及相关游客最关注的信息展现到首页。

第二阶段,完成整体智慧旅游营销体系之电子商务系统开发及天猫旗舰店管理工作。围绕第三方平台天猫开设旗舰店,并建立独立电商体系,官网电商平台也跟各方支付平台进行对接,实现游客通过官网订票入园的功能。

第三阶段,完成整体智慧旅游营销体系之网络传播及社会化运营工作。按照全年的定位策划进行规划并传播推广,吸引游客访问官方网站并达到更大的曝光。

第四阶段,完成整体智慧旅游营销体系之移动环境应用开发工作。通过微信及手机渠道进行与官网电商数据库打通的部署工作,完成了整体互联网智慧旅游营销体系建设的初步建设工作,为进行智慧旅游景区电商运营打下深厚的基础。

二、阶段成果展示

第一阶段成果:官方网站平台展示。

创意表现上,首先考虑需要显现海洋公园的特点,营造出品牌的形象,获得一种身临其境的环境,从视觉上获取游客的认知,进而通过在线的活动吸引游客点击进入,进行电商订票转化,在首页也通过ICON的形式提供给游客智慧型的引导。最大限度满足游客对景区的信息的了解。

第二阶段成果:智慧旅游电子商务订票系统工作展示。

为了更快更有效地完成游客入园订票,在原来的系统体系下完善了电商订票流程以及二维码取票的便捷通道,极大地提高了景区入园的效率,也提升了电商工作有效开展。官网电商十天猫旗舰店,完成了智慧旅游系统中在线电商销售的阵地部署。

第三阶段成果:整合网络营销传播工作展示。

根据目标客群,精准进行定位,并通过制定策略,汇集线上平台,通过互动工具达到最大的传播及曝光。维护并提升品牌价值与用户互动量,从游客来源反向推理,提供人文关怀文化理念营销。

围绕大连圣亚海洋世界的品牌定位"不一样的梦想,不一样的圣亚",来吸引用户与品牌互动,增添品牌传播性,为智慧旅游营销体系口碑传播增光添彩。

活动专题之一:不一样的"童年",定制活动专题页为智慧旅游提供互动接口,引导用户与品牌之间互动达成圣亚愿望。

活动专题之二:不一样的"梦想"。智慧旅游互动传播开展了微博线上互动、新闻软文推广、视频推广、SNS红人网络推广、口碑营销推广、圣亚贴片视频广告。

第四阶段成果:移动应用环境工作展示。

微信十手机端打通官网数据及同步电商订票的智慧旅游移动互联网工作开始建设,包括手机网站、微信平台、微信相关活动。

针对大连圣亚海洋世界景区品牌的整体活动目标,结合当下热门话题与节令,增加用户连接,对相关活动提出了一系列可行的解决方案。决定在今后的移动设备端的活动宣传中采取微信互动游戏营销为主的发展路线,以当下主流风格来实现页面的显示风格,并植入以用户体验为主的相关创意活动思路。开展了"为海洋世界杯喝彩""欢乐啤酒节,刮卡赢门票""中秋节博饼"等活动。

三、建设成效

经过两年的智慧旅游景区营销体系建设工作,大连圣亚海洋世界景区已经完成了智慧旅游景区的基础平台工作及营销体系工作。品牌宣传部门5个月内从品牌网站而来的访问量达到两倍的提升,口碑美誉度提升200%,用户与品牌互动量达到数千人次,获得极大搜索引擎收录,达到从几十条到上千的覆盖。

品牌活动中通过视频推广共吸引近300万网友关注,论坛话题的吸引超过百万人次参与,推广期间,品牌官网的页面浏览量突破百万,活动预覆盖人群不少于300万人。与之同时,运营管理的电商平台和圣亚天猫旗舰店,为圣亚海洋世界电子商务销售带来超过300%的销售量。比预期目标超过2倍的指标,成功转化了流量60%以上。

(资料来源:根据相关媒体资料改写)

本章小结

旅游产品营销策划包括营销战略策划和营销策略策划两个方面。营销战略是一种思想和思维方式,是一定时期内市场营销发展的总体设想和规划;营销策略是保证营销战略指导思想贯彻,实现营销战略目标的具体措施、手段和方法。

旅游产品营销战略包括旅游目的地整体营销战略、整合营销战略和分众营销战略。

旅游目的地整体营销是以政府为营销主体、以旅游形象为营销核心、以旅游产品为营销内容、以整合营销为传播手段的营销模式，具有公共营销的特点。

整合营销是一种对各种营销工具和手段的系统化结合，根据环境进行即时性的动态修正，以使交换双方在交互中实现价值增值的营销理念与方法。整合就是把各个独立的营销综合成一个整体，以产生协同效应。

分众营销就是通过市场细分，锁定目标消费群，推出有针对性的细分产品，以特定价格、特定的渠道和特定的传播促销方式进行营销的精确营销手段。其做法就是通过分众化的“精确制导”，在最恰当的地点，用最精确、最经济的方式把产品卖给最需要的目标消费者。

旅游产品营销策略包括品牌营销、借势营销和网络营销。

品牌是营销的核心和灵魂。品牌要素主要包括品牌名称、品牌标志和品牌标识语。品牌策划过程包括品牌塑造、品牌包装和品牌传播三方面内容。品牌传播方式有广告传播、软文传播、公关传播、销售促进传播和人际传播等。

借势营销作为一种新型营销手段和行之有效的营销利器，集新闻效应、广告效应、公共关系、形象传播和客户关系于一体。在进行借势营销时，要着重考虑借势的关联度、关注度和传播度。借势营销的形式主要有借文化之势、借影视之势、借体育之势、借新闻之势和借明星之势等形式。

网络营销就是以互联网为主要手段开展的营销活动。旅游网络营销具有跨越时空、高效快捷、内容丰富、费用低廉、双向交互、个性服务、系统整合和公平竞争等更具竞争优势的特点。常用的网络营销主要有 PC 网络营销和移动互联网营销。

复习思考题

1. 为什么说现代营销过程始于产品以前，继续于产品开发之中，在产品销售之后还应延续？
2. 你对旅游目的地整体营销的作用如何看待？是否应属于公共营销范畴？
3. 结合实际说明整合营销和分众营销的必要性，策划的重点在哪里？
4. 结合实际谈谈如何进行品牌塑造、品牌包装和品牌传播。
5. 如何理解借势营销策划的“三度”原则？
6. 分析成功的借势营销策划案例，找到其中的奥秘所在。
7. 分析网络营销的优势和缺点，如何充分运用网络营销手段？

案例讨论

1. 阅读开篇案例，分析玉龙雪山景区营销成功主要体现在哪几个方面。
2. 从同程旅游的实践中，分析无线时代旅游目的地营销有哪些变化。
3. 分析张家界借势《阿凡达》的得失。

下　篇

产品设计篇

第 7 章　国内观光旅游产品

本章提要

国内观光市场是我国旅游业的中心市场，是旅游经济发展的支柱。观光旅游涉及面广泛，在近几年市场不断发育、竞争逐渐激烈的过程中，对国民经济相关行业的发展起到了积极的辐射作用。这种基本的旅游方式，在今后一定时期内仍将继续占据重要地位。

本章从构成观光产品的要素开始入手，阐述了如何统筹运用“六要素”安排旅游行程，以及产品设计的方法与思路。具体介绍了国内具有代表性的旅游线路，以相对集中的行政区为分界单位，分析线路中的重点城市、中转枢纽、线路特色及该线路注意事项，并选取代表案例进行分析，为学生提供一个参考模板。

学习目标

1. 深入理解观光旅游产品设计的原则。
2. 综合运用线路设计的方法。
3. 了解国内主要线路的特色及设计注意事项，并能够将设计经验推广至其他线路。

框架结构

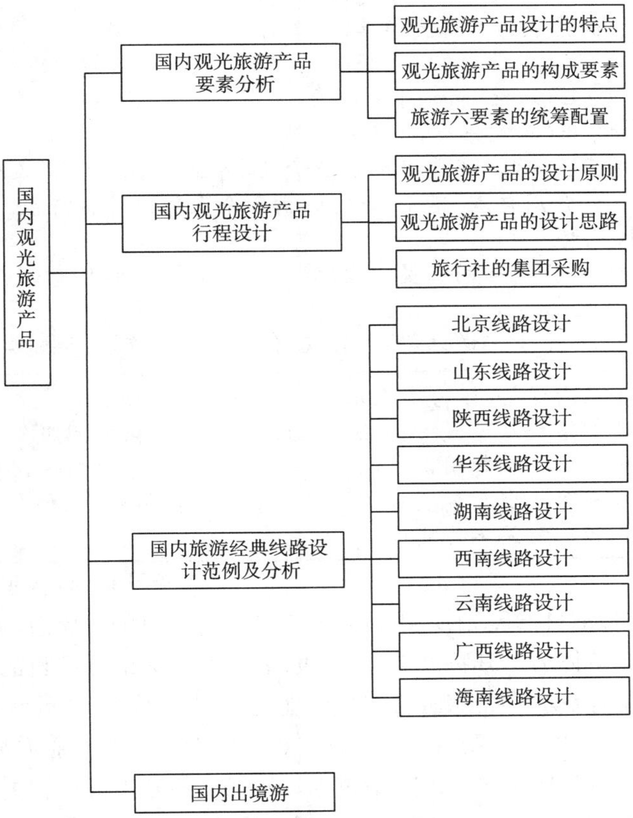

开篇案例

北京休闲3日游

日期	内　容	用餐	住宿
D1	早餐后游览天安门广场(60 min),瞻仰雄伟的人民英雄纪念碑和毛主席纪念堂(若开放),外观国家大剧院;游世界规模最大的宫殿建筑群——故宫(约120 min)和景山公园(约60 min),逛老北京传统庙会,感受老北京风情	早中	北京
D2	游览雄伟的八达岭长城(约150 min),近距离观亚运村及奥运场馆"鸟巢"和"水立方",拍影留念(如进场馆参观门票自理)	中晚	北京
D3	游览世界上保存最完整的皇家园林——颐和园(约120 min),游览天坛公园(约90 min),车观中华世纪坛外景及中央电视塔外景后结束愉快的北京之旅	中晚	

续表

日期	内　容	用餐	住宿
接待说明	1. 全程赠送项目:精美胸牌,饺子宴,烤鸭餐 2. 行程中所含的景点为首道大门票(其余自理) 3. 正餐餐标 常规:××元/正(八菜一汤,十人一桌) 品质:××元/正(八菜一汤,十人一桌) 4. 全程自费项目:如客人不愿参加自费景点,请配合导游工作,在景区外等候 5. 如客人需延住费用自理,不予以送站;由于个人原因放弃行程,费用不退,所游景点顺序我社有权调整 6. 全程城区标准间/商务间三星(非挂牌)酒店(如出现单人请补房差:标准间150元/天,商务间200元/天) 7. 优秀导游服务;免费接送站,接机另议,代订回程火车票及机票		
备注	1. 以上价格含旅游保险,不含个人消费 2. 住宿出现单人请补房差或安排住3人间,我社不提供单间服务 3. 遇不可抗力因素产生费用由客人自理,不明事宜请来电商议,谢谢合作 4. 接待社有权在不减少参观项目的情况下更改游览顺序 5. 地接质量以客人意见单为凭证		

(资料来源:根据相关媒体资料整理)

观光旅游是指以观赏自然风光、城市风光或名胜古迹为目的的旅游,通过观光游览获得美的享受和愉悦身心,调节体力。其特点是:知名度高、吸引力大的旅游目的地成为旅游热点;旅游者以观赏、游览为主,流动性大;旅游者在目的地逗留时间不长,且重游率低;旅游者消费水平不高,对价格比较敏感,旅游活动自由度大;受气候影响较大,观光旅游淡旺季十分明显。

就世界范围而言,观光旅游是世界上最古老、最常见、最基本的旅游类型,在旅游市场中所占的比例最大。就我国而言,改革开放以来,以观光为主的旅游模式一直没有改变。然而,长期以来,我国观光旅游存在着产品雷同、层次不高和质量差等问题。随着我国对外开放的扩大,国民经济的不断发展,无论是国际游客还是国内游客,其旅游需求在广度和深度上都会有所扩大或提高,传统的大众型观光旅游产品亟待拓展和提升。

7.1 国内观光旅游产品要素分析

7.1.1 观光旅游产品设计的特点

1. 时间上的多变性

时间是旅游线路中的重要因素之一。与旅游线路有关的时间因素是复杂的,也是多变的。时间因素包含了旅游线路中所需的总时间、旅游过程中各项活动的时间分配安排等。这里要注意的是,旅游者在旅游过程中总是追求从居住地到旅游目的地的旅行所耗费的时间与在旅游目的地游玩所耗费的时间的比值尽可能小,在线路的时间安排上必须考虑这一点。时间因素随着旅游目的地的地理位置和可进入性、旅游资源类型和特点、自然条件特别是气候条件、季节、旅游设施条件、旅游目的地社会经济条件、行政当局及居民对旅游者的政策和态度、旅游者的旅游偏好，以及闲暇时间等条件的变化而变化。不同的旅游线路时间安排不一样是肯定的，即使是旅行社推出的同一内容的旅游线路，在时间的安排上也会有所变化。

2. 空间上的差异性

旅游常常是由环境的空间差异引起的。旅游者在外出旅游时，通常追求旅游目的地与常住地之间的差异性。一般说来，旅游者希望旅游目的地的自然环境、旅游资源、文化背景和民情风俗等与自己的常住地有较大的差异，而且这种差异越大对旅游者的吸引力也越大。因此旅行社在设计和推出旅游线路时要充分考虑到这种差异。

3. 内容上的关联性

旅游线路是根据旅游需求和旅游供给两方面的因素而设计推出的旅游综合产品。旅游线路设计内容包括了旅游者在旅游过程中所利用和享受的一切，涉及食、住、行、游、购、娱等各种旅游要素，并且必须各个环节环环相扣，密切配合，有机地安排在事先确定的日程中。

4. 服务对象的复杂性

旅游线路的使用者是旅游者。由于年龄、职业、文化程度、家庭结构、经济收入、社会地位和旅游经历等的差异，旅游者会有不同的旅游偏好，对旅游线路内容、服务标准和价格等都会有不同的要求，这也就给旅游线路设计带来了较高的难度。

5. 线路价格的敏感性

在进行旅游线路设计时，旅游线路的价格是最敏感的一个问题，也是最复杂的一个问题。一方面，旅游线路价格的构成因子很多，线路设计中的每一项内容都会影响到线路价格；另一方面，旅游者希望旅行社销售旅游线路时价格要尽可能低，同时又要求不能降低服务标准和水平，还要有较好的旅游体验。旅行社既想以较低的价格吸引旅游者以利竞争，又要有一定的利润以求生存与发展，还要保证旅游质量，避免旅游者投诉以树立企业形象。因此，合理确定旅游线路的价格不是一件容易的事。

7.1.2 观光旅游产品的构成要素

旅游线路的要素较多，其中以旅游景区、旅游设施、旅游服务和旅游时间为代表。

1. 旅游景区

旅游景区是旅游线路的基本要素，是旅游者在旅游线路上停留的主要支撑，旅游者选定并购买某条旅游线路，最本质目的是游览观光，或以旅游资源为支持的休闲、康乐等旅游活动，因此，旅游线路的设计必须对旅游资源进行合理组合，以满足旅游者的旅游愿望。

2. 旅游设施

旅游设施是旅游服务的凭借，也可以说是旅游服务中的“硬”件。旅游设施包括住宿、餐饮、交通及其他设施，它是旅游者完成旅游目的的根本保证，旅游设施直接为旅游者提供旅游食、住、行等的条件，旅游服务设施完善与否，直接影响到旅游者的旅游效果。因此，旅游线路必须充分考虑旅游者客观条件与旅游过程中设施的方便性，使旅游者以最佳效果完成旅游活动。

3. 旅游服务

这里的旅游服务主要指服务的“软”件，是旅游全过程中旅游从业人员为旅游者提供的必要服务，其中以接待和导游的服务为主。旅游者的旅游消费主要表现在该过程中，旅游服务应该是旅游线路的核心。旅游服务的好坏，直接影响该旅游产品的质量以及旅游者的旅游效果。所以，在旅游线路的设计中，特别应强调和说明旅游服务的内容与档次，并与价格挂钩。

4. 旅游时间

旅游时间是旅游者对该产品的消费时间。旅游时间的长短直接影响旅游消费，二者成正比关系。任何一条线路都应有时间规定，没有时间的线路是不存在的，旅游时间应根据旅游市场的需求而设计。原则上，按照游客身体承受能力，旅游行程在5～7天为最佳。

7.1.3 旅游六要素的统筹配置

旅行社充分利用线路上的各个景区(点)的影响，在意向性调查的基础上，获得市场的认可之后，接下来就是对旅游线路进行统筹配置了。旅游对于旅游者来说，就是一次经历，是一个综合性的体验。统筹配置六大要素是旅行社设计线路的职能，主要包括统筹安排时间、空间布局、制定合理的价格、选择合适的交通工具、恰当地安排住宿、购物和娱乐活动，以及配备合适的导游等几个方面。

1. 统筹安排时间

每个旅游景点因自身的构景特征不同而各有其不同的最佳观赏时间，线路设计应有利于充分展现游线上各景点的景色风貌。一般说来，主景为水体的景点，以安排在清晨游览最佳，因为此时风平浪静，水面如镜，更能体现水景的韵味；江河湖海等天然水体浴场之类的景点，应尽量将时间安排在下午为妥；若是以观赏植物为主的景点，则多以下午游览更利于欣赏植物景观的"香境""声境"和富于变化的动态美；而以山体为主的景点，一般又以傍晚游览较好，黄昏夕阳的映照，能勾勒出山峰起伏连绵的线条，山后余晖散射的云天更加能显现出山体的雄浑气势。此外，还要注意人体生物节律性对游览心理的影响。日生物钟即日节律，是与地球自转相吻合的生物钟，其周期为24 h，其内容是指人的生理现象和机能状态在一天之内的变化，早7时到10时机能状态呈上升趋势；下午4时左右较平缓，并处于白天之中的最低机能状态时刻；下午5时以后机能再度上升。所以对于旅游者来说，上午的猎奇和感知欲望最旺盛，能够接受和感知的环境信息量最大。因此，对其每天的日程安排，上午的游览最好是安排在沿途及景点上的景物比较丰富的景区，以满足此时游人想多感知信息的心理需求。

2. 旅游用餐

在行业内，我们将团队旅游客人用餐称为团队餐，最大特点就是上菜快、菜品少、大锅菜、效率高。具体分析，团队餐通常选在只经营团队业务的餐厅，在菜品设计上，多数餐厅不支持点菜，只是固定菜谱及标准，如20元餐标、30元餐标等。总体上，团队餐对饭店而言，利润较低，但团量巨大，所以团队餐更像流水席。由于客人游览时间紧张，用餐时间有限，基本用餐均定在30 min左右。

在用餐中，产品设计人员首先要选用旅游定点团队餐厅进行用餐，以保证卫生；其次，在菜品的设计上，要具有当地特色。对于常规团队餐可以满足的，建议在团餐中安排品尝，而价格较高者，可以安排游客自费品尝，旅行社履行提醒的义务，这样可以保证游客的用餐质量。再次，如果由于特殊原因，中晚餐菜品有类似现象，旅行社应及时调整，不要发生菜品先后重合的现象。

在面对一些豪华团队(高标团)，尤其游客对用餐的环境提出要求时，建议将餐标提高，并改到社会餐厅用餐。

3. 住宿安排

旅游团一般分为经济团、标准团和豪华团。旅游团队的住宿条件与团队级别直接相关，经济团相应的住宿条件是2～3星级宾馆，标准团一般是挂3星级酒店及按3星标准建造不挂牌酒店(部分业内人士称为准3星酒店),而豪华团则要求4星级以上酒店。根据近些年的经验,团队安排通常都住在双标间,4人间已经基本没有市场。在设计住宿问题上,旅行社应严格按照合同要求为旅游者安排住宿,但是要特别注意单男单女房差的问题,以免在住宿问题上与游客发生争执。

饭店的地理位置不同,自然会对价格构成影响。理论上来讲,距离市中心越近的饭店,价格越高,反之价格越低。在国内,多数旅行社选择非市区酒店,价格低廉,普遍较新,但如果游客在出行前,就已经预先表示反对,则应以游客意见为准。而随着游客生活水平及消费能力的普遍提高,饭店的附加服务也被提上日程,有车族的增多要求饭店是否能提供专业的停车场,商务游客要求饭店提供完整的办公自动化服务,度假游客的增多又要求饭店提供完整的生活设计,如理发、洗衣和快递等相关服务,这都对产品设计提出了新的要求。

在常规旅行中,涉及山体的线路,如黄山、华山等,为方便游客爬山,通常都设计一晚住在山脚下。由于山体本身海拔较高,植被较好,容易形成小气候,住宿条件往往不尽如人意,甚至出现床被返潮、掉墙皮的现象。同时,受地理因素制约,山体所在城市往往地靠内陆,经济发展缓慢,酒店整体环境设施及服务都比内地尤其是北京、上海等大城市差一个级别。

部分城市的住宿经常出现特殊情况,如三亚,在挑选房源时,经常看到两个名词,海边房与海景房。所谓海景房,即游客理想中的打开窗帘即能看到大海的房间,而海边房则是步行10 min左右可以走到海边的房间,两者有本质区别,在设计产品时需要特别注意。在庐山、井冈山出现另外一种房源,当地默认房间不用开设空调,所有的空调开关均由总台统一调控,如游客要求使用空调,每间房需加收20～40元的空调费,作为线路操作人员,此类线路应引起注意。

4. 购物和娱乐安排

购物活动是一个完整的旅游过程所不可缺少的重要环节。旅游购物的完满实现,不仅能给旅游地带来丰厚的经济收益,还能让旅游者的外出旅游获得心理上全面的满足;而且,当地的旅游纪念品被游客带回其常住地后,又能成为旅游地的“无声的义务宣传员”。所以,在设计线路时,应注意将线路上旅游商品最丰盛、购物环境最理想的景点,尽量安排在路线所串联的景点的最后。这是因为在旅游活动即将结束、要返家之前,游客的购物欲望是最强烈的。而在旅游刚开始的时候,游客一是对所需购买的物品要多看几处,比较之后再选定;二是如果在旅游刚开始就购买物品,提着这些物品旅游很不方便;三是旅游之初,游客带出来的钱不敢多用,需备后面有急用……在安排购物活动之前,应首先征得大多数游客的同意。购物虽然也属于六大要素之一,但并不是每个团队都必须接受的活动。在我国,导游引导游客在购物店购物并从中收取回扣是一个不争的事实,这种形式肯定会影响旅游业在整个社会的形象。于是,一些旅行社推出了“纯玩团”。“纯玩团”的旅游价格比一般团队的旅游价格高得多,但全程不进入购物店。“纯玩团”其实并不符合旅游的一般原则,它的出现只是为了回避旅游行业存在的问题,并不能从根本上解决问题。我们所要做的是利用有关法律法规,规范旅游行业秩序,合理安排购物和娱乐活动,让旅游者获得最大的满足。

5. 导游配备

认真负责,耐心热情,较好的协调能力和沟通能力,是一个称职导游应具备的基本素质。但具备了这些素质也不一定就会讨游客喜欢,让游客满意。所以旅行社在给游客配备导游时,应综合考虑游客的要求,配备相应的导游。

旅行社在使用导游前,设计人员应交代导游团队的性质特色及注意事项,同时根据团队特色设计导游词,如老人团队,导游在带团中应着力宣传安全性;而对于青年团队,则娱乐性比较重要。

6. 交通工具安排

旅游交通在业界被分为大交通与小交通。大交通泛指汽车、火车、轮船和飞机等;小交通则特指景区内部的交通方式,如电瓶车、环保车和观光车等。

大交通的选择直接决定着旅游价格。火车和飞机的价格相差悬殊,在设计产品时,要注意游客的心理,尤其是飞机价格,不同日期、同日期不同时间、机型和所属航空公司等,价格均不同,很容易形成价格优势,当然,也同时承担着报漏价格的风险。旅行社也可以采用包机、包专列的方式,但一定要保证收客情况,因为这种方式价格虽低,风险却更大。

7.2 国内观光旅游产品行程设计

7.2.1 观光旅游产品的设计原则

观光旅游产品的设计要结合当地的特点,要在旅游资源组合、该地区的市场地位、旅游产品、客源市场需求,以及交通条件基础上,因地制宜地设计出旅游线路。

1. 线路设计与旅游区划相结合的原则

旅游区的吸引力和竞争力与旅游线路的设计开发有直接关系。通过旅游线路的开发,把不同性质、不同特色的旅游区和旅游景点进行合理搭配,可以使各旅游区的优势和特色充分表现出来,还可以扩大旅游区的吸引力。因此,旅游线路的设计开发要与旅游景点的合理布局有机地结合,以产生最佳的效果和最大的效益,使旅游者在一条旅游线上的各个旅游区和旅游景点之间始终保持旺盛的游兴。只有最大限度地激发游客对旅游区的游兴,才能吸引更多的客源。

2. 线路设计要体现旅游资源的组合性原则

旅游线路的设计要充分体现出独具魅力的旅游资源的特色和群体组合。同一旅游线路上,参与组合的要素越多,组合变化程度越大,旅游资源的吸引力就越大,旅游线路的价值也就越高。在一条旅游线路上,要使自然景观与人文景观兼而有之。就旅游者来说,他们的出游欲望与对特定的时空审美要求是紧密结合的,即要求旅游景点这一特定的时空给他们提供不同于其他的独特审美愉悦。也就是说,在这一特定时空里提供的审美客体(包括自然景观、人文景观和旅游服务等)必须是唯一的、独特的。只有这样,才能满足旅游者的审美要求,从而产生吸引力,解决客源问题。同时,旅游线路上的景点应有一定数量保有值,如景点稀少,尽管美妙,也不会对游客产生很大的吸引力。另外,旅游线路的设计安排还要避免一条线上的相似景点、相同内容和旅游项目。

3. 与旅游交通相结合的原则

交通是保证旅游线路通畅、旅游地区繁荣的最大因素之一。随着交通事业的发展,各种交通运输方式都以自己的技术经济特征及最佳适应范围在各条旅游线路上发挥着独特的作用,航空、铁道、公路的运输实现了点、线、面的旅游,而现代交通网络的建成,使旅游区之间的距离缩短,使游客可以在最短的时间内观赏到更多的景色。因此旅游线路的设计必须和旅游交通结合起来，充分利用现有的现代化交通条件，将旅游线路中的点、线、面有序地连接起来，给游客提供最方便、最快捷、最安全的旅游线路。此外，一些旅游线路的起点和终点还应安排在不同的口岸地，便于游客出入境。

4. “热点”带动“冷点”的原则

在一条旅游线路上，根据不同景区的特点和开发程度，各景区要有主次之分，兼顾线内的“热点”和“冷点”景区，进行合理搭配，使各个旅游区客流保持平衡，都能得到均衡发展。切忌把主要旅游精华让人一次游完，要使游客游后余兴未尽，回味无穷，充满遐想，非找机会再游览不可。总之，旅游线路的设计，在观赏上要丰富，交通上要便利，线路上不做大的迂回和重复往返，时间上要节约，开支上要经济。旅游线路的设计既要从实际条件出发，并预期规划区内可能新增的旅游点及接待能力，同时又要考虑到游客的兴趣、文化和经济等特点，设计开发出各具特点、长短不一的旅游线路，供不同层次、不同要求的游客选择，以满足旅游者的需要。

7.2.2　观光旅游产品的设计思路

(1)旅游线路设计应注重旅游资源的合理搭配。旅游资源根据不同的分类方法可以分成许多类型，在旅游线路设计中既要突出旅游资源的特色，又要考虑旅游线路的整体效果，把不同类型、不同级别和不同特色的旅游资源合理、有效地整合在旅游线路之中。因此，设计一条旅游线路时要尽量选择不同类型、不同性质、不同特色的旅游资源，或把相似的旅游资源隔开。虽然性质、类型相近的旅游景点结合在一起也可以打造经典旅游线路，如生态游、民俗游和红色旅游等，但景点类型、性质及特色相似，容易使旅游者产生单调感，甚至出现厌烦的现象。因此，在一条旅游线路设计时要注意景点的教育性与观赏性的结合，人文景观与自然景观的搭配，使原始的自然风光、古朴的民族风情和悠久的历史文化三者相得益彰，相映生辉，这样才能使整条线路显得错落有致，才能满足旅游者的审美要求。

(2)旅游线路设计中所选取的各旅游资源分布要比较均匀，数量适中，深度适当。在旅游活动中，空间距离往往决定着旅游者所要耗费的旅游费用和旅游时间，对于一般旅游者来说，大多希望用于参观游览的时间越多越好，而用于旅途的时间和费用越少越好。如果一条旅游线路中各旅游点之间的空间距离太远，必然会导致大量的时间和金钱耗费在旅途中，从而引起旅游者的不满。同时，一次旅游的时间是一定的，如果在一条旅游线路中过多地安排旅游点，容易使旅游成为走马观花式，一天走好几个景点，几天走好几个城市，游客跟着导游东奔西走，只能囫囵吞枣般地左顾右盼，旅游者不仅紧张疲劳，达不到休息、娱乐、放松的目的，也不利于旅游者深入细致地了解旅游目的地。而且，择点过多，对旅游线路的再次销售也会产生不利影响，致使旅游回头客少。同样，旅游线路中若选择的旅游资源专业性太强，也容易使旅游者失去游览的兴趣。

(3)线路中各景点的时间安排要能够体现景区特色。一条旅游路线上串联着若干个景点，每个旅游景点因自身的构景特征不同而各有其不同的最佳观赏时间。每个具体的景点在何时游览效果最佳，需要根据具体情况进行具体分析。在线路设计时，应当认识到由于每个景点在不同时段的观赏效果是不一样的，总有某个时段是观赏的最佳时间，应注意尽量将游客安排在景点呈现其最佳景色时进行游览。

(4)旅游线路设计要根据游客的旅游心理安排景点游览顺序，做到渐入佳境，高潮迭起。从某种角度讲，旅游线路是旅游资源的组合，线路上旅游资源的编排应根据游客旅游心理状况而设计,应考虑旅游资源的顺序组合,使旅游者的兴奋度一层更进一层,并在核心景点的旅游活动达到兴奋顶点。一条旅游线路上选择的旅游资源(景区和景点)在风格、质量和品味等方面多少都会有一些差异,不会是同一相等的水平。因此在设计旅游线路时,要对选择的旅游资源(景区和景点)进行精心布局,在交通安排合理的前提下,应尽量把质量高、品味高的旅游资源(景区和景点)安排在游览顺序的后面,使旅游者对于下一个景点有一种迫不及待的感受并不断地处于兴奋中,激发旅游者的兴趣,满足旅游者的审美要求。游人在游览过程中,随着时间、体力和金钱的不断付出,看到一个比一个更好的景区,不仅让旅游者感到高潮迭起,游兴不绝,在其旅游心理上也会产生一种选择该次旅游的成功感,确认这条游线是值得花时间、花体力去游览的,并且会形成对这条线路的好印象,认为是一条内容丰富多彩的、高质量的线路。

(5)旅游线路设计中选取的景点的游览方式应动静结合。旅游线路是由各旅游景点的不同旅游活动所组成的,旅游者在游览不同的旅游景点时,需要付出的体力是不一样的,例如,在有的景区游人主要通过乘船、坐缆车或坐下来观看各种表演等方式,旅游者本身处于相对"静止"的状态之中,消耗的体力少;而在有的景区,游览要完全靠旅游者步行、划船、登山或滑雪等,旅游者自身处于"动"的状态中,所需付出的体力较大。因此,在旅游线路设计选择旅游资源时,要考虑旅游者的体能状况,应尽量使景点的游览方式动静交错安排,做到快慢相宜,富有节奏感和韵律感,以便旅游者能够劳逸结合,获得更好的游览效果。

(6)旅游线路设计应避免走冤枉路和回头路。所谓冤枉路,是指舍近求远,无谓地多走路浪费时间;回头路就是重复地走相同的路线,在同一旅游城市、同一旅游点重复经过或停留。旅游者出行都希望通过最少的旅游时间和最低的旅游成本来获得最好的旅游经历。游览活动并不仅仅限于旅游景区中,旅途中沿线的景观也是旅游观赏的对象。在游览过程中,如果在同一段游路上重复往返,意味着沿路相同的景观让游人要再看一遍,这是旅游者比较厌烦的。因此,在旅游线路设计中选取的旅游资源要尽量串连成环形旅游线路,而且在空间上尽可能使整条线路有最便捷的走向,全程不走冤枉路和回头路,不仅可以满足游人希望尽量多地感知异地环境信息的心理需求,还有利于节省旅途时间。

7.2.3 旅行社的集团采购

旅行社采购是指旅行社在需要的时间和地点,以最低成本和最高效率获得最适当数量和品质的物资或服务,并及时交付需要部门使用的行为。合理的采购不但能够降低成本,而且会使旅行社在部分景区、宾馆、饭店和车队等享有签单权,月末、季末甚至年末结账,分散了旅行社风险,有利于合理掌控资源,同时减少了资金压力,是现在旅行社经常采用的一种方式。同时,也是产品设计中必须考虑的问题。

目前,旅行社采购的项目主要有合作旅行社采购、住宿采购、用餐采购、景点采购和车队采购等。在旅游季节到来之前,产品设计人员应完成对供应商和地接资源的采购。供应商采购包括供应商的营业资质、接待能力、服务评价、价格政策、报价思路、操作模式,以及付款方式的采购。在采购中,应对当地的情况有深刻的了解,尤其是当地的最新变化、政府的最新政策及旅行社最新的操作模式,同时,也是对自己旅行社地接资源的一个新的启发。地接资源的采购主要是交通、住宿、餐饮、景点游览、娱乐和保险等内容。尤其保险业务,对于投保方式、理赔时效、赔付金额及限额等,都需要设计人员了解透彻,以便根据游客情况,办理相应业务。如部分保险公司对超过70岁的老人，不接受旅游意外伤害险的投保，而面对夕阳红的游客，旅行社只能临时更换保险公司，这就体现了集团采购的重要性，应在平时多采购一些供应单位，以备不时之需。

7.3 国内旅游经典线路设计范例及分析

7.3.1 北京线路设计

1. 线路城市

北京，中华人民共和国首都，有着3 000余年的建城史和800余年的建都史，是"中国四大古都"之一。北京荟萃了自元明清以来的中华文化，拥有众多名胜古迹和人文景观，是目前全球拥有世界文化遗产最多的城市之一。

2. 线路特点

(1)"东方古都"，现代魅力：北京的城市名片是"东方古都"，是辽、金、元、明、清五个朝代的都城，有着丰富多彩的古代和现代的人文景观，有着博大精深的文化底蕴。作为首都，这个拥有2 000多万人口的城市已经成为一个国际大都市，置身"同一个世界，同一个梦想"的古都中，也会为其现代化的城市魅力所倾倒。

(2)皇家园林，霸气外露：北京的皇家园林众多，不仅包括圆明园、颐和园，还包括北海、中海、南海(前三海)、景山、万寿山、玉泉山和香山等，大多根据自然山水改造而成，规模宏大，气势雄伟，平面布局较为严整；建筑壮丽豪华，色彩鲜艳浓烈，风格雍容华贵；博采众家之长，荟萃天下美景于一地，代表着中国古代园林艺术的最高水平。

(3)私家园林，奇秀可居：以恭王府为代表的私家园林，建筑布局规整，工艺精良，楼阁交错，充分体现了皇室辉煌富贵的风范和民间清致素雅的风韵。

(4)长城攀登，圆梦之旅：万里长城是中国古代伟大的防御工程长城，八达岭是长城最早向游人开放的地段之一。八达岭长城地势险峻，居高临下，是明代重要的军事关隘和首都北京的重要屏障，为居庸关的重要前哨，古称"居庸之险不在关而在八达岭"。长城的八达岭段集巍峨险峻、秀丽苍翠于一体，是长城建筑的精华段。"不到长城非好汉"，无论中外游客，来到北京，就一定要当一次好汉，登一登长城。

3. 线路操作注意事项

(1)北京线路价格普遍偏低，游客到了北京有二次消费的现象，应提前提醒游客。

(2)夏令营、亲子游和修学游等成为近几年市场的热点，产品设计应重点关注这些人群。

(3)鸟巢和水立方如游客要进入，需自理门票，如遇重大比赛，不提供参观服务。

(4)故宫、鸟巢、水立方全陪及地陪不享受免票待遇，核算价格时，需要注意。

(5)毛主席纪念堂，每逢周一闭馆，需提前提醒游客。

4. 范例分析

以开篇案例"北京休闲三日游"为例进行分析。此案例是北京散拼线路，之所以在案例中选取散拼线路，是因为北京线路是全国最大的散拼线路之一。许多人都有一个首都梦，想去北京看看故宫、毛主席纪念堂、人民英雄纪念碑和神圣的升旗仪式。所以，很多游客在全国各地组团社报名开始"北京之旅"，而组团社在遇到散客咨询时，往往选择只代订大交通票务，把接待工作交给北京当地的旅行社,这就形成了北京庞大的散客客源;同时,北京作为国际大都市,来往于北京的公务、商务客人众多,这也成为北京的散客源。通过上述分析,北京众多旅行社都选择同一条线路作为散拼线路,如该社不能成团,也会及时将客人交到北京散拼平台,保证成团率。

本线路选取了北京最著名的景点,如故宫、人民英雄纪念碑、毛主席纪念堂、长城和颐和园等,均是北京最具代表性的景点。为照顾各地游客的习惯和需求,行程安排比较轻松,留出更多的时间,可以选择一些自费景点,如私家园林的代表恭王府、北京特色胡同游和历史见证圆明园等。在住宿上,提供多种房型和价格供游客选择,用餐标准同样也自选,这又是散拼团队的特性,为了接待全国的游客,提供免费接送站服务,可谓是人性化的表现。

7.3.2 山东线路设计

1. 主要城市与景区

(1)青岛,“世界啤酒之城”,因名牌企业众多,被誉为“中国品牌之都”。2008年,青岛因成功举办第29届奥运会帆船比赛而成为奥运之城,被誉为“世界帆船之都”。

(2)蓬莱,地处胶东半岛最北端,濒临渤、黄二海,自古就被誉为“人间仙境”。相传秦始皇在始皇二十八年(公元前219年)东巡时曾来过胶东,目的是寻找神山,求长生不老药。海市蜃楼更使得蓬莱名声大噪。蓬莱旅游口号:“人间仙境,休闲天堂,美酒之乡。”

(3)泰安,是一座历史文化名城,历史悠久,文化遗存丰富,自然风光雄伟壮丽,具有重要的历史、科学和艺术价值。泰安“山城相依,山城一体”的格局独具特色。

(4)威海:中国著名的港口及旅游城市,是中国沿海开放城市之一,是中国第一个国家卫生城市。作为中国近代海军诞生之地,威海又承载着厚重的历史,是甲午中日海战中北洋舰队对日的“威海卫战役”的战斗地点,又是历史名将丁汝昌、邓世昌等人的殉职之处。

2. 线路特点

(1)五岳独尊的气魄:泰山是我国的“五岳”之首,有“天下第一山”之美誉,又称东岳。泰山自然景观雄伟高大,有数千年精神文化的渗透和渲染,以及人文景观的烘托,先后有12位皇帝来泰山封禅。孔子留下了“登泰山而小天下”的赞叹,杜甫则留下了“会当凌绝顶,一览众山小”的千古绝唱。泰山于1987年被列入世界自然文化遗产名录。

(2)蓬莱仙境的神韵:蓬莱素有“仙境”之誉,它依山傍海,景色秀丽,独具虚无缥缈的“海市蜃楼”奇观,被认为是传说中的三座仙山之一。“八仙过海”的美丽传说便源于此,因而它自古便是历代帝王寻仙访药、文人墨客走笔放歌之地。翰墨流传,为山海增色,遂使蓬莱仙境名扬天下。蓬莱阁与黄鹤楼、岳阳楼和滕王阁并称为“中国四大名楼”。

(3)中华儒学的发源地:“千年礼乐归东鲁,万古衣冠拜素王。”有着五千多年悠久历史的曲阜,享誉全球。曲阜的孔府、孔庙和孔林,统称“三孔”,是中国历代纪念孔子、推崇儒学的表征,以丰厚的文化积淀、悠久历史、宏大规模、丰富文物珍藏,以及科学艺术价值而著称。因其在中国历史和世界东方文化中的显著地位,于1994年12月被联合国教科文组织列为世界文化遗产,被世人尊崇为世界三大圣城之一。

(4)历史记忆刘公岛:刘公岛位于威海湾口,它面临黄海,背接威海湾,素有“东隅屏藩”、“海上桃源”和“不沉的战舰”之称,在国防上有极其重要的地位。1888年,北洋海军成军时,在岛上设电报局及水师学堂,建北洋海军提督署及铁码头,成为中国近代第一支海军——北洋水师的诞生地。1894年,中日甲午海战就发生在该岛东部海域。至今仍保留着北洋水师提督署和丁汝昌寓所旧址,有甲午海战期间北洋水师铁码头和古炮台,有纪念北洋水师的北洋海军忠魂碑。

(5)人文气息的青岛:青岛作为享誉世界的啤酒之都当之无愧,青岛的人文气息也毫不逊色。青岛是中国最早有自行车的城市之一,"脚踏车"一词就源于青岛,青岛是中国最早有汽车的城市之一。近现代,青岛创造了更加骄人的成绩,成立了中国最早的帆船俱乐部和中国最大的海洋科研基地,修建了世界最长跨海大桥及中国最长的海底隧道。

3. 线路操作注意事项

(1)山东旅游资源丰富,交通便捷,所以山东旅游除了下面案例所走的全线外,也可推广泰安+曲阜+济南(内陆线)和青岛+威海+烟台+蓬莱(半岛线)两条线路,尤其针对时间紧张的团队,可以单独设计。

(2)泰山涉及景区交通费,这是景区门票之外的,设计价格时切勿遗忘。索道费用多数让游客自理,游客可到景区根据自身情况自由选择。

4. 线路范例

印象齐鲁"纯玩"山东全景单卧单船8日游

- 豪华升级:不带钱包的旅行,白+黑无自费!泰山+三孔+崂山,小交通全含!
- 精华景点:7大国家5A级景区、包含山东所有精华景区——泰山、岱庙、三孔、趵突泉、崂山、刘公岛、蓬莱阁
- 独家安排:泰山秀城之价值118元大型火车影视特技特效实景演出—《铁道游击战》!再现战争年代铁道游击战的惊险刺激
- 网红打卡:"东方夏威夷"—养马岛 &"北方小垦丁"—小麦岛
- 酒店安排:全程安排商务标准酒店,独卫独浴,升级一晚准四海景酒店!

日期	行程安排	用餐	住宿
D1	沈阳—济南 沈阳乘火车赴济南。	无	火车
D2	济南—泰安(巴士80 km) 上午接团后游览济南; 游览【宽厚里】(游览1.5 h)这里延续老济南建筑,汇集了南北方各种特色小吃,感受济南热闹的市井文化。中餐可在此自由品尝老济南美食! 游览乾隆皇帝称之为"天下第一泉"的【国家5A级景区—趵突泉】(游览1.5 h);然后游览泉城的标志——泉城广场,泉城广场是山东省会济南的中心广场。下午游览《老残游记》中听曲、品茗的好去处,72名泉之一的【黑虎泉】(游览30 min),因"水激柱石,声如虎啸"而得名,是城区四大泉群中规模与流量均较大的一个。 观赏【国家5A级景区—大明湖景区】(游览1.5 h)大明湖上文人墨迹很多,其中清人刘凤诰"四面荷花三面柳,一城山色半城湖"的对联,尤为人们所称颂。 之后乘车赴泰安酒店入住	晚	泰安
D3	泰安—曲阜(巴士80 km) 早餐后乘车赴曲阜;游览"古老的家族庙宇"——(曲阜市内小交通已含)【孔庙】(游览1 h),是我国历代封建王朝祭祀春秋时期思想家、政治家、教育家孔子的庙宇,游览"天下第一家"——【孔府】(游览1 h),本名衍圣公府。位于孔庙东侧,为孔子嫡长孙的衙署。是孔子嫡系长期居住的府第,也是中国封建社会官衙与内宅合一的典型建筑。游览中国最大的家族墓地——【孔林】(游览1 h),是孔子及其家族的专用墓地,也是目前世界上延时最久,面积最大的氏族墓地。	早中	曲阜

续表

日期	行程安排	用餐	住宿
D3	乘车返回泰安;游览"古老的家族庙宇"、东岳神府——【岱庙】(游览 40 min),旧称"东岳庙",又叫泰庙,古代帝王祭祀泰山神的主要场所 游览【泰山秀城】(参观 2 h,可以在此自由活动品尝泰城小吃!),作为以演艺为核心的泰安府民俗美食街,泰山秀城让你体验一站式美食风情之旅,七大文化建筑、四大沉浸式文化体验场景,吃、喝、逛、娱一网打尽。 独家安排:参观【铁道游击战】——一台火车特技特效大型沉浸式实景演艺	早中	曲阜
D4	泰安—青岛(巴士 170 km) 早餐后,车赴泰山(车程 20 min),游览世界文化与自然遗产、中华十大名山之首——【国家 5A 级景区一泰山】(游览 6 h,环山车已含),泰山是一座民族文化山,它与中华文明血脉相连,是中华民族精神的象征。从南天门步行下山至中天门或乘缆车【索道自理单程 100 元,往返 200 元】从南天门至中天门,从中天门乘小交下山至天外村(车程 30 min)。之后乘车赴青岛;到达后入住酒店休息	早	青岛
D5	青岛 早餐后乘车赴青岛游览青岛的象征——【栈桥】(游览 50 min),栈桥建于清光绪年间,已有百年历史。游览东部新区标志——【五四广场】(游览 1.5 h),青岛新区的标志,因"五四运动"而得名,是如今青岛的标志之一。游览新晋网红打卡地【小麦岛公园】(游览约 1 h),这里绝美而小众,藏着宫崎骏漫画里的夏天!之后乘车赴我国最著名全真道教名山,有我国"海上名山第一""海上仙山"之称的【国家 5A 级景区——崂山风景区】(游览 2.5 h,环山车已含),仿佛真正进入仙境	早中	海阳/乳山
D6	威海 游览【国家 5A 级景区——刘公岛风景区】(游览 3 h)"刘公岛不仅仅是座岛",这里弥漫着甲午风云的硝烟,这里见证海峡两岸骨肉相连的亲情,这里是国家爱国主义教育基地。岛上的【中国甲午战争博物馆】带你走上寻古探幽之旅,去了解 1894 年的甲午海战……【刘公岛博览园】给你解开刘公刘母的神秘面纱。【定远舰】,停泊在威海湾畔的这艘"定远舰",是全亚洲第一艘按原型 1∶1 完整复制的清代军舰,其外观与历史原舰完全相同,置身其中,可以感受到一个多世纪前北洋海军官兵的真实生活	早中	威海
D7	蓬莱—威海(巴士 100 km)—烟台(巴士 80 km)—大连(船 7 h) 蓬莱有着 2 100 多年悠久历史和灿烂文化,素有"人间仙境"之称,是东方神仙神话的发源地。 赠送三 A 级景区【木鱼石博物馆】(游览 1 h),参观明代出土文物、聆听木鱼石的传说;这里展示了木鱼石的大型原矿石和最具视觉震撼力的胶东王出土文物。 【国家 5A 级景区——蓬莱阁风景区】(游览 1.5 h),它是中国古代四大名楼之一,是一处凝聚着中国古代劳动人民智慧和艺术结晶的古建筑群。【万米金沙滩】,是中国最优质的天然海水浴场之一,素有"北方第一海滩"之称,是海水浴、帆板、潜水游艇等水上运动的理想场所。 抖音网红地【养马岛旅游度假区】(游览 40 min),被网友称为国内的"马尔代夫",吸引了大批游客前来。之后根据船次时刻送站,赴大连(三等舱 6 人间)	早中晚	轮船
D8	大连—沈阳(火车) 早抵达大连,乘码头摆渡车至火车站,根据火车时刻,乘火车硬座返程(火车硬座较多、以实际出票为准,约 5.5 h),结束愉快的行程,返回温馨的家!	无	无
接待标准及价格说明略			

(资料来源:青岛航帆国际旅行社)

5. 范例分析

该案例是山东全景案例，从泰安—曲阜—青岛—威海—蓬莱，涵盖了 7 个国家 5A 景区，从自然景观到人文景观一应俱全，还包括了爱国主义教育基地(刘公岛)。同时根据时尚旅游的方式，安排了网红景区养马岛、小麦岛公园，增加了年轻的受众群体。安排了金沙滩海滨浴场，增加了休闲度假元素。沉浸式演义又将夜晚的活动推向高潮。秀城、宽厚里等特色街区又为游客提供了自由品尝当地特色美食的机会，是一个比较成熟的旅游产品。

7.3.3　陕西线路设计

1. 主要城市与景区

(1)西安：西安是历史悠久的世界历史文化名城，是举世闻名的世界四大文明古都之一，居中国古都之首，是中国历史上建都时间最长、建都朝代最多、影响力最大的都城。悠久的历史文化积淀使西安享有“天然历史博物馆”之誉。

(2)延安：延安是中华文明的发祥地之一，轩辕黄帝的陵寝就安卧在延安的桥山之巅，被尊称为“人文初祖”。让延安闻名中外的是作为中国革命的圣地，在中国现代史上占有极为重要的特殊位置，现存革命旧居 140 多处，如王家坪、凤凰山，以及宝塔山、枣园革命旧址和杨家岭等地。

2. 线路特点

(1)传奇色彩的陵寝：作为中华文明的发源地，西安的历史悠久，文化积淀非常厚重，是第一批国家历史文化名城。西安周围有 120 多座帝王陵墓围绕。兵马俑坑被誉为“世界第八大奇迹”，秦始皇陵是最早列入世界遗产名录的中国遗迹，西安古城墙是至今世界上保存最完整、规模最宏大的古城墙遗址。汉阳陵以其出土的裸体彩俑被誉为“东方维纳斯”。还有黄帝陵、汉茂陵和唐乾陵等，吸引着国内外的游人。

(2)大唐遗风的魅力：唐朝(618—907 年)，是世界公认的中国最强盛的时代之一。李渊于 618 年建立唐朝，以长安(今陕西西安)为首都。鼎盛时期的唐朝在文化、政治、经济和外交等方面都有辉煌的成就，是当时世界上最强大的国家，中亚的沙漠地带也受其支配。先进的城市造就先进的文化，唐朝留下了大量文化遗产，如释迦牟尼佛指舍利存放之处法门寺、华清池等，驰名中外。

(3)五岳之一的华山：华山古称“西岳”，是我国著名的五岳之一，它南接秦岭，北瞰黄渭，扼守着大西北进出中原的门户，不仅雄伟奇险，而且山势峻峭，壁立千仞，群峰挺秀，以险峻称雄于世，自古以来就有“华山天下险”“奇险天下第一山”的说法。

(4)独具特色的民俗：陕西流行“关中八大怪”的独特民俗——板凳不坐蹲起来、房子半边盖、帕帕头上戴、面条像腰带、锅盔像锅盖、油泼辣子是道菜、秦腔不唱吼起来。

(5)古风古韵古长安：唐京师长安城面积达 84 km^2，是世界古代史上面积最大的都城，也是我国古代面积最大的都城。人口最多时达到百万，是世界上第一个人口达到百万的大都市，也是东方丝绸之路的起点。唐长安城大明宫是唐朝长安三大宫内(太极宫、大明宫和兴庆宫)最宏伟、面积最大的宫殿建筑群，面积为明清北京故宫的 4 倍多，现在挖掘的大明宫遗址(已开放)就足以让世界瞩目。

(6)红色旅游的故乡：延安位于陕西省北部黄土高原中部，是中国革命的圣地，国务院首批公布的 24 个历史文化名城之一。延安有非常丰富的旅游资源，如黄河壶口瀑布、全国最大的野生牡丹群和花木兰故里万花山等。

3. 线路范例

西安兵马俑、延安精神及明城墙5日之旅

日期	行　程	用餐	住宿
D1	北京—西安 北京晚火车出发赴西安,开始愉快之旅		火车
D2	西安—兵马俑—华清池—秦陵地宫(100 km) 千古情歌:赴临潼(8:00出发,车程约50 min),途中游览仰韶文化的村落遗址——半坡博物馆(自理门票:65元,约60 min),参观世界第八大奇迹——秦始皇兵马俑博物馆1、2、3号俑坑及铜车马展厅(游2.5 h),中餐后参观秦始皇陵地宫(游40 min),参观华清池(游1 h),近代史上的"西安事变"旧址五间厅,骊山兵谏亭(自理门票:骊山索道105元,游50 min),华润玉文化广场自由购物(1 h),返回西安	早中晚	壶口
D3	西安—黄陵县—延安(600 km) 黄帝黄河:早餐后出发赴黄陵县参观中华民族的始祖轩辕帝的陵墓——黄帝陵轩辕庙(游1.5 h);午餐后赴壶口(约3 h,280 km),游览全国第二大瀑布——黄河壶口瀑布(游50 min)。参观完去延安入住酒店休息(车程约3 h)	早中晚	延安
D4	延安—西安(400 km) 延安精神:早餐后参观王家坪(游40 min),杨家岭(游40 min),延河上远眺宝塔山,俯瞰延河水,枣店自由购物(1 h),返回西安,约5 h	早中晚	西安
D5	西安市内 走进唐城:畅游西安名胜古迹,参观保存最完整的古代大型军事防御建筑工程——明城墙(游1 h);大雁塔北广场观赏亚洲地区最大的音乐喷泉水景广场(游40 min);游览钟鼓楼广场(游30 min)、回民风情小吃街(游30 min),聚元祥珠宝行自由购物(1 h),后乘机返北京,结束快乐旅程	早中	
注意事项	1. 注意旅途安全:旅游一定要按标示线路行走和攀爬,在规定线路内遇到一些危险区域景点,如陡坡密林、悬崖蹊径等,一定不要大意,要尽量结伴而行,千万不要独自冒险前往 2. 西安少数民族以回族居多,回族小吃也是西安饮食文化的代表,要尊重民族习惯		
行程及价格说明略			

(资料来源:西安康辉旅行社)

4. 范例分析

本线路是典型的西安城文化之旅,景点选择了兵马俑、地宫、华清池、明城墙、钟楼、鼓楼、黄帝陵和延安宝塔山等不同时期的文化建筑,使游客在游览中了解了我国的历史,感慨古人的智慧。在合适的季节去壶口瀑布,其奔腾汹涌的气势是中华民族奔流不息的象征。在行程快结束时,小吃街的设计显得更加贴心,不但满足了游客购物的欲望,又可以亲身走进城市深处,感受市民的生活,是行程的一大亮点。

7.3.4 华东线路设计

1. 主要城市与景区

(1)上海:中国第一大城市,四大直辖市之一,中国的经济、科技、工业、金融、贸易、会展和航运中心。上海拥有我国最大的工业基地和外贸港口,是人口密度最大的城市。

(2)无锡:无锡地处太湖之滨,风景绝美秀丽,历史千年悠长,是在江南蒙蒙烟雨中孕育出的一颗璀璨的太湖明珠。无锡的影视城产业发达，横店、唐城、水浒城、三国城以及衍生的追星游，构成了强大的消费群体。

(3)南京：南京是中国著名的四大古都及历史文化名城之一。早在20世纪30年代，著名文学家朱自清先生游历南京后，写下的《南京》一文中就有这样一段评价："逛南京像逛古董铺子，到处都有时代侵蚀的痕迹。你可以揣摩，你可以凭吊，可以悠然遐想……"南京在中国近现代史上占有非常重要的地位。雨花台风景区是中国新民主主义革命的纪念圣地，是新中国规模最大的纪念性陵园。中山陵内铜鼎至今仍保留着日寇侵占南京时的弹孔，是日军侵华的铁证。南京大屠杀纪念馆展陈的万人坑遗骨，更是饱含着我们的血泪，提醒我们"勿忘国耻，振兴中华"。

(4)杭州：杭州历史源远流长，自秦设县治以来，已有2 200多年历史。杭州还是五代吴越国和南宋建都之地，为全国七大古都之一。"上有天堂，下有苏杭"，表达了古往今来的人们对于这座美丽城市的由衷赞美。元朝时曾被意大利旅行家马可·波罗赞为"世界上最美丽华贵之城"。

(5)苏州：苏州建城较早，规模雄大，基本保持着古代"水陆并行，河街相邻"的双棋盘格局、"三纵三横一环"的河道水系和"小桥流水、粉墙黛瓦、古迹名园"的独特风貌。城市至今仍坐落在原址上，为国内外所罕见。苏州古城遗存的古迹密度仅次于北京和西安。苏州古城和苏州园林集世界文化遗产和世界非物质文化遗产"双遗产"于一身。而昆曲、阳澄湖大闸蟹和周庄是三张国际级、重量级的品牌。

2. 线路特点

(1)五座城市，各具特色：江南历史上就是"鱼米之乡"，山清水秀之处。江南水乡以周庄为胜；都市气派以上海大都市为主，外滩十里洋场，浦东新区拔地而起，明珠塔直上云霄，太湖烟波浩渺，西湖秀色碧波涟漪，苏州园林争奇斗艳。江南佳肴驰名中外，如西湖龙井、南京板鸭、无锡酱排骨、杭州东坡肉、西湖醋鱼、太湖三白、阳澄湖大闸蟹以及上海城隍庙小吃等，无不让游客大饱口福。

(2)组合模式，多种多样：华东旅游线路不但可以组合五座城市，还可以在整个江南一带自主选择城市、村镇或水乡进行组合，黄山、千岛湖、奉化、绍兴、普陀山和扬州等都是这一线的黄金城市或景区，可以根据游客特点，有效连接各大城市及景区，创新旅游产品。

(3)交通便利，四通八达：华东旅游线路拥有全国一流的机场和车站，贯穿于各大城市的高速公路，是全国高速路最普及的地区之一，各大城市之间的动车，使得每个城市只需1～2小时即可到达，有效缩短了城际间距。随着高铁的全线贯通，加强了城市之间新一轮的沟通与合作。

(4)省际连线，优势共享：华东五市是中国经济发展最快的地区之一，除了拥有黄金的旅游资源外，与周边省份之间的连线同样是其推广重点。如连线安徽，可加入黄山和九华山景区；连线江西，又与婺源、井冈山和庐山等成为一条连线。在高速公路优质路况的前提下，华东旅游界经常在各种季节推出对应的产品，设计不同的连线线路。

(5)人造景区，风格各异。华东线路中的各种人造景区风格迥异，特色鲜明，"给我一天，还你千年"的宋城+《宋城千古情》表演，主题公园上海迪士尼+烟花秀、无锡在建的一比一还原圆明园、禅意小镇拈花湾+灯光秀，常州中华恐龙园等，无不成为当代区域旅游产品的代表作，也为华东线路带来了更多的变化的可能。

3. 线路操作注意事项

(1)华东线路的购物店较多：丝绸、龙井茶、紫砂壶、菊花茶和太湖珍珠等，购物店的多少与团队级别的高低是成比例的，所以设计人员必须根据团队情况选择购物店。

(2)华东线的自费有规律:上海夜景、苏州夜游和宋城表演三大项,虽然价格不低,但整体上景区环境好,景点档次高,能够代表当地形象。

(3)同质化景区密集:以苏州园林为例,苏州市内就拥有69处园林,旅行社要根据游客情况选择景点,景点的建筑、档次、规模、级别及门票价格都是要考虑的因素。

4. 线路范例

遇见江南——华东五市+鼋头渚+原味双水乡+四大礼遇纯净五日游

● 纯净之旅:真正的纯玩0购物0自费,没有任何隐形消费,回归旅游本源; ● 姑苏情调:地道苏式生活【走一段古巷,坐一段游船,听一曲评弹,说一句吴语】; ● 原味三水乡:古老色彩依然浓重的史页【乌镇西栅】,生活着的千年水乡【西塘】,乾隆六次去过的【木渎古镇】,风格迥异的水乡,体会不一样的江南; ● 四大礼遇:【宋城穿越+千古情演出】+【苏州游船】+【上海金茂大厦88层】+【横渡黄浦江】,超值尊享; ● 吃住无忧:商务酒店+西塘特色客栈+四星酒店(未挂牌),4早4正,正餐25元			
日期	行程安排	用餐	住宿
D1	早指定地点集合,乘车赴"六朝古都"——南京,抵达后赠送游览国家重点风景名胜5A级景区—【中山陵风景区】(需提前预约,以当天预约为准),中山陵是中国近代民主革命先行者孙中山的陵墓;中山陵主要建筑排列在一条中轴线上,体现了中国传统建筑的风格。游览【夫子庙秦淮风光带】自由观光购物,自费品尝秦淮风味小吃		南京/无锡
D2	早餐后,开启超凡的旅行。车往"太湖明珠"——无锡(约1.5 h),游览国家5A级景区,太湖第一名胜【乘船游太湖佳绝处.鼋头渚】(约2 h):体验郭沫若诗中"太湖佳绝处,毕竟在鼋头"的意境。还可参加一年一度的《鼋头渚渔家风情节》(9~11月正式开始)忙里偷闲,太湖偷鲜,众多惊喜活动等你来玩:活动一,虾兵蟹将大巡游,可爱的公仔人偶巡游,与游客进行合影互动;活动二,道家养生十二段锦(需提前预约)健身养性。还有"年年有鱼"织网工坊、"渔舟唱晚"摄影短视频大赛、太湖帆影秀等众多精彩活动。车赴中国最美的水乡——西塘,游览【西塘】,西塘是江南保存最完美的原生态水乡,是《碟中谍3》的拍摄地	早中晚	西塘/杭州
D3	车赴"悠闲都市,爱情之都"——杭州,【船游西湖】(约40 min),观三潭印月、小瀛洲、断桥,远观雷峰塔重现人间,感受西湖的魅力。赏西湖新十景之——【龙井问茶】。后游览斥资六千万元巨资打造的"给我一天,还你千年"的【宋城景区】穿越自由行,中国最大的宋文化主题公园、国家4A级景区、首批"国家文化产业示范基地"。宋城由《清明上河图》再现区、艺术广场区、九龙柱群区、瀛洲仙山区和南宋皇宫区等部分组成。【宋城千古情】,堪与法国巴黎红磨坊和美国拉斯维加斯秀相媲美。被赞誉为"世界三大名秀之一"!车赴桐乡,【乌镇西栅自由行】+【摇橹船】(自由行时间充足,细细品味古老色彩浓重的水乡美景):由安渡坊码头乘摆渡船进入畅游全新打造的乌镇西栅景观,自由参观【草本染色作坊】【昭明书院】【老邮局】【乾隆年间景行桥】【摄友最爱万兴桥】【乌镇大戏院】,细数西栅景区72座古石桥,它们的美的姿态,是这一脉水乡文化的脉搏所在	早中晚	乌镇/周边
D4	早餐后,车赴"国际都市"——上海。赠送参观【迪士尼小镇】(约2 h),国际化的迷人街区将让人流连忘返。包括五个区域,"小镇市集""百食香街""百老汇大道""百老汇广场""迪士尼小镇湖畔"……大家可以尽情地在这里感受浪漫的气氛。因为紧挨迪士尼乐园,迪士尼城堡都可以远看到,挑个好位置不妨来张与迪士尼城堡的合影。前往游览【城隍庙·小吃汇】老街,体会老上海最具特色的民间文化,观赏上海保存最老的明清建筑。前往【浦东陆家嘴】,游览【外滩】(观新上海的日新月异和世界级建筑群,金茂大厦、东方明珠、环球金融中心,以及中国第一高楼——上海中心外景等);外滩,被称为"万国建筑博览群"。独家赠送登【上海金茂大厦88层】,与著名的外滩风景区隔江相望,居高临下,一览大上海美丽城市景色!【登金茂大厦88层或改登环球金融中心94层,赠送上海登高项目,以具体导游安排为准】。特别赠送【乘船横渡黄浦江】,观外滩两岸绚丽的霓虹灯,一座座高楼大厦让人仰望赞叹。海、陆、空全方位的让您欣赏迷人夜景,美丽的上海夜景就呈现在您面前	早	上海/苏州

续表

日期	行程安排	用餐	住宿
D5	早餐后，车赴“园林之都，东方水城”——苏州，游览中国园林古镇、乾隆六次去过的园林古镇——【木渎】，寻访江南私家园林的杰出代表——【严家花园】、虹饮山房(江南皇家园林、古戏台、圣旨馆等)。赠送【苏州游船】+【吴侬软语听评弹】(游船路线：虹饮山房—严家花园)，观两岸亦梦亦幻的枕水人家，从另一面领略老苏州的柔美与精致。游览【山塘老街. 小吃汇】，那里曾是明清时期中国商贸、文化最为发达的街区之一，是“老苏州的缩影、吴文化的窗口”。之后返回温暖的家	早	温馨的家
接待标准及价格说明略			

(资料来源：山东超凡假日国际旅行社)

5. 范例分析

该产品是华东五市常规线路，包括中山陵、水乡、园林、西湖、城市风光等资源。在设计中，产品主打全程无自费，将晚间活动(宋城表演、上海夜景)全部包含，减少了游客的隐形消费。同时增加了最新的迪士尼小镇，在年轻人中增强了吸引力。安排了城隍庙、夫子庙、山塘老街三处自由活动时间，让游客能够尽情品尝当地特色小吃。苏州游船、摇橹船等体验活动将江南的恬静、秀美再次升级，极大提高了游客的体验值和满意度。

7.3.5 湖南线路设计

1. 主要城市与景区

(1)长沙：长沙是楚文明和湖湘文化的发源地，是一座经历了3 000年历史城址不变的城市。长沙又称“楚汉名城”，因屈原和贾谊的影响而被称为“屈贾之乡”。位于岳麓山下的岳麓书院为湖南文化教育的象征。历史上涌现出众多名人，留下众多的历史文化遗迹，成为国家历史文化名城。

(2)韶山：韶山是伟大领袖毛泽东的故乡，全国著名革命纪念地和国家重点风景名胜区，国家5A级旅游景区。韶山自然、生态环境优良，属亚热带季风性湿润气候区，四季分明，空气十分清新，有“天然大氧吧”的美誉。

(3)张家界市：张家界位于湖南西北部，属武陵山脉腹地，为中国最重要的旅游城市之一。1992年，由张家界国家森林公园、索溪峪风景区和天子山风景区三大景区构成的武陵源自然风景区被联合国教科文组织列入《世界自然遗产名录》。

2. 线路特点

(1)独具特色的山水景观：张家界不但拥有中国第一个国家森林公园——张家界国家森林公园；还拥有“地下明珠”黄龙洞、“人间瑶池”宝峰湖，以及被誉为世界溶洞之奇、亚洲第一洞的九天洞等。山水资源共同打造了张家界黄金旅游线路。

(2)南方特色的溶洞景观：黄龙洞是张家界武陵源风景名胜中著名的溶洞景点，享有“世界溶洞奇观”“中国最美旅游溶洞”等顶级荣誉。现已探明洞底总面积10万m^2。洞体共分4层，洞中有洞、洞中有山、山中有洞、洞中有河。黄龙洞规模之大、内容之全、景色之美，包含了溶洞学的所有内容，是世界溶洞的“全能冠军”。

(3)国内独一无二的观光电梯：百龙观光电梯位于张家界武陵源世界自然遗产核心景区，以“世界上最高、载重量最大、运行速度最快的全暴露户外观光电梯”三项桂冠独步世界，是从水绕四门、跨越万丈绝壁、通往袁家界并连接天子山的垂直交通工具。百龙电梯气势雄伟，工艺复杂，运行高度 326 m，运行时间 1 分 58 秒，每小时运载量达 4 000 人次。

(4)著名的红色圣地：韶山是伟大领袖毛泽东的故乡，全国著名革命纪念地和国家重点风景名胜区。韶山以毛泽东故居景区为核心景区，包括毛泽东故居、毛氏宗祠、毛泽东纪念馆及毛泽东铜像、毛泽东诗词碑林、韶山烈士陵园等。长沙橘子洲头景区也已开放为红色旅游景区，游客可以在这里接受爱国主义教育，并感受毛泽东《沁园春·长沙》中的千古名句："独立寒秋，湘江北去，橘子洲头。看万山红遍，层林尽染；漫江碧透，百舸争流。"

3. 设计范例

长沙·韶山·芙蓉镇·张家界森林公园·袁家界·金鞭溪·云天渡玻璃桥·魅力湘西晚会 VIP·天门山(玻璃栈道)·凤凰古城(船游沱江)双飞六日游

- 7 无产品：无超市、无苗寨、无土司城、无车载、无自费、无景交、无人数年龄限制！
- 16 人左右精致团 VIP 盛宴，湖南旅游新标杆！
- 【享受不一样的尊享】：真正的纯净之旅，给你重新定位，且足够让您喜欢上跟团游！
  奢享 1：16 人左右精致团，不超过 20 人，舒适成行；有爱、有温度的湖南旅行超高端定制线路！
  奢享 2：全程一个导游，一站式管家服务，不分 A、B 段，不切团，不换导游，不转接！
  奢享 3：全程 4 套 VIP 通道相伴！省时省力，大大减少排队时间，更多充足时间游览！
  奢享 4：无超市、无苗寨、无土司城、无车载、无自费、无景交、无人数年龄限制！让旅游回归本质！
  奢享 5：陆地头等舱，座椅 2+1 排，可座可躺，超大空间！
  奢享 6：独家赠送【乘船夜游沱江】，掀开湘西尘封的历史，只为您不枉此行！
  奢享 7：行程中免费提供品牌矿泉水畅饮！
- 网红打卡新地标：天门山打卡地，云天渡玻璃桥打卡地、芙蓉镇打卡地、乘船夜游沱江。
- 视觉盛宴：赠送张家界魅力湘西 VIP 座位，张家界一台民俗大戏——走进当地少数民族风土人情。
- 安全贴心乐无忧：豪华 2+1 VIP 旅游巴士；飞机头等舱特制座椅，如同陆地航班，让游客有一个舒适的旅程。全程入住国际五星酒店+高端特色客栈，行程一价全含，0 自费景点，景区交通统统包含，产品精挑细选，细微服务，轻松旅游

日期	行程安排	用餐	住宿
D1	北京—长沙 各位贵宾请自行至北京机场，乘机前往长沙	无	长沙
D2	长沙—韶山(伟人故居)—芙蓉镇 早餐后车赴红太阳升起的地方——【韶山】(景区换乘车，已经赠送，不用不退)，韶山是中国人民的伟大领袖毛泽东的故乡，也是毛泽东青少年时期生活、学习、劳动和从事早期革命活动的地方。参观【毛泽东故居】【参观故居须知：每日限流参观，实行预约，先到先约，能约尽约，约不到票，参观故居外围，不接受此方面投诉！】(约 30 min、开放时间 08:00—17:00)后参观【铜像广场】(约 20 min)，毛泽东铜像是按主席在开国大典上的形象设计的，坐西南、朝东北。乘车赴千年古镇——芙蓉镇(预计不低于 5 h 车程)，夜宿【芙蓉古镇】(赠送门票，无优无退，芙蓉镇游览方式分为三条线路：A 线，船进车出，B 线，车进船出，C 线，船进船出；以旅行社和景区的实际安排为准)。夜间赠送大型原创沉浸式实景民族风俗演绎【花开芙蓉——毕兹卡的狂欢】(此晚会为景区内免费赠送，如遇下雨、时间段等原因景区未开演，无退费)，呈现形式在中国旅游演艺中独一无二。观演是在独有的自然、人文环境中行进，室外与室内相呼应	早中晚	芙蓉镇
D3	芙蓉镇—森林公园—袁家界—金鞭溪—玻璃桥—魅力湘西晚会 早餐后车赴张家界，游览张家界第一个国家森林公园【武陵源核心景区】，参观【袁家界景区】(赠送百龙天梯往返，尊享 VIP 通道，无优无退)：探寻《阿凡达》电影中的群山漂浮、星罗棋布的玄幻莫测世界，即"南天一柱"。后赠送乘坐百龙天梯下山，漫步世界最美的【金鞭溪风景区精华段】，稍后乘环保车出景区；换乘巴士前往张家界大峡谷零距离体验万众瞩目、惊险刺激的【世界第一玻璃桥】，又名【云天渡. 玻璃桥】，总长 430 m、宽 6 m，桥面距	早中	张家界

续表

日期	行程安排	用餐	住宿
D3	谷底约300 m,全部采用透明玻璃铺设,桥中心设有蹦极台,整个工程无钢筋支架,桥梁为全玻璃结构;全透明玻璃桥长度、高度位居世界第一,世界首座斜拉式高山峡谷玻璃桥。 晚间赠送全新演绎的湘西民俗演出【魅力湘西】,全面展现了湘西民间民俗文化艺术,从人文角度了解不一样的湘西	早中	张家界
D4	天门山—凤凰古城—船游沱江—遇见沱江—七重水幕灯光秀 早餐后根据景区预约时间游览【天门山国家森林公园】(游览时间约4 h);天门山海拔1 518.6 m,是张家界的文化圣地,世界高海拔天然穿山溶洞【天门洞】悬于海拔1 300余m的峭壁之上,高131.5 m,宽57 m,深60 m,终年吐云纳雾,震世撼俗。【天门山玻璃栈道】是张家界天门山景区继悬于峭壁之上的鬼谷栈道、凭空伸出的玻璃眺望台,绝壁凌空,气势恢宏,有东方"天空之路"的美誉(如遇恶劣天气影响,天门山景区考虑安全因素,部分景点会关闭,以景区实时公布为准)。【天门山索道】,通天大道之外的上下山通道。它是世界最长高山观光客运索道,全长7 454 m,高差1 277 m,单程运行时间约28 min。其中间站到上站之间的局部斜度高达37°,世界罕见;巴士再赴神秘湘西深处沈从文笔下的边城——【凤凰古城】【赠送古城VIP接驳车】,这里被誉为远去的家园、梦中的故乡,邂逅边城的灯火阑珊。晚上赠送【船游沱江】最精华段,置身江中,美轮美奂,如画中行;【七重水幕灯光秀】,苗寨初识、红装姑娘、古城晨光、百米画卷、穿越虹桥、苗成情书、太阳古神,每一重都是苗族的风土人情与国风元素光影科技的融合,令人流连忘返	早中	凤凰古城
D5	凤凰—沈从文故居—万寿宫—长沙 早餐后游览【凤凰古城】。参观【沈从文故居】【万寿宫】;游览【湘西民俗步行街】,这条古街印证了千年厚重的历史文化沉淀,集休闲、娱乐、购物、民俗于一体,沿街有苗家扎染、蜡染、银饰、挑花、刺绣等多种多样的民间工艺品以及众多风味小吃;后乘车返回长沙,抵达后安排酒店入住	早中	长沙
D6	长沙—北京 一缕阳光,两丝清风,万里无云,风和日丽,我们到达目的地,结束愉快行程,希望本次旅行的回忆成为您以后工作中永恒的心灵驿站	早	
接待标准及价格说明略			

(资料来源:张家界潇遥行国际旅行社有限公司)

4. 范例分析

产品设计中最重要的是创新,要求旅游企业要有锐利的眼睛、敏锐的头脑。在《阿凡达》上映后,很多景区都在阿凡达的取景地上各执一词,最后张家界将对比图拿出来,才平复了这场争议。玻璃栈道作为拥有世界多项首创,是国内最早的玻璃栈道之一。百龙电梯是世界上最高的户外电梯。该产品把张家界的几项旅游创新全部融合,再加上《魅力湘西》《七重水幕灯光秀》船游沱江,将夜晚的旅游活动也设计得丰富多彩。行程上不但有张家界常规景区,还加入了红色旅游地韶山、民俗旅游地凤凰古城,夜宿凤凰更使游客的体验感升至高潮。陆地头等舱的大巴车、无购物店、无自费项目,甚至连景区小交通都全部包含了,让游客玩得舒心、游得放心,16人小包团又保障了整体的服务水平,是一个较好的高端产品。

7.3.6 西南线路设计

1. 主要城市与景区

(1)成都:享有"天府之国"的美誉。因为汉时盛产蜀锦,加之朝廷专管织锦的官员居住成都,因此成都别称"锦城"。又因五代后蜀后主孟昶曾在成都遍植芙蓉,因此成都别称"蓉城"。1982年成为首批中国历史文化名城之一。现已成为西部中心城市,享有"西部之心"美誉。

(2)重庆:重庆气候温和,属亚热带季风性湿润气候,是宜居城市。重庆多雾,素有“雾重庆”之称。又因地处四川盆地东南部,地貌以丘陵、山地为主,坡地面积较大,有“山城”之称。市区的白公馆监狱旧址是电影《红岩》的原型,关押的都是追求正义、不惜牺牲生命的革命者和共产党人,他们矢志不渝的坚定信念和为祖国人民牺牲的精神值得我们深入学习。

(3)都江堰市:都江堰市是一座具有2 000多年历史,因堰而兴的城市,文物古迹众多。都江堰是中国和世界水利史上的奇珍,被誉为“活的水利博物馆”“水文化摇篮”,1994年被国务院列为国家历史文化名城。

(4)宜昌:宜昌是全国最大的水电能源中心。宜昌这座美丽名城,风光旖旎,是三峡旅游的终点城市。宜昌是全国11个重点旅游城市之一。

2. 线路特点

(1)人间仙境,九寨黄龙:九寨沟位于四川省阿坝藏族羌族自治州九寨沟县,以有九个藏族村寨而得名。九寨沟海拔在2 km以上,遍布原始森林,沟内分布108个湖泊,有“童话世界”之誉,成为中外游客向往的神奇的“梦幻世界”。1992年12月,由联合国教科文组织批准列入《世界自然遗产名录》。九寨沟的地下水富含大量的碳酸钙质,湖底、湖堤及湖畔水边均可见乳白色碳酸钙形成的结晶体。九寨沟的活水泉又异常洁净,加之梯形状的湖泊层层过滤,其水色愈加透明,能见度高达20 m。翠海、叠瀑、彩林、雪峰和藏情,被誉为九寨沟“五绝”,美不胜收。

黄龙以彩池、雪山、峡谷和森林“四绝”著称于世。巨型的地表钙华坡谷,蜿蜒于天然林海和石山冰峰之间,宛若金色“巨龙”腾游天地。自然景观犷中有精,静中有动,雄中有秀,野中有文,构成奇、峻、雄、野的景观特点,享有“世界奇观”“人间瑶池”之誉。1992年12月,黄龙被联合国教科文组织列入《世界自然遗产名录》。2000年被联合国列为世界人与生物圈保护区。

(2)长江三峡,船上体验:三峡是万里长江中一段山水壮丽的大峡谷,为中国十大风景名胜区之一。它西起重庆奉节县的白帝城,东至湖北宜昌市的南津关,由瞿塘峡、巫峡和西陵峡组成,全长191 km。长江三峡,人杰地灵,它是中国古文化的发源地之一,大峡深谷,曾是三国古战场,是无数英雄豪杰用武之地。有白帝城、黄陵和南津关等许多名胜古迹,唐代大诗人李白的《早发白帝城》一诗更使这里名传天下。

(3)佛教圣地,生态和谐:四川的峨眉山有“秀甲天下”之美誉。它与山西五台山、浙江普陀山、安徽九华山并称为中国佛教四大名山,是举世闻名的普贤菩萨道场。山路沿途有较多猴群,常结队向游人讨食,此为峨眉一大特色。1996年12月6日,峨眉山和乐山大佛作为文化与自然双重遗产被联合国教科文组织列入世界遗产名录。

(4)四川火锅,悠哉生活:吃火锅是川渝人生活的最大特色,每到夏天,夜晚不乏路边火锅。当然,也诞生了一批火锅名店,平白江、一品香和刘一手等扬名全国,成都小吃也成为国内招牌小吃。2022年,成都更是把火锅搬上了公交车,打造成CITY TOUR观光巴士的2.0版本,游客可以坐在巴士上,一边吃火锅,一边领略沿途夜景,营造出“美食+交通+旅游”跨界融合的夜间消费新场景。旅游于四川,不光是感受美丽的风景,很多游客也喜欢上了慢节奏、爱享受的四川生活。

3. 线路操作注意事项

(1)九寨+黄龙、峨眉+乐山,连接重庆三峡,三条线路也可融为一条线路,均以成都为中转地,拆合由设计人员根据游客时间任意调整。

(2)成都至九寨,如选择汽车出行,约10 h行驶时间,如遇塌方、泥石流等,可能时间更长。

九寨已修建了九黄机场，从成都和北京均可直飞，但折扣一直较低，设计人员可根据情况调整交通方式。

(3)黄龙景区海拔3 000 m以上，最高的景点五彩池和黄龙寺海拔约3 500 m。很多游客会出现高原反应，在产品设计中，安全是至关重要的，老人、心脑血管及肺病游客尽量劝阻不要登黄龙，如一定攀爬，要做好高原反应的准备工作。

(4)三峡的操作分为逆流和顺流(亦称上水和下水)，即使用宜昌和重庆哪个作为乘船始发站，哪个作为终点站的问题，顺水和逆水景点不完全相同，设计人员应该注意。

(5)熊猫作为川渝线中独一无二的特色，去熊猫基地与“国宝”亲密接触，是很多亲子团、研学团的首选。

4. 线路范例

成都、九寨沟、黄龙、峨眉、乐山和长江三峡三飞一卧10日游

日期	行　程	用餐	住宿
D1	北京—成都到站后，入住宾馆	晚	成都
D2	早餐后乘坐旅游车，经成乐高速抵乐山。游览荣获世界自然与文化双遗产保护的世界第一大佛——乐山大佛，以及凌云寺、九曲栈道等；乘车赴峨眉	早中晚	峨眉
D3	坐旅游车前往同获世界自然与文化双重遗产保护的四大佛教名山之一的——峨眉山。坐索道(自费)至普贤菩萨道场——万年寺、白龙洞(传说白蛇修道成精处)、清音阁、一线天。到全国最大的自然生态猴区，乘车返成都，入住酒店	早中晚	成都
D4	早餐后乘车至九寨沟，乘车至“人间瑶池”黄龙风景区，游览迎宾彩池、洗身洞、金沙铺地、黄龙寺和五彩池等；八百里金色钙化流从岷山主峰滚滚而来如黄龙腾飞	早中晚	川主寺
D5	乘车至九寨沟景区，乘环保车游览树正沟：芦苇海、盆景滩、观龙海、火花海、卧龙海、群海、树正瀑布、犀牛海和诺日朗瀑布；日则沟：镜海，孔雀海、五花海、熊猫海、箭竹海、天鹅海和原始森林；则渣洼沟：季节海、五彩池、长海和老人松等；晚上自费欣赏羌藏歌舞(180元/人)。中餐自助自理(60元/位起)	早晚	沟口
D6	乘车重温藏族和羌族的风情，乘机返成都，入住酒店	早	成都
D7	早乘线路巴士至重庆(4.5 h)，下午山城半日游(渣滓洞、白公馆、人民大礼堂外观和人民广场)。晚上22:00离渝，船观朝天门夜景，开始美丽三峡“长江之旅”	早	船上
D8	早6:30左右上岸游闻名中外的酆都鬼城(3 h)；下午13:00左右船上远观奇异建筑石宝寨；14:30上岸车游青龙瀑布(自费80元，3.5 h)；19:30参观文藻圣地云阳张飞庙(夜游，1.5 h)，船夜泊奉节	早中晚	船上
D9	早7:00上岸游览白帝城(自费80元，2 h)；10:00开船观雄伟壮观的夔门，进入三峡第一峡——瞿塘峡；12:00抵达巫山，换船游览小三峡(龙门峡、巴雾峡和滴翠峡)；船夜泊巫山	早中晚	船上
D10	6:30巫山开航，船观幽深秀丽的巫峡和西陵峡；10:30抵达归州，自费游览屈原祠(自费90元，2 h)；14:00抵达茅坪港乘车赴宜昌；时间可行的情况下可下船游游览拥有世界10个之最的三峡大坝(自费150元，3 h)，览大坝全景：185平台、坛子岭、泄洪闸、双线五级船闸；乘火车返京	早中	火车
接待标准及价格说明略			

(资料来源：成都国际旅行社)

5. 范例分析

本线路是九寨、黄龙、峨眉、乐山十三峡的旅游线路，将整个川渝核心景区均收纳的一条线路。交通方式选择的飞卧,证明团队是经济型团队,所以在船位的选择上,选择了三等舱(8人舱)。景点也是只包含基础景点,其他景点都选用游客自愿自理的方式。

在用餐的设计上,九寨沟的中餐自助选择了游客自理的方式,为了推广成都小吃及火锅,成都晚餐也未算入内,又节约了成本。

7.3.7 云南线路设计

1. 主要城市与景区

(1)昆明:城区坐落在滇池坝子,三面环山,南濒滇池,湖光山色交相辉映。昆明属低纬度高原山地季风气候,冬无严寒,夏无酷暑,四季如春,鲜花常年开放,草木四季常青,是著名的"春城""花城"。

(2)大理:大理地方文化灿烂,民族风情浓郁,有"风花雪月"的美称,即下关风、上关花、苍山雪和洱海月。大理作为数百年来云南的政治、经济和文化中心,文人名流汇集,史籍文献甚丰。

(3)丽江:丽江自古就是一个多民族聚居的地方。丽江古城坐落于丽江市古城区,具有800多年历史,是中国以整座古城申报世界文化遗产获得成功的两座古城之一,与安徽黄山的徽州古城、四川阆中的阆中古城、山西平遥的平遥古城并称"中国四大古城"。

(4)西双版纳:与老挝、缅甸山水相连,与泰国、越南近邻。澜沧江纵贯南北,出境后称湄公河,流经缅、老、泰、柬和越五国后汇入太平洋,誉称为"东方多瑙河"。

2. 线路特色

(1)自然资源种类齐全:云南自然资源丰富,高原、湖泊、雪山、草甸、峡谷和雨林都是其代表,游客置身云南,可在几天的旅游活动中见识到不同的自然景观。

云南省素有"动物王国""植物王国"的美誉。云南几乎集中了从热带、亚热带至温带甚至寒带的植物品种。在全国约3万种高等植物中,云南已经发现了1.7万种。云南独特的气候和地理环境,形成了寒温热带动物交汇的奇特现象。主要特色物种有滇金丝猴、绿孔雀、小熊猫、蟒、亚洲象和抗浪鱼等。

(2)演出模式异彩纷呈:云南的娱乐活动在国内的整个行程中是最丰富的,一方面得益于它的民族众多,另一方面也是旅游开发的结果。丽江张艺谋编导的实景演出《印象·丽江》,以大理历史和民间传奇为题材的《蝴蝶之梦》,以西双版纳民族风情为题材的《勐巴拉娜西》《澜沧江·湄公河之夜》、香格里拉的《梦幻香格里拉》和泸沽湖的《摩梭情篝火晚会》,加之各景区的表演,如白族三道茶及歌舞表演、傣族风情园傣族歌舞等,都将云南省整个旅游档次有效提升,同时,丰富了游客的夜晚生活。

3. 线路操作注意事项

(1)考虑到云南海拔高度等问题,应适当考虑老年人的承受力。

(2)云南旅游线路以昆明、大理和丽江连线为基础,西双版纳、泸沽湖、香格里拉和腾冲等城市和景区都可以根据游客需求调整,行程设计较灵活,但需注意几个地方的旅游时间和操作模式,西双版纳气候温暖,适合全年推介;香格里拉每年5～10月是旅游旺季,11月后天气转冷,不适宜进入;腾冲是以温泉疗养为主,尤其适合休闲度假的游客。

(3)云南特产玉制品全国闻名,但在玉器的选择上,游客往往无从下手,甚至会出现假冒伪劣等现象。在产品设计中,如有购物环节,一定要选择经销商,确定是旅游定点购物单位,否则,赔偿问题恐怕会成为旅行社的最大问题。

4. 线路范例

【大师荟】昆明、大理、丽江、西双版纳四飞一动 8 日游

- 三大 5A 级景区：玉龙雪山、丽江古城、石林风景区。
- 大理精华景点：洱海私人游艇、大理古城、冰墩墩扎染、大理花海网红拍摄地。
- 赠送大型实景歌舞表演，丽江一生必看的两大演出：《印象·丽江》《丽江·千古情》。
- 令人流连忘返的深度体验：蓝月谷、玉龙雪山索道，一价全含 0 自费，赠送石林、大理古城、蓝月谷电瓶车，赠送雪山氧气瓶和羽绒服。
- 奢华住宿：全程精选携程 4 晚 5 钻酒店，昆明或安宁特别安排豪华温泉酒店。
- 极致保障，昆明动车至大理，节约时间，无忧畅玩

日期	行程安排	用餐	住宿
D1	抵达昆明，由接机管家负责接机，并安排各位稍作休息，登记完信息后商务车接送至酒店安排入住；入住后游客可自行游览昆明，品尝街头美食		昆明
D2	酒店早餐后，乘动车车前往大理，抵达后游览历史文化名城【大理古城】(含电瓶车)，古城的街巷皆为青石板路，连通着四通八达的街道，漫步走在大理的街巷，仿佛被时光遗忘，晚上，酒吧、当地特产、小吃，则是最惹人注目的风景。 之后游览【大理花海】，一望无际，仿若人间仙境。 漫步花海，在著名的【网红拍摄地】随心拍照，这里有白桌子、天空之镜、天梯、网红玻璃球等拍照神器，轻松打造网红大片。 游览结束后乘车前往丽江，晚餐品尝雪山融水滋养的丽江特色美食火塘鸡，味道极其鲜美。晚餐后入住酒店	早中晚	丽江
D3	早餐后，乘车前往游览国家 5A 级景区【玉龙雪山】(游览 3 h：含排队时间，午餐为雪山餐包)，它是纳西族保护神“三朵”的化身，是凄美的殉情天堂，是险秀奇美的冰川博物馆。 乘坐【玉龙雪山索道】(赠送氧气瓶小瓶＋羽绒服，该项目为赠送项目，如无须使用则费用不退)攀升至海拔 4 560 m 处，顺着木栈道攀爬至海拔 4 680 m 处，到达万年不化的冰川世界，饱览姿态万千的雪域风光。 索道之后前往游览【蓝月谷】(含电瓶车)，这里被称作“小九寨沟”，之后前往观赏《印象·丽江》，这是一场世界上海拔最高的原生态大型实景演出，在海拔 3 100 米的世界上最高的演出场地，以雪山为背景，500 多个非专业演员，用天然的舞蹈和歌声与天地共舞，与自然同声，演绎着一部震撼人心的歌舞剧。 游览结束后，特别安排大型歌舞表演《丽江·千古情》。用 IMAX3D 的大片视觉，重现丽江长达千年的历史与传说。后前往游览世界文化遗产、国家 5A 级景区【丽江古城】之后入住酒店(丽江古城属于开放式景点，游客游览结束后，自行前往酒店)。 《印象·丽江》和《丽江·千古情》表演为赠送项目，如遇特殊情况不开放，赠送项目费用不退	早中	丽江
D4	酒店早餐后，乘车前往大理，参观和体验【周城扎染】(赠送 30 cm×30 cm 的扎染小方巾)，大理扎染是一种保存了 1 000 多年的古老印花工艺，老师傅亲自教游客制作【冰墩墩】，它是 2022 年北京冬季奥运会的吉祥物，自己的成果可带走。 午餐特别安排【白族风味餐】，白族菜肴以酸、辣、微麻为主要特点，白族酸辣鱼、生皮、乳扇、白族八大碗等特色菜，美味爽口。 之后前往乘坐【洱海私人游艇】，俗话说苍山不墨千秋画，洱海无弦万古琴，来到大理一定要体验一下乘坐豪华游艇带来的惬意。 结束后乘车前往安宁/昆明，晚餐品尝【野生菌火锅】，野生菌鲜美的味道历年来让云南人民魂牵梦绕，野生菌火锅是云南的另一个名片。晚餐后入住温泉酒店(自备泳衣)	早中晚	昆明
D5	酒店早餐后，乘车前往参观滇文化体验馆，结束后前往城市综合体用中餐。 中餐结束后，乘车前往世界地质公园，国家 5A 级景区【石林风景区】(含电瓶车，游览时间 120 min)，云南石林的形态丰富多样。在世界剑状喀斯特地貌中，云南石林的形态最丰富多样，因而石林被誉为“喀斯特地貌博物馆”。 晚餐特别安排【彝王宴】，相传，彝王宴是从前彝族部落首领逢年过节宴请贵客最高规格的皇家盛宴，菜系以“极品山珍”“彝山贡品”为主。晚餐后，乘车前往长水机场，乘机飞往景洪，抵达后入住酒店	早中晚	西双版纳

续表

日期	行程安排	用餐	住宿
D6	早餐后乘车前往【野象谷】(自理单程索道50元,往返70元),游览以“神秘、奇异、优美”而著称的国家4A级景区,还可游蛇园、蝴蝶园、猴园、百鸟园、双象台,乘车返回景洪市区,入住酒店。 客人根据个人需求自行选择推荐项目(2选1):【澜沧江湄公河之夜篝火晚会】或【傣秀】	早中晚	西双版纳
D7	早餐后,前往参观原生态【傣族村寨】(参观1.5 h):映掩与森林下的村寨,有最为淳朴的风情与异国的情调。参观结束后,乘车前往层叠的热带雨林游览国家4A级景区【原始森林公园】(电瓶车自理50元),走进天然的氧吧。 品尝傣族风味餐,后乘飞机前往昆明,抵达后入住酒店。 客人根据个人需求自行选择推荐项目:【澜沧江湄公河游船】	早中晚	昆明
D8	酒店享用早餐后,参观【集散中心】。之后根据返程航班时间安排前往机场返程,祝您生活顺利	早	
接待标准及价格说明略			

(资料来源:北京天下荟国际旅行社有限公司)

5. 范例分析

该案例是云南的经典线路,昆明+大理+丽江+西双版纳。在常规线路中,增加了洱海私人游艇、大理网红花海两个年轻人喜欢的时尚经典,又加入了《丽江·千古情》《印象·丽江》两个代表性的演出,提升了该线路产品的整体档次。提升了住宿标准,5钻酒店+温泉酒店,再加上每天都有特色餐,使得这个产品在吃、住、玩上都可圈可点,能够适应各种年龄段的人群。在市场操作中,也成了该旅行社的王牌产品。

7.3.8 广西线路设计

1. 主要城市与景区

(1)南宁:广西壮族自治区首府,广西第一大城市,是红豆的故乡,具有深厚的文化积淀,是一个以壮族为主的多民族和睦相处的现代化城市。南宁的别称有“绿城”“凤凰城”“五象城”。

(2)桂林:桂林是世界著名的风景游览城市和历史文化名城。桂林是广西壮族自治区最重要的旅游城市。享有“山水甲天下”之美誉。

(3)阳朔:品评中国的山川美景,千古以来,一致的公论是:“桂林山水甲天下,阳朔山水甲桂林。”所谓阳朔山水,是指北起杨堤,南抵阳朔,漓江两岸绵延约百里的山光水色。阳朔是一个历史悠久的古城,古诗中一句说得好:“城廓并无二里大,人家都在万山中。”

(4)北海:位于广西壮族自治区南端,濒临北部湾。北海是中国古代“海上丝绸之路”始发港,是中国西部地区唯一的沿海开放城市,是中国西部唯一具备空港、海港、高速公路和铁路的城市,是享誉海内外的旅游休闲度假胜地。

2. 线路特色

(1)优美的自然景观:桂林山水是我国最早的一批国家级景点。这里的山,平地拔起,千姿百态;漓江的水,蜿蜒曲折,明洁如镜;山多有洞,洞幽景奇;洞中怪石,鬼斧神工,琳琅满目。于是,形成了“山清、水秀、洞奇、石美”的桂林“四绝”。

(2)特色的民俗风情:壮族是中国少数民族人口最多的民族。壮族人民在集中本民族民间文学、音乐、舞蹈和技艺的基础上,创造了壮戏。铜鼓是壮族最有代表性的民间乐器。壮锦是壮族民间流传下来的一种独特的织锦艺术,已有一千年的发展史。壮锦与南京的云锦、成都的蜀锦、苏州的宋锦并称"中国四大名锦"。

(3)国内顶尖的民俗演出：大型桂林山水实景演出《印象·刘三姐》是中国·漓江山水剧场之核心工程，历时五年半制作完成。它集漓江山水、广西少数民族文化及中国精英艺术家创作之大成，是全国第一部全新概念的"山水实景演出"。演出集唯一性、艺术性、震撼性、民族性和视觉性于一身，是一次演出的革命、一次视觉的革命。

(4)创新型景点的推出：桂林除了传统的"三山一洞一公园"外，最新的旅游线路增加了古东瀑布。古东瀑布是目前已知唯一开发的由地下涌泉形成的多级串联钙华瀑布群，游客穿上一双草鞋，可拾级而上欣赏神秘之水的魅力，攀行于八瀑九潭之间。

3. 线路操作注意事项

(1)桂林常规团队行程称之为"三山一洞一公园＋大漓江"，即伏波山、叠彩山、象鼻山、芦笛岩、七星公园＋船游漓江的模式。现在，有很多特色景点，如可攀爬的古东瀑布、德天跨国大瀑布和通灵大峡谷等景区，景区规划已成规模，可以考虑深度设计开发。

(2)广西旅游资源丰富，除了上述景区外，北海作为中国优秀旅游城市，也有着相当高的知名度，同时，北海与海口的客运船每天都会发班，北海与海南的连线旅游经常是游客选择的热门线路。百色作为红色旅游的纪念地，巴马作为中国长寿之乡，也是专项旅游的首选目的地。

(3)广西与越南毗邻，边境游及越南游同样是旅游热点，越南的下龙湾是世界自然遗产，每年都吸引着全世界的游客，连线出境游，是产品设计者应引起高度重视的。

(4)4～7月桂林是多雨涨水季节，故大雨后三天内不宜遇龙河漂流。

4. 线路范例

桂林、阳朔、古东瀑布和北海银滩5飞6日游

日期	行　程	用餐	住宿
D1	北京/桂林：北京乘机赴历史文化名城——桂林，专人接机，入住酒店	晚	桂林
D2	早餐后乘船游桂林十大名山(1 h)：途观象鼻山、伏波山、叠彩山、穿山和塔山等。游览桂林城市公园——杉湖新景(40 min)。赴阳朔途中游览4A级景区世外桃源(60 min)。感兴趣的游客可游览图腾古道(需另付费80元，游览时间1 h)，探寻甑皮岩文化的历史风貌，感受不一样的民族风情。晚餐后可欣赏大型山水实景演出《印象·刘三姐》(另付费220元，1 h) 特色餐：阳朔啤酒鱼(鱼肉鲜辣可口，无一丝鱼本身的腥味)	早中晚	阳朔
D3	早餐后车赴兴坪，沿途观赏美丽的田园风光，乘船游览兴坪渔村(90 min)。之后乘车至阳朔，参观"世界溶洞奇观"之称的银子岩(需另付费105元，1 h)，景区最为著名的景观有三绝：雪山飞瀑、音乐石屏和瑶池仙境；三宝：佛祖论经、混元珍珠伞和独柱擎天。如客人感兴趣可参加遇龙河竹排漂游(需另付费180元，90 min)，漫步闻名中外的"洋人街"——西街，感受浓郁的异国风情 特色餐：荔浦芋头宴(清乾隆皇帝喜爱的贡品)	早中晚	阳朔
D4	早餐后，车返桂林，游览"广西壮族自治区生态环保教育基地、桂林绿色环保旅游基地"，全国唯一由地下涌泉形成的多级串联瀑布——古东森林瀑布(150 min)。观古代科举教育界的福地、具有600年历史的明代藩王城——靖江王府(90 min)，亲历贡院考场，体验古代学子的求学之路；观读书岩，赏摩崖石刻"桂林山水甲天下"；观孤峰突起、陡峭高峻、被称为"南天一柱"的独秀峰。晚乘飞机赴北海	早中晚	北海

续表

日期	行　程	用餐	住宿
D5	早餐后游北部湾广场,游“天下第一滩”——北海银滩,这里以其“滩长平、沙细白、水温净、浪柔软、无鲨鱼”的特点而著称	早	北海
D6	早餐后乘机,返回北京,结束愉快行程	早	
接待标准及价格说明略			

(资料来源:桂林金天下旅行社)

5. 范例分析

本行程是桂林很多旅行社开始推行的新线路,将传统的桂林陆地游,改为船游三山。在水中观赏桂林的山水,将古东瀑布设计到行程中,让游客感觉攀爬瀑布的乐趣。游览靖江王府,为山水之城点缀些人文气息。后赴北海,游览海边城市,感受大海气息。

整个行程自然、人文及历史特色浓厚,同时注重了参与性,无论是攀爬瀑布,还是漂流活动,都是集体活动,既是团队活动不可缺少的,又可做专门的拓展训练线路推向市场。

7.3.9　海南线路设计

1. 主要城市与景区

(1)海口:海南省省会,全省政治、经济、科技和文化中心。海口地处低纬度热带北缘,属于热带海洋性季风气候,无过多旅游资源,但作为旅游集散地,在海南旅游产业中,发挥着至关重要的作用。

(2)三亚:三亚市位于海南岛最南端,是我国东南沿海对外开放黄金海岸线上最南端的对外贸易重要口岸,是中国通向世界的门户之一。地处热带地区,被称为“东方夏威夷”,拥有全海南岛最美丽的海滨风光。三亚是2008北京奥运会国内火炬传递的第一站。

2. 线路特色

(1)国际闻名的度假胜地:三亚全年有近300天艳阳高照;年平均气温25.4 ℃,是温度最适宜的城市;是中国空气质量最好的城市之一。百岁以上老人,海南省有400多人,三亚市有70多人,是中国最长寿的地区之一。被联合国誉为“世界最适合人类居住的城市”。

(2)丰富多彩的娱乐活动:三亚海域终年温暖,风平浪静,适合进行帆板、游泳和滑水等水上运动;海底珊瑚地貌保持良好,潜水是再好不过的了。近年来,蜈支洲岛逐渐成为一个潜水热点。

(3)新婚蜜月的首选:海南很合适蜜月旅游。这里是个浪漫的地方,可以在沙滩上漫步听涛声,牵手去天涯海角,骑着双人自行车兜风。沿途不仅仅是心旷神怡的碧海蓝天、椰林沙滩,还有海边动情的游人的歌声。选择海南蜜月之行,或拍摄婚纱照,都是最好的选择。

(4)免税购物的天堂:从2011年开始,海南离岛免税政策落地,十余年间,相关政策先后进行多次调整,免税购物限额、购物对象、购物次数、商品品种、购物便利性等不断完善。离岛免税销售火热的背后,是境外消费回流、政策效应显现等“叠加”效应影响下的必然结果。尤其自2020年7月开始,离岛旅客免税购物额度由3万元提高到10万元,免税商品种类由38类增加到45类,并增加离岛旅客邮寄送达、岛内居民返岛提取两种提货方式,一系列新政实施让海南免税市场更加火热,为海南打造国际旅游岛提供了更多了上升空间。

3. 线路操作注意事项

(1)随着国际旅游岛的升温,每到春节,会有大批游客前往海南度假,住宿、用车和导游都到了紧张的状态，同时航空机票等价格飞速上涨，必须注意价格的变化与调整。

(2)海南每到6～7月即进入旅游淡季，气候炎热，价格下跌。设计人员一方面要控制价格，另一方面要注意提醒游客预防炎热的天气。

(3)在住宿设计上，存在海边房和海景房的误区，游客会被迷惑，作为产品设计人员，应把握此类相关概念，不要混淆。

(4)购物现在是海南旅游的重头戏。伴随着海南十余个免税店的开放，在海南买大牌已经成了国人的首选。精美的商品、低廉的价格、优质的购物环境、细致入微的服务，超快的邮寄速度，无不彰显着国际旅游岛的优势。在线路设计中，为满足游客的购买欲望，尽量预留免税店的时间。

4. 线路范例

三亚蓝色经典　两晚海边住宿　赠送特色素斋

特色提供	提供更充裕的三亚游览时间；游览南山景区、天涯海角、分界洲岛或西岛等；沙滩捉蟹，深入感受“海之蓝”；两晚海边酒店180°“钻石级”正海景房，枕涛入眠，尊享“梦之蓝”，一晚特色温泉酒店		
日期	行　程	用餐	住宿
D1	北京—三亚 北京乘机飞三亚，机场出口处专车、专导接团，观鹿城美景		海口
D2	三亚—兴隆 早餐后，游览世外桃源分界洲岛或西岛(约2 h)，可参加另行付费的各种海上活动(费用为潜水380元/人起)。参观国家4A级景区兴隆热带植物园(约1 h)，晚上可欣赏另行付费的艺人表演(费用为150元/人，约2 h)	早中晚	兴隆
D3	兴隆—香水湾 早餐后，车览万泉河风光及红色娘子军塑像。万泉河竹筏漂流(约30 min)，观万泉河两岸风光。前往博鳌水城，游览亚洲论坛永久会址所在地——东屿岛(约40 min)。游览猴岛(可另行付费景点，143元/人，约2 h)。晚上海边沙滩抓蟹	早中晚	三亚
D4	三亚 早餐后体验唯有海南才有的少数民族黎族的特色风情——黎村苗寨(约30 min)。领略“天下第一湾”的震撼神采，游览亚龙湾中心广场＋贝壳馆(约40 min)。游览呀诺达品香巴拉(另行付费景点，218元/人，150 min)。自由漫步在大(小)东海风景区(约30 min)。晚餐可品尝海南海鲜风味餐(费用为180元/人)	早中晚	三亚
D5	三亚—北京 早餐后，途观椰梦长廊情侣之路，车览世界小姐选美主会场——美丽之冠外景，参观南山文化旅游区(约150 min，电瓶车自理)，观108 m南山海上观音圣像风采。前往天涯海角(约100 min)，观天涯、海角和南天一柱等。安排送机，结束愉快旅行	早中	

(资料来源：海南康泰旅行社)

5. 范例分析

本线路是海南旅行社推出的蓝色经典，海边经典行程，行程除了普通行程里面的经典外，赠送了两晚海边酒店180°“钻石级”正海景房，枕涛入眠，尊享“梦之蓝”，一晚特色温泉酒店，使游客能够掀开窗帘就能呼吸到大海；特色海边捉蟹等活动，改变了很多人对旅游只是走马观花的印象，给游客时间，让其真正地圆梦海南。

7.4 国内出境游

在我国文化和旅游部的旅游统计中,把港澳台同胞来内地旅游视为入境旅游进行数据统计,而把内地的居民前往港澳台地区列为出境旅游进行数据统计。

7.4.1 主要地区或城市

(1)中国香港:亚洲第一大金融中心,香港是国际重要的金融、服务业及航运中心,并且以社会廉洁、治安优良、自由的经济体系以及完备的法制而闻名于世。香港是继纽约、伦敦之后的世界第三大金融中心,素有"东方之珠""美食天堂""购物天堂"等美誉。香港经济以服务业为主;香港也是受旅客欢迎的旅游地点之一,是举办国际会议及展览的热门地方。主要景点:黄大仙庙、海洋公园、维多利亚海港夜景、迪士尼乐园等。

(2)中国澳门:北邻珠海,与中国香港相距 60 km,一张船票就实现了两个城市的互联。澳门是一个自由港,也是世界四大赌城之一。澳门是一个风貌独特的城市,东西方文化融和共存,留下大量的历史文化遗迹。著名景区有大三巴牌坊、妈祖阁等。进入 21 世纪后,澳门经济迅速增长,比往日更繁荣,是"一国两制"的成功典范。其著名的轻工业、美食、旅游业、酒店和娱乐场使澳门长盛不衰,成为亚洲最富裕的地区之一。

(3)中国台湾:是中华人民共和国省级行政区,省会台北。旅游线路主要是台湾岛环岛游,包含经济文化中心台北市、第二大经济中心高雄市、避暑胜地嘉义市等,宝岛台湾的日月潭、野柳风景区、北回归线标志纪念碑景区等也都是深受游客喜欢的景区。阿里山至今还保留着被日本人砍伐后一截一截的原木,场面触目惊心,还有用来运输的火车,这都是日本掠夺资源的铁证。

7.4.2 线路特色

1. 港澳线

(1)名副其实的动感之都。香港人工作紧张繁忙,使整个城市都呈现着一种忙碌和快节奏,走在街上,到处都是匆匆赶路的行人。香港地少人多,公共交通网络完善,车辆 24 小时川流不息,香港的地下铁路、海底隧道,几乎都是世界上最繁忙的交通网络之一。紧张工作之后需要一个放松的环境,这也造就了香港娱乐业的发达。香港人对赛马的狂热举世无双,赛马活动的个人平均投注额是全球之冠。这一切都充分验证了香港这个东方不夜城。

(2)独具魅力的购物天堂。香港作为世界出名的进出港口及免税港,是很多国际品牌的汇集之处,也是很多国际产品的集散中心,游客在当地可以买到世界各国的产品,尤其电子产品、化妆品等,均享受着比内地低廉的价格,成为很多内地游客赴港的核心原因。

(3)博彩业为支柱的度假胜地。澳门人有接近一半人从事博彩业,人均 GDP 在 2007 年就超越新加坡成为"亚洲首富"。目前,澳门正在进行传统博彩业向博彩休闲、高端购物、商务会展等多元化旅游娱乐元素转型。宜人的气候、低廉的物价、缓慢的生活节奏、完善的接待设施,使这座小城成为世界著名的度假胜地。

(4)"一国两制"下的社会及文化。回归祖国后,中国政府主张一个国家,两种制度,在当地维持原有社会制度。这种独特的社会制度和文化的融合成为港澳旅游线路的又一大特色。在国家粤港澳大湾区的战略定位下，将打造更加充满活力的世界级城市群。

2. 台湾线

(1)历史积淀的文化。台湾在中华民族的历史长河中，一直是不可或缺的一部分，台湾积淀了深厚的历史底蕴。台湾的很多街道都是以大陆的省份或城市命名，体现了对祖国浓重的思念之情。各种大陆的美食都能在台湾找到，山西刀削面、上海小笼包，都有台湾“微缩版”。

(2)优美的自然景观。从气候上看，台湾岛地处华南亚热带地区，北回归线穿过台湾，气候湿润，植被茂盛，优美的热带风光，环太平洋的海岸线，吸引着全世界的游客。著名的日月潭、阿里山是大陆游客最向往的旅游景区。

(3)接地气的城市生活。台湾各地的市民夜市是台湾市民生活的象征，不管在哪个城市，都有夜市。热闹的夜市，热情的人情味，还保留着的浓重的家乡话，让大陆居民经常能够交到台湾的好朋友。台湾小吃也是夜市中不可或缺的，尤其珍珠奶茶，本地人每天也会喝上两大杯。各类台湾水果也会在夜市中售卖，释迦、凤梨等热带水果更是台湾的一大特色，让世界各地游客过足嘴瘾。

7.4.3　货币知识

香港使用港币，澳门使用澳门元，台湾使用新台币，汇率以当日中国人民银行公布的汇率为准。事实上，很多地区商家已经实现了人民币支付，支付宝、微信等支付手段在上述地区使用也比较普遍。

本章小结

境内观光旅游产品是旅行社最普遍、最常规的产品，在设计时，要充分考虑旅游地的产品特点、景观类型、地区特色等内容。交通工具的选择、购物店的设计及行程时间的考虑，都体现产品设计的理念。在产品中要合理统筹时间并安排景点的游览顺序，以人为本，想游客之所想，尽量为游客提供符合其要求的旅游产品，这才是产品设计的核心。

本章提供了众多旅游线路范例，团队线路与散客线路分别选取，以区别团队与散客操作的不同；山水线路的设计及人文景观的组合设计，体现着当地旅游资源的丰富性及游客心理的多变性。希望读者能够揣摩国内产品设计的理念，举一反三，掌握相关线路设计方法。

复习思考题

1. 团队旅游线路设计与散客旅游线路设计有什么区别？
2. 高端团队与经济团队在设计中的区别在哪里？
3. 设计一条本地旅游线路，要求符合交通、时间及景点选取要求。

案例讨论

1. 山西旅游线路的设计及特色。
2. 河南旅游线路的设计及特色。
3. 东北旅游线路的设计及特色。

第 8 章　出国旅游产品

本章提要

随着中国居民收入的不断增长，出国旅游已经成为旅游发展的一个趋势。出国旅游的发达程度是一个国家或地区经济发达程度的象征，也是一个国家或地区开放并融入国际化程度的一个标志。

中国已成为世界第一大出国旅游消费国，2014 年我国居民出国旅游人数首次突破 1 亿人次。根据我国经济持续高速发展的状况和全面建成小康社会目标的逐步实现，我们出国旅游的概率和能力还将大大提高，将有更多的国家向中国开放旅游市场。因此，如何抓住这个机遇，利用客源国的市场优势，加快我国旅游企业的国际化经营，探索出国旅游的需求特点和趋势，开拓出国旅游市场，提高旅游在国民经济中的影响力，都是值得我们思考的问题。

本章从出国旅游的市场分析入手，分析旅游者的主要特征及出国旅游的现状，进而分析出国旅游的趋势；然后讲述了出国旅游产品的设计要素，即在产品设计中不同于国内产品设计之处及设计注意事项；最后是出国旅游线路设计范例及分析，选取出国热点国家和地区作为范例分析，以期望读者达到举一反三的效果。

学习目标

1. 从出国游的年龄结构、消费结构和出游动机等预测市场趋势。
2. 出国旅游产品的设计要素、线路特色及操作注意事项。
3. 通过线路范例了解主要出国目的地的市场情况及操作模式。

框架结构

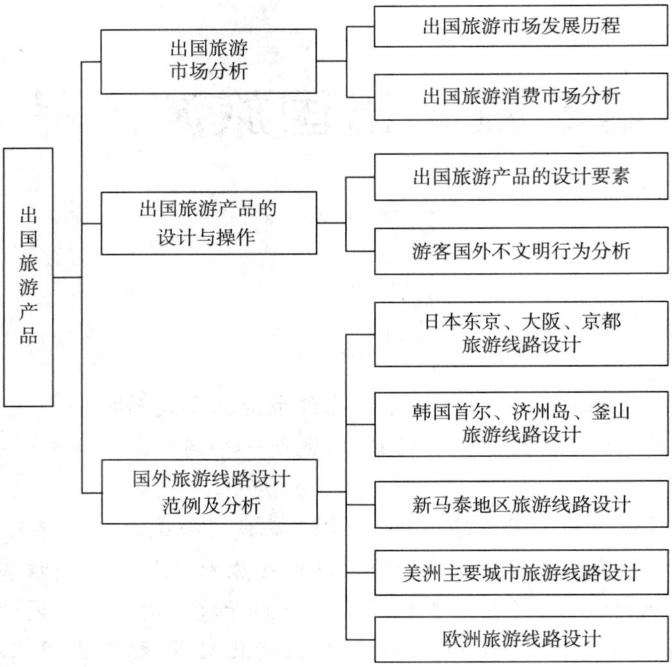

开篇案例

欧洲风情14日游

日期	行　程	用餐	住宿
D1	北京—维也纳 上午8:30于北京首都国际机场T3航站楼集合，讲解出团注意事项，搭乘奥地利航空公司客机直飞欧洲，全程温馨周到的服务，享受舒服的飞行旅程	晚	维也纳
D2	维也纳—威尼斯　景点：威尼斯 酒店早餐后前往威尼斯。威尼斯是一座美丽的水上城市，它建筑在最不可能建造城市的地方——水上，威尼斯的风情总离不开“水”	早、午、晚	威尼斯
D3	威尼斯—圣马力诺—意大利小镇　景点：圣马可广场→圣马可教堂→道奇宫→叹息桥 早餐后威尼斯本岛参观有“欧洲会客厅”之称的圣马可广场(共3 h)，广场上的砖造钟楼，是威尼斯的地标；融合拜占庭、哥特及东方风格为设计主调的圣马可教堂；历史上威尼斯共和国总督的居所——道奇宫(外观)，以及叹息桥的历史陈迹。然后可自行付费搭乘贡多拉凤尾船，体会水都风情。随后前往欧洲最小国家之一的圣马力诺游览观光。晚上住宿于意大利小镇	早、午、晚	意大利

续表

日期	行　程	用餐	住宿
D4	意大利小镇—罗马　景点：罗马→罗马斗兽场→君士坦丁凯旋门→梵蒂冈 早餐后前往意大利被誉为“永恒之都”的罗马，市区观光（共2 h）：纪念意大利独立的阵亡将士纪念堂、斗兽场（外景），古罗马市集废墟，君士坦丁凯旋门。然后前往梵蒂冈游览（入内参观1 h）。梵蒂冈是全世界最小的独立国。晚上可另行付费夜游罗马或品尝意大利风味餐	早、午、晚	罗马
D5	罗马—米兰　景点：米兰 早餐后前往时尚之都米兰，沿途是意大利迷人的风光，比邻是奇景无数的阿尔卑斯山脉。它仿佛是意大利的玄关，成为欧洲与意大利往来的必经之地	早、午、晚	米兰
D6	米兰—列支敦士登—因特拉肯　景点：列支敦士登→因特拉肯→少女峰 早餐后前往世界上最小的国家之一列支敦士登游览（共1 h）。这里的邮票最为出名，列支敦士登也因此被称为“邮票王国”。然后前往因特拉肯（1 h），游览风景如画的图恩湖	早、午、晚	因特拉肯
D7	因特拉肯—巴黎　景点：卢浮宫→巴黎→阿尔卑斯山 早餐后可另行付费前往阿尔卑斯雪山，乘缆车登上雪山欣赏迷人的景色，从这可远眺阿尔卑斯山群峰相连之壮丽。后前往花都巴黎，参观法国国家艺术宝库——卢浮宫（1.5 h），亲眼目睹世界名画“蒙娜丽莎”、“维纳斯”雕像及“胜利女神”雕像，游览巴黎市区，其间可另行付费搭乘游船欣赏塞纳河美景，晚上也可另行付费欣赏巴黎歌舞表演	早、午、晚	巴黎
D8	巴黎　景点：埃菲尔铁塔→凯旋门→香榭丽舍→协和广场 早餐后市区观光（共3 h），参观宏伟壮丽的埃菲尔铁塔和凯旋门，漫步于豪华优雅的香榭丽舍大道和宏伟的协和广场，到欧洲最著名的百货商店自由购物，或另行付费参观凡尔赛宫	早、午、晚	巴黎
D9	巴黎—布鲁塞尔　景点：布鲁塞尔→小于连撒尿铜像 早餐后前往比利时首都布鲁塞尔，抵达后市区观光（共1 h）：撒尿铜像的主人公是被比利时人引以为豪并誉之为独立精神象征的布鲁塞尔第一公民——小于连，欣赏皇宫原子球馆（外景）。然后前往布鲁塞尔最著名的巧克力商店，欣赏各式精致的巧克力甜品	早、午、晚	布鲁塞尔
D10	布鲁塞尔—卢森堡—法兰克福　景点：卢森堡 早餐后前往卢森堡，抵达后市区观光（共1 h）：游览大公馆（外观），风景优美的卢森堡大峡谷是世界著名的风景区之一。然后前往法兰克福住宿	早、午、晚	法兰克福
D11	法兰克福—慕尼黑　景点：慕尼黑→慕尼黑新市政厅 早餐后前往慕尼黑，抵达后观马丽恩广场、新市政厅和奥林匹克运动中心。还将有机会前往德国时尚免税店，选购德国名品刀具，各式精致电子小仪器等	早、午、晚	慕尼黑

续表

日期	行　程	用餐	住宿
D12	慕尼黑—维也纳　景点:维也纳 早餐后前往被誉为“多瑙河的女神”的维也纳,可另行付费游览维也纳森林,晚上也可另行付费观赏一场世界顶级音乐会	早、午、晚	维也纳
D13	维也纳—北京　景点:美泉宫 早餐后继续维也纳观光(2 h),参观贝多芬广场,举世闻名的文艺复兴式建筑维也纳国家歌剧院(外观)、莫扎特雕像和英雄广场,造访外建筑美轮美奂的美泉宫(外观),随后前往机场由导游帮助办理出关及退税手续后搭乘国际航班返回北京	早	飞机
D14	抵达北京,结束难忘的欧洲之旅。请您将护照和往返登机牌交给导游送回使馆销签		
费用包含	1. 签证:欧洲国家邀请和签证费 2. 住宿:全程欧洲三星级酒店及早餐 3. 用餐:全程每日午、晚餐以中式餐食为主(用餐标准为五菜一汤);早餐酒店内享用 4. 导游:欧洲境内中文陪同 5. 景点:行程中景点含首道门票费 6. 交通:国际间往返机票(经济舱)及欧洲境内段机票(含机场税) 7. 保险:旅行社责任险		
费用不含	1. 护照:护照费 2. 小费:全程共114欧元/人 3. 私人费用:洗衣、理发、电话、饮料、烟酒、付费电视和行李搬运等私人费用 4. 额外费用:出入境的行李海关课税,超重行李的托运费、管理费等 5. 行程中未提到的其他费用:如特殊门票、游船(轮)、缆车和地铁票等费用 6. 公务活动相关:公务活动及专业翻译费 7. 非行程中用餐:转机/火车时用餐 8. 单间差:35欧元/(人·晚)		

(资料来源:悠哉旅行网)

随着中国经济持续快速增长、人民生活水平不断提高、出国旅游政策逐渐放宽、居民休闲时间增加,越来越多的人希望走出国门,去深度体验异域的历史文化、风俗民情,出国旅游已经成为中国居民一种新的消费领域与经济文化现象,并成为一个新的经济增长点。出国旅游有利于人类自身的发展。人们通过国外旅游的经历,获得知识与体验,大大增长了见识,是其他途径所不能完全获得的。出国旅游有利于加强相互了解,增加广泛交流的机会,从而推动交往与和谐发展。出国旅游的发展,是中国旅游业进入常规发展的重要标志。

8.1　出国旅游市场分析

国际旅游专家根据多年的统计材料,当一国人均GDP达到1 000美元,旅游消费进入启动期,国内旅游日益兴旺;当人均GDP达到3 000美元,出国旅游开始兴旺;当人均GDP达到5 000美元,旅游成为人们生活中的必需品。

8.1.1　出国旅游市场发展历程

出国旅游始于 20 世纪 80 年代，出国旅游市场发展起步虽晚，但它近年来的迅速发展使得它在中国旅游业中的地位不断提高，并已成为中国旅游业增长最快的市场，是世界出国旅游市场中增幅最快、潜力最大和影响力最广泛的出国旅游市场之一。2000 年，中国内地只有 1 050 万人出国游，2014 年，中国的出国游人数增加到 1.09 亿人次，增长了 10 倍，首次实现出国人次破亿，其增长速度世界少见。中国已成为世界第一大出国旅游消费国。2018 年中国出国旅游人数约1.49 亿人次，比上年同期增长 14.7%；2019 年中国出国旅游人数达 1.68 亿人次，再次实现了突破。中国出国游市场发展历程如表 8.1 所示。

表 8.1　中国出国游市场发展历程

特　征	年份	事件和发展情况
出国旅游启动，以少数东南亚国家为主	1987	批准辽宁丹东市对朝鲜新义州一日游
	1988	批准赴泰国探亲，需海外亲友付费担保
	1989	出国旅游人数仅 300 万左右
	1990	开放了新加坡、马来西亚、泰国为我国出国探亲旅游目的地
	1991	增加菲律宾为出国旅游目的地
	1993	1993 年 4 月，原国家旅游局和公安部发布了《关于严格按规定办理赴东南亚旅游业务的通知》。出国旅游人数达到 374 万人次
	1995	出国旅游人数为 452 万人次
	1996	出国旅游人数为 500 万人次
出国游范围扩大，成为亚洲第一、世界第七大客源国	1997	1997 年 7 月，经国务院批准，原国家旅游局、公安部发布了《中国公民自费出国旅游管理暂行办法》。开放了韩国、澳大利亚、新西兰、日本为自费出国旅游目的地。审批 67 家组团社，自费出国游启动。出国旅游人数达 532 万人
	1999	开放澳大利亚、新西兰。出国旅游人数达 923 万人
	2000	开放柬埔寨、越南、缅甸、老挝、文莱、尼泊尔为自费出国旅游目的地国家，中国正式开展出国旅游的目的地国家和地区增至 15 个。出国旅游人数达1 047.26万人
	2001	2001 年 11 月 11 日，中国正式获准加入世界贸易组织（WTO），达成了包括旅游业在内的入世承诺。出国旅游人数达到 1 213.31 万人次
	2002	出国旅游人数达到 1 660 万人
	2003	出国旅游人数达 2 022 万人次，超过日本成为亚洲第一，中国已经成为世界第七大客源输出国
出国游全面启动，长线游加快发展	2004	根据 WTO 协议，欧盟整体对中国开放全年出国旅游人数达 2 885 万人次，比 2003 年增长了 42.67%
	2005	出国旅游人数为 3 103 万人次
	2006	出国旅游人数为 3 452 万人次
	2007	出国旅游人数为 4 095 万人次
	2008	出国旅游人数为 4 584 万人次
	2009	《旅行社条例》出台，旅行社设立分公司，由审批制改为备案制，出国旅游人数达到了 4 766 万人次
	2010	自费旅游目的地国家和地区已有 141 个，其中 110 个国家和地区已正式实施开放。出国旅游人数达到 5 738.65 万人次
	2011	允许经营国内业务的旅行社代理出国游产品。出国旅游人数达到 7 025 万人次。2002 年到 2011 年十年间增长 323%，在世界主要出国旅游国家中增长最快

续表

特　征	年份	事件和发展情况
出国旅游快速发展,成为世界第一大客源国	2012	出国旅游人数为 8 318.27 万人次,出国旅游人数已超过德国与美国,成为世界第一大出国旅游市场
	2013	出国旅游人数 9 800 万人次,国外消费高达 1 290 亿美元,出国旅游人数和旅游消费均位居全球第一
	2014	出国旅游人数达到 1.07 亿人次,旅游花费 896.4 亿美元。中国已成为世界第一大出国旅游消费国
	2015	出国旅游人数达到 1.17 亿人次,国外消费高达 1 050 亿美元,其中自由行游客的消费占比超过 80%。出国旅游人次和国外旅游消费均列世界第一
	2016	出国旅游人数 1.22 亿人次,比上年同期增长 4.3%;全年实现旅游总收入 4.69 万亿元,国外花费 1 089 亿美元,人均花费 900 美元
	2017	出国旅游人数 1.3 亿人次,比上年同期增长 7%;全年实现旅游总收入 5.40 万亿元。2002 年到 2017 年,中国公民普通护照签发量达 1.73 亿本,年均签发 1 080 万本。持有护照的人口超过 10%
	2018	出国旅游人数 1.49 亿人次,比上年同期增长 14.7%;全年实现旅游总收入 5.97 万亿元,同比增长 10.5%。国外消费超 1 300 亿美元,人均花费 5 500 元。消费升级,82%游客选 4、5 钻高钻级产品
	2019	公民出国旅游人数达到 1.55 亿人次,比上年同期增长 3.3%,自由行态势越发明显

(资料来源:根据相关资料改写)

8.1.2　出国旅游消费市场分析

1. 中国公民出国游整体趋势

在"一带一路"倡议、"旅游年"的推动下,旅游合作更加紧密,跨越国境的旅行越来越便利。走出国门旅游,更像是"串门儿",去别人的城市住上几天,换另一种生活方式。游客越来越强调对城市生活方式的体验,目的地则成为本地居民与游客共享的生活空间。中国游客就是行走的中国名片,丰富着世界对中国人和中国的认识。

我国已成为越来越多国家最大的客源国。据报告统计,中国已经成为泰国、日本、韩国、越南、柬埔寨、俄罗斯、马尔代夫、印尼、朝鲜、南非等 10 个国家的第一大入境旅游客源地,中国游客在这些国家国际游客中的占比最高达 30%。中国也是美国、阿联酋、英国、新西兰、菲律宾、斯里兰卡、加拿大等国家以及南极的重要客源国。

中国公民出国游发展趋势呈现三大特点,即旅游服务进入数字网络时代,旅游方式更趋多样化,国外旅游条件不断放宽。

2. 中国公民出国游群体特征

(1)市场分布特征。2018 年前 20 大出国旅游出发城市为:上海、北京、广州、成都、重庆、南京、昆明、武汉、西安、杭州、深圳、天津、郑州、长沙、贵阳、济南、南昌、合肥、青岛。市场分布与经济分布基本吻合。

(2)消费情况分析。2018 年,长春以人均 6 754 元位居第一,沈阳以人均 6 556 元排名第二,北京以人均 6 343 元位居第三。一线城市上海、深圳、广州分别位列第 7、13、16 名。第 4～20 名则基本上被二线、"新一线"城市占据,包括大连、哈尔滨、厦门、苏州等。江浙富裕城市、北方老牌工业城市、西部核心城市、沿海经济发达城市都进入出国游消费力榜单。

(3)目的地分析。2018年,最受中国游客欢迎的二十大目的地国家分别为:泰国、日本、越南、新加坡、印度尼西亚、马来西亚、美国、柬埔寨、俄罗斯、菲律宾、澳大利亚、意大利、阿联酋、土耳其、英国、马尔代夫、法国、德国、西班牙、斯里兰卡。目的地排行榜依次为:城市、海岛、景区。

(4)出国人群分析。与其财富、体力相匹配,80后依然是出国游的中坚力量,80后占比29%。90后开始超越70后成为出游主力军,2018年90后游客占比18%,比70后高1个百分点。00后以13%的占比位居第四。年轻群体特别是90后、00后流行“说走就走”,倾向在网上选择自由行产品,喜好自由组合航班、酒店获得优惠价格,预定周期越来越短,甚至在行程中预订门票、租车、一日游。

数据表明,女性比男性更爱走出国门。报告根据携程出国游订单的统计,2018年出国旅游者中,52%是女性,48%是男性,女性比例高4个百分点。

3. 中国公民出国游行为目的

目前,观光旅游仍然是中国游客出国旅游的首要目的,其次为休闲度假,以购物为主要目的的游客占到了43.94%。

在吸引中国游客出国旅游的各大因素中,“美丽的风景”这一因素仍然排在首位,其次为各城市独特的文化。随着出国游的发展,中国出国游正逐步从观光游向深度游发展,城市的历史、文化以及特色建筑等逐步成为了吸引中国游客的关键点。

从消费构成看,购物是中国出国游客消费的主要内容。平均用于购物的费用占57.8%。国外消费差价的存在,是刺激大部分普通消费者选择国外消费的原因。国外旅游花费,位于购物之外的依次是住宿、交通出行、景点门票、娱乐和消费。

4. 中国公民出国游障碍分析

签证政策烦琐与语言沟通不便是影响中国游客出国旅游体验的主要因素。国外旅游胜地宜考虑简化签证手续、完善中文服务以吸引更多中国游客。

中国游客尤其希望欧美国家降低签证门槛、减免签证费用。目前,中国游客赴欧美旅游的签证程序较为烦琐,除护照、户口本、存款证明、工作证明之外,有时还需面试。中国游客前往日韩旅游手续相对便捷,但大量被调查者认为仍有简化空间。

语言不通也是困扰中国游客海外旅行的重要因素。38%的中国游客抱怨国外游览时无中文标识,31%的人表示在国外娱乐场所服务人员不会说中文,22%的被访用户表示没有中文导游影响了自己的旅行体验。国外国家和地区如想吸引中国游客,应考虑简化签证程序、完善中文服务。

5. 出国新趋势:个性化时代的来临

中国游客出国游不再只是逛逛逛、买买买,传统的产品和旅游方式越来越不能满足需求,他们更希望去异地的城市住上几天,体验当地人的生活方式。

根据携程主题游、定制游、海外玩乐平台等查询、预订的大数据,报告发布了“2017年出国游十大新玩法”,包括去芬兰赏极光、在美国一号公路上骑行、去非洲打猎、在新西兰举行中土世界浪漫婚礼、体验唐顿庄园里的欧洲贵族生活等。

根据网上数以亿计的海量搜索关键词,报告发布了2017年出国休闲旅游十大主题关键词,包括海岛、美食、自然探索、户外运动、家庭亲子、五星酒店、避寒避暑、城市休闲、深度体验、疗休养。

8.2 出国旅游产品的设计与操作

8.2.1 出国旅游产品的设计要素

1. 旅游住宿

出国团队在住宿上同内地旅游一样,住宿的标准体现出团队的档次,是经济团还是豪华团,住宿是直接表现的要素之一。不同国家和地区的酒店,评级的标准不同,部分国家和地区,对酒店的评定不使用星级标准,而称为“花”,旅行社设计人员应了解当地酒店的情况。

常规团队操作,住宿条件与所在国家和地区的经济往往成正比。欧洲、北美和日韩的住宿条件较好,相对而言,朝鲜、越南、蒙古和非洲等发展中国家的住宿条件较差。在设计中,应首先做到心中有数,与游客合理沟通,确保团队出行后不要产生投诉等问题。

2. 用餐设计

用餐情况与住宿情况类似。在发达国家和地区,用餐质量相对较好,尤其是部分国家和地区限制入境人数,使得外国旅游团的接待条件得到更好的保证。

同国内观光旅游产品相似,设计时建议到当地品尝当地特色餐食,但中餐的安排也必不可少,很多游客不习惯当地的用餐情况。如在韩国,游客在吃过连续几天的特色餐冷面后,已经开始分外想念国内的餐食了,所以在行程中应尽量设计穿插中国传统餐。

3. 旅游路线的设计

以欧洲为例,前些年,旅行社主推欧洲14国游、欧洲8国游等,但近年来,游客开始对此种线路变得越发冷淡了。同样的欧洲线路,法国＋意大利、奥地利＋瑞士等线路开始火爆,反映了中国游客对旅游产品的偏好变化。在十几天的旅行中,游览十几个国家,很多国家几乎连车都不停,只是导游简单介绍一下当地的历史及民俗就匆匆而过。越来越多的游客放弃了这种走马观花式的游览,愿意选择花费同样的价格,去两三个国家深度旅游,感受当地的历史文化。因此,产品设计要充分考虑游客的需求,在选取路线、城市和景点时,做独特的设计。

(1)城市的选取。在选取旅游城市时,首先要选取交通便利的城市,北京、上海等发达城市具有直航能力,避免游客一再转机,浪费时间。其次,目的地的特色城市往往是路线设计时最吸引人的地方,比如很多游客去美国,不是为了看纽约和华盛顿,而是想一睹赌城拉斯维加斯的风采,产品设计中若没有该城市,就少了很多亮点。

(2)景点的选择。对国人来说,出国旅游还是一种相对奢侈的事情,因此在设计中要选取当地最具特色、最有价值、最著名的景区。法国的埃菲尔铁塔、俄罗斯红场等都是当地行程中首选的景点。

(3)自费景点的设计。鉴于出国团队的价格及国内同行的竞争状态,部分旅行社采取了一些景点自费的方式,如美国的大峡谷国家公园等。旅行社可将一些好的、档次高、门票较高同时对游客吸引力较大的景点变成自费景区,以此来降低旅游报价,争取更多的客源。

4. 娱乐活动

娱乐活动在出国旅游产品设计中是必不可少的一环。踏出国门,对外面的世界满是新鲜的国人,面对众多良莠不齐的自费项目娱乐活动,无从下手。因此,旅行社产品设计人员有义务在出行前,为游客量身设计相应的产品。

(1)健康性。娱乐活动的健康性是娱乐活动选择的第一特性。出国后,某些国家和地区自由度较强,意识文化泛滥,容易滋生各种不健康的思想,旅游娱乐的设计必须以思想健康为前提,不要让我国游客在目的地沾染不良风气。

(2)档次高、可视性强。不少有名的娱乐活动,在国内确实难以一见,比如法国的红磨坊表演等,都是在当地具有代表性的,放进旅游线路中,能够起到丰富团队活动、增强旅游娱乐效果的作用。在产品设计中,要充分考虑目的地的文化艺术资源,合理利用各种娱乐设施及娱乐活动。

(3)影响力大、代表性强。不同国家和地区有不同的历史背景及民俗风情,而这些往往是旅游者到目的地最感兴趣的内容。在娱乐活动设计中,充分参考当地的文化,挑选有代表性的旅游活动,不但可以使整个旅游活动丰富多彩,更是将当地特色展示得有声有色。

5. 购物设计

见第7章国内观光旅游产品,此章不再赘述。部分国家和地区对出国携带物品有明确限制,请在购物环节参详各地具体要求。

6. 导游设计

出国导游在国内称之为领队,除了要求具备国内导游的各种素质外,出国领队直接代表中国形象,还要在多方面加强培养。

(1)政治法律水平高。领队要求热爱祖国,在对游客的宣传及讲解中,有较好的政治觉悟和法律水平,不盲目崇洋媚外,在带团过程中,应洁身自爱,勇于与黄、赌、毒等进行抗争。

(2)业务水平强。领队不但要求有良好的外语表达水平,还应对目的地的历史、地理、人文、宗教、民俗、禁忌、社会情况和货币等有较深的了解。同时,在办理出入境通关手续方面,旅行社也要进行相应的培训,让游客能够顺利通关。

(3)有足够的特殊事件处理能力。出国领队在国外,可能会遇到各种突发状况,如发生争执、丢失财物、证件和人身意外等,这些事件严重的将有可能演变成外交事件。导游在面对各种事件时,应有妥善处理的能力,不但要维护游客在国外的人身财物安全,也应该维护其人格尊严及国家尊严,同时,在应付突发事件时应保持冷静,不卑不亢,灵活处理。

7. 对当地状况的感知及预警

旅游产品具有脆弱性,政治经济等诸多事件都对旅游活动产生着重大影响,2012年的春节黄金周,国人还能够在马尔代夫度过海边浪漫的新年,2012年2月8日马尔代夫发生政变。据北京市旅游委统计,当时约有500名北京游客在马尔代夫旅游,国旅总社、中青旅、凯撒国旅、神舟国旅和携程旅游等多家旅行社在政变发生后,迅速联系正在当地的游客,并发出提醒信息,提示游客采取必要的防护措施,而随后国内多家航空公司也停止了对马尔代夫的旅游航线。同样的状况在2006年泰国和2011年2月的埃及也发生过。旅行社在产品设计中,应有足够的预案应付此类突发事件,以保证中国游客在国外的安全。

8. 手续的办理

不同国家和地区在面对出国游客时,签证的要求不同。日韩、新加坡、马来西亚及边境国家越南、蒙古等,旅行社到使领馆代办即可;而美国、欧洲等国家,则要进行面签或电话访问,很多游客因为对目的地不熟悉而被拒签,上千元的签证费也付之东流。所以,旅行社对于签证手续的办理必须相当认真,并且对于签证过关率也应作为社内考核的主要依据,对游客的签证问题做相应的培训,以保证过签率。

9. 小费情况

依据国际惯例,出入境团队需要给导游及其他服务人员(部分国家和地区涉及司机)小费。

在出行前,甚至在报价前就要明确告知游客,产品设计人员做价格时,切忌遗漏此问题。

10. 外汇汇率

“汇率”亦称“汇价”,即一国货币兑换另一国货币的比率,是以一种货币表示的另一种货币的价格。由于世界各国货币的名称不同,币值不一,所以一国货币对其他国家的货币要规定一个兑换率,即汇率。

人民币汇率,就是人民币兑换其他国家的货币的比例,也叫人民币汇价。现行的人民币汇率主要是人民币与发达国家货币之间的管理浮动汇率,其中以人民币对美元的汇率为基础汇率,人民币与其他货币之间的汇率通过各自与美元的汇率套算出来。自2005年7月21日起,中国开始实行以市场供求为基础、参考一篮子货币进行调节、有管理的浮动汇率制度,并在实践中不断完善人民币汇率中间价报价。

外汇牌价表上有四个价格:

- 中间价:本行现汇买入价与卖出价的平均数。
- 卖出价:银行向同业或客户卖出外汇时所使用的汇率。
- 现汇买入价:指银行买入外币现汇、客户卖出外币现汇的价格。
- 现钞买入价:银行买入外币现钞、客户卖出外币现钞的价格。

现在银行实行实时汇价,一天不同的时间段有不同的汇率表,几分钟都有可能变一次的,不过一般变动幅度不大。

8.2.2 游客国外不文明行为分析

旅游活动作为一种独特的生活方式,最明显的特征在于异地性和暂时性。这一特征在旅游者行为上则表现为道德感弱化、责任约束松弛和占有意识外显等特点。

1. 失德行为——损害“礼仪之邦”形象

失德行为是指旅游者在出国旅游过程中所表现出来的某些有违社会公德的行为,如不遵守交通规则,在公共场合大声喧哗、乱涂鸦、乱拍照、不排队和不礼貌等社会礼仪品德缺失行为。此类情况虽然只是个别旅游者的社会道德缺失行为,但在国外,每一位旅游者代表的是自己家乡甚至是国家的形象,他不再是个体。我国公民的出国旅游失德行为会损坏中国“礼仪之邦”的形象,影响我国在国际上的形象。

2. 离轨行为——败坏社会文明风气

离轨行为是指旅游者在出国旅游过程从事完全无益于身心健康的娱乐消费活动,其中以参与赌博活动和色情活动为甚。这不仅败坏了社会文明风气,使国家软实力受到负面冲击,也损害了中国文明古国的形象。

3. 触禁行为——伤害他国民族感情

触禁行为是指旅游者在国外旅游过程中,由于地域和国度文化习俗的差异化所表现的违章违规、破坏习俗和触犯禁忌等不文明行为。如在中国,看到可爱的小孩赞美几句甚至抚摸一下头部纯属正常,但在泰国,除僧人外,任何人不能抚摸他人头部,也忌讳赞美婴儿,据说这会引起恶鬼对婴儿的注意。因此,作为国际旅游者,理应入乡随俗,主动了解目的地居民不同的价值取向、兴趣、爱好和忌讳等。然而,由于对目的地的文化缺乏了解,伤害他国民族感情的触禁行为在我国出国旅游者身上时有发生。这不仅有损出国旅游者“民间外交大使”的形象,对国家软实力也构成负面影响。

8.3　国外旅游线路设计范例及分析

8.3.1　日本东京、大阪、京都旅游线路设计

1. 主要城市与景区

(1)东京:位于日本本州岛东部,是日本的首都,是目前全球规模最大的都市圈,全称为东京都。东京是日本的政治、经济和文化中心,是日本的海陆空交通枢纽,是现代化国际都市和世界著名旅游城市之一。东京不仅是当代亚洲流行文化的传播中心,也是世界流行时尚与设计产业重镇。

(2)大阪:大阪府在日本本州岛中西部。北、东、南三面为山地所围绕,中为大阪平原。气候温暖,年平均气温 15 ℃。年降水量 1 300～1 800 mm,霜雪较少。大阪是日本古代的交通、商业要地,史迹众多,也是日本的经济中枢,经济地位仅次于东京。轻重工业综合发展,以机械、电机、化学、钢铁、金属加工、食品和纺织等工业为主。

(3)京都:京都在公元 794 年定为日本的首都,模仿中国唐朝的首都长安建造而成,命名为“平安京”,意为和平与安定之都。京都府位于日本本州岛的中部,是人口较多的自治体之一,是日本人的精神故乡,日本文化的源点和象征之地。古都京都是根据历来王朝文化中盛行的日本式唯美意识所构建的,以佛阁等历史建筑物、庭院、绘画、传统活动和京都料理为代表,被称为“千年古都”。

2. 线路特色

日本作为融合了东西方文化的国家,作为世界旅游大国,一直深深吸引着各国游客。日本气候湿润,国土以山地居多,自然风光优美,且注重环境保护和景区配套设施建设,旅游观光者络绎不绝。在日本购物、时尚游的同时,还能够欣赏日本的名胜古迹,体会独特的日式文化。

(1)时尚与古典并存的独特气质。日本的东京、大阪和神户等都是世界闻名的现代化都市,大街上林立的高楼大厦、闪烁的霓虹,以及颇具时尚气息的男女青年将城市景观推向高潮,但日本的饮食文化、建筑文化和服装文化都保留着很浓厚的东方典制。

(2)舒适的气候造就优美的自然风光。日本三面环海,春夏秋冬四季分明,终年均有降雨,气候湿润。日本的温带海洋性季风气候铸就了众多自然景观,最北端的北海道地区绵延着广阔的平原和高大的山脉,景色雄伟,温泉、湖泊众多,中部地区有以富士山为首的高原、溪谷、温泉、滑雪场地等。

(3)美食购物的天堂。日本寿司、天妇罗、鳗鱼、北海道沿岸的毛蟹和札幌市的烤羊肉火锅等都是当地颇具特色的小吃,世界闻名。品尝美食是日本线路设计中不可或缺的因素。日本的电子产品、手表等的高质量和高性能均闻名于世界,美容产品、手工艺品和竹制品等均质量上乘,是游客购物的重点。

(4)主题旅游的目的地。日本的国花是樱花,在盛开的季节美丽无比。日本的温泉旅游在世界上更是独树一帜,是开展专线游和主题游的优质目的地。

3. 货币和时间知识

汇率以中国人民银行公布的当日汇率为准。人民币在日本不能自由兑换日元,美元和港币可自由兑换。

中国比日本晚1小时,例如北京时间10点时,东京已经11点了。在日本游览时,请以当地时间为准。

4. 出入境、托运手续的办理及注意事项

(1)到达机场后一般出境程序为:出海关(customs)—换登机牌(boarding pass)—托运行李(baggage)—填写健康卡—填写出境卡—出境检查(immigration)—随身行李检查(security check)—等候登机(boarding)—登机。

(2)下飞机后一般的入境程序为:填写入境卡(incoming card)—入境检查,出示签证(immigration)—领取托运行李(baggage claim)—海关(customs)—入境。

(3)托运知识:免费托运行李一件(重量不得超过20 kg,长宽高合计不得超过269 cm);随身行李(长宽高合计不得超过115 cm),请将贵重及易碎物品放在随身行李内,护照、机票和现金等一定随身携带。

(4)通关知识:在海关入口向工作人员出示机票便可入海关,携带摄像机和长焦镜头摄像机的游客要在红色通道向海关申报,如携带大额现金(相当于5 000美元以上)需向海关申报,如无申报走绿色通道。务必将贵重物品(如护照证件、机票、现金、照相机和首饰等)随身携带,不要放在托运行李中;小刀,指甲刀等危险物品严禁携带。

5. 旅游现状

(1)住宿问题。日本饭店中一般都备有电热水壶,在室内冰箱中的饮料是收费的,拿出后即自动收费,价格一般是外面同类物品的3~5倍。饭店中备有拖鞋、洗手液和淋浴液等。饭店内有一些需要付费的电视频道,如游客需要可到前台开通,费用自理。

(2)在日本,车辆都是靠左行驶的,与中国刚好相反,请初到日本的游客务必注意,在过马路时一定要留意车辆的行驶方向,不要弄错,并且过马路时要严守交通信号以保证安全。日本的士起价650日元,米表每跳一次加收90日元,晚上11:00至清晨05:00加收30%。

(3)日本酒店房间面积很小,空间有限,但是均干净整洁,设施齐全。

(4)日本的电压为100~110 V,主要是两脚扁插头,所以,自带的数码照相机等电池充电器如果不是100~240 V兼容型的,将无法使用。

(5)根据日本使馆规定,所有进入日本的访客(除了永住者及不满16周岁的人)在进入空港及码头时,需要在柜台的相关设备上进行双食指指纹采集及拍照。结束后,入境审查官会对访客的来访目的、行程安排、逗留时间和同行人员等进行询问。

(6)在日本所有消费都被征收5%的消费税。商店里的商品零售价一般已经包括消费税。日本的百货公司和商店关门较早,晚上逛商场不太方便。

(7)根据中国海关总署的规定,进境公民旅客携带在境外获取的个人自用进境物品总值在5 000元以内(含5 000元)的,海关予以免税放行。烟草制品、酒精制品、照相机和摄像机等20种商品不在免税范围内,敬请知晓。

(8)在整个行程中,护照及机票由领队统一保管,以免丢失。集体行动是最安全的旅行方式,任何时候请不要单独行动,尤其是晚上,一定要记住酒店地址、电话、导游手机和领队房号,万一走失也可以找到团队。

(9)目的地餐饮注意事项:如吃海鲜时不可喝啤酒,日本用餐多为自助餐,餐桌为长条桌。

6. 风俗禁忌

(1)去日本人家中做客,必须在门厅前换鞋。无论是在公共场合或者是居所内,都不要发出太大的声响，以免影响他人，尤其是在夜间。

(2)日本人对守时的要求很严格，对不守时的人是没有信赖感的。人们都认为不该因为迟到而浪费别人的时间，如果因为某种原因不可避免地迟到时，必须要打电话告诉对方。

(3)日本人之间打招呼，基本上是以鞠躬来表示的。从一般性行礼到上身至90°的鞠躬。在铺着"榻榻米"的房间里，必须要坐着行礼。以"正坐"的姿势上身弯下，两手放在前面着地然后低头。一般日本人行礼致意是互不接触身体的，传统上也没有握手的习惯。日本人有时候也握手，但大多是与外国人、竞选人、选民、明星和影迷等。

(4)招手：把手掌朝下轻轻放开，手腕从前方到朝自己一边来回摆动几次。这种方法没有性别和年龄的限制，都能使用。但对地位及辈分高的人，这样招手是失礼的，要尽量避免。接触他人的身体在日本被认为是失礼的行为，男女之间除恋爱关系的双方外，一般不握手。

(5)日本人大多数信奉神道和佛教，他们不喜欢紫色，认为紫色是悲伤的色调；最忌讳绿色，认为绿色是不祥之色。

(6)日本人忌讳三人一起"合影"，他们认为中间被左右两人夹着，这是不幸的预兆。

(7)日本人忌讳荷花，认为荷花是丧花。在探望病人时忌用山茶花及淡黄色、白色的花，不愿接受有菊花或菊花图案的东西或礼物，因为它是皇室家族的标志。日本人喜欢的图案是松、竹、梅、鸭子和乌龟等。

(8)不吉利的数字：日本人忌讳"4"和"9"。因为"4"的读音和"死"相同；"9"和"苦"的读音相同，有的旅馆房间号没有13、4和9这几个数。

(9)允许抽烟，但嚼口香糖不行。别人没吃，自己独自吃东西，也被视为失礼。部分地方是禁止吸烟的，所以如需要吸烟，请到各个吸烟角吸烟。

(10)进入日本住宅，必须脱鞋。在日本，访问别人家庭时，窥视厨房是不礼貌的行为。

(11)吃饭或喝汤时，不可以将饭碗或汤碗放在桌上，要用手拿起碗进食。不能把筷子插在盛满饭的碗上。吃鱼时不要将鱼刺直接放在桌子上，请放在盘子里。

(12)对于各类服务员(售货员、饭店的服务员等)应给予相应的尊敬。

(13)有专门的女性车厢，平时男乘客也可以使用，但在上班高峰期只能女性乘坐，主要是为了防骚扰。

7. 签证

(1)二英寸免冠正面白底彩色近照2张。

(2)本人身份证和全家户口簿复印件(必须是游客的整本复印件)。

(3)在职人员提供在职证明原件，公司营业执照副本复印件；退休人员需提供退休证复印件；学生需提供学校出具的准假证明或学生证复印件。

(4)日本国入境签证申请书(由旅行社提供，请用黑色签字笔如实填写完整，本人签名)。

(5)游客必须签署"个人信息处理书"，本人亲笔签名，同意日方地接社能共享游客的个人信息，并连同其他签证材料送至旅行社，旅行社作为签证材料送进日本领事馆。

(6)本人资产证明。房产证复印件；银行存款证明(每人至少5万元)；购车证复印件；股票大额交割单复印件。资产至少提供两项，提供的材料越全面越好，提高游客的出签率。

(7)根据日本大使馆规定，旅游团归国后需要销签，请游客回国后将护照交给领队，以便销签。如未将护照原件交于领队销签，给本人及旅行社所造成的经济损失及法律责任，由本人自行承担及赔付。

8. 线路范例

日本全景樱花6日游

日期	行　程	用餐	住宿
D1	北京—大阪 北京首都机场集合，由领队带领办理出境手续，前往日本大阪，抵达后入住机场酒店	晚	大阪
D2	大阪—京都—名古屋 大阪城公园：日本三大城堡之一的大阪城，距今已有400多年历史，为当时日本第一名城，也是日本前所未有的最大城堡(不登城) 心斋桥：百货商店与各式专门店等，为大阪代表性的中心商务区 西阵织锦和服会馆：此会馆中展示的是产自京都西阵地区的日本和服专用的织锦面料，并介绍有关西阵织锦历史、有关资料，以及手艺人的手工机织表演 建议自费体验： 自费金阁寺＋祇园艺伎街，5 500日元/人，金阁寺正式名称是鹿苑寺，是一座最早完成于1397年(应永四年)的日本古刹，被日本政府指定为国宝。祇园一般称祇园街，已成为以花街为中心，到处都是高级日本料理饭店和酒吧的一条繁华大街	早午晚	名古屋
D3	中部—箱根 平和公园：游览富有日本庭园式的平和庭园，观赏园内园艺花草，富有日本特色 芦之湖：春天湖畔有樱花盛开，可由南岸的杉木街道眺望富士山 建议自费体验： 1. 自费富士山五合目＋忍野八海，5 500日元/人 2. 自费大涌谷，送黑玉子，5 500日元/人(视乎天气情况及季节而定)	早午晚	箱根
D4	箱根—东京 浅草寺：为日本观音寺总堂 仲见世商店街：浅草寺前的购物小街，游客可在此选购特色手信 远眺新东京塔“天空树 Sky Tree”：位于日本东京都墨田区的电波塔，高度为634 m，为全世界最高的自立式电波塔、现有世界上第二高及环太平洋最高的人工结构物 大亚免税店：免税专门店，可自由选购各种日本国民的健康流行食品及日本手信 建议自费体验： 1. 自费东京湾游船＋台场海滨公园(远眺彩虹桥及富士电视台)自助餐，8 500日元/人 2. 夜游新宿歌舞伎町＋特色晚餐，6 500日元/人	早午晚	东京
D5	东京 皇居广场·二重桥：现在的皇居，最早为太田道灌始建于1457年的江户城。充满了江户遗风，现在是日本天皇的官邸，游客们可在外苑拍照留念 电器店：日本最新款、最高科技电器及电子产品 建议自费体验： 1. 自费银座＋表参道 HILLS，5 500日元/人 2. 自费东京迪士尼乐园(不含门票)(往返巴士费＋高速道路费)，4 000日元/人	早午晚	东京
D6	北京 酒店早餐后自由活动，由东京国际机场乘坐国际航班返回北京，结束愉快的日本旅行	早	无
境外司机、导游小费(全程：50元/人/天×6＝300元/人，请各位于机场把小费交给领队)			
行程及价格说明同开篇案例，此处略			

(资料来源：去哪儿旅行网)

9. 范例分析

此行程是专门针对赏樱花开设的一条特色旅游线路。日本除了赏樱花外，还有温泉旅游，世界闻名。在围绕核心旅游主题后，设计了三大主要旅游城市，涵盖了日本的重要城市，同时将富士山、迪士尼艺妓表演等有名的景区和娱乐活动全部变成自理项目，降低了报价。行程中旅游购物店的设计颇多，但都具有代表性，如电器店、免税店及和服店等，满足了游客的购物需求，又一次合理降低了报价。在行程最后，设计套餐为客人尽量节约开支，同时又合理诱导了客人的消费。纵观此线路，是一条设计完整又兼顾特色与价格的线路。

8.3.2 韩国首尔、济州岛、釜山旅游线路设计

1. 主要城市与景区

(1)首尔：首尔是韩国的首都和最大的城市，是韩国的经济、政治、科技、工业、电子、金融、时尚和文化中心，也是全国海、陆、空交通枢纽。仅行政区内人口即达1 000多万，是全球最繁华的现代化大都市和世界著名旅游城市之一。首尔经济实力很强，创造了韩国GDP的近30%。韩国12家位列世界500强的公司中，有11家总部设在首尔。在并不显山露水的汝矣岛，汇集了全韩国一半以上的银行存款。

(2)济州岛：是韩国最大的岛屿，整个济州岛就是一座山。济州岛是一座120万年前由于火山活动而形成的岛屿，岛中央是火山爆发形成的韩国最高峰——汉拿山，海拔1 951 m。海洋性气候的济州岛素有"韩国夏威夷"之称，于2011年被评为世界"新七大自然奇观"。

(3)釜山：釜山位于韩国首尔东南端450 km处，是韩国的第二大城市，泛太平洋物流中心。釜山为著名深水良港，目前釜山港口的设施和吞吐能力位于世界前列，其集装箱货运量位居世界的第三位。城市中的温泉星罗棋布，群山环抱，还是一个风景秀丽的海滨城市，已经发展为多种文化共存的国际性现代都市。釜山国际电影节自1996年创办至今，已成为亚洲乃至全球电影商、明星和媒体热衷光顾的电影节。

2. 线路特色

(1)亲临时尚之都，感受浪漫生活。韩国经济发展迅速，时尚业更是走在亚洲的前列，服装、设计、创意和广告无不走在时尚的前沿，随处可见时尚气息。在清溪洞，特制的咖啡给人以温馨浪漫的感觉，悠闲的都市风带给游人不同于国内的清新感。

(2)亲身体验韩国民俗风情。在韩国的产品设计中，经常有民俗的体验，最受欢迎的是韩国传统婚礼，很多新婚夫妇甚至专门赴韩国，感受异国情调。在常规产品设计中，也都加入了一些民俗成分，使游客能感受不一样的民风。

(3)独具特色的韩国美食。韩国的烤肉、泡菜、酱汤锅、海产火锅和生鱼片世界闻名。韩国的街头小吃也同样很受追捧，有辣炒年糕、鱼丸串等，在梨大、明洞周边等地方都能吃到。还有很出名的是参鸡汤，国内也很有人气。

3. 货币及时间知识

汇率以中国人民银行公布的当日汇率为准。

韩国境内可广泛使用一般信用卡如VISA、EXPRESS和MASTER等。银联卡在很多地方都可使用。韩国时间比北京时间早1小时，请注意调整时差，如北京时间上午9点为韩国时间上午10点。

4. 出入境及托运手续的办理及注意事项

中国海关规定：每人可携带人民币2万元或等值外币出境；入境时，每位游客可携带烈酒1瓶，香烟400支，严禁携带违禁物品。韩国海关检查严谨，请游客配合检查，凡入韩国境内被登记的物品，在离境时需呈报给海关查阅。韩国海关规定：购买染发剂的游客，回国托运时每

人只限量一瓶,超过数量拒绝托运,即被没收。如在韩国购买了可以退税商品时,回国时需向韩国海关出示所购的商品(千万不要打包托运到行李中)、收据和护照,以便海关盖验收章后在机场就近的退税点办理退税。如因游客自身原因没能退税,由游客自行承担所造成的损失。

5. 习惯及禁忌

(1)社交礼仪:韩国人崇尚儒教,尊重长老。韩国人见面时的传统礼节是鞠躬,但鞠躬礼节一般在生意人中不使用。女人一般不与人握手。在社会集体和宴会中,男女分开进行社交活动,甚至在家里或在餐馆里都是如此。在韩国,如有人邀请你到家吃饭或赴宴,你应带小礼品,最好挑选包装好的食品。

(2)禁忌:政府规定,韩国公民对国旗、国歌和国花必须敬重。不但电台定时播出国歌,而且影剧院放映演出前也放国歌,观众需起立。外国人在上述场所如表现过分怠慢,会被认为是对韩国及其国民的不敬。吃饭时不要随便发出声响,更不许交谈。进入家庭住宅或韩式饭店应脱鞋。在大街上吃东西、在人面前擤鼻涕等,都被认为是粗鲁的。照相在韩国受到严格限制,军事设施、机场、水库、地铁、国立博物馆及娱乐场所都是禁照对象,在空中和高层建筑拍照也都在被禁之列。

6. 签证手续

护照正本(最少半年到期);二英寸彩色照片 2 张;身份证复印件及户口本复印件 1 份;在职证明 1 份(用单位抬头纸并加盖公章);单位营业执照正副本复印件加盖公章;个人和公司电话;配偶姓名和家庭电话;房产证复印件;行驶证复印件;近半年的银行对账单;学生提供学生证复印件;退休者提供退休证复印件;个人简历。

7. 其他知识

(1)饮水:韩国的自来水可以直接饮用。

(2)电压:酒店一般采用 220 V 电源,韩国使用两脚圆插头,中国电源插头在韩国无法使用,可在酒店前台交一定押金,租借电源转换插头,离店时退还并退回押金即可。

(3)电话:韩国公用电话有蓝色、银灰色和磁卡电话三种,蓝色和银灰色电话为投币式,为韩国境内使用,磁卡电话可打国内国际长途。如要租赁手机,需提前申请。

(4)饮食:团队用餐分中华料理和韩国料理两种。韩国料理主食一般为白米饭,配以韩国独有的泡菜(辣白菜),以及各种韩式调味料所调配的各种蔬菜,味道偏酸、辛辣,请游客做好心理准备,但此经历也是对韩国习俗的一个了解和体验。

(5)特产:高丽参、紫水晶(韩国特产,属于世界十大宝石之一)等。

(6)随身必备携带品:请自备牙膏、牙刷、毛巾和洗发精等个人洗漱用品(酒店备有,但要收取费用)。

8. 线路范例

韩国全景5日游

日期	行　程	用餐	住宿
D1	北京—首尔 北京首都国际机场 3 号航站楼集合,乘机前往韩国的首都——首尔,抵达后参观清溪川(约 30 min),东大门购物(约 90 min),这里有韩国当下最流行的知名品牌,可品尝沿着街道排开的露天小吃摊的韩国小吃。晚餐后入住酒店休息	晚	首尔

续表

日期	行　程	用餐	住宿
D2	首尔 早餐后首尔观光。游览韩国故宫——景福宫(约 1 h)、韩国总统官邸——青瓦台外景(约 30 min),后参观土特产高丽参专卖店(约 1 h),以及韩国国宝级加工厂——紫水晶加工厂(约 1 h)和化妆品店(约 1 h)。可自费前往三八线非武装地区(参考价格:350 元/人,约 1.5 h)。晚餐后来到华克山庄,可以自费观看歌舞表演,后入住酒店休息	早午晚	首尔
D3	首尔—济州 早餐后乘机前往具有东方夏威夷之称的蜜月岛——济州岛,欣赏韩国第一大瀑布——天地渊瀑布(约 1 h)。途中参观具有鬼坡之称的神奇之路(约 20 min),游览城山日出峰,偶尔可以观看到海女潜水打捞作业的情景(约 1 h)。晚餐后入住酒店休息	早午晚	济州
D4	济州—釜山 早餐后,参观龙头岩(约 40 min),后客人可亲自学习制作泡菜,并穿韩服留影(约1 h),坐航班飞往韩国第二大海港城市——釜山,游览龙头山公园并登上龙头山俯瞰繁华的市区(约 40 min),来到著名的"国际市场",自由选购物美价廉的商品(约 1 h),观韩国最大的海岸线——海云台(20 min),后入住酒店休息	早午晚	釜山
D5	釜山—北京 早餐后,前往韩国土特产超市,游客可自由选购韩国土特产品及纪念品(约 40 min)。乘车前往国际机场,乘坐国际航班返回北京,结束愉快的韩国之旅	早	
其他费用:小费 150 元/人			
行程及价格说明此处略			

(资料来源:根据相关资料整理)

9. 范例分析

本行程是韩国常规行程,是面向大众消费者的线路。线路涵盖韩国最主要的三大城市:首尔、济州和釜山;景点选择也是韩国最著名、最具代表性的景点,如韩国故宫——景福宫、清溪川、韩国总统官邸——青瓦台外景、韩国第一大瀑布——天地渊瀑布等在韩国人尽皆知的旅游景点。购物设计上,韩国特产紫水晶、高丽参、化妆品及泡菜等一应俱全,酒店的住宿也是四花酒店。整体上,自然与人文景观兼备,旅游与购物合理融合,是在中国市场上较受欢迎的一条旅游线路。

8.3.3　新马泰地区旅游线路设计

1. 主要城市与景区

(1)曼谷:泰国首都、主要港口和政治、经济、文化中心,东南亚第二大城市,被誉为"佛教之都"。现在各国通用的"曼谷"之名是当地语言"橄榄村"的转译。曼谷市内繁忙的水上交通使曼谷有"东方威尼斯"的美称。曼谷佛教历史悠久,东方色彩浓厚,佛寺庙宇林立,建筑精致美观,曼谷是世界上佛寺最多的地方,有大小佛教寺院 400 多个,其中玉佛寺、卧佛寺和金佛寺最为著名,被称为泰国三大国宝。漫步城中,映入眼帘的是巍峨的佛塔,红顶的寺院,以及红、绿、黄相间的泰式鱼脊形屋顶的庙宇,充满了神秘的东方色彩。每天早晨,全城香烟袅袅,钟声悠悠,磬声清脆动听,诵经之声不绝于耳。

(2)芭堤雅:位于首都曼谷东南 154 km 的中南半岛南端,从曼谷出发沿苏库威高速公路行驶两小时就可到达芭堤雅,是东南亚近年来热度极高的海滩度假胜地,每年接待游客 100 多万人次,收入外汇折合泰币 70 多亿铢,是泰国旅游业的重要支柱之一。享有"东方夏威夷"之誉,芭堤雅已成为"海滩度假天堂"的代名词。

(3)新加坡:新加坡是东南亚的一个岛国,也是一个城市国家,原意为“狮城”。新加坡是全球最为富裕的国家之一,其经济模式被称为“国家资本主义”,属于新兴的发达国家,并以稳定的政局和廉洁高效的政府而著称。新加坡是亚洲最重要的金融、服务和航运中心之一。根据全球金融中心指数的排名,新加坡是世界第四大金融中心。新加坡在城市保洁方面效果显著,故有“花园城市”之美称。

(4)吉隆坡:马来西亚的首都和最大的城市。目前,许多联邦政府机构已迁往布城。吉隆坡是马来西亚三个直辖区之一,曾于1998年举办英联邦运动会,也是第一个举办此运动会的亚洲城市。坐落于吉隆坡市中心的国油双峰塔是吉隆坡的著名地标。

(5)马六甲:马六甲是马来西亚历史最悠久的古城、马六甲州的首府。它位于马六甲海峡北岸,马六甲河穿城而过。该城始建于1403年,曾是马六甲王国的都城,后因马六甲河口的淤塞,以及槟城、新加坡的兴起,城市地位下降。特产有橡胶、椰子、水果与稻米等,以工艺品著称于国内外。

2. 线路特色

(1)花园城市与购物之都。新加坡城市的道路两旁树木成荫,街头到处是小花园和小草坪,花香草绿,空气清新,是一个小巧美丽、整洁绿色的花园都市。新加坡种有各种花卉,其中以国花——兰花最为著名。新加坡是著名的自由贸易港,集中着世界一流的商品,同时作为东南亚的中心,各种具有地方特色的商品也是数不胜数,丰富的商品和良好的购物环境吸引着各地的旅游者。

(2)多种文化并存的吉隆坡。马来西亚本国居民有三个种族——马来人、华人、印度人。马来人说马来语,多信仰伊斯兰教,爱吃椰浆饭,不喝酒(除少部分),喜欢和朋友坐在一起喝饮料、聊天。华人多信仰基督教或者佛教,说汉语或者英语,爱吃肉骨茶、炒果条,喜欢派对、蹦迪和去酒吧。印度人则很多是佛教徒或者印度教徒,说印度语,爱吃咖喱羊肉或者妈妈档,妈妈档是印度一种穆斯林餐厅。这三种文化在一起,使得吉隆坡的多元不仅仅在表面上展现,而是体现在这座城市的骨髓里。多元的文化把吉隆坡变成一座“世界建筑博览馆”。

(3)古老的都城与现代的文明。天使之都曼谷是泰国的政治、经济和文化中心,也是全国最大的工商业城市。湄南河在市区川流不息,其分支纵横交错如同蛛网,所以曼谷又有“东方威尼斯”的美称。自1782年拉玛一世建都于此,曼谷就成了汇集整个泰国新旧生活方式的万花筒。200多年的古都沧桑给曼谷留下众多的文化古迹,与现代都市气息交相辉映,相得益彰。古老与现代并存,梦想和现实交织,使曼谷这个国际大都市充满了无穷的魅力。

(4)独具特色的娱乐活动。世界闻名的“人妖歌舞”表演是泰国最为突出的表演,也是众多游客最为惊叹的一个节目。如果有兴趣看一场泰拳比赛,也是一个不错的选择。一般可在曼谷拉查达慕农拳击馆、鲁比尼拳击馆等欣赏到此类比赛。泰式按摩是古代泰王招待皇家贵族的最高礼节,泰式按摩发源于古印度的西部,创始人是古印度王的御医吉瓦科库玛,他至今仍为泰国人民奉为医之父。

3. 货币及时间知识

(1)目前人民币在泰国、新加坡和马来西亚尚未流通,可以提前在国内兑换好旅游目的地货币,可以自带泰国铢、新加坡元、马来西亚林吉特、港币和美元。如到目的地国家再兑换成当地的货币,按我国外汇管理局的有关规定,公民出国游每人允许携带外汇量折合美元5 000元整。以中国人民银行当日公布的汇率为准。

(2)时差:新加坡、马来西亚和北京无时差,泰国和北京时差为1小时。

4. 出入境及托运手续的办理及注意事项

泰国的出入境方面要注意:在抵达机场之前填写海关报表,申报携带入境的外币数额不能高出5万泰铢,否则可能会被逮捕、控诉或者没收超额部分的钱。根据泰国有关规定,允许携带入境免税数量为:1 kg的酒、50支雪茄、250 g烟丝、200 g香烟,以及5卷电影胶片,此外各种肉类、植物和蔬菜等禁止入境。旅客可以在免税商店购买1 kg酒、一架相机、一架摄影机和个人佩戴的珠宝首饰等出境。盗版的作品不要带入境内,即使你的计算机软件和美术作品是合法著作,每一作品每人也限带一份,绝不允许携带麻醉剂、毒品、色情书刊及武器等。从2011年初开始,该线路各国海关加强了对入境游客携带的名牌产品的盘查力度,开始重点打击假冒和仿制的名牌产品,并对入境游客的行李进行检查。所以要提醒游客勿穿戴假冒名牌产品出国旅游,以免遭到重罚。

5. 线路产品知识

新马泰地区的人民非常热情好客,"您好""谢谢""对不起"等文明用语不绝于耳。推门后请注意后面是否有人随后,有则扶好门请后面的人进门,女士优先;不允许随地吐痰、吸烟、乱扔垃圾,公共场所不大声说话,排队时不允许插队。

(1)着装:准备衣物要根据季节的变化而定。泰国属热带季风气候,全年分为热、雨、旱三季,年平均气温为24~30 ℃;新加坡属热带海洋性气候,常年高温多雨,年平均气温为24~27 ℃;马来西亚属热带雨林气候,内地山区年均气温为22~28 ℃,沿海平原为25~30 ℃。

(2)交通:行驶中不允许用手机,不允许吸烟,否则将受法律诉讼;出于汽车保养,各城市间长途行驶时,中途需停息一下;司机停车时因为环保原因不允许开空调,否则要罚款;所在国法律规定,司机开车时间不得超过9小时/天,每天必须有至少12小时休息;旅游车上禁止吸烟、喝汽水及吃带果皮的食物、冰淇淋等,果核请用纸包好放入垃圾桶。如行程安排需要乘坐夜火车,较慢,停站较多,车厢较小,且不供应饮用水,同时游客要注意保管好各自的财物。

(3)酒店:新马泰酒店内不提供洗漱用品及拖鞋;大部分国家所用酒店交流电压皆为220 V;电源插头多数为圆柱状插头,但酒店并不备有转换插头,请自备;由于气候较热,一般酒店不提供开水,所以游客若有热饮习惯,务必自行备好煮水用具。酒店内一般有闭路电视节目,但要按收看时间付费,因此电视遥控器上凡是有PAY或P字样的按键都不要轻易碰;尽量避免在酒店房间内打电话,因为酒店会加收很高的服务费和附加税。房间小冰箱内的酒水和小食品是收费的,若已使用,请在退房离开酒店前通知导游,并现付。

(4)饮食:团体早餐通常在酒店内用西餐。当地对浪费食物极为反感,所以酒店一般提供欧式团体早餐。早餐较为简单,有面包、咖啡或茶,以及果汁。注意不准将食物带上车食用。午晚餐安排中餐,但口味无法同国内相比。标准正餐泰国为七菜一汤,新加坡、马来西亚为六菜一汤。行程中偶尔会安排地方风味正餐,个人饮食有任何特殊要求可随时向导游提出。

泰国菜特点是酸辣香甜,里面使用了大量的作料和天然香料。吃泰餐有几个需要注意的地方:如果不喜欢辣,在点菜时可向服务员说不要辣;不必花费钱财在酒水上,因为泰餐本身味道较重,通常是配白水的;泰国主食可选吃米饭,泰国香米驰名世界,值得品尝。新加坡餐饮汇集了当地的风味和来自世界各地的佳肴,有中国菜、马来菜、泰国菜、印尼菜、印度菜、西餐和快餐等。由于历史的原因,新加坡在饮食方式和习惯方面融合了马来人和华人的烹调特色。旅游者在餐厅或酒店消费,需付10%的服务费、7%的政府税及1%的观光税,郊区餐厅或小吃店不收服务费和小费,集市小吃摊也无须另付。新加坡已全面禁烟(包括电子烟),所有公共场所一律禁止吸烟。马来人的食物以辣为主,其中较出名的食物有椰浆饭、沙嗲(鸡肉、牛肉及羊肉串)、马来糕点、竹筒饭和黄姜饭等。

6. 签证手续

与其他国家类似,不再赘述。

7. 风俗禁忌

在新加坡,进清真寺要脱鞋,在一些人家进屋也要脱鞋。新加坡已经被西化,但当地人仍然保留了许多民族的传统习惯。在新加坡打招呼的方式各有不同,最通常的是见面握手,对于东方人可以轻轻鞠一躬。在新加坡,一般红、绿、蓝色很受欢迎,视紫色和黑色为不吉利,黑、白、黄为禁忌色。在商业上反对使用如来佛的形象,在标志上,禁止使用宗教词句和象征性标志。喜欢红双喜、大象等图案,数字禁忌4、7、8、13、37和69。

马来西亚人忌讳摸头,认为摸头是对人的一种侵犯和侮辱;同马来西亚人握手、打招呼或馈赠礼品时,千万不可用左手。握手时,双手仅仅触摸一下,然后把手放到额前,以表示诚心。通常男士不主动与女士握手;在和马来西亚人交谈时,不要把双手贴在臀部上,因为这种方式表示发怒;马来西亚人喜好辣食,习惯用右手抓饭进食,只有在西式的宴会上,马来西亚人才使用刀叉和勺子。除皇室成员外,一般不穿黄色衣饰;因马来西亚种族较多,信奉的宗教不同,要尊重各民族宗教习惯。

泰国佛教盛行,进入寺庙必须拖鞋,不要将手臂、腿等露在外面,要穿长裤、长裙等比较整齐的服装。在泰国绝对不可以讨论泰国国王,泰国人认为佛祖和国王是至高无上的。泰国人常用的见面礼是双手合十。双掌相合上举,抬起在额与胸部之间,双掌举得越高,表示尊敬度越高。泰国人喜欢大象和孔雀,荷花是他们最喜欢的花,他们喜欢红色、黄色,尤其喜欢蓝色。他们忌讳褐色,忌讳用红笔签名和使用狗的图案。在泰国不要踩门槛,买东西的时候,特别是在地摊,不要用脚去指摊位上的东西。

8. 线路范例

泰国、新加坡和马来西亚10日游

行程特色	倾情奉送:曼谷1晚团队五星酒店、英式流行花园、银湖葡萄园 泰好吃:43层彩虹大厦酒店豪华自助餐、泰式火锅、海岛海鲜大餐、东方公主号船餐消夜、昭帕雅公主号星光晚宴 泰好玩:休闲之旅。独家推出欧美人最爱的爱琴岛服务 两条船:夜游暹罗湾——东方公主号游轮观赏人妖,还可以与人妖合影 夜游湄南河昭帕雅公主号——游船晚宴让您体会曼谷夜色的堂皇大气和妩媚妖娆 泰舒适:曼谷、芭堤雅全程当地4星酒店绝对物超所值 泰享受:古南洋贵族向往的大自然宫廷——舒心馆,享受正宗泰式古法按摩 泰坚持:坚持品质路线,携手泰航、泰旅局共同打造安心东南亚。新加坡赠送“海之颂”海上音乐喷泉 郑重承诺:泰国无须保证自费,完全自愿参加,并承诺参加自费600元封顶,违规超出部分2倍赔偿		
日期	行程	用餐	住宿
D1	北京—曼谷 北京首都机场统一集体办理登机手续,搭乘航班飞往泰国首都曼谷,抵达后导游接团,乘车前往酒店休息	晚	曼谷
D2	曼谷 早餐后,参观泰国第四王朝拉玛大皇宫及国宝玉佛寺,后参观泰国国父五世皇柚木行宫和马车博物馆 早餐:酒店内　午餐:43层彩虹大厦酒店豪华自助餐　晚餐:泰式风味餐	早午晚	曼谷

续表

日期	行　程	用餐	住宿
D3	曼谷/芭堤雅 早餐后，前往参观泰国政府验证的国际珠宝外贸中心及皮件外销展示厂，午餐后前往东方夏威夷——芭堤雅，途经鳄鱼饲养场，近距离观赏精彩的驯鳄表演；金三角风情游：世界毒王——坤沙金三角真实录、毒品战争收藏纪念馆；泰北 93 师民族文化村；登上芭堤雅最高峰定军山，著名的 Jomtien 海滩尽收眼底，华裔郑王的雕像即屹立于此。晚上赠送的节目更具泰国独特风格，夜游暹罗湾——东方公主号，观赏人妖及游船夜宵；节目之余芭堤雅另有丰富多彩的夜生活 早餐:酒店内　午餐:泰式火锅　晚餐:东方公主游船上	早午晚	芭堤雅
D4	芭堤雅 早餐后，搭乘快艇去爱琴岛，中午到达格兰岛享用岛上海鲜风味餐。可以选择自费乘坐形似海上毛虫的香蕉船、安全性能高的喷气式水上摩托车，以及飞天空中拖曳伞等。下午前往泰国民族风情之东芭乐园，参观热带兰花园、英式流行花园，观赏大象趣味特技表演、猴子采椰子，以及泰国各地民俗传统舞蹈表演。前往金佛寺祈福平安，而后驱车游览五大奇观：七珍佛山、五吨纯金释迦牟尼佛、舍利子佛塔、神佛脚印和九世皇塔。赠送银湖葡萄园，感受别样泰国。而后将安排传统泰式古法按摩 早餐:酒店内　午餐:海鲜餐　晚餐:泰式风味餐	早午晚	芭堤雅
D5	芭堤雅/曼谷 早餐后，参观泰国野生海燕窝特产专卖店及海味干果市场，午餐后前往毒蛇研究中心，观赏空手捉蛇表演和泰国的蛇药。随即前往东南亚最大国际免税商店参观选购，傍晚前往夜游湄南河昭帕雅公主号享用湄南星光晚宴，体验泰国人赖以为生的湄南河两岸入夜生活及五光十色的浪漫夜景，后前往观赏泰国人妖歌舞表演，VIP 贵宾座＋饮料，精彩纷呈的演出保证让您过目不忘 早餐:酒店内　午餐:酒店内　晚餐:湄南河昭帕雅公主号星光晚宴	早午晚	曼谷
D6	曼谷—新加坡 早餐后乘车前往曼谷机场。由导游集体办理离境手续和登机手续，乘机飞往美丽的狮城——新加坡。抵达后市区观光：国会大厦外观、高等法院，以及新加坡代表意义的鱼尾狮公园。晚餐后前往位于新加坡本岛的南部充满热带风情的度假旅游胜地圣陶沙岛，优雅恬静是该岛的一大特色，在这里可以欣赏激光音乐喷泉表演 早餐:酒店内(曼谷段)　午餐:中式午餐　晚餐:中式晚餐	早午晚	新加坡
D7	新加坡/马六甲 早餐后登上新加坡最高山——花芭山。随后参观新加坡著名珠宝展示中心、百货店和免税店。午餐后驱车前往马来西亚——马六甲(全长 260 km，约 3.5 h)，沿途欣赏马来西亚田园风光，橡胶林和椰子树在夕阳的映衬下显得格外美丽。抵达后参观三保井、三保庙、荷兰红屋，并瞭望繁忙的世界著名海峡之——马六甲海峡(1 h) 早餐:酒店内　午餐:中式午餐　晚餐:五洲大酒家	早午晚	马六甲
D8	马六甲/云顶/或吉隆坡 酒店出发前往吉隆坡太子行政中心、水上清真寺、马来屋和石油双塔(外观拍照)(约 50 min)；吉隆坡市区观光：独立广场、国家皇宫和英雄纪念碑(约 1 h)。前往巧克力专卖店自由选购(45 min)，午餐后前往皇家雪兰莪参观(约 45 min)。后乘坐世界上最长的缆车，去往海拔 1 700 m 的云顶高原胜地，参观一年恒温、葱绿的高山 早餐:酒店内　午餐:珍宝海鲜酒楼　晚餐:云顶酒店自助/吉隆坡中式和菜	早午晚	云顶或吉隆坡
D9	吉隆坡 云顶下山参观珠宝加工厂(约 1.5 h)。午餐后前往土特产店(45 min)。后乘车前往新山 早餐:酒店内　午餐:马来风味自助餐　晚餐:士乃嘉宾酒楼	早午晚	新加坡
D10	新加坡—北京 早餐后乘车赴新加坡机场办理登机手续，搭乘航班返回北京。抵达北京后结束愉快的旅程	早	无
全程小费 300 元/人 行程及价格说明同开篇案例，此处略			

(资料来源：根据网络资料改写)

9. 范例分析

以上行程是新加坡、马来西亚和泰国较经典的旅游线路之一，包括了主要城市的核心景点，涵盖面广，景点档次较高。在大交通的选择上，泰航独特的飞行服务，给游客一种耳目一新的感觉。在娱乐活动的设计上，节目更具泰国独特风格，夜游暹罗湾——东方公主号、赠送泰式按摩等，都是经典的旅游项目。另外，还留出了足够的时间自费观看人妖表演，时间和内容设计科学。在用餐设计上，泰式火锅、海鲜餐、消夜、马来风味自助餐及中式餐交错使用，使游客不但感受到浓浓的异国风情，也能够品味外国的饮食文化。住宿方面，均是四星级以上酒店。从整体上看，产品设计完整，尤其是针对高端客人，设计从点到面，考虑周全，是中高端观光产品的代表。

8.3.4 美洲主要城市旅游线路设计

1. 主要城市与景区

(1)纽约：1624年建城，位于纽约州东南部，是整个美国的金融经济中心和人口最多的城市。作为全世界最大的都会区之一——纽约都会区的核心，在超过一个世纪的历史中，纽约在商业和金融方面发挥了极为重要的全球影响力，它左右着全球的媒体、政治、教育、娱乐与时尚界，联合国总部也位于该市。位于曼哈顿的华尔街，自第二次世界大战后在全球的国际金融中产生了重大影响，纽约证券交易所也位于此地。

(2)华盛顿：位于美国东北部，是为纪念美国开国元勋乔治·华盛顿命名的。华盛顿在行政上由联邦政府直辖，不属于任何一个州。其作为美国的首都所在，见证了美国的成长。多年的政府和各个组织经营，多个著名人物的进驻，使华盛顿成为美国旅游的热门城市，旅游景点很多，在全球颇有盛名。有美国国会(国会大厦)、总统府(白宫)、国务院、国防部(五角大楼)、国家图书馆、国立博物馆、老国立美术馆、新国立美术馆，以及乔治敦大学、华盛顿大学等。

(3)拉斯维加斯：拉斯维加斯是美国内华达州的最大城市，以博彩业为中心的集旅游、购物和休闲度假产业为一体的旅游城市，是世界知名的度假胜地之一。从一个巨型游乐场到一个真正有血有肉、活色生香的城市，拉斯维加斯在十年间脱胎换骨。每年来拉斯维加斯旅游的3 890万旅客中，来购物和享受美食的占了大多数。这个曾经被人讽刺为“罪恶之城”的赌城，已经逐步成熟，成为一个真正的城市。

(4)洛杉矶：位于美国西海岸加利福尼亚州南部的洛杉矶，是当今美国仅次于纽约的第二大城市，也是全球经济与城市体系中一颗耀眼的明星。第二次世界大战中及战后，联邦政府通过军事订货、设立军事设施和军事基地，使洛杉矶现代工业迅速崛起，成为美国西部一个最大的城市。洛杉矶是全世界的文化、科学、技术、国际贸易和高等教育中心之一，还拥有世界知名的各种专业与文化领域的机构，闻名世界的好莱坞就位于该市。

(5)夏威夷：夏威夷是太平洋上一颗明珠，是美国的第50个州，由夏威夷群岛所组成，是太平洋地区海空运输的枢纽。马克·吐温说：夏威夷是大洋中最美的岛屿，是停泊在海洋中最可爱的岛屿舰队。夏威夷是世界上旅游工业最发达的地方之一，闻名之地有檀香山、威尔基海滩和珍珠港。

(6)旧金山：位于美国加利福尼亚州西海岸圣弗朗西斯科半岛，三面环水，环境优美，是一座山城。属于亚热带地中海气候，气候冬暖夏凉，阳光充足，被誉为“最受美国人欢迎的城市”。旧金山住有很多艺术家、作家和演员，20世纪至21世纪初一直是美国嬉皮文化、近代自由主义和进步主义的中心之一。

(7)多伦多:作为加拿大的经济中心,多伦多是一个全球城市,也是全球最重要的经济中心之一。多伦多拥有傲人的城市风景线,包括全世界第二高的建筑、现代奇观之一的加拿大国家电视塔,美丽迷人的安大略湖,延绵数里的湖滨走廊和众多世界著名的建筑设计师在多伦多留下的大手笔。多伦多又是全球最多元化的都市之一,其丰富多彩的族裔特色,令这座城市缤纷绚丽,绽放无穷魅力。在这里,49%的居民是来自全球各国共100多个民族的移民,140多种语言汇集在这个北美大都市,共同谱写优美和谐的华丽乐章。由于这里的犯罪率极低、怡人的环境和高质量的生活,多伦多被认为是全球最宜居的城市之一。但同时多伦多也是加拿大消费最为高的城市。

2. 线路特色

(1)流光溢彩的赌城。拉斯维加斯以其博彩业和夜总会著称于世,每年要接待2 000多万名来此试试运气的游客。该市的博彩业成为内华达州财政税收的一大支柱。与博彩业的繁荣相对应的是这里建有大量超豪华的宾馆供游客住宿,此外还建有世界上设备最高级的会议场所。另外,这里还有各种精彩的舞台表演,包括乐队和舞蹈表演。到过拉斯维加斯的人都会认为那里是一座流光溢彩的都市。近年来,不少新婚夫妇都喜欢去拉斯维加斯度蜜月,在五光十色中享受人生最美的时光。

(2)童话世界迪士尼。在洛杉矶郊区,有一座举世闻名的大型游乐园,那就是每个孩子都知道的迪士尼乐园。它占地65 hm^2,由美国著名的动画片制作大师沃尔特·迪士尼创办,他创作的米老鼠形象风靡全世界。乐园中共有30多个活动节目,每个节目都采用高科技的设备营造出具有丰富想象力的人间幻境,吸引了来自世界各地的游客。

(3)梦幻工厂好莱坞。好莱坞是美国的电影业中心,它位于洛杉矶市西北郊区,由于这里具备各种拍摄电影外景的自然条件,1908年以后美国各地的制片商陆续集中到这里。现在,好莱坞已经成为美国电影业的代名词。电影制作人运用各种高科技手段制作出令人称奇的电影效果,好莱坞的摄影棚成为名副其实的“梦幻工厂”。游客来到好莱坞必到的景点有比佛利山、好莱坞大道和环球片场等。

(4)篮球热浪NBA。NBA(美国篮球职业联赛)是美国人最热衷观看的比赛。每到赛季开始的时候,比赛地点几乎场场爆满,篮球明星们高超的技术使得观众如痴如醉。NBA在美国不仅仅只是一项体育赛事,它已经渗透到商业和广告业中,除了每赛季的巨额票房收入以外,还能获得大量附加的商业和广告利润。游客在美国旅游,如果正赶上NBA赛季,不妨去看一场比赛,见识一下美国篮球队员的娴熟技巧和美国人对篮球运动的狂热。

(5)度假胜地夏威夷:夏威夷风光明媚,海滩迷人,日月星云变幻出五彩风光:晴空下,美丽的威尔基海滩,阳伞如花;晚霞中,岸边蕉林椰树为情侣们轻吟低唱;月光下,波利尼西亚人在草席上载歌载舞。夏威夷的花之音、海之韵,为游客们奏出一支优美的浪漫曲。

3. 货币及时间知识

(1)以中国人民银行公布的当日汇率为准。

(2)时差。美国本土48州共有4个时区,从西往东依次为太平洋时间、山地时间、中部时间和东部时间,还有阿拉斯加(州)时间。美国还实行夏令时,美国夏令时始于每年4月的第1个周日,止于10月的最后一个周日,夏令时比正常时间早1小时。美国标准时间与北京时间的时差:东部时间:−13,中部时间:−14,山地时间:−15,太平洋时间:−16,阿拉斯加:−18。

例如,北京时间减去16小时就是美国太平洋时间。北京时间为20:00,美国太平洋时间就是04:00。在夏令时,时差少1小时。如在美国夏令时,北京时间为20:00,美国太平洋时间就是05:00。

加拿大和中国国内的时差是13个小时,在夏天的时候,加拿大实行夏时制,它和国内的时差则是12个小时。所以,到了加拿大的一个重要事情就是倒时差。

4. 出入境及托运手续的办理及注意事项

(1)旅游证件:为了便于过境时各地海关查阅,应将护照(护照复印件)、机票、身份证和邀请信等各种证件随身携带,切勿放于行李箱内。同时最好还带上中国的身份证及工作证。

(2)托运规定:按规定,托运的行李每件不能超过50 kg,体积不能超过40 cm×60 cm×100 cm,每位旅客免费托运行李额,头等舱为30 kg,经济舱为20 kg,持婴儿票的旅客无免费行李额。超出部分每千克按经济舱票价的1.5%加收费用。

机场安检部门提醒旅客,托运的行李中严禁夹带危险、违禁物品,酒类限带两瓶,重要文件和资料、外交信件、证券、货币、汇票、贵重物品、易碎物品和易腐物品,以及其他需要专人照管的物品,不得夹入行李内托运。

5. 风俗禁忌

(1)美国风俗禁忌。美国80%以上是欧洲移民的后裔,华裔约450万。50%的居民信奉基督教和天主教,其他人信仰犹太教和东正教。

美国人一般性情开朗,乐于交际,不拘礼节。第一次见面不一定行握手礼,有时只是笑一笑,说一声Hi或Hello就算有礼了。握手的时候习惯握得紧,眼要正视对方,微弓身,认为这样才算是礼貌的举止。一般同女士握手美国人都比较斯文。在告别的时候,也只是向大家挥挥手或者说声"再见""明天见"。忌讳向女性赠送香水、衣物和化妆用品。美国女性因有化妆的习惯,所以她们不欢迎服务人员送香巾擦脸。

在美国千万不要把黑人称为Negro,最好用Black一词,黑人对这个称呼会坦然接受。跟白人交谈时如此,跟黑人交谈更要如此。美国人忌讳别人冲他伸舌头,认为这种举止是污辱人的动作。忌讳数字13、"星期五"等。忌讳问个人收入和财产情况,忌讳问女性婚否、年龄及服饰价格等私事。忌讳黑色,认为黑色是肃穆的象征,是丧葬用的色彩。特别忌讳赠送带有公司标志的便宜礼物,因为这有做广告的嫌疑。

(2)加拿大风俗禁忌。加拿大的基本国情是地广人稀,特殊的环境对加拿大人的待人接物有一定影响。在交际应酬中,加拿大人最大的特点是既讲究礼貌,又无拘无束。加拿大国民的主体是由英法两国移民的后裔所构成的,他们忌讳"13"和"星期五",认为"13"是厄运的数字,"星期五"是灾难的象征。他们在饮食上,忌吃虾酱、鱼露、腐乳和臭豆腐等食物,忌食动物内脏和脚爪,也不爱吃辣味菜肴。加拿大不喜热菜,冷食较多。他们不喜欢外来人拿他们和美国进行比较。

6. 签证手续及办理

申请美国签证不同于申请欧洲、大洋洲等其他国家签证,不得不进行烦琐翔实的个人材料准备,并且必须亲自(任何机构与团体都不能代替本人)到所属领区使领馆进行面谈。因此,请务必按照以下要求准备相关材料(必须提供真实资料),加拿大签证与美国要求基本相同。

(1)申请人翔实填写的"赴美报名表""家庭成员表""补充信息表"。

(2)申请人有效因私护照原件(护照有效期距预计归国日期半年以上),护照末页要有本人签名。

(3)申请人提供 5 cm×5 cm 正方形彩色免冠照片 2 张，并在背后签字(3 个月之内近照，背景为白色，露耳朵)。

(4)申请人身份证复印件一份。

(5)申请人所在单位出具的在职及收入证明原件，并加盖公章；或提供申请人单位正规抬头空白信纸四张、加盖公章及负责人签名。

(6)申请人所在单位的营业执照(或组织机构代码证)复印件并加盖单位公章(无独立营业执照或组织机构代码证的单位，请提供主管单位的证明)。

(7)申请人工作名片三张。

(8)申请人结婚证复印件。

(9)申请人所在户口簿所有页复印件(如果夫妻二人及未婚子女不在同一户口上，需提供二人户口本原件)。

(10)申请人的资产证明(包含存折、存单、房产、车产、有价证券和国债等)复印件。存折或是存单存款金额至少 10 万元人民币，活期存折开户日期最好是一年之前，定存的存单最好是 6 个月之前开户；除存款外还请提供不动产(如房产、车产等)，其中房产请尽量提供现住房(或是最大平米住宅用房)房产证复印件；以上资料提供得越多越好。

(11)申请人曾有良好出境记录(特指美洲、欧洲和大洋洲等发达国家)，请提供护照复印件(包含护照首页和签证页)，本人则在面谈时将境外照片(有当地标志性建筑物)带进使馆。

(12)申请人近期全家合影照片原件一张。照片上人数越多越好，最好有父母及子女在上面。

(13)申请人职历证明复印件(毕业证书或职称证明)。

以上所需的复印件资料请保证资料的清晰和完整，所有复印件均需 A4 纸张复印。

7. 线路范例

美国、加拿大 14 日游

日期	行　程	用餐	住宿
D1	北京—华盛顿 乘国际航班前往华盛顿，抵达后入住酒店休息	无	华盛顿
D2	华盛顿—纽约 早餐后游览华盛顿市区：总统府——白宫(外观，约 30 min)，威严耸立的华盛顿纪念碑；宏伟壮丽的国会大厦(外观，约 30 min)，古希腊式建筑林肯纪念堂(约 40 min)、《独立宣言》撰写者杰斐逊纪念堂(约 30 min)等；(安排购物店约 45 min)；离开华盛顿在前往纽约的途中，可自费前往宾夕法尼亚州首府——费城，参观独立宫(外观，约 30 min)，早期国会、独立广场和独立钟(进入参观约 30 min)	早午晚	纽约
D3	纽约 早餐后，前往曼哈顿。可以远眺美国的标志性建筑自由女神像，若有兴趣也可自费前往码头乘船，环游自由女神像(乘船，不上岛约 1 h)；参观圣约派粹克大教堂和联合国总部大厦(外观，约 40 min)，参观有"世界金融中心"之称的华尔街(约 20 min)及世贸遗址。参观著名的名牌时尚大街第五大道(约 1 h)、百老汇大街、洛克菲勒中心(外观)；晚入住酒店休息或(自费)夜游曼哈顿岛(约 1.5 h)	早午晚	纽约
D4	纽约—布法罗—多伦多 乘车前往多伦多，抵达后入住酒店休息	早午晚	多伦多

续表

日期	行　程	用餐	住宿
D5	多伦多—布法罗 早餐后参观多伦多:议会大厦(约 20 min)、市政厅(约 20 min)、多伦多大学(约 20 min)和央街等。随后前往游览美加边境的世界七大自然奇景之一的尼亚加拉大瀑布(约 2 h),可从加拿大境内正面观赏大瀑布,随后乘车返回布法罗	早午晚	布法罗
D6	布法罗—芝加哥—拉斯维加斯 抵达拉斯维加斯,午餐,入住酒店休息。晚上可自费夜游拉斯维加斯(安排礼品店约45 min)	早午晚	拉斯维加斯
D7	拉斯维加斯 全天自由活动。可自行参观拉斯维加斯大道、罗马街等;也可(自费)前往世界七大奇景之一的科罗拉多大峡谷国家公园(乘车前往约 6~8 h)。在西峡还可以自费走上玻璃桥,或自费乘坐直升机下到谷底。之后返回拉斯维加斯,晚上可自费欣赏大型歌舞表演或娱乐场所(约 2 h)	早午晚	拉斯维加斯
D8	拉斯维加斯—洛杉矶 早餐后乘车前往洛杉矶,抵达后可以自费游览环球影城(安排礼品店约 45 min)	早午晚	洛杉矶
D9	洛杉矶—圣迭戈—洛杉矶 早餐后,乘车前往西岸最大的军港城市——圣迭戈,参观市区及古城之后,穿越跨海大桥,来到科罗拉多岛,同时参观加州最古老的科罗拉多酒店(约 40 min),此酒店已有百年历史,爱迪生曾亲自监督该旅馆照明设备的安装,英国皇室之温莎公爵也曾下榻于此。此外,曾有 12 位美国总统莅临开会及度假。远眺美军太平洋舰队基地,也可自费乘船(圣迭戈游船)游览海港,近观美国最新最大的航空母舰	早午晚	洛杉矶
D10	洛杉矶—夏威夷 乘机飞往宜人的度假胜地夏威夷;后乘车前往举世闻名的珍珠港(约 1.5 h),然后搭乘美国海军游艇参观第二次世界大战时被日军炸沉的亚利桑那号主力舰之残骸与亚利桑那号战艇纪念堂。观看大风口古战场(约 20 min)。参观第二次世界大战日本偷袭原址,观看珍贵的历史纪录片,然后可自由活动或购买土特产或漫步于威基基海滩	早午晚	夏威夷
D11	夏威夷 早餐后,参观夏威夷近代政治权力的象征建筑物——檀香山州政府,接着前往美国领土上唯一的皇宫遗址伊欧拉尼皇宫(约 20 min),以及矗立于最高法院前披着金黄色外袍的卡美哈国王铜像。可自费欣赏草裙舞、惊险火把舞及吞火表演。还可以自费体验潜水艇(安排礼品店,约 45 min)	早午晚	夏威夷
D12	夏威夷—旧金山 抵达后市区观光旧金山的标志——金门大桥、艺术宫等,游览渔人码头、九曲花街等(安排礼品店约 45 min)	早晚	旧金山
D13	旧金山—东京 早餐后乘坐国际航班跨越国际日期变更线返回中国	早	飞机
D14	北京　抵达北京		

(资料来源:捷达假期国际旅行社美洲部)

8. 范例分析

美洲的旅游线路较多,可选择美国连线加拿大,也可选择美国东海岸或者西海岸等,在美洲的两个大国——美国和加拿大,地域辽阔,资源丰富,不但有世界闻名的地质公园,也有滑雪、湖泊等深度游的资源,同时,国际大都市的城市气息、文化气息及商业气息同样是吸引游客的重要资源。

本行程选取的美国与加拿大的连线行程,产品中涵盖了具有历史文化特色的林肯纪念馆、艺术气息浓厚的好莱坞、自然景观出挑的大峡谷公园及度假胜地夏威夷，景点选取档次较高。同时，鉴于美洲行程近年来一直是高价走势，将夏威夷草裙舞表演、墨西哥边境游、乘船夜游曼哈顿岛和夜游拉斯维加斯等活动变成自理项目，合理降低旅游价格。

8.3.5　欧洲旅游线路设计

欧洲旅游线路是可变性最大的一条出境线路，所涉及的欧洲国家较多，每个国家根据不同的气候、环境、民俗而形成不同的旅游资源，而面对众多的线路，游客具有更大的选择权，既可以选择走马观花的11国游，还可以选择精华的英国一国游，还可以购买法国＋意大利＋瑞士的组合产品。可选择的景观类型也较多，有自然的阿尔卑斯山滑雪度假，也有纯天然的法国薰衣草香；既有神秘的古堡，也有浪漫的水城；既可以享受街头的自由，也可以感受红磨坊的激情；既可以去爱琴海宣读爱的誓言，也能够去奥地利聆听典雅的音乐。所以，很多人对欧洲有着独有的情结，在产品设计上，针对目标市场，帮助其设计、选择产品就显得格外重要。

1. 线路特色

(1)多国历史与人文景观荟萃。欧洲国家众多，地域狭小，交通便利，过境手续简单，在线路设计上，往往一条线路涵盖几个国家甚至十几个国家，由于不同的历史原因造就了不同的人文景观，中世纪的教堂、塔楼，文艺复兴时期的宫厅、邸宅，以及百年老店、长街古巷等，比比皆是。

(2)奇趣的禁忌及民俗大观。欧洲具有160多个民族，在不断的民族融合中，形成了不同的民风民俗。同时，由于历史、地理等多种原因，导致每个国家的民俗禁忌各有不同，形成了丰富多彩的民俗资源，行走在欧洲，能感受到不同国家、不同民族的融合与荟萃。

(3)现代的城市与古朴的小镇各具韵味。欧洲具有世界级大都市，如伦敦、巴黎等，也有特色城市水城威尼斯、时尚之都米兰和爱情之都雅典。近些年来，很多旅行社将目标瞄准了一些特色小镇，2000年被评为“世界文化保护遗产”的布鲁日(比利时)，托尔斯泰在1856年就形容它是瑞士的一个最浪漫的地方，薰衣草与鸢尾开得各具风情的普罗旺斯都成为游人的必选目的地。

2. 货币及时间知识

(1)人民币与部分欧洲国家货币汇率，以中国人民银行公布的当日汇率为准。

(2)欧洲主要城市和国家与中国时差一般在5～7小时之间，即欧洲比中国晚5～7个小时。

3. 海关出入境、托运手续的办理及注意事项

(1)进入欧洲海关出入境注意事项：18岁以上成年人可带香烟两条和烈酒一瓶，其他日用品、旅行用电器及个人物品出入境时不必缴税。提示游客勿携带假名牌商品出境，如若发生此情况，将被没收并处以300～500欧元不等的罚款。严禁携带黄金出境。镇静剂、武器、爆炸品、受保护动植物及其制品等一律严禁携带入境。

(2)从2005年7月1日开始，我国恢复进出境旅客填写申报制度，海关将按购物发票认定物品价值。所有进出我国的旅客，除按规定享受免检及随成人旅行的16周岁以下的旅客以外，其他旅客必须填写《中华人民共和国海关进(出)境旅客行李物品申报单》。海关规定每人可以携带现金人民币20 000元或5 000美元出境，超过部分要申报。摄像机和长镜头相机出关时应向海关申报，入境时原物带回；如游客从国外或港澳台地区带回物品总价值超过人民币

5 000 元的额外商品，海关要按规定进行征税。其他需要申报的物品详见《中华人民共和国海关出境旅客行李物品申报单》。

4. 主要旅游国家风俗禁忌

欧洲人在生活上似乎没有特别的禁忌，但有些细节还是旅行时应该注意的。

(1)法国：在博物馆和教堂不要用带有闪光灯的相机拍照。女士优先的礼仪起源于法国，旅行中要注意为女性让道、开门和让座，上下车让女性先行。

(2)德国：在德国用餐，不要用吃鱼的刀叉来吃肉。如果同时要饮用啤酒和葡萄酒，宜先饮啤酒，后饮葡萄酒。在自助餐的发明国里吃自助，尤其注意不要在食盘中堆积过多的食物。德国人守纪律，讲整洁；守时间，喜清静；待人诚恳，注重礼仪。

(3)瑞士：与瑞士人共餐，通常在开始时互相敬酒一次，之后则不需频频敬酒，各自随意饮用即可。用餐过程中，不宜直接用嘴去吹凉过热、过烫的菜肴或汤，更不能在咀嚼食物、使用餐具时发出声音。

(4)英国：英国人最忌讳别人谈论男人的工资和女人的年龄，就连他家的家具值多少钱也是不该问的，这些都是其个人生活的秘密，绝不允许别人过问。在英国，请千万记住不能问人家“你去哪儿”“吃饭了吗?”等问题，他们讨厌别人过问他们的个人生活。在谈话时，不要以皇室的家事作为笑料。另外，他们的汽车行驶方向和欧洲其他国家正好相反。

(5)西班牙：西班牙人强调个人信誉，宁愿受点损失也不愿公开承认失误。如果无意中帮助了他们而使他们免受损失，那么你便永久地赢得了友谊和信任。

(6)匈牙利：不论住店还是用餐，千万别弄碎玻璃器皿，否则，就会被人认为是交逆运的先兆，将成为不受欢迎的人。匈牙利人比较迷信，新年的餐桌上不许摆放禽类制成的菜肴，认为那样的话，好运会随禽类飞走。

(7)荷兰：荷兰人爱清洁、讲秩序，做生意时希望你在到达荷兰前就事先约定。性格坦率，开诚布公。爬楼梯或搭升降电扶梯的时候，女性通常跟在男性的后面，这并不是不尊重女性，而是荷兰人特有的习惯。

(8)俄罗斯：在俄罗斯，被视为光明象征的向日葵最受人们喜爱，被称为太阳花，并被定为国花。拜访俄罗斯人时，送给女士的鲜花宜为单数。在数目方面，俄罗斯人最偏爱 7，认为它是成功、美满的预兆。对于 13 与星期五，他们则十分忌讳。俄罗斯人非常崇拜盐和马，主张“左主凶，右主吉”。

(9)葡萄牙：葡萄牙人重视礼节，通常在礼貌性寒暄之后都会互相交换名片，但不太守时。与葡萄牙人洽谈生意，勿让葡萄牙友人有被推销产品的压力。通常葡萄牙人喜欢在旧式、气氛庄严、亲切的咖啡屋洽谈生意，花费不多但效果好。葡萄牙人十分随和，喜欢社交。尽管天气热也穿着西装，和他们谈判时，应衣着整洁，并在工作和社交场合戴上领带。

(10)比利时：比利时人爱把做生意和娱乐结合在一起，喜欢招待别人，也喜欢被别人招待。注重外表，注重生意伙伴的头衔。

(11)丹麦：丹麦人喜欢桑拿浴和饮酒，且酒较昂贵。商务活动中倘若招待一场桑拿浴或多带几瓶苏格兰威士忌酒，便可增加谈资和作为最佳馈赠。饮酒干杯是丹麦人的社交习惯，如果用餐时相互叫 Skal，就表示要一口饮尽整杯酒，这是丹麦的餐桌礼仪。如果首次拜访当地人并被招待晚餐的话，访客通常有带一束花给主人的习惯。

(12)挪威：挪威人讲究守时，与人谈话保持一定距离，拜访或出席家宴时要准备花或糖果等礼物送给女主人，出外郊游不要惊吓河鸟(挪威国鸟)，普遍视红色为流行色。

(13)希腊：希腊人爱午睡，为亚热带气候所致。说午安时可包括深更半夜，最后分别才道晚安。希腊人做生意方法比较传统，讨价还价到处可见。如招手一类友好的手势，在希腊却意味着“下地狱”，希腊人表示告别，是把手背朝向对方招手。

(14)奥地利：奥地利人不喜欢在新年期间食用虾类。因为虾会倒着行走，象征不吉利，若吃了虾，新的一年生意就难以进取。

(15)爱尔兰：爱尔兰忌用红、白、蓝色组(英国国旗色)，这是由于政治和历史原因所致。

(16)意大利：意大利民族整体而言性情温和，对稍微违反礼仪的言行能将就。但另一方面，意大利人会以貌取人，若是衣着光鲜，得到的服务较好。

5. 线路产品其他知识

(1)酒店：西欧常规旅游使用的三、四星级酒店，旅游团使用的酒店一般离市区较远。与国内的酒店相比，普通酒店大堂和房间较小(尤其是在意大利)，无商场，电梯每次只能搭乘两人和行李。酒店无一次性使用物品，如牙刷、牙膏、拖鞋和电热水瓶等。酒店工作人员可以通过红外线计算机管理收费电视频道及冰箱饮品。欧洲酒店内的电信服务费较高，如需国际通信可购电话卡使用公用电话。

酒店内的电视一般分收费和免费两种，因此遥控器上凡有 PAY 或 P 字样的按键，请不要轻易去碰。欧洲电压与中国一样，都是 220 V，插头为两个圆柱状，请在国内买好三眼插头或两眼插头的转换插头。欧洲的生水可直接饮用，大多数酒店内无沸水供应，请自备茶叶和电水壶。每到一地酒店，请务必记住导游房间号及取一张酒店的介绍卡。

(2)用餐：早餐在酒店的西餐厅享用，西欧各国因为本国的生活习惯，早餐并不一致，普遍较为简单，尤以法、瑞、意早餐更为简单，需注意。午、晚餐为适合中国人的口味，均安排在中餐厅享用(长途旅行在高速公路快餐厅用餐，有时可能不能按时用餐，可自备饼干等零食)，标准是五菜一汤，饭前有茶，饭后有水果一盆(无饭量限制，提供有小碟椒酱开胃)。

(3)交通：欧洲的车行方向与中国相反，过马路请遵循人行交通信号灯的指挥，一定要在人行横道线上过马路。

(4)司机和导游：欧洲的交通法为保障司机及旅客的生命安全，规定司机每天工作不得超过 10 小时，因此额外要求司机早出晚归将遭到拒绝。随团有外籍专职司机和中文导游，在国外有付小费的惯例，入乡随俗，以鼓励他们更好地提供服务。

(5)安全：欧洲的治安情况并不十分好，旅途中需注意安全并严防扒手，当有陌生人靠近时应提高警惕，注意他们动作的细节。贵重物品及护照请随身携带，切勿收藏在行李箱内，更不要放在车上或房间里，必要时可放在酒店的保险柜里。出外旅游以轻便为好，不要戴太多的首饰和其他贵重物品，随身手袋和皮包切勿随意丢放。护照需严格保管，除过边防外不要拿进拿出。旅途中请时刻与团队在一起，不要随意与不认识的人搭讪。

(6)需要物品：欧洲大陆天气多变，夏季比较炎热，因此建议随身携带足够的防晒用品，以及遮阳帽和遮阳伞。旅行中以衣着舒适、方便为原则。观看表演或出入其他正式场合(如梵蒂冈圣彼得大教堂)须穿着端庄。进入赌场需穿正式服装(西装、领带等)。

(7)退税：欧洲各地许多较大的商店和百货商店列有“免税”的牌子，表明来自欧洲共同体以外的游客可以退还营业增值税，由于各个商店的退税程序和退税率不同，最好向购买东西的商店询问一下。

退税说明:在商店购物时,向收银员要求填写退税表格;填写完毕,该商店会给予盖章,签字方有效(请将有关表格收好);在离境时,将有关购买的物品及退税率交于 CASH REFUND 的柜台;进入关口后,可见到 CASH REFUND 柜台,游客可凭已盖过章的退税单,向有关柜台领取现金;退税物品尽量不要放入托运行李中,以便过海关时验看。注意,只能在离境的最后关口方可领取现金,若是转机或过境均不可退税。

(8)购物:商店一般经营到晚上 7 点,周日停业。欧洲主要的产品参考如下:

- 法国:香水、化妆品、时装、手表、珠宝及艺术品。
- 荷兰:钻石首饰、陶瓷制品、油画及古玩工艺品。
- 瑞士:钟表和巧克力。
- 意大利:皮革制品、金银首饰、水晶制品及宗教工艺品。

6. 签证手续

到欧洲旅游需要办理欧洲签证,它也称"申根签证",办理以后可以去所有欧盟所在国(申根国),如德国、法国、丹麦、瑞典、捷克、芬兰、荷兰、波兰、希腊、挪威、冰岛、奥地利、比利时、意大利、匈牙利、葡萄牙、西班牙、卢森堡、立陶宛、马耳他、爱沙尼亚、拉脱维亚、斯洛伐克、斯洛文尼亚和瑞士等。

根据申根协定,申根国家之间原则上取消边境检查(仍保留抽查和一定情况下恢复全面检查的权力),相应的,所有申根国家实行统一的签证和边检政策。同时,持一个申根国家的申根签证,可以在任意其他申根国家入境、停留或出境。来往于不同的申根国家,不会在护照和签证上留下纪录。

如果只准备前往某一个特定的申根国家(意指申请签证时只能提供前往该国的行程证明),必须向这个国家的驻外机构申请签证;想要在多个申根国家逗留,原则上必须根据提交的行程去停留时间最久的国家(主要停留国家)的驻华使领馆申请签证;在无法确定主要停留国家的情况下,可以申请首先入境国家的签证。

申请申根国家签证,大部分都需要申请人本人亲自申请和面试(除了比利时和马耳他)。在各个申根国家使领馆申请签证的材料不完全一样,但大同小异,一般如下:

(1)签证申请表。

(2)2 张二英寸白底彩照。

(3)护照原件+复印件(6 个月以上的有效期)。

(4)户口簿及身份证的原件和复印件,需翻译成英文。

(5)申请人公司在职证明,英文原件,用公司抬头纸注明回国日期、担保等,签字并盖章。

(6)商务签证需要境外邀请公司的邀请信、原件和复印件,注明前往目的、停留时间和行程安排等;个人旅游签证需要提供 5 万元以上的存款证明、房产证等财产证明。

(7)申请人公司的营业执照复印件,需翻译成英文。

(8)境外酒店订单和机票订单。

(9)国际旅行保险。

因为申根签证是在整个申根范围内有效,所以,只要不出申根范围,可以在不同的申根国家任意来往,SINGLE ENTRY(单次入境)的签证也依然有效。比如说,持 SINGLE ENTRY 的申根签证,可以在法国入境,然后去西班牙、德国和意大利等,再返回法国或从其他申根国家出境都没有问题。但是凭同一签证在入境之后去英国等非申根国家,SINGLE ENTRY 的签证就失效了，不能再凭此签证重新进入申根国家。

7. **线路范例**

见开篇案例。

本章小结

公民出国旅游是中国公民了解世界、认识世界、开阔眼界、自我提高的手段。出国旅游的经历有助于公民认识别人的长处与自己的短处，取长补短，提高自我素质，同时也是国人客观看待中国经济建设成就的重要方式。出国旅游的发展是一个国家国民经济发达程度的象征，也是一个国家旅游业成熟的标志之一，有助于提高整个国家的形象，从中国人身上看到现代的中国，看到发展中的中国，会增强世界对中国社会经济发展的信心，同时也有助于中国入境旅游业的发展。

出国旅游产品的设计已经成为中国旅游行业中普遍关心的话题，国家政策的变更、国际政局的变动、汇率的变化和手续办理的繁简等都是影响出国产品的重要因素，相较于国内旅游产品，出国旅游产品更脆弱、变化性更强，操作模式也要随之快速转变。通过本章的学习，希望学生学习到出国产品设计的核心理念，能够独立操作出境线路。

复习思考题

1. 从自己的角度出发调查本城市出国旅游的市场。
2. 简述我国公民出国旅游的现状对市场的影响。
3. 分析出国产品设计的一般规律。
4. 分析美洲线路设计与常规出国产品的最大区别。
5. 简述边境游的设计思路。
6. 简述连线出国旅游产品的设计思路。

案例讨论

1. 通过学习，分析北海越南连线的线路操作注意事项。
2. 分析开篇案例中欧洲风情14日游的优缺点。

第 9 章　休闲度假旅游产品

本章提要

休闲度假旅游是以游憩、娱乐、度假和休养为主要目的，直接关注人的内在感受的一种较高层次的旅游形式。与普通旅游相比，休闲度假旅游具有访问地相对固定，强调休息、娱乐和保健，滞留时间相对较长，可重复消费及家庭化等特征。休闲度假旅游在国外虽然已成为一种普通的生活方式，但在我国仍处于起步阶段。

本章主要阐述了海滨、山地和温泉等几种休闲度假旅游产品，分析了其各自特色，并根据其细分市场及受众人群，探讨产品的设计思路和产品组合开发的模式，为后面几章的学习奠定了基础。

学习目标

1. 海滨文化的提炼及产品的设计。
2. 休闲度假产品的组合设计。
3. 温泉高端度假产品的设计。

框架结构

- 休闲度假旅游产品
  - 海滨度假旅游产品
    - 世界海滨旅游布局情况
    - 我国海滨度假旅游发展的现状
    - 我国海滨度假旅游的发展趋势
    - 海滨度假旅游产品的设计
  - 山地度假旅游产品
    - 山地度假旅游产品的概念及内涵
    - 山地度假旅游产品的主要类型
    - 山地度假旅游产品的设计思路
    - 山地度假旅游产品的策划
  - 温泉度假旅游产品
    - 我国温泉度假旅游产品存在的问题
    - 温泉度假旅游产品的设计思路
    - 温泉度假旅游产品的开发

开篇案例

阿尔山市打造国际养生度假旅游目的地

阿尔山市是内蒙古东部的一个边境城市，横跨大兴安岭西南山麓。阿尔山全称“哈伦·阿尔山”，是蒙古语，翻译成汉语的意思是“热的圣水”，是因水而名、因泉而旺的旅游度假城市。阿尔山地区旅游资源富集，组合极佳，整体资源集原始性、自然性、神奇性和多样性于一身，是理想的休闲度假的旅游胜地。被称为“中国的黄石公园”“中国的阿尔卑斯山”“中国的北海道”“东方的瑞士”。

一、矿泉资源

阿尔山矿泉是世界上最大的功能型矿泉之一。经中科院、中国地质大学联合进行的火山科考认定，阿尔山周围就有冷泉、温泉、热泉、高热泉等温度不同、功能各异的饮用和洗浴矿泉逾百眼。其中，温泉博物馆内就有能够治疗关节炎等八大系统疾病的矿泉 48 眼，其他矿泉集中分布在金江沟、银江沟一带。距市中心 2.5 km 处的五里泉矿泉为天然优质饮用矿泉水，富含锂、锶、硒等人体必需的微量元素和宏量元素，每天自涌量为 1 054 t。

二、冰雪资源

由于特殊的地理环境，阿尔山从每年的 11 月份至次年的 4 月份都被冰雪覆盖，千山堆玉、万野披银。这里雪期长、雪质好，积雪厚度平均超过 350 mm，加上特殊的山形地貌,适宜开展各种滑雪运动。近年来,阿尔山市相继建设了标准的竞技滑雪场和休闲娱乐滑雪场。

三、火山遗迹

阿尔山拥有200多km^2保护完好的亚洲最大的火山熔岩地貌,这里的一些火山熔岩景观是亚洲仅存的,被称之为天然火山博物馆。阿尔山地区共有四座活火山。走进阿尔山,可以欣赏壮观的天池群、堰塞湖群和地震断裂带等景观,感受大自然的伟大和神奇。天池位于阿尔山东北74 km的天池岭上,是全国著名的天池之一,按海拔高度,阿尔山天池在天山天池、长白山天池之后,居全国第三。

四、森林草原

这里地处大兴安岭林区腹地,是呼伦贝尔草原、锡林郭勒草原、科尔沁草原和蒙古草原四大草原交汇处。森林覆盖率超过80%,绿色植被率达97%。这里地处寒温带,年均气温−3.2℃,年降雨量448.8 mm。空气中负氧离子含量非常高,是非常理想的避暑、休闲、度假、疗养胜地。

五、边贸口岸

阿尔山西临蒙古国,从市区到边境仅45千米。阿尔山—松贝尔口岸是中蒙边境继满洲里、二连浩特之后的第三大陆路口岸,已升格为国际性季节开放口岸。这里既是联合国开发计划署规划的阿尔山—蒙古国乔巴山铁路的中枢,又是第四条欧亚大陆桥的桥头堡。既可以领略异域风情,又可以体验独特的民族风情,还可以通过互市贸易开展经济交流。

六、民俗风情

早在元朝以前,这里就是蒙古民族从森林走向草原的出发地。阿尔山是一个多民族聚集区,民俗风情十分浓郁。这里还是国家重点的森林工业基地,形成了独特的林区风俗。这里的温泉文化、林俗文化、冰雪文化历史悠久、凝重深厚。

近年来,阿尔山市在全国率先提出了构建"生态文明体验区"的理念,全力加快构建生态文明保护区、生态文明产业区、生态文明开放区、生态文明和谐区,积极创建生态旅游经济示范区,真正让丰富的资源优势转变为产业优势、经济优势。充分利用丰富的旅游资源,打造温泉养生保健、冰雪运动休闲、避暑休闲度假、火山遗迹探秘、森林草原观光、林俗文化体验、千里雾凇观赏、口岸异域风情等经典品牌项目,着力建设生态旅游、休闲度假、火山科教三个国家级中心和温泉度假、冰雪运动、会议论坛三个国家级中心。努力打造最好的自驾车公园、最大的房车游基地、最长的森林小火车观光线、最好的火山空中观测站、最具养生理念的温泉保健场、最具经营条件的冰雪运动场和最有代表性的大兴安岭林区生产生活体验地等"七大特色类产品",倾力打造"国内一流、国际知名"的世界生态旅游目的地。

(资料来源:根据相关资料改编)

观光旅游以欣赏自然景观和文化古迹、领略民俗风情,并以增长见识、开阔眼界和愉悦心情为主要目的。而休闲度假旅游是指以消遣娱乐、康体健身、休憩疗养、放松身心为主要目的,到某一特定目的地进行较少流动性的旅游消费活动。随着中国经济的持续发展,人们的旅游观念也发生了重大改变,越来越多的人已经厌倦了走马观花式的观光旅游,转而开始爱上以休闲、放松和娱乐为主的休闲度假旅游。相对于观光旅游而言,休闲度假旅游是一种更高层次的旅游形式,更强调安全、宁静的优美环境、丰富多彩的娱乐生活、增进身心健康的游憩设施和高品质的服务。观光旅游与休闲度假旅游的区别见表 9.1。

表 9.1　观光旅游与休闲度假旅游的区别

类　型	层　次	目　的	目的地固定性	时间/期间	娱乐配套
观光旅游	基本形式、常见、普及	目的性很强；自然和人文的观光、增长见识、放松心情	固定性较小	行程紧密，在某一目的地停留的时间较短	对娱乐配套设施的要求较低
休闲度假	旅游业发展到一定阶段后出现的旅游产品形式，高层次	更强调康体休闲；消遣娱乐、康体健身、休憩疗养、放松身心	较固定	假日，行程松散，在一地停留的时间较长	对娱乐配套设施的要求高

9.1　海滨度假旅游产品

海滨旅游是指发生在近水海域、海岸带和岛屿的旅游及其相关的休闲度假活动。它以著名的阳光、沙滩和海水，以及海蚀地貌、珊瑚礁和红树林等优美的旅游资源吸引着世界上的旅游者。近代的国际海滨旅游始于英国，随着发达国家经济的增长、居民的富足，海滨旅游发展进入了快速繁盛时期。据统计，海滨旅游的游客在德国占 50%，在英格兰占 70%，在比利时达到 80%。近年来，亚太地区的泰国、印度尼西亚、马来西亚、马尔代夫群岛，以及越南的国际旅游业迅速崛起，也是得益于海滨旅游业的快速发展。

海滨旅游业不但创造经济效益，提供就业机会，提升城市知名度，而且还能产生积极的联动效应，能带动其他产业的发展，如房地产、交通、商业及环境建设的发展。此外，还具有创汇创收功能显著、需求普遍，以及重复购买率高等优点。因此，发展海滨旅游，对于加快海滨地区基础设施建设、促进海滨地区经济发展、提高人民生活水平有着十分重要的意义。

根据《中国海洋 21 世纪议程》中提出的海洋开发战略目标，为保证海洋资源的可持续开发利用，为适应海洋旅游业迅速发展的要求，一切适宜于海洋娱乐的岸线、海滩、浴场和水域都要预留下来，保证旅游业的需要。这就为海滨旅游的健康发展提供了有力的保证。因此，海滨旅游的开发前景十分广阔，被我国旅游业界广泛看好。

9.1.1　世界海滨旅游布局概况

当今世界，海滨旅游的发展迅速而广泛，涌现出一大批著名的海滨旅游胜地，主要有以下几个：

- 西欧：主要分布在地中海沿岸，有西班牙驰名世界的三大海滨旅游区（西南部的“太阳海岸”、“幸福岛”——加那利群岛、“地中海浴池”——巴里阿里群岛）、法国芒通的“蓝色海岸”、意大利的亚得里亚海滨等。
- 东欧：黑海沿岸，如罗马尼亚、保加利亚的黑海海滨等。
- 中美加勒比海地区：有古巴的巴拉德罗、小安得列斯群岛西南的阿鲁巴和开曼群岛等。
- 北美：如美国的夏威夷、关岛、迈阿密，以及加拿大温哥华的“海上之村”等。
- 亚太地区：主要有印尼的巴厘岛、泰国的普吉和帕塔亚、马来西亚的槟榔屿、菲律宾的宿务、澳大利亚布里斯班的“黄金海岸”，以及中国的海南等。

• 室内海滨浴场:一些经济发达的国家,如日本、法国等,为了满足旅游者对海滨旅游的需求,甚至建有许多室内海滨浴场。其中,人造海滩、人造激流、冲浪和滑道等健身设备一应俱全,既无污染,又无鲨鱼威胁人身安全,并可四季待客,因而一经推出便广受欢迎。

世界海滨旅游的发展是不平衡的,一些主要的海滨旅游区也有着兴衰变化的过程。世界著名的海滨旅游胜地,在20世纪70年代以前集中在地中海、比斯开湾沿岸地带,这里被称为"黄金海岸"。70年代后期到80年代转移到加勒比海沿岸。进入90年代,亚太地区的夏威夷(美)、巴厘(印尼)、槟榔屿(马来西亚)和普吉(泰国)成为世界上最受旅游者欢迎的四大海滨旅游胜地。转移原因是多方面的,根本原因是环境质量的下降使之一个个地被旅游者抛弃。

9.1.2 我国海滨度假旅游发展的现状

我国海滨旅游的开发沿我国漫长的大陆海岸线展开。我国的海岸线北起中朝边界的鸭绿江口,南至中越边界的北仑河口,如果把星罗棋布在我国海域里的5 000多个岛屿的海岸线统计在内,我国海岸线的总长度则为32 000 km,是世界上海岸线最长的国家之一。海滨地区是我国最发达、最重要的经济地带,也是最具发展潜力的地区,在我国经济发展中起着龙头作用。我国政府非常重视沿海地区的发展,1980年建立了五个经济特区,1984年开放了14个沿海城市,1990年开发开放了浦东新区,从而形成了我国的沿海经济开放带。在政府的大力支持下,我国的海滨旅游经历了从无到有的发展历程,尤其是近年来,我国的海滨旅游发展十分迅猛。在现阶段主要呈现以下特点:

1. 资源条件良好,产业发展迅速

海天一色、风光秀丽的海滨地段是开发海滨度假旅游的基本资源条件,而我国拥有长达18 000 km的陆地海岸线和14 000 km的海岛岸线,漫长的海岸线上,各色海滨风光令人流连忘返,既有乱石穿空、惊涛拍岸的海蚀地貌景观,也不乏细沙绵绵、波澜不惊的海滨浴场,还有四季如春、椰风海韵的海滨风情,为海滨度假旅游产品的开发提供了广阔的空间。另一方面,海滨度假旅游活动项目的开展很大程度上依赖于海滨度假区的气候因素,如空气、温度和湿度等。我国的海滨地带从北至南跨越了温带、亚热带和热带三个气候带,整体的气候跨度较大,既能开发避暑度假旅游,如渤海湾一带;又能开发避寒度假旅游,如海南地区。海滨度假旅游资源的类型也较为全面。

2. 产品类型单一,同质现象明显

就我国现有的海滨旅游度假开发而言,尚处于初级阶段。一方面,在对资源的开发利用上过分依赖于阳光、沙滩和海水等替代性较强的海滨旅游资源,差异化和特色化程度较低;另一方面,对资源的产品化转化水平不高,旅游活动项目单一,产品档次较低,趋同现象明显。以北戴河为例,它是我国海滨旅游开发较早的地区,最初定位于休闲疗养,其海岸线上处处可见的就是"天然浴场",但除了隶属于不同部门外,每个浴场都几乎千篇一律:沙滩、凉椅、遮阳伞和简易更衣间等。这种粗放式的开发显然与现代海滨度假旅游产品的内涵要求相距甚远。产品开发上的低层次与同质化不仅导致了价格等内部不良竞争,而且对我国海滨度假旅游国际竞争力的提升造成了负面影响。

3. 消费季节性强,时空分布集中

由于海滨度假旅游者的消费动机仍以休闲疗养为主,因此海滨度假旅游区的活动设计和开展很大程度上要依赖于区域的气候因素,再加上我国目前的休假制度,使我国目前的海滨度假旅游在供求关系上呈现出明显的季节性。总的来说，我国海滨以渤海湾沿岸区域(5～9 月)及琼南沿岸区域(1～3 月，10～12 月)适宜休闲疗养的时间最长(每年平均 4～6 个月)，且光照时间长，光线强度适中，适宜休闲疗养期不受热带气旋和寒潮的影响，是我国开展海滨度假旅游的黄金地带；其他海岸段海滨适宜旅游期分属春、秋两季，相对较短。北方干热、南方湿热的气候让许多城市居民前往避暑胜地，形成渤海湾一带海滨度假旅游旺季；而在寒冷的春节期间，海南三亚等地则成为避寒胜地，形成了琼南海滨度假旅游旺季。

4. 配套设施滞后，生态保护不力

首先，对度假旅游区经营管理认识的不足造成了我国现有海滨度假区配套设施不完善的现状。现阶段，相当一部分度假村的投资者和经营者只是沿用一般酒店的模式对其进行经营管理，致使其在硬件设施和软件服务方面均与现代海滨度假旅游者康体、娱乐等个性化需求存在较大差距；其次，突出的季节性供求矛盾也是导致海滨度假旅游区配套服务设施滞后的一大原因。由于淡季持续时间相对较长，造成大量的设施及人员闲置，对投资者和当地政府而言是一个很大的负担，配套服务设施的建设因而未能得到应有的重视。

生态保护不力是我国海滨度假旅游区现存的一大问题。一方面突出表现为度假区的城市化和房地产化，一些投资者在短期利益的驱动下大搞圈地运动，任意建设，使一些海滨随处可见钢筋混凝土，同时还导致了交通拥挤、高噪声等一系列问题，使度假区生态质量明显下降；另一方面突出表现为度假区的环境污染严重，特别是在旅游旺季时，度假区的接待量远远超出了其环境容量，加之没有完善的处理设施，致使大量的旅游垃圾被遗留在沙滩上或直接流入大海，造成了严重的环境破坏。

5. 旅游产品的文化品位不高

文化是旅游业生存和发展的灵魂，只有高品位、高档次、能够体现出不同文化特色的旅游产品才能吸引游客。然而，在我国海岛海滨的旅游开发中，各地都不同程度地存在着商业化倾向，以及旅游产品格调低下、文化品位不高等问题。有的海滨地区搞一些形象粗俗、格调低下的民俗表演，令游客观后大呼上当；有的地方则把阴森恐怖的鬼文化以及当地的一些恶习、陋俗和封建迷信当作民俗旅游资源开发，结果造成了民俗庸俗化。这些粗糙庸俗、低级趣味的东西与海滨清新、秀雅、优美的环境极不相称，若不加强管理，势必会影响海滨地区旅游业的健康发展。

9.1.3　我国海滨度假旅游的发展趋势

随着我国旅游产品结构调整的逐步深化和旅游市场的逐步成熟，我国海滨度假旅游在未来发展中将主要呈现以下五大趋势：

1. 大众化趋势

度假旅游在国际上已经是一种大众化的旅游形式，如欧洲的英国、德国、西班牙，以及亚太地区的日本、韩国等地每年进行海滨度假旅游消费的旅游者均占到了其旅游总人数的 50%以上。我国的海滨度假旅游虽然起步较晚，但是随着“休闲时代”的到来和时尚旅游的兴起，海滨度假旅游必将受到更多旅游者的青睐，同时随着社会经济的发展，海滨度假旅游也将能为更多的中层消费者所接受，成为一种大众化的消费。在这一趋势下我国海滨度假旅游还将伴随家庭化、中档化等特点。

2. 多元化趋势

我国海滨度假旅游的多元化趋势一是指旅游功能的多元化。具体而言，主要指观光、休闲度假、康体、娱乐和疗养等功能的有机结合。一方面，从海滨旅游的自身发展看，其经历了三个阶段，即治病疗养阶段、疗养游乐阶段和游乐度假阶段，康体、娱乐等功能越来越成为现代旅游消费者的需求；另一方面，在开发海滨度假旅游产品时不能忽视观光休闲功能，休闲与观光的结合既是我国海滨度假旅游的一种趋势，也将是其一大特色。二是指旅游产品类型的多样化。将由传统的阳光、沙滩和海水等单一产品逐步扩展出高尔夫、滑水、摩托艇和海底观光等项目，形成海滨、海面、空中、海底立体式的海滨度假旅游产品系列。

3. 生态化趋势

海滨度假旅游的生态化趋势一方面源自旅游者对良好生态环境的追求，另一方面则源自度假区生态环境的退化。摆脱城市生活的负效应，回归自然、放松身心是海滨度假旅游者的主要动机之一。对我国上海市民周末度假旅游意向调查结果显示，选择"回归大自然、野趣浓、环境幽静"为目的者占到了51.2%。由此可见，良好的生态环境本身就是一种吸引物，对海滨度假旅游意义重大。同时，可持续发展观念的引入也是海滨度假旅游生态化发展的一大动因。

4. 休闲化趋势

随着休闲时代的到来，休闲体验将成为旅游者消费需求的一大特征，而海滨度假旅游所具有的良好环境和丰富内容又能为游客休闲提供特殊的经历与体验。为适应这一市场需求，我国海滨度假旅游区在未来发展中将不断增强旅游产品的休闲性功能，增加休闲设施和服务，使旅游者在享受大自然的同时，还能享受到民俗、文化和艺术等无限的休闲乐趣，这也将大大延长游客的平均逗留时间并提高重游率。

5. 创新化趋势

创新是发展的源动力，海滨度假旅游本身就是为适应不断变化的旅游市场需求而在持续创新的作用下出现的高级旅游形式。而随着市场的成熟化程度逐渐提高，必将出现一系列新的需求特征，海滨度假旅游为求得持续稳定的发展，就必须根据市场变化做出及时的创新与调整，以实现综合竞争力的提升。近年来我国海滨度假旅游发展中的一些新特点，如从无主题旅游向主题性旅游转化等充分表明了这一趋势，对海滨度假旅游的创新主要表现在规划开发、经营模式、产品设计和营销管理等方面。

9.1.4 海滨度假旅游产品的设计

1. 海滨旅游产品深度开发思路

(1)深挖海洋文化内涵，构筑具有浪漫气息的旅游产品体系。文化是提高旅游产品品位的重要手段，文化旅游产品开发以体现特色和品位为本质。开发海洋文化旅游产品，既要加大对新的海洋文化旅游项目的开发性投入，又要充分利用多种社会资源，通过优化配置，重新组合形成新的市场卖点。要加大海滨旅游吸引力，必须突出地方特色，挖掘独具特色的内涵并将其体现于旅游项目之中，形成具有较强冲击力的特色旅游产品体系。例如，大连海洋旅游开发可挖掘渔家民俗文化、海洋渔业文化和现代海滨艺术文化等内涵，组成形式多样的海洋文化旅游产品。一方面，可根据大连海洋文化旅游资源的类型，设计各种旅游路线，拓展大连海洋文化旅游产品的广度；另一方面，从文化旅游的终极关怀角度和文化旅游兴趣的转换角度，实现海洋文化旅游产品的有效连接，构筑大连海洋文化旅游产品体系。

(2)完善海滨浴场功能,围绕健康旅游开发海滨旅游项目。浴场是海滨旅游的重要组成部分,对于海滨度假旅游的深度开发,需在海滨浴场上大做文章。除传统的自由化的海水浴外,依托海滨资源中的沙滩、海岛和远海,还可以开发的健康旅游项目包括:沙滩球类、沙滩自行车、沙滩摩托车、风筝和沙滩骑车等健康旅游活动项目;海上可开展水上康体运动,如帆船、帆板、摩托艇、皮划艇、赛艇、滑水、冲浪、钓鱼、航模和龙舟等;水中(水下)康体运动,如游泳、跳水、水球、潜水和蹼泳等;空中康体活动,包括滑翔机、热气球等。

首先可以开展集海上观光、垂钓、赶海、潜水、养殖、捕捞、野餐及娱乐于一体的海上特色休闲健康旅游,也可以开展游艇环岛游、海岛野营探险游和海岛渔家宴美食游等健康旅游活动。其次可以开展水上运动健康游,尽可能多地举办一些诸如滑水、冲浪、赛艇、帆船、潜水和水上拖曳伞等水上康体项目。通过这些项目的开发,一方面可以丰富游客的旅游活动,使游客享受更多、更刺激的旅游项目,同时,可以延长海滨旅游季节。

(3)海洋饮食产品开发。"食"是旅游的主要内容之一,品尝风味餐饮是旅游不可缺少的内容。"食"作为文化的一部分,其目的不仅为大饱口福,更重要的是体会异域风情与文化。沿海地区盛产鱼虾、蟹类和海珍品,必定拥有一定知名度的风味海鲜佳肴,在海洋饮食深度开发中可根据不同消费层次的游客设计高、中、低档海味餐,席间辅以适当表演、解说等,介绍当地海食特色及传统趣闻。同时在传统的基础上融入现代理念,在传承和发扬的过程中开创新的地方特色,不断为传统饮食文化注入新的活力。

2. 海滨度假旅游产品设计与创新

(1)旅游活动项目多样化、丰富产品结构、不断更新换代是提高近距离客源重游率的保障。随着旅游者出游次数的增加,旅游者在需求内容、需求档次和参与方式等方面均呈现出新的变化。旅游需求的主导性突出,选择性增强,需求层次多元化。因此,以市场需求为导向,不断丰富海滨旅游的产品结构,才能"吸引来,留得住"更多的旅游者。

从我国海滨旅游度假区气候的适宜性来看,北方海滨适宜旅游期为4～6个月,南方为6～9个月,然而实际根本达不到,尤其是北方。所以,应充分利用海水以外的海滨旅游资源,开展多样化的海滨旅游活动项目,从海滨旅游的无主题开发到主题性开发;从传统的海面旅游向空中、水下发展。针对于海滨旅游度假区而言,缩短旅游淡季主要靠的是吸引近距离的客源,近距离主要是周末休闲度假。周末休闲度假旅游的动机就是逃避城市的喧嚣和工作的压力,到惯常环境之外的地方度过一个愉悦闲适的周末。人们寻求静谧的环境,新奇、刺激的感受。因而,对于近距离的周末休闲度假客源市场,要使海滨旅游度假区形成一个有吸引力的度假地,超越季节性的旅游活动项目是必不可少的,集科普性、参与性、娱乐性和知识性为一体,既满足了周末休闲者逃离城市的需求,尤其是对于有孩子的家庭,又实现了旅游的教育功能,为旅游者提供了了解海洋及大自然的窗口。另外,海滨旅游度假产品要不断有新项目推出,以满足近距离游客重复旅游求新求奇的需求。

(2)营造海滨旅游文化特色。以单一形态出现的一般化自然景观和人文景观对旅游者的吸引力有所下降,旅游者对综合性旅游项目的需求期待越来越高,即旅游者欣赏美的同时,更愿意获得知识性的满足。因此,要充分挖掘文化底蕴,丰富海滨旅游产品的内涵,确立不同于其他海滨旅游目的地的主题,以鲜明的文化特色增强对旅游者的吸引力,形成本地区的竞争优势。旅游产品的特色最终体现在文化内涵的多少上。与海滨密切联系的海滩文化、海岛文化、渔民和渔家文化,以及日常生活文化等"普通文化",与海滨资源和深奥的历史文化同等重要,是极具开发价值的文化宝库。

山东的海滨旅游开发已经拓宽了海滨资源和“海滨文化”主题，开发出了许多与海滨资源相联系的、与生活有关的综合性海滨旅游产品。例如日照的“赶海节”、威海的“国际渔民节”等。开发这些“海俗”“渔俗”等普通的海滨文化资源，不仅丰富了海滨旅游产品的文化内涵，增加旅游的趣味性和旅游者的体验感，而且超越了季节。再如秦皇岛，一提到秦皇岛，人们自然而然会想到“中国的夏都”、著名的避暑胜地北戴河，还有“天下第一关”之称的山海关，代表忠贞爱情的孟姜女庙，特别是秦皇岛是中国唯一一个以皇帝命名的城市。大海赋予秦皇岛灵魂，文化则给其注入无形的活力，让旅游者在欣赏大海风光、体验海洋乐趣的同时，获得知识性的满足。

(3)开发体验式旅游产品，满足旅游者参与旅游活动的需求。越来越多的旅游者更加注重精神层次的消费，已经不仅仅满足于传统的“有物可看，有话可说”的旅游经历，而希望通过视觉、味觉、嗅觉和听觉等全方位的参与或体验，充分理解旅游地的内涵和特色。整个过程都由游客亲身经历，亲身感受，经历一次心灵上的“旅游”，从而留下美好的回忆。从游客的心理属性出发，增设一些趣味游戏和互动性的活动，赋予它们更多的情调和个性。比如通过对打渔船、海产品养殖场的利用，让游客在充分了解当地历史风俗的同时获得非凡的体验效果。另一方面，开发全新的体验式旅游产品。比如沙滩寻宝、沙滩 CS 实战等一些适合年轻人的、充满刺激、挑战极限的专项旅游。

(4)突出海滨度假旅游的养老保健功能。海滨城市拥有良好的植被，较高的森林覆盖率及市内绿地面积，空气质量较好，空气中负氧离子含量对人的健康非常有利，另外，海水中富含钠、钾、碘、镁、钙和氯等多种对人体有益的矿物元素，所以，海滨城市具有适宜人类居住的气候环境，成为老年人养老健身的最好场所。如结合开发中医保健套餐等旅游产品，将中医的推拿、按摩及针灸等保健功能与海滨旅游相结合，形成独具特色的海滨养老保健产品。

(5)强化海滨度假旅游的运动健身功能。海滨旅游的许多活动自身就是体育项目，如游泳、沙滩排球和帆船等，符合旅游者体验式、参与式的心理需求。随着人们生活水平和健康知识的不断提高，人们日益崇尚自然，渴望返璞归真。比如徒步旅游，将旅游区和运动健身相结合，不受季节限制，在徒步中增长知识，在游览中强健体魄，将旅游与健身完美的结合，对越来越多的旅游爱好者形成强劲的诱惑。优良的空气质量，畅通的城市交通，丰富的旅游资源，时尚的体育赛事，都成为旅行社策划的新热点。

2017 海南亲水运动季在万宁日月湾举行，充分结合海南热带滨海岛屿自然生态优势，通过万宁冲浪度假营、文昌沙滩排球邀请赛等一系列亲水活动，致力于将海南打造成体育旅游示范区和水上运动天堂。CGA 健身硬汉海滩大奖赛是 2017 海南亲水运动季的重点活动之一，这不仅是一场“健与美”的视觉飨宴，充分展现选手阳光、活泼、健康、自信的风采，更是一场全民健身的冬日盛会。

(6)体现海滨度假旅游营造浪漫氛围的功能。大海或许是最能催生浪漫的地方，在寻常人的脑海中，最适合情侣间营造浪漫的地方就是那蔚蓝的大海、金色的海滩、温柔的海风，若隐若现的海鸥，面朝大海的度假酒店，以及海誓山盟的爱情誓言。广东万旅集团旗下浪漫海岸国际旅游度假区打造广东首席“爱与浪漫”主题度假区，坐拥优质的沙滩及 5.3 千米原生态的海岸线，以“浪漫”作为景区的主题 IP，从沙滩上的 LOVE 地标和同心池到东西岸遥相呼应的水晶教堂与诗歌殿堂；从音乐弥漫的慢摇吧到影影绰绰的灯光花海；从原生态天然渔港停泊着的上百条淳朴的渔船，到每年国际诗歌周迎来的无数的诗歌爱好者；从悉心打造的景区特色文创到面朝大海的精品酒店群，无不体现着浪漫的色彩。浪漫海岸通过建筑、场景、文创和活动等多方面营造浪漫氛围，每年旅游人次约150万人次。

9.2　山地度假旅游产品

我国是一个多山之国，山地旅游资源丰富。山地上的森林可调节气候，美化环境；各种各样的动植物在此繁衍生息，供人们观赏；山地的清新空气（如负氧离子）为疗养者所喜爱；垂直气候带是发展立体观光农业的良好基地；山地中的宗教人文遗产使一些山地成为著名的宗教旅游地；险峻的山峰和雪山已成为开展登山运动和滑雪运动的重要场所。发展山地旅游对维护山地生态系统安全、持续利用山地资源具有天然耦合作用。

9.2.1　山地度假旅游产品的概念及内涵

山地度假旅游就是人们利用可供自由支配的闲暇时间，离开常住地前往某些以山地资源为依托的旅游目的地，亲临优美的自然环境，从事一系列体验空间较大且具有康体疗养、愉悦身心等功能的旅游活动，使得个体的身心达到完全的放松，精神享受得到充分的满足，从而获得一次有别于以往观光旅游的特殊旅游体验。山地休闲度假旅游是对休闲度假旅游的一种限定，因为它强调以山地资源为依托，所提供的各类休闲度假旅游产品都离不开山地资源本身，因而山地休闲度假旅游更注重人与自然的亲密接触，更注重人们在山地自然环境中能够获得的放松身心的体验。

1. 山地旅游与山地休闲的比较

（1）产品定位。山地旅游的对象是山地的自然景观，如特定的动物、植物、天气、水体，以及整个山体环境，其核心是山地。设计山地旅游产品时要注意保持山地原有的风貌。对游客来说，山地旅游的教育性、科普性与感官体验一样重要。而山地休闲旅游的核心在休闲而不是山地，山地资源更主要的是作为这种休闲活动的依托，游客在其中进行一种自主、舒适的休闲体验，更注重营造山地休闲氛围和高品位的意境。

（2）旅游目的。山地旅游的游客一般都有明确的旅游目标，旅游企业要较好地展示山地特色，分析游客心理倾向，帮助游客“自给自足”，以达到山地旅游的目的。并且要处理好山地资源、文化与旅游开发、旅游经济效益多方面的关系，不能以破坏山地资源为代价换取利益，管理制度也相对严格。而山地休闲更加倾向于大众化，游客依托山地本身的自然魅力实现自我放松，较少考虑山地教育、科普等功能，不过多地干涉顾客行为，而是通过更全面的活动和更细致的服务引导顾客参与其中。

2. 山地度假旅游产品的特征

（1）原生体验性。山地休闲旅游以山地资源为依托，山地旅游资源自然性强，同一区域常融合了自然景观与人文景观，即使在同一区域从不同角度展现的风貌也各具特色。由山地资源的特点衍生的丰富性、季节性、地域差异性及多层次性等特征，使得游客能够选择更灵活的休闲方式，强调了游客的原生体验性。

（2）产品多样性。开发山地休闲旅游产品必须依托山地资源，一方面可以“无中生有”去创造旅游产品，另一方面又必须结合现有山地资源。如在阿尔卑斯山，从18世纪就已经开始开发山地休闲旅游产品。对现代游客来说,阿尔卑斯是快慢动静皆宜的旅游胜地。从这个角度看,山地休闲旅游产品开发必须结合市场需求,当前一部分山地休闲旅游产生于城市,如攀岩、滑雪和避暑等,虽然形式多样,但主流产品仍是具有原生态的山地休闲旅游产品。活泼好动的年轻人可以挑战垂直甚至倒挂的岩墙,驾着飞行伞遨游山谷到山巅,老弱妇孺可放慢步调,选一条轻松的山径漫步,乘坐登山火车或缆车就近看山、看冰河,甚至什么也不做,只是坐下来享受清静。

成功的山地休闲旅游产品应该是以原生态为主色调,同时又结合了都市旅游新形势的产品,并且活动的运动量适中,选择面广,能够满足不同层次消费者的需求。打造集山地旅游和休闲为一体的旅游产品,能够实现山地资源的综合利用,使得山地资源由单一的功能向多功能转化,实现自然风光向集观光和休闲娱乐为一体;实现文化宗教向集教育传承和环境保护为一体;实现科学考察向集科技示范和康体疗养为一体等多方面的融合。成功开发山地休闲旅游产品可实现生态、经济、社会效益的统一,实现多方共赢。

(3)客源市场稳定性。随着生活标准的提高,社会保险制度和福利制度的不断完善,使得人的寿命越来越长。国家调整节假日之后职工的休息假期越来越长,为休闲旅游业的发展提供了时间保证。现代人在计划休息日出游时更加关注旅游过程中精神、心理及健康方面的需求,改变假期逛景点的传统思维,不去名山大川和名胜古迹,找个时间和距离均较适合的目的地去旅游。山地休闲旅游正好符合这一新时期的休闲度假理念。

我国山地休闲旅游点大部分都在城郊区域,而且已成熟的旅游点大都具备良好的道路交通系统,许多旅游点还可以当天往返,大大减少了游客在路上消耗的时间。山地休闲旅游点的开发能较好地满足城市人的"休息要求",游客多会选择重复旅游,客源市场也比较稳定。

9.2.2 山地度假旅游产品的主要类型

目前,从国内外已经开发和正在开发的山地旅游产品来看,主要有以下五种类型:

1. 山地体验旅游产品

山地旅游产品的开发必须重视游客的参与性,参与体验应该成为山地旅游产品开发的重心。山地旅游可以为现代都市人提供山地环境体验、山野劳作体验和山地文化体验等各类体验产品。

2. 山地疗养旅游产品

山地有别于其他旅游地的显著之处在于其优良的原生性生态环境,特殊而复杂的山地类型使山地拥有清新的空气、宜人的气候、优美的景观和洁净的水体等各种类型的疗养度假资源,立足于这些资源可以开展具有健身、度假、疗养和保健等多种功能的疗养度假旅游产品。

3. 山地运动旅游产品

随着现代工业社会和旅游业的发展,越来越多的人向往在环境优越的野外环境参加各类运动。山地正是开展运动旅游的优良场所,在山地环境下可以开展攀登、探险、野外生存、户外拓展等各类运动产品。

4. 山地文化旅游产品

悠久的历史使我国山地积累了深厚的文化底蕴,立足于此可开发文化旅游产品。山地文化旅游产品大致包含以下几方面:第一是宗教文化,"自古名山僧占多",我国众多名山大川与佛教和道教融为一体，佛家的道场和道家的洞天构成了丰富的宗教旅游文化，是山地文化旅游产品重点之一；第二是农耕文化产品，山地中散布着相对原始的村落，保存了传统的农耕劳作习俗，是开展文化旅游的重要资源；第三类文化旅游产品是民族旅游产品，我国少数民族主要聚居于山地，独特的民族文化和生活习俗是山地文化旅游的重要内容。

5. 山地特色旅游产品

山地区域具备许多其他环境下不存在的特色资源，根据这些特色资源可以开展多种山地特色旅游产品。利用良好的森林环境加以人工改造可开展森林保健产品；利用合适的地形条件辅以人工喂养方式可开展捕猎产品；利用特殊的海拔和气候条件可开展冰雪项目；利用山地特定的文化底蕴可开发独特的文化产品等。

9.2.3 山地度假旅游产品的设计思路

1. 基于山地观光的设计思路

山地旅游资源最大的特征是自然性。由于地理位置、海拔等原因，山地一般能较好地保持原有的自然风貌，山地森林特有的宁静、绿色的环境和优美的风景能给人以安谧舒适的感觉，加上登山观景、荫下散步、郊游野餐和山地温泉等广泛接触山地森林环境的活动并远离城市中心，能使人的精神完全从城市的嘈杂中解放出来，心情得到放松，体魄得到锻炼。我国历史悠久，许多名山、大山都有其特有的山地文化，在设计过程中应注重山地人文景观与自然景观的相互映衬，让山地的名人墨迹、传说典故，以及宗教寺庙、政治遗址等成为山地休闲旅游的亮点。

从地理特征分析，山地复杂的地理构造让山地旅游资源显得更为精彩，所谓“横看成岭侧成峰，远近高低各不同”“一日感四季”等就是对山地景观变换最好的诠释。于是一部分游客看重山间变幻多端的景色，喜欢在山间进行文学、绘画等艺术创作，作为一种高层次的休闲方式。山地休闲旅游在开发过程中可以利用虚实结合的方法，合理布设山地景观，提倡主动创造“与众不同”的休闲环境，营造浓厚的艺术和文化氛围。通过环境来阐述休闲产品的文化理念，赢得顾客的共鸣、认同和喜爱，形成企业与顾客之间的双向交流与沟通，提高企业形象识别的不可模仿的独特性。

2. 基于山地度假的设计思路

我国山地旅游发展较早，但山地度假起步较晚。山地景区开发一般以山地观光为主，忽略了其中游客的“度假”心理。山地度假旅游是山地观光旅游发展到较高阶段的产物，是观光旅游时代的新型、高端旅游方式。度假旅游追求的是“放松”，通过各种方式和活动获得生理和心理的放松。度假旅游的性质决定了人们的旅游方式不再是以往的“快餐式”旅游，山地休闲是以度假意向明确的散客或小团体为主，并且关注常在山地开展以户外运动的专业化程度较高的俱乐部队员。为了平衡好游客“求新”与“放松”的心理，要求山地度假休闲产品实现主题化、特色化和专业化。如康体保健方面可以借助山地先天的自然条件选择山地康体养生休闲景区，开展山间温泉、山间瑜伽和山间文化养生等活动，配置对身体有益的树木花草，使游客以一种最放松、最简单的方式休闲养生；开展以户外运动为主题的山地活动，如攀岩、溯溪、山地自行车、滑草、野战和拓展训练等；也可以选择山地农家乐，让游客吃在农家、住在农家，以及体验山地酒(茶、书)吧的朴素格调。从低端到高端，努力打造度假休闲产品品牌，尽量延长游客的停留时间。

3. 基于山地户外运动的设计思路

随着竞技体育向大众化休闲项目的发展,户外运动休闲已成为一种时尚。长期以来山地运动就是刺激、挑战、娱乐项目的代表,山地因其独特的地质地貌、优美的自然风光,以及越来越完善的山区管理,已经成为户外休闲运动的最佳选择地。一般情况下,山地景区只把运动休闲项目作为景区的补充要素,起到提升景区休闲功能的作用。特别是一些山地户外条件优越的地方,不知不觉中已变成了许多"驴友"们的首选地。这种情况下,可以借助主题化的设计模式,确定山地运动的核心,使各项经营围绕山地运动展开,开展徒步旅游、漂流旅游、滑雪旅游和沙漠探险等主题运动项目,并且提供专业的运动设备和安全救护保障。在配套接待设施方面要做到与户外运动的补充协调,在采购酒店时,挑选设施齐全的酒店,包括游泳池、室内球场和室内淋浴等设施,以吸引更多的游客。

4. 基于山地体验的设计思路

体验经济是企业以服务为舞台,以商品为道具,以消费者为中心,创造能够使消费者参与、值得消费者回忆的活动。山地体验存在主动体验与被动体验两种形式。山地多种植有果树、蔬菜、药材和茶叶等,游客可以在当地农家的帮助下体验采摘乐趣,并在当地农家乐"自己动手,丰衣足食"。被动体验方面可以采取让游客参与当地的歌舞文化表演、文化节庆活动的方式,让其体验山地的民俗文化及宗教信仰内涵。游客可以在山地社区里住下,成为临时的山区人,体验当地风土人情,感受山区人民的淳朴。

9.2.4 山地度假旅游产品的策划

山地休闲度假旅游是人们双休日、节假日、年假期和带薪旅游的首选项目,这些旅游者的社会、经济、文化背景,以及年龄、爱好、兴趣等各不相同。所以,山地休闲旅游产品开发应针对不同细分市场游客的消费心理,实施多元化的产品开发策略,根据不同区域的资源特点,打造适合不同层次需求的旅游产品。如针对离退休人员应该多提供生态养生、山野餐饮、观赏休闲和文化娱乐等产品。而对于中青年人来说,则以山野运动、野趣游乐、山水观光和生态养生等活动为宜,产品主题要鲜明,格调品位要高,知识性、观赏性、趣味性和参与性要强。

1. 红色系列产品

山地通常带有浓厚的红色文化积淀,开发红色旅游产品,通过导游讲解和高科技技术手段等播放革命题材影片,带领游客感受"红米饭、南瓜汤"的革命情结,同时,可加入与其相关的红色文化表演、野外拓展训练、青少年夏令营和单位学习考察等产品,发挥红色旅游的特色,并以此开发会议接待、商务旅游等多种旅游模式,既延长了旅客的停留时间,又增加了旅游收入。

2. 绿色系列产品

针对游客求新求异的心理,开展春看山花、夏沐绿荫、秋观红叶、冬赏白雪的活动,同时开发消夏避暑、冬季戏雪、森林氧吧等产品。主要产品有四季观光、高空览胜和生态休闲度假等。

3. 体验旅游产品

山地旅游产品的开发必须注重游客的参与性,参与性体验应该成为山地旅游产品开发的重心。山地体验旅游迎合了现代人的需要:一是可以远离城市的喧嚣和空气污染,在进行体育锻炼的同时,充分享受自然山水和新鲜空气给人们带来的身心愉悦与放松;二是运动量适中,各种体力和各年龄段的人都能适应,从某种程度上说,可以最大程度地满足人们的参与感,而积极参与是人们自主意识逐步增强的体现;三是满足不同层次消费人群的需求;四是选择面广，可以根据个人的爱好、体力、经济状况和年龄等进行多方位的选择；五是山地体验往往以集体活动为主，有利于增加人与人之间的交往，而这正是现代生活越来越需要的。山地体验旅游产品的开发可以为人们提供山地环境体验、山野劳作体验、山地运动、山地文化艺术体验，以及山地特色旅游项目等各类体验式旅游项目。

4. 生态养生旅游产品

随着现代物质生活水平的提高，人们对“健康、愉快、长寿”的欲望越来越强烈，这种追求与迅猛发展的山地休闲旅游相结合，使得生态养生已经开始在国际范围内成为一种趋势。生态养生旅游产品包括特色养生餐饮和生态康体养生两种产品。特色养生餐饮与山地旅游结合起来，二者相得益彰，比翼双飞，能够形成带动山地旅游景区发展的特色旅游产品。康体养生是利用康体活动来调节心态，解郁强身，达到养生的目的，它既注重养生的功能，也注重养生过程的休闲性和体验性。山地生态环境佳，将康体项目引入并与山地休闲结合起来，应成为山地度假旅游产品开发的热点。

5. 科普教育旅游产品

人们对自然界充满好奇心，正是受好奇心和科学探索欲望的驱使，许多旅游者对野外考察、自然观察和科学探险抱有极大的热情，因此，以求知为目的，了解自然、历史和文化知识的科普旅游越来越受到现代旅游者的青睐。例如山地本身就是一个内容丰富、景象万千的自然和人文博物馆，是巨大的知识宝库。利用山地旅游资源可开展各类科普教育旅游产品，如利用地质地貌资源可以开发地质科普教育产品，利用野生动植物资源可以开展生物教育，利用居民区可开展农耕农事教育等。

6. 特色专题旅游产品

山地拥有丰富而高品质的自然和人文旅游资源，为开发各类特色专题旅游产品提供了广阔的空间，进而开发出多种特色旅游项目。如利用良好的森林环境加以人工改造可开展森林保健产品；利用合适的地形条件辅以人工喂养方式可开展捕猎产品，开展狩猎旅游项目；利用特殊的海拔和气候条件可开展高山冰雪项目等。其他可以开展的专项旅游还有摄影旅游、遗产旅游、野营旅游、怀旧旅游和美食旅游等。

9.3 温泉度假旅游产品

人类在很早以前就开始对温泉和温泉地萌发了兴趣。古罗马人首先发现了利用温泉洗澡的快乐之处及其健身等作用，并建造了一些著名的温泉城。18 世纪后，温泉胜地更是如同雨后春笋般涌现，目前已在全球分布有 6 000 多处。温泉在布局和结构等方面都反映出了旅游功能，温泉疗养已成为旅游者一个时尚的选择。

我国是世界上温泉最为丰富的国家之一，仅温泉就有 2 200 多处，其中有不少温泉有着非常深厚的历史文化底蕴。据记载，陕西临潼的骊山温泉是我国开发利用最早的温泉。以华清池为例，素有“天下第一温泉”之称。《长恨歌》中有“春寒赐浴华清池，温泉水滑洗凝脂”的妙笔佳句。

21 世纪是休闲度假旅游蓬勃兴起的时代，休闲旅游的发展推动了温泉业的发展。1998 年，珠海御温泉建成开业，创造性地提出了“温泉旅游”概念。从此温泉不仅具有疗养功能，而且具有养生、休闲、度假和旅游的功能。温泉已不再是热气腾腾的大澡池，而是成为养生、休闲、度假和旅游的文化载体;既是进行健身、疗养的温泉胜地,又是放松心情、舒活筋骨的旅游目的地;既是与家人或三五好友度过温馨一刻的休闲地,又是能安享生命尊贵和心灵宁静的度假村。温泉从此焕发出新的生命,人们开始有了一种全新的体验。

9.3.1 我国温泉度假旅游产品存在的问题

1. 对温泉洗浴存在误区,重概念轻内涵

现阶段,国内大多数温泉景区对于温泉的开发只停留在温泉的概念上,而忽视对温泉内涵的挖掘和展示,并没有从多层面开发出休闲娱乐、保健养生等旅游服务产品来丰富洗浴内涵,体现温泉“质”的差异性。对温泉的科学、医疗及养生的内涵挖掘展示不够,相反却更注重施加附加物如中药、花瓣和牛奶等,似乎温泉要附加了这些物质才更有养生的效果,这是出于对温泉的误解。

2. 重大众市场,轻细分市场

目前国内温泉度假地开发中主要重视大众市场,而忽略细分市场,缺乏对游客的市场需求和不同游客群体的心理和消费特征的把握,因此,造成产品同质化倾向严重。一想到温泉旅游,就只想到常规的温泉景区,其实提供的都是同质性产品。没有想到不同的游客去温泉旅游的需求是不一样的,更多游客已经开始将目标瞄准在度假上面,会议游客、商务游客、健身游客、养生游客、家庭游客和其他散客,到温泉度假地度假时,对项目的选择、娱乐的方式和对设施的需求都不一样,这既要求娱乐项目的丰富度,又要求产品的区分度。

3. 重模仿轻创新

旅行社在设计旅游产品时,尤其在度假地点的选择上,显得莫衷一是,多数度假地没有文化特色,在景观、建筑和洗浴的文化建设方面很难看到精品。有的模仿日本温泉风格,有的模仿欧美温泉风格,缺少用本土文化和民俗文化进行全方位、系统包装的温泉度假旅游地。此种情况使得市场上多数旅游产品过度相似,区别性太小,不利于市场竞争。

4. 未形成品牌化经营

纵观我国的温泉度假产品,尚无可在国际市场上打得响的产品,相对于国外的温泉度假产品,中国作为温泉大国,无论从软件还是硬件,还是缺乏一些较特色的温泉产品。

9.3.2 温泉度假旅游产品的设计思路

温泉度假旅游是旅游者以体验温泉、感受温泉沐浴文化为主题,以养生、休闲和度假为目的的时尚旅游。随着温泉消费者越来越成熟,温泉旅游的开发越来越需要具有差异性的温泉旅游产品出现。

1. 温泉与自然观光相结合

(1)与森林资源相结合。森林温泉掩映在繁茂翠绿的森林之中,四周遍布各种花草,恍若人间仙境,乐也逍遥。温泉水富含的多种微量元素,对多种疾病有辅助疗效,正是组合开发的良好资源。

(2)与山水风光相结合。温泉多处于名山之中,例如位于中国恩平市的帝都温泉,该旅游区自然园林面积200多万平方米,温泉园林面积15万多平方米,是目前世界最大的温泉园林。在山林拥抱中,全方位展现了亲山空间、亲水空间、亲绿空间和亲情空间。在15万平方米的温泉浴区内,不但有80多个天然温泉浴池,而且高低错落,随坡造型,使园林中的山水互渗互融,

相契相合，山中有池，林中有泉，泉中有林，池在山中出，泉在石中流，林在池中生，使人在区内可探求隐幽、神秘、强化、超脱和崇高等五种理想的感受。

(3)与沙滩和阳光相结合。海南的兴隆是温泉富集区，新建的温泉度假村在远离都市喧嚣的郊外，映入眼帘的一幢幢设计豪华的度假别墅，让人心生静谧与安全的感觉。在温泉中心，可以体验巴厘岛风情区的风情沙滩。而室外温泉海浪池可以提供各种造浪模式，游客在温泉里也能享受到冲浪及水上运动的活力与刺激。

2. 温泉与运动游乐相结合

在温泉泡浴的基础上，通过设计参与性、体验性和娱乐性的运动游乐项目，能有力提升温泉旅游地的整体吸引力，增强游客满意度，延长游客停留时间，提高人均消费水平，从而实现整体开发经营和经济效益的突破。

(1)温泉＋水上游乐活动。把夏季最受旅游者欢迎的水上游乐项目引进温泉旅游地，弥补产品单一、趣味性不足的问题，对于提升温泉的经营水平、增加盈收等具有非常突出的效果。主要有温泉造浪池、温泉漂流、温泉游泳池和水上滑梯等一系列时尚、动感、刺激的水上游乐活动。如北京温都水城的水空间、被称为“中国动感第一泉”的广东恩平锦江温泉等。此模式已经被证明是最成功的开发模式之一，但关键在于水上游乐活动的动态持续创新，这就对温泉旅游地在水上游乐的投资规模、项目设计和设备更新上提出了更高的要求。

(2)温泉＋高尔夫。结合温泉水疗 SPA 与高尔夫运动，形成了面向高端消费者市场的休闲经典组合产品——温泉高尔夫，是顶级温泉休闲产品模式。如上海太阳岛高尔夫温泉旅游度假村、北京龙熙温泉高尔夫等。在这一模式中，文化的创新融入是整体形象和品质提升的关键。

(3)温泉＋滑雪场。温泉结合冬季最受追捧、最具挑战性的滑雪项目，是养生与运动的完美合成，在温泉旅游中形成强大的吸引力与竞争力，“活力冬季”的概念也应运而生。如青岛即墨天泰温泉滑雪场、辽阳弓长岭温泉滑雪场等。此种模式可以成为北方地区或具备建设滑雪场条件的温泉地的主要开发模式。

(4)温泉＋综合游乐。把相对静态的温泉泡浴与多种动感游乐项目结合起来，动静结合，养生休闲与游乐体验搭配，增强温泉旅游地的整体吸引力并提高其综合收益，如珠海海泉湾等。

3. 温泉与人文旅游相结合

(1)提倡风格不一的温泉主题。除常规温泉产品外，很多温泉企业设计了不同的温泉产品。珠海海泉湾设计理念就注重文化的挖掘和兼容并蓄，共设有近 100 个温泉池和 10 多种“发汗”设施，按不同风格分东方区和欧洲区、日式天体浴区、温泉娱乐区、世界温泉文化区、儿童戏水区和园林区等六个区域，展示了世界不同国家的温泉沐浴文化。

(2)与文化相结合。如日本对于温泉的包装，始终与文化结合得非常紧密。日本的温泉是文人雅士最喜爱的地方之一。川端康成因为伊豆的山水、名汤的绝美景色，创作出了《伊豆的舞女》，成为游客对伊豆的基本印象。川端康成还以越后汤泽温泉为舞台，创作了不朽的名著《雪国》，游客可以从文字中感受雪中泡汤的恬静。

4. 温泉与饮食文化相结合

(1)温泉＋特色饮食。特色饮食是温泉旅游的重要内容，旅游者在浸泡温泉之后体力消耗较大，需要及时补充食物，而旅游地的特色餐饮服务，既可以增加温泉旅游开发的综合收益，也可以为温泉旅游增添新的内容。但温泉旅游地的特色餐饮有两个基本要求:一是重视餐饮的形式,二是强调餐饮的保健性。如我国台湾的礁溪温泉是少见的平地温泉,在清代即为驰名的“汤围温泉”。除了泡汤,礁溪温泉也有许多温泉食品,如温泉鳖、温泉空心菜、温泉丝瓜和温泉番茄等,都是礁溪特有的农渔产品。

(2)温泉+养生药膳。利用高温温泉开发特色菜肴,在温泉泡药汤后到餐厅吃温泉养生药膳,已经成为一种新生的养生文化。如天沐温泉推出了温泉鸭、温泉酥鸽、温泉水鳖、温泉蒸蛋和温泉焖鸡等系列养生菜肴。

(3)温泉+饮料文化。在日本本州岛的箱根镇,有一家名为 Yunessun 温泉馆。在馆内有25种特殊的温泉,包括古罗马温泉浴、土耳其桑拿浴和深海浴等。其中有一些更为奇怪的温泉,材料是人们日常所喝的饮料,比如咖啡浴。如果不喜欢喝咖啡的可以选择绿茶,馆内有专门的绿茶浴。如果旅游者偏向于酒类,还可以尝试馆内的红酒浴、米酒浴等。

9.3.3 温泉度假旅游产品的开发

1. 正确的产品定位

总体上看,国内温泉旅游产品的定位集中在“温泉+大型会议旅游度假地”“温泉+中小规模会议市场”“温泉理疗康体与温泉文化体验”“温泉+水上娱乐”“温泉+综合娱乐”“温泉+生态农业”“高尔夫+别墅”“高尔夫+会议度假”“高尔夫+温泉+会议度假”等,这些模式在特定的地理环境和市场格局中具有一定的竞争优势,同时也有很大的局限性。旅游产品的定位应细致分析目标市场,根据市场需求,综合各项指标,做出正确科学的定位。

2. 形成良好的产品组合

(1)产品组合的广度方面。拓展温泉旅游产品组合的广度,就是要从横向方面扩展旅游产品的大类。旅游产品组合的广度越大,所经营的项目就越多,温泉度假旅游内涵就越丰富。可将其和都市特色旅游组合推出,与当地文化与自然资源相结合,推出多种特色旅游项目,形成“温泉+”的开发模式。譬如温泉+节庆游、温泉+都市游、温泉+休闲游、温泉+生态游、温泉+科普游、温泉+运动游、温泉+娱乐等,针对不同的消费者,采用不同的开发主题进行营销,从而提升温泉产品的整体魅力。

(2)产品组合的深度方面。挖掘温泉旅游产品组合的深度,目的是更好地满足更多的细分市场需求。应利用温泉资源的高品质、历史悠久、文化厚重等特征,深挖温泉的文化内涵,体现温泉旅游地方特色、文化特色与服务特色。可以聘请医疗保健专家,针对当地温泉的特色,精心研究设计推出各具特色、功能各异的温泉池,例如配合现代乡村风格的木温泉、加入适量名贵酒液的酒温泉、注入各种名贵中草药和花粉的药浴温泉以及能缓解风湿症、腰腿痛、胃痛的高温石板泉或具有泉水按摩功能的音波喷射泉等。

3. 设计丰富多彩的温泉度假产品

温泉旅游具有明显的淡旺季差异,游客对目前单一的温泉体验也感到不满,如果想要更好地激发市场需要,在淡季也能为游客提供丰富的温泉体验,那么开发多样化的新颖的温泉产品则是解决这一问题的关键。

(1)健康温泉旅游产品。在日常生活更加忙碌的今天,人们无论是生理还是心理都承受了更多的压力,健康状况令人担忧。因此,可设计以“与阳光的亲密接触”为主题的全家 SPA 月和以“阳光、温泉、健康”为主题的温泉运动周等突出健康主题的温泉产品，使人们在泡浴温泉、放松身心的同时收获健康。

(2)医疗温泉旅游产品。温泉具有较好的保健作用，并含有多种微量元素，因此各温泉景区可根据自身优势推出不同主题的以保健为核心的温泉产品，旅游企业也可抓住机会，进行宣传和促销，使游客意识到温泉的保健作用。

(3)异国体验旅游产品。世界各国的沐浴方式也是丰富多彩，一定程度上反映了各国的文化特色。旅游者通过沐浴可以走入世界文化，达到了解异国风情的目的。通过这类旅游产品，可以让游客不出国门就能体验他国生活。异国体验沐浴游主要由各色外国风格的汤池构成，包括有日式汤池、韩式汤池、土耳其式汤池、芬兰式汤池和古罗马式汤池等。

(4)美容温泉旅游产品。在欧美等国家，女性在温泉的顾客中占有相当大的比重。她们希望通过温泉中含有的大量有益的矿物质改善皮肤状况，减少皱纹，延缓衰老。为此，可以将温泉与花草、牛奶、水果等美容佳品结合起来，设计以“温泉如碧、笑颜如花”为主题的女士美容温泉月，为女士特别提供牛奶温泉浴、玫瑰温泉浴和柠檬温泉浴等专项产品。

(5)商务会议温泉旅游产品。商务会议沐浴游主要面向以高档消费为主的商务会议团体。以各类采用现代沐浴设施的室内外泡汤池为中心，附设先进的会议设施，提供全方位的服务，开展商务会议沐浴活动。沐浴方式主要包括冲浪浴、瀑布浴、光波浴和漩涡浴。汤池分为小型会议汤池、中型会议汤池和大型会议汤池。

(6)森林温泉旅游产品。以温泉作为资源基底，以森林作为环境背景，设计具有特色的森林温泉洗浴产品，具体细分为森林天浴温泉、森林冰雾温泉、森林冰雪温泉、鸟语林温泉、森林温泉鱼洗浴、中医药温泉和森林花样温泉。

(7)高尔夫休闲产品系列。将产品与休闲娱乐有机融合，如将温泉旅游设计在高尔夫园区内，或者入住可提供如高尔夫等高端休闲设施的酒店，两种高端旅游产品进行融合，不但让客人享受到温泉之疗效，也可在高尔夫球比赛中享受竞赛的乐趣，同时还包含拓展训练、室内康乐和森林活动等项目，形成以温泉高尔夫为品牌的度假产品组合。

(8)温泉生态科考产品。温泉资源是不可多得的旅游资源，其所在地的环境保护也必定是当地政府工作的重点。另外，很多温泉所在地本身就在景区内部，如黄山温泉，可以组织游客进行温泉生态科学考察活动，以提高游客的兴趣。

案例

赖在大理——慢时光·大理一地5日纯玩

大理的风花雪月，代表着诗和远方，洱海的东西两岸，蕴藏着大理魅力的所有密码……

- 赖在大理：时光悠闲与烂漫，精心呈现，为您定制的大理时刻！
  山花烂漫＋文艺清新＋小资情调＋小镇气息，体验休闲与浪漫
  她的特色，在于足够的慵懒闲暇，在于足够的融入体会，在于足够的当地体验。
- 网红景点：杨丽萍太阳宫＋圣托里尼/洱海生态廊道S弯
- 酒店：入住2晚客栈＋2晚海景客栈
- 特色美食＋太阳宫下午茶
- 纯玩零购物，旅行无负担

续表

日期	行程安排	用餐	住宿
D1	各地乘飞机前往昆明,专车接机!转动车前往大理,专车接站前往酒店。 温馨提示: 1. 大理市区海拔2 000 m,初上高原,请注意不要剧烈运动和过量饮酒。 2. 当日无餐饮安排,在自由出行时,请保管好个人财物。 3. 报名时请留下在旅行期间使用的手机号码并保持畅通,方便工作人员联系、在机场出口接机		大理
D2	【圣托里尼】圣托里尼是大多数人心中向往的浪漫之地,在大理也有个“小圣托里尼”,在这里你可以看到类似希腊圣托尼里爱琴海风格的悬崖上的海景客栈,在这里你可放纵自己,这里有碧蓝的洱海在眼前一览无遗,风光绝美 【双廊古镇】双廊古镇,位于大理市之东北端,北有萝莳曲,南有莲花曲,前有金梭、玉几二岛环抱于双曲间,因此而得名“双廊”。双廊自古就是名人学者辈出的地方,古有杨升庵、李元阳,今有舞蹈家杨丽萍、作家苏童等。 【太阳宫下午茶】太阳宫原来全名为“千里走单骑杨丽萍艺术酒店”,整个太阳宫筑造在海岸礁石群上,随处都可见到保留完整的礁石,与现代化设施和谐共存,相得益彰,兼具原生态与设计感。在这里吹着海风,品着下午茶,坐看云卷云舒感受一种惬意的生活! 前往【崇圣寺三塔】崇圣寺三塔是国务院首批公布的全国重点文物保护单位,是历史文化名城、全国优秀旅游城市大理的标志和象征,也是中国南方最古老,最雄伟的建筑之一。 温馨提示: 1. 高原地区紫外线强,需注意防晒。 2. 大理昼夜温差大、光照时间长,应注意衣服增减。 3. 大理为少数民族聚居地,应尊重当地风俗习惯	早晚	大理
D3	【深度游览大理古城】与来到大理古城的大部分游客的走马观花不同,安排的是深度游览古城。大理古城简称叶榆,东西南北各设一门,均有城楼,四角还有角楼。街巷间一些老宅,也仍可寻昔日风貌,庭院里花木扶疏,鸟鸣声声,户外溪渠流水淙淙。“三家一眼井,一户几盆花”的景象依然。 【大理床单厂艺术园区】是大理床单厂艺术园区,号称“大理古城最文艺的地儿”隐于大理古城内,是由废弃床单厂改建的一个现代化艺术综合体,在保留了20世纪90年代旧工厂的基础建筑的基础上,加入了一些艺术的设计,整体感觉复古又充满了现代气息。 【大理石空博物馆】“石空”之名,颇有意味。“石者,大理石画也;空者,艺术空间也”,博物馆占地5 000多平方米,收藏了上百幅珍贵的大理石,这里的镇店之宝是一块叫凤求凰的大理石,价值数十亿元。 【洱海生态廊道S弯】大理洱海生态廊道,洱海西侧全长46千米,是大理的一张新的旅游名片,也是一处新晋的网红打卡地,“苍山不墨千秋画,洱海无弦万古琴”的自然风光,在这里都可以很好地欣赏到	早中	大理

续表

日期	行程安排	用餐	住宿
D4	【莫残溪】大理苍山有十九个山峰，其中两峰之间有一溪相隔，故有十八条溪之称。苍山十八溪的名字也特别让人陶醉，莫残溪就是这样的一条溪流，听着山谷的水声，全身心的置身大自然中。 【寂照庵】寂照庵位于大理苍山，被称为最文艺的尼姑庵，里面多肉植物长得异常繁茂，种类繁多，还有其他花草点缀其中，整个院子没有一般寺院的肃穆。 【喜洲古镇】是电影《五朵金花》的故乡，云南省著名的历史文化名镇和重点侨乡之一。大理文化的发祥地之一，早在六诏与河蛮并存时就已是白族聚居之地。 【周城扎染制作体验】扎染是周城白族人民明末清初以来的民间传统工艺，由手工针缝线扎，反复冷染浸制而成，显色青里带翠，凝重素雅	早中	大理
D5	早自由活动根据动车和航班时间返程。	早	
接待标准及价格说明略			

（资料来源：北京天下荟国际旅行社有限公司）

本章小结

休闲度假旅游产品的兴起，正是市场需求推动的结果。它的出现就是市场需求多样化的一个典型案例，这一点可以从各地在其旅游总体规划中极力主张发展休闲度假旅游的论调得到证实。同时也说明休闲产业的发展似乎将成为一种必然的趋势，在这样有利的环境下，促进了消费者对休闲的需求，休闲度假旅游市场便在这样的情况下应运而生。休闲度假旅游是有别于一般观光旅游的，特别是在停留时间和消费的能力方面，因此它对旅游经济所产生的影响也大于一般的观光旅游，当然对旅游质量上的要求也高于一般旅游。

休闲度假旅游的主要意义，并非完全在于对物质上的需求，其对精神享受的要求更高。旅游者想借自由的休闲时间来愉悦身心，并在旅游过程中对人、事、物有一个新的认识和启发，这些都涵盖了对精神上的需求。当我们只顾满足物质上的享受，而缺少了满足精神享受的内容时，那么旅游者基本上是很难经由休闲度假旅游的方式来达到愉悦身心的效果的。休闲产业的发展，必须以休闲的真正意义为基础来开发休闲度假旅游产品，这样才能满足旅游者休闲度假旅游的目的。

复习思考题

1. 海洋文化应如何挖掘？
2. 山地休闲度假旅游产品的设计思路是什么？
3. 温泉旅游可与哪些旅游方式组合式开发？如何组合？

案例讨论

分析“赖在大理”案例中，产品设计的优缺点及启示。

第10章 商务旅游产品

本章提要

自20世纪90年代以来，商务旅游越来越成为全球旅游业发展的新趋势。在这一时期，伴随着西方工业化国家的经济复苏，以及全球经济一体化的加速，国与国之间的经济活动、跨国技术合作等与国际商务旅游日益融为一体，推动了商务旅游的发展。而会议会展旅游、奖励旅游等新式旅游类型的逐步发育也直接带动了商务旅游的发展。近年来，随着城市旅游的兴起，大力发展依托产业基础的商务旅游业已成为促进当地第三产业发展的重要战略举措。可以说，商务旅游已成为近年来发展最快的旅游类型之一，在国际旅游业中所占的比重也越来越高。

本章从商务旅游的内涵入手，讲述商务旅游产品的定义及表现形式，分析了商务游客的特点及市场情况，对旅行社如何开拓商务产品市场、开发相应旅游产品做出分析，并分析了商务旅游市场中最重要的一部分——会展旅游及其市场拓展模式，最后列举了全球最大商务旅游企业——美国运通的案例，期望旅游企业及读者能够在学习中摸索经验，找到自身发展的出路。

学习目标

1. 商务旅游的表现形式。
2. 商务游客的特点。
3. 旅行社商务旅行服务的内容及模式。
4. 会展旅游产品的业务空间拓展。

框架结构

- 商务旅游产品
  - 商务旅游产品的内涵
    - 商务旅游的含义
    - 商务旅游的主要表现形式
  - 商务旅游市场分析
    - 商务游客的特点
    - 国内外商务旅游的发展状况
  - 商务旅游产品的设计与操作
    - 商务旅游服务的内容
    - 商务旅游服务模式的确定
    - 商务旅游服务设计
    - 大型旅行社商务模式创新
  - 会展旅游产品设计
    - 会展旅游的含义
    - 会展旅游市场存在的问题
    - 会展旅游业务空间拓展

开篇案例

乌镇——会展之都的旅游之路

大大小小各式各样的会展已经成为当下经济生活的一部分。大规模、高层次、科技派、国际范儿，风生水起的会展背后，是行业活跃度与经济聚集效应的最佳反映。说到“会展经济”，桐乡乌镇颇具典型。

从2014年到2019年，世界互联网大会走过了6个年头，搭建了国际互联网共享共治的中国平台。在这场高规格会议的背后，正是乌镇对“会展小镇”这一定位的不断打磨。乌镇能带来哪些启示？

启示一：配备完善的会展设施和硬件

缓缓而过的木摇船，高高耸立的马头墙，在古色古香的建筑群里，“藏”着乌镇互联网国际会展中心。中心由三座建筑组成，由南而北分别为会议中心、接待中心和展览中心三个功能区块，整体外观融合互联网元素与江南水乡特色。

进入会展中心，内部设置有多种功能、大小各异的会议室，采用“小活动场所系统”，并融入了智能会议、楼宇管理等智慧应用系统，网络全覆盖，Wi-Fi网络一次认证全网漫游。

其中会展中心乌镇厅作为最大的主会议厅，是去年世界互联网大会的主会场，可容纳近3 000人同时与会，而且具备同声翻译等高技术设施，能满足上千人商务会议团队的不同需求。

作为"会展小镇",乌镇景区本身各个酒店配备的特色会议室,也为商务会议接待提供了更多的可能。乌镇景区共有大型多功能会议室、小型高私密性会议室、贵宾接待室100余个。这些会议场所设施先进、功能完备,不仅拥有顶尖的音响设备、高清投影,而且具备同声翻译系统,无论会场数量、类型、容纳人数、设施设备均为国内景区少有。

启示二:丰富的会展保障和景区资源

除了要搭建完善的舞台,成功的会展活动还要有成功的会展策划。近年来,乌镇举办了万余场大小会议,接待过百余个国家的嘉宾。会议数量多、规格高,人员来自全球各地,乌镇如何能确保每次会议万无一失?一个经验丰富的会展团队至关重要。

乌镇的销售及接待服务团队有着十几年丰富大型活动策划和保障经验,成功接待大小会议10 000余个,至今为众多国内外政府部门、大中型企事业集团及公司部门成功策划实施了各类年会、研讨会、市场推广会、新闻发布会和公关、庆典、路演、拓展训练、奖励旅游等活动。

世界互联网大会举办了六届,六年来,这场世界互联网领域的盛会,为这个千年古镇带去了笑傲会展经济高地的"触网"蝶变。乌镇细致、个性化的服务一直深受与会嘉宾的信任与好评。乌镇会展团队工作人员介绍,在乌镇景区,从配套保障人员、酒店管理人员到车船、管家队、消防等各部门细化分工,团队通力合作,才做到完善会议日程、住宿、餐饮、场地搭建等每一个环节。

丰富的酒店资源也为会展住宿提供了坚实的后盾。乌镇景区内现有特色民宿、精品行馆、高档度假酒店等各具特色的酒店。酒店大都临河而建,环境优雅,推窗而出,或许就与小桥流水的江南气息撞个满怀。同时,为了保障宾客及时入住,乌镇的各酒店在会议期间还会增加客房线、清扫员和前台接待员,并及时调动车船,确保宾客行李准确送达相应酒店。

2003年,乌镇成为中国首批十大历史文化名镇之一,并获得联合国教科文组织世界遗产中心颁发的"亚太地区遗产保护杰出成就奖"称号;2005年,乌镇被评为"中国十大魅力名镇"和"欧洲游客最喜爱的中国旅游景区";2007年,乌镇入选《中国世界文化遗产预备名单》;2010年,乌镇景区被原国家旅游局授予国家5A级景区称号,成为全省第四家、嘉兴市首家5A级景区……旅游业取得的成就也为乌镇发展"会展经济"提供了底气。

如今,随着"镇区景区化"战略的深入推进,乌镇形成了一条完整的旅游产业链——乌村、国际汽车露营地、子夜商业中心、横港国际艺术村等优质旅游项目纷纷落户,知名品牌酒店和民宿经济随之崛起,不断丰富着乌镇的旅游业态。

(资料来源:根据网络资料改写)

10.1 商务旅游产品的内涵

10.1.1 商务旅游的含义

商务旅游发展由来已久,商务旅游产品是随商品经济的发展而发展的。传统的商务旅游产品产生较早,服务内容也比较简单;而在市场经济高度发达的时代,传统商务旅游产品的服务内容越来越丰富,服务质量也在不断提高。世界旅游组织将商务旅游定义为:"出于商业的目的,人们到达并在非居住地停留的活动。"早期的研究认为:"商务旅游又称商业旅游,是以经商为目的,把商业经营与旅行、游览结合起来的一种旅游形式。"

现代意义上的商务旅游是指商务人士在商务活动过程中产生的所有旅游消费行为。除了传统的商贸经营外，还包括参加行业会展、跨国公司的区域年会、调研与考察、公司间跨区域的技术交流、产品发布会，以及公司奖励旅游等。

10.1.2　商务旅游的主要表现形式

由商务旅游的定义可以知道，现代旅游业的发展使商务旅游的内涵和外延都有所扩展。商务旅游不再局限于经商与旅游活动的结合，它涵盖了所有因工作关系到外地从事与商贸事务有关的个人或集体活动，具有多种表现形式。

(1)商务会议。包括各种大会、年会、论坛和展览会等。按会议组织者和会议目的划分，可分为协会会议(年会、研讨会和培训会等)、公司会议(董事会、销售会、人员培训会和股东大会等)和政府会议，此外还有展览会、博览会和其他会议等。其中，协会会议和公司会议是商务会议的主流。

(2)奖励旅游。是指企业员工因在工作、生产和销售等方面表现优异而获得的由公司出资或免费外出的旅游。它改变了原来纯旅游的方式，把培训与旅行相结合，把业务会议与奖励性活动相结合。企业员工对奖励旅游的观念从愿意参加单纯的由公司出资的旅游行为转变为参加专业会议或培训以满足自己的成就感和荣誉感。

(3)展览和交易会。通常为大型活动，包括有形商品的展览和交易，以及无形的劳务与人才交流。展览和交易会吸引着成千上万的人前往参观、参展和交易，能够极大地促进当地交通和饭店业的发展。

10.2　商务旅游市场分析

10.2.1　商务游客的特点

一般商务游客可以划分为以下三类：

第一类是白领以上阶层，包括企业家、高级经理人和 CEO 等。他们的行为代表了市场的一种时尚，但不是市场普遍性的行为，不是主导的方向。从对外服务需求程度、频次及绝对数量上来看，他们并不是商务旅游市场的主流客户，只是市场的最上层。

第二类是白领阶层，他们是商务旅游市场的主体。这类消费者所注重的是体现所在组织的形象，通常对于他们在商务过程中的住宿、交通和组织都有较高限额。尽管消费额度受到一定限制，但是他们在消费总量上是最大的。他们要求在既定费用下服务的高效率、舒适完善和追求便利，他们希望得到商务过程中无缝隙的高效服务配合。

第三类是普通商务消费者，由低层商务消费者和自费商务消费者构成。这类消费者的数量最为庞大，但是其商务费用的限额较低，是商务旅游的低端市场。他们要求的服务内容比前两种类型的消费者要少，通常只追求商务旅游的经济性和高效率。

由于研究方式的限制，本书以第二类和第三类商务游客为主要研究对象，因为他们是主流的商务游客，代表了市场普遍性的行为，是市场的主导的行为，对于商务旅游市场的研究具有指导意义。他们具有以下几个共同特点：

(1)大部分商务游客不是自己选择旅游目的地，而是因工作需要或由他人决定。商务游客绝大多数是高层白领,文化程度高,收入水平高,旅行经验丰富。商务游客出访率高,人均出差6次/年、在外停留4天/次,约1/4的商务游客通过旅行社预订。他们对旅行要求方便、快捷、高效,但同时又有很强的独立性,不愿意过多地受人支配。

(2)与观光度假旅游者相比,商务游客逗留期限短,但出游频繁,受季节变化影响小。商务游客中以散客旅游者居多,这个市场中的主体是公司的白领阶层。由于商务游客的主要出行目的是商务活动,因此在出行时间、出行方式和目的地等方面在出行之前基本上已经确定,对于他们来说,旅游和旅行更意味着工作。一般观光旅游者所追求的旅游吸引物在他们选择目的地的决策过程中只处于从属地位,商务游客的目的地、交通工具,以及从离开到返回居住地的时间并不是由个人所决定的,而更多的是公司意愿的体现。所有这些都意味着商务游客在出行过程中和在目的地期间都需要较多的"管家式服务",以减少其非工作本身所带来的麻烦。

(3)商务游客消费较高,消费结构比较集中。商务旅游消费者构成的特点决定了其中自费的比重不大,并且通常商务游客所产生的费用是依照所在组织的内部规定或者商务活动的级别标准而确定的,价格因素并不是决定性因素,因此相对于休闲旅游而言,商务游客的消费能力更高。此外,商务游客在目的地的停留时间也相对较长。所以,一般来说商务旅游的利润率高达20%~30%,远远高于一般休闲旅游的利润。另外,在商务游客所有的消费项目中,住宿、会议、宴会和通信等方面的支出往往居于主导地位,而用在观光游览和购物消费中的比例则相对较低。

(4)商务游客多为重游客,平均停留天数适中,对服务要求较高。从实际看,商务游客是出于特定的业务目的外出旅行的,他们多属于重游客和再访客,这是由其工作的性质及来访的目的所决定的。以我国为例,首次访华观光客中,商务客只占游客总数的9.8%,而四次以上来华者高达72.1%,远远高于观光客的33.9%。此外,他们的旅行预订期短,要求在短时间内办妥一切手续和交通票据,要求快捷正点地到达目的地。由于其消费水平高,交际应酬多,同时对服务的要求也相应提高。有的商务游客要求旅行社提供商贸等咨询服务,提供业务翻译人员、国际直拨电话及传真、复印及Internet接口等设备设施;有的商务游客在公务之余也要求旅游服务。

(5)时间观念较强,对办公条件要求较高。商务游客旅行日程安排紧凑,强调效率。因此,他们希望旅行社提供的线路能特别注意时间上的衔接,不希望因为手续而耽误工作。商务客人比较追求现代化设施,酒店中这个比例则高达97%,超过半数的人出差在外时使用互联网。另外,对电传、传真及国际直拨电话等使用频率也较高。

(6)商务游客身份地位较高,宣传性强。商务游客通常为科研人员、医生、企业高级管理人员和商场推销人员等专业人士,他们是很受欢迎的旅游者,可以很好地提高当地知名度,当地可借此树立良好的旅游目的地形象。由于他们受教育水平较高,自主意识也很强,所以商务游客往往被学者们称为"财富型超级旅游者群"。商务游客的身份、目的和目标与观光旅游者有很大区别,它在人际关系和文化传播、在商品和商务上有着市场经济的专业性色彩,对经济的繁荣和发展起着显著的推动作用。

10.2.2 国内外商务旅游的发展状况

1. 商务旅游在世界范围内发展迅速

目前全世界的会议旅游收入约2 200亿美元以上,并且以每年8%~10%的速度递增。会议多、开支大已成为国际上的普遍现象。美国每年约有1 100万个商务会议，占用了其国内员工37%的时间；美国和英国的专业人士平均每个月要参加60个会议；澳大利亚企业每年用于会议开销的费用多达240亿澳元；瑞士达沃斯峰会仅向每个出席会议者收取的注册费和管理服务费就高达7 400美元。另据统计，全世界每年4个国家以上、50人参加的国际会议会展就有约40万个，其分布是：欧洲59%、美洲20.4%、亚洲12.9%、非洲5.9%、澳洲1.8%。美国46%以上的出租汽车收入和半数以上的饭店收入均是由商务旅游者带来的，商务旅游者占了饭店客房1/3的份额，会议游客占1/10。目前，商务旅游在各国所占的比重分别为：德国60.3%，日本44.5%，美国38.9%，英国37.6%，韩国35.8%。商务旅游在各国旅游业的发展中的地位越来越重要。

2. 国际商务旅游与中国市场的对比分析

商务旅游服务是如今国外大型旅行社的核心业务。这些大旅行社为企业精心安排全年所有的商务活动，给出透明的住宿、机票等报价，为企业精打细算。在服务上做到细致入微，比如熟悉每位出差人员爱坐何种型号的飞机、爱住哪类酒店等。排名世界前列的美国运通旅行社的客户，能通过移动通信、笔记本式计算机，随时随地享受运通的签证、国际及国内机票预订和出票、酒店预订、会议服务，以及其他地面服务。除了为客户提供细致的服务外，这些大的旅行社对信息技术在客户服务中的应用同样给予了特别关注。20世纪80年代，美国罗森布鲁斯旅行社RT(rosenbluth travel)的经营者准确预见到商务旅游市场的巨大潜力，同时也强烈意识到信息技术的重要作用。公司在客户预订系统(CRS)的基础上，针对目标市场不断发展变化的需求，有步骤地开发了READOUT系统，该预订系统按票价由低到高而非起飞时间排列航班顺序。这可以说是客户关系管理系统在旅行社应用的成功表现。

频繁出差的商旅人士都梦想有一个人代办服务，也被称为“生活方式管理服务”，这种个性化的需要导致一些个人代办服务应运而生。Preferred Circle创办人高伯莱说：“我们的服务非常个性化，我们非常了解我们的客户，从他们喜欢哪种花儿到喜欢哪种葡萄酒，我们都一清二楚。”这些公司提供的服务，从包机到包游艇，从在城里最有名的餐厅为你安排一个理想的座位，到为你搞到当季最热门的赛季球票，从文物鉴赏到美酒品尝，在不违反法律和道德的前提下，只要你能想到的，他们就会竭尽全力办到。从这些公司的商业运作中我们可以得到启示：定制化的生活方式管理服务在国外旅行社业务中已初见端倪，并成为旅行社业务未来的发展方向。

相比国外商务旅行社，国内旅行社在为商务旅游客户提供商旅服务时，在本地资源的掌握和对本地公司客户需求的了解方面更占优势。

10.3 商务旅游产品的设计与操作

随着我国商务旅行服务市场的逐步开放，国外大型旅行社将广泛而深入地介入到我国商务旅行服务市场。凭借已有的成功管理经验和现成的服务模式，大型的外资旅行社可以通过最低的成本投入，全面而迅速地深入到我国的商务旅行服务市场，这将对国内旅行社产生巨大的竞争压力，开发商务旅游市场，已经成为迫在眉睫的工作。

10.3.1 商务旅游服务的内容

现阶段旅行社的商务旅游服务主要有以下四个方面:

(1)代理性质的服务,例如酒店预定、机票预定和代办相关旅行证件等服务。

(2)接待服务,例如接机服务、导游服务等服务。

(3)策划及组织工作,例如对会议、奖励旅游的策划、组织及具体安排等服务。

(4)专业商务旅行理财服务,包含各种旅行咨询服务、协助客户与供应商进行价格谈判、为客户组织制定差旅政策,以及提供商务旅行财务管理报告等服务。

从上述服务内容来看,旅行社在商务旅行市场的服务已不仅仅是“信息密集型”的服务,更趋向于向“知识密集型”服务发展。目前,我国旅行社的商务旅行服务还仅仅处于“信息型”的层面,即普遍地只涉及前两个方面的内容,而在后两个方面,尤其是商务旅行理财管理服务方面,还有待深入发展。

10.3.2 商务旅游服务模式的确定

服务模式是旅行社开发商务旅游市场需要确定的重要问题,它决定了旅行社开发的客户关系管理系统的深度和难度,从而决定开发该系统的成本和成功率。因此,旅行社要根据各种内外环境和条件确定采取下列哪种类型的商务旅游服务模式。

1. 代理

单项代理是指旅行社专门向商务旅游客户提供基本的旅行代理服务的模式。主要服务产品是代理预定交通票据和客房,这也是与休闲或度假旅游重叠的服务产品。这是旅行社商务旅行服务的初级模式,也是目前国内旅行社的重要经营项目之一。这种服务模式的内容相对单一,通常只满足客户对基本产品和服务单元的需求,服务过程简单、低成本是其主要特点。这种服务模式适合中小型旅行社或大型旅行社的分销机构,目标市场是各种商务旅行散客和中小型企业工作人员的低端商务旅行。

2. 外包

目前,商务旅游管理的外包成为商务旅游活动频繁地组织日常管理的一种趋势。商务旅游业务外包是指旅行社在得到客户组织的授权和委托后,对协议中指定业务范围内的商旅活动按照商务旅游客户的具体要求提供相应的服务。商务旅游客户只是将具体的商务旅游活动的操作环节外包给旅行社,而对商务旅游活动的管理职能仍然由客户组织保留。旅行社的介入,承担了客户在某段时间内零散分布的、繁杂的商务旅游活动的组织和安排。这种服务模式能够使旅行社实现规模化经营。实现规模化后,旅行社与供应商的关系也发生了变化,旅行社由原来酒店、交通等供应商的分销商,转变为代替商旅客户采购商旅产品和服务的采购商。政府部门的公务旅游服务可通过这种模式承包给旅行社。

3. 项目管理

项目管理服务模式是旅行社通过一定的方式,完成商旅客户事先明确规定的某一特定目标或任务的服务形式。如旅行社对会议、展览和商业活动中某项或某几项事务的管理服务。在对商务旅游活动进行管理的过程中,旅行社以乙方身份向客户(即甲方)提供服务。项目管理式商务旅游服务具有特定的目标、任务及衡量指标,对时间、预算和预期指标有严格界定,全程化管理贯穿商旅活动始终。这种服务模式在过程上遵循项目管理的一般程序,如竞标、成立临时团队、全过程监控、管理团队的分工、任务和责任明确界定。项目管理服务模式的最大优势，可能来源于旅行社从业人员丰富的管理经验、灵活的思维方式和创新力。项目管理服务模式适合应用于大型企业或其他组织特定时期的商业活动和各种协会类商务旅游客户。

4. 合作化服务

合作化服务是指旅行社的工作人员以商务旅游管理者的身份入驻组织，从建立制度、制定标准、统一使用旅行社的协议机票代理、协议饭店和协议餐厅等，制订商旅活动计划，并严格按计划进行每一次商务旅游活动，将实际发生的费用与预算费用进行比较，给出结算单和分析结果。合作化商务旅游服务模式体现了商务旅游市场的供需双方密切合作的关系，旅行社通过介入商务旅游客户管理领域，承担对方一部分管理职能的方式，达到共赢的目的。合作化服务模式是对外包模式的进一步发展。商务旅游客户由具体业务外包转向对管理职能的外包，外包的范围延伸到了咨询服务、财务管理，以及参与制定商旅客户的相关制度等领域。与外包模式相比，合作化服务模式已经不仅仅局限于对商务旅游业务的执行，而是从多方面获得了商旅客户的商务旅游管理职能，从决策到实施，直至最后的财务管理等，体现的是一种行使管理职能的权利。合作化商务旅行服务的旅行社与商旅客户是长期的战略合作伙伴关系。旅行社的主要任务不再是完成预定的具体过程，而在于帮助商务旅游客户选择供应商、技术解决手段和适当的资料收集管理工具。从目前的现实情况来看，那些商务旅游业务量庞大、级别繁多的商旅客户成为该类服务模式需求方，他们会从那些大型旅行社中选择商旅服务战略伙伴。

相对以上模式，合作式商务旅行服务模式是目前世界上最先进的商务旅游服务模式，也是对其他三种服务模式的综合应用和创新。各种服务模式本身不断地发展完善，在各自适应的领域发挥着特有的优势，旅行社应该根据自身特点选择合适的模式。一般说来，中小旅行社或专业性不强的大旅行社某些部门因没有专业服务能力，他们与客户的关系是基本关系或被动关系，在服务模式上最好选择代理管理模式；对于某些对特定市场如会展旅游专业服务能力强的旅行社，可以选择外包或项目管理服务模式；只有已经与旅行社建立起长久、稳定、信任关系的商务旅游客户才适合选择合作化服务模式。

10.3.3 商务旅游服务设计

1. 商务旅游产品设计的定制

目前，无论是从供给还是从需求的角度看，国内外旅行社在商务旅行服务领域的开发状况都表现出明显的层次性。

从供给的角度看，发达国家的旅行社在商务旅行服务领域的专业化水平日趋完善。一些大型旅行社表现出良好的专业素质，形成了各具特色的商务旅行服务模式，并且这些服务模式通过旅行社的各级销售网络得到广泛推广。商务旅行服务业务成为许多国外大型旅行社的主要收入来源。而国内旅行社在商务旅行服务领域尚处于起步阶段，由于介入此领域的时机相对较晚，目前国内专门从事商旅服务的旅行社相对缺乏。尽管许多旅行社都已涉足商务旅行服务市场，但是，通常都将其作为“非主营”业务，服务形式也大都沿用传统旅游服务的固有模式。因此，从整体上看，我国旅行社在商务旅行服务领域尚处于服务“结构性供给不足”状态。

从需求的角度看，发达国家的企业、社会团体及政府组织等商务旅行主体，都倾向于将其组织内部的所有商务旅行相关事务交由旅行社、差旅管理公司和会议策划公司等专业性的旅行服务企业和机构进行管理，以达到降低差旅费用和管理成本的目的。而国内商务旅行服务的潜在客户对于专业差旅管理服务普遍持观望态度，仅有少部分大型跨国企业集团接受这种方式，而中小型企业对于商务旅行管理服务的需求还处于“自发性阶段”。

伴随着供需问题的突出，针对目标市场的定制策略就显得格外重要，它要求供需双方共同参与个性化定制生产。信息技术的支持使得商旅企业能够及时适应顾客的需要来开发、设计产品，同时，也可以使产品和服务的设计生产与销售一体化。销售人员与顾客共同设想和改进设计中的产品，产品的生产周期也可以大大降低。个性化的需求使顾客的主动性大大增强，这就要求营销者与顾客要交互式地共同参与设计生产，以充分体现产品的个性化特征。

2. 商务旅游产品设计的定价

商务产品定价策略要充分体现顾客差别化。由于信息沟通的一对一方式和定制化营销的发展，产品生产出现了非标准化，从而为企业定价非标准化打下了基础。顾客所购买的旅游产品的价格将与他要求的定制化程度相关联，这为企业通过定价策略的改变而实现利润最大化打下了基础。

对商务旅游大客户而言，商务旅游服务企业常常要为他们提供差旅管理咨询、资金使用计划制定等方面的服务，这一方面加大了产品和服务的差别度，另一方面也提高了产品和服务中的知识含量，这就提升了产品的附加值。如果商旅企业所能提供的产品和服务中可以包含更多的技术和知识含量，他们就拥有制定更具差别化价格的可能。

3. 商务旅游产品的促销操作

(1)互动沟通功能的加强。促销实质上是一种买卖双方的信息沟通活动。一对一营销观念的引入使得新一代的沟通方式更加专业化和明确化。促销的功能进一步加强，而且是一对一营销，强调与顾客同步的互动性促销。以互联网为主的新一代的传播媒体带来了促销手段的革命，网上媒体，包括商务旅游企业的网站将会成为宣传商旅企业及其形象的最重要媒体之一。现代信息社会的促销将比以往技术更加先进，成本更低，效率更高，更具有时效性和针对性。促销在市场营销策略组合中的地位和作用将更加重要。

(2)促销媒体向一对一媒体的转化。以网络广告为主体的网络营销可充分借助一对一形式的媒体的特点和优势。企业以广告为主的促销第一次可以实现针对性和影响深度等多重目标的统一。商旅企业可以以顾客信息数据库为依托，通过一对一媒体技术向顾客呈现符合每个顾客特征的信息。商旅企业可以大规模地同每个顾客沟通，为其定制发送针对其需要、能最大限度地打动他们、对他们产生影响的促销内容，实现有的放矢。同时，网络促销是一种即时性交互活动，其营销效果比传统广告容易测试，企业对促销效果的控制能力也可提高。

10.3.4 大型旅行社商务模式创新

针对旅行社伙伴合作中存在的问题，在旅行社商务模式创新中采用一定的思维方式和策略应对。

1. 经营模式创新——“旅行社＋航空公司”模式

解决旅行社在供应环节中由被动变主动的有效策略便是经营模式上的创新。“旅行社＋航空公司”模式具有较大的竞争优势。一般旅行社均通过与航空公司的合作伙伴关系，取得较优惠的机票，进而在整个旅游竞争方面有价格上的优势。但如果遇上旺季或者节假日，航空公司的机票涨价和机票紧张是必然的事情，这个时候的旅行社要么拿到折扣机票？要么拿到热门地区的机票？诸多的问题摆在了旅行社面前，在旅游旺季，旅行社在组团出游和定价方面明显被动。组建航空公司模式，可以解决此问题，在价格方面不受任何的旺季或者节假日的限制，这是一般旅行社不具有的竞争优势。目前上海春秋国旅已经使用此种模式，并取得良好的经济效益。

2. 组建网络，实现网络创新

网络化创新是减轻伙伴合作中出现的产品质量和产品不稳定的方法。世界上的大型知名旅行社，如日本交通公社网络达 2 000 个，美国运通在全世界建立网络高达 3 000 个。网络化创新有利于地域性的开发，通过把握机遇，统一培育旅游的大市场。今后，旅行社整体组织结构趋势是大型旅行社网络化、中型旅行社专业化、小型旅行社门市化，大型旅行社由于拥有一定的资金基础、一定的员工人数和良好的企业信誉度，所以这些条件更有利于开展网络化经营，在伙伴环境中抵抗不良因素的影响。

3. 联动式操作

商务旅游活动是跨领域的活动，这种服务是联动式的，要求我们有更精细的服务精神和更精准的服务水平。目前，国际旅游联盟集团（TUI）与中国旅行社总社合资设立了中旅贸易旅游有限公司（TUICHINA），万豪、洲际等酒店管理集团也已进军中国商旅市场，世界最大规模的合资商务旅游管理公司 Business Travel International（BTI）与锦江国际旅行社建立合资旅行社，广东中旅一方面以全球网络为依托，拓展自身业务；另一方面结盟 TUI，完成在北京、上海和广州这三个最重要的商务城市里的布点，从而为搭建商务旅游全国网络奠定基础。

4. 进行产品组合，开发丰富多彩的商务旅游产品

虽然商务旅游的游客数量不能与传统旅游相比，但是它的含金量巨大，品质高，无可替代地成为现代旅游业中效率最高的旅游产品。因此，商务旅游开发应根据宏观的政策、旅游资源条件，以及气候、地域等有利条件开发出有竞争力的商务旅游产品。在景区中，可以与自然景观、农村休闲游和生态游模式结合；在城市中，与人文景观和都市旅游模式结合，拓宽商务旅游产品的领域，提高产品质量。随着时代的发展，个性化的旅游产品越来越受到人们的欢迎。所以，商务旅游可提供服务上极具特色、极具个性化的旅游产品。

5. 多元化专业化发展

美国运通公司为全球 500 强中 70%的公司及数以千计的中型企业提供商务旅行和公司卡服务，这些确保了运通的年收入逾百亿美元。国内不少公司这两年也开始倾向于将公司的商旅管理交给专门的商旅服务企业，以期得到更优的价格和更好的服务。国旅总社过去主打业务是入境观光旅游，现在与美国运通联手拓展商旅市场，可使该社的产业结构进一步多元化和专业化，有效规避传统旅游市场的经营风险。现国内有 400 多个城市的饭店、商场和航空公司接受了美国运通卡。一些公司使用电子预订机票、酒店和租车系统，在商旅开销方面成本大大降低。我国已宣布加入 APEC 商务旅行快速通道，这样国内各大公司的高级管理人员只需持一张信用卡大小的商务旅行卡，就可在 APEC 的 12 个经济体中自由通行，免除签证等一系列手续，降低了商旅活动费用。

案例

运通“商务旅行管理”服务

作为世界上最大的商务旅行服务商，美国运通旅行社在经营理念和实践操作中积累了丰富的经验，运通的商务旅行服务模式也代表了行业最前沿的发展态势。研究运通商务旅行管

理模式,对于我国旅行社开发商务旅行市场具有重要的借鉴作用。

一、运通简介

1. 运通的机构设置

美国运通(American Express)公司创建于1850年,是世界上最大的旅游、财务及网络服务公司,提供签账卡、信用卡、旅行支票、旅游、财务策划、投资产品、保险及国际银行服务等。运通主要通过其三大分支机构经营运作,即美国运通旅行有关服务(American express travel related services)、美国运通财务顾问(American express financial advisors)和美国运通银行(American express bank)。其中,美国"运通旅行有关服务"是世界最大的旅行社之一,向个人客户提供签账卡、信用卡及旅行支票,同时也向公司客户提供公司卡和开销管理工具,帮助公司在管理公务旅行和采购方面的开支,同时还向世界各地的个人和公司提供旅游及相关咨询服务。

由于运通差旅管理网络(CTN)具有的种种优势,在世界财富500强企业中,有70%已经接受了运通公司提供的专业差旅管理服务。在中国,包括酒店、餐厅、商店和航空公司等众多窗口行业都接受美国运通卡签账,商户网络遍布全国逾400个城市。另外,美国运通公司还与中国银行及中国工商银行分别签署了共享自动提款机合作协议,使美国运通卡会员可以在中国3 000多台自动提款机便捷地提取人民币。对于许多商务顾客来说,运通卡的网络遍布,已经成为no limit的代名词。

2. 运通旅行有关服务的业务范围

(1)预订服务:世界范围的预订,包括国际国内机票、酒店预订及餐饮安排、国内火车票预订、订车服务,以及护照、签证的代办服务等。

(2)接待服务:例如转机服务、会议活动的策划及接待服务、旅游活动安排及接待,以及各种派送服务和接送服务等。

(3)咨询与培训服务:有关旅行和旅行管理的咨询,协助或代表客户与旅行供应商谈判和采购等所有与旅行相关的事务,对企业人员进行与旅行管理相关的培训,商务旅行理财服务,按照协议规定的周期定时地向客户提供商务旅行管理报告,协助客户制定差旅政策等。

(4)其他服务:如翻译、导游服务等。

二、运通商务旅行服务的内容和特点

运通的商务旅行服务,主要是针对一些大型的企业或集团客户而提出的"商务旅行管理"服务,属于合作化商务旅行服务模式的一种。

1. 商务旅行管理的内涵

根据运通的定义,商务旅行管理(corporate travel management),又称商务(公务)旅行管理,即差旅专业管理公司把服务对象所有的与差旅、旅行及旅游相关的事务一揽子承接下来,通过自身的专业优势,为服务对象量体裁衣地设计并提供一个科学的全套解决方案。运通为其客户组织提供与商务旅行有关的各种服务。

2."合作化"的具体体现

合作化商务旅行服务的显著特征之一就是旅行社对客户企业日常经营管理一定程度上的介入。运通商务旅行服务模式的合作理念,主要体现在商务旅行服务台和商务旅行部的建立和运作过程中。

(1)商务旅行服务台。经协商认可后，运通可以在某些客户区域设立商务旅行服务台(CTU)，即由客户公司免费为运通提供基础的办公场所和办公设施，由运通提供网络系统，并派驻工作人员进行现场办公。工作人员的工资、福利等薪酬由客户企业支付。在此期间，运通的员工被允许与客户企业成员使用同一区域内的基础设施，如餐厅、洗手间和办公室等。而运通员工也必须确保尽可能地根据客户的要求，及时传送相关的旅行文件等。CTU使商务旅行服务的双方可以更好地了解彼此的企业文化和具体特点，适合长期合作，是商务旅行服务的一种高级形式体现。

(2)商务旅行部。当客户企业的商务旅行业务量达到一定的规模、商务旅行服务台无法胜任繁多的工作时，运通与客户双方可以选择通过共同建立商务旅行部来管理相关业务。具体做法就是，由运通和客户企业共同派出工作人员组成结构明确、科学分工的一个企业分支部门，共同管理企业的商务旅行活动。在职能上实现了能力和优势的互补，既符合客户企业的利益，又可以最大程度上发挥商务旅行管理的专业优势，实质上就是商务旅行服务台进一步充实完善，并且规范化的结果。

合作化商务旅行管理模式打破了商务旅行服务双方的组织界限，为旅行供需信息的流通建立了良好的渠道，并且，无论是对旅行社还是对客户企业来说，这种模式可以最大程度地、以最优化的方式利用企业的内外部资源，是一种实现"双赢"的商务旅行管理模式。

三、商务旅行服务标准化与定制化

运通商务旅行管理服务模式在全球商务旅行服务市场都取得了良好的效果。这一模式的成功推广源于其企业强大的网络资源，以及企业自始至终坚持的严格的采购标准和高品质服务。运通的商务旅行服务模式实现了标准化与定制化的有效统一，同时满足了内部运作对标准化的需求和外部客户对商务旅行服务的多样化需求。

1. 标准化

旅行社服务的标准化，是对制造业领域机器大生产方式的一次成功模仿，服务领域的标准化对于工作效率和服务质量的提高同样发挥了重要作用。对于一个品牌来说，其产品和服务必须具备一定的特殊品质与稳定性，这就需要实行一定的标准。作为全球最大的商务旅行服务品牌，运通的所有代理和分支机构及各个服务环节，都严格地遵守相关的品牌标准，具体包括产品和服务单元的标准化和作业程序的标准化。

2. 顾客定制化

商务旅行服务具有显著的顾客定制化的特点：一方面，商务旅行在根本上属于以客户的需求和意志为核心的活动；另一方面，需求的多样化发展趋势同样渗透到商务旅行服务的过程中。因此，商务旅行服务必须通过顾客定制化的方式对客户的需求予以满足。运通定制化服务的特点主要有弹性化、客户全程参与，以及注重商务旅行者的个人偏好。

3. 标准化与定制化的关系

标准化与定制化在旅行社的商务旅行服务中分别发挥着不同的作用。标准化可以降低工作过程的不可控制因素，提高工作和服务的效率；定制化可以满足客户的多样化需求，提高顾客满意度。在旅行社商务旅行服务过程中，相关的服务标准是定制化的基础，而定制化同样可以推动标准化向更加细化、更加严谨的方向发展。

(资料来源：根据网络相关资料改写)

10.4 会展旅游产品设计

10.4.1 会展旅游的含义

2022年《湖南省"十四五"会展业发展规划》提出，到2025年，全省展览数量超过1 000个，500人以上的大型会议超过500个；会展业总收入实现千亿大突破。《成都市"十四五"国际会展之都建设规划》预测，到2025年，成都市会展业总收入将超过1 600亿元，举办重大会展活动数量超过1 200个，展出总面积超过1 450万平方米。可见，面对全球经济一体化，会展业的潜力仍然巨大。

10.4.2 会展旅游市场存在的问题

1. 旅行社参与会展旅游的程度不深

国际旅行社纷纷成立了专门的会展部或会展公司开拓此项业务，但是只有少数旅行社介入了会展的前期筹备及策划工作，参与会展的全过程，而绝大多数的旅行社只参与了中期及后期的工作，服务内容还是以简单的会务接待等低端产品为主，业务停留在会展期间的报到、住宿的安排、会展服务、来回车辆的安排及组团旅游业务上。旅行社目前的会展运作中，还是以为企业提供会议相关服务为主，涉及展览服务的少。

2. 旅行社业务范围广而不专

与外资服务企业以专业化为核心，专注于高端商务旅行，目标市场集中于企业不同的是，国内企业尤其是大型企业，通常以广义的商务旅游概念为主，业务范围几乎无所不包。例如，上海中青旅成立了上海青旅盛事会展服务有限公司，专门为各级政府部门、大型企事业单位、跨国公司、外商驻华机构和国际组织等客户提供会务、展览、旅游和庆典活动等方面的专业服务。上海中旅国际旅游公司为各级政府、协会、院校及企事业单位等提供全方位的服务。大多数旅行社仅仅提供会展"浅层次"外围服务，虽然经营会展旅游拓展了业务空间，但是很容易导致产品雷同，形成过度竞争，落入价格战的怪圈。

3. 旅行社之间分工不明确

旅行社在经营会展业务中，同样存在因缺乏专业分工而导致的经营业务交叉覆盖、混乱竞争等现象。我国很多旅行社没有实事求是地从自身出发，在结合会展市场调研后拓展会展业务，只是见会展"较热"，便一哄而上，很多旅行社只是单兵作战，缺乏合作，既难以形成规模经济，又造成效率低下和资源浪费。

4. 人才资源和高端供应商匮乏

会展旅游需要专业的组织策划人才，要求较高的市场业务人员。人才障碍是制约国内旅行社进军会展市场的首要因素，一些旅行社之所以滞留在会展的门槛前，就是受人才所限。做会展旅游需要积累高端旅游供应商。传统旅游团队在酒店上一般在二星和三星级别，而会展旅游大都在四星及以上，而且航班、用车、语种导游、餐厅、会议室和娱乐保健等安排要求也较高，需要根据客户的要求量身定制。旅行社拓展会展旅游市场是必要且可行的，但是面对会展市场的诱惑，无论是大型旅行社还是中小旅行社都表现出盲目性。已经进入会展旅游市场的旅行社或者试图进入的旅行社经营宗旨并不明确，不仅缺乏对会展旅游市场竞争环境的必要了解，而且对自身资源和能力判断不足。因此，有必要提出旅行社在会展旅游市场的重新定位。

10.4.3 会展旅游业务空间拓展

旅行社开展会展旅游业务并不是让其去举办各种会议和展览，而是让旅游企业发挥行业功能优势，为会展的举行提供相应的外围服务。因此，就要拓展旅行社会展旅游业务。

1. 会展旅游客源市场拓展

会展旅游者包括以参加会展商务活动为目的的会展代表，以及将会展活动作为游览娱乐消遣为目的的普通游客，前者的旅游方式首先表现为会展商务旅游，后者的旅游方式主要表现为主题式旅游。普通游客也是会展旅游的另一重要客源，这为旅行社拓展会展旅游客源市场提供了思路，即在积极服务好会展代表的同时，要重视利用会展活动这个旅游吸引物招徕普通游客，以扩大会展旅游客源市场。然而，由于会展代表与普通游客的旅游动机不同，所表现的特征也有所不同。

会展代表是会议和展览活动的主要参与者，是会展活动的主要群体。这一类会展旅游群体以参会、参展等会展商务活动为主要目的，具有商务旅游者的属性。由于他们大多是企业实体或政府机构的代表，通常文化修养较好，个人素质比较高，独立意识强。在旅游活动参与上随机性大，可能仅限于会展商务活动的旅游，也可能在会展商务活动之余参加各种形式的旅游活动，并且受会展商务活动时间限制。通常其他旅游活动时间较紧促，除考察旅游外，其他形式的旅游在线路上要求就近和顺道，在内容上要求新颖紧凑，喜欢有一定内涵的旅游产品，讲究舒适方便。

普通游客群体具有一般旅游者的属性，只不过他们是以各类会展活动为主要的观光游览对象，以会展活动地为主要旅游目的地的旅游者。这类旅游群体一般以中青年为主，文化层次较高，喜欢新奇、寓教于乐的学习型的旅游产品。同时，不同会展活动内容的会展旅游者又具有明显的特定指向性，与一般旅游者不同的是，在旅游方式上他们注重体验式、参与式和人文化，并借助会展旅游进行学习交流，获取时尚流行信息。

2. 会展旅游产品拓展

会展旅游产品的拓展表现在两方面：一是针对会展代表开发设计的其他旅游活动，引导会展代表的其他旅游需求，拓展会展旅游活动空间；二是针对普通游客开发以会展活动为游览观光对象的主题式会展旅游。

旅行社可采用两种方法来设计拓展会展代表的旅游产品。一种方法是模糊会展商务旅游与休闲旅游之间的界限，丰富会展商务旅游。会展代表的会展商务旅游通常作为他们职业的一部分，大多数情况是在工作时间进行的，并不是在休闲时间进行的娱乐消遣休闲型的旅游。但是休闲旅游与商务旅游之间存在着很强的联系，当会展活动工作之余，会展商务旅游者便可转变为休闲旅游者，而且现代会展代表通常会有一个完全是休闲旅游者的同伴，因而会展代表完全可将其商务旅游与会展之余的休闲度假连接在一起。另一种方法是通过延长会展商务旅游链来拓展会展旅游。会展代表通常商业意识较强，在参加会展活动后希望能进一步了解并学习先进的经济发展模式和产业的实际状况。对于一些产业部门来说，他们也希望有更多的营销机会，本着共赢的原则，以共同利益为纽带，旅行社和相关产业联合开发诸如经济探秘、产业考察等旅游，在保护商业机密的前提下，有针对性地为会展代表提供高质量的服务，从而将会展商务旅游从会展活动延伸至产业部门。

会展活动往往围绕一定的主题,特定区域内定期或不定期举行,是宝贵的动态文化旅游资源,经开发规划后将形成一系列主题不同的会展旅游产品。这种针对普通游客以会展活动为游览观光对象的主题式会展旅游也有两种不同的开发方法。一是以会展活动为核心开发系列主题式旅游。可以只针对某一会展活动进行开发,也可以某个会展活动主题为核心,通过特定的内涵进行延伸开发,以便深化这一主题。二是对会展活动地的开发。作为定期举办会展活动的地域,可利用会展品牌的效应,结合当地的人文和自然资源开发不同的观光游览旅游产品,放大会展旅游的延续效应,如北京奥运会后利用一些闲置的奥运场馆开发奥运村观光游,还可以再利用某些设备设施及体育教练元素开发"当一回奥运冠军"的体验式旅游。

3. 会展旅游地理区域拓展

从我国目前会展活动的空间布局来看,会展活动的举办地通常都是现代化都市和风景秀美的城镇。为了更好地扩大会展旅游的吸引力和影响力,应注意会展活动举办地之间、会展活动举办地与其他相关性文化的景区和线路之间、会展活动举办地与相关性产业基地之间的渗透和扩展,充分发挥其关联作用,促成各旅游区域之间资源共享、产品互补、客源互流。然而,这种旅游目的地的拓展与联动,必须首先进行主题凝练,通过主题内涵将其串成一条线;其次要进行类型组合,通过对客源市场需求的调查分析,进行特品、精品、名品和普品的多种组合;再次进行活动内容的组合,多方式地为会展旅游者提供体验意境。

4. 会展旅游服务方式拓展

(1)旅行社要树立与会展企业共赢的观念。从特征上看,会展旅游兼具旅游业和会展业的共性,具有引发性、边缘性、综合性和依赖性等特点。它紧紧地依托于会展,不能脱离会展业而独立存在。旅行社通过全方位的优质服务为会展活动营造良好支撑环境,提升会展活动的品质。反过来,高品质的会展活动提高了会展活动的凝聚力与号召力,吸引了更多的会展参加者,保证会展旅游的持续健康发展,使旅游与会展一起达到互动和双赢效应。

(2)旅行社会展旅游服务应贯穿于会展活动的始终。会展活动包括了除会展组织策划到设计布局以外的食、住、行、游、娱等诸多要素,与旅游活动存在极大的共性,这些共性使得会展企业在产品组合、宣传和接待等业务操作上与旅行社具有很强的互动关联性。因此,旅行社应自始至终提供相关的会展旅游服务,保证会展活动的顺利进行。在会展前,旅行社利用其成熟广泛的销售网络,主动开展会展活动的宣传促销;在会展期间,调动自身的协调与组织能力,为会展活动参加人员提供食、住、行、游、购、娱一条龙服务,全面服务于会展;在会展后,旅行社协助会展企业开展展后总结服务工作,旅行社可以利用为会展活动参加者一线服务的机会,为会展企业调查有关参加者的相关资料及征集反馈意见提供服务。

(3)从服务方式上,提供从一般性到个性化的会展旅游服务。会展旅游者的客源层次不一,需求不同,并且对服务的个性化要求较高,因此旅行社不仅要提供一般化的服务,还要求提供个性化的服务。一是旅行社开发多样化服务产品,通过灵活组合,以满足会展旅游者个性化的需要,这通常适用于规模较大的旅行社。二是细化会展旅游市场,集中优势,最大限度地发挥自己的优势,以满足目标会展旅游者的需要。

本章小结

现阶段我国公务和商务考察的人数已占出境总人数的53%左右，我国入境旅游市场中，商务及会议旅游占到40%，接近或超过一些发达国家水平。中外业界普遍看好我国商务旅游市场，认为中国将成为全球商务旅游消费的重要市场之一。

旅行社针对商务旅游市场，提供了现代商务旅行服务，包括预订酒店、机票、接待服务、策划及组织工作，以及专业商务旅行理财服务等内容。旅行社根据自身特点选择商务旅游服务模式，在服务设计上，要灵活地定制产品、合理定价及选择合理的促销模式，并运用创新思维应对，组建网络，实现网络化经营，实行联动操作，进行产品组合，促进企业多元化专业化发展。

会展旅游是商务旅游的重要组成部分，旅行社在面对会展市场时具有参与程度不深、业务范围广而不专、分工不明确和人才匮乏等问题。因此，对会展市场的拓展就显得格外重要，包括客源市场拓展、产品拓展、地理区域拓展，以及服务方式的拓展。旅行社要开发多样化服务产品，灵活组合，同时细化会展旅游市场，集中优势，以满足目标会展旅游者的需要。

复习思考题

1. 简述商务旅游产品的特点。
2. 简述旅行社商务旅游服务模式的选择。
3. 如何设计商务产品网络销售？
4. 旅行社如何开展会展旅游？

案例讨论

1. 分析美国运通旅行社的定制化与标准化，并延伸至实例说明。
2. 分析携程、艺龙等旅游网络的应用与旅行社的关系。

第 11 章　专项旅游产品(一)

本章提要

旅游产品是旅游从业者通过开发和利用旅游资源提供给旅游者的旅游吸引物与服务的组合,即旅游目的地向游客提供一次旅游活动所需要的各种服务的总和。与传统的旅游活动相比,专项旅游产品具有个性化、新颖性等特点,打破了“走马观花、浮光掠影”式的传统旅游方式,是以帮助游客完成旅游目的、营造良好氛围、寻求全新体验、感受独特生活为核心理念的旅游产品。

本章从最新在国际上较流行的生态旅游、文化旅游产品入手,讲述各专项产品的特点、设计思路、发展方向。分析国内近些年盛行的红色旅游产品,从设计要素、内容拓展等方面为其产品设计理清思路。分析了乡村旅游的背景、类型和发展现状,提出乡村旅游发展的重点、产品开发的原则和要素,并特别关注了乡村旅游中两种独特的产品形式——庄园和民宿。特种旅游中,以探险旅游为代表,在青年中有着巨大的市场,是最具特色、价格最昂贵、风险最大的旅游产品,也是设计与操作难度最大的旅游产品,安全要素的把控是产品中必须考虑的重要因素。本章以讲解及案例的方式,启发读者学会专项旅游产品的设计方法。

学习目标

1. 生态旅游产品的设计及发达国家的经验。
2. 文化设计在旅游产品中的运用。
3. 红色旅游的组合设计。
4. 乡村旅游的重点和产品设计。
5. 探险旅游的风险规避。

框架结构

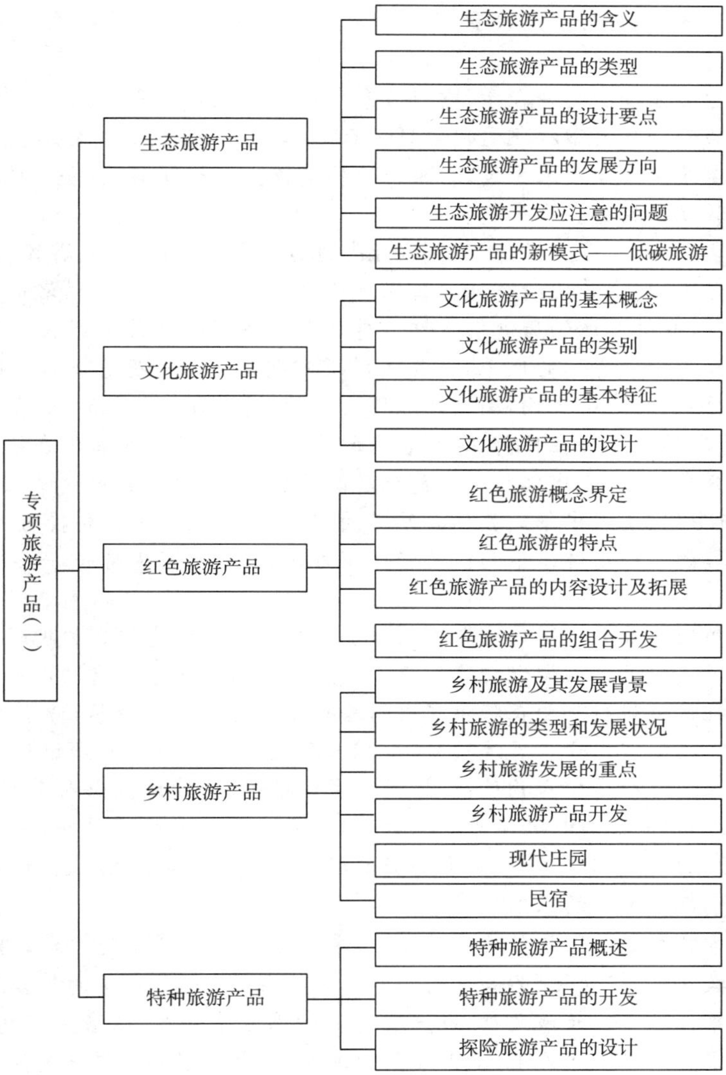

开篇案例

江西赣州创新红色旅游模式，高科技打造沉浸式互动体验

赣州方特主题公园占地近40万平方米，总投资30多亿元，于2021年5月开园。跟其他主题公园不同的是，赣州方特主题公园主打红色文化，它是全国首座红色文化高科技主题公园，打造了10余项室内大型高科技主题项目和20余项室外休闲项目。

一直以来，红色文化旅游多以实地参观、现场讲解为主，缺少互动性和体验感。近年来，红色旅游的发展氛围越发浓厚，且呈现年轻化、亲子化特征。《中国红色旅游发展报告(2021)》指出，中国共产党党员和青少年是红色旅游的核心客群，2019年全国红色旅游经典景区接待中国共产党党员和14岁以下游客近1亿人次，占其接待游客总数的25%以上。据抽样调查发现，2020年参与红色旅游的游客中，25岁及以下的中青年约占50%。

如何依托红色资源，讲好红色故事，在新时代弘扬红色精神，传承红色传统，是人们一直在思考的问题。

赣州方特主题公园创新之处在于，它以百余年来中华民族奋斗征程为背景精心策划，包括六大历史主题区域和众多大型红色文化主题项目，综合运用AR、VR、全息投影、高清巨幕、球幕、旋转平台、动感轨道船等技术手段，颠覆传统的爱国主义展览形式，全景式演绎中华民族寻求国家独立和民族复兴的近现代历史。

《东方欲晓》主题项目展厅，设计了1 000 m^2 的超级立体银幕，众多游客在体验之时，犹如站立在5层高楼之下，观看着比两个标准篮球场还大的巨幕。体验时，浩瀚的历史长河仿佛从观众身边流淌而过，身临其境的历史场景鲜活得让人忍不住想要伸手触摸。为了能让广大游客零距离领略共和国缔造者们的风采，赣州方特首次将彩色8K超清版的开国大典搬上千平巨幕，由方特量身定制的声场音响，高度还原现场音效，游客在体验之时，犹如亲眼见证这一历史性时刻，伟人清晰的面孔如在目前，群众震耳的欢呼就在耳畔。游客们在短短的20分钟内，经历清末列强瓜分中国、一代代仁人志士前仆后继救亡图存、中国共产党诞生到带领中国人民发愤图强，建立新中国、实现中华民族伟大复兴的整个历程，感受一部科技与艺术精妙融合、历史与当代无缝衔接的震撼史诗。黎明前的峥嵘岁月，胜利后的百废待兴，一百七十年的复兴之路，可谓跌宕起伏。

《巾帼》的主题项目开创了国内主题乐园女英雄事迹体验的先河。力撼晚清王朝腐朽统治的秋瑾烈士留下了一句怎样的警世之言？杨开慧烈士写给毛泽东同志的最后一封家书发出怎样的深情呼唤？抗日英雄赵一曼在牺牲当天写给孩子的遗书是何等悲壮？“八女投江”队伍中年纪最小的是谁？大型室内舞台表演项目《巾帼》，将近现代女性英杰事迹通过高科技手段还原，忠于史实，真人演员和虚拟人物尽情“飙戏”，真假难辨，剧情设置令人潸然泪下，短短的20分钟，整个舞台被绚烂的三维特效笼罩，全息投影技术和精准的配音技巧，将一封封馆藏的书信文字催化成“活”的记忆，带给广大游客全新的视听感受，让游客经历数十个泪点时刻，深刻地感受到百年前巾帼英杰们的家国情怀。

《飞翔》作为方特主题乐园的王牌项目之一，采用高科技球幕影院技术，逼真而安全的“模拟飞行”，使大量数字素材“活化”为高度还原的山海湖泊，带来更真实的“飞翔”感受。游客会像雄鹰一般掠过雄伟壮观的长城之巅，每一块砖石仿佛触手可及；从浪底穿越三峡大坝，喷薄而出的江水恰如排山倒海迎面袭来；从天安门俯冲而下，径直贯穿于昔日皇城内苑，风过树梢，声声入耳，仿佛诉说着沧海桑田；与东方明珠擦肩而过，璀璨烟花闪耀星空，描画着祖国的盛世盛景。赣州方特最终为游客呈现出一场画面更精致、视野更广阔、视听更震撼的“飞行”盛宴。

经过大型多媒体科技和声光电的辅助，大型剧场表演项目《圆明园》生动再现了圆明园“万园之园”的盛景，在目睹圆明园百年恢宏的兴建历程时，还能观览光彩夺目的湖光山色，感受这座皇家园林曾经的富丽堂皇，更加深刻地领悟到“不忘过去，方能展望未来”。

大型室内有轨漂流项目《致远 致远》用乘船方式见证“致远”号从英国船厂诞生到甲午海战沉没的传奇一生，领略中国海洋事业百年发展的伟大历程。

大型舞台剧《岁月如歌》选取了漫漫岁月中独具年代特色、伴随一代人成长的《小路》《歌唱祖国》《学习雷锋》《在希望的田野上》等脍炙人口的歌曲，讲述一代代人的奋斗历程和家庭故事。

（资料来源：根据相关资源改写）

11.1　生态旅游产品

近十几年来，随着社会经济的不断发展，人口的增长，特别是城市化进程的加快，自然界的生态平衡受到挑战，人类的生存环境遭到严重威胁，许多旅游区已不同程度地遭受到污染和破坏。人们在享受富裕生活的同时，发觉人与自然的距离越来越远，隐藏在内心的那种回归自然的禀性也愈发浮现出来。在此背景下，回归大自然和保护生态环境已经成为现代人的一种追求、时尚和使命。同时，随着环境保护运动和旅游者受教育程度的提高，以保护生态环境为宗旨而开发的生态旅游受到越来越多旅游者的青睐。度假、疗养、运动和探险已成为不可阻挡的发展潮流。因此，生态旅游的产生是人类认识自然、重新审视自我行为的必然结果，被认为是实现旅游业可持续发展的必然选择。

目前，生态旅游作为一种双赢的旅游产业得到了迅速发展，已成为新世纪旅游业的重要发展方向。美国、加拿大和澳大利亚等发达国家已经将生态旅游作为旅游项目中的一个支柱产业加以开发；中美洲和非洲的许多国家也将生态旅游作为保护本国资源、赚取外汇和振兴经济的最佳选择。“生态旅游”一词最早由20世纪80年代初“国际自然保护联盟”首次提出，1992年“联合国世界环境和发展大会”提出可持续发展的概念之后，生态旅游在世界范围内得到了广泛的研究和实践。为了在世界各地积极推广生态旅游，联合国把2002年确定为“生态旅游年”，生态旅游在国际旅游业中的重要地位及其负担的历史使命由此可见一斑。

11.1.1　生态旅游产品的含义

人类走进大自然旅游并非自今日始，风靡全球的“3S”(sun、sea、sand)旅游持续半个世纪，长盛不衰，仍占据着旅游客源市场的主要份额。阳光、海水和沙滩就是大自然，但并没被冠之以“生态旅游”的专有品牌。可见，走进大自然的休闲、观光及健身之类的旅游与生态旅游之间并不能简单地画上等号。

生态旅游可以归纳为两个方面：一方面，生态旅游是人类社会发展到一定阶段的产物，当社会经济水平、认识水平和技术水平达到较发达的程度时，生态旅游才可能产生。它的市场定位是以求知、享受和保护为目的的特殊客源群。这一客源群经济较为富裕，并对生态环境有浓厚的兴趣，他们并不满足于游山玩水、走马观花式的观光旅游，而更有在大自然中获得明确具体的知识性或研究性收获的欲望。另一方面，规模浩大的大众化旅游已严重破坏了生态环境，以致人们对旅游业是“无烟工业”的褒扬提出尖锐质疑。可以说，如果再不对自然旅游资源进行有力的保护，那么，成批游客的进入将破坏自然环境。面对这种严峻形势，联合国在1992年形成了全球可持续发展的《21世纪议程》；继后，世界旅游组织和地球理事会等机构制定了《世界旅游业的21世纪议程》，旅游业的发展确实也走到了十字路口，若再不施行生态保护，毁灭旅游业的将是旅游业自己。因此，发展生态旅游是旅游业可持续发展的必由之路。可见，发展生态旅游是在有需求、有能力和必须保护环境三项前提条件同时具备的情况下应运而生。生态旅游与自然观光旅游相比，前者是更新换代的旅游产品，是21世纪重点开发的新一代旅游产品。

任何新产品的开发都不是轻而易举的，生态旅游产品当然也不例外。从我国实际国情来看，在国际市场上推出生态旅游正当其时。对国内旅游而言，无论是游客兴趣和支付能力，还是保护意识和保护措施都是不足的，若开发者和经营者没有充分的思想准备和技术准备，却在国内市场上兴生态旅游之风，超负荷开发，超能力接待，那将会后患无穷。对此，从国家到地方各级旅游行业主管部门应高度重视，正确引导，有效控制。仍属自然观光旅游性质的产品不能拔苗助长，要实事求是。与此同时，以认真的态度和科学的手段去开发货真价实的新一代的生态旅游产品。

11.1.2 生态旅游产品的类型

1. 自然生态旅游产品

自然生态旅游产品是指旅游开发的对象是原生性的具有较高景观价值的自然风景，如地质、地貌、水体、气象和生物等自然生态景观，包括森林公园、风景名胜区和自然保护区等。

2. 人文生态旅游产品

人文生态旅游产品包括各类民俗风情、历史文化遗产等生态旅游产品，该旅游产品的设计要紧密结合历史渊源和旅游地的自然生态环境，实事求是，合理挖掘，达到人类文化圈与生物圈的协调发展。

3. 农业生态旅游产品

农业生态旅游产品是指以生态农业观光、休闲和农业体验为特色的生态旅游。农业生态旅游的开发应依托农村或城郊农林果蔬业、特色养殖业等的发展，尤其是生态农业和高科技农业的示范推广进行，取得当地政府和农民的支持，走企业联合开发经营或政府指导下农民经营等形式。农业生态旅游一定要体现出其生态性和独有的农业文化及乡土文化。例如，一位法国农场主经营了一个占地40公顷的小型环保农场，很具有旅游吸引力。它不仅风光旖旎，且极具环保特色。农场用电基本都来自屋顶的太阳能板和牲畜粪便产生的沼气发电，农机用燃料主要来自农作物提炼出的植物油，灌木枝和树枝用来取暖。融合了古老技术和现代的农业技术体系，也往往可以变成生态旅游的资源，瑞士拉沃地区的梯田式葡萄园即是典型的例子。

4. 工业生态旅游产品

旅游业有一个突出的功能，就是为其他产业附加上新的功能，工业生态旅游就是其中一个例证。将传统工业的生产工程、生产工艺、中间和最终产品及其相关的活动，作为一种知识、一种体验开发出来，就可以作为旅游产品的一部分，从而增加了原有产业的价值。对于这个行业中的人来说，也许一些工业生产过程、工艺和产品都是司空见惯的东西，而对一般公众来说，这些地方往往则是陌生的、神秘的、具有吸引力的。再完善生产过程和工艺，使之具有良好的污染物治理及回收循环利用系统，配套相应的产品陈列室和工业博物馆，这就成为工业生态旅游。它既可以增加公众的科普知识，提高公众环境生态意识，又可提高企业知名度，树立企业良好形象，提高消费者的亲近和信任感。如蒙牛集团在国内最早开发了牛奶厂区参观，游客到厂区了解了奶牛的养殖及牛奶的生产过程，还了解到了蒙牛的企业文化，从而对产品更有信任度，开辟了国内工业生态旅游的典范。

11.1.3 生态旅游产品的设计要点

旅游是人们精神生活的一部分，是一种游览、观赏性的审美活动。我们在对生态旅游产品策划时，更应遵循这一原则，产品开发要着重突出旅游美学的价值，增强生态旅游产品的吸引性，最大化地开发生态旅游价值。

1. 充分利用旅游地丰富的自然物产资源进行旅游产品设计

生态旅游区域往往伴随着多种生态环境并存，如森林与温泉、乡村与山地探险、采集与狩猎等，都是由当地丰富的自然和物产资源衍生的旅游产品，应抓住特色进行产品设计。

2. 生态旅游产品应突出它的民族特色性、地域差异性和文化内涵性

特色是旅游业的生命，有特色的旅游产品才能激发生态旅游者的购买欲。在旅游产品设计上，应针对地方特点，对地方文化进行深挖掘，去粗取精，科学提炼，比如设计一些具有地方特色的手工制品店铺、扎染制品、布艺装饰和首饰等纪念品。在产品设计体现了地方资源及文化中所蕴含的生态内涵，并浓缩于所设计的旅游产品中，使旅游者在享用产品的同时，还能受到环境保护的教育。

3. 合理开发精品生态旅游产品

为了满足不同游客的需求，合理开发旅游产品就显得尤为重要。生态旅游虽然以“回归自然”为主题，但为了满足部分游客对旅游产品的高质量、高品位要求，就需要旅游企业开发设计一些适合高品位需求的精品生态旅游产品。乡村度假生态旅游产品、森林休闲康养产品等，都是可以延长游客停留时间、增加消费的较高端产品。

4. 充分利用旅游主体及旅游客体的结合，创造新意旅游产品

生态旅游胜地往往以秀美的风景和丰富多彩的文化著称。无论是崎岖的羊肠小道还是浓郁的民族风情，无论是古朴的街道还是异国风情的酒吧，都是产品设计的新意之处。旅游企业应了解当地情况，开发具有当地新意的产品。如请当地专业的民间艺人给游人绘制画像，人景结合，浪漫无穷，只属于此情此景的个人画像很值得留作美好的纪念。民间艺人还可以向游客提供色彩和画具，游客还可以把自己喜欢的景色和旅游感受用画笔勾画出来，让愉快的旅游心情留在笔尖上。

11.1.4　生态旅游产品的发展方向

1. 大众化生态旅游产品

我国的生态旅游目前正处在起步阶段。20 世纪 90 年代以来已初步推出了一批具有生态旅游特点的旅游线路、景点、项目和节庆活动。其中大多数是大众化的生态旅游，而专业性很强的特种生态旅游项目尚处于初级阶段。比较典型的大众化生态旅游产品有滨海湿地生态游、自然地貌生态旅游、森林生态旅游、野生动物观赏游、山水名胜风景游、田园风光游、城市公园生态游等。在生态旅游产品开发要遵循的原则的指导下，结合当地的生态旅游资源，可开发符合当地类型生态旅游产品。

2. 特种生态旅游产品

特种生态旅游产品是指具有在特殊优势的市场上形成独特吸引力的生态旅游产品。我国具有独特自然地理特征和生态系统的高山地区、草原地带、湖泊河流、戈壁沙漠和峡谷丛林等，都具有发展特种生态旅游的潜在资源基础，经过一定的开发设计，可开发如徒步、登山、潜水、漂流、攀岩、探洞、滑雪、热气球旅行、骑自行车、自驾车船及乘伞滑翔等探险型、参与型的特种生态旅游产品。

11.1.5　生态旅游开发应注意的问题

生态旅游产品开发是生态旅游发展的关键环节，也是体现旅游资源有效利用率的重要标志，在开发中应注意以下几方面问题：

(1)在对生态旅游资源进行详查、分析与评价的基础上,以市场为引导,确定开发目标,确立旅游地鲜明的主题形象,做到有序有效开发。

(2)根据旅游开发目标和旅游资源环境的特点,进行严格的环境影响评价和环境承载力评估,确定生态旅游区合理的环境容量。

(3)生态旅游设施开发设计应体现生态化,如利用原始材料、天然可再生能源等。

(4)要增加科技含量,如对旅游资源价值的科学评价、采用高科技手段保护文化资源等。

(5)要正确处理好旅游开发区的自然生态、历史文物、民俗文化的保护、研究、开发的关系,做到科学、合理的可持续开发与利用。

(6)在生态旅游产品的开发中应留有让旅游者自主参与的余地,使旅游者在欣赏自然、人文风光的同时,能亲身体验到回归自然的愉悦。

(7)产品应具有环境教育功能,如可在旅游区设计一些环境教育特殊设施。

(8)在努力保护好生态旅游资源和保持原汁原味的基础上,深层次开发生态旅游资源,挖掘其自然和文化特色。

(9)注重发挥生态旅游区的比较优势,培育一批具有地方特色的旅游精品,适时建成几条主题鲜明的旅游线。

(10)加大生态旅游产品的宣传促销力度,积极开拓国内国际两个旅游客源市场。

(11)强区生态游资源整合,避免形象遮蔽效应,同质景区错位经营,形成形象叠加效应,促进区域生态旅游良性发展,避免恶性竞争。

11.1.6 生态旅游产品的新模式——低碳旅游

1. 低碳旅游的概念

气候变化是人类面临的全球性问题,随着各国的二氧化碳排放,温室气体猛增,对生命系统形成威胁。在这一背景下,世界各国以全球协约的方式减排温室气体,我国由此提出碳达峰和碳中和目标。碳达峰指中国承诺在2030年前,二氧化碳的排放不再增长,达到峰值之后再慢慢减下去。碳中和是指企业、团体或个人测算在一定时间内直接或间接产生的温室气体排放总量,然后通过植物造树造林、节能减排等形式,抵消自身产生的二氧化碳排放量,实现二氧化碳“零排放”。发展低碳经济,重塑能源体系具有重要安全意义。近年来,我国积极参与国际社会碳减排,主动顺应全球绿色低碳发展潮流,积极布局碳中和,已具备实现碳中和条件。碳达峰与碳中和一起,简称“双碳”。

“低碳旅游”概念的正式提出,最早见于2009年5月世界经济论坛“走向低碳的旅行及旅游业”的报告。低碳旅游是在旅游活动中,旅游者尽量降低二氧化碳排放量,即以低能耗、低污染为基础的绿色旅行,倡导在旅行中尽量减少碳足迹与二氧化碳的排放,也是环保旅游的深层次表现。其中包含了政府与旅行机构推出的相关环保低碳政策与低碳旅游线路、个人出行中携带环保行李、住环保旅馆、选择二氧化碳排放较低的交通工具甚至是自行车与徒步等方面。

2. 发展现状

事实上,在实践层面,民间的低碳旅游早已进行。多年前,在九寨沟等旅游景区,禁止机动车进入,改以电瓶车代替,以减少二氧化碳排放量。九寨沟能够多年一直保持清澈见底的水,与其采用统一的环保大巴不无关系。

不过,对于正在摸索低碳旅游可行性措施的旅游业来说,要将现有的整体上比较粗放的旅游发展方式，彻底扭转到低碳、环保的发展道路上来，需要做的工作还有很多。而作为旅游主体的广大旅游者，要为低碳旅游出把力，则相对容易得多。假日去郊外的旅游者，只要稍稍改变一下习惯，在汽车后备箱中放上一辆折叠自行车，开车至郊外，改骑自行车，去体验野外的自然风光，便能在回归大自然的同时，切实为低碳生活做点贡献。骑单车或是徒步，这两种以人工为动力的旅游，是每个人都能采取的最简约的低碳旅游方式。

国务院通过的《关于加快发展旅游业的意见》，就是在减排的大背景下，国家为配合低碳经济发展而进行产业结构调整的一个信号，而旅游业将成为最大的受益行业。和其他行业相比，旅游业很早就有了“无烟工业”的美称，本身属于服务行业，占用资源少，卖的又是环境和文化，而这恰恰与节能减排的目标相吻合。

越来越多的城市居民开始不自觉地把低碳作为旅游的新内涵，出行时多采用公共交通工具；自驾外出时，尽可能地多采取拼车的方式；在旅游目的地，多采取步行和骑自行车的游玩方式；在旅途中，自带必备生活物品，住宿时选择不提供一次性用品的酒店，选择最简约的低碳旅游方式。

3. 发展重点

低碳旅游是一种低碳生活方式，应当成为我国新时期经济社会可持续发展的重要经济战略之一。其中包括以下三个重点：

一是转变现有旅游模式，倡导公共交通和混合动力汽车、电动车及自行车等低碳或无碳方式，同时也丰富旅游生活，增加旅游项目。

二是扭转奢华浪费之风，强化清洁、方便、舒适的功能性，提升文化的品牌性。

三是加强旅游智能化发展，提高运行效率，同时，及时全面地引进节能减排技术，降低碳消耗，最终形成全产业链的循环经济模式。

案例 11.1

澳大利亚生态旅游开发的经验

自然条件优越的旅游王国澳大利亚，有充满活力与时尚气息的城市、古代原住民光彩夺目的文明遗迹、高度发展的旅游设施、东西荟萃的多元文化，以及可口的美食和特有的葡萄佳酿，其极富魅力的乡村生态旅游也多彩多姿，其生态开发经验和模式值得我们学习和借鉴。

一、自助乡村生态游

澳大利亚交通状况极好，高速公路四通八达。几乎每家每户都拥有一两部私家车。大多澳大利亚人都酷爱户外活动，到了节假日或周末喜欢自驾车出游。澳大利亚很注意旅游地的宣传，地图和交通图上都做了旅游景点的标注，而且在公路边上都设立了很明显的深咖啡色的旅游景点标志牌。在一些靠近旅游目的地的入口处及交通交汇处，地方政府旅游管理部门还专门设立了一些旅游信息中心，使用统一的标志，用图片及声像向人们展示当地的旅游点，以及吃、住、行、游的各种信息，专门有生态环保的信息，还摆放着有很多免费的旅游小册子、地图和景点说明等，工作人员将免费为游客提供咨询。

澳大利亚人最喜欢到乡间露营，通常他们用汽车拉着旅游房车(caravan)，边走边玩。澳洲乡间、牧场、森林和海滩大多都修有供旅游房车停靠的场地，只要付几澳元就可以得到点心和饮用水。而且在人们经常郊游活动的地方，地方政府都免费修建一些电烧烤炉、供人们用餐的木头或水泥桌椅，以及清洁环保的卫生间。在海滩边还专门设有免费的冲洗浴室，旅游设施方便齐全。另外，澳大利亚汽车旅馆业相当发达，如著名的 Bestwestem、FlagCheice 等汽车旅馆连锁店几乎遍布整个澳大利亚,房价公道,设施完善,有的房间还设有厨房和套间,很适合整个家庭住宿。要是饿了也可以到乡间小镇上买些新鲜出炉的面包和烤鸡,或是品尝一些富有乡村风味的馅饼。累了可以在乡村小镇的小酒吧或咖啡吧里坐坐,喝上一两杯,尽情地享受乡村小镇的宁静与惬意。另外,参加北领地骆驼远行队、由土著导游带领的丛林游、下到海里潜水、高地乡间骑马和墨累河租船巡游都是非常不错的选择。

澳大利亚的许多乡村小镇很注意保护自己的传统和历史,古朴典雅、历史悠久的小教堂保存完好,有的小镇还会留下一间19世纪的铁匠铺作为文物,向游客展示当时所使用的锻造的铁工具,以及打制的铁马具、铁制品等。游客还可以买到许多用红桉木做的传统手工木制品。

二、农场农庄游

澳大利亚的农场度假特别引人注目,许多农庄靠近美丽的河谷、湖泊或森林,到处散发着浓浓的乡野气息。友善的农庄主人会让游客试试他们的新鲜农产品,品一品地道佳肴,尝一尝风味各异的乳酪,喝上一杯香甜的葡萄美酒。游客再随兴购买一些他们亲手制作的手工制品,逛一逛他们的水果园,令人陶醉其中。有一些农庄还设有网球场、温泉浴和游泳池等设施,各式户外活动任你选择,最有趣的是学澳洲土著人掷硬木回力镖。有时有些农庄还组织颇具乡村风味的晚餐会,游客可以吃到当地农民现烤炙的鲜香牛排。

现在许多澳大利亚人还喜欢上了一种耕种体验度假形式。如有机农场工会欢迎任何人士利用假期,去分布于澳大利亚各地的900多个农场体验耕种的乐趣。例如在Sunny Ridge草莓农场,可以在草莓园中品尝当天采摘的鲜美多汁的草莓,也可以在草莓加工中心享用以新鲜草莓为原料制成的甜点、葡萄酒和冰激凌。

三、牧场游

如今,牧场游在澳大利亚国内非常普及,是许多国内旅行社主推的旅游产品,游客也可以通过互联网自己联系并预订。一去就住在牧民的家里,观看用现代化的方式挤牛奶,帮牧民干活,品尝各式乳酪。游客还可参与剪羊毛、亲身尝试挤牛奶、摘提子或采蚝等很有趣味的活动。只有在澳大利亚的牧场体验一下,才能有机会见到真正的澳大利亚人。有时,骑马在牧场周围驰骋一下,看着远处绿色的牧场上的牛群和羊群,仿佛行在画中。

四、葡萄园酿酒厂观光游

澳大利亚的所有州都产酒,游客参加一日或更长时间的酒旅游活动,不仅可以欣赏大片的葡萄园外,还可以参观访问酿酒厂,甚至到地下酒窖去参观,有专门人员为游客做介绍,免费品尝甘美的葡萄酒,还可挑选购买各种喜欢的葡萄酒。澳大利亚现在共有1 100多个酿酒厂,大部分都做酒窖直销。酒旅游在澳大利亚正成为一个颇具国际竞争力的旅游产品,而且许多成功做法正在被美国、欧洲及亚洲的许多国家和地区效仿。据澳大利亚制酒业联合会预测,每年通过旅游活动和酒窖直销给酒业带来的直接效益在4亿~5亿澳元之间。

五、专项的旅游活动

从每年4月上旬开始,澳大利亚皇家农展会,将特产、游产、特技、娱乐和传统结合在一起。其性质以娱乐为主,除了传统的农场动物、农作物、土特产和艺术品展览买卖外,还有传统的农业技术表演,如剪羊毛特技、自动化挤奶、自动化生产牛奶、砍树桩特技表演、赛狗和赛猪等农场动物特技表演,并配有各种大型的游乐场所具有的大型游乐设备及各种游乐活动(如赛车、魔术、小品表演和烟花表演等)让大家娱乐。

(资料来源:根据网络相关资源改写)

11.2　文化旅游产品

旅游不仅是一种经济现象，也是一种精神文化现象。随着旅游业的蓬勃发展，世界各地的文化旅游正呈现出迅猛发展的势头。一方面是文化的经济化，即文化成为产业，成为社会生产力的重要组成部分；另一方面是经济的文化化，即文化在现代经济发展中起着越来越重要的作用。从国际旅游市场看，文化旅游正以每年10%～20%的速度增长。在欧洲各国的入境旅游者当中，65%的人是进行文化旅游；在美国人中，27%的人每年要把数十亿美元花在文化旅游上；从国内市场看，中国名胜古迹和悠久的历史文化对国外游客具有极大吸引力。有调查分析表明，日本人来华旅游的主要兴趣分类中，了解中国历史文化和古迹的占49%。

文化旅游产品大都凝聚了历史文化知识和内在精神内涵，它能提高旅游者的文化素养和精神层次，给旅游者以不同于自然观光的旅游体验，对旅游者和旅游产业都具有独特价值。如何进一步利用丰厚的文化旅游资源，将资源优势转化为优秀的文化旅游产品，并打造出具有特色的文化旅游品牌，是文化旅游发展所面临的一个难题。因此，研究文化旅游产品的开发与设计有着重要的意义。

11.2.1　文化旅游产品的基本概念

关于文化旅游产品的一般定义，学者们经常将其与人文旅游产品归为一类。有学者根据景观生态学中的整体人文生态系统理论，把旅游产品分为自然旅游产品和人文旅游产品，并将人文旅游产品定义为：为满足旅游者审美和愉悦的需要而在一定地域空间上生产或提供的为游客所享受的物质和精神总和，包括人文景观(旅游吸引物)、设施和服务三类要素。这一定义是从满足游客需求的角度来阐述人文旅游产品(或文化旅游产品)的。

根据类似的结论，我们可以将广义的文化旅游产品界定为“具有鲜明文化特色的旅游产品，即人文旅游产品”，这主要是相对于自然旅游产品而言的。狭义的文化旅游产品则是指旅游企业或其他组织依托特定的文化元素或文化主题而开发的，用以满足人们的文化旅游需求，或者是用以满足个体或组织特定文化需求的旅游产品，一般涵盖一个或多个文化领域。例如，宗教文化旅游产品、传统文化旅游产品等。

11.2.2　文化旅游产品的类别

根据狭义的文化旅游产品的定义，可以将文化旅游产品分为以下四类：

1. 文化主题景区

文化主题景区主要是指一些依托某一文化主题而开发的文化旅游产品。例如，宗教文化旅游产品系列(佛教、道教等)、古文化遗址、文化主题公园或景区等。

2. 城市名片类产品

城市名片类产品是近年来城市营销盛行的产物，一般都会以当地特色文化为灵魂和基础进行开发和经营，既有历史遗迹的复原品，也有当代的作品。包括各地的地方文化展览、地方风俗类旅游产品和富含地方特色的地标等。例如，武汉的楚文化旅游产品、无锡的吴文化旅游产品，上海东方明珠电视塔和北京的“京味儿”文化旅游产品等。

3. 节庆仪式类文化旅游产品

节庆仪式类文化旅游产品是指那些能够满足旅游者对异质文化的憧憬和追求的理想型文

化旅游产品,这类文化旅游产品通过节日或固定庆祝活动向人们展示某种特色文化或者人文精神,主要包括特定文化的仪式、文艺活动和异域情调的习俗等。如每年孔庙的祭孔仪式、洛阳的国际牡丹节、德国慕尼黑的啤酒节,以及各种能够满足游客文化游览需求的旅游产品。

4. “自然被人化”的文化旅游产品

在中国的山水文学描写中,自然万物如天地日月、春夏秋冬、晨昏昼夜、风云雷电、江河湖海、花草树木及鸟兽鱼虫等,大都被拟人化了,结果转变为千姿百态的象征符号,用以表现或寄托人的情感、意趣、精神与品格。因神话传说而被赋予特殊人文情怀的自然景观,如华山“劈山救母石”、长江三峡的“望夫石”、云南石林阿诗玛、桂林漓江三公主和杭州西湖等。一块人形的石头,一棵古树,一条山涧,只要以传说、典故等方式被赋予了人文精神,就具备了某种神韵而令人向往。

11.2.3 文化旅游产品的基本特征

1. 突出的文化特性

文化特性是文化旅游产品最根本的特征,也是它与其他类别的旅游产品最重要的区别。虽然旅游产品多少都与文化有些关联,但对于文化旅游产品而言,突出的文化性是它的生命线。文化性主要表现在所有外在形式都是围绕着特定的文化而存在的,都能够满足组织和个人对某种文化的审美需要,都包含了多种文化元素。

2. 注重身心体验

文化旅游产品以其浓厚的文化气息来满足人们对特定文化的心理需要,能够为人们提供独特的文化体验,可以是怀旧,也可以是寻找慰藉。这一点是文化旅游产品与自然旅游产品的一个重要区别。例如,始于20世纪80年代的全国各地旅游业内的“复古风”,一定程度上就是为了满足人们的怀旧文化心理需要,如历史景观中武汉黄鹤楼的再造(1985年)、南昌滕王阁的重修(1989年),以及济宁鹳雀楼的重修(2002年)等。多数文化景点都很重视给游客独特的体验,塑造心灵归宿的氛围。北京的胡同文化旅游也是重在为游客提供一种老北京的生活风貌的真实体验。

3. 更加个性化

文化可以依据不同的标准进行分类,如不同地域的文化、不同族群的文化、不同民族的文化和不同时代的文化等,这些都构成了文化的多样性,同时也构成了文化旅游产品的个性化。同样是宗教文化景区,道教景点和佛教景点就有着明显的区别,并且与每一种宗教相联系的文化景区也都有各自的特色,即便同一种宗教文化景区,在不同的地域和时代也会有不同的个性特征。其他类型的文化旅游产品也同样因为其所依托的文化元素的不同而表现出鲜明的个性特征。例如,同样是展示民居文化的景区,江南水乡显然与北京的胡同和四合院有着明显的区别。有的旅游产品是以某个文化历史事件或人物故事为主题进行系列开发的,这也就决定了其独特的文化个性。例如,岳飞故里肯定是向人们展示爱国精神的,苏东坡故里或题刻肯定是向人们展示一代文豪的风采及宋代词文化的,等等。

4. 唯一性

有些文化旅游产品是独一无二的,离开了某个地域就不再具有能为人们所接受的文化特性。例如,故宫在世界上独一无二,你可以在其他地方再建造一个比故宫豪华的殿,但却无法复制故宫所独有的历史底蕴。脱离了特定的文化背景就必然显得不伦不类,因而不被人们接受。

5. 更强的互动性

文化旅游产品的本质就在于提供独特的文化体验,体验的过程同样也是一个互动的过程。这里讲的互动可以是精神上的共鸣,也可以是形式上的参与。例如井冈山景区,不仅丰富了景区建设,还增加了重传红军衣、重走红军路的体验活动,使游客产生了一种精神上的共鸣,增强了亲切感。

6. 多重价值性

文化旅游产品之所以会被广泛接受就在于其存在的多重价值意义,或者说文化旅游产品开发的意义已经超出了其本来的旅游观光的范畴。例如,革命圣地除了满足人们对"红色旅游"的向往以外,还肩负着进行爱国主义教育的重任;一些具有城市名片意义的文化旅游景点或景观,不但可以满足人们游览的需要,而且还可以美化城市环境、提升城市形象等。总之,文化旅游产品与单纯的旅游观光产品相比,具有多重价值。

7. 消费群体的广泛性

文化是被一个群体广为接受和传承的价值观、生活方式、行为准则和礼仪等。这也就是说,每个人都平等地共享某种文化。文化旅游产品作为文化的一个领域也具有这样的特征,也就是说,经济、社会地位等因素并不构成文化旅游产品额外的消费门槛,所以其消费群体自然就非常广泛。

8. 消费者评价与消费过程的同步性

文化旅游产品以其高体验性为显著特征,这决定了游客会在游览观赏文化旅游产品的同时根据自己的价值观、经验,以及事先获取的信息做出优劣评判,评判的结果就决定了其会不会继续选择再次消费。

11.2.4　文化旅游产品的设计

1. 文化旅游产品的市场定位

文化旅游行为的终极性动机是文化动机,这就决定了以满足文化旅游动机为直接目标的旅游产品,应具有与旅游者文化旅游需求相适应的文化属性。文化旅游消费的基本倾向是对异地和异质文化的期望,历史文化、民族文化、地域文化和民俗文化都是可以构建文化旅游的产品体系。

(1)文化旅游产品主题鲜明。大众旅游者并不都是历史学者和文化学者,所以在依据资源本身的文化类型进行产品组合时,应考虑到资源的功能性转换,使整个线路切合旅游者的审美习惯和场景活动特点,否则就可能脱离市场。毫无疑问,文化旅游产品要有明确的主题。产品主题越鲜明,越典型集中,越富层次感,就越有利于分层次、多视角地进行展示和设计,使其内涵得到充分发挥,达到应有的广度和深度。

文化旅游是一段时间有限、场景集中的经历与体验,旅游者在有限的时空中获得文化旅游的体验和感知,因此,文化旅游产品就必须用典型、形象、通俗、有趣的形式去展现文化,才算是选位得当。文化旅游不仅是一种文化观赏活动,也是一种文化介入和文化参与活动。崇尚参与和亲身感受是现代旅游一个很重要的特点。文化旅游产品的开发设计研究要为旅游者提供亲身感受和参与的机会,有助于旅游者进入体验旅游目的地文化的角色当中。以民俗文化为例,其文化系统极为庞杂,包括物质生产民俗、社会制度民俗、日常生产民俗和精神信仰民俗等。在旅游开发过程中,必须对内容进行精选,选择诸如习俗典礼、岁时节庆和游艺竞技等富有表现力的场景与百姓饮食、起居等日常生活结合起来，才会产生有力的文化吸引。

(2)异时型文化旅游资源组合体现出原景留置和拟景再现。许多历史文化遗址作为文化旅游产品的资源组成部分属于原景留置，如楼兰古城遗址、圆明园遗址等。特殊的历史变故仿佛使时间凝固在那一刻，旅游者置身其中，必然会有一种重返历史、时光倒流的感觉。历史型文化资源的吸引主要是给旅游者以一种怀旧情调的文化憧憬，人们憧憬一个特殊的文化时代，希望置身于历史场景中与历史人物进行心灵交流，甚至参与观察已经过去的历史事件。以展示民俗文化为特征的主题公园多属拟境再现(模拟展示类型)。如杭州的宋城，模拟展示了宋朝的城市文化和生活场景。有些考古发掘展览馆也有异时文化模拟展示的效果，置身于兵马俑博物馆那气势恢宏的兵马俑方阵前，旅游者仿佛置身于两千多年前那猎猎疆场，感到惊心动魄。许多文化旅游场景中，也有表现异时文化的项目，如无锡影视城中一幕幕水浒事迹演义，表现了梁山好汉们昔日的种种义举，艺术地再现了北宋末年的这一段历史。和上述文化场景的展现方式不同，这一类再现带有浓厚的表演艺术色彩。

(3)文化旅游产品的市场适应需处理好产品开发与客源地文化背景的对照关系。不同区域的游客对不同背景的文化具有特殊的感知力，也更具有特色，我国入境旅游市场包括洲内市场、洲际市场和港澳台特定市场三个系列。就旅游市场而言，对旅游距离和文化距离最远的洲际市场，应着力表现东方文化可感知的象征，体现东方文化的独有魅力；对旅游距离和文化距离较近的洲内市场，应着力表现中国悠久的历史文化，展现中国丰富的民族文化和独特的民俗风情；对我国港、澳等地区的市场，应着力满足他们的文化寻根需求，展现祖国文化的灿烂辉煌。

2. 文化旅游产品的开发模式

(1)按细分市场开发文化旅游产品。在文化旅游的市场格局中，许多细分市场充满了机会。例如在老年人旅游兴趣中，有着典型的文化怀旧特征或文化“还愿”情趣，历史文化旅游线路、民俗文化旅游线路及各种专题文化旅游线路，都能激发老年旅游者的文化旅游生机。按细分市场开发旅游产品，是文化旅游产品开发的基本市场思路。

(2)文化旅游产品的策划要有创新意识。文化旅游是一项充满憧憬、创意的文化活动，树立创新意识对于发展文化旅游业显得特别重要。必须以观念创新推动文化旅游产品的开发。要立足文化旅游资源，精心搞好策划，使文化旅游产品具有高起点、高要求和高水平。

(3)文化旅游产品开发以体现特色、品位和人本主义精神为文化本质。从发展的趋势上看，没有参与性的文化内涵的旅游产品是难以吸引游客的。所以，文化旅游产品的开发应以鲜明的特色为文化形式，以丰厚的品位为文化内涵，以人本主义精神为文化本质。文化旅游产品的“特色”从根本上来说应该体现独立的文化主题，突出和强化文化旅游产品、文化旅游场景或环境的文化性。文化旅游产品应区别于一般大众旅游，体现出文化旅游线路的专项化和定制化，凸显文化旅游产品对文化旅游需求的多元“文化格局”的关怀与满足，体现出对文化旅游者的人文关怀，突出“文化为根，以人为本”方针。

案例 11.2

“旅游富晋”的启示

几年前提到山西，很多人都会像当年的余秋雨先生一样，将其看成是一个特别贫困的内地省份，除了五台山、云冈石、山西老陈醋、杏花村汾酒等模糊概念，似乎没有更多的认知和更深的了解。这几年随着资讯的兴旺和旅游的升温，养在深闺人未识的山西，才逐渐揭开其尘封的面纱，显示出独特的历史文化魅力，成为中国最热的旅游目的地之一。

其实，无论是对于山西人来说，还是对于外地人来说，这一切都归功于导演张艺谋和学者余秋雨。张艺谋的一部《大红灯笼高高挂》，让沦为财富象征符号的晋商深宅大院，在寂静百多年之后重新走向世界。十多年前，余秋雨的一篇《抱愧山西》，让辉煌一时的晋商文化，在掩埋了一百多年之后走进人们的视线。当然，提到晋商豪宅大院，首先要提的是乔家大院。乔家大院（又称“乔在中堂宅院”）位于山西省晋中地区祁县东观镇乔家堡村，是1965年山西省人民政府确定的文物保护单位。自20世纪80年代以来，在乔家大院拍摄的影视剧目有《大红灯笼高高挂》《狄仁杰》《解放》《龙虎斗》《乔家大院》等。

随着放映晋商传统文化的影视作品纷纷出笼，晋商文化的神秘面纱正渐渐揭开。新晋商的崛起和山西全面开放态势的形成，又极大地催生了涉及国内外的晋商文化旅游热的滚滚热浪。伴随着观念的转变，定位的升级，要素市场的配套整改及具体操作思路上的创新，山西旅游业短短几年就走出了曾有的尴尬。已被全面激活的山西旅游业，正在进入一个调整开展的时期。目前，旅游业已成为山西全省国民经济中开展最快、最具活力的新兴支柱产业。除影视作品外，山西还在通过各种节庆活动频频亮出文化品牌，如平遥国际摄影大展、大同云冈国际旅游节、五台山国际旅游月暨佛教文化艺术节、晋中晋商文化艺术节、运城关公国际旅游节等。“奥运期间，山西将邀请所有冠军免费五日游。”这是全国第一个对奥运冠军发出的免费邀请，也是奥运旅游热潮中，第一个在操作层面引人瞩目的超大举动。从习惯于默默无闻，到事事发出响亮声音，这一显著的变化说明了山西旅游在促销、宣传机制上的更加开放。山西，这个曾经久怀“煤炭富晋”之梦的能源省份，如今又因“旅游富晋”的崭新思路、因文化旅游业的跨步前行，让世人刮目相看了。

（资料来源：根据相关网络资料整理）

11.3　红色旅游产品

红色旅游的实践可溯源至20世纪60～70年代瞻仰革命圣地的热潮，尽管当时还不是严格意义上的旅游，但在人们心目中已经建立起潜在的旅游品牌形象。红色旅游的真正大发展时期还是从20世纪80年代末90年代初开始的。尤其是90年代后期以来，发展更加迅猛。2004年8月，在纪念红军长征70周年之际，原国家旅游局正式启动了“红色旅游”工程，并做出发展红色旅游的具体规划。2005年以来，旅游市场刮起“红色旋风”，井冈山、延安、南湖、广安和西柏坡等地成为“红色之旅”的亮点，全国各地出现了“重走长征路”“故地重游”“英雄城市游”“伟人故里游”等主题旅游线路。目前全国各地的红色旅游景区，每年旅游综合效益已超过200亿元。红色旅游已经成为一批革命老区新的经济增长点和脱贫致富的有效途径，一些省区已经专门制定了或正在制定红色旅游的发展纲要。

11.3.1　红色旅游概念界定

红色旅游主要是基于其游览内容的特点而提出的，有学者认为红色旅游是“以游览革命老区和革命遗迹为主，同时接受爱国主义教育的旅游方式”，此处革命老区和革命遗迹都是指红色旅游资源；也有人认为红色资源有广义和狭义之分，广义的红色资源是指“能够顺应历史潮流、弘扬爱国主义精神的一切革命活动中凝结的人文景观和精神”；而狭义的红色资源是指“中国共产党成立后领导广大人民进行的土地革命战争、抗日战争和解放战争期间所形成的历史痕迹和精神瑰宝”。本书将红色旅游的概念界定为:以参观游览红色景观为主要内容,以接受爱国主义教育和革命传统教育为主要目的的旅游活动。这里的红色景观是指所有与中国革命有关的各种红色资源,既包括革命遗址和纪念场所,也包括与之有关的人造景观,其中:革命遗址主要包括会议会址、革命活动旧址、伟人故居和战场遗址等;纪念场所主要包括纪念馆、博物馆和陵园等;人造景观主要包括雕塑、石刻和主题公园等。

11.3.2 红色旅游的特点

1. 历史地位是决定红色旅游产品吸引力的主导因素之一

红色旅游开发不同于一般旅游地的开发,起决定作用的除了革命纪念地的自然景观外,更主要的是它在历史时期的地位高低和影响大小。革命纪念地在中国革命历史上的地位决定了其红色旅游资源品位的高低。

2. 基本依托国内游客,国际游客所占市场份额小

红色旅游的旅游结构中以国内旅游占绝对优势,红色旅游的游客构成中境外游客占的比例相当小。由此可见,红色旅游地对境外游客吸引力偏小。

3. 游客行为以观光和接受教育为主

由于红色旅游是以特殊的文物遗迹为主要旅游吸引物的旅游活动,其产品以观光型为主,使游客在观光游览的同时可以接受革命传统教育和爱国主义教育。因此,红色旅游的游客行为是以观光游览和接受教育为主要目的的。根据对井冈山游客的调查,观光客占全部游客的64.1%,其次是度假,占20.1%,会议占6.2%,其他旅游目的比例很小。在有特殊纪念活动的时段,如建党80周年前夕,以接受革命传统教育为目的的游客比例明显上升,而一般时段则以观光游览为主要目的。此外,不同年龄结构的游客也表现出不同的行为,老年人,特别是一些老党员、老干部多是出于他们的红色情结,故地重游;青壮年通过领略前辈的丰功伟绩,激励自己更加奋发向上,努力工作;而青少年则通过接受教育,培养他们的爱国情感。

4. 红色旅游具有独特的旅游季节性特征

由于红色旅游活动的内容和目的有别于其他旅游活动,故其旅游旺季多出现于“七一”、“八一”或某一重要历史事件的发生日等一些纪念日或有较多纪念活动的时段,如党的二十大召开前夕,去上海中共一大会址参观的游客格外多。这一方面说明人们对党的历史的缅怀,另一方面也说明了人们对党的二十大寄予了很高的期望。青少年学生是构成红色旅游游客群体的一个重要组成部分,而寒暑假又是组织“冬令营”或“夏令营”活动的时期,因此,从全年来看,七八月也是红色旅游的旺季。

5. 开发模式基本为“红色搭台,绿色唱戏”

作为革命纪念地,红色旅游景观比较丰富,有着很高的知名度,但单纯的红色景观对现时游客的吸引力毕竟有限,很难独立支撑起当地的旅游业。这些革命纪念地由于多地处偏僻,山川秀丽,景色宜人,在拥有丰富的红色资源的同时也一般具有美丽的自然风光,有些就处在国家风景名胜区内。因此,其旅游开发基本上是采用“红色搭台,绿色唱戏”的模式,以红色资源的知名度为号召,真正卖点和发挥主导作用的是其优美的绿色景观和良好的生态环境,通过形成很好的绿色旅游产品,对红色产品形成强劲的支撑和有效的补充,并在此基础上进一步拓展旅游空间和完善产品体系,从而提升其作为旅游目的地的作用。

11.3.3　红色旅游产品的内容设计及拓展

如何使革命精神具有感召力，通过什么方式与渠道再现和弘扬这些精神，是红色旅游要着重解决的问题。首先，参观展馆和旧址遗迹是不可缺少的手段，尤其是展馆，更是传播革命精神的主要场所和渠道，其教育功能不可替代。但只停留在对展馆的参观上，旅游内容就显得过于单调。所以，积极开展其他生动而有益的教育活动，就成为红色旅游产品设计时不能忽略的问题。以下活动项目，可在开展红色旅游活动时有针对性地加以选择。

1. 专题讲座与交流

定期邀请一些专家学者，到红色旅游区或景点进行专题讲座。如在上海的中共一大旧址，就可以开设一大代表生平讲座。在讲座结束时，再安排游客与专家，以及游客之间的交流讨论，现场提出问题，现场解答问题，甚至小有争论，将会活跃旧址展览的气氛。

2. 重点人物采访

重点人物采访即对当地某些重大历史事件的参与者、受害者、目睹者、知情者或他们的后人，有选择、有安排、有准备、有针对性地进行座谈采访，以增强历史的真实感与故事性。

3. 参与性的角色体验

这类活动对青少年更有吸引力。例如“五一”期间，位于河北涉县赤岸村的八路军一二九师司令部旧址游人不断。一位记者写道：“走进涉县，路上遇到许多驾车前往赤岸村的游人。他们带着孩子去体味‘当一天八路军’的感觉。一位领着孩子的父亲对记者说，让孩子吃吃当年八路军的军粮，听听抗战时期儿童团的故事，对他们的成长不无裨益。”同样的道理，在红色旅游区内还可以开展“当一天红军”“儿童团夏令营”等富有参与性的活动，让青少年在切身的体验中去感受高尚的革命精神。

4. 现场的深度观光

战争现场其实也是一种旧址遗迹，但其中却蕴藏着惊天动地的历史过程。对战争过程的了解，除了参观展馆和观看影视片之外，现场观光也是不可缺少的一环。但我们以往的现场观光往往是走马观花，展示方和旅游者都认为现场一片荒芜，没什么观赏价值。其实这是一种误解。要真正了解战争，必须要有现场感。但这种现场感绝非一掠而过就能获得，它需要对战争现场的深度观光。所谓“深度”，即不仅要求对现场观赏尽可能地全面，更要求有详细的现场解说，应结合战争现场把敌我双方交战的情况，从宏观到微观进行生动详尽的介绍，使游人既了解战争的宏观战略，又能从一个个具体微观的战斗情节中受到情感激励和鼓舞，进而加深对革命精神的理解与感受。

5. 表演、艺术创作与展示

采用艺术手段开展旅游活动，可以让人通过美的享受来领略革命精神。例如，瑞金发展红色旅游可通过演唱苏区歌曲、表演红军舞蹈等形式，活化厚重的历史，组织一支以讲解员为主体的红军歌舞表演队。让游客在旅游过程中，既可欣赏原汁原味的苏区歌舞，同时也可以尽兴参与表演。此外，还可组织有关单位团体到红色旅游景区进行文学或艺术创作。如组织中小学生进行作文比赛，组织业余爱好者进行摄影或写生活动，都不失趣味性。在红色旅游景区还可以举办专业性的艺术展，举行专题性的故事会和诗歌朗诵会，学唱革命歌曲或在夜空下举办专题性的露天红色影视展播，通过不同形式的艺术活动来提升和活化革命精神。

6. 研修班

在一些比较著名的红色旅游区，可选择某些专题，有针对性地举办研讨班、培训班和进修班等修学旅游。例如,瑞金就以“共和国摇篮”为依据,凭借当年中央苏区各部委的旧址和历史,对国家公务人员开展缅怀历史的革命教育。在教育活动中,既可以介绍当时中央苏区各部委的设置情况、工作思路与环境条件,还要深入讲述革命政府的廉洁作风、工作成果和感人事迹,用鲜活的历史弘扬高尚的精神。

7. 节日或纪念日

利用某些节日、纪念日或确定一些必要的革命纪念日,举办相应的悼念或庆祝活动,有助于保持、强化、延续和继承革命的传统和革命精神。例如每年的清明节,我们都要为先烈扫墓;每年的“九一八”,沈阳市都要鸣笛警示;此外还有“五一”“五四”等许多节日。利用这些节日,结合各个红色景区自身的特色,就可以开发出丰富多彩的教育活动。

8. 公益活动

在开展红色旅游中,本着自愿的原则,组织适当的公益活动,也是继承革命传统、弘扬革命精神的有效形式之一。例如,在革命老区开展自愿捐赠活动,在山区开展义务植树活动等。把这些活动与红色旅游有机结合,有利于革命精神在当代社会的进一步发扬光大。

9. 适当的娱乐与游戏

开展红色旅游,弘扬革命精神,主要应该进行正面教育,还可以采用一些娱乐与游戏的方式,寓教于乐,使革命精神潜移默化地得到传播。例如,在东北抗联活动过的红色旅游区骑马、滑雪、射击和攀岩,让其在轻松互动的娱乐中即可获得红色传统教育。

11.3.4 红色旅游产品的组合开发

在发展红色旅游的同时,应该利用自身文化和地理条件上的优势,综合开发修学旅游、考察旅游、乡村旅游和体验旅游等其他类型旅游产品组合,做好深层次的挖掘,体现叠加吸引力和整体优势,形成综合型、复合性的旅游产品,扩大产业规模。

1. 修学旅游

修学旅游就是以旅游者到居住地以外参加学习为主要内容的旅游形式,是最能体现旅游的户外教育功能的旅游产品。红色旅游是以一定的革命历史、革命人物和革命精神为载体,对旅游者起到培养民族意识、陶冶情操的作用,主要是通过对革命历史、人物及革命精神的学习和瞻仰达到对旅游者进行爱国主义教育的目的。中国人的旅游与学习总是紧密联系在一起,有着“读万卷书,行万里路”的传统。现在开展的红色旅游,是这个优良传统的发扬光大,可以定位于“革命圣地”的修学旅游,列入学校、机关、企事业单位及党团工会组织的爱国主义教育的序列。红色景区的内涵对旅游者民族精神和人格的培养具有十分突出的作用,以此为核心的红色旅游可以满足旅游者修学养性的目的。可以开展“红军之旅”夏令营、开展穿红军鞋(草鞋)、吃红军饭(红米饭和南瓜汤)、走红军路(革命旧址游)和听红军故事(革命烈士纪念碑和革命博物馆)等旅游活动。

2. 考察旅游

考察旅游是一种高品位的旅游形式,是通过旅游活动的开展,突出旅游资源科学文化内涵,以满足人们探索大自然奥秘的好奇心,提高知识水平的旅游项目。其宗旨强调求知和探索,并且参与考察旅游的群体正在从专业人士向大众延伸。这些革命老区属于旅游开发早期,植被保护较好,环境优美,应该加大自然风景资源的挖掘力度,深层次地挖掘科学内涵,为科技人员和学生的科学研究、科学考察及专业学习提供了基地。

3. 乡村旅游

乡村旅游是21世纪最有发展前途的旅游产品之一，为广大旅游者所接受，满足了旅游者怡情释怀、回归自然的心理需求。红色旅游所在地多在革命老区，适合在公路沿线和景区周边村庄建设新农村示范点，发展乡村旅游。大力发展特色农产品、无公害产品和绿色食品，开发多样化的特色菜品，使游客在体会游览带来的激昂感受之余享受到乡村生活的宁静惬意。

4. 体验旅游

在和平年代里长大的年轻人一般对红色旅游的战争题材有着浓厚的兴趣，在旅游开发时，可以利用战争遗迹进行战场场景再现、策划穿越、探险和竞赛等参与性项目，提高游客的兴趣，促成旅游者的高级审美享受，实现移情功能，真正达到寓教于游的目的。

11.4　乡村旅游产品

11.4.1　乡村旅游及其发展背景

1. 乡村旅游的含义

乡村旅游是指以具有乡村性的自然和人文客体为旅游吸引物，以农村区域的自然环境、田园景观、乡村建筑、农业生产、农业设施、农业产品、农耕文化、农家生活、风情风貌为依托，吸引城市游客到乡村休闲度假、观光游览、科普教育、娱乐健身的新业态。

乡村旅游把农村、农业、农民与旅游业结合在一起，利用农村空间和农业景观吸引游客前来观赏、游览、品尝、休闲、体验、购物。从旅游者的角度看，到乡村去了解乡村民情、礼仪风俗，学习、体验乡村生活的旅游活动，称为乡村旅游；从生产者的角度看，利用农村和农业资源条件，发展观光、休闲旅游是一种新型生产经营形态，称为休闲农业。

2. 乡村旅游的发展背景

(1)经济社会发展和生活水平的提高。休闲消费水平与消费者的收入水平、时间分配、生活方式、消费观念等因素有关。一般来说，收入水平和闲暇时间越多，休闲消费水平也越高。而生活方式、消费观念伴随着社会进步、经济发展、开放程度的变化而变化。

(2)城市压力和休闲需求增加。随着城市化进程加快，城市人口急剧增加，为了缓解都市生活压力，人们渴望到农村享受暂时的休闲和宁静，体验乡村生活。休闲是一种生活状态，一般意义上的休闲包括解除体力上的疲劳和获得精神上的慰藉两个方面。

(3)农业生产方式改变和农业的多功能拓展。随着时代的发展，农业的内涵在丰富，空间在拓宽，效用在延伸，功能在拓展。农业不仅具有食品保障功能，而且具有原料供给、就业增收、生态保护、观光休闲、文化传承等功能。

(4)农村拥有丰富的资源禀赋和文化要素。农村资源禀赋包括自然景观资源、农业生产资源、农业科技资源、农业文化资源等；文化要素包括耕作文化、牧业文化、饮食文化、民俗文化、民间文艺、农产品文化、生活器具文化、遗址文化、自然环境文化等。

11.4.2　乡村旅游的类型和发展状况

1. 乡村旅游的类型

乡村旅游的迅速发展，逐渐呈现出产业的规模化和产品的多样化。国外一些与乡村旅游相关的旅游主要有农业旅游、农庄旅游、绿色旅游、民俗文化旅游、城市外围区域旅游等。综合国内乡村旅游的现状，乡村旅游可以从开发主题和发展模式两个方面进行分类。

(1)从开发主题的角度可以分为：

- 以绿色景观和田园风光为主题的观光型乡村旅游。
- 以民俗文化、民族文化、乡土文化、民俗风情为主题的乡村旅游。
- 以农庄或农场旅游为主(包括休闲农庄、观光果园、茶园、花园、休闲渔场、农业教育园、科普示范园等)，体现休闲、娱乐和增长见识为主题的乡村旅游。
- 以康体疗养和健身娱乐为主题的康乐型乡村旅游。

(2)从发展模式的角度可以分为：

- 田园农业休闲模式。主要类型有田园农业游、园林观光游、农业科技游、务农体验游。
- 民俗风情休闲模式。主要类型有农耕文化游、民俗文化游、乡土文化游、民族文化游等。
- 农家乐休闲模式。主要类型有农业观光农家乐、民俗文化农家乐、民居型农家乐、休闲娱乐农家乐、食宿接待农家乐、农事参与农家乐等。
- 村落乡镇旅游模式。主要类型有古民居和古宅院游、民族村寨游、古镇建筑游、新村风貌游等。
- 休闲度假模式。主要类型有休闲度假村、休闲农庄、乡村酒店等。
- 科普教育模式。主要类型有农业科技教育基地、观光休闲教育农业园、少儿农业教育基地、农业博览园等。
- 回归自然休闲模式。主要类型有森林公园、湿地公园、水上乐园、露宿营地、自然保护区等。

2. 我国乡村旅游发展状况

我国内地乡村旅游兴起于改革开放以后，开始是以观光为主的参观性旅游。20世纪90年代以后，开始发展观光与休闲相结合的乡村旅游。当前，中国的乡村旅游正在从观光旅游向观光、休闲、度假旅游融合阶段发展。在这个发展阶段将迎来大量资本市场资金进入乡村旅游市场，乡村旅游目的地的基础设施建设水准进一步提升，乡村旅游品质的特色更加突出，乡村旅游产品将融入更多的文化元素。

国务院办公厅《关于进一步促进旅游投资和消费的若干意见》指出，立足当地资源特色和生态环境优势，突出乡村生活生产生态特点，深入挖掘乡村文化内涵，开发建设形式多样、特色鲜明、个性突出的乡村旅游产品，举办具有地方特色的节庆活动。注重保护民族村落、古村古镇，建设一批具有历史、地域、民族特点的特色景观旅游村镇，让游客看得见山水、记得住乡愁、留得住乡情。

当前，乡村旅游发展正在经历六个重大转变：

(1)在发展上，从农民自发发展，向各级政府规划引导转变。

(2)从休闲功能上看，从简单的“吃农家饭、住农家院、摘农家果”，向回归自然、认识农牧业、怡情生活等方向转变。

(3)从旅游产品上看，从初期的“农家乐”不断向农业观光旅游、蔬果采摘旅游、农耕体验旅游、乡村健身养生旅游度假产品发展。

(4)从空间布局上看，从最初的景区周边和个别城市郊区，向更多的适宜发展区域转变。

(5)从经营规模上看，由一家一户一园的分散状态，向园区和集群发展转变。

(6)从经营主体上看，从以农牧户经营为主，向农牧民合作组织经营、社会资本共同投资经营发展转变。

11.4.3　乡村旅游发展的重点

乡村旅游是横跨农村一、二、三产业，融合生产、生活和生态功能，紧密联结农业、农产品加工业和服务业的新型产业形态，涉及的产业、资源和参与主体包括农业、农村、农民。因此，发展乡村旅游必须围绕“三农三生”做文章。

1. 农村—农业—农民

1)农村

农村是乡村旅游发展的载体。乡村风貌作为旅游的本底，要用景观的概念建设农村，用旅游的理念经营农业，用人才的观念培育农民，将乡村装点成旅游度假腹地，实现农村景区化。将乡村民居与本地资源及文化特色相结合，开发观光体验产品，走产业型、环保型、生态型、文化型、现代型发展之路。

2)农业

农业是乡村旅游发展的产业依托。城市居民休闲需求，形成了乡村旅游的核心结构，拓展了农业的发展空间和功能，大力发展观光农业、生态农业、精品农业。带动了观赏经济作物种植、蔬菜瓜果消费、家禽家畜消费、餐饮住宿接待、民俗文化消费的全面发展，把农村的生产、生活资料转换成具有观光、体验、休闲价值的旅游产品。

3)农民

农民的参与是乡村旅游的根。乡村旅游的发展可以使农民从事旅游业，农民的身份可以从务农转变成农商并举，开展观光采摘、农家乐、农家院、民俗村、生态美食、垂钓鲜食等，农户可以独立经营，也可以形成私营企业。

2. 生态—生产—生活

1)生态

生态包括自然生态和文化生态。生态文化是人类的文化积淀——是由特定的民族或地区的生活方式、生产方式、风俗习惯、伦理道德等文化因素构成的具有独立特征的结构和功能的文化体系，是代代沿袭传承下来的针对生态资源进行合理摄取、利用和保护，以至能够人与自然和谐相处、可持续发展的知识和经验等文化积淀。从这个意义上说，生态文化就是从人统治自然的文化过渡到人与自然和谐的文化。

乡村生态的首要基础在于乡村自然生态，包括乡土社会所有的自然物质构成，如自然环境以及形成生物链条的动植物种群。乡村人文生态则涵盖了乡村社会生活场所、习俗信仰与艺术追求等精神文化样式。乡村人文生态和自然生态以及二者之间交相作用形成的生态关系，构成乡村生态文化的主体。

绿水青山是评判一个乡村生态环境好坏的重要指标，良好的生态环境直接关系到人类自身的健康。在城市化进程不断加剧的今天，美丽乡村建设以其优美的自然环境、清新的空气和优良的生态环境成为城市的后花园，并为都市人回归自然、享受人与自然和谐提供了最佳场所。

各地区各民族原生性的、祖先传下来的文化生活就体现在日常生活中。文化生态具有不可再生性，许多历史文化遗产一旦毁损，传统风格一旦变异，人居环境一旦破坏，将是人类文明的损失。

2)生产

生产包括传统农业和现代农业。传统农业是在自然经济条件下，采用人力、畜力、手工工具、铁器等为主的手工劳动方式,靠世代积累下来的传统经验精耕细作,以自给自足的自然经济居主导地位的农业。具有古老性和原生态特征。

现代农业是指应用现代科学技术、现代工业提供的生产资料和科学管理方法的社会化农业。现代农业的本质内涵可概括为:是用现代工业装备的,用现代科学技术武装的,用现代组织管理方法来经营的社会化、商品化农业。具有规模化、规范化、精细化、产业化等特征。

3)生活

生活包括农村生活和农民生活。农村生活方式是一个内容广泛的概念,广义的农村生活方式指农村居民的全部生活活动方式,包括劳动生活方式、消费生活方式、闲暇生活方式、政治生活方式等;狭义的生活方式专指消费、闲暇生活方式。各地农村居民长期从事以农业为主的生产活动,形成了独特的生活方式。

3. 乡村旅游发展的三个维度

(1)提升高度——突出特色化、精致化。乡村旅游不等于粗制滥造、低档次、低价格。要走精致化道路,在项目设计、规划建设、空间布局、餐饮、环境等方面做细活。

(2)挖掘深度——挖掘乡土文化、民族文化。乡村旅游的核心不是走马观花,而是休闲度假,要把人留下来,必须深入挖掘地域文化、民族文化、乡土文化。

(3)拓展广度——打造产业链,提高附加值。乡村旅游要拓展开发视野,创新旅游造业态,丰富产品种类,增加消费卖点。

11.4.4 乡村旅游产品开发

产品是乡村旅游的载体,是对游客形成吸引力的关键。打造成功的产品,是发展乡村旅游的重中之重。

1. 乡村旅游产品开发的基本原则

(1)主题要鲜明。主题是项目的灵魂,包括项目名称、功能、风格、产品体系等。

(2)特色要突出。特色是乡村旅游发展的生命之所在,特色越突出,其竞争力和发展潜力就会越强。

(3)规划要先行。规划包括区域发展规划、土地利用控制性规划、项目修建性详规。

(4)内容要创新。围绕"高、新、特、优、雅、奇"进行开发。

(5)内涵要有文化。有深厚的文化底蕴,项目内容才更丰富多彩、更有吸引力。

(6)产品要创品牌。品牌是形象、是无形资产、是竞争力。

2. 乡村旅游产品开发的十大功能要素

当今人们的休闲旅游需求日趋多元化,已不满足于单一的农家乐、观光、采摘等模式。体验是乡村旅游发展的核心,必须从游客体验出发,促进农业向深度和广度方向发展,丰富乡村旅游与休闲农业产品的内容,为消费者提供独具特色的高品味、多层次、全方位的休闲体验。从消费者体验的角度出发,乡村旅游产品开发可从以下十大功能要素去考量。

(1)观赏。观赏是乡村旅游和休闲农业基本的构成要素。视觉是人最重要的感觉,人体外界有用信息80%以上是经视觉获取的。因此,观光游览、体验农业的美必然是乡村旅游基本的功能要素。"观赏"比"游"更能体现体验给人心灵上带来的愉悦,而且乡村旅游中"赏"的内容和方式都很广泛,可以无限挖掘和创新。

(2)采摘。采摘聚人气,成本低,收益高,是吸引游客和盈利的抓手。采摘作为近年迅速兴起的新型休闲业态,以参与性、趣味性、娱乐性强而受到消费者的青睐,已成为现代乡村旅游和休闲农业旅游的一大特色。采摘不仅类型可以丰富多样,而且还可以深度挖掘,进行细分,针对各类人群打造不同的采摘环境。

(3)品尝。中国各地饮食习惯不同,具有博大精深的饮食文化,风味多样且四季有别。伴随着人们对健康饮食方式的日益推崇,城市居民越来越崇尚乡村美食的生态自然和简单朴实,对于一些出游者而言,品尝特色乡村牧区美食,满足味觉享受,就是到乡村去的原动力。在乡村旅游中,"吃"应该超越基本的生活需求,提升为"尝",为消费者提供"地产地销"的特色美食,从食材、调料、做法、容器、饮食环境、饮食文化传承等各方面打造不一样的饮食体验,体现鲜明的本地特色和不可带走性。

(4)学习。缺少科普教育的乡村旅游是残缺的、不完美的,因为从城市人需求的视角来看,久居城市的人们渴望了解农牧业的奥秘及农村牧区的生活方式,这种农村和城市的差异性、互补性是发展休闲旅游的基本条件。在乡村旅游中,"学"又无处不在,比如农业科普、农业生产劳动中渗透出的人们的智慧和勤劳、人与自然的和谐、乡野幽静的学习环境,等等。

(5)劳作。农耕文明、游牧文明作为中国几千年的历史沉淀,在发展现代休闲农牧业的过程中,应对其精髓加以继承、弘扬和创新。如农业以"耕"为本,农耕是休闲农业区别于其他休闲类产品最本质的体现,是休闲农业的灵魂。在现实中,除了农耕博物馆、农耕劳动体验、亲子小菜园等形式,探索更为丰富多彩的体验方式,是乡村旅游出彩制胜的关键。

(6)游乐。快乐乡村、快乐农业。在乡村旅游环境中,有充满乡村牧区的野趣项目、民俗表演活动。这些轻松有趣的玩耍、嬉戏活动,对青少年有着强大的吸引力,也很容易将成年人带回到无忧的童年时代,引起情感上的共鸣,延长旅游者停留时间,提升游客满意度。农业是快乐的,如果我们深入挖掘,还可以营造出更多的快乐元素。

(7)休憩。放松心情、释放压力是大多数旅游者出游的主要目的。乡村旅游的"休憩"不仅指住宿体验,而是从各个方面给消费者带来身体和心灵的放松与享受。在乡村旅游中应淡化住宿设施本身的功能,植入农村文化和农业特色元素,强调乡村特有的住宿体验。注重对项目地原有民居等资源的利用,同时善于融入木屋、房车营地等原生态、环保时尚的世界性休闲产品。

(8)养生。农村不仅可以为游客提供新鲜的空气、轻松的氛围、原生态的食品等有利于身心健康的环境,更重要的是农业生产丰富性、完整性和前后关联的连续性,给劳动者的生活带来了变化和节奏,是完整人性的体现。而当今城市环境污染日益严重,让很多人都无比向往自然的绿色,逃离城市、寻找天然氧吧,成为人们休闲的热点。养生、养心、养肺、养颜、修身养性等,都可以成为休闲农牧业中"养"的内容。充分发挥农业的养生功能,延伸出健康休闲产业,配套智慧园区服务,同时以健康生态产业为保障,走"大健康产业"发展路线。

(9)淘宝。在乡村旅游中,"淘宝"实现了农产品的直销,使生产者与城市消费者直接对接,减少了中间销售环节,生产者的利润大幅度提高。而且,出游者大多都有购买体验的需求。商品的开发应跟主题结合,例说,我国台湾地区以葱闻名的三星村,仅与葱相关的美食就多达40余种,除了常见的葱油饼、青葱饺子外,还有葱根茶、葱蒜酱、香酥葱、葱蛋卷、青葱牛轧糖、青葱冰淇淋等。就销售方式来讲,乡村旅游应强调消费引导和购买体验的过程,以满足消费者心理和精神需求的体验式消费为主。

(10)回归。回归是乡村旅游高层次的体验。都市生活的紧张繁杂,使人们越来越喜爱返璞归真的纯手工农业生产及生活。休闲农业应本着"生态乡野、回归本真"的原则,让消费者情不自禁地产生回归大自然的情愫,产生心灵的归属感。现代人生产生活方式的回归——归农、归田、归山、归水、归林、归隐、归生活,由追求农产品产量到质量的回归——归原,即原生态农业的生产、精品农业的开发等。

11.4.5 现代庄园

庄园起源于中世纪的欧洲,是当时贵族的居所,拥有豪华的城堡和美丽的田园风光。随着城市化和人们生活需求的发展,庄园开始走向现代化、专业化、多功能化,于是出现了红酒庄园、花卉庄园等一系列特色庄园形态,也逐步衍生出了农产品加工与旅游服务。

近年来,庄园成为投资的新热点,国内也涌现出庄园建设热潮,不少地方政府和投资商开始关注和推进庄园建设计划。

经过多年的发展,我国乡村旅游和休闲农业也从原来的自发发展、低水平重复开发、农民自主经营、服务设施落后、旅游产品单一,向标准化引导、市场规范、规模提升、生态升级发展,现代庄园经济应运而生。

现代庄园经济的发展改变了农业与消费者关系,它提供了一个与消费者互动交流的平台,可以切入到消费者生活的方方面面。农业庄园正在从单一的农业种植养殖向一个更加系统化的多功能有机体演变,融合农业生产、观光休闲、科学教育、娱乐餐饮、养生度假、商务会议、居住和交通多种功能于一体,集农业生产、消费、休闲度假旅游场所于一身,我们把这样一个复合型的经济主体称为庄园综合体。其中包括:依托于农业基础的农副产品加工基地、依托于自然生态景观的观光休闲基地、依托于优质生活环境的旅游度假基地、依托于健康生活方式的养生养老基地、依托于文化内涵的交流互动平台。

11.4.6 民宿

民宿是指利用自用住宅空闲房间,结合当地人文、自然景观、生态、环境资源及农林渔牧生产活动,以家庭副业方式经营,提供旅客乡野生活之住宿处所。

1. 民宿简介

我国的民宿早先兴起于台湾,有很长的发展历史,最早大规模民宿发展的地区是垦丁公园,时间约在20世纪80年代。当初是为了解决住宿不足的问题,只是一种简单住宿形态,没有导览或餐饮服务。经过多年的发展,社会多方良性互动,形成和当地的人文、自然景观和生态特色融合在一起的格局,本身已成为旅游文化的一部分。民宿与休闲农业已经形成了互促互动的良好发展势头,休闲农业发展较好的地区也往往是民宿比例较高的地区。人们在入住民宿的过程中,既能与主人一起体验精致的乡居生活,又能欣赏山川田园风光。

现在民宿已经成为台湾旅游一个特色,吸引越来越多的游客体验。依照地区及特色,民宿分为农园民宿、海滨民宿、温泉民宿、运动民宿、传统建筑民宿等类型。

2. 民宿的发展趋势

2015年,国务院办公厅印发的《关于加快发展生活性服务业促进消费结构升级的指导意见》提出:"积极发展绿色饭店、主题饭店、客栈民宿、短租公寓、长租公寓、有机餐饮、快餐团餐、特色餐饮、农家乐等满足广大人民群众消费需求的细分业态。"这是"客栈民宿"首次出现在国家的政策性文件中,意味着民宿的政策红利时代即将到来。

长三角地区是全国民宿业态最完整、种类最齐全、热门度最高的地区之一。乡村民宿弥补了农家乐服务单一、卫生和体验性差等问题，也满足了长三角地区城市旅客中对更高品质住宿的需求。现在，长三角的民宿正以每年10%～20%的速度在增长。而从这些民宿衍生出来的古村落度假酒店、客栈、主题度假酒店等原生态度假酒店更是带动了整个长三角地区乡村旅游业的蓬勃发展。

(1)休闲旅游为民宿发展提供了机遇。旅游的个性化、差异化发展，使越来越多的游客停下脚步，游走在山村里，体味乡间的慢生活，乡村个性民宿客栈是未来个性旅游的不可替代之物。民宿能让人体验当地风情，感受民宿主人的热情服务，体验有别于以往的生活。那种浸润着一定文化气息的主题式民宿风格和乡村民俗文化展示活动，备受游客青睐，可以说现代民宿代表了未来旅游的个性和特色。

(2)民宿要突出地域和民族特色。民宿客栈要充分体现当地的生活特色和乡情民俗，突出农牧体验、户外运动、休闲养生、民俗风情和文物古迹的展示及保护等不同主题，差异化发展多形态的农村现代民宿，是未来休闲旅游的主流。现代民宿的室内装修非常关注创意，注重细节，凸现个性，能够更好地融入文化元素，并进行形体、色彩和材质的混搭或叠加，对每个房间进行独特的创意布置，让前来体验的消费者流连忘返。

(3)民宿向精品化、优质化方向发展。早期民宿的经营，大多数都是家庭副业。随着民宿风潮渐热，逐渐换成家庭主业模式在经营，还有房产投资客、新移民人士等进入民宿业。各地一窝蜂地建设，导致民宿过热、过剩，良莠不齐等问题出现。竞争之下，慢慢促成了民宿朝精致化、豪华化、高价化以及高服务化方向在演进。一些优质的高端民宿开始出现，受到追求品质的游客们的青睐。

案例 11.3

乡村旅游经典案例

一、北京虹鳟鱼一条沟

虹鳟鱼一条沟位于怀柔雁栖镇，是北京郊区较早开发出的旅游项目。它南接京密路，北至昌平区，全长共50千米，包括5个行政村、13个自然村和3个自然风景区。经过多年来的精心打造，这里逐步形成了以养殖、游钓、餐饮、加工、销售一条龙的产业格局，成为人们耳熟能详的“雁栖不夜谷”休闲观光渔业带。

虹鳟鱼是这里的闪亮招牌。每逢节假日，“虹鳟鱼一条沟”总是热闹非凡，沟内道路旁，垂钓园、度假山庄依山而建，临水而居，“虹鳟”招牌多得让人目不暇接，山溪边、山腰上，也都是围着饭桌开心聚餐聊天的游客。虹鳟鱼一条沟内如今共有垂钓园、度假村100多处，其中投资在百万元以上的度假场所50多处，可同时接纳1.2万人就业和住宿。

二、创意农庄——北京蓝调庄园

蓝调庄园位于北京市朝阳区金盏乡楼梓庄村南，隶属CBD板块，区位独特且交通便利，有天然温泉资源，种植蓝莓、草莓等水果，是北京市休闲农业重点项目和市级示范园区。区别于其他的农业生态园和郊野观光园，蓝调庄园的建设是在保持原生态田园风光的基础上，增加了浪漫的元素，是以身心的愉悦、放松、享受、高端消费为特征的田园会所。面向高端，注重品质。

蓝调庄园源自“蓝莓与情调”，这是一种水果所衍生出来的欧式庄园。蓝莓原产地为美国，被誉为“水果中的皇后”。电影《蓝莓之夜》中浪漫的爱情故事，为蓝调庄园渲染了浪漫的氛围。蓝调也称布鲁斯(blues)，是源于美国的一种音乐形式，传达着一种优雅、深沉的气质。现在，人们多用“蓝调”形容一种生活方式，表达一种浪漫、恬静、与世无争的意境。蓝调庄园就是应用了这种思想,并且设立“布鲁斯餐厅”“蓝调派对吧”等,将蓝调的意境进行到底。

目前开发的项目有:四季果庄(音乐草莓、音乐蓝莓采摘、礼品销售)、蔬菜大地(无公害蔬菜采摘、礼品销售)、蓝调薰衣草园(薰衣草参观、拍摄,相关产品售卖)、蓝调一号(餐饮、会议、住宿、商务)、蓝调二号(餐饮、婚庆、商务)、蓝调仙境(薰衣草主题温泉)。

三、成都五朵金花休闲观光农业区

四川省成都市锦江区三圣乡位于城乡接合部,“五朵金花”其实就是三圣乡的五个小村子。打造了以“五朵金花”为品牌的休闲观光农业区,占地 12 km^2,现已成为国内外享有盛名的休闲旅游娱乐度假区,被评定为国家4星级风景旅游区。这五个村子,各有特色,形成“一村一品一业”产业:

- 花乡农居——红砂村主要发展小盆、鲜切花和旅游产业。
- 幸福梅林——幸福村围绕梅花文化和梅花产业链,发展旅游观光产业。
- 江家菜地——江家堰村以认种的方式,将土地给城里人认种,把传统种植业变为体验式休闲产业,实现城乡互动。
- 东篱菊园——附马村突出菊花的多种类和菊园的大规模,形成“环境、人文、菊韵、花海”的交融。
- 荷塘月色——万福村优美的田园风光,成为了艺术创作、音乐开发的艺术村。

“五朵金花”相距较近,但各具特色,错位发展,避免了低水平重复建设和发展过程中的恶性竞争。

四、大理古城MTB主题客栈

大理古城MTB主题客栈位于大理古城洱海门外,毗邻洱海才村,是以艺术、创意、骑行为主题的精品客栈。MTB是英文mountain bicycler的缩写,除了字面意思的“骑着山地车行驶在路上的游客”之外,更代表着一种积极、乐活的态度:他们热爱自然、崇尚自由,性格外向、笑容开朗。他们尊崇不拘一格、随意洒脱,他们喜欢在每一场“说走就走的骑行”中体会更加丰满的人生。他们的灵魂永远是自由的,他们的创意永远是无穷的。

作为南诏古都的大理,自古就有“文献名邦”的美誉,因为其区位优势和无可替代的山水环境,作为中国成名最早的国际级旅游城市,以及丝绸之路的交汇点,大理被称为“亚洲文化十字路口的古都”。客栈遵从“天人合一,道法自然”的建栈理念,尊重白族文化,深入挖掘大理民俗文化精髓,在保持大理白族特色的建筑艺术的基础之上,开展各种不同类型的文化和学术交流,是大理才村最为集中的文化交流场所。

2014年起,在阿联酋航空、港龙航空等航空休闲杂志上,因被旅游记者推荐为大理最具地方特色和民族个性客栈,MTB主题客栈受到了海内外游客的广泛关注。后因举办才村洱海音乐节而声名远播,在其后的各类艺术活动中,因为推崇个性,赞扬个性,鼓励常态艺术形式,在客栈经常举办各类非物质文化艺术展、个性画家特展、大理石展、奇石和珍宝展,以及文学会、影音沙龙鉴赏会等活动,逐渐形成了形成良好的文艺和个性口碑。主流的艺术形式和特色的白族民居紧密搭配,形成了独具特色的客栈文化,受到了海内外游客的特别关注。

大理古城MTB主题客栈是按照中国白族传统风格建造的,二层半的青砖白墙小院,院内设计了小桥流水和亭台走廊,总计有27个房间,可以接待64位来宾,有驴友房、大床房、标准间、豪华标间、子母间及豪华套房。客栈内配套了茶室、书吧、酒屋、冷饮吧和表演天台,客房采用中国古典装修设计,具有浓郁的中国风和白族气质。按照天人合一的理念,对自然山水和田园风光进行了有力整合,无论在卧室还是在天台,阳光、稻田、苍山雪影360°直入眼底,让客人时时刻刻融汇在清新的空气和自然的山水当中。

(资料来源:根据相关资料整理)

11.5 特种旅游产品

11.5.1 特种旅游产品概述

1. 特种旅游的含义及类型

特种旅游也称"户外旅游",是一种新兴的旅游方式,它需要旅行者用更主动的态度,在战胜自然环境种种恶劣条件的同时,"零距离"地体验大自然最真实的一面,是一种返璞归真的旅游行为。参与此种旅游的人们,更多的是"旅行者"而不是"游客"。旅游是一种文化活动,而户外活动更多是在满足人的生理(运动)需求,带有非常明显的自然属性。旅游者得到的是感官刺激和心灵感受,获取精神的成长,户外活动除了得到这些之外,还注重体格的锻炼和运动技能的提高。

特种旅游作为旅游形式的一个类别,它除了与观光旅游、度假旅游一样都具有为旅游者提供食、住、行、游服务的共性之外,还要求组织者与旅游者共同参与旅行,并在参与中提供服务,并用自己的专业知识指导旅游者实现其旅游目标。正常情况下,特种旅游需要更多更专业的装备,以保证人们在户外的生命和财产安全。旅游活动面大,常常涉及边远、人迹罕见的地域,旅游活动方式超乎寻常,难度极大,参与者需具备一定身体和心理素质,有一定的经济实力。

特种旅游属于极限和亚极限运动,有很大的挑战性和刺激性,许多甚至带有探险性。拥抱自然、挑战自我是特种旅游的精髓。就目前情况看,特种旅游主要包括以下三类:

一是户外活动:滑雪、漂流、滑沙、滑草、攀岩、骑马、徒步穿越、户外生存、户外拓展、户外自行车山地车、汽车越野、极限活动、热气球、高空滑翔和狩猎等。

二是水上运动:滑水、帆板、皮筏艇、摩托艇冲浪、海上跳伞和海上垂钓等。

三是探险活动:登山探险、沙漠探险、森林探险、峡谷探险和洞穴探险等。

2. 特种旅游的特征

(1)旅游环境的原始自然性。旅游生态环境和文化环境的原始自然性包括三个方面的内容:特种旅游的自然环境和文化环境,具有浓烈的原始自然性,旅行经过的地区通常是边、古、荒、奇、险、少地区。旅游者所到的旅游区域具有独特的自然生态风光,人口相对稀少,由于受工业化影响程度较低,保存着生态环境的相对原始状态;在这个区域内的人口具有历史和现实的文化独特性,其生活方式和文化模式的纯自然原始状态保留得较系统,对于旅游者具有文化上的吸引力。由此而组成的旅游线路和项目,对旅游者具有新鲜感、刺激感和探险性。在此基础上设计的特种旅游项目和线路,要体现特定的旅游生态环境特征相对集中、自然地理条件和人文条件和谐相存的要求,项目和线路能够使旅游者体验到过去未曾体验到的心理感受。

(2)旅游项目和线路的新奇性与探险性。新奇性是指项目和线路设计具有历史感和现实感相结合的巧妙构思,视角新颖,能够突出一两个具有独特特征的主题。探险性是指旅游项目和线路具有某种程度的冒险因素。对旅游者来说,他们对物质上的享乐程度的要求相对而言并不高,更注重精神或心理上有对自己能力的满足感。探险性的项目和线路要有较为充分的内容使旅游者展示自己的能力,包括体力、耐力、应付突发事件的能力及心理素质。因此,许多特种旅游项目和线路,都安排在自然环境条件较为艰苦,交通通信条件及吃住条件不太理想的高山峡谷、草原湖泊和沙漠戈壁地区。当然,必须有可靠的安全系数,既能够保证旅游者最大限度地体验到项目和线路所蕴含的冒险因素,又最大可能地保证旅游者的安全,二者必须相统一。

(3)旅游形式的自主性和参与性。特种旅游的体验方式强调精神和体魄的因素,旅游者在运动中感知外部世界,在冒险或面对全新的环境中得到精神上的满足,旅游者本身对行程的组织有较高的自主性和能动性。所设计的旅游项目,一方面应该给旅游者提供尽可能完善的服务,另一方面又留有许多让旅游者自主参与的余地。譬如说,在允许的范围内,海外旅游机构根据旅游者的特殊需要,可以对项目或线路提出增加或减少内容的要求;在项目和线路实施过程中,精心安排一些旅游者乐于参与的内容,甚至参与排除事先安排的“险情”或偶尔出现的“危险”局势。旅游者在参加特种旅游过程中的自主参与性,在某种意义上改变了他们在常规旅游中的角色和心理上的被动性,使旅游者有充分发挥他们自身潜力、施展才干的机会,使他们在体验并欣赏自然风光和人文风情的同时,享受自身潜能和才干在探险中得到体现的欣喜愉悦。

3. 特种旅游的发展前景

(1)市场潜力大。随着经济发展,高收入人群日渐庞大。这些高收入人群受教育程度较高,生理、心理和环保意识等方面的综合素质过硬。他们注重追求“过程”的体验,在体验中磨炼意志,锻炼自我,感受刺激和浪漫的欲望。另外,高收入人群有较好的经济条件,有欲望参加特种旅游。因此,特种旅游将日益受青睐,发展潜力巨大。

(2)利润空间大。现阶段,常规旅游市场属于典型的买方市场,同质产品较多,竞争激烈,价格透明度高,已进入微利时代。相反,特种旅游产品竞争优势明显,具有不可替代性,价格透明度低,因此,利润空间也比常规旅游产品大。

(3)经营风险大。经营特种旅游的收益和风险并存。由于缺乏可以借鉴的成功经验,没有固定的操作模式和相应的服务标准可循,地区跨度大,无法预料的因素较多。这些都注定了旅行社经营特种旅游产品的风险相对较大。

11.5.2 特种旅游产品的开发

1. 线路的设计

特种旅游在旅游对象的选择上不能只局限于传统的模式,应该建立在该地区相应的自然地理生态环境和人文资源的基础之上。根据国内外已有的经验,具有独特自然地理特征和生态系统的高山地区、草原地带、湖泊河流、戈壁沙漠和峡谷丛林等,都具有发展特色旅游的潜在资源基础。在旅游方式上充分考虑多样性和新奇性,旅游产品设计要做到“新”“特”“险”“奇”。新,即新的产品内容、新的旅游方式、新的旅游线路;特,即特有的服务理念,特别的体验感受,特殊的操作程序;险,即冒险、刺激,有惊无险;奇,即奇特的旅游环境和地域文化。特种旅游产品涉及地理、文化、历史等诸多要素,要邀请各方面的专家及学者参与产品的论证;特种旅游产品属于消费主导型旅游产品,在设计的过程中,要充分发挥旅游者的能动性、主导性和参与性,并在实践中不断完善特种旅游产品。

2. 行程的控制

由于特种旅游的特殊性，其旅游的相关环境及有关条件必然不同于常规旅游，因而在操作及旅游的实施控制上比常规旅游要复杂和困难，同时旅游的风险性也比常规旅游大。要求必须特别注意以下两点。第一，线路的安全性。安全是特种旅游活动中首要考虑的问题。特种旅游的性质决定了在经历特种旅游过程中将会遇到种种突发因素，因此在设计线路及实施操作时应尽可能地避免人们能够预料的风险，把风险性控制在最低。对于可以预计的风险，要认真做好各项准备，加强游客的游前教育培训和身体检查。针对无法预计的风险，要提高警惕，严加防范，建立行之有效的紧急救援机制。联合保险公司，推出与特种旅游相适应的险种。第二，控制的严密性。由于特种旅游方式的多样性和旅游对象的奇特性，以及旅游中的配套服务各个环节不可能全部完善，因此必然存在着许多难以预测的特殊因素和不利因素的影响，这就要求在组织实施上应把握好各个环节，备有行之有效的各种应急措施和手段，对行程的各个细节严密分析控制。

3. 规范化的管理

特种旅游通常是由若干特殊旅游点和特殊地域单元通过线路组合起来的综合性产品，组织管理工作的协调和各点之间业务操作的衔接，均要求达到较高的水平。为确保特色旅游活动的顺利进行，应逐渐创造条件，使管理活动规范化、程序化和标准化，逐步减少人为因素和随机因素的干扰。这样在保证特种旅游者安全的前提下，既能够满足旅游者最大限度地体验到项目和线路所含的探险性，又能在接待、导游、定位和救援等方面提供完备的服务，从而使特种旅游者得到较为满意的服务。

4. 专业化的队伍与服务

特种旅游具有“特种”的专业特性，表现在难度更大、要求更高、操作规律和方式更具有专门性，要求特种旅游的操作者必须在特种旅游资源、线路、技术和组织技巧方面是非常专业的。这就需要特种旅游经营者都必须具备丰富的特种旅游的相关知识、经验和技能。特种旅游开发成功与否，一支专业化的人才队伍显得尤为重要，只有这样，才能真正提高旅行社接待特种旅游者的能力，保证特种旅游的质量，确保游客安全。从事特种旅游的企业的首要任务是培养和拥有一支自然、历史知识丰富，能吃苦耐劳，安全意识强，熟悉民俗民风，能严格执行民族政策，有志于特种旅游的作业层、管理层等多层次、多专业的人才团队。

11.5.3　探险旅游产品的设计

探险旅游是指人们在离开居住地的户外自然环境中，为追求冒险经历、自我挑战和自我实现的动机而进行的具有危险性或冒险性(真实的或表面的)的一切旅游活动的总称。同时这种旅游体验的结果受旅游参与者、旅游组织者和旅游装备等因素的影响。探险旅游的参与度高，属于深度旅游。

探险旅游的复杂性及多面性决定了其活动的多类型性。概括而言，探险旅游分为三大类：陆地探险，其中登山、蹦极、徒步穿越和背包旅行是最普遍的方式；水域探险，主要包括漂流、潜水和海上冲浪等；空中探险，主要包括跳伞、热气球和太空旅游等。探险旅游活动也可根据风险程度的不同而分成“软探险”和“硬探险”旅游。“硬探险”是指某种独特的、激动人心的、强度较大的户外探险旅游活动，有较大的危险性，需要一定的技能，并且借助专业设备，如登山、高空速降和洞穴探秘等。“软探险”相对而言针对的是一般游客，他们寻求一种被设计好的新奇活动,这种活动也能给他们带来兴奋感和感情的抒发,其危险性介于生态旅游和“硬探险”之间,如徒步穿越、山地自行车等。

我国探险旅游这一特殊旅游形式目前只在一小部分旅游者中盛行,与此相关的各种规章制度不够健全,各种应急保障措施不够完善,人们对探险旅游缺乏安全感知,对旅游过程中存在的风险认识不足。据中国探险协会的统计,2020 年全年发生了 165 起户外探险类活动事故,其中造成人员伤亡的事故共 113 起,造成直接死亡人数 81 人,失踪 8 人。事故伤亡率达到了 68.5%,接近平均每两起事故死亡 1 人。安全事故的频发是我国探险旅游的一大软肋。

1. 探险旅游问题事故分析

(1)缺乏专业组织。组织程度低是我国探险旅游最明显的特征,这也是造成探险旅游事故频发的主要原因。由于目前我国探险旅游还处于初步发展阶段,市场机制还不够完善。我国目前户外探险旅游活动组织者主要有三种:旅行社、俱乐部和个人(驴友)。旅行社安排的活动由于安全费用等问题而路线选择少,活动单调,进程缓慢,满足不了大多数有此爱好的游客,故人数不多;俱乐部聚集了共同爱好者,价格合理,设备全,受到很多人青睐;个人(驴友)方面由于费用低,好组织,是大多数游客的首选,但是由于设备缺乏,个人专业知识等问题,又是事故多发的一方。

(2)缺乏应急救援保障队伍。户外探险旅游的游客一旦出现问题,很难找到具体的部门来负责,一般都是先报警,由政府负责救援。而政府本应加强的是对重大自然灾害和人为灾害的紧急救援工作,民间日常、少量和个体的灾害则应依靠社会力量来完成救援。我国目前还没有像 SOS 那样专门面对居民的救援队伍。

(3)缺乏相关的法律法规。在发达国家,探险旅游已是一种比较成熟的旅游形式,探险行为由相关行业协会管理规范。旅游者前往某地探险时,必须在当地备案。参与探险活动的人也必须持有相应等级的执照。而我国目前尚无规制探险旅游的法律法规,有资质进行探险类户外项目经营的组织和机构也很少,行业监管已跟不上户外项目和探险旅游的发展。

(4)游客缺乏旅游安全意识和户外探险专业知识。部分游客只凭着一腔热情甚至只是追求一份好玩刺激而参与探险旅游。他们对目的地认知不够,设备准备不充分,盲目自信,缺乏旅游安全意识和基本知识,导致很多不可预料的事故发生。

2. 探险旅游安全风险管理机制构建

(1)风险管理评价。在组织探险旅游前,探险旅游企业要对探险旅游目的地、探险旅游资源、探险旅游者和探险旅游行程中的所有风险因素进行合理的评估。只有对探险旅游的风险进行全盘的考虑与评价,探险旅游企业才能决定采取正确的风险管理决策,才能保证探险旅游的安全,降低企业的经营管理风险。

(2)风险战略管理。风险战略管理由风险规避、风险减轻、风险转移和低风险管理等四个管理决策系统组成。

①风险规避管理,要求探险旅游企业在组织探险旅游前,把风险控制在旅游企业的管理能力之内,理性考虑风险因素,考虑到企业人力、技术装备、线路设计、后部供给和救援能力等资源情况,以及气候变化、社会稳定等因素。决不到超出企业人力和资源控制的危险地方进行探险旅游。同时,还要求旅游企业在设置旅游线路时,增加对实际线路的实地踩点考察,增加探险旅游产品方案设计的多样性和可选择性。

②风险减轻管理。旅游企业要实施成功的风险减轻管理,要做到以下几点:首先,加强领队人员的队伍建设,选择有专业资格、受过专业训练、经验技术丰富、心理素质过硬的人员做领队。在探险旅游中,领队的经验、技术和心理素质在很大程度上决定着探险旅游中决策的合理性、正确性和安全性。其次,培训和挑选探险旅游者。在旅游者预订探险旅游时,旅游企业一定要通过网站、宣传册等资料,让每位旅游者了解探险旅游的所有要求和情况,掌握必要的探险设备应用、应急和自救等探险技能。旅游企业要根据旅游者的探险能力和身体情况,决定其能否参加探险旅游,参与何种探险旅游。再次,同探险游目的地的旅游接待企业和部门保持良好的合作关系,更好地利用当地的社会救援条件,为探险旅游的顺利、平安进行增加保障。

③风险转移管理。转移风险是探险旅游企业在实施风险战略管理中的一个重要环节。首先,探险旅游企业要投保探险旅游责任险。通过投保,旅游企业将经营探险旅游的风险合理地转移给保险公司,从而减轻事故出现后的赔偿等经济压力。其次,探险旅游者投保人身意外险和其他保险。旅游企业要通过典型案例,让旅游者认识到探险旅游的风险性,强制旅游者购买户外探险类保险。再次,通过合同特殊条款与当地探险旅游代理商分担风险。

④低风险管理。风险没有转移出去,但旅游企业是可以接受的。在这种情况下,风险的成本是非常低的,破坏程度和发生频率也是很低的,例如针对探险旅游的装备设施损坏的风险。对此,探险旅游企业一般采取低风险管理策略。

(3)风险管理信息反馈。旅游企业通过多途径来获得信息反馈,如领队总结报告、旅游者问卷调查、网站探险论坛和探险经历的读物等,来进行风险信息反馈管理,不断地总结经验教训,不断修正探险旅游中管理不完善的地方,提高探险旅游产品的质量。同时,风险管理反馈为风险评价提供了可信的资料。

(4)建立健全探险旅游救援系统。探险旅游救援系统是为在探险旅游活动过程中发生旅游安全事故的相关当事人所提供的紧急救援而构建的体系,在组织探险旅游时,应提前与相关单位做好准备工作,以备特殊情况出现。旅游管理部门、旅游景区、医疗部门、政府职能部门,以及间接参与到救援事故中的部门和旅游地在安全救援中扮演着重要的角色。特别是事后理赔、舆论监督、信息传递和及时援助,能够减轻事故所带来的灾难性后果。

案例 11.4

2021 敦煌徒步“戈壁英雄汇”108 千米挑战赛

戈壁英雄汇的精神就是不抛弃,不放弃,更是一种无私奉献、领导能力和责任感!

人生就像一场徒步旅行,茫茫沙漠之中,不知前方还要走多久,看不到“绿洲”却要坚持胜利的信念,即便千万个波折,也要誓达远方,这些都是沙漠行者们必须坚守的。

戈壁是困境的象征,一望无际的沙尘,孤寂感、恐惧感很容易让人退缩,正如创业之路上的荆棘密布,方向有了,还要敢拼、敢闯。戈壁徒步是为敢于拼搏的人准备的,适合有创业精神、拼搏精神的人。“一个人走得快,一群人走得远”,成功不在于你走得多快,而是看你走得多远。

2021“戈壁英雄汇”108 km 挑战赛四天三夜,保持节奏向前迈进,挑战无限的可能性。专门为资深户外爱好者设计。108 km 的漫漫征程,那些保持自己节奏和专注的人,才会在长久的旅途中笑到最后。

一、行程及线路安排	集结日： 队员在敦煌集结；大巴全天接机；入住宾馆；出征壮行宴。 第一天：主题“探索”放下28 km 06:30　酒店叫早； 07:00　早餐； 07:30　准时出发，乘车赴徒步起点； 08:30　到达徒步起点，做热身活动，击鼓出发； 12:00　15 km处设补给点； 18:00　戈壁营地自助晚餐； 19:30　队员分享会 21:00　熄灯号； 第二天：主题“突破”潜行30 km 07:00　营地叫早； 07:30　营养早餐； 08:30　做热身活动，击鼓出发； 12:00　15 km处设补给点； 18:00　营地自助晚餐； 19:30　篝火晚会，开锅羊肉，烧烤，烟花、队员才艺展示； 21:00　熄灯号； 第三天：主题“超越”坚持32 km 07:00　营地叫早； 07:30　营养早餐； 08:30　做热身活动，击鼓出发； 12:00　15 km处设补给点； 18:00　营地自助晚餐； 21:00　熄灯号； 第四天：主题“重生”超越18 km 05:00　营地叫早； 05:30　营养早餐； 06:00　做热身活动，击鼓出发； 12:00　戈壁18 km终点； 12:30　坐大巴回市区酒店、洗漱； 20:30　庆功宴、各组派队员分享； 23:00　休息
二、参赛费用	赛事途经线路文化保护管理费用；赛事组织管理费用；赛事期间当地交通费用；赛事期间星级酒店住宿费用；赛事期间会务费用；赛事期间餐饮费用；价值100万元额度的意外伤害保险；赛事期间通信和后勤保障费用；赛事纪念品及赛事标识等费用；赛事期间安全保障费用；赛事期间户外露营费

续表

三、不包含费用	往返交通费用;个人装备费用;个人消费及退赛后产生的费用;非活动原因引致的个人伤病医疗费用;活动期间因队员个人行为造成的赔偿费用;因队员个人原因引起的其他费用及本条上述说明中没有提到的其他费用
四、保护措施	1. 在徒步过程中有越野车全程跟随,为徒步当中队员走不动,受伤,或是背包太重等状况给予支援。 2. 在徒步过程中有户外领队全程跟随,对队员的情况及时了解,随时处理突发事件。 3. 紧急救援,在徒步过程中全程有专业的医生跟随,为队员在徒步过程中遇到的突发状况进行医护救援
五、后勤保障及服务	1. 地接:当地星级酒店双人标间; 2. 四驱越野车用于紧急情况备用; 3. 专业户外领队和医护、摄像全程跟随; 4. 运输卡车拉送宿营物资及物品; 5. 厨师团队野外驻点餐饮车辆及设施设备; 6. 后勤人员驻地搭建旅游帐篷,防潮垫,睡袋(建议自带); 7. 补给保障团队全程跟随; 8. 个人及车载对讲系统; 9. 篝火晚会、烤全羊; 10. 野外音响; 11. 专业摄影师全程摄影及无人机拍摄记录; 12. 野外简易厕所; 13. 野外发电机和照明设备以及野外充电; 14. 活动期间每人30万元意外旅游保险; 15. 莫高窟及鸣沙山月牙泉门票; 16. 大巴车的所有接送; 17. 酒店餐、工作餐、壮行宴、庆功宴、户外餐; 18. 活动结束后徒步纪实视频、照片及纪念章
六、注意事项	1. 出发前就应对自己的身体状况有所了解,要对自己和别人负责; 2. 喝水要以量少次多为原则,要小口喝水,不可猛喝水; 3. 如果平常流汗较多的人,可以在饮用水中适当加点盐; 4. 要徒步过程中要掌握步行速度,匀速前进,途中应适当休息; 5. 一般在中午休息地点应避免烈日直晒; 6. 休息方式以站立休息为最好,避免坐下休息; 7. 拍照和上洗手间要提前告诉队友,以免遗失迷路; 8. 徒步期间您的行囊务必精简、再精简,负担太重您会难以前行; 9. 团队徒步一定要首尾呼应,即前后以能看到为主; 10. 徒步时须穿长袖,戴帽子,早晚较凉,注意添加衣物

续表

七、个人准备物资	1. 干粮包:馕饼、红牛、脉动、矿泉水、卤蛋、榨菜、鸭腿、苹果、黄瓜。 2. 参加活动个人准备物资:徒步双肩包 20 L、户外徒步鞋、登山杖两支、速干衣、速干裤、手套、脚套、防风眼镜、较厚耐磨的袜子、睡袋(可以提供)、身份证、防晒霜、帽子、魔术围巾、手电筒(头灯)、2 L 水袋、湿巾、驱蚊药、简易的医疗用品(常备药、藿香正气水、创可贴)、洗漱用品
八、小提示	敦煌活动前,每位参赛队员需要提前进行跑步锻炼,坚持每天跑步 1 h

(资料来源:根据网络资料改写)

【拓展阅读】 **全球最具特色的探险旅游项目**

美国《国家地理杂志》的编辑和调查员,花了半年时间到世界各地亲身尝试最惊险的活动,选出全球精彩的探险旅游项目。

- 中国:沿长江划筏顺流而下。
- 澳洲:沙漠上骑骆驼走 400 km。
- 秘鲁:乘小船到亚马逊盆地探险。
- 不丹:畅游山区王国的古代村落。
- 蒙古:与游牧民一起打猎。
- 埃及:黎明前攀登西奈山。
- 法属波利尼西亚:穿梭浪漫的岛屿。
- 智利:沿富塔莱乌富河河畔步行。
- 意大利:在东北部攀陡峭的多洛米蒂山。
- 印度尼西亚:在热带森林寻找失踪部族。
- 墨西哥:在拥有全球最大水底洞的诺霍那茨乐园潜水。
- 摩洛哥:在阿特拉斯山脉和村落旅游。
- 新西兰:前往南岛多个全球最优美的捕蝶区及 20 条偏僻溪流。
- 博茨瓦纳:骑象遨游奥卡万龙三角洲和卡拉哈里沙漠边缘。
- 加拿大:在卑诗省乘直升机到雪峰历险。
- 加拿大:在鲁纳武特乘潜水艇到地球最北面接近加拿大的北极沉船地带。
- 加拿大:在育空地区乘小筏或小艇沿塔琴希尼河这条偏远河流顺流而下。
- 伊朗:以 13 天时间穿过多座古堡和厄尔布尔士山脉,前往大海。
- 俄罗斯:在莫斯科郊外的星际城市太空人训练营接受胆量训练。
- 格鲁吉亚:到黑海南部偏远岛屿寻幽。
- 坦桑尼亚:与大象、长颈鹿等野生动物和其他猎食动物一起在马萨伊草原步行。
- 巴拿马:在圣布拉斯群岛划小艇,品尝龙虾和水果,并睡在帐篷内。
- 厄瓜多尔:在科隆群岛跟随前人达尔文的足迹探索这个名为进化实验室的群岛。

(资料来源:根据网络资料改写)

本 章 小 结

随着旅游的个性化发展，传统单一的旅游模式已经不能满足于人们的多元化需求，专项旅游已受到越来越多的人喜爱，生态游、自助游、保健游、考古游和探秘游等均在特定群体中火热地进行着，逐渐成为工薪族特别是年轻人热捧的时尚项目。

本章列举了五种专项旅游产品。生态旅游产品是一个综合性的产品，市场定位在以求知、享受和保护为目的的特殊客源群。在产品设计中，突出体验性及保护性，要让游客体验到原汁原味的大自然，并萌生保护大自然的意识，在某种程度上，还有一定的教育意义。

文化旅游是近些年大力提倡的一种旅游方式。在产品设计中，要体现特色、品位和人本主义精神，有创新意识，能够抓住细分市场的兴趣、爱好和特殊时间开发适销对路的产品。

红色产品是集观光、度假和教育于一身的旅游产品，这就注定了红色旅游的开发模式应该是组合开发，与修学旅游、考察旅游、乡村旅游和体验旅游等结合，并在产品内容上开拓创新，注重与其他观光线路连线开发，才能达到理想效果。

乡村旅游是当前的旅游热点。开发乡村旅游产品必须紧紧围绕“三农三生”做文章，即“农村、农业、农民”和“生态、生产、生活”。体验是乡村旅游发展的核心，特色是乡村旅游发展的生命。

特种旅游是最具特色、价格昂贵、危险性大的旅游方式，是很多时尚年轻人的最爱。在设计特种产品时，最应该引起重视的是体验性及安全性，线路设计前要注重对景点和线路的选择，以增强参与性；要构建安全风险管理体系，行程中能够预见危险，出险后能够及时处理，并将自己的损失降至最低，这是设计的根本。

复习思考题

1. 说明生态旅游产品的含义及设计要素。
2. 文化旅游产品的市场定位及开发对策是什么？
3. 红色旅游与哪些旅游产品可以组合开发？请举例说明。
4. 乡村旅游发展的重点在哪里？
5. 简述乡村旅游产品开发的功能要素。
6. 简述探险旅游产品的开发现状。
7. 简述旅行社开发探险旅游的风险评定及产品设计。

案例讨论

1. 从澳大利亚的生态旅游发展看中国的生态旅游，应该得到哪些启示？
2. 分析乡村旅游经典案例中的各自特色。

第 12 章　专项旅游产品(二)

本章提要

本章针对目前市场上的热点,设计了婚庆旅游和节事旅游两个专题,并讲解了专项旅游产品的设计思路;针对年龄需求,设计了老年旅游产品和青少年旅游产品;针对游客出行方式不同,介绍了自助旅游产品。通过对市场细分、产品设计和注意事项等的分析及案例的引导,指导学生学会设计相关产品,拓宽设计思路,增强其应用能力。

学习目标

1. 婚庆旅游产品的设计及联合开发。
2. 老年旅游产品的设计内容及注意事项。
3. 修学旅游产品的设计及运作方式。
4. 节事旅游产品的开发及旅游企业的应对措施。
5. 不同类型自助旅游产品的设计。

框架结构

- 专项旅游产品(二)
  - 婚庆旅游产品
    - 婚庆旅游产品概述
    - 婚庆旅游产品开发中存在的问题
    - 婚庆旅游产品的开发思路
  - 老年旅游产品
    - 老年旅游产品的种类
    - 老年群体旅游心理影响因素分析
    - 老年旅游消费特点分析
    - 老年旅游产品开发现状与存在问题
    - 我国老年旅游产品的开发对策
  - 青少年旅游产品
    - 研学旅游
    - 研学基地产品
    - 亲子游旅游产品
  - 节事旅游产品
    - 节事和节事旅游的界定
    - 中国节事旅游的发展状况
    - 世界著名节事及重点地区
    - 节事旅游产品的设计
    - 中国节事旅游前景展望
  - 自助旅游产品
    - 自助旅游概述
    - 散客游与自由行
    - 自驾游
    - 汽车营地

开篇案例

天涯海角国际婚庆节

一、中国三亚天涯海角国际婚庆节特色

体验轻松自游的乐趣,感受纯净自然的气息,与参与者一起分享幸福的感觉。

全程入住五星级标准海景酒店,客人报名时即可了解所住酒店的名称及情况。

甜蜜、温馨、浪漫、精心设计的蜜月房布置,五星级酒店的豪华配置。

特别策划的烛光晚宴,让你感受爱情的浪漫与甜蜜,新婚的幸福和喜悦。

海天佛国之相,风景这里独秀;观景祈愿的最美寺院——南山文化苑。

在没有重力、没有声音的海底,进行一次超越灵魂的跳跃——蜈支洲岛海洋文化旅游区。

见证坚贞爱情的极南之地——天涯海角。

全程纯玩,免去购物的烦恼;全程加点及娱乐项目自由选择自费参与,绝无强制要求。

区别于以往的常规线路行程,空余更多时间让你自由打造自己的特色蜜月。

二、中国三亚天涯海角国际婚庆节行程安排

05:00—8:30 新人统一前往影楼化妆及穿戴婚纱,参婚人员到市内指定地点化妆及穿戴婚纱,由组委会各组组长领取新人佩带的号牌、新娘捧花、新郎胸花,并分发给新人,组长监督新人按对应号牌佩戴整齐。

08:30—08:40 所有新人集合,准备乘大巴车赴天涯海角国际婚礼节主会场。

08:40—09:20 抵达天涯海角国际婚礼节主会场后,各组组长带领各组新人于主会场安排指定的区域内等候婚礼节开幕。

09:30—10:30“天涯国际婚礼节”婚典开始,流程如下:

- 贤达共贺——各位嘉宾到场共同庆贺。
- 牵手同行——新人入场,在红地毯上、玫瑰花雨中,新人挥洒浪漫情怀。
- 天缘地合——证婚人致辞、主婚。
- 八方同庆——主办单位和协办单位致贺词。
- 天涯婚誓——新人新婚誓言。
- 爱在天涯——新人相互拥吻,以表达对对方的爱意。
- 海角感恩——向父母及来宾表达感恩之情。
- 爱的甘露——共饮同心甘露。
- 吉物呈祥——为新人颁发集体婚礼纪念证书,并且上面盖有特制的同心章。
- 龙凤和鸣——新人同制爱的手模。
- 放飞心愿——新人共同放飞心愿气球或爱情信鸽,祈福地久天长。

10:30 婚典结束,各组组长将分组后的参婚人员带领到景区内各个不同的地点,拍摄专题婚纱作品,用于个人及日后画册会刊之用。

12:00 新人在天涯海角景区内指定地点用餐。

13:00 天涯海角景区门口集合,乘车返回,退还婚纱。

15:00 酒店休息。

19:00 主题晚宴。

(资料来源:三亚金柏会议会展服务有限公司)

12.1 婚庆旅游产品

在美国、欧洲和日本等国家和地区,大约有99%的新婚夫妇会外出结婚和度蜜月,这促使蜜月旅游日渐成为一种时尚。在我国,随着人们生活水平的不断提高,婚庆旅游正在成为一块深具诱惑的大蛋糕。全国婚庆消费与发展高峰会资料显示:我国每年约有1 000万对新人结婚,在注册结婚的人当中,有80%左右为25~35岁的年轻人,这成为蜜月旅游的主要参加者,也使婚庆旅游成为一种全新的旅游产品。

12.1.1 婚庆旅游产品概述

婚庆旅游通常是人们以在旅游目的地享受蜜月或欢庆自己的结婚纪念为目的,将婚庆活动与旅游相结合的一种高层次的休闲度假类型的旅游产品,是一种复合型的旅游活动。首先,从旅游者的出发动机考虑,旅游者以婚庆活动为主要目的,区别于一般的观光度假旅游。其次,它是婚庆活动的复合型,从接待宾客、婚典设计、婚典执行和旅游活动等,都可以列入婚庆活动的范畴,围绕这几类活动的旅游行为,都可以视为婚庆旅游活动。最后,它是旅游者的复合型,一般是婚庆新人带着家人一起出行,共同进行婚庆活动及观光度假旅游活动。

婚庆旅游在国内才刚刚起步,虽然也有部分旅行社已经开始关注这一产品和市场,但从形式上来看,旅行社并没有把它当作特色来做,推出的旅游线路也多是打擦边球,更倾向于大众化。加之这种旅游产品比一般旅游产品有更强的关联性,使得旅行社在婚庆旅游产品开发中遇到很多困难,特别是缺乏婚庆的经验。因此,认清婚庆旅游自身的特点,设计相应的产品,以面对激烈的市场竞争,就显得尤为重要。

1. 婚庆旅游产品的特点

(1)旅游服务需求细。无论是参加蜜月旅行还是参与结婚纪念之旅的婚庆旅游者,面对浪漫温馨或放松心情或回忆往事的旅游,一定是充满了憧憬与期待。在旅行的类型、行程设计、旅途气氛、住宿服务、旅游饮食和服饰搭配等方面,婚庆旅游者都希望能多一份惊喜与温情,多一重贴心与关爱。精致可口的菜肴、摇曳的烛光、舒缓的音乐、便利舒适的旅途、优美的风光、轻柔的海风或熟悉的场景、自由宁静的两人时光,以及旅行社工作人员一路上精心的服务,这就是令他们难忘的婚庆之旅。

(2)旅游消费档次高。与一般的休闲旅游者相比,婚庆旅游者出游更加注重产品的精心设计和体贴入微的服务。在旅游目的地的选择上,更倾向于选择良好的自然生态、独具特色的风情或者令他们回忆的场景;在旅游交通工具的选择上,更多地选择乘坐便捷的飞机;在入住酒店的选择上,更中意高星级酒店与体贴温馨的服务;在旅行社的选择上,价格不再是婚庆旅游者关注的重点,他们更注重旅游的高品质。

(3)季节性明显,停留时间长。长假制度、春节,以及带薪休假制度,为新婚与已婚夫妇的蜜月之旅及周年纪念旅游提供了大量的闲暇时间。与一般的观光、休闲旅游相比,婚庆旅游的停留时间则更长一些。

(4)对目的地资源要求高。婚庆旅游者在选择旅游目的地时,对目的地的资源要求比较高。第一,婚庆旅游者一般不愿意像观光旅游团一样,几天的时间游览几个不同的地方,他们宁愿待在某一个地方,享受婚庆旅游带给他们的独有气氛。第二,婚庆旅游者钟情于旅游目的地舒适宜人的气候,酷暑或严寒一般不太受他们的欢迎。第三,婚庆旅游者希望旅游目的地能给他们提供宁静的环境,以便他们能够享受宁静的二人世界。第四,旅游目的地丰富的摄影资源一定会受到婚庆旅游者的青睐。

2. 婚庆旅游产品的设计

(1)婚纱摄影。婚纱摄影从1992年开始出现在我国内地,随后出现了大量的婚纱摄影店,婚纱摄影行业发展迅速,已经由一件奢侈品成为结婚的必需品。与婚庆影楼的合作在婚庆产品设计中显得尤为重要,可以采取合作的模式,也可以打包出售。同时,外景拍摄与旅游也相辅相成,近些年流行的海边摄影和草原摄影均是旅游和婚纱摄影合作的范例。随着结婚蜜月成为中国新婚夫妇的旅游趋势,随行摄像摄影成为一门新的职业,不但能够记录下出游的甜蜜时光,还成为新的创收途径。同时,大量自选礼品如电子相框、漫画创作和水晶摆件等的出现,丰富了婚庆市场,也成为婚庆旅游产品设计的点睛之笔。

(2)婚礼庆典。婚礼庆典是婚庆产品的重要表现因素,婚礼风格、新人造型、场地选择、迎宾彩车、现场布置、灯光背景、音乐音响、现场督导、主持风格、摄影摄像和婚礼仪式等都是庆典必备的内容,根据客人所选的婚礼风格,选择与之相配的庆典风格,是产品设计的中心理念。

(3)婚宴设计。婚宴设计是与婚礼庆典相辅相成的,庆典的风格决定婚宴的设计方向。西式草地婚礼一般选用自助美食,而传统的中式婚礼则多选取传统桌餐。其中台面设计、鲜花摆放、桌卡席位卡、酒水饮料、菜单设计、开席上菜、迎接客人、协助入座、餐中服务及餐后服务都是婚宴设计必须重视的细节。

(4)旅游活动。旅游活动是婚庆旅游产品最核心的要素,蜜月旅游、周年庆祝游、集体婚礼游和婚纱摄影游等多种旅游活动构成了婚庆旅游的重要方面。其中,占据最大份额的就是蜜月游。蜜月旅游具有消费高、内容多和娱乐性强等特性,旅行社在设计该产品时,必须注意其特殊性,如居住高星级酒店,提供烛光晚餐、花瓣浴、烛台和许愿树,尽力营造浪漫气息。另外,分析客人心理,多数夫妇都希望有一个独特的仪式。海南三亚2000年世纪婚礼,让新人在世纪之初,喜结连理,见证世纪的变化;2004年的潜水婚礼,让夫妇一同潜水,并可在水下求婚,拍摄水下照片,见证浪漫时刻;2012年又推出了“热气球”婚庆节,新人可乘坐热气球一览宝岛风光,这些都成为旅游产品设计的流行趋势,也是客人的消费趋势。同时,众多国家也将中国看成重要客源国,韩国就推出了韩式婚礼,让夫妇身着韩服,体验传统的韩国风俗;泰国国家旅游局与中国摄影协会合办“泰式集体婚礼”,泰国旅游与体育部长来到婚礼现场祝贺,表现出泰国对中国市场的重视,这些都成为引导居民婚庆旅游活动的重要信息,也是产品设计的核心要素。

12.1.2 婚庆旅游产品开发中存在的问题

1. 对婚庆旅游市场重视不够

婚庆旅游产品作为专门为特定群体量身定做的一款产品,尽管特色鲜明,但是目前来看,我国新婚夫妇的普遍观念还是停留在传统的婚礼模式。加之新人选择婚礼及蜜月旅行的时间也比较零散,存在很大的随意性,不便于旅行社组织团体旅游,缺乏利润空间。因此,此类产品不被旅游企业看好。

2. 各相关部门之间缺少相互协作

旅游活动的经济效益和社会效益需要各个有关部门相互依托和配合才能够实现。婚庆旅游涉及面很广，如摄影、化妆和婚庆场地布置等，这决定了婚庆旅游要想取得成功，只靠旅行社一方是不行的，需要美容中心、婚庆公司和摄影中心等多方面的协作才行。另外，婚庆旅游需要服务人员具有很高的综合素质和专业水平。但是，目前的大部分旅游从业人员并不具备这方面的专业素养，忽略了婚庆旅游者的特殊心理和要求，而只将他们当作一般旅游者来对待，导致婚庆旅游消费者的不满。

3. 缺乏整体品牌意识

由于婚庆旅游服务是一个新的服务领域，加之婚庆行业“门槛低、见效快”，导致整个婚庆旅游服务混乱，很多旅行社把婚庆旅游看作一次性消费，缺乏整体品牌意识。

4. 宣传力度不够

婚庆旅游活动在2000年曾红极一时。由于2000年适逢世纪之交，打着“世纪婚礼”这块招牌，全国各地相继举办了各种旅游性的婚庆活动。但此类活动大多与旅游仅仅擦了个边，宣传力度不够，市场经济行为体现得不明显。

12.1.3 婚庆旅游产品的开发思路

1. 深挖细分市场需求

目前，尽管大多数旅行社已经对婚庆市场有了一定的认知和参与的渴望，形成规模效益，但是如何寻找合乎市场需求的切入点，如何使消费者产生信赖感，以及如何获取巨大收益并成为规模等问题，都未能得到解决。在当今个性化的社会里，商家只有在真正了解消费者并充分尊重消费者个性的基础上设计的产品才能赢得消费者的青睐。在整个婚庆旅游市场中，有蜜月游、金婚游、银婚游、纪念游和交友游等不同的细分市场，旅游者的消费能力、消费心理、对目的地的选择，以及对婚庆旅游产品的具体需求都是不相同的。这就要求旅行社深挖每个细分市场上消费者发自内心的、深层次的、全面的心声，然后集合自身的优势，有针对性地去设计适合目标市场需求的产品，从某一目标市场做起，做成品牌，进而做大、做强整个婚庆旅游产品。

2. 产品主题鲜明有特色

现在市场上部分旅行社举办的“蜜月专线”“国外举办婚礼”等活动往往只是普通线路借助蜜月这块招牌来招揽消费者，并没有满足旅游者个性化的需求。在设计婚庆旅游产品时，除了要充分考虑婚庆夫妇的消费能力、消费习惯、消费心理及消费期望等各方面的需求外，还要求设计的旅游产品能体现婚庆“温馨、浪漫、回忆”等主题。产品的主题可以体现强烈的时代感，如第四届闽南婚庆旅游文化节暨“爱在鹭岛，情系海峡”大型集体婚礼，倡导“美满婚姻、和睦家庭，和谐社会”的时代特色与主题，还可以体现目标市场的消费需求，如“久久情深婚庆旅游”活动，它倡导的就是一种“爱情永远”和“亲情常在”的消费心理情怀；针对银婚纪念与金婚纪念旅游产品的设计，可以“回忆”“宁静”等为主题再现当年记忆中的情景。

3. 产品内容丰富多彩且注重细节

婚庆旅游产品的设计要求内容丰富多彩，要让婚庆旅游者既能完全体验到结婚的喜庆与纪念，又能给他们设计一个独特的两人世界空间。婚庆旅游在线路设计及风格处理上应着重以浪漫、温馨、热烈、宁静和回忆等创意来捕捉旅游者的感觉，在行程的安排中设计让旅游者充分体验的系列活动，让旅游体验成为婚庆旅游者难忘的记忆。同时，每项活动内容的具体安排、场景选择、时间确定、涉及哪些合作单位或部门,以及需要准备哪些物资等,都应该精心设计,正所谓细节决定成败,这也是婚庆旅游产品的独特魅力。如厦门凤凰花假期推出的韩国浪漫之旅,针对新婚或热恋中的男女青年分篇章地设计与安排每天的活动内容,今天你可以是我的野蛮女友,可以任性地指挥你的另一半;明天你们可能是幸福的一对,体验雪藏的真情告白;即使是赠送"北极星项链"的环节也精心地设计成仪式,将整个婚庆产品的体验再次提升档次。

4. 产品开发强调强强联合

婚庆旅游产品的消费实际上至少涉及了两大部门:一是婚庆公司;二是旅游公司。就婚庆公司而言,由于缺少对婚庆旅游者的心理调查,以及旅游线路设计的专业知识和经验不足,操作婚庆旅游时往往不规范、不专业,从而容易导致旅游者对婚庆公司组织的婚庆旅游信任度低。就旅游公司而言,婚庆资源不足及对婚庆旅游市场的投入不足等因素都严重限制了婚庆旅游产品的发展。如果能整合双方的资源,优势互补,通过资源的联合与共享提升产品的知名度与含金量,从而实现婚庆旅游产品开发与婚庆市场规范发展的良性互动关系,达成双方的共赢。

5. 设置产品进入壁垒

旅行社设计的婚庆旅游产品,是在进行充分的市场调研之后推出的个性化、特色化的产品,然后采取推广策略将产品推向市场,吸引消费者购买的一个过程。在从市场调研到产品上市的过程中,旅行社在设计与销售此产品时花费了不少的人力、物力、财力与时间。为了避免产品被其他旅行社所复制,而导致旅行社的客源分散、收益减少,旅行社可采用与婚庆公司或其他伙伴共同签订互为代理、共同合作的契约,以避免竞争对手的快速跟进。

案例 12.1

三亚往返蓝色经典——海立方情人节特刊

行程特色	住宿:四星海边房,赠送两晚海景房,一晚岛上海边露营或岛上客房 用餐:西岛上用渔民特色早餐,含素斋、养生餐、西岛疍家特色餐和海南椰子宴

别样情人节不得不选的六大理由:

1. 独家推出热带海岛帐篷露营,和情人一起数着《浪花一朵朵》,演绎《浪漫满屋》情怀
2. 独享热带海岛特色:和情人品味《夏日么么茶》的海岛爱情;一起品尝海岛特色美食;一起晒太阳、晒幸福、数浪花、看海龟;一起海边发呆,做幸福的傻瓜;一起山盟海誓亭立下誓言;一起看牛王岛海岛日落,美轮美奂;一起热情似火"唱响"西岛之夜
3. 独家推出情人节海岛沙滩派对:

(1)情比金坚,他是你的真命天子么?她是你的此生唯一么?有胆来就来试,我们等着你哦
(2)爱的宝藏,宝藏寻踪,惊喜连连大放送
(3)海岛情书,海誓山盟亭写下对情人的誓言,盖上西岛邮戳,在海岛寄出,意义非凡

4. 独家赠送"一生不变,水晶之恋",每对情侣赠送价值298元的水晶DIY饰品
5. 三天行程,一天自由活动,弹性安排,给您更多的私密空间,享受真正的甜蜜假期
6. 独家承诺白天绝不推荐另行付费景点,绝不更换行程内景点,绝不压缩游览时间,如有违背现场赔付1 000元/人,让你后顾无忧,体验海南旅游最高境界
7. 金牌导游:提供集导游、旅游咨询师、旅游体验师、户外拓展师和派对主持人于一体的多种服务

续表

日期	行　程	用餐	住宿
D1	乘机—三亚 乘机飞三亚(飞行约3.5 h),机场出口处有专车和专导接团,观鹿城美景	无	三亚
D2	三亚 早餐后,参观福泽之地南山文化旅游区(约150 min,电瓶车自理),观108 m南山海上观音圣像风采。乘船前往世外桃源忘忧小岛4A级景区西岛文化旅游区+牛王岛 情人节西岛岛上活动安排: ·下午13:30—14:00:上岛; ·下午15:00—16:30:自选水上活动(费用自理); ·下午17:00—18:00:乘电瓶车参观牛王岛。 情人节特别活动“情比金坚”: ·以爱为名,每对情侣或每组情侣为自己的小队命名,有自己的队名、队歌和情侣造型 ·相信爱:一对情侣中的一人蒙住眼睛,在另一人的带领下爬上牛王领,山路崎岖,完全依靠相互的依赖和相互的爱惜来进行保护 ·非常爱:在海誓山盟亭喊出＊＊＊爱＊＊＊一生一世,许下爱的承诺。用提前准备的纸、笔和信封为对方写一封海岛情书(由西岛代为寄出,情侣到家时就可看到情人对自己爱的告白) 晚上19:00到海岛渔村用疍家人特色美食“打边炉”,席间活动“爱就大声说”分享与情侣认识的过程、经历的传奇,活动“情比金坚”的感悟。 晚上20:30K歌之王:海边卡拉OK自选曲目时间(洗漱时间) 晚上21:30爱的宝藏:全体总动员一起寻找失落的海盗宝藏,寻找预先藏好的礼品 晚上22:30:结束活动,就寝休息	早 中 晚	西岛 海边 露营
D3	三亚 早餐后西岛观日出,穿上潜水服下海探秘(可参加另行付费的海上活动,380元/人起)。前往4A级景区天涯海角(约100 min),观天涯海角、南天一柱等石刻全景。下午参观大(小)东海风景区(约30 min),尽享热带海滨浪漫休闲,三亚免税店(1 h)。夜游三亚限量接待地标性景点凤凰岭(另行付费135元/人)。晚体验天然奇特的田园小鱼温泉(另行付费198元/人),让亲亲小鱼为你解去旅途的疲惫	早 中 晚	三亚
D4	三亚 早餐后游览亚龙湾热带天堂森林公园(约100 min),感受雨林深处的静谧和神奇。景区内流云轩餐厅享用天堂养生自助餐。欣赏亚龙湾象征性雕塑“图腾广场”亚龙湾中心广场+贝壳馆(约30 min)。晚可于大东海畔品尝海南海鲜风味餐(另行付费为180元/人)	早 中 晚	三亚
D5	三亚—乘机(飞行约3.5 h) 早餐后,自由活动。根据航班时间安排送机	早	

(资料来源:海南康泰旅行社)

12.2　老年旅游产品

根据第七次全国人口普查数据，全国60岁以上的老年人口达到26 402万人，其中65岁及以上人口为19 064万；相较于第六次全国人口普查全国60岁及以上老年人口17 765万人，其中65岁及以上人口11 883万人，老年人的数量再次上升。

据调查显示，70%的老人有退休后旅游的愿望。身体健康，有精力、有时间、有收入、教育水平较高，且愿意消费的老年人是老年旅游市场的主力军。旅游已经成为老年人提高生活质量和体现社会和谐的重要方式。老年人是一个特殊的群体，分析老年人的身心特点与行为特征，对于发展老年旅游有着重要的意义。

12.2.1　老年旅游产品的种类

目前来看，较受老年人欢迎、市场前景较好的老年旅游产品有以下几种：

1. 理疗健身旅游产品

健康长寿是人类永恒的追求，老年人更加关注自己的健康。以理疗健身为主要目的的旅游产品，既可以让老年人感受大自然的美丽景致，陶冶性情，又可以理疗身体，达到身心健康的双重效果。如可开发含有温泉浴、海水浴、泥浴、沙浴和日光浴等健身项目的旅游产品。

2. 游览娱乐旅游产品

老年人奔波忙碌了大半生，退休后有了闲暇时间，走出家门看世界的愿望往往更加强烈。旅行社应在传统游览娱乐型产品的基础上，结合老年人的生理和心理特点，开发制作适合老年人参加、有老年人才能表现机会的旅游产品。

3. 生态养老旅游产品

老年人随着季节的变化，选择更舒适的环境，较长时间地逗留以享受生活，这就是“生态养老”。旅行社可以策划“候鸟式”旅游，以半自助的形式向老年人推荐。如冬季在海南的海边住两个月、夏季在北戴河逗留两个月等。

4. 兴趣爱好旅游产品

老年群体中，许多人都有自己的兴趣爱好。他们希望与有共同爱好的人交流，切磋专门的知识和技艺。旅行社可以以老年人的兴趣爱好为主题，推出有特色的老年“兴趣爱好旅游”产品。如书画交流、花卉欣赏、水滨垂钓和武艺切磋等都是既有广泛基础又易于成行的组合。

12.2.2　老年旅游消费特点分析

1. 产品的选择

以国内休闲度假游、文化鉴赏游和观光型旅游为主，在旅游产品选择上，老年人群对休闲度假游比较感兴趣，文化鉴赏游和养生保健游也占了相当的比重，这和老年人修身养性和喜静的特质有关。调查表明，老年游客在旅游产品选择上，休闲度假游占45%，文化鉴赏游占33%，都市景区观光游占30%，养生保健游占23%，怀旧寻亲游占7%，其他占2%。出游方式以旅行社和单位组织为主，自发结伴也占一定比重。参加特色旅游的选项中，老年人喜欢与亲戚出游、结伴出游和夫妻出游，这一比例分别高达70%、54%和43%，而自助游占27%，单身游占17%，相对较低，说明老年人希望借旅游来促进友情和亲情。值得注意的是，亲子游比重较小，只占5%，也大致反映出两代人之间的代沟影响了亲子游。

2. 出游时间呈现出“非假日性”

相对于一般旅游者的“假日性”而言，每逢节假日或周末，各个景点人满为患，住宿交通全面告急。由于老年人有了更多可自由支配的时间，老年旅游呈现出“非假日性”的特点。多数老年人性喜恬淡和缓，对舒适度和满意度要求高，他们出游一般不会选择黄金周、周末和寒暑假等客流量较大的时间，更愿意选择在旺季之后出游，以避开客流高峰。老年旅游者已经成为消除旅游淡季影响的重要因素之一。

3. 短线旅游为主

老年人多选择时间比较短、路程比较近的短线旅游，这样不仅价格便宜，而且不会因为身体过于疲劳而引发疾病，而身体状况较好、有能力参加长线旅游的老年人，也会要求比较快捷舒适的交通工具。在旅游过程中，体力较弱、行动较迟缓的老年人比一般游客更加要求旅速游缓，希望途中时间短，景点安排的时间长，行程安排不要太紧张。

4. 对旅游服务要求高

老年人或多或少都有一些老年性疾病，因而要求旅游团有健全的医疗安全保障系统，随团配医护人员，随团导游必须具备较高的应变能力和护理知识，尤其是老年病的急救知识。老年人拥有丰富的阅历，不少老年人都走过很多地方，对导游讲解的水平要求较高，又因为年龄的缘故，要求导游员能提供更细致周到、体贴入微的导游服务。

5. 购物能力较低

一般老年人都很节俭，在旅游过程中精打细算，旅游支出基本上用于吃、住、行、游，他们较少地参与购物和自费性娱乐活动，即使购物也要求物有所值，很少在导游带往的旅游定点购物商店进行购物，这对很多旅行社和导游来讲不得不说是一大考验。

12.2.3 老年旅游产品开发现状与存在问题

根据以上老年人的旅游消费行为分析，老年人对价格敏感，对行程的安排也非常关注，并需要细腻周到的服务。在实际操作中，常规线路、行程又往往不合老年人口味，制约了老年人的出行；而根据老年人特点新设计开发的产品又容易导致成本增加。此种成本和利润的矛盾使得许多旅行社对老年游市场的开发望而却步。但随着市场细分，这块“蛋糕”已逐渐成为旅游企业开拓市场的重要目标。

1. 开发现状

随着社会的进步和人们经济收入的提高，老年人正在逐步抛弃“重积蓄、轻消费，重事业、轻自己”的传统观念，花钱买健康，花钱买潇洒，趁有生之年看看名山大川、名胜古迹与世界遗产，已成为大多数老年人的向往和追求。从国内老年旅游分布来看，我国东部沿海地区、城市等经济比较发达，老年人出游比例高；内陆、西北地区和乡村经济比较落后，老年人出游比例低。经济发达国家的老年人出游率已经达到60%以上，我国大概在5%左右，所以，我国老年出游国内客源潜力是非常大的。

随着我国社会老龄化的日益发展，形势日益严峻，一方面，政府在逐步推广和完善我国的养老保障制度，使更多的老人老有所养、老有所医、老有所乐；另一方面，目前还有些旅行社不愿接老年旅游团，由于老年人在饮食、旅游强度等方面有特殊的要求，许多业内人士视老年旅游为“三高两低”：即旅游保险高、随团导游和保健要求高，而收费和利润低，出行时也需要配备专门的保健医生，因此，不少旅行社对这一市场并不看好。老年人旅游市场前景虽然广阔，但是对于许多旅行社来说却是个“烫手山芋”。

2. 存在问题

(1)老年旅游产品相对缺乏,同质化竞争比较严重。目前,老年团其实跟普通团没有更大区别。有些旅行社只是给一些普通旅游产品冠以“夕阳红”三个字,事实上,老年旅游产品与普通旅游产品大同小异。旅游产品缺少针对老年人设计的产品,服务设施缺乏人性化,住宿饮食方面也相对粗放,老年旅游产品在产品的方便性、安全性等方面缺乏特色。目前市面上的旅游产品有“千名老人逛北京”“江南寻梦找童年”等,尽管也各具风格,但仍然没有跳出游览、娱乐型的框子,产品比较单一,用业内人士的话来讲就是品种还不够“花”。

(2)老年旅游产品忽视“安保”措施。一旦老年人在旅游过程中发生困难和险情时,得不到及时有效的救助,老年人在旅游期间无随团医生陪伴。此外,旅游线路的内容介绍不够详尽,缺少提示性、介绍性和劝说性,缺少针对老年旅游者制作的旅游广告。老年旅游团的行程安排上节奏太快,与老年人的身体状况不相适应,容易造成老年人劳累过度或旧病复发。

(3)老年人出游缺乏保险意识。按照现行法规,旅游意外保险由游客自愿购买,旅行社的责任是向顾客推荐,帮助游客代办。目前,该险种的投保率不高,很多游客,尤其是老年游客存在侥幸心理,不愿意购买。然而,一旦老年游客出现人身安全事故,又没有办理旅游意外保险,旅行社经常会被起诉索赔,正常的经营秩序被扰乱。

(4)缺少为老年人量身定做的旅游产品。目前,许多老年旅游产品和青年人的旅游活动没有差异,然而,老年人对青年人的旅游活动无好奇心,产品中缺少老年人欢迎的,并具有浓厚历史文化内涵的项目。同时,也缺少老年人欣赏的具有怀旧情结、探访旧友的旅游活动。此外,有些产品时间安排恰逢黄金周,交通拥堵,给老年人出游带来很多不便。

12.2.4 我国老年旅游产品的开发对策

1. 打造多样化老年旅游产品

老年旅游市场前景广阔,要深入地进行市场调查,根据实际情况,精心策划,精心培育老年旅游市场。要用“情”字贯穿始终,处处为老人着想,根据老年人的旅游特点量身定做旅游产品。在旅游项目上,要根据老年人的生理和心理特征来安排,尤其在产品的方便性、安全性和保健性方面突出特色。旅游线路要“短而精”,行程路线要短,旅游景点要特色鲜明,内涵丰富。要挑选体力消耗少的项目,还应关注旅行目的地的气候、海拔等条件。应配备经验丰富的导游员,提供热情、周到、细致、人性化的服务。老年旅行团要有健全的医疗保健体系,旅游过程中应配备随团医护人员,携带一些必备的医疗设备和药品,及时与旅游途中和目的地的医院挂钩,提醒老年人携带常用药并及时服药。

老年旅游产品应当形成“安、专、新、敬”的特色。“安”就是要根据老年人的自身特点,注重旅途的安全性;“专”就是要开发专门属于老年人的个性化旅游产品,创出“老年之旅”的特色;“新”就是要使“老年之旅”不断创新,敢为人先,从而使“老年之旅”成为老年游客所钟爱的旅游品牌;“敬”就是要强化“敬老爱老”意识,使旅行社成为老年人温馨的“家”。真正打响“老年之旅”品牌,不断丰富“老年之旅”的形式和内涵。开发风光游、瞻仰游、生态游、科普游、都市游、农家游、度假游和金婚银婚游等内容,逐步提升“老年之旅”的专业水准,同时也树立“老年之旅”长短线结合、以短为主,实惠游和豪华游结合、以实惠游为主,传统游和特色游结合、以特色游为主的独特风格。

随着生活水平的提高,一种全新的理念在老年人中悄然兴起,老人们愿意随着季节的变化选择环境更舒适的地方享受生活,即“生态养老”。针对这种需求动态,旅游企业可以与老龄工作部门、房地产租赁部门及其他相关部门协作，帮助老年人更便捷、更实惠、更有保障地享受这种旅游生活方式，推出老年生态旅游产品。连锁式异地置换型老年产品是指各地老年公寓间的一种合作养老方式，即老年人可以选一个自己喜爱的城市居住数日，充分感受和了解当地的风土人情。目前，青岛市福利院联合北京太阳城国际老年公寓及西安、大连、天津等地的养老机构准备开展连锁式异地置换型养老服务。

2. 开发创新适合老年人旅游的专项旅游产品

老年旅游产品的内容设计介绍要详尽，要能触发其外出旅游的欲望。针对老年旅游者制作的广告，应该注重介绍性、提示性和劝说性，尽量避免炫耀性、夸张性和竞争性。发扬尊老敬老的传统美德，推出“家庭旅游套餐”等产品，引导子女与父母同游，提供给子女一个孝敬父母、与父母加强沟通的机会。老年旅游应该顺应世界潮流，开辟新的专项旅游产品。这方面，行业引导就非常有所作为，根据老年人的特殊需要，设计出适销对路的产品(见表 12.1)。还可根据不同家庭背景、不同职业特征和不同年龄段，设计出不同的短、中、长线路，以满足更多老年游客的需求。如组织老科技工作者团、老文艺工作者团和老教师团等，有针对性地设计特色旅游项目。

表 12.1　分类设计旅游产品

分　类	旅游产品设计
按个人爱好	风光摄影游、绘画采风游、棋牌会友游和舞蹈交流游
按季节的差异性	观花采果游、避暑避寒游等
根据老年人对身体保养要求	医疗康体游、养生度假游和异地养老游
根据信仰情况	红色旅游等
根据家庭情况	家庭亲情游、金银婚游等
根据老年人的怀旧思乡情结	还乡游、寻根游、老同学老战友游、同乡游和宝岛台湾游

3. 完善老年旅游产品服务体系

(1)饮食要求。由于老年人身体机能差，胃肠功能减弱，在环境明显变化的情况下容易引起消化功能紊乱，许多老年人牙齿不好，有的还伴有糖尿病、心脏病等。所以在安排老年人用餐时，尽量安排香、脆、软和含糖少、营养高、易消化、易咀嚼的食物，以清淡为主，少油腻和辛辣生冷食物。导游需要提醒老年游客在旅行中要特别注意节制饮食和注意卫生，进食不要过快或太饱，少饮或不饮酒。

(2)住宿要求。由于老年睡眠功能退化，夜间较难入睡或易早醒，而睡眠是健康长寿的一个重要因素。老年人和年轻人一样需要有充足的睡眠，因此他们在旅游地的住宿条件上不求豪华，但求舒适安静，旅行社和旅游饭店要保证老年游客每天 6～8 小时睡眠，住宿安排应尽量选择噪声小、环境优美的住宿地，两人间是最好的选择，与陪同人员或旅伴在一个房间，便于照顾。另外还要考虑地板、楼梯和卫生间等设施是否防滑、防磕碰。老年人易忆旧，可根据老年人的意愿安排他们住一两回农家院，可引起老年人对往事的追忆，提高老年人的旅游满意度。

(3)交通工具。老年旅游者由于身体承受能力差，多选择在旅游淡季出游，一方面可以避开旅游高峰，另一方面，可以减少各方面的开支。因此在老年旅游交通设计规划中，注重运输工具的安全性和舒适性，以专车、专列和专机等方式，逐步形成“海、陆、空”皆有的旅游方式。老年人长途旅行最好坐卧铺或飞机，且配有随团保健医生。

(4)行程安排。老年旅游者的特殊性决定了旅游线路的设计要考虑老年人的生理和心理状况。设计科学合理的旅游线路，做到便利、高效、快速、安全、舒适、经济，应做到一短(旅途时间短)、一长(游览观光时间长)、一多(景点变化多)、一少(重复路线少)、一高(观赏对象知名度高)和一低(旅行费用低)。游览节拍上,要“缓行安全”;活动组织上,则要注重老年人之间的沟通与交流;在景点选择上,选择不需要太多体力的地方;在导游选择上,可以考虑年龄偏大、阅历丰富的中年人为主,可以拉近导游员与老年旅游者的心理距离,有共同话题,不但要求具备丰富的专业知识和过硬的表达能力,还要求在老年心理、老年保健等方面有所了解。

(5)文化娱乐。根据老年人爱好绘画、书法、音乐、垂钓、桥牌和太极拳等娱乐活动,注重文化,喜欢思古怀旧的特点,在旅游中组织一些有个性的娱乐活动,如陕西虹桥旅行社在推出线路行程中增加了和红色娘子军座谈、天涯结缘、南山祈福、植树、联欢会、赠送纪实性 VCD 光盘、参观敬老院,以及茶艺文化讲座表演等适合老年人的活动;另外,集体晨练、垂钓,以及和渔民谈心等活动都可以提高老年旅游者的兴趣。在娱乐活动安排上,老年人参加的时间不要过长,内容不宜太惊险或太沉闷,场面不宜太闹太杂。

(6)旅游购物。老年游客在其旅游消费支出中,基本上全部用于旅程中的吃、住、行、游、娱,很少购物。从老年人的购买行为看,他们理智购买动机强,讲究经济实惠,不易受旅游商品的包装、外观、色彩、广告和销售气氛的影响,极少产生冲动性购买。他们选择安静的购物环境,期望得到尊重和热情接待,营业员的笑脸相迎及耐心解答会使他们迅速做出购买决定。因此,旅行社在整个游程安排中,购物不应做强制安排,不占用游程的时间,让旅游者有充裕的时间游玩,如果游客要求购物,则导游根据游客意愿安排,进当地大型超市或游客愿意去的商店。

4. 注重旅游服务人文关怀,完善旅游服务法律保障

旅行社在竞争激烈的旅游市场中,开发老年旅游这一个潜力巨大的客观市场是一个非常明智的选择。旅行社开展老年旅游应办出自己的特色,符合老年人的生活规律,有一套规范化的服务体系。

案例 12.2

老年人秦岭康养旅居产品

伴随着微信等新媒体传播模式的出现,旅游海报出现在大众视野。旅游海报具有画面感好、指向性强、特色突出的特性,能较好地在一个设计中,将旅游线路、旅游天数、行程特色、精华景点、特色安排、旅游价格等信息表现出来,相较于传统的旅游行程,更为直接和全面。同时,也更适合微信朋友圈等传播方式,被旅行社等企业广泛使用。

该海报展示的是秦岭的老年康养旅游产品。系内蒙古各地区均可出发,飞机赴西安的 9 日游。海报中明确表达了产品系品质度假型旅游产品,价格 4 790 元,属于高端旅游产品。行程中特别安排入住秦岭“丰禾山”康养中心,康养+度假+旅游相结合,安排了养生讲座、摄影、短视频讲座、棋牌、台球、乒乓球、游泳、健身房、书画、健康舞等健身、娱乐活动,让康养的理念贯穿始终,同时安排秦岭国家植物园、太白山国家级旅游度假区,让秦岭良好的生态环境成为观光的重要吸引物,是将生态、康养、旅游相结合的较好的产品。

(资料来源:赤峰光大旅行社)

案例分析：该产品是老年人康养产品。在常规温泉产品中，一日游、两日游居多，价格几百元不等。这个产品时间达到9日，能充分将温泉的疗养作用发挥出来。通过疗养中心及秦岭良好的森林环境，实现了生态康养的目的。为缓解温泉疗养的单调感，每天安排了不同的活动，包括养生讲座、摄影、棋牌、乒乓球、手工艺制作、健康舞等活动，丰富了康养生活，实现了康养＋度假＋旅游的三项的有机结合。在价格上，自然也属于利润值较高的产品。在市场上，创新产品，避开了常规产品的价格竞争，往往能取得较好的经济效益。

12.3　青少年旅游产品

随着旅游市场竞争的不断加剧，不断发现和开拓新的旅游市场日益成为业内人士关注的重要课题。学生旅游因其发展的速度、突出的活力而正在成为旅游业一个非常有潜力的市场。我国有学龄青少年2.2亿多，仅城镇人口中的青少年学生就有数千万之众，如此广大的青少年客源群体，必定是旅游市场的重要目标。据国外一份抽样调查资料显示，在世界各旅游目的地，青年旅游者占全体旅游者的比例，美洲为42.90%，欧洲为49.0%，非洲为34%，亚洲为38.7%，大洋洲为34%。

在新思潮不断冲击和教育改革实践不断深入的今天，世界各国的学校已普遍认识到校外学习的重要性。旅游使青少年在求取各种真知、新知的同时，还能锻炼精神、意志和毅力。随着我国素质教育的大力推行，开展青少年旅游活动是其有效途径之一。

12.3.1　研学旅游

2013年，国务院出台《国民旅游休闲纲要(2013－2020)》，提出逐步推行中小学生研学旅行的目标，这是我国首次以政府文件的形式使用“研学旅行”这一概念；2014年，国务院发布《关于促进旅游业改革发展的若干意见》，提出具有中国特色的研学旅游，对我国的研学旅游起到了推动作用；2015年，国务院发布《关于进一步促进旅游投资和消费的若干意见》，把研学旅游纳入提升素质的范畴；2016年，教育部出台了《关于推进中小学生研学旅行的意见》，将研学旅行纳入中小学生教育计划；同年，原国家旅游局下发了《关于公布首批“中国研学旅游目的地”和“全国研学旅游示范基地”的通知》，提出逐步推动研学旅游可持续发展的步伐等。通过上述国家出台的研学旅游的相关文件，可以看出国家是支持、鼓励研学旅游开展的。各个地区也相继出台相关政策，指导研学旅游的持续健康发展，促进“研学 ＋ 旅游”融合发展。目前，中国已经出现了旅游的热潮，出门旅游已经成为一种常态，研学旅游作为一种新型的旅游形式兼有旅游、教育、文化等功能，越来越受到广大家庭的青睐。

1. 研学旅游产品的分类

研学旅游兴起和发展的步伐比较快，目前已经形成了一股热潮。针对不同内容的研学旅游，主要分为以下四大类别：

一是教育教学型，主要包括名人故居、红色教育基地、国防教育、军营教育、高等名校教育等，这种类型主要是教育孩子要珍惜和热爱今天的美好生活；二是文化体验型，主要包括风俗习惯、村落文化、旅游纪念品文化、少数民族文化等的体验，此类研学游的最大特点就是让孩子领略到不同城市、不同民族、不同地域的文化差异；三是知识普及型，主要包括历史文化遗产知识、天文地理知识等，通过研学旅游达到学习知识的目的，而且这种类型的学习更容易让孩子们接受,效果会更好;四是探险拓展型,主要包括体育类、山地类、景观类的探险,如低空跳伞、马拉松比赛、滑雪比赛、高原比赛等,孩子们既增强了体魄、锻炼了胆识,也学习到了一些新的本领。

2. 研学旅游发展过程中出现的问题

一是研学旅游的具体措施和办法尚未落实。各个旅游机构、研学组织、教育机构等对研学旅游仅基本涉足,但尚未出台具体的规范,处于无人监管的状态。研学旅游是旅游线路中比较受学生们欢迎的项目,但尚未独立出来,没有专门的监管机构。

二是研学旅游过程中危机四伏。研学旅游虽发展火热,但研学旅游过程中的交通安全、食宿保障、旅游消费欺诈等情况仍然屡见不鲜,由于缺乏专业监督,一旦遇到问题,很难得到妥善的解决。

三是研学旅游产品缺乏规范设计。研学旅游产品缺乏统一规范设计,偏重于游玩,针对提升青少年综合素质方面的内容较少,在传统的爱国主义教育和国情教育方面略显欠缺,研学旅游的教育性、参与性和文化性体现不突出。

四是研学旅游市场主体定位不清。目前,我国从事研学旅游业务的主要有四类机构,即传统教育培训机构、旅行社、互联网平台和游学类机构,其中教育培训机构数量占比最大。随着研学旅游市场的迅速发展,各类机构都希望从中获取利润,但往往因自身定位不清,缺乏有竞争力的产品而造成市场混乱。2017 年从业人员在 30 人以下的小微企业占研学机构的 60%以上;年接待量在 1 000 人次以上的研学机构占 43%,在 10 000 人次以上的机构只占 13.8%,将近一半机构的年接待量不足 1 000 人次。小微型企业占多数的现实表明,为了在市场竞争中求生存或者赚"快钱",就无法顾及企业规划、发展方向、经营方式等长远问题,没有精力或不愿在教育和旅游跨界有机融合上下功夫,本质上大多数还是"多旅少学""只旅不学",达不到研学旅游的真正目的。此外,在当前研学旅游市场发展的起步阶段,政府部门虽有推进的热情但缺少相关的管理监督规范,容易导致一些有好产品的研学机构在不规范的竞争中难以突出重围迅速成长,甚至形成"劣币驱逐良币"的结果。

五是研学旅游产品质量不高。研学旅游产品具有知识教育性、梯度层次性、地域特殊性和开放灵活性等特点,必须要针对不同需求者不断调整产品设计。目前最大的问题是产品设计缺乏统筹规划,同质化严重。当前的研学产品往往都是在传统旅游产品的基础上添加一些教育元素,将研学行程与校内课程进行表面上的结合,而不能从本质上做到两者的有机融合。很多机构把研学游等同于夏令营、冬令营、名校"打卡游",对研学线路中的课程细节缺乏细致安排。有些研学项目甚至照搬户外亲子节目的流程和内容设置,或者将成人旅游项目改头换面冠上"研学"的名头直接推出,真正的研究式学习体验环节很少,产品同质化严重,产品质量堪忧。

六是研学旅游产品深度不够。研学旅游项目雷同,开发的深度和内涵不够,知识含量较少,有些研学旅游线路忽略了研学作用。一个完整的研学产品包括前期、中期和后期各个环节的准备。目前很多研学产品对参与主体的需求和动机研究不足,没有考虑到中小学生不同学段的知识储备不同,对研学内容的感知体验也会不同的问题,而是采取了同样的设计,缺乏差异性和互动性,难以满足不同群体的研学需求,被评价产品形式单调无趣。

七是研学旅游人才缺乏。研学旅游兴起较晚,研学旅游专业的管理人员较少,缺乏专业人才,研学旅游没有形成正规的专业培训,从业人员素质偏低,对研学旅游的可持续发展带来一定的不利影响。

3. 提升研学旅游产品高效供给的路径

研学旅游产品是由多种要素构成的一个综合体。它要有完善的研学课程设计，有明确的研学路线，有配套的研学导师，有食宿、交通、安保等齐全的保障体系。这些因素相辅相成，缺一不可，其中的根本就是科学合理的高品质研学课程。

第一，要明确课程设计的目标体系。课程目标是课程设计的指挥棒、指路牌。按照教育部门的要求，研学教育的首要目标是激发学生爱国情怀、提升综合素质，具体目标就是培养学生各项能力，形成正确的世界观、人生观、价值观。因此，需要综合考虑学生的年龄特点和学段特点，结合当地研学旅游资源特色，在融入课程规划的基础上确定研学课程的总目标和分目标。

第二，选择合适的研学旅行课程资源。理论上讲，只要满足研学教育价值目标需求的资源都可以成为研学课程资源。但是，必须在课程目标确定后，通过实地调研、模拟设计等环节选定最匹配的课程资源，并且在学科教师、研学老师及学生的共同参与下，设计生成一个成熟的研学课程。再好的资源，如果不符合研学课程的目标，就不能勉强采用，否则就落入了传统旅游产品的窠臼。同时，根据学科、学生年龄、年级的不同，开设相关研学课程，真正实现“教育＋旅游”，而不是“旅游＋教育”。

第三，要真正发挥研学导师的作用。研学导师是研学活动开展过程中掌握节奏、控制局面的专业人员。只有他们从制定活动方案开始就亲自参与，深度介入研学课程设计和各个环节的实操体验，才能从源头上避免课程设计跑偏，确保研学活动目标的实现。

第四，重视全方位、多角度的研学课程评价活动。不同群体对课程不同阶段或环节的评价反馈，有利于提高研学课程的适用性，提升研学活动体验的完整性。对研学机构而言，也能够提升产品竞争的优势。

12.3.2　研学基地产品

2016年教育部等11部门颁布研学旅行文件，2017年教育部出台课程大纲，把基地(营地)教育列入中小学课程体系，为基地(营地)教育打开一扇门。2016年，原国家旅游局公布了首批“中国研学旅行目的地”和“全国研学旅行示范基地”，10座城市被授予“中国研学旅行目的地”称号，20家单位被授予“全国研学旅行示范基地”称号。2017年11月，教育部命名中国人民革命军事博物馆等204个单位为第一批“全国中小学生研学实践教育基地”。国家层面为研学旅行命名实践教育基地(营地)，引领和带动省市层面也命名了一批实践教育基地，客观上推动了研学旅行实践教育基地(营地)的发展。研学基地通过对学生的一站式服务，提高了安全性、增加了旅游的舒适度，也更有利于研学课程体系的建设。

研学旅行相关课程目标的设计类型和设计维度，应该实现“玩乐炼身心、旅行开眼界、研学促成长”，充分释放孩子的天性，让儿童能在最美好的年纪开心自由地去探索世界的美好，健康快乐成长。研学旅行课程目标的设计类型包含以下四个方面：

(1)知识性目标。研学旅行中学生获得的知识，跟学校系统的学科课程相比是有区别的。学校的学科课程主要是教师的系统讲授，而研学旅行的学科课程来源于学生的实践和体验的过程。

(2)能力性目标。在研学旅行课程中的这种能力目标，应该不是单一维度的，而是多维度的综合能力。这里既有认知与思维能力,也有发现问题与解决问题能力、社会参与合作能力等维度。

(3)情感、态度价值观领域的目标。在研学旅行的意见中,有大量的文字涉及了情感、态度、价值观领域,情感领域目标是学生在研学旅行活动课程的体验过程中的重要目标维度。

(4)核心素养目标。我们国家现在制定的核心素养的框架由文化基础、自主发展、社会参与三个方面构成,体现了马克思主义关于人的自主性、社会性、文化性等本质属性的观点,整合了学生个人、社会和国家三个层面对学生发展的要求。

研学旅行最突出的特点是它的体验性,首先就要关注一下它的体验性维度。还可以从核心素养提出的全面发展的人的维度,从人与自然、人与社会、人与自我的维度去设计这个活动。另外,从活动的主体对象出发,研学旅行要根据学段特点、班级、小组、个人的特点来设计。山水草木、事物、情景都是教育研究对象,研学路上有课程,最好的课堂在路上。

12.3.3 亲子游旅游产品

所谓亲子游,就是包含大人和小孩的旅游。其中有一大一小、两大一小,或是以家庭为单位定制的旅游线路。

1. 亲子游路线选择

亲子游产品的阶段性需求主要根据亲子游中"子"的年龄来划分,其依据是亲子游当中孩子的旅游需求更具有针对性和特殊性,孩子的年龄和喜好是亲子游产品开发中必要的考虑因素,可以作为亲子游产品开发的切入点。相对而言,父母的旅游活动则具有较强的协调性和适应性,父母的旅游体验更多地与子女的感受及满足程度结合起来。根据美国一项休闲旅游调查报告显示,在被调查的1 600个美国成年人中,有57%认为孩子对选择旅游目的地有影响。基于以上原因,在设计亲子游产品时首先需要考虑的就是不同年龄段儿童的需求。

(1)婴幼儿亲子游阶段(0~3岁):婴儿理解其周围环境的过程就是感觉和知觉,从心理学上看,0~6个月的宝宝对外界的感知是最强烈的,在出生后6个月,婴儿的知觉已经和成人类似,可见婴幼儿亲子游产品其实具有很强的发展空间。同时,婴幼儿的父母因为日常生活中对婴幼儿的看护所带来的巨大身体和心理压力使他们产生了更为强烈的以休闲放松为主的旅游动机。目前,我国这一阶段的亲子游市场开发较少,其原因不是消费者缺乏旅游动机,而是接待设施等客观条件的限制影响了婴幼儿亲子游产品的开发和推广。因此,旅游企业在设计这一阶段的亲子游产品时需要考虑的不仅仅是资源本身的吸引力,更需要从旅游服务及服务设施入手,为婴幼儿提供舒适安全的游憩休息环境,以解父母后顾之忧,并让处于抚育婴幼儿疲惫期的父母得到适当的娱乐和休息。此阶段需要注意的是:交通时间不宜过长。不适宜飞行时间超过8小时或多次转机的线路;旅游时间安排宜松散闲适,一地式的短程自由行最为理想;提供较为完备的旅游供给和服务。如美国一些度假村甚至推出了多种细心的婴儿管家服务,即便家中孩子尚是婴儿都可以享受到相关的贴心服务,让客户的多种需求得到了一站式满足。

(2)学前期亲子游阶段(3~6岁)。此阶段的孩子处于学前期。学前期阶段的孩子开始渴望和同伴发展友谊,他们与同伴的关系更多建立在陪伴、游戏和乐趣的需求上。轻松、丰富、新奇的群体性亲子游活动在学前期儿童成长过程中所起的作用越来越得到家长们的关注和认可。在开发这一阶段的亲子游产品时需要注意选择迎合幼童的兴趣、便于观赏和游览、有娱乐设施的景区，具有教育意义的景区景点对这一年龄段的小孩子没有吸引力。另外，考虑到学前期儿童对伙伴的群体性心理需求，应以3～5个家庭组成的旅游团队形式推出亲子游产品，核心游客是同一年龄段的学龄前儿童。

(3)儿童亲子游阶段(6～12岁)。此阶段的孩子开始进入学龄期。针对6～12岁的儿童游客，亲子游表现出的特点是以"认知旅游"需求为主。这种旅游方式能极大地提高这个年龄段孩子们的求知欲和学习兴趣，也能让现代城市的孩子们在沿途真切感受到群体、朋友和父母之情。另外，这个年纪的孩子比较好动，所以选择主题公园、海滩和登山等简单的户外旅游可以满足他们的要求。

(4)青春期亲子游阶段(12～18岁)。这一时期的亲子游产品已进入以青少年为主体的旅游形式中。青少年对世界的了解越来越多，随着他们接触的新鲜事物越来越多，以及他们记忆能力的增强，他们的知识也在不断增长。同时，在其思维方式中具有明显的青少年自我中心主义，并发展出"个人神话"，即他们会觉得自己的经历是独一无二的，别人都不会经历。这一时期的亲子游产品应该以个性化及独特性为其主要特色，并且应避免简单的观光旅游等形式，以满足青少年较强的探险猎奇和标榜心理。而此时父母则具有更大的自由度，父母和孩子"搭伴"旅游、互不干扰这一现象会更加突出。旅行社在组织这类产品时可以本着"大联合，小独立"的原则进行线路组织和选择，即父母和孩子在总体旅游线路中共同行进，但是对于具体景区可以分而治之，孩子可以选择挑战性更强、更加新鲜刺激的旅游方式，而父母则可以选择相对悠闲的旅游方式。

2. 亲子游产品的设计

我国旅行社现在推出的"亲子游"线路大都是在常规线路基础上稍加改动，并非专门针对亲子游制定的。因此，若想打造真正的亲子游活动，需要做更多的工作。

(1)以满足孩子兴趣为基准。满足孩子兴趣是赢得"亲子游"市场的关键。在产品设计上要以满足孩子的需求为中心。尽可能针对不同阶段的孩子的需求安排安全有趣或新鲜刺激的游乐项目，以满足孩子爱玩好奇的天性。如旅行社可以针对当前不同阶段孩子的教材和课程内容开拓思路，开发出形式多样、特点鲜明的认知旅游或体验旅游。

(2)以提升父母参与为依托。作为家庭旅游的一个子市场，亲子游产品的开发也应注意到家庭成员的所有需求。旅行社在线路安排时应注意通过满足家庭旅游成员的不同需要和整个家庭的共同需要来鼓励家庭旅游的进一步发展。随着我国旅游供给设施的完善和亲子游市场的日益成熟，家长的角色不会仅仅是伴游者，其自身的旅游参与度会大大增强。

(3)以感受亲情为元素。亲子游区别于普通儿童旅游产品的最大特点是应融入更多亲情元素。旅游为家长和孩子之间创造了一个特殊的亲密接触的机会。旅行社开发亲子游应具备家长与孩子同玩共乐的游玩品质，要为家庭游客营造一个良好的亲子氛围。

(4)以创新亲子游理念为动力。亲子旅游产品首先必须有较强的创意性。亲水、海滨、主题乐园、历史和人文等都是家长和孩子最心仪的元素。东莞东行天下旅行社在旅游元素当中融入体验式教学的概念，聘请国际亲子导师当亲子游的"特别导游"，全程陪同并通过一些有趣的体验式活动，引导孩子和父母在娱乐中学习，在学习中娱乐，而且能增进孩子与父母之间的沟通，在亲子游产品的推广中取得了一定的成效。

(5)以儿童附加服务为卖点。在亲子游开发中，通过适当的附加产品和服务可以有效地增加亲子游的附加值,其作用往往成为画龙点睛之笔。例如在迪士尼的酒店里,专门设有温馨的家庭房,房间里的摆设全部按标准的一家三口进行设置,简单的装饰中不失可爱卡通的部分,大人和小孩都感到非常舒适。另外,适当的针对儿童的优惠价格和额外服务也是增强亲子游附加值的有利办法。一些看似不起眼的贴心服务,往往能得到家长们的青睐。

(6)以安全保障为根本。孩子多好动,好奇心较强,而且自身保卫意识不强,因而旅途中往往存在安全隐患。婴幼儿亲子游和学前期亲子游对旅游安全的保障要求更为细化。做好安全环节成为旅行社获得高满意度的重要保障。

案例 12.3

国内优质研学基地及课程设置

一、贺兰山岩画遗址公园(AAAA 级景区)

贺兰山岩画遗址公园位于银川贺兰山东麓,是全国重点文物保护单位、国家 AAAA 级旅游景区,第一批“全国研学旅游示范基地”,2018 年全年接待 11.6 万研学人数。岩画是人类祖先在岩石上绘制和凿刻的图画,在南北长 200 多千米的贺兰山腹地,近 6 000 幅神秘诡异的岩画,被刻制在贺兰山贺兰口峡谷两侧绵延 800 多米的山岩崖壁上,它们生动地记录了 3 000 至 10 000 年前原始先民放牧、祭祀、狩猎、征战、生产等生活场景,成为今天我们研究人类文化史、原始艺术史的文化宝库。

1. 十大研学课程目标

(1)走进贺兰山,感受岳飞《满江红》的历史延续。

(2)参观银川世界岩画馆,感受远古先民智慧、艺术及生命力。

(3)观看《贺兰祭》实景演艺,探索原始的祭祀文化。

(4)走进岩画遗址保护区,追溯最原始的中华文化,增强对“四个自信”的理解和认同。

(5)走进银川韩美林艺术馆,感受远古文化与现代艺术的交流与碰撞。

(6)探寻贺兰山的动植物宝库,增强独立意识。

(7)感悟“岁月失语、唯石能言”等语言的魅力,感受中国古诗词文化的繁荣。

(8)了解“塞上江南·神奇宁夏”的历史文化知识,增强学生爱家乡、爱祖国的情感。

(9)培养学生“安全自护、团队合作、健康环保、探究合作、文明功德、自我超越”等意识。

(10)开展环保公益小课堂,让学生了解垃圾分类和垃圾处理的方式并运用于生活中。

2. 研学课程设计

课程	项目	适合年级	时间安排
美术课	水拓画(新)	小学(1～6)、初中	30 min
	纸雕(新)	小学(3～6)、初中	30 min
	石头记忆(新)	初中	30 min
	石头上的花	小学(1～3)	30 min
	面具变变变	小学(1～6)	30 min
	扎染	小学(1～6)	30～40 min
	岩画丝网木版画(新)	小学、初中,高中	30 min

续表

课程	项目	适合年级	时间安排
自然/生物课	寻找岩羊	小学、初中、高中	讲解中穿插
	贺兰山的动植物	小学、初中、高中	讲解中穿插
地理课	出行指南	小学、初中、高中	讲解中穿插
	区情教育海报	小学、初中、高中	讲解中穿插
语文课	语言的魅力	小学、初中、高中	讲解中穿插
	我的中国梦	小学、初中、高中	讲解中穿插
	汉字密码	小学、初中、高中	讲解中穿插
历史课	岩画上上签(新)	小学,初中	30 min
	岩画印记	小学、初中、高中	20 min
	木活字	小学、初中、高中	20 min
	3D打印笔(新)	小学(3～6) 初中	30 min
	马勺脸谱(新)	小学、初中	30 min
体育课	徒步拓展	小学(3～6)、初中	2 h
环保课	关爱自然·保护岩画	小学、初中、高中	30 min
物理课	大自然常识	小学、初中、高中	讲解中穿插
音乐课	《贺兰祭》	小学、初中、高中	讲解中穿插

3. 特色一日研学产品

“走进中华文化溯源地——贺兰山岩画”。

二、荆门爱飞客航空小镇(极客公园飞行营地)

极客公园飞行营地整合“海陆空”资源,围绕“航空 旅游”“营地 教育”等主题,以极客公园为核心,整合爱飞客小镇多家企业,联合漳河风景区,推出研学旅游精品项目。营地入选2018年“全国中小学生研学实践教育基地”,5个月累计接待中小学生研学3.5万人。

1. 三大研学课程目标

(1)以航空元素为背景,了解航空科技知识,体验航空科技魅力,激发航空梦想。

(2)体验军旅生活和训练,了解航空在军事、国防中的地位和在经济发展中的重要作用。

(3)增强爱国主义和集体主义精神,学会自尊、自强、自立,树立正确的人生价值观。

2.“传播航空文化·实现飞行梦想”12大研学课程

课程类型	课程内容	课程目标	时间
航空教育	机库解密	通过机型知识和航空历史故事,了解中国航空史,激励孩子的爱国情怀	45 min
	奋勇向前	亲身体验阻力实验的小游戏,了解飞行阻力	60 min

续表

课程类型	课程内容	课程目标	时间
航空教育	眩晕测试	通过练习和比拼,掌握克服眩晕的方法,了解一名合格飞行员的基本要求	60 min
	航模拼装	详细介绍如何组装一台飞机模型,如何将飞机调试到能够安全稳定的飞行状态,让孩子们在动手实践中学习航空飞行原理	60 min
	波音737真机体验	通过模拟安检,登机、语音播报、飞机消防应急演练等内容,从视觉,听觉感官感受民航飞行文化知识	30 min
	航空职业服装体验秀	让孩子穿上机长、空姐制服,了解制服奥秘,充分了解航空人的职业秘密	40 min
	体能测试	开展C字表测试、鸭子步、反应测试等一些体能测试课程,让孩子充分了解成为一名真正的飞行员需要进行哪些体能测试,具备如何的身体素质	30 min
	航空科普大讲堂	讲解最初飞行器的奥秘,中国与欧洲的飞行历史,飞行小故事	45 min
	载人观光气球	气球升空至150 m处,感受到空中漫步体验的同时学习到浮空装置原理知识	30 min
航空体验	航站楼指挥参观体验	亲身观看机场指挥人员在指挥塔台工作的情景,学习飞行指挥知识。	飞行时间
	观看飞机表演	近距离观看直升机旋停升空、倒飞、前飞、侧飞、360°旋转等动作表演	飞行时间
	空中游览体验	乘坐小鹰500/R44直升机进行空中游览体验,俯瞰漳河美景	飞行时间

三、杭州(国际)青少年洞桥营地

营地占地1 100余亩,其中水域面积40多亩,大草坪面积50多亩,建有多个主体功能区和专用活动室,可同时容纳350人自主烹饪、近800人住宿。营地被评为“全国中小学生研学实践教育基地”、浙江省“中小学生研学实践教育营地”,年接待15万人次,日均接待500人次以上。

1. 四类实践课程,40余个活动课程

课程分类	课程名称	课程目标	适合年级
生活自理(自理)	手洗衣物	了解手洗各类衣服的方法	全部
	自主烹饪	了解合理膳食的基本知识,食材烹饪的基本流程;厨具及电器的使用方法和安全注意事项	全部
	生活手工	掌握绳结打包技术、缝纽扣等家用手工技能	全部
	内务整理	整理学会整理被子/床单及室内卫生	全部
	木器制作	掌握钉钉子、拼接简单木制用品等木工技能	小学(3～6)、初中、高中
	电器维修	掌握电池更换、电笔测量、电路跳闸故障处理等电工技能	小学(3～6)、初中、高中
	水管维修	掌握疏通厨房下水道、更换水龙头等管道工技能	小学(3～6)、初中、高中
生存训练(自护)	野炊	了解搭灶生火、烹制饭菜的技能和安全注意事项	小学(3～6)、初中、高中
	逃生组合	练习缓降器、爬梯、滑竿,跳台逃生	全部小学(1～6)
	动植物辨识	识别、记录动植物的名称,特点等	小学(3～6)、初中、高中
	爬杆爬绳	掌握在火灾中利用长杆爬绳逃生自救的技能	小学(3～6)、初中、高中
	消防滑竿	掌握在火灾中利用消防滑竿逃生自救的技能	小学(3～6)、初中、高中
	创伤救护	掌握止血包扎、固定骨折、搬运伤者等户外应急创伤救护技能	全部
	缓降器训练	掌握在火灾中利用缓降器逃生自救的技能	小学(5～6)、初中、高中
	心肺复苏术(CPR)	会正确拨打110/120/119等急救电话;掌握心肺复苏术及除颤仪的使用方法	小学(5～6)、初中、高中
	野外取水	学习户外取水及净化技能	小学(5～6)、初中、高中
	户外绳结	了解常用户外绳结技术和安全注意事项	小学(5～6)、初中、高中
	草坪露营	掌握搭建户外帐篷的技能	小学(5～6)、初中、高中

续表

课程分类	课程名称	课程目标	适合年级
生存训练(自护)	中巴车坠水逃生	掌握车辆坠水后的逃生自救技能	小学(3～6)、初中、高中
	轿车坠水逃生	掌握轿车坠水后的逃生自救技能	初中、高中
	直升机救援	掌握利用直升机绞索逃生自救的技能	小学(5～6)、初中、高中
	海难逃生	掌握救生器材的使用方法和甲板跳水逃生的技能	初中、高中
	野外垂钓	掌握组装简易渔具及在野外水域垂钓的技能	小学(3～6)、初中、高中
	野外游泳	掌握在野外水域游泳的技能	小学(3～6)、初中、高中
	火场逃生	快速准确穿越火场并通过缓降器从楼房逃生	小学(3～6)、初中、高中
	救火体验	掌握手提灭火器、消防水枪扑灭初起火堆的技能	小学(3～6)、初中、高中
军事体验(自强)	模型制作	会制作模型飞机、模型火箭等	小学(3～6)、初中、高中
	扎筏泅渡	掌握扎筏的基本技能,并能驾驶筏子在水域划行	初中、高中
	划船渡河	掌握划船及掌舵技能,能在规定时间内,完成指定线路的划行	全部
	军事五项	学会穿孔障碍、匍匐前进、独木桥、过沙坑,冲锋台动作要领	小学(3～6)、初中、高中
	擒敌拳	掌握擒敌拳技法动作	小学(3～6)、初中、高中
	军事队列	训练报数、立正、稍息、行进与停止等军人队列动作	小学(3～6)、初中、高中
	军事定向越野	会使用指北针和地图识别方向,掌握野外测高测距方法	小学(3～6)、初中、高中
	攀岩(中/高级)	掌握攀岩的基本技能	小学(3～6)、初中、高中
	船头爬网	掌握高空爬网的技能	初中、高中
	飞身越险	掌握高空飞跃抓杠的技能	初中、高中
	高空断桥	掌握高空跨越断桥的技能	初中、高中
	河谷绳桥	掌握高空平衡行进的技能	小学(5～6)、初中、高中
	倒爬绳索	掌握高空倒爬绳索的技能	小学(5～6)、初中、高中
	战术演习	掌握基本战术技能,能利用防御工事进行战斗	小学(3～6)、初中、高中
	射箭	了解箭术技能和安全注意事项	小学(5～6)、初中、高中
	射击训练	了解轻武器装备知识,模拟射击技能和安全注意事项	全部

续表

课程分类	课程名称	课程目标	适合年级
综合户外拓展	营地晚会	开展文艺演出、团队活动、卡拉OK,影视播放等	全部
	儿童攀岩	通过手抓和脚踩攀手的方法依次登上岩顶	小学
	浅滩戏水	从岸边逐步涉入浅水区,平衡身体,戏水玩耍	小学
	休闲吊盘	抓紧绳索,坐于吊盘中间,前后晃荡	小学
	穿越障碍	从障碍的一脚踩轮胎面到另一侧,保持身体平衡	小学
	挑战巨轮秋千	从巨轮胎面进行攀爬,平衡身体,量力而行,保持前后距离。手抓绳索,摆动秋千,控制摆动幅度	小学
	管道探险	依次通过管道,保持前后距离	小学
	秘密通道	依次通过通道,不要推搡,保持前后距离	小学
	幼儿户外活动	户外锻炼活动	幼儿园、小学
	困境重生	通过自身上肢、下肢力量及协调能力从障碍底部攀跑至顶部	小学(3～6)、初中、高中
	齐心协力	面对面站在两列钢丝绳上,双手相握,依靠对方的力量支撑,从钢丝的一端抵达另一锅	小学(5～6)、初中、高中
	篝火晚会	一般开展文艺汇演、团队游戏,卡拉OK等	全部
	攀登陷阱(毕业墙)	在不借助外力和工具的情况下,以团队合作方式穿越地面,直至所有人到达顶部	初中、高中
	乘风破浪	团队在有支点的铰接式板面上行走,短板一头踩下去,另一头会同时翘起,保持身体平衡站在木板上,直到团队所有人走完一圈	小学(5～6)、初中、高中
	城堡爬网与滑梯组合	从木梯或绳网爬至木平台,再通过木平台的滑梯滑至地面	小学

2. 独特的5S评价体系

5S评价体系即自学、自理、自护、自强、自律,每完成一个活动项目,教官会给挑战成功的营员颁发奖章,积累一定数量的奖章后,还能兑换象征"自理""自护""自强"能力的"丹顶鹤"勋章、"梅花鹿"勋章和"东北虎"勋章。

(资料来源:根据相关资料改编)

12.4 节事旅游产品

12.4.1 节事和节事旅游的界定

节事(festivals and special events)是一个外来组合的概念,是节日和特殊事件的统称。在西方节事旅游研究领域,节事是一个松散的集合,并没有严格清晰的界定,包括节日、标志性事件、大型活动和特殊事件等。

依据影响力,节事可以分为超大型活动,如具有广泛影响力的世界级赛事奥运会、足球世界杯等;标志性事件,如各具特色的城市品牌节庆活动,如青岛啤酒节、大连服装节等;重要事件及特殊事件,如规模和影响力都较小的一些地方性节庆或特殊事件。节事,特别是超大型活动和标志性事件,由于其广泛的知名度、深厚的文化内涵、相对固定的形式和丰富多彩的内容,已经成为吸引旅游者前来观看和参与的重要旅游吸引物。节事是节事旅游的动因,但并非所有的节事都会带来巨大的旅游效应,只有那些具有一定规模和影响力的节事才能够成为旅游吸引物。这些节事通过规律性主办,或者规模大到足以引发值得关注的游客空间流动,才催生了这种新兴的旅游形式——节事旅游。因此,节事旅游从供给者来说,是一种以节事活动为吸引物的旅游形式,从市场角度来看,是节事活动引发的旅游效应。

12.4.2 中国节事旅游的发展状况

中国作为社会现象的节事历史可以追溯到非常久远,但具有旅游经济影响的节事活动则蓬勃发展于近30年。在20世纪80年代中后期,在新兴的休闲需求牵引下,随着地方营销理念的传入,很多地方政府为了促进地方经济,发展旅游业,积极承办或者主导创建了新型的城市节日和庆典活动。据不完全统计,中国目前节日庆典活动就有5 000多个。很多旅游城市如大连、青岛和宁波等,已经初步形成了标志性的城市节庆,如大连服装节、青岛啤酒节等。另外,多种文化、会展和休闲节庆活动也已成集群式发展的态势,如国际沙雕节、国际马拉松赛、沙滩文化旅游节、青岛海洋节和中国徐霞客开游节等。

中国节事基本可以概括为六种类型:即文化艺术类(主要包括各种文化节、艺术节、摄影节和戏剧节等)、历史民俗类(包括民族、民俗节事等)、自然生态类(包括自然风光、生态现象等)、运动休闲类(包括群众体育赛事、登山探险和狂欢等)、衣食物产类(包括美食节、服装节、特产和花卉节等),以及其他综合类(如“旅游节”等)。

中国近年的节事旅游大致集中在以下五个领域:

(1)传统节庆活动引发的文化旅游,如雪顿节、伏羲大典等。

(2)大型赛事引发的体育旅游,如奥运会、F1等。

(3)大型展会引发的商务旅游,如世博会、广交会等。

(4)城市庆典引发的都市休闲旅游,如大连服装节和青岛啤酒节、宁波服装节、南宁民歌节等。

(5)乡村(景区)节日引发的自然休闲旅游,如众多的桃花节、樱花节和西瓜节等。

12.4.3 世界著名节事及重点地区

与中国内节、会、展、演、赛相互融合、彼此不分的情形不同,在国外节事旅游实践中,节庆和展会类特殊事件之间有着相对清晰的分界。在世界范围内，目前具有国际影响力的节事活动繁多，基本上可以分为以下几个类型：

1. 狂欢类节日

国际范围内以娱乐狂欢为主要内容的节日众多，有一些节日已经享有国际声誉，如巴西狂欢节、威尼斯狂欢节、西班牙奔牛节、法国尼斯狂欢节和巴西里约热内卢狂欢节等。这些活动彰显着强烈的地域风情，已经成为当地重要的旅游吸引物。如西班牙"西红柿节"，每年"参战"和"观战"的人数达4万之多；一年一度的慕尼黑啤酒节，被称为最大的民间狂欢节，每年都有超过600万的游客参与庆祝，在举办的两周内，大量的慕尼黑农产品被就地消耗，平均每年超过500万升的啤酒被喝掉，同时该节还拉动了当地的就业，近几年，平均每年吸纳10 000多人为啤酒节工作。

2. 大型体育赛事

世界级的大型体育赛事主要有奥运会、冬奥会、足球世界杯和F1(一级方程式赛车)等，具有区域影响的有欧洲杯、亚运会等。大型体育赛事举办会引发大量的观战旅游者，更有甚者，会对举办地的旅游产品、市场结构乃至旅游目的地形象产生深远的影响。但是，借助大型体育赛事开展节事旅游存在一定的不确定性，高价格、球赛票、赛季，以及参赛队的表现都会影响到观战旅游者的决策，这一点值得旅游企业密切注意。

3. 文化艺术节

欧洲和亚洲的一些国家具有悠久的历史和深厚的文化积淀，各类文化艺术节日众多。如英国爱丁堡艺术节、法国巴黎秋季艺术节、意大利罗维纳歌剧节和法国戛纳电影节等。

4. 休闲运动类节事

随着大众健身和极限运动的兴起，一些休闲运动类节事也备受青睐。如以热气球节为例，著名的有韩国大田国际热气球节、俄罗斯热气球节、美国雷德岩热气球节、美国休斯敦热气球节、斯里兰卡热气球节和法国蒂昂维勒市国际热气球节等。此外，还有各类登高节、赛马节等。

5. 博览和会议

博览会、世博会、达沃斯世界经济论坛和博鳌亚洲论坛等都是国际级的博览和会议品牌。2005年日本爱知世博会为举办地爱知县带来了巨大的旅游经济效应，在世博会举办前，车程两小时以内的酒店被订购一空。而世界经济论坛更是让小城达沃斯变成了滑雪旅游的胜地。此外，德国科隆的五金展和法国巴黎的航展等都是著名的展会品牌。

6. 地方性节庆

在多民族的聚集地区和国家，民族文化各具特色，地方性节庆活动也异彩纷呈。节庆活动成为地方文化最佳的表现形式，我国的传统节日春节、端午节、中秋节，不同地区会举办不同的活动，也成为重要的旅游资源。贵州火把节、云南泼水节等少数民族的节庆，同样是宝贵的文化遗产。

12.4.4　节事旅游产品的设计

1. 以良好的旅游嗅觉抓住市场机遇

重大的节庆、事件和活动是节事活动的灵魂，也同样是节事产品设计的核心。旅游经营者应该有着对国际国内旅游事件的敏锐观察力，寻找市场机会，发现市场动向。如2010年南非世界杯吸引着全世界的游客，一票难求的情况屡见不鲜，一些旅行社看准商机，与当地建立联系，保证票务，很快赢得了市场先机。

2. 采购资源，应对节事中的资源不足

2010年上海世博会给很多旅行社和酒店上了一课。虽然一些企业已经发现了市场机遇，但在产品操控上，旅游企业小看了世博对国人的吸引力，在酒店资源、旅游车队、火车票务和导游储备上，没有预见到旅游旺季的巨大压力，导致大批游客涌入后，地接资源的紧张，出现了游客被安排到地下室居住，旅游车使用公交大巴，以及导游严重不足等现象，一些旅行社早期预订的宾馆由于忽视了法律问题而被酒店踢房或不得不再次高价买入，导致利益损失。种种情况说明，旅游企业不但要发现市场机会，更要在旅游高峰到来前未雨绸缪，做好资源的采购与储备。

3. 灵活设计旅游产品

(1)明确主题，多形式、多层次地设计旅游节事产品。旅游产品的设计要符合旅游地的整体形象及节事的内容。通过主题的塑造，人们往往通过几句简单的口号或几条易记的词句就能把旅游地及节事活动联系在一起。明确主题，是组织旅游节事活动的核心，旅游节事产品主题的确定不仅需要分析旅游地现有资源，挖掘和整理本地的历史文化及地理特色，而且要顺应市场需求及其发展趋势，把握市场脉搏，符合消费者欣赏和享受的心理，设计策划出能适应、引导和创造消费需求的旅游节事活动主题。

节事旅游产品的设计要符合市场需求，满足游客的心理期望，将表演性、群体性和参与性相结合，力求开发多形式、多层次、多专题的旅游活动，以加深游客在旅游地的体验感受。从形式上看，可以利用常年固定的旅游节事活动，使这些活动成为旅游地永久性、制度化的旅游识别标志；从层次上看，不但要发挥大规模、高品位、高档次的旅游节事活动的优势，又要根据实际情况，举办一些小型、分散的旅游节事活动，以一系列小的事件来吸引有各种兴趣的游客，做到大小并举，办出特色和效果。比如西双版纳部分景区，开发了小型泼水节演出，既丰富了产品，又表现了当地的民俗节庆活动。

(2)继承与创新相结合，开发节事旅游产品。从民族的区域独特性、节日类型的独特性、节日历史的悠久性、节日的美学特色与节日活动的特色组合等方面，寻找和突出具有地方特色的节日庆贺方式；运用地方戏曲、民俗展示等方式烘托节日氛围；继承节日本身的传统，挖掘其文化溯源，在此基础上与旅游地实际情况和时代特点结合，从节日名称、主题、活动和旅游产品的开发等多个方面创新地推动旅游的发展。比如，将“乞巧节”确立为“爱情节”，“乞巧节”的主题相应地可定为“浪漫爱情、幸福家庭、和谐社会”。

(3)运用多种形式激发游客的强烈参与热情和兴趣，使其获得更多的体验享受。现代旅游者已不满足于传统的走马观花式的游览方式，而热衷于主动参与、亲身体验的现代旅游娱乐方式。对具有许多动态的民俗风情旅游资源的旅游地来说，可创造性地设计开发成能让游客积极参与的项目和活动，如舞蹈表演、多种节气节令活动和登山节等体育性赛事，能够激发游客的强烈参与热情和兴趣，以获得更多的体验享受，留下美好难忘的回忆。

(4)情景创设，合理安排时空。各地传统节庆文化作为人文旅游资源，具有很高的价值，尤其是各地所独有的一些节庆文化内容，更是魅力无比。旅游者理应选择传统节庆举行之际，前往该地参与欣赏当地有特色的节庆活动。但是,由于种种原因,许多旅游者常常会错过最佳时机,无法加入到自己心仪已久的节庆文化活动,留下遗憾。例如傣族新年的泼水节,天下闻名,令人神往。然而,由于它每年都是在阳历的4月中旬左右举行,与公众假期不能叠合,如能设计在某个选定的小区域内随时重现,使前来旅游观光的游客有如亲临其景,从而在一定程度上弥补旅游者的缺憾,同时也局部实现节庆文化旅游资源的价值。事实上,情景创设的好处不仅可以局部消除游客的遗憾,在一定意义上发挥节庆文化的资源价值,而且还可以给旅游者留下刻骨铭心的印象,促使其下决心选择适当的时机故地重游,去深入地欣赏该地原汁原味的传统节庆文化资源。

12.4.5 中国节事旅游前景展望

随着未来国际交流和国际合作的加强,世界著名的节事培育历史和运作经验、世界各国发展节事的战略和规划都将为中国节事旅游发展提供宝贵的借鉴。中国的一些节庆活动也在积极寻求国际化的发展,如青岛国际啤酒节推出了“青岛与世界干杯”的口号,积极寻求与德国慕尼黑啤酒节的合作与交流机会。还有一些脱胎于节庆活动的会展,也开始寻求国际化、专业化的发展,如作为大连国际服装节重要内容的大连国际服装博览会暨中国服装出口洽谈会已经被国际展览联盟(UFI)接纳为正式会员。

2008年北京奥运会、2010年上海世博会、2010年的广州亚运会、2011年西安园艺博览会及2022年北京冬奥会等大型活动的举办,以及围绕这些大型活动开展的各种文化艺术、体育健身和狂欢休闲类节事,市场潜力巨大,旅游效益突出,以此为起点,在未来的若干年内,节事旅游必然会保持着蓬勃的发展势头。

1. 世界级大型活动带动节事旅游热潮

近几年我国举办的大型赛事和展览会的成功,不但使旅游地成为全国的旅游热点区域,甚至会成为全亚洲乃至世界范围内的节事旅游热点地区。经过精心策划和实施,这些活动必将带动节事旅游产业的发展,带动产业效益的提升。

2. 传统节日牵引文化旅游回归

近年来,文化创意产业的发展为传统节日保护和开发提供了思路。国内专家关于恢复和保护传统节日的呼吁也不绝于耳。例如中国的传统节日“七夕”被称作“中国的情人节”加以推广。通过赋予传统节日以时代的内涵,培养青年尊重传统、弘扬传统的习惯,牵引市场向传统文化旅游的回归。

3. 新兴节事旅游市场巨大,不容忽视

随着电子通信、网络等技术发展,动漫和网络游戏成为时尚青年的最爱。由此开发出的新兴节事活动,如“中国国际动漫节”等,也在近年举办得如火如荼。这些节事开展的cosplay大赛、盛装狂欢和动漫展示等一系列活动,颇受年轻人喜爱。这些活动将会为举办地带来一定数量的旅游者。这些新兴节事内容新颖时尚,参与感强,备受时尚青年的青睐。

4. 大型展会商务旅游前景广阔

博览会、展览、大型会议和交易会等作为一种特殊的节事,会为举办地带来大量的商务客源。近年,中国会展业发展态势迅猛,据预计未来10年,中国商务旅游市场将以超过10%的速度增长,反映出会展商务旅游市场开发的广阔前景。

案例 12.4

瑟宾节、那达慕、骑马3日游行程

行程特色	1. 感受鄂温克民族传统节日——瑟宾节的魅力 2. 骑马畅游多彩呼伦贝尔大草原,野花绣地、河水弯弯、绿草茵茵、牛羊成群、毡房点点 3. 边境口岸满洲里,领略异国风情 4. 北方第一湖呼伦湖,观广寒仙境之美景,品鲜美“全鱼宴” 瑟宾节免费项目:祭敖包、射箭、摔跤、赛马、民族歌舞和套马等		
日期	行程	用餐	住宿
D1	海拉尔/巴彦呼硕旅游草原景区(旅游巴士39 km,大约1 h) 由海拉尔乘车前往呼伦贝尔大草原腹地——巴彦呼硕蒙古部落(20元/人,大约40 min车程,游览大约2 h),抵后接受蒙古族最隆重的迎宾仪式——下马酒,参加草原活动:祭敖包、访问牧户、品尝蒙古族奶食品,后前往鄂温克旗的那达慕会场,参加鄂温克族隆重的瑟宾节(10元/人)。“瑟宾”是鄂温克语,意为欢乐、祥和。活动设有射箭、摔跤、赛马、民族歌舞和套马等,有数千人穿少数民族的节日盛装欢度节日。午餐品尝回味无穷的蒙古风味餐——手抓羊肉,席间马头琴伴奏,蒙古族姑娘敬酒、献歌,午餐后着民族服装拍照。晚餐后可根据客人需求举办篝火晚会(自费),与蒙古族姑娘小伙同歌共舞,晚餐后入住蒙古包	早 中 晚	蒙古包
D2	巴彦呼硕/阿勒木斯旅游骑马场/满洲里(旅游巴士258 km,约3.5 h) 早观草原日出,早餐后乘汽车前往阿勒木斯旅游骑马场(大约2 h左右车程,游览大约3 h),途观一望无际的大草原。抵达后骑马漫游草原(自费,100元/h),纵马奔驰于壮丽辽阔的呼伦贝尔大草原;观赏波光粼粼的呼和诺尔湖,感受草原湖泊的魅力,游览蜿蜒曲折的海拉尔河,午餐后乘车赴中国最大的陆路口岸满洲里市,抵达市区观光,晚餐欣赏俄罗斯歌舞表演,品尝俄罗斯风味菜肴,晚餐后入住酒店	早 中 晚	满洲里
D3	满洲里/呼伦湖/海拉尔(旅游巴士220 km,大约2.5 h) 酒店自助早餐后参观具有边境口岸风情的套娃广场,后参观国门(30元/人,游览大约1 h),界碑留影、登国门俯瞰俄罗斯小镇后贝加尔斯克,后乘汽车前往北方第一大湖——呼伦湖(20元/人,大约0.5 h左右车程,游览大约2 h),途观一望无际的大草原;抵后湖边漫步、自费乘船游湖(30元/人),午餐品尝呼伦湖野生鱼制作的味道鲜美的“全鱼宴”,下午乘车返回海拉尔,参观海拉尔标志性建筑之一的成吉思汗广场后散团,结束愉快之旅	早 中	无
温馨提示	1. 气候:呼伦贝尔是亚洲中部蒙古高原的组成部分,属寒温带和中温带大陆性季风气候,在夏季由于草原的昼夜温差较大且降雨量集中,故应携带保暖衣服和雨具 2. 骑马:骑马漫游草原时,在选择马匹和骑乘中一定要听从工作人员的安排和指挥,以免发生意外 3. 必备药品:防暑、下火、止泻、防感冒、防蚊和消炎药等		

(资料来源:呼伦贝尔魅力草原旅行社)

12.5 自助旅游产品

12.5.1 自助旅游概述

1. 自助旅游的含义

自助旅游是新兴起的一种旅游方式,也就是说完全由旅行者自行安排交通、住宿,以及想要参观的景点。就好像自选商场,所有产品(服务)都明码标价,由游人根据自身条件(包括时间、预算、身体状况等)自由选择服务组合的旅游类型。

自助旅游是一种更自由、方便的旅游方式,自己设计路线,旅游中所涉及的吃、住、行、游、购、娱,所有事情全由自己搞定,虽然操作起来比较烦琐,但却摆脱了从前旅行社预先安排好的行程模式,更加随心所欲,自由自在,充满了多元化的个性元素。

自助旅行不一定便宜,但可以完全享受自由,随心所欲地观赏自己喜欢的景点、品尝当地的美食和享受各种娱乐活动。自助旅行一大乐趣就是体验当地文化,需要一定的时间待在你喜欢的地方,细细了解当地的风土人情。

最早的自助旅游是年轻人走出了第一步。他们渴望投入大自然的怀抱,享受旅行的快乐,但又付不起昂贵的费用,于是自己背起高过头顶的背包。为了多玩些的地方,他们绝不轻易花钱,甚至会寻求在机场或车站过夜的可能性。他们通过自助游手册,知道了如何在旅途中省钱的途径和方法,对各地的住宿、交通、值得一去的地方也有所了解。他们搭顺风车,住便宜旅店,跟人讨价还价。从此自助游的概念开始兴起。现在,自助旅游已不是年轻人的专利,而成为重要的旅游趋势,无论老少,希望享受自由、深入、有特色旅游的人都会加入自助旅游的行列。

背包游是自助旅游的一种很形象的称呼,指自由旅行者,一般这种自由旅行者会背着一个大包,包里放有旅行中使用的东西,旅行者自行安排交通,住宿,如果是露营,则需要背上帐篷、睡袋等物品。

2. 自助旅游的特性

(1)旅游方式的自主性。一般旅行团受到团体的限制与成本考虑,因此旅游方式大多不变,每到一个地方领队会给旅客一段时间参观照相,然后就到下一站,尽可能让旅客看多一点地方。这样能符合大多数的人对于旅游的要求,希望在最短的时间内看最多的东西。其实,这种旅行团的形式本身并没有问题,只是参加者必须与团体配合,所以让旅客觉得行动有处处受缚的感觉。自助旅游最大的特色就是旅游内容自主性很强,每个人都有充分的时间来享受旅游中的趣味,即使是行程安排得恰当的半自助旅游,都可享受到自由自在的活动与旅游内容。旅游内容与行程大多由旅行者自行主导是自助旅游最大的特色,也是最吸引人的地方。

(2)旅游费用的自控性。自助旅游者可以把旅游费用完全自我操控,花的每一分钱都在自己的掌握中。一般全包式的旅行团最方便的地方是缴了一笔旅费后,就跟着领队走,不必操心太多食宿问题,相对的,对于食宿条件与旅游内容就不可能自行掌控。与其说自助旅游是一种省钱的旅游形式,不如说自助旅游是一种把钱花在自己最想花的地方,事实上自助旅游的消费绝不比一般观光团少。

(3)旅游时间的计划性。自助旅游者从开始有自助旅游的意向起就开始做计划,衡量自己的时间与经济条件,自己的兴趣与想去的地方,计划行程,请教去过的人等,这些都是最初步的计划。确定初步的行程后,开始找寻资讯、安排更详细的行程等。出发以后,每天还得张罗生活事宜、安排参观活动,这都是必要的工作,也都要有计划才能完成。但这并不是就表示,自助旅游不能随意而走,如果自助旅游经验丰富,应变能力强,只要时间允许,自助旅游者依然能随着自己的喜好随时出发。

3. 自助旅游的发展趋势

接待散客旅游的能力,已经成为衡量一个国家或地区旅游业成熟度的主要标准,目前,欧美各主要旅游接待国的散客市场份额占到了70%~80%。随着旅游市场的日趋成熟,游客自主意识的增强,旅游者消费观念的改变,旅游市场的散客化自助旅游趋势日趋明显。比起传统的旅游团体模式,新的旅游方式能更大程度满足消费者的个性化需求,有利于旅游融入人们的日常生活。

随着我国旅游业向多元化、个性化的休闲度假旅游发展,自助旅游持续升温,自由行成为游客最爱的旅行方式,旅游业已经发展到全民旅游和个人游、自驾游为主的全新阶段。自助旅游的方式也随之多样化,出现了散客游、自由行和自驾游等不同形式。根据马蜂窝2019自由行用户旅行偏好数据报告,2018年国内游客达到5 539亿人次,比上一年同期增长10.8%,国外出境游客达到1.62亿人次,比上一年同期增长13.5%。自由行已成主要的旅行方式,国内游中96%的游客会选择自由行,而在出境游中,自由行也已超过跟团游,占比近五成。

12.5.2 散客游与自由行

1. 散客游

散客游,又称半自助旅游,在国外称为自主旅游(independent tour),它是由游客自行安排旅游行程,零星现付各项旅游费用的旅游形式。半自助旅游是不完全依赖旅行社套装行程的一种旅游方式,这里说的不完全依赖的意思是指,半自助旅游也有可能需要当地的旅行社帮忙安排机票、车票、旅馆的预订。在某些国家,政府指定旅游者必须通过旅行社才能自由活动。在某些地区,没有当地旅行社的安排,可能难以进行活动。半自助游是一种比较灵活的旅游方式,具有游玩内容完全自主、旅游费用完全自由支配、需要提前计划行程、不需为交通及酒店预定费心等特点。

半自助游与自助游最大的区别在于,旅游者可以不用自己规划往返于不同旅游地点之间的交通及住宿;与组团旅游的区别在于,游客可以根据自己的需求选择适合自己的旅游线路,游客获得了更多的自主权。旅游者只需要自己计划好到不同旅游地点后的参观游览内容,交通和住宿都由当地旅行社或其他旅游机构代为办理。这对于对旅游目的地情况不太了解的旅游者非常有用,旅游者省去了自己去订车票、旅店的麻烦,只要专心去考虑如何在旅游目的地游览就好了,这也是为什么半自助游得到越来越多游客喜爱的原因。

2. 自由行

自由行是以度假和休闲为主要目的一种自助旅游形式,在台湾地区俗称"机+酒",即机票加酒店。自由行为客户提供了很大的自由性,旅游者可根据时间、兴趣和经济情况自由选择希望游览的景点、入住的酒店及出行的日期,在价格上一般要高于旅行社的跟团产品,但要比完全自己出行的散客的价格优惠许多。

与团体旅游相同的是,由旅行社安排住宿与交通,但自由行没有导游随行,饮食也由旅客自行安排。自由行又不同于半自助旅游,因为旅客在航空公司航班与饭店的选择上均受到限制,但行程安排的弹性与半自助旅游相同。

自由行的类型包括完全自由行和准自由行。完全自由行是按照自己的计划到旅行社预订机票、酒店。如果觉得行程可能有变动,则选择可更改的机票,由于旅行社与航空公司、酒店的长期合作关系,价格会比个人单独预订要便宜。准自由行是跟着旅行团队一同登上飞机,到达目的地后,脱离大部队,自由行动,直到回程的那天,重新"收编"进团队,一起乘飞机回来。或者与其他自由行游客同一时间出发/返回相同目的地,由于机票是团队价格,这种旅游方式的大交通会更便宜。

在线旅游的兴起成为散客自由行最大的推动力之一。以携程为代表的电子商务与旅游业融合的新商业模式的诞生,直接培养和催生了一代自由行旅游者。目前自由行的服务已大大超越"机票+酒店"的简单组合,而增加了丰富的附加服务,签证也更为方便。如可以使游客组合各种交通、酒店、一日游、门票等,"动态打包"出自己的特色行程。

通过多年的实践,携程旅游提出以"交通+酒店+当地游"为特征的自由行 2.0 服务模式:自由行不仅在交通和住宿上的覆盖面更大、结合形式更为多样、性价比更高,发展出机票+酒店、巴士+酒店、火车+酒店、邮轮+酒店、自驾游+酒店等众多类型,还在目的地地面服务方面有了重大拓展,门票、当地交通、一日游、租车、消费折扣券等已经整合到自由行服务中,都提供全面的菜单式自选服务,游客在出发前就可以安排好整个行程和旅游六要素。此外,针对自由行开发的目的地服务结构、旅游保险、旅游保障体系等,也可以更好地为自助游客保驾护航。

自由行将是未来几年中国旅游当中最具潜力的市场,散客时代呼唤的"一站式"旅游服务开始实现,为散客自由行群体提供更好的产品和服务,是一项极为重要的任务。自由行旅游发展的一大趋势是服务重心向目的地扩展。比如在目的地建立客户服务中心;构建接送机、穿梭巴士等交通网络;提供门票、观光游、餐厅等预订。

案例 12.5

马蜂窝:中国领先自由行服务品牌

马蜂窝,全球旅游消费指南,为旅行者提供从攻略到预订的一站式解决方案。以攻略为核心,通过对海量 UGC(用户生成内容)的大数据应用,马蜂窝提供覆盖全球 6 万个目的地的交通、酒店、景点、餐饮、购物、当地玩乐等全方位旅游资讯及产品预订服务,是中国领先的自由行服务平台。

马蜂窝旅行网自 2010 年公司化运营以来,已凭借良好的口碑获得 1.2 亿用户,月均活跃用户数达 1 亿,其中 85%来自移动端。马蜂窝倡导旅行者通过旅行"重新发现世界",尽情体验世界的多元与美好。

经过上亿中国旅行者的分享,马蜂窝平台的旅游信息不断更新、补充和完善,马蜂窝自由行 App 已被打造成为中国人的旅行指南。通过大数据引擎的处理,马蜂窝帮助用户破除信息不对等,发现独特的目的地及玩法,实现个性化的旅行,并潜移默化地改变着中国人的旅行方式。

马蜂窝是基于旅游社交与旅游大数据的新型自由行服务平台,瞄准"90、00"后年轻群体,打造从内容到交易,从认知到决策、消费、分享的全链路闭环。公司通过官网+App 搭建旅行攻略社区，沉淀大量UGC；依托内容大数据资源积累，对内容进行语义分析与数据挖掘，实现旅游信息结构化，用户更容易查找游记、攻略内容；内容信息可进一步为用户提供消费决策支持服务，帮助用户在站内购买适合的机票、酒店、景点、餐厅、游轮及当地游等产品；用户在旅行结束后，可在社区发布分享攻略内容，完成旅行闭环。

"UGC＋大数据＋自由行服务平台"是马蜂窝的三大核心优势，"有效决策"和"即时预订"是马蜂窝旅游攻略的最大特征。与传统OTA(在线旅游)不同，马蜂窝更擅长站在用户的角度，从行前、行中、行后全流程，以及交通、住宿、当地体验等多维度，帮助用户做出最佳的消费决策，优化旅行方案，准确按需匹配个性化产品。

与此同时，马蜂窝独有的"内容获客"模式，能够高效匹配供需，为合作商家带来精准的订单，提高转化率和利润率。这种全新的商业模式，正在重塑旅游产业链的供需关系，引领中国旅游产业变革。

(资料来源：根据相关网络资料整理)

12.5.3 自驾游

1. 自驾游的含义

自驾游简单地说就是自己驾驶汽车出游，属于自助旅游的一种类型。2006年首届中国自驾游高峰论坛的定义：自驾游是有组织、有计划，以自驾车为主要交通手段的旅游形式。驾车者为自己，车辆主要有轿车、越野车、房车、摩托车和自行车等，以私有为主，也可以采用借用、租赁及其他方式；驾车的目的具有多样性和随意性，最终决定权在于车主或出行团队。

自驾车旅游是当代差异化、复杂化和个性多样化的旅游市场需求催生的产物，最先出现在美国，现在，它已成为风靡全球的自助旅游方式。自驾游在选择对象、参与程序和体验自由等方面，给旅游者提供了伸缩自如的空间，其本身具有自由化与个性化、灵活性与舒适性及选择性与季节性等内在特点，与传统的参团方式相比具有自身的特点和魅力。

随着私人汽车拥有量大量增加，且伴随城市居民的消费观念的逐渐改变、旅游心理的日益成熟，自驾车旅游正逐渐成为大众旅游的重要形式，有着巨大的发展潜力。中国旅游研究院、携程旅游大数据联合实验室曾对"国人疫情后旅游意愿"做过调查，结果显示，从交通方式看，被调查者中选择自驾游的比例最高，达41%，其次是高铁29%，普通客车16%，飞机14%。这意味着，疫情后的旅游市场，自驾游将扮演十分重要的角色。

2. 自驾游特点

(1)自主性。自驾游旅游者通常不需要由旅行社安排旅游行程，在旅游目的地的选择、到达与停留时间，以及食宿安排上都有很大的自主性。

(2)小团体性。私人非营业汽车的主要类型是可载4～5人的汽车(如小轿车、越野车等)，即便是三五好友相约而行，也是小团体行为，与大型旅行团大为不同。

(3)多样性。自驾车旅游者的消费习惯会随其收入、教育程度、年龄、地域性、旅行目的等因素而有所不同。表现在旅游消费中，可能是时间、费用、品质与特殊要求等变量的多重组合，这也与团体旅游有显著的不同。

(4)区域性。对自驾车旅游者来说，旅游是一个学习与累积经验的过程。旅游的尝试首先从自驾车旅游者的居住周边开始，逐步向远辐射。

3. 自驾游的组织形式

(1)自主组织的自驾车出游。自驾车团体出游多是自发组织的,参加者大多以家庭或亲朋为单位。按照计划好的线路或者自己制定的旅游规划驾车出游的一种旅游方式。

(2)汽车俱乐部组织的出游。一些汽车俱乐部也组织其会员进行自驾游活动,并在自驾游过程中为会员提供拖车、救援及线路指引、食宿娱乐等有关服务。但由于俱乐部本身不具备营利性企业的法定资质,因此这种组织方式不能以盈利为目的。

(3)旅行社组织的自驾车出游。自驾车旅游的兴起为旅行社提供了新商机,旅行社组织的自驾车出游也成为自驾游的一种重要形式。但值得一提的是,大多数旅行社只能为自驾车旅游者提供订房、订餐及汽车维修等基本服务,而不能提供车辆让游客自己驾驶,经营性车辆及其驾驶者是应该有特定资质的。

4. 自驾游产品的特性

对旅行社而言,有车族的消费能力比较强,相对而言是优质客户,在各类自助游中利润空间也最大。因此,多数旅行社还是乐此不疲,积极推出了自驾游组团路线。然而,自驾游本身所具有的特性必须引起注意。

(1)线路编排的特殊性。自驾游线路除了要适合驾车外,还要满足游客沿途游玩的愿望,因此不宜制定单一目的地,这使得旅行社要对传统旅游线路进行重新整合勘查,然后再确定行程、住宿、餐饮等事宜。

(2)组织过程的专业性。在自驾游团队中,保障车、通信车必不可少,另外还要有随团医生;而导游必须掌握自驾游的所有专业知识,随时处理各种突发情况,不是传统意义上的组团导游,组织起来也有一定困难。

(3)团队活动的风险性。和其他旅游方式不同,自驾游活动是对驾车技能的一种考验。参加者驾驶水平参差不齐,导致危险系数增高,路上突发事件难以预料。如遇交通事故、车辆故障等,不仅会影响到整个团队的行程,同时旅行社也有很大的安全责任风险。

(4)市场变化的敏感性。自驾游受多种因素制约,如油价的提升、当地气候原因,路况的变化等都成为影响自驾市场的主要原因。

5. 自驾游产品设计

旅行社设计自驾游产品,考虑的因素完全不同于个人组织的自驾游。旅行社设计产品,是通过满足游客的旅游需求来满足旅行社的利润需求,自驾游的安全性必须排在第一位,任何情况下都必须优先考虑安全性。

旅行社在设计自驾游产品时,除常规线路需要考虑的各类内容之外,还需要额外考虑的因素大致包括:

(1)天气因素。个人游自驾,只需要考虑当次出行未来几天的天气即可。旅行社设计自驾游产品,则要通过查询历史数据,来考虑该路段的恶劣天气出现的可能性。为提高该线路的使用率,旅行社的产品应该满足绝大多数初级驾驶员水平,为此,泥石流多发地段、山路附加多雾路段、雨季暗冰路段等需要较高驾驶水平的地区应当尽量避免。为特殊目的地开发的自驾游线路,因为天气限制因素,在出售产品时必须在合同中注明对驾驶员技能的要求和因天气因素取消的可能性。

(2)景区和住宿接待能力。这个是设计旅游产品的常规考虑项目,对于旅行社来说并不陌生。唯一需要提前判断的是该线路预定接待点的停车场问题。如果预定接待点停车场距离较远,需要提前告知客户。

(3)线路勘察。个人自驾游一般不太可能提前勘察线路情况,只能通过导航和卫星图预估判断。但是设计旅游产品,必须提前进行线路勘察。同样为提高该线路使用率,线路要求应该以柏油路为主,即使出现非铺装路面,也应当满足大多数轿车通行要求。为特殊目的地开发的自驾游线路,销售时必须告知客户线路难度较大,个别地点不能保证轿车通过性,要求客户驾驶SUV以避免事后纠纷。基于安全性因素,除特殊线路外,要求普通线路中每隔50 km应当有包括餐饮、住宿、加油站、车辆维修等各类补给点。

(4)导游及物资准备。有组织的自驾游一般会有十几台车组成的车队。为此导游需要有丰富的车队领队经验,领队车一般为补给车,除常规情况外,需要额外准备拖车绳、搭电线、手套、急救包、纯净水、无线手台、千斤顶、胎压计、液态补胎液、充气泵、应急灯、破窗器、编号贴纸等物资。如果条件允许,旅行社应当有两台车随行,分别为首尾车,以处理各类突发情况和维护交通秩序。

12.5.4 汽车营地

1. 汽车营地的含义

汽车营地是指在交通发达、风景优美之地开设的,专门为自驾车爱好者提供自助或半自助服务的休闲度假区。主要服务包括住宿、露营、餐饮、娱乐、拓展、汽车保养与维护等,是满足现代人休闲时尚需求的旅游新产品。

休闲度假已经成为时代的流行时尚,而汽车营地的推出正是适应了这种时尚的潮流。由于汽车营地提供的大多是参与性较强的活动,满足了人们在紧张的工作之余远离喧嚣、返璞归真、放松身心的需求,因而深得自驾车旅游爱好者的喜爱。

2. 汽车营地的发展与定位

作为现代汽车营地雏形的露营地则在1860年起源于美国,当时是为组织青少年开展自然环境中的理想教育而发起的。由于这项活动既能强健体魄,磨炼意志,又能使参与者体验到人与自然亲近的种种乐趣,所以很快广泛流行。经过长期演化和发展,露营已经成为欧美等西方人士主要的休闲方式之一,汽车营地非常普及,美国汽车营地的总数超过20 000个,很多国家是把它作为非营利性的社会福利项目来运作的。由于经济发达和交通便利,许多人直接开着被称为RV(recreational vehicle)的休闲式四轮驱动越野车或者旅行面包车前往汽车营地。每个营位均有水、电、天然气和排污设施供应,即插即用,十分便利。

在我国,汽车营地实际上是处于观光旅游向度假旅游过渡产物。考虑到中西方文化和经济水平的差异,在产品设计方面应使汽车营地变得更加符合中国国情。

首先,国外的露营车一般都是专门的RV,RV的好处是容量大、设备齐全,接上水电就是一个流动的家。但是笨重,造价高,平日停车极不方便。所以,应将营地定位于所有的自驾车,而不是庞大的RV,在营地里,前期也没有国外专门为RV设计的供水、电、排污系统。

其次,国外强调纯粹自然,不着半点人工痕迹,所以,在他们的汽车营地没有任何活动设施,都需要自己去发掘,寻找乐趣。但这点对于国内游客似乎并非最佳选择,人们往往在亲近自然的同时,也离不开现代生活所带来的便利和乐趣,所以,最好的办法就是让客人在理想与现实之间达到最美好的均衡。

3. 汽车营地的分类

1)自驾车营地

自驾车营地的发展是随着自驾车旅游的发展应运而生的,它是自驾车旅游发展的必然产物。自驾车营地是指在自驾车旅游线路上,依托旅游交通干线和风景优美之地或者在旅游景区附近开设的,有一定场地和设施条件,可以为自驾车爱好者提供自助或半自助服务的,具有特定主题复合功能的旅游场所。其主要服务项目包括住宿、露营、越野、休闲、餐饮、娱乐、汽车保养与维护、汽车租赁、度假、户外运动、信息服务、医疗与救援等。

汽车营地在功能装备上可分为停靠式汽车营地与常规式汽车营地。停靠式汽车露营地仅具有提供汽车内水源、电力等的设施,营地设施较为简单,通常还会有提供汽车使用者日常生活用品的小型超市等。这种营地仅是作为人们旅程中点补给、短暂休息的场所,人们一般在那里最多停靠两三天。常规式汽车露营地规模就大多了,可供数百辆汽车停靠,具备汽车露营区域、帐篷露营区域、运动休闲场地区域、商店餐厅洗浴等日常生活区域、小木屋别墅住宿区域等。这里的汽车露营服务相当全面,人们在这里可以享受很好的服务。这种汽车露营地在选址上有一定要求,一般是可以为人们提供休闲度假氛围的、具有一定风光娱乐的场地。这种露营地根据其所处地理位置可分为山地型营地、海岛型营地、湖畔型营地、海滨型营地、森林型营地、乡村型营地。

2)房车营地

房车和营地是紧密相连、相互辅助的。房车是移动的家,那么房车营地就是移动之家的停靠点。但是,营地又不仅仅是一个停车场,它同时还是一个集景区、娱乐、服务为一体的综合旅游度假地。

营地一般分为几大区域:生活区、娱乐区、商务区、运动休闲区等,每个区域设施齐全,建有独立的饮水和污水处理系统,配备220 V日常用电。在生活区域内有现代化的卫生设备,洗脸池、淋浴、卫生间,并且提供洗衣、熨衣、煤气等服务设施;在商务服务区内设有超市、邮局、诊所、酒吧、餐馆等,完全可以满足游客日常生活的需要。在娱乐和运动区域内,开辟有足球、网球、篮球、游泳池、高尔夫、儿童游戏等多种运动场地和多功能厅,供游人使用。房车营地可分为:房车停靠场、帐篷露营场、简易式营地、旅游景点拖挂房车出租场、大型房车营地、木屋等。

案例12.6

国内外著名汽车营地介绍

一、美国蓝岭群山森林型汽车营地

蓝岭群山房车营地周围有安静的湖泊、壮观的瀑布、宏伟的群山。游客可以在蓝色的水流中乘舟漂流,或在平静的湖畔垂钓,在秀丽的风景中打打高尔夫球,甚至是什么都不做,静静地欣赏周围的美景,都是莫大的享受。结束了户外的活动,还可以到附近的餐馆或古董店转转。对于不同喜好的游客都能找到其满意的旅游活动。

营地有144个风景秀丽的营位,独立的野餐桌,混凝土地面,完美集成的上水接口、下水接口、电源接口、电话接口、电视接口,带漩涡的游泳池,四个带灯光的网球场,9洞的高尔夫球场,俱乐部会所,24小时的保安,专职服务人员。周围有各项服务,包括汽车租赁、禽肉市场、餐厅宾馆、美容沙龙、高尔夫俱乐部等。

在营地露营的人每天10美元,永久拥有营位的人免费。骑着摩托车在营地周围旅行将是美妙的经历,许多狂热的爱好者来的这里就是为了与同伴一起享受在多风的山路上骑车的感觉。

蓝岭群山房车营地只接待自行式A型房车,车长最低26英尺(7.92 m)。每个营位标准是四人,每天55美元,每多一人每天加收5美元,按月支付在每个营位1 400美元,也可以永久买下营位。

二、英国四星级乡村型 Penmarlam 汽车营地

位于 Fowey Estuary, Bodinnick 村边的 Penmarlam 汽车露营地景色宜人,可以看到南 Cornwall 郡的大部分村庄和山脉。营地内有自己的上下水系统和电源连接口、宽带网络服务、商店、盥洗室、自助洗衣店、婴儿照顾室,以及方便残疾人使用的设施。

营地周围有岩石海湾,独特的村庄,还是划船爱好者的天堂。可以从营地走路去周边那些各具特色的村庄,也可以在 Old Ferr Inn(老式渡口旅馆,有些是建筑在岩石上面)过上一晚。周围还有许多有趣的步道,包括著名的“Hall Walk”。

营地收费按照季节分低、中、高三个档次,标准的价格分别是每晚6.5英镑、7英镑、8英镑。如果按照人收费的话每个成人按照3.75英镑、4.25英镑、5英镑收费,儿童(3～15岁)半价收费。费用中不包括宽带收费,每天需另付1英镑。营地出租出售大型帐篷。

三、金石滩国际汽车露营地

大连金石滩黄金海岸国际汽车露营地位于国家4A级旅游景区的大连金石滩黄金海岸,拥有一流的环境和山海奇石风光,430万 m^2 绿地,80余处奇石景观,10 km长的滨海情侣步道和登山观海步道,是继高尔夫俱乐部、狩猎俱乐部、马术俱乐部、发现王国主题公园、武术模特表演之后,诞生的又一时尚旅游项目。汽车露营营地包括海滨、沙滩、草地、森林等区域,有效利用空间为100万 m^2,分为海洋娱乐、沙滩休闲、汽车营地、帐篷营地、服务保障五大功能区,可同时接纳房车60辆,自驾车500辆,露营者2 000余人。

沙滩汽车露营地:沙滩水域总面积30万 m^2,位于十里黄金海岸西侧,南临黄海,西倚龙山,背靠汇溪湖,由房车营位20个、自驾车露营位(100个停车位)组成。可提供沙滩休闲、登山观海、垂钓和各种水上娱乐服务。

森林营地:距黄金海岸800 m,森林面积10万 m^2,各种树木3万余株,草坪全覆盖,幽雅宁静,是天然的氧吧,可提供餐饮、帐篷、淋浴、垂钓、网球、高尔夫练习场、咖啡书屋、休闲秋千等相关配套服务设施,可停靠房车20辆,自驾车150辆。

草坪汽车露营地:坐拥20万平方米草地,与十里黄金海岸毗邻,可享受黄金海岸沙滩休闲、水上娱乐、海鲜特色餐饮等各类配套设施,可停靠房车20辆,自驾车300辆。

(资料来源:根据相关资料改编)

本章小结

婚庆旅游是旅游市场的新宠,是一种高价旅游方式。婚庆旅游产品具有需求细、消费档次高、季节性明显和对目的地资源要求高的特点,设计应与婚庆公司做好合作,在设计中,要明确主题,内容要丰富,注意细节,同时要注意与婚庆公司强强联手,设置贸易壁垒,保障企业利益。

老年旅游产品在我国具有广大的市场及潜力,老年人对旅游服务要求高,在餐饮、住宿、购物、交通、景点选择和娱乐等方面都要考虑细致,并进行有针对性的宣传策略,同时完善法律细节,体现人文关怀。

青少年旅游产品在发达国家已经是成熟的旅游方式,其中的修学旅游、夏令营旅游和亲子游都是国内时下流行的旅游产品。要突出产品主题及功能,以安全保障为根本。

节事旅游产品不仅包括民俗节日和民间节日,也包括体育赛事、文化艺术节和宗教节日等。在产品设计上,要以良好的旅游嗅觉,抓住市场机遇,及时采购资源,应对节事中资源不足的情况,并灵活设计旅游产品,增强体验性,多层次、多形式地进行设计。

随着旅游市场的不断发展和完善,自助旅游逐渐成为人们的主流旅游方式,成为旅游市场的大趋势。如何适应这一变化,开发适合自助旅游的产品,提供新的服务模式,是传统旅游企业必须认真面对的问题。

经营常规旅游多属于买方市场产品,利润较薄,且不利于旅游企业参与国际大旅游市场的竞争。而专项旅游虽然前期投入成本较高,但是它的独占性和内在价值决定了它是一种高附加值的旅游产品,可以给经营者和开发者以较高的回报。开发专项旅游产品不仅是旅行企业参与竞争的有效手段,而且将成为未来旅游市场一个最新、最大的利润点,值得旅游企业认真研究。

复习思考题

1. 分析婚庆旅游设计的联合企业及设计联动。
2. 分析老年旅游产品的设计及注意事项。
3. 青少年按年龄分阶段设计对应的旅游产品。
4. 节事旅游产品六要素的控制。
5. 自助旅游产品未来的发展趋势。

案例讨论

1. 请分析本章给出的婚庆旅游产品和老年旅游产品的案例,并说明其优缺点。
2. 分析市场上研学旅游产品的设计方向及国内几种常见的研学旅游产品。

参考文献

[1] 张祖群,张宏．旅游地策划:文化·创意·空间[M]. 北京:化学工业出版社,2007.
[2] 王艳平．旅游规划学[M]. 北京:中国旅游出版社,2007.
[3] 邹统钎．旅游景区开发与管理[M]. 北京:清华大学出版社,2011.
[4] 郭亚军．旅游景区管理[M]. 北京:高等教育出版社,2006.
[5] 沈祖祥．旅游策划[M]. 上海:复旦大学出版社,2010.
[6] 王衍用,曹诗图．旅游策划理论与实务[M]. 北京:中国林业出版社,2008.
[7] 陈扬乐．旅游策划:原理、方法与实践[M]. 武汉:华中科技大学出版社,2009.
[8] 卢良志,吴耀宇,吴江．旅游策划学[M]. 北京:旅游教育出版社,2009.
[9] 李庆雷．旅游策划论[M]. 天津:南开大学出版社,2009.
[10] 贾云峰．旅游创新传播学[M]. 北京:中国旅游出版社,2011.
[11] 孙喜林,荣晓华．旅游心理学[M]. 大连:东北财经大学出版社,1999.
[12] 费尔德曼．发展心理学[M]. 苏彦捷,译．北京:世界图书出版公司,2007.
[13] 吕志墉．中国旅游策划创意攻略[M]. 上海:文汇出版社,2009.
[14] 张光忠．营销策划[M]. 北京:中国财政经济出版社,2009.
[15] 周玫．营销策划[M]. 武汉:华中科技大学出版社,2009.
[16] 科特勒,莱恩,凯勒．营销管理(第 13 版)[M]. 王永贵、于洪彦,何佳讯,等,译. 上海:格致出版社,2009.
[17] 余明阳,戴世富．品牌战略[M]. 北京:清华大学出版社,2009.
[18] 卫军英,任中峰．品牌营销[M]. 北京:首都经济贸易大学出版社,2009.
[19] 冯英健．网络营销基础与实践[M]. 北京:清华大学出版社,2007.
[20] 李泊霆,段淳林．声浪传播:破解品牌密码[M]. 广州:南方日报出版社,2009.
[21] 王喜雪．休闲旅游策划与营销[M]. 上海:上海交通大学出版社,2011.
[22] 吴国清．旅游线路设计[M]. 北京:旅游教育出版社,2009.
[23] 陈世才．玩家创意:旅游产品的设计与创新[M]. 北京:北京理工大学出版社,2010.
[24] 陈启跃．旅游线路设计[M]. 上海:上海交通大学出版社,2010.
[25] 龚维嘉,程双幸,唐建军．旅游线路开发与设计[M]. 合肥:合肥工业大学出版社,2008.
[26] 胡华．旅游线路规划与设计[M]. 北京:旅游教育出版社,2011.
[27] 万剑敏,徐玉萍,孙冰．旅行社产品设计[M]. 北京:旅游教育出版社,2008.
[28] 郭亚军．旅游者决策行为研究[D]. 兰州:西北大学,2010.
[29] 王庆生. 旅游规划与开发[M]. 北京:中国铁道出版社,2011.
[30] 孙国学. 旅游产品开发与创新研究[M]. 北京:中国工商出版社,2012.